# 贸易·政治·全球化译丛

## 编 委 会

主 编

权 衡

副主编

金福林

### 编委会成员

（以姓氏笔画为序）

朱 莹　权 衡　李成军　杨培雷
罗海蓉　金福林　施 诚　梅俊杰

贸易·政治·全球化译丛

# 国强国富

## 第二个千年的贸易、战争和世界经济

罗纳德·芬德莱（Ronald Findlay）
凯文·H. 奥鲁克（Kevin H. O'Rourke） 著

施诚 薛宁 译

上海财经大学出版社
上海学术·经济学出版中心

图书在版编目(CIP)数据

国强国富:第二个千年的贸易、战争和世界经济/(英)罗纳德·芬德莱(Ronald Findlay),(英)凯文·H.奥鲁克(Kevin H. O'Rourke)著;施诚,薛宁译. —上海:上海财经大学出版社,2024.1

(贸易·政治·全球化译丛)

书名原文:Power and Plenty:Trade,War,and the World Economy in the Second Millennium

ISBN 978-7-5642-3958-9/F·3958

Ⅰ.①国… Ⅱ.①罗… ②凯… ③施… ④薛… Ⅲ.①经济史-世界 Ⅳ.①F119

中国版本图书馆 CIP 数据核字(2022)第 028288 号

图字:09-2023-1123 号

*Power and Plenty*

*Trade,War,and the World Economy in the Second Millennium*

Ronald Findlay,Kevin H. O'Rourke

Copyright © 2007 by Princeton University Press

All rights reserved. No part of this book may be reproduced or transmitted in any form or by any means, electronic or mechanical, including photocopying, recording or by any information storage and retrieval system, without permission in writing from the publisher.

CHINESE SIMPLIFIED language edition published by SHANGHAI UNIVERSITY OF FINANCE AND ECONOMICS PRESS, Copyright © 2024.

2024 年中文版专有出版权属上海财经大学出版社

**版权所有　翻版必究**

□ 责任编辑　李成军
□ 封面设计　贺加贝

# 国强国富
―第二个千年的贸易、战争和世界经济

罗纳德·芬德莱
(Ronald Findlay)　　著
凯文·H.奥鲁克
(Kevin H. O'Rourke)
施　诚　薛　宁　译

上海财经大学出版社出版发行
(上海市中山北一路 369 号　邮编 200083)
网　　址:http://www.sufep.com
电子邮箱:webmaster @ sufep.com
全国新华书店经销
上海叶大印务发展有限公司印刷装订
2024 年 1 月第 1 版　2024 年 1 月第 1 次印刷

710mm×1000mm　1/16　34.5 印张(插页:2)　507 千字
定价:158.00 元

# 总　序

如果说2019年是"黑天鹅"事件频出之年,那么,"黑天鹅"与"灰犀牛"齐舞的2020年,可以说是极其不平凡的一年。这一年中,新冠疫情全球大流行,进一步加剧世界经济复苏乏力、收入不平等、增长不确定和不稳定等"老生常谈"的问题。这场疫情对跨地区、跨区域布局的全球产业链产业安全产生了严重冲击,特别是正值选举年的美国,贸易摩擦已经沦为政治选举的工具,美国单方面发起的贸易保护主义行径,已经从关税保护措施跃升至管制技术出口、封杀诋毁外企和限制留学签证,全球保护主义蔓延势头不断上升。与此同时,全球累积的地缘政治风险已经在中东、西亚等地区引发了多次局部性军事冲突,从美伊冲突、土俄在利比亚和叙利亚的角力到印度与巴基斯坦的克什米尔冲突、阿塞拜疆与亚美尼亚的纳卡冲突等,进一步加剧了区域和平发展的不确定性。

可以说,我们正处在一个愈发不确定、不稳定的时代,全球处于百年未有之大变局中,世界进入动荡变革期。第二次世界大战后美国主导的世界经贸规则体系,是世界和平稳定、经济繁荣发展以及全球经济一体化的重要保障机制和驱动力。但从世界经济发展和全球化趋势看,2008年金融危机以来全球政治经济格局出现显著的调整趋势,涌现出"逆全球化"思潮和贸易保护主义,现有规则体系中的矛盾逐渐累积放大,全球化发展已经陷入前所未有的调整和矛盾。

从更深层次来看,当前世界经济的不确定性和不稳定性来源于以下四大

冲击:

第一大冲击来自2019年末爆发并蔓延至全球的新冠疫情。突如其来的新冠疫情在全球蔓延,以极高的传染性使其成为首个真正意义上的"全球化疫情"。在全球化发展深陷泥潭的背景下,新冠疫情阻碍了社会经济活动的正常运行,也进一步影响了国际经贸合作的正常开展,对全球经贸一体化造成了结构性深层次的冲击。同时,新冠疫情还造成了产业安全维度的冲击,包括跨国企业产业链全球布局模式、供应链产业安全等受到空前挑战,航空、旅游等高度依赖外部市场的行业受到外需急剧下降的严重冲击,要素流动严重受阻。此外,新冠疫情还可能对社会经济发展模式产生深远的影响。基于互联网的经济模式以及机器自动化产业在此次疫情防控期间得到了快速发展,在潜移默化中改变了部分行业乃至社会的运作模式,可能对传统的经济活动方式和就业结构产生长期甚至具有变革意义的影响。

第二大冲击来源于单边及保护主义对全球经贸治理体系的冲击。经验和理论都表明,全球经济一体化是不可避免的发展趋势。但是,受制于全球化本身的结构性不平衡以及由此带来的各种保护主义思潮阻碍了全球化自身的健康发展,第二次世界大战以来建立的现有国际经贸治理体系不断受到挑战与质疑。将"美国优先"作为宗旨的美国特朗普政府,将单边保护主义和民粹主义演绎到极致,从退出《巴黎气候协定》到阻挠世贸组织争端解决机构的正常运作,甚至退出世界卫生组织,这种破而不立的方式显然不利于现有全球治理体系发挥其功能,对全球经贸规则的重构也不会带来任何积极意义。即使美国大选后可能跳出单边主义路线,西方国家中普遍存在的保护主义思潮同样也值得关注。中国等新兴市场经济体通过融入国际分工体系和经济全球化得以快速崛起,这导致新兴经济体的利益诉求、国际地位、权利和义务等发生了重要变化,与发达经济体之间的合作关系和地位也发生了深层次变化。如果发达经济体坚持用保护主义来应对这种格局变化,不仅不利于缓解当前国际治理体系中的南北矛盾,也不利于全球经贸合作的进一步深化。

第三大冲击是中美经贸冲突对全球产业链和分工体系的冲击。美中两国作为全球最大的两大经济体和贸易实体,是全球经贸繁荣和稳定增长的重要压舱石。但是,在特朗普上台后,美国对华政策已经逐渐从特定进口产品的惩罚性关税扩大至惩罚性关税清单,并不断升级至高科技产品出口禁令和恶意抹黑打压中国企业等全方位措施。中美贸易摩擦逐渐转变为中美经贸冲突,对双方乃至区域和全球的经济、贸易和产业发展造成了极大的冲击。美国试图切割、孤立早已同全球产业链深度融合的中国,这不仅提高了全球产业链的运营成本,而且其政策的不确定性对产业安全构成了实质冲击。

第四大冲击是政治军事冲突对区域发展条件造成的冲击。区域和全球和平发展始终是区域经贸发展的重要条件,但近年来不断涌现的政治对立和军事冲突事件对其产生了巨大影响。自2019年以来,先后爆发了巴勒斯坦和以色列的加沙地带冲突、印度和巴基斯坦的克什米尔冲突、土耳其先后出兵叙利亚和利比亚、土耳其和希腊的边境冲突、阿塞拜疆和亚美尼亚之间爆发的纳卡冲突等一系列军事冲突。政治军事冲突在西亚和南亚地区呈现出常态化的发展态势,地缘政治正逐渐取代区域经济一体化的地位,这既不利于地区的和平稳定,也不利于区域经济一体化发展。

上述四大冲击不仅反映出如今世界经济发展态势和国际治理体系面临的高度不确定性和不稳定性,也深刻反映出我们正处于世界百年未有之大变局中。从本质上看,国际外部环境的百年未有之大变局体现在,发展中经济体已经更多参与到世界治理体系之中,并由此导致国际政治格局产生变化。对百年未有之大变局,我们有以下几大问题值得关注:

一是全球增长问题。新冠疫情迫使我们深入思考世界经济的增长问题,因为全球化发展难以进一步深化,世界经济已经陷入"长期停滞格局";新冠疫情对世界经济和全球需求产生短期冲击,以及新冠疫情模式下新技术、新业态将对全球产业结构和产业链造成中长期冲击。同时,2008年以来各国为应对全球金融危机而普遍采用的货币、财政双宽松的非常态货币政策刺激,在造成全球房地产、股市等资产价格高速膨胀的同时,对经济增长的边际激励效应已呈现出明显的疲软态势。是应当维持非常态货币政策,还是返回常态货币政策,抑或探索其他政策工具？此外，"逆全球化"思潮也是研究全球增长问题不可回避的问题。主流经济学理论可以推定，经济全球化本身体现的国际分工深化、自由贸易发展、全球技术进步和生产力发展，通过市场的相互开放使得各方实现利益最大化。但是在现实中，推动全球化的主体主要来源于发达经济体的跨国企业，而反对全球化的声音也此起彼伏。全球化发展中出现的不同生产要素在国际分工中的收益存在巨大差异问题日益突出；而且，全球化发展中也存在产业转移导致的产业空心化、失业加剧和世界经济层面的"储蓄—消费"结构性失衡问题。这些问题都是全球化进一步深化亟待解决的问题。

二是不平等问题。在现有国际经贸规则体制的有效作用下，随着全球经济的发展，收入不平等问题在全球范围普遍存在，而且呈现加剧的可能。一方面，各经济体间收入不平等问题愈发突出。虽然以中国为代表的新兴经济体在全球一体化进程中取得了高速发展的经济成就，但是在剔除中国等少数发展中经济体后，大多数发展中经济体与发达经济体的经济发展差距呈现出进一步拉大的趋势。这不仅是因为发展中经济体难以顺利融入全球一体化发展进程，还因为当前国际治理体系下，发展中经济体缺乏基础设施建设等公共产品，难以跨越"马尔萨斯陷阱"以及所谓的"中等收入陷阱"。另一方面，经济体内部的收入差距扩大也是值得关注的问题。正如法国经济学家托马斯·皮凯蒂在《21世纪资本论》中所论证的，自由市场经济在财富分配不平等问题上存在市场失灵，较高的资本回报率导致贫富差距的扩大，可能导致一系列社会问题以及长期经济增长难以为继。

三是全球化趋势问题。第二次世界大战以来，以中国—西亚—美欧为核心的全球生产中心、全球能源中心、全球消费中心的"三角稳态格局"开始被打破，全球供应链、产业链、价值链面临重构。一方面，即便美国政权更迭后放弃单边主义，美欧等西方经济体已经愈发重视国内产业空心化和失业问题，由此导致部分产业回归成为必然趋势。而中国等新兴经济体的企业为提高自身在全球价值链中的地位和扩大市场，扩大对外投资以及参与全球资源要素配置势在必行，将调整当前由发达经济体跨国公司主导的全球产业链的布局结构。另一方面,中国等新兴经济体的收入水平上升,带动了国内消费市场规模的扩大,这将对美欧国内需求市场疲软起到一定的补充作用,进而形成以发展中经济体内需市场为核心的区域性经贸一体化新格局。

四是国际经贸规则问题。数十年来,以 GATT/WTO 为代表的多边贸易体制面临多方面的挑战。多边体制的多数谈判停滞不前,拉大了现有多边经贸规则体系与现代全球经贸模式之间的差距。在发达经济体和发展中经济体谈判矛盾无法调和的情况下,多边体制"协商一致"的原则被认为缺乏必要的政策灵活性。在普遍认同国际经贸规则急需改革的背景下,如何改革便成为十分突出的问题。"协商一致"是否有必要妥协和修改?是放任更具灵活性的双边和区域贸易体制,还是通过诸边体制"曲线救国"?与此同时,美国在部分双边贸易协定中设置的"毒丸条款"体现出极大的负外部性。此外,在互联网、大数据等新科技快速发展的背景下,数字贸易已经成为不可忽视的重要经贸模式,特别是科技企业往往体现出较强的垄断性和产业边界模糊性,对现有监管模式和监管政策也提出了严峻的挑战。

五是全球经济治理问题。第二次世界大战以来的现有全球治理体制主要由发达经济体主导,但是在经济发展和科技进步等因素下,该体制存在问题和缺陷是发达和发展中经济体的共识。但是,各方对于如何解决这些问题缺乏共识。国际经贸规则需要的究竟是重构还是修正?同时,对于以中国为代表的发展中大国的崛起,如何避免陷入"修昔底德陷阱"和"金德尔伯格陷阱",是当前各界亟待破解的问题。

这五大世界经济问题是全球性问题,既需要我们开展全面深入的前瞻性、战略性思考和研究,也需要我们放眼全球,分析和借鉴海内外优秀学者的最新研究成果,发挥他山之石的启迪和作用。

也正因为如此,由上海财经大学出版社选编出版此套"贸易·政治·全球化译丛"。译丛共包含八本著作,大致分为三个领域,分别是世界贸易体系研究、美国贸易政策研究和自由贸易思想史研究。

《世界贸易体系中的政治经济学:WTO 及未来》(原书第三版)是兼具通识

性和专业性的专著。作者用严谨的逻辑和翔实的资料,系统论述了当前世界贸易体系制度设计的历史背景、经济学原理和内外政治因素。例如,自世贸组织成立以来,国际贸易体系呈现亦步亦趋的发展形势。该书始终将以WTO为代表的多边贸易体制作为核心,不仅详细梳理了其谈判历程和背后政治格局,而且着重分析了该机构作为各贸易经济体协商贸易政策的重要平台作用。对于区域贸易等当前全球化所面临的诸多问题与挑战,作者也予以客观介绍和理性探讨。这有助于读者更好地判断未来世界贸易体系的发展趋势。

继创造"资产负债表衰退"概念之后,辜朝明在《大衰退年代:宏观经济学的另一半与全球化的宿命》中再次提出了全新概念——"被追赶经济体"。有别于"马尔萨斯陷阱""中等收入陷阱"等聚焦发展中经济体发展问题,本书以全新的理论分析当今发达经济体出现的经济增长停滞和收入不平等问题,可以理解为高收入水平阶段发展陷阱的研究力作。作为日本著名的经济学家,作者对当前发达经济体所面临的经济与政治困境的核心驱动因素做出界定,并试图跳出当前财政、货币双宽松的发展思路,提出可行的发展思路,体现了其敏锐的洞察力和思想力。

《军费、贸易和大国竞争》是本译丛中唯一一部专注于第一次世界大战前国际经贸体系研究的著作。作者将军事冲突和国际贸易的关系作为研究对象,是国际贸易领域中较为冷门的选题,对国际贸易和国际政治领域研究起到了重要的补充作用。尤其是,作者建立大国关系估计模型,从军事力量与商业合作的角度研究大国之间的竞争合作关系,研究角度新颖且具有创新性。同时,联想到当下复杂的国际形势,不禁令人引发对国际和平局势和趋势变化的遐想。

《国强国富:第二个千年的贸易、战争和世界经济》是一部经济史巨著。作者引用了大量的当代经济学研究成果和经验证据,系统分析了过去一千年以来重大历史事件对国际贸易和地缘政治格局的影响,以及贸易、殖民地在西方世界的崛起及其现代经济增长进程中发挥的作用,有助于读者更好地理解当今世界经济体制。本书从历史的角度,诠释过去一千年来世界各区域的贸易模式及其演进、全球范围的长期经济和政治发展趋势,以及这两者之间的相互作用。

相比众多传统国际贸易和世界经济研究著作,本书的侧重点放在区域经济和地缘政治上。这不仅体现在作者将世界七大区域作为研究单元,而且体现在作者强调地缘政治与国际贸易互为因果的关系。此外,作者还突出分析了军事在国际贸易中的作用。

《四处贩卖的贸易保护主义:〈斯穆特-霍利关税法案〉与大萧条》一书只有四个章节的篇幅,却对《斯穆特-霍利关税法案》的前因后果做出了权威描述。这部被誉为美国史上最臭名昭著的法案,通常被认为是引发 20 世纪 30 年代大萧条和第二次世界大战前世界贸易秩序崩溃的导火索,也是国际贸易学者热衷于引用的经典反例。作者首次全面阐述了该法案背后的美国政治背景以及后续引发的经济后果、国际反响和遗留问题。本书的意义不仅在于警示贸易保护主义在历史上所造成的全球性损害,还在于帮助读者更好地理解美国贸易保护主义思想背后的政治和经济背景。此外,作者采用了新版序言,其中的故事可以视为如今美国政府再兴单边贸易保护主义政策的宝贵教训。

《国家财富:美国贸易政治史》是一本系统研究美国贸易政策及贸易政策背后政治因素的著作,具有很强的学术性和可读性。作者将美国的贸易政策发展脉络分为三个重要阶段,分别是美国贸易保护主义的兴衰、自由经济秩序的建立以及贸易保护主义的复活。本书还选取美国历史上具有转折意义的历史人物,生动刻画出美国贸易政策转变的政治背景和政治决定因素,以便读者更深入地理解美国政治与贸易政策的关系。

《美国贸易政策变局》一书则专注于目前美国最重要的区域贸易安排——《北美自由贸易协定》。相比其他侧重于政府利益角度的研究,作者还利用大量档案材料和数据,着重分析了工会、环境活动家等美国社会政治团体对该协定产生的影响,有助于读者更全面地了解不同利益团体在国际贸易政策中扮演的角色。本书有助于读者更好地理解在《北美自由贸易协定》中纳入劳动和环境保护等条款的政治因素,也有助于理解民间组织在制定国家政策方面的作用。

《自由贸易思想史》对自由贸易思想史的梳理具有重要的学术价值和借鉴意义。其学术价值不仅在于梳理出自由贸易学说的发展脉络,而且在于整理和对比主要贸易保护理论，从侧面对自由贸易学说的必要性、严谨性、可行性进行了支撑性论述。这有助于我们加深理解自由贸易的理念和意义，也有助于进一步理解为何中国始终坚持对外开放原则和高举自由贸易旗帜。

本套译丛无论是专题的编排还是书目的挑选，都体现出上海财经大学出版社的用心良苦和高瞻远瞩。一方面，译丛所选著作均出自国际顶尖学府的著名经济学家之手，书目的内容体现出极高的学术权威性，其中一本著作更是荣获ASA 2019年"查尔斯·蒂利杰出图书奖"(Charles Tilly Distinguished Book Award)。另一方面，本套译丛包含了翔实的资料和夯实的数据，十分有利于读者全面和系统地掌握世界经济的发展历史。同时，本套译丛突出了世界经济研究中政治经济学和国际政治研究的地位，顺应了当前全球化发展进程中政治要素影响愈发突出的趋势，有利于国内读者更好地理解国际经贸发展的态势。

本套译丛的翻译和出版工作具有重要的现实意义和学术价值。在面对百年未有之大变局之际，通过前瞻性分析、经贸史学研究等方法，我们可以更加深入理解之前百年的格局，更有助于正确掌握事物变化的客观规律，准确判断未来百年的世界变局。特别是如今经济全球化发展中愈发突出国际政治因素介入的影响，对世界经济的研究已经脱离不了从国际政治角度的研究。同时，译丛中多本译著为国内读者提供了全面而系统的美国政治资料，有助于国内学界更好地把握美国贸易政策变动的趋势。

权　衡

于上海市淮海中路六二二弄

2020 年 12 月

# 致　谢

本书的撰写经历了很长时间，我们积累了一份长得令人尴尬的致谢名单。2000年，为了准备国家经济研究局(NBER)的"历史视野下的全球化"会议，我们开始合作研究世界贸易史。该会议于2001年5月在加利福尼亚州的圣巴巴拉举行，其结果是我们早期的一部合著(Findlay and O'Rourke, 2003)。我们特别感谢会议的组织者迈克尔·波尔多(Michael Bordo)、阿兰·泰勒(Alan Taylor)和杰夫里·威廉姆森(Jeffrey Williamson)，以及鼓舞我们走上长达7年研究之路的国家经济研究局。

在这7年里，许多人帮助我们质疑，为我们提供数据，分享他们的知识和经验。这个过程再次提醒我们继续研究这个奇妙的领域是多么幸运。曾经帮助或鼓舞过我们的人有：奥利弗·阿克米诺蒂(Olivier Accominotti)、李·阿尔斯顿(Lee Alston)、雷莫·贝奇(Remo Becci)、史蒂夫·布罗德贝利(Steve Broadberry)、安德烈·博格斯塔勒(Andre Burgstaller)、布鲁斯·坎贝尔(Bruce Campbell)、里奇·克拉里达(Rich Clarida)、格雷格·克拉克(Greg Clark)、比尔·柯林斯(Bill Collins)、布兰登·康罗伊(Brendan Conroy)、麦克斯·柯登(Max Corden)、埃里克·德乐平(Eric Delépine)、布兰登·邓普西(Brendan Dempsey)、雅维尔·昆卡·伊斯特班(Javier Cuenca Esteban)、纪尧姆·多丹(Guillaume Daudin)、迈克·埃德尔斯坦(Mike Edelstein)、巴里·艾肯格林

（Barry Eichengreen）、大卫·埃尔提斯（David Eltis）、安东尼·伊斯特瓦多达尔（Antoni Estevadeordal）、博塔·艾特马德（Bouta Etemad）、佐·法罕（Zoé Fachan）、罗伯特·费恩斯特拉（Roert Feenstra）、尼尔·弗格森（Niall Ferguson）、迈克尔·芬格（Michael Finger）、马克·弗兰德罗（Marc Flandreau）、丹尼斯·弗里恩（Dennis Flynn）、奥代德·盖勒（Oded Galor）、弗兰克·吉尔里（Frank Geary）、迈克·吉布尼（Mike Gibney）、阿图罗·吉拉德兹（Arturo Giráldez）、巴里·古德温（Barry Goodwin）、安·哈里森（Ann Harrison）、马克·哈里森（Marc Harrison）、蒂姆·哈顿（Tim Hatton）、早藤昌浩（Masahiro Hayafuji）、鲍勃·霍尔顿（Bob Holton）、约翰·赫加蒂（John Hegarty）、大卫·赫梅尔斯（David Hummels）、乔·英尼克里（Joe Inikori）、多米尼克·詹金斯（Dominick Jenkins）、罗恩·琼斯（Ron Jones）、木村光一（Koichi Kimura）、赫伯·克莱恩（Herb Klein）、简·托尔·克洛弗兰德（Jan Tore Klovland）、迪帕克·拉尔（Deepak Lal）、菲利普·莱恩（Philip Lane）、A.J.H.莱瑟姆（A.J.H. Latham）、吉姆·利夫西（Jim Livesey）、麦特斯·伦达尔（Mats Lundahl）、安格斯·麦迪逊（Angus Maddison）、康尼·马龙（Connie Malone）、雅克·莫拉尔（Jacques Mollard）、鲍勃·蒙代尔（Bob Mundell）、安托万·墨菲（Antoin Murphy）、帕德雷格·墨菲（Pádraig Murphy）、帕特里克·奥布莱恩（Patrick O'Brien）、劳伦斯·奥菲瑟（Lawrence Officer）、科马克·格拉达（Cormac Gráda）、马塞洛·奥拉雷格（Marcelo Olarreaga）、威廉·奥尼尔（William O'Neill）、波纳丁·E.佩约维奇（Bernhardine E. Pejovic）、大卫·理查德森（David Richardson）、吉姆·罗宾森（Jim Robinson）、伦纳特·舍恩（Lennart Schön）、芭芭拉·索洛（Barbara Solow）、罗伯特·索洛（Robert Solow）、田村锡膏（Yuji Tamura）、彼得·泰敏（Peter Temin）、约翰·特帕斯克（John TePaske）、约阿希姆·沃什（Joachim Voth）、简·德·弗里斯（Jan de Vries）、斯坦·威里兹（Stan Wellisz）和马丁·沃尔夫（Martin Wolf）。我们真诚地感谢

他们和上述国家经济研究局的参与者,以及我们可能无意疏漏的同事们。本书的几节主要来自与其他同事的合作研究,特别是麦特斯·伦达尔和杰夫里·威廉姆森,我们最真诚地感谢他们允许我们这么做。

我们还要特别感谢那些耗费时间阅读手稿中的章节并为我们提供详细评论的同事:鲍勃·艾伦(Bob Allen)、罗斯玛丽·伯恩(Rosemary Byrne)、弗朗索瓦·克鲁泽(François Crouzet)、斯坦利·恩格曼(Stanley Engerman)、塞维克特·帕慕克(Sevket Pamuk)、阿兰·泰勒和杰夫里·威廉姆森。实际上,尼克·克拉夫茨(Nick Crafts)、道格拉斯·欧文(DougLas Irwin)和埃里克·琼斯(Eric Jones)甚至审阅了本书的第一稿,他们反馈的意见和建议有助于大幅度提高本书的水平。为此我们特别感谢他们三人。雷金娜·格拉夫(Regina Grafe)和约尔·莫基尔(Joel Mokyr)迫使我们在本书的关键时刻大幅度强化我们的论点,我们必须对他们深刻而敏锐的评论表示毫无保留的谢意。温妮莎·沙佛(Vanessa Schaefer)是本书早期的细心校对者,也是本书早期手稿的有力批评者。特别感谢安德鲁·奥鲁克(Andrew O'Rourke),他通读了全书接近最终版本的手稿,他锐利的眼光帮助我们在许多方面改进了本书。

几个研究助手协助我们工作,我们应当表示感谢。他们是西尔维·伯格(Silvi Berger)、马克·克莱门特(Mark Clements)、玛利亚·柯伊洛(Maria Coelho)、威廉·海因斯(William Hynes)、保拉·拉布雷西奥莎(Paula Labrecciosa)、帕特里克·莱西(Patrick Leahy)、西比勒·莱曼(Sibylle Lehmann)、罗南·里昂斯(Ronan Lyons)、马修·法姆(Matthew Pham)、阿兰·雷利(Alan Reilly)和西奥多·塔尔伯特(Theodore Talbot)。

还在担任爱尔兰政府高级研究员时,凯文·H. 奥鲁克就开始撰写本书,他感谢"爱尔兰人文社会科学研究委员会"的慷慨资助。其他资助来自都柏林大学三一学院的国际一体化研究所(Institute for International Integration Studies,IIIS)、欧盟下属的"研究训练网络项目"(合同编号为 MRTN-CT-2004-

512439 和 HPRN-CT-2002-00236），我们向它们表示感谢。2006年春天，国际一体化研究所使我们能够在都柏林的关键时刻合作研究。凯文·H.奥鲁克还要感谢阿兰·马修（Alan Matthews）给了他一年停薪假期，用于写作本书，马克·弗兰德罗和巴黎政治大学，以及迈克尔·波尔多提供的资助，又使这一无薪假期有了财务来源。他还要感谢维拉德（Le Villard）和昂特勒蒙谷地（Entremonts Valley）的人们，为他提供了一个适合写作的惬意环境。

特别感谢毛拉·普林格（Maura Pringle），她为本书准备了地图。当我们两位作者在学术上犹豫不决时，她把娴熟的专业技术和非凡的耐心紧密结合起来予以帮助。我们非常感谢布鲁斯·坎贝尔和吉尔·亚历山大（Gill Alexander），他们让我们联系了一位为修改本书做出重要贡献的杰出专业人士。作为制图师，她坚持国家和帝国的疆域和古代遗址的定位必须精确，经常迫使我们回到史料、寻找更好的答案。除了文中提及的许多历史著作外，我们从以下著作中获益匪浅：麦克维迪（McEvedy，1961）、施密特（Schmidt，1991）和权威性的《菲利普世界历史地图集》(*Philip's Atlas of World History*，O'Brien，2002）。我们非常感谢都柏林三一学院的古籍管理员查尔斯·本森（Charles Benson），他把迈克尔·达雷顿（Michael Drayton）的《万福之国》(*Poly-Olbion*）的卷头插画做了标记，并允许我们复制。

T&T产品有限公司（T&T Productions Ltd）的乔恩·温莱特（Jon Wainwright）是一位出色的文字编辑和排字工，对细节一丝不苟，他还是一个富有想象力的解决问题者。我们非常享受与他和詹姆斯·兰姆（James Lamb）一起工作，兰姆不仅擅长编辑索引，而且与乔恩一样，纠正了本书的几个错误。与理查德·巴格利（Richard Baggaley）、普林斯顿大学出版社的艾玛·格林（Emma Green）和卡洛琳·霍丽斯（Carolyn Hollis）一起完成这个项目，也是非常愉快的事。理查德一直是宽宏大量而又催人上进的编辑，我们对他表示诚挚的谢意。就耐心的同事而言，我也想对其他各种项目的合作者表示歉意，他们不得不隐藏在幕后。虽然我们不提及任何姓名,但是他们知道自己是谁,他们必须接受我们的感谢。

最重要的谢词放在最后。我们的妻子简(Jane)和罗丝恩(Roseann)在过去 4 年里默默地支持我们写作,且毫无怨言,我们对此感同身受。我们把这本书献给她们,表达我们的感激、欣赏和爱。

**纽约市**
圣皮埃尔·德恩特里蒙
(Saint Pierre d'Entremont)

# 前　言

本书基于以下信念：如果你不理解世界经济史，就不懂当今世界经济，或者根本搞不懂当今世界。当代全球化及其经济和政治后果不是来自真空，而是来自世界经济几个世纪（如果不是千年的话）的不平衡发展。世界各地不断变化的互动方式不仅通过长期的贸易、移民或投资，而且通过长期的政治和文化依次决定性地塑造了这个过程。本书的主要目的是，一方面理解贸易类型与地区贸易演变之间的双向互动；另一方面理解全球经济和政治的长期发展。

与通常许多书籍一样，本书的首要受益者是作者。如今有关具体国家或地区的经济史论著数不胜数，关于世界历史和世界经济史的著作也迅速增加，专业性更强的国际贸易史论著不胜枚举。这些书的作者，一般只关注某个特定历史阶段或地区。但是，当我们两位作者准备讲授世界贸易史课程，或者撰写这个主题的研究论文时，我们发现，作为经济学家，我们没有地方可以寻找关于这个主题的问题的答案。相反，我们必须熟悉——毫无疑问我们做得还不够——大量高度专业化的学术论著，我们发现在许多情况下，要翻遍同样的史料，寻找与我们目的相关的珍贵信息。我们逐渐认识到，需要一本尽可能提供综合而一体的第二个千年世界贸易历史的书。

即使考虑诸如香料贸易那么明显专业和熟悉的主题，我们也发现迄今没有一部权威的著作。其原因是显而易见的。香料产自印度尼西亚半岛的岛屿上，由波斯人、阿拉伯人、古吉拉特人、葡萄牙人、荷兰人运输它们跨越印度洋,其他各种杂货则运到红海或波斯湾,或绕过好望角的开普敦,被阿巴斯王朝(Abbasids)、法蒂玛王朝(Fatimids)、马穆鲁克王朝(Mamluks)、萨菲王朝(Safavids)和其他中东政权征税,再由威尼斯人或热那亚人继续转运并贩卖到西方,在被英国人、法国人购买之前,通常用白银支付,在这个周期被完成之前,白银必须返回到摩鹿加群岛。这仅仅是考虑香料到达欧洲,在历史上绝大多数时期,白银流入中国和其他亚洲市场则重要得多。没有任何单个历史学家,即使费尔南德·布罗代尔(Fernand Braudel),也无法驾驭这么多必要的专业知识和技巧,以涵盖它所涉及的空间和时间范围;如果这种书想突破狭隘的时间和空间双重限制,那么这毫无疑问是一种冒险行为。

近来其他世界经济史家撰写了论著,尽管我们从他们的论著里学到了很多,但是没有一篇论著提供了我们正在寻求的东西。隆多·卡梅伦(Rondo Cameron,1998)的《世界经济简史:从旧石器时代至今》(*Concise Economic History of the World: From Paleolithic Times to the Present*)比我们仅仅覆盖千年的时间范围长得多。但是,他和格雷格·克拉克(2007a)都没有提供本书关注的贸易和世界各地的互动。珍妮特·阿布-卢格霍德(1989)具有重大影响的《欧洲霸权之前:世界体系1250—1350年》(*Before European Hegemony: The World System A. D. 1250 - 1350*)则只是关注我们这里考虑的互动关系的类型,而时间范围局限于一个世纪,即蒙古治下的和平,尽管这是一个关键的世纪。大卫·兰迪斯(David Landes,1998)在其著作的前言中告诉我们,他的目的是"追溯和理解经济发展和现代化的主流",他把这种主流牢牢地定位于欧洲。虽然我们也必须关注经济增长的过程,但是我们更强调贸易的类型和结构、地缘政治的演变、过去千年里世界首位的动态平衡。

正如他令人印象深刻的贡献的很小一部分所证明的,埃里克·琼斯2003年出版的《欧洲的奇迹》(*The European Miracle*)也是欧洲中心论取向。琼斯从"地理大发现"前后开始,把欧洲相互竞争的民族国家体系与非欧洲的伊斯兰奥斯曼、莫卧儿和清朝比较。欧洲的兴起是该书的主题之一,也是他的主题之一,但是我们的书包含更长的时间,我们的比较单元是第一章所界定的7个区域,而不是欧洲各国和亚洲的三大帝国。琼斯一直是他所说的中国中心论历史学家的"加州学派",特别是彭慕兰(Kenneth Pomeranz,2000)和王国斌(R. Bin Wong,1997)以及安德鲁·贡德尔·弗兰克(Andre Gunder Frank,1998)攻击的目标。我们希望读者认识到,与绑在桅杆上的尤利西斯一样,我们力图避免欧洲中心论的"斯卡拉海妖"和中国中心论的"卡律布狄斯女妖"(希腊神话中该亚与海神波塞冬的女儿,荷马史诗中的女妖),在我们论述除了世界其他地区外,7个区域如何有助于现代世界经济出现互动,尽管互动的程度不一样。

因此我们必须亲自把学者们对过去一千年粗糙而不充分的论述拼接起来。当然这个主题的每个方面都有很多专家,他们的专业知识远远超过了我们,但是我们希望至少能够减轻许多希望总体了解这个主题的人的劳动。此外,世界贸易史只是我们必须承担的任务之一。本书的一些内容会使部分经济学家感到怪异和吃惊,但是对历史学家来说,它完全是老生常谈。本书的特点之一是强调冲突、暴力和地缘政治。当经济学专业的学生首次研究国际贸易时,他们被要求思考A和B两个国家,每个国家都具有一定的生产要素——土地、劳动力、资本等——和把这些资源转化为消费品的技术,以及一套对这些消费品的优先权。这两个国家于是互相贸易,或者不是那样,但是贸易的结果受消费者和生产者影响。如果考虑时间因素,虽然通常不考虑,那么这将允许两个国家逐渐地积累资本、培养新工人,或者受到更好的教育——作为理性的、自由的个人的自愿选择。这种模式中让人感到不快的是利用关税壁垒、配额和其他贸易政策工具,使一部分人或集团(可能是国家)获利,但是降低国内外其他居民的效用。

但愿生活就是如此。正如我们下文要指出的,世界贸易最大的扩张不是来自某些虚构的瓦尔拉斯拍卖人的不流血的文身,而是来自马克西姆机枪的枪管、半月形弯刀的刀刃或游牧民族骑兵的暴行。当贸易需要更多的劳动力时,关于质量/数量权衡,父母的选择常常容易被忽略,因为劳动力一直是被当作奴隶的。通过抢掠或用暴力实施垄断,经济体可以从贸易中获得更多利润。在我们研究的这个时期的大多数时间里,贸易模式"只"能理解为互相竞争的列强之间军事或政治平衡的结果贸易模式。贸易对战争或和平的依赖最终变得如此明显,以致它反映了本书的标题。

因此,政治决定贸易,但是贸易也通过影响国家面临的能力和动机决定了政治。因此,由雅各布·维纳(Jacob Viner,1948)提出的"权力"与"富足"之间的相互依赖关系将是本书的一个重要特色。

正如我们将看到的,没有国际贸易的历史能忽略这些军事探险的原因或含义。虽然经济学家传统上强调和平资源交换的优势,但是我们不要忘记,武力的使用牵涉到稀有资源的分配,把成本和收益强加于那些利用它或反对利用它的人身上,甚至强加于第三方身上。

如果过去两个世纪里,这点显得不太真实的话,那么这是因为工业革命对此后经济史的压倒性影响。19世纪随着这种突破而来的全球化在许多方面都是史无前例的,正如我们将要看到的,也许它最明显的特点就是大量的技术基础(虽然这个时期的帝国主义仍然发挥重要作用,但是它本身在许多方面被新技术所促进)。新技术不仅使市场比以前更紧密地联系在一起,而且拉开了不同区域之间的收入差距,导致初级产品生产区域的边缘化。从此以后,一个大问题是:发展中国家如何才能赶上核心区域?它们可以像一个世纪那样通过利用自然资源优势取得成功吗?或者把它们留给变幻莫测的国际市场,如两次世界大战期间所经历的那样吗?或者它们必须与国际市场分离,如它们在过去几十年里所做的那样吗?这些问题以及西方如何适应印度和中国的崛起等问题已经出现了,因为工业革命带来的不对称影响,因此从根本上说上述问题都是历史学的问题。

反过来,工业革命只有作为一个追溯到中世纪的多重原因的历史过程才能被理解,商品、武士、细菌和技术的国际性流动在这个过程中都发挥了重要作用。纯粹从英国视角叙述"西方的兴起",强调西方的制度、文化属性或天然禀赋等,都是极其不恰当的,因为它们忽略了许多世纪编织出来的西欧与世界其他地区之间广泛的互动网络,这个互动网络是现代经济增长极其重要的突破口。当然我们不是第一个提出这个观点的人,虽然改进这种国际视野的历史学家一直是马克思主义者,但我们不是。像许多主流经济学家一样,我们认为创新性和激励机制是增长的核心,而不是大量的"原始"或其他积累,但这并不是说欧洲的海外扩张必须被写成与此毫不相干。战利品也许没有直接促进工业革命,但是重商主义和帝国主义是工业革命起源的全球背景之一,如扩大市场和确保原材料的供应。因此暴力在形成传统的供求关系运行所需要的经济力量的环境中毫无疑问发挥了作用。

如此看来,当今许多重大区域之间的冲突可以追溯到世界主要地区之间的早期互动。为了理解这种历史,经济学家需要严肃地思考他们经常忽视的另一个主题,即地理。我们所说的"地理"不是指如今假装成"经济地理"的高度程式化模式,在这种模式里,"事前"不加区别的区域都均衡地分布在没有特色的平原上,有笔直的海岸线,呈球体或者六边形,彼此互动,由于一些随机事件产生了影响,这种影响被放大,并且变成永久性的,通过不断增加的利润达到一定规模。当我们说地理时,我们只是指地理:山脉、河流等。如果成吉思汗出生于新西兰,那么他在世界历史上就寂寂无闻。如果爱尔兰控制了到达东南亚的香料的路线,它就可能享有欧洲其他地区缴纳赎金的优势,但是地理从未给予埃及统治者这种机遇。一个寻求直接到达印度商路的欧洲人可能向西航行,并偶然发现美洲,但是没有中国水手会愚蠢到寻找向东到达阿拉伯半岛的道路。世界历史上许多可能的结果都被事先排除了,而不是被事后排除。

在我们的论述中,第二个千年世界历史的三件大事是14世纪的黑死病及其各地的不同应对之策,15和16世纪之交的"地理大发现"和把新大陆融入旧大陆,18和19世纪之交的工业革命。正如我们希望证明的那样,没有任何一个理由足以解释这三大转型阶段的任何一个,更不要说同时解释这三大转型。

第一件大事是由中亚游牧民族建立、其他6个地区巩固并积极参与的"蒙古治下的和平"。西欧人是欧亚大陆第一批到达新大陆的人,但正是非洲人在不自愿的情况下生产了许多出口到旧大陆的商品。工业革命爆发于西欧内部,特别是英国,但是最重要领域的必需原材料则是由美洲的非洲人生产,最终产品则销往全世界。随着西欧及其海外属地的衰退,东亚、南亚和东南亚在停滞几个世纪之后发展速度加快,世界经济继续发展。

在请求读者关注千年历史之前,我们应该提供一下前方地形的简短指导。第一章我们开始考虑基本的方法论问题、第二个千年开始时欧亚大陆和地中海南部沿岸七大"世界区域"的轮廓。这些区域是西欧、东欧、中东和北非的伊斯兰世界、中亚、南亚、东南亚、东亚。这7个区域不仅根据地理位置,而且根据文化和政治史界定,我们简短叙述了每个区域的本质特征。因此我们选择西欧罗马天主教和东欧东正教而不是根据某些地理特点来界定西欧和东欧。我们认为,君士坦丁堡被奥斯曼土耳其人攻陷,标志着拜占庭帝国的残余领土被转移到伊斯兰世界。

但是,在印度尼西亚和马来世界的例子中,我们保留了诸如东南亚、临近的佛教社会的地理特点,而不是随着它们皈依伊斯兰教而把它们归入伊斯兰世界,因为我们相信它们与周边地区的共性多于与埃及或叙利亚的共性。

第二章分析这7个区域与第八个区域(即撒哈拉沙漠以南非洲)之间在第一、二个千年之间的贸易和其他关系。读者可能会吃惊地看到,当时与其他所有区域持续直接互动的就是伊斯兰世界,接着经历了以巴格达、开罗和科尔多瓦为中心的阿巴斯、法蒂玛、倭马亚哈里发的"黄金时代",而当时与其他区域联系最少的就是西欧。第三章广泛地分析概括了1000—1500年世界经济的演变过程。我们在这一章里集中关注的重大事件是"蒙古治下的和平"的形成,在蒙古帝国的保护下,欧亚大陆大部分地区被连接起来,刺激了从大西洋到日本海的长途贸易;黑死病的灾难性后果、蒙古征服引起的"病菌共同市场"打开了黑死病这个潘多拉之盒;此后世界的人口、产量、物价的发展,特别是在西欧和东南亚。

这为伊比利亚半岛发动地理大发现航行搭起舞台,它们对新大陆、欧洲、非洲和亚洲的重要后果,就是第四章论述的内容。我们将详细探索哥伦布远航的重大经济后果,即16世纪出现的世界范围的白银贸易。第五章首先关注重商主义时代,荷兰共和国、英国和法国之间为了争夺世界经济霸权而进行的长期斗争,接着论述几乎同样重要的陆上扩张,从中亚、罗曼诺夫王朝的沙皇帝国到清朝的另一端。本章的重要主题之一是这个时期亚洲在多大程度上仅仅是一个被动的角色,但吸收新的军事技术,并且与欧洲的那些经历具有相似的政治后果;另一个主题是当时的大国所追求的重商主义经济政策。

第六章我们暂时中断对世界贸易的历史描述,仔细考察西北欧,特别是18、19世纪之交的英国,走向现代经济发展的突破性进展。工业革命值得单独占一章,因为本书其他章节都是围绕这个支点展开的。一方面,它开始调集决定未来国际贸易进程的经济力量,直到我们今天;另一方面,它本身又是此前的政治和经济发展趋势的产物。因此我们不认为工业革命像"雅典娜在宙斯的庇护下全副武装"一样是突然爆发的,完全是18世纪晚期和19世纪早期英国北部一群发明家富有创造性想象力的结果。正如我们希望能够让读者明白的,我们认为它是漫长历史过程的顶峰,这个过程涉及世界各地通过贸易和技术转移以及使用武力而发生的互动。这并非否认英国乃至广义上西欧至关重要的贡献,而是提供一个持续而连贯的解释,为什么这个事件的性质是如此转型的,而不是如我们曾经描述过的世界经济史中的又一次"昙花一现"(Goldstone,

2002)。

正如已经注意到的,在一定程度上,关于过去两个世纪的经济史能够被看作工业革命带来的后果:随着新技术逐渐传播到全球各地,不同区域之间收入水平出现"大分流";工业核心地区与生产原材料的边缘地区之间的"大分工";随之而来的核心地区保护农业的压力、边缘地区保护制造业的压力;最后,随着工业革命传播到全球越来越多的地区,这些趋势逐渐放缓了。的确,我们仍在见证两个世纪前发生于英国北部的事件的完全可以预测的后果。但是,这些趋势的演变"不是"一帆风顺的,而是深深地打上了三次大的世界战争的政治烙印:终结重商主义时代的拿破仑战争、第一次世界大战和第二次世界大战。因此,战争继续对国际经济施加深刻而持久的影响,这反映在本书的结构中,在第七至第九章中,每章开始都论述相关的冲突,然后开始追溯它的短期和长期后果。

第七章关注1815—1914年的世界情势。这个时代的政治标志是"英国治下的和平"和欧洲的帝国主义,经济标志是工业革命的新蒸汽机技术,如铁路和蒸汽轮船。这个时期的早期,由于运输成本的急剧下降,各大陆之间大宗商品的产地价格与目的地价格的差异大幅缩小,这是一种新的全球化出现的标志。由于西欧和最终美国和日本也加入其中的工业化国家出口制造品到亚洲、非洲、大洋洲、拉丁美洲,以换取食物和原材料,欧洲还输出资本到这些区域、输出人口到美洲和大洋洲,因此19世纪也是一个"大分工"出现的时代。这个时期结束的标志是"强烈反对"全球化的开始,当时工业强国德国和美国崛起,欧洲大陆的粮食进口国家、拉丁美洲的共和国、大英帝国的殖民地都提高了关税,而新大陆开始不愿意继续接收大量移民。当然,第一次"全球化黄金时代"由于第一次世界大战的爆发而突然悲剧性地结束了。

第八章论及两次世界大战之间的1918—1939年,该时期无论是政治上还是经济上,都残留着第一次世界大战的影响。虽然20世纪20年代企图重建战前的国际经济,但只取得了部分成功;20世纪30年代则饱受"大萧条"退化及其导致的全球化之苦。第二次世界大战及其后果是第九章的主题,重大的政治事件是"美国治下的和平"及其庇护下的多边国际组织的建立,政治转型首先由共产主义的传播引起,其次由社会主义遇到挫折、曾经是欧洲列强帝国领土的第三世界的反殖民化引起。我们强调这些趋势的共同后果是进一步瓦解了世界经济,直到20世纪七八十年代,只有经济合作与发展组织(OECD)自由主义构成了这个普遍规律的区域例外。正是那时,人口众多的拉美、亚洲和非洲开始为世界其他地区的贸易和投资打开大门。从经济上看,20世纪晚期在很大程度上是被新兴独立的国家企图通过"进口替代"政策走向工业化所支配。但是,这个时期也见证了世界产量和贸易由于贸易自由化、工业国家的增长和技术传播到"新兴工业化国家"而空前增加。这最终导致这些国家,特别是中国和印度,工业制造品出口急剧增加,还导致人均收入的巨大差距开始缩小,自工业革命甚至更早以来,这种差距把曾经繁荣的区域与西欧区分开来。第十章也是最后一章,吸取我们延伸的调查教给我们的一些经验教训,我们认为这些经验教训在21世纪初也是相关的。

读者可能已经注意到,我们在世界经济演变的各个连续阶段,而不仅仅是第七至九章所包含的阶段,其分界点绝大多数都是那些突发的重大战争或帝国扩张。每个阶段贸易都在此前重大战争或冲突建立的地缘政治结构内部运行,下一次战争的爆发则将改变原先的地缘政治结构,并为下一个贸易纪元的开启做好准备。世界贸易在这一次又一次的框架缔造和改变中演进。因此,人们自然会怀疑累计的经济和地缘政治紧张关系在每个和平、繁荣、贸易的周期性冲突中达到顶峰,所以战争,而不是外部对世界体系的震动,是它过去千年里演变的固有特性。我们希望,这个过程的大部分内容由于我们的描述而变得清晰,虽然我们坦承第一次世界大战在我们的叙述中似乎显得有些像"解围的凶神"。专家认为19世纪晚期世界经济运行的方式有助于解释第一次世界大战的爆发,但是引发这场灾难的原因仍然存有争议。"如果我们有足够的精力和时间",我们可以做得更好,但是在写作本书的过程中,我们遇到众多的复杂问题,因此我们决定留待他日探讨。

经济学经常被指责是一门帝国主义者的学科,掠夺是我们将在下文考察的许多帝国的根本特点。我们在这方面曾经热情地效法征服者,毫不客气地掠取几代历史学家和经济学家辛勤耕耘的知识。但是,与征服者不同,我们这么做是为了被当地人教化,而不是相反。因此本书的许多内容对任何受过训练的历史学者来说是非常平凡的,但是我们希望它的现有形式将不仅让经济学家、经济史学家、政治学家、社会学家和人类学家感兴趣,而且让对全球化抱有严肃兴趣的广泛群体感兴趣,而且他们像我们一样,想要更好地理解21世纪初的国际经济的起源。如果我们作为经济学家处理证据的方法能增加历史学争论的价值,那就更好了。

虽然我们的学科在每个点上都有严密的证据支持,我们也参考这种著作,包括我们自己的一些著作,但是我们觉得没有必要用大量正式的数学或定量分析增加本书的篇幅,而是使用这种方法得出普通读者感兴趣的结论。坦率地说,尽管我们此前已经花费了很多职业生涯研究它,但写完本书后,我们对世界经济的历史演变理解得更深刻了。

---

**关于日期的注释**

君主和其他统治者姓名,如噶尔丹(Galdan)之后的日期是指他们在位的起止时间。普通人的姓名,如齐里亚伯(Ziryab)之后的日期是指他们的生卒日期。

# 目　录

**第一章　导言:地理和历史背景/1**
　西欧/3
　东欧/10
　北非和西南亚:伊斯兰世界/14
　中亚(或内亚)/24
　南亚/28
　东南亚/32
　东亚(中国、朝鲜和日本)/35

**第二章　千年之交的世界经济/40**
　伊斯兰世界的黄金时代/45
　中国:宋朝的经济奇迹/57
　印度洋和东南亚贸易/62
　皮朗(Pirenne)命题/65
　东欧:北欧海盗纽带/68
　西欧的经济/74

## 第三章　1000—1500 年世界贸易：成吉思汗的经济后果/80

1000—1350 年地中海和黑海的贸易和战争/81

1000—1350 年印度洋和南中国海/90

1000—1350 年"蒙古治下的和平"和陆上贸易/93

黑死病前夕的欧亚大陆/100

黑死病/102

1350—1500 年西欧与东欧的贸易/110

1350—1500 年"蒙古治下的和平"之后的陆路贸易/114

俄罗斯的兴起/116

1350—1500 年中东、地中海和国际贸易/117

1350—1500 年东南亚和中国/123

中世纪后期香料贸易的量化分析/129

## 第四章　1500—1650 年世界贸易：旧大陆的贸易与新大陆的白银/131

葡萄牙、大西洋和印度洋/133

西班牙、葡萄牙和新大陆/145

太平洋和东亚/154

荷兰崛起为世界贸易霸主/161

1500—1650 年俄罗斯、瑞典和波罗的海/173

"商业时代"的东南亚/180

绕过好望角的航线、威尼斯和中东/189

白银、丝绸和香料/195

## 第五章　1650—1780 年世界贸易：重商主义时代/210

大英帝国的崛起：贸易、掠夺和殖民/212

重商主义、商业竞争和英荷战争/221

英国、法国和荷兰共和国/227

英国和法国：商业扩张和"第二次百年战争"/229

印度：莫卧儿帝国的瓦解和殖民统治的变化/244

东南亚和"商业时代"的终结/255

清朝/264

中国的海外贸易/265

中国与俄罗斯的陆路贸易/273

结论/281

**第六章　贸易与工业革命/288**

工业革命期间的贸易/301

贸易、海外扩张和工业革命/307

为什么是英国？为什么是欧洲而不是亚洲？/320

结论/336

**第七章　1780—1914年世界贸易：大分工/338**

战争与革命/339

大革命与拿破仑战争：短期影响/342

大革命与拿破仑战争：长期影响/345

工业革命与运输技术/352

大宗商品与赫克歇尔-俄林效应/358

19世纪的帝国主义/361

19世纪的贸易政策/370

1815—1914年商品市场一体化/378

互补性要素流动与大边疆/382

贸易与全球劳动分工/386

贸易、热带边疆与"大分流"/389

贸易条件/399

结论/401

**第八章　1914—1939年世界贸易：去全球化/404**

第一次世界大战/404

战后余波/410

两次世界大战间隔期的商业政策/418

运输成本/430

世界贸易量/432

价格趋同与分化/436

经济大萧条、世界贸易的崩溃与发展中国家/440

奥斯曼帝国的崩溃/445

结论/447

## 第九章 再全球化:历史视角下的 20 世纪后期/449

第二次世界大战/449

地缘政治后果:共产主义、冷战和去殖民化/452

大西洋经济的逐渐重建:1950—1970 年/464

政策分化:1945—1980 年/468

再全球化:1980—2000 年/471

国际运输成本/477

开放的趋势:量化和价格/480

剖析专业化大进程/487

20 世纪晚期的开放与趋同/490

结论/500

## 第十章 21 世纪初的全球化/502

全球化的未来:经济挑战/509

全球化的未来:政治挑战/513

**参考文献**/521

**译后记**/522

# 第一章

# 导言：地理和历史背景

本书的主题是过去一千年里世界贸易类型和结构的演变。如果我们用"世界贸易"表示今年或过去几年,那么它具有清晰而明确的含义。组成单元是单个主权国家,"世界贸易"是指穿越边界而流通于它们之间的商品和服务。单个"民族国家"或"国家"可以多种方式分类:地理上以大陆或气候带为基础,或按照人均收入水平的"发展阶段",或根据各自的生产要素配置。因此我们把进入世界贸易的商品分类,如"初级产品""制造品"或"资本密集型"和"劳动密集型"产品,与地理或国家的特点联系起来,这就是"世界贸易的类型和结构"的意思。

正是当我们转向这种"世界贸易结构和类型"的长期演变问题时,一系列问题就出现了。这种演变的起止点在哪里?如果政治边界变动了,正如它们经常那么做的,那么在终点存在而起点不存在的"国家"或者起点存在而终点不存在的"国家"如何界定呢?选择的时间范围越大,这个问题就越尖锐,一千年是一段非常长的时间。毛洛(Mauro,1961)在一篇有影响的论文中提出了解决这个问题的大胆方法,他为早期近代世界贸易研究提出了"洲际模式",用区域之间输入-输出模型,记录一定时期内洲际商品和贵金属流动情况。用假设不变的地理实体大陆取代容易消失的民族国家，克服政治边疆变化带来的问题。在文章结尾，毛洛显然诱发了两次世界大战之间《国际科学委员会论价格史》(*International Scientific Committee on Price History*，Cole and Crandall，1964)的宝贵著作，该著作收集了几个国家的价格资料，希望这种协作努力可以充实早期近代贸易模型，并假设也可以这么研究其他时代的贸易。虽然这个愿望还未实现，但是本书将采取毛洛的基本组织结构。我们虽然忽略区域之间商品和服务的流通，但重点关注国际和洲际流通。

但是，正如刘易斯和韦根(Lewis and Wigen，1997)的标志性著作的标题所显示的，作为划分地球表面固定而不言自明的观念，大陆本身就带有一定的神秘性。他们创造了有用的术语"元地理学"(1997：9)，意思是"一套空间结构，人们通过它建立他们关于世界知识的秩序"。除了熟悉的"大陆"例子外，元地理学的例子还包括世界发达国家与发展中国家之间的"南-北半球"划分，和"冷战期间"第一、第二、第三世界的划分。虽然大洋洲、非洲、南北美洲和南极洲以明确的地理边界而成为独立的物理实体，但是欧洲与欧亚大陆其他临近地区的区分就是武断的。经常被引用的乌拉尔山脉从来不是一个有效的屏障，俄罗斯是在欧洲还是亚洲，或者两大洲，成为长期争论的问题。的确，书写欧洲东部边界是欧洲大陆领袖们有时面临的一个非常棘手的政治问题。

但是，为了我们的目的，对地球表面进行某种分类显然是非常重要的。刘易斯和韦根(1997：13)提出了"世界区域"的概念，即"多国家集群，不是由假想的实体分离(如大陆)，而是(理论上)以重要的历史和文化联系作为定义的基础"。我们在下文将以7个"世界区域"来涵盖欧亚大陆、撒哈拉以北非洲，它们是：(1)西欧、(2)东欧、(3)北非和西南亚、(4)中亚或内亚、(5)南亚、(6)东南亚和(7)东亚。这些区域不仅根据地理分界线，而且更为重要的是，还根据社会、政治和文化分界线加以定义和区分，这些分界线既把它们彼此分开，又赋予它们一定的连贯性和统一性。由于政治和文化的分离，因此区域内部比各区域之间的经济一体化更加发达：按照大卫·诺思拉普(David Northrup，2005)的说法，正如人们适应各地的环境一样，第一千纪的终结标志着世界各区域之间的文化和政治分化力量开始被趋同的力量所取代。[1]

我们从一开始就把自己的研究范围局限在"非洲-欧亚大陆",因为我们关注的是洲际和区域之间的贸易,(而且)在 14 世纪 90 年代欧洲发现新大陆之前,美洲和大洋洲与世界其他地区是没有贸易往来的。另外,尽管没有将撒哈拉以南非洲作为一个单独的区域分析,但我们将在适当时候考虑上述七个区域与此区域之间的贸易流动。我们承认,我们著作中的前面几章是"以欧亚为中心的",这是一个缺憾,也是一个因作者自身知识有限而不可避免的缺憾。

此外,如果公认推测性的、但又不可或缺的由麦克维迪和琼斯(McEvedy and Jones,1978)主编的《世界人口历史地图》(*Atlas of World Population History*)中的数据可信,那么公元 1000 年时,我们讨论的 7 大区域拥有世界大部分人口。我们从他们著作中得到的人口数据是:西欧 2 500 万,东欧 1 500 万,伊斯兰世界 2 800 万,中亚 900 万,南亚 7 900 万,东南亚 900 万,东亚 6 700 万(仅中国就占 6 000 万)。这使欧亚大陆在公元 1000 年的人口为 2.32 亿,而当时世界人口仅有 2.65 亿。因此,我们论述的 7 大区域占当时世界人口近 90%。我们将按照 15 世纪 90 年代之后世界经济的演变,扩充和调整"世界区域"的名单。

### 西欧[2]

我们用这个名词指欧亚大陆最西端,大致从波兰、匈牙利和以前的捷克斯洛伐克等当代民族国家的东边起,也包括大西洋和地中海沿岸的所有岛屿(见图 1.1)。东部边界的选定反映了与罗马天主教会和拉丁文本《圣经》有关的文

---

[1] 按照费尔南德兹-阿梅斯托(Fernández-Armesto,2006)的说法,这些分流和趋同的力量重叠了"至少 1 000 年"。本特利(Bentley,1996:750)也"通过考察世界各民族在参与超越个别社会和文化区域的过程"而提出了世界历史分期。对他来说,1000 年后的几个世纪的"跨文化互动是按照不同动力进行的",他称 1000 年后的几个世纪是"跨区域游牧帝国时代",并最终开启了现代世界。

[2] 本节的史料包括巴勒克拉夫(Barraclough,1976)、巴特利特(Bartlett,1990)、比彻(Becher,2003)、布萨尔(Boussard,1976)、柯林斯(Collins,1991)、麦克柯米克(McCormick,2001)、麦克维迪(1961)、麦克吉特里克(McKitterick,1995,Part Ⅰ and Ⅱ)、墨菲(1970)、奥布莱恩(O'Brien,2002)、罗伊特(Reuter,1999,Part Ⅰ and Ⅱ)和里奇(Riche,1993)。

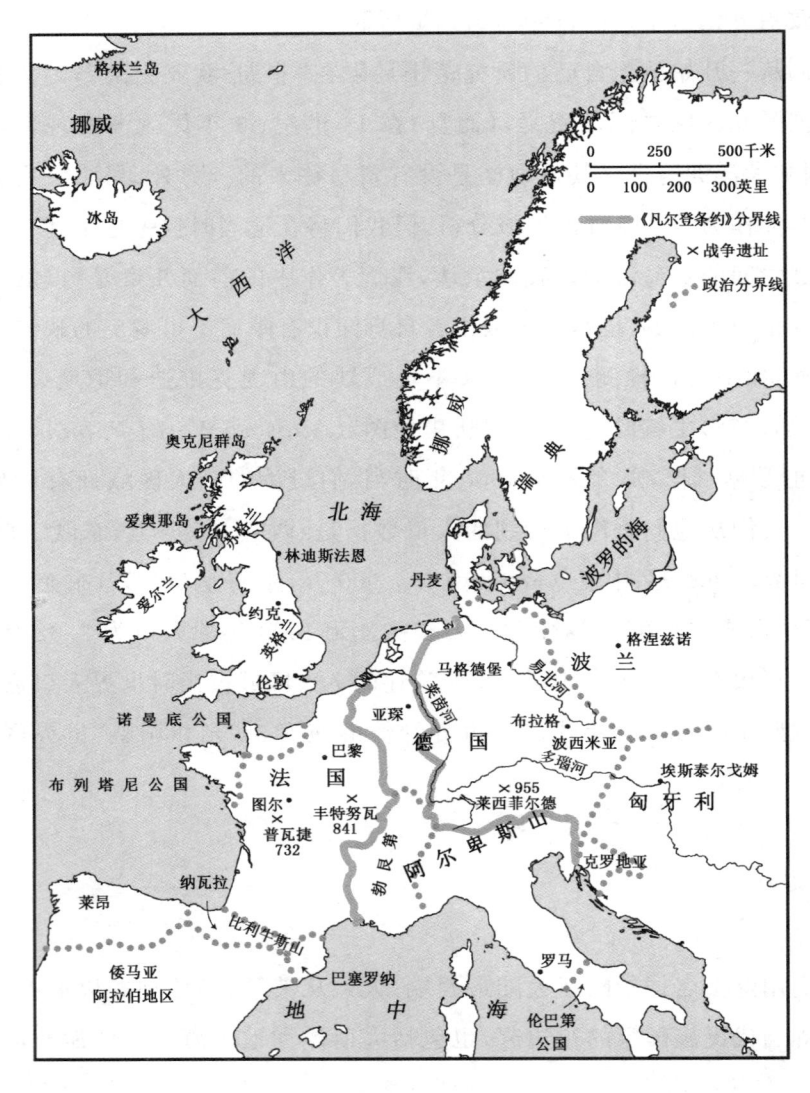

图 1.1 西欧

化影响的程度。因此，我们这里的西欧包括西斯拉夫民族波兰人和捷克人，不包括东斯拉夫民族俄罗斯人、南斯拉夫民族塞尔维亚人。虽然匈牙利人的民族和语言都有别于拉丁基督教世界其他地区，但基于他们与罗马天主教会的宗教隶属关系，我们这里的西欧也包括匈牙利人。因此，我们的东西欧分界线取决于基督教东、西分支的传统在塑造两个地区政治和社会组织方面的差异。从语言上看，我们对西欧的界定包括所有的罗曼语族，除了罗马尼亚（语）外，所有的日耳曼语和凯尔特语、波兰语、捷克语和斯洛伐克语、拉脱维亚和立陶宛语、巴斯克语、芬兰语和匈牙利语。

从地理上看，这个区域拥有许多一直被关注的自然条件优势。按照罗德斯·墨菲（Rhoads Murphey，1970：87）的说法，最重要的优势也许是海岸线与陆地的比例比其他大陆高。西欧也有海平面最低和面积最大的平原（Ibid.，90）。它享有与纬度有关的温和气候，这得益于墨西哥湾暖流。从大西洋延伸到乌拉尔山的"欧洲大平原"土地肥沃、作物产量高。分别注入波罗的海、北海、大西洋和地中海的众多河流不仅降低了运输成本，而且使各地市场连成一片。耸立在半岛中央的山脉为高山峡谷里的牲畜提供了有价值的林地和草地，利用那些连接南部地中海、北部波罗的海和大西洋沿岸的通道，人们可以穿越这些山脉。与此同时，埃里克·琼斯（2003）已经注意到，该区域有大量的天然屏障——仅列举3个名字：阿尔卑斯山、比利牛斯山、英吉利海峡，使得通过武力实行政治统一非常困难。最后，墨菲（1970：90）注意到，西欧是"欧亚大陆形成的一个大三角""陆地漏斗的尖嘴"，东方对西方的各种影响都是沿着它而来。①

从历史来看，罗马帝国的文化、法律和行政组织以及罗马天主教会的教义和仪式传统塑造了这个区域，它不仅包括罗马直接统治的南部，而且包括4、5世纪被日耳曼各部落所占领的罗马帝国北部地区，甚至包括起初根本不属于罗马帝国的地区，特别是爱尔兰、苏格兰和斯堪的纳维亚。古代晚期"南部"传统与北部入侵者的精力和尚武精神结合起来，其最终结果是加洛林帝国的建立，它的版图从大西洋和比利牛斯山延伸到易北河和多瑙河，换句话说，正如我们所界定的，其版图包括在除了伊比利亚和斯堪的纳维亚半岛之外的西欧大部分陆地。但是，以800年法兰克统治者查理曼（Charlemagne）加冕为神圣罗马皇帝为标志的政治统一并未持续很久，帝国就分裂为许多互相争斗的王国和封建领地。

查理曼的祖父是墨洛温王朝的"宫相"查理·马特（Charles Martel）。732

---

① 关于最后一点，参见戴蒙德（Diamond，1997）。

年,查理·马特在普瓦提埃战役中打败从西班牙来的入侵者阿拉伯人,标志着阿拉伯人渗透欧洲的极限。查理·马特的儿子是"矮子"丕平(Pepin the Short),751年,丕平废除了墨洛温王朝的末王,自称法兰克国王。768年,查理曼继承丕平的法兰克王位。他对撒克逊人发动了一系列军事进攻,以武力迫使他们皈依基督教,他还打击来自中亚、在中欧建立了基地的游牧民族阿瓦尔人。阿瓦尔人被彻底消灭了,他们抢掠的大量财富被查理曼分配给基督教会和随从。当罗马教皇请求查理曼帮助他反对意大利北部的伦巴第人时,查理曼率领军队翻越阿尔卑斯山,废除了伦巴第的统治者,感激涕零的教皇为查理曼加冕为"法兰克-伦巴第国皇帝""神圣罗马帝国皇帝"。814年查理曼去世,他的儿子"虔诚者路易"接掌帝国,其间政局有些不稳,路易840年去世,帝国传给他的长子罗退尔(Lothar)。罗退尔对整个帝国的权力要求遭到两个弟弟(即西部的"秃头"查理和东部的"日耳曼"路易)的严峻挑战。841年,在丰特努瓦河战役中,罗退尔被两个弟弟联手彻底打败,虽然他保留了皇帝的头衔,但被迫把帝国一分为三。

843年,查理曼帝国被《凡尔登条约》从北向南垂直分为毗邻三块,这经常被认为标志着西部的法国、东部的德国等民族国家兴起的开端,正如里奇(1993:168)富有想象力的说法,提供了"现代欧洲的出生证"。从北海延伸到意大利的中间地带就是拥有皇帝头衔的罗退尔的领地。987年,加洛林家族终于绝嗣,它在法国的统治由加佩王朝所取代,在德国的统治则被萨克森家族的奥托王朝所取代。

查理曼帝国鼎盛时期的版图无疑给人留下了深刻印象。按照比彻(2003:118)的说法,它的面积为100万平方千米,由180个主教区、700座修道院、750块王室地产、150座宫殿、近700个行政区组成。但是,鉴于可以获得的技术和资源,对如此广袤的领土实行统一的中央集权管理是不可能的。宫廷不能永久停留在都城亚琛,而必须整年从一个地方巡游到另一个地方。行政区受伯爵管辖,公爵则有时监管一群伯爵。中央政府企图通过派遣"密使"加强控制,王室礼拜堂的教士则负责起草外交信件和行政档案。9世纪末帝国瓦解后,公爵和伯爵甚至更低等级的地方首领，都越来越开始独立地行使权力，他们只以较松散的封建附庸关系维系在一起。这种趋势在帝国西部（今天法国）表现得特别明显。

在帝国的东部或德国，国家在更大程度上维持了统一。911年，加洛林王朝的末代国王去世。918年，萨克森公爵亨利取而代之，开创了持续到1024年的奥托王朝。这个时期的德国是一批大公国——如萨克森、巴伐利亚、法兰克尼亚、图林根和施瓦本——组成的邦联。正如巴勒克拉夫(1976:111)注意到的，这些占据统治地位的公爵家族大多数是传统上忠于中央政权的帝国边防军指挥官的后裔。他们愿意从这些家族中选举或任命"同侪中的第一个"，维护各家族的利益，共同反对蛮族和其他敌人。在奥托大帝（Otto the Great, 936—973年）的漫长统治下，德国显然是欧洲最强大的国家，在955年的里奇菲德战役中，取得了对东斯拉夫人（特别是）和匈牙利人的胜利，东斯拉夫人和匈牙利曾经抢掠周围地区几十年。

像查理曼一样，奥托也曾为了保护教皇征伐意大利，于962年被教皇加冕为"神圣罗马皇帝"，这个头衔保留到1806年被拿破仑废除为止。尽管这个头衔有威望，但它实际上只是意味着意大利北部被添加到奥托及其后继人统治的德国领土之中，还意味着对德国和意大利的其他诸侯国和城市产生重要影响。此外，这个头衔还使它们陷入与教皇之间、围绕主教职权和"政教分离"有关问题的长期斗争之中。

尽管奥托王朝对意大利的这些征战充满传奇色彩，但还是难逃被口诛笔伐的历史命运，其主要罪状就是它在东部平原对异教徒斯拉夫各部落实施的冷血镇压和铁蹄扩张政策。正如两个世纪前法兰克人对撒克逊人所做的那样，撒克逊人以自己的方式征服和强迫斯拉夫人皈依基督教。通过沿着"边区"建立军事要塞，驻扎军队和设立主教区，其中最重要的是马德堡，帝国的边界不断向东扩张。983年斯拉夫人大起义暂时打断了扩张，但是经过一代之后又恢复了。取得教会支持是奥托王朝的一个重要政治技巧，不仅提高了他们在边境的控制力，而且提高了他们在各公国中的影响力。1002年，还未通过与拜占庭公主联姻而实现东部与西部帝国重新统一的宏伟蓝图，奥托大帝的孙子、年仅 21 岁的奥托三世就离世了。1025 年，撒里王朝继承了奥托王朝的权势。

反映奥托王朝 10 世纪成功的一个显著发展是，波希米亚和波兰的西斯拉夫人各族接受了罗马天主教，里奇菲德战役后不久，以前的游牧入侵者匈牙利人也步他们的后尘皈依了罗马天主教。波希米亚的捷克人，居住在易北河支流伏尔塔瓦河谷，于 10 世纪早期在德意志帝国的压力下皈依了天主教，随后在其都城布拉格设立了主教区。波希米亚从此作为德意志帝国的一个公国，与巴伐利亚息息相关。波兰皮雅斯特王朝的统治者米斯科一世（Mieszko the First）于 966 年皈依天主教，他精明地置王国于罗马教廷的保护之下，以防完全被德意志帝国支配。他的后继者是被称为"勇敢者"的波列斯瓦夫（Boleslaw Chrobry）一世，他一面维持与帝国的紧密关系，一面四处征伐其他斯拉夫人，扩大领地范围。公元 1000 年，奥托三世（Otto the Third）帮助波列斯瓦夫一世把格涅兹诺建成大主教区。同样在公元 1000 年，未来的圣斯蒂芬（Saint Stephen）加冕为匈牙利国王，他曾经于 995 年跟随其父格扎（Géza）皈依天主教，并建立埃斯泰尔戈姆大主教区。所以，到 1000 年，罗马天主教的东部边界已经达到了极限，只有普鲁士人、波罗的海沿岸居民和芬兰人还未皈依。

我们现在往西看看不列颠群岛，它以北海和英吉利海峡与欧洲大陆分离，因此发展特点与欧洲稍有不同，但也反映了同样广阔的历史进程。自公元前 1 世纪"哈德良长城"把英格兰与苏格兰的皮克特人分离以后，英格兰就被并入罗马帝国。罗马对英格兰的影响很大，如道路网络的建立和像伦敦和约克这样的城市中心的繁荣。但是到 5 世纪初，罗马军团被迫撤走，不列颠群岛被日耳曼人中的盎格鲁人和撒克逊人、来自丹麦的朱特人入侵和占领。当地的不列颠人被驱赶到威尔士和西部其他地区，甚至跨越英吉利海峡，来到布列塔尼。

到 6 世纪末，英格兰实际上分裂为 6 个互相争斗的盎格鲁-撒克逊王国。虽然入侵者都是异教徒，但是不列颠群岛西部边缘地区，尤其是爱尔兰，基督教得以延续和传播，罗马帝国统治不列颠时期曾经派遣圣帕特里克（Saint Patrick）等到此传教，广纳信徒。563 年，爱尔兰的圣克伦巴（Saint Columba）来到苏格兰的艾奥纳岛,情况发生了逆转。从这个基地出发,凯尔特传教士在苏格兰和英格兰北部传播福音,建立了诸如诺森伯利亚北部的林迪斯法恩等中心。这种比较突出的角色被以下事实所证实:8、9世纪,爱尔兰也许是欧洲人均书籍出版数量最多的地方(Buringh and van Zanden,2006),尽管它后来变成了一潭死水一样的地方。但是,英国重建与欧洲大陆联系的关键是,597年罗马教皇大格列高利(Pope Gregory)决定派遣以奥古斯丁(Augustine)修士为首的传教团前往英国传播基督教信仰。一个早期成功例子是肯特的异教徒国王皈依了基督教,这也许是因为他娶了一名法兰克基督教徒公主。奥古斯丁变成了首任坎特伯雷大主教,到686年,所有盎格鲁-撒克逊王国都皈依了基督教。

8世纪,由于北海和波罗的海贸易的扩大,这些盎格鲁-撒克逊王国走向繁荣。它们的国王从贸易、贡物和抢掠中聚敛财富的程度,从1939年在萨顿湖发掘的著名船葬财宝中可见一斑。这些统治者假称的基督教信仰并未阻碍他们残酷的争夺,最终"麦西亚霸权"(Mercian Supremacy)建立,终结了列国的战争。在8、9世纪大部分时间里,中部的麦西亚王国建立了对其他王国的霸权。奥法国王(King Offa,757—796年)以铸币数量多、质量好著称,他以主持公共工程(如著名的防止威尔士人的屏障"奥法大堤")和与同时代并视他为对手的查理曼大帝通过谈判而签订的贸易条约著称。这个时期,盎格鲁-撒克逊英格兰所取得的文化成就不仅体现在730年左右令人敬仰的比德(Venerable Bede)所撰的《英国教会史》(*Ecclesiastical History of the English People*),也体现在另一位伟大的学者型教士约克阿尔琴(Alcuin of York)的经历中。

9世纪,丹麦的维京人开始掠夺英国,他们最初只是抢掠修道院和沿海城镇,后来占据英国东北部被称为"丹麦区"的广大领土,建都于约克。他们遭到威塞克斯国王阿尔弗雷德(King Alfred of Wessex,871—899年)率领的英国人的顽强抵抗。阿尔弗雷德最后打败了维京人,通过条约把他们的势力局限于丹麦区内。他的后继者终于收复了所有失地,到1000年,实现了英国的统一。965年,丹麦国王哈罗德·布鲁图斯(Harold Bluetooth)皈依基督教,不久,挪威的奥拉夫·特里格沃森(Olaf Tryggvason)和瑞典的奥鲁夫·斯科托朗(Olof

Skötkonung)也皈依了基督教。丹麦人随即以武力返回英国，1035—1066年，哈罗德之孙卡纽特(Canute)统治英国。

这段历史纲要就是希望证明，我们现在所谓的"西欧"兴起于罗马帝国和罗马天主教会与凯尔特人、日耳曼人、斯拉夫人教会的融合。这种融合被上述阿尔琴的经历所证明。阿尔琴在约克教会学校接受教育。781年，当查理曼前往罗马的途中驻扎于帕尔马时，阿尔琴拜访了他，从此变成了查理曼最有影响的顾问，而都尔的圣马丁修道院院长则致力于修订书面拉丁语（加洛林体拉丁语）《圣经》标准版本。这为加洛林帝国境内的信息传播和储存提供了一种方法，便于整个西欧更有效地传播宗教和世俗知识(Blum and Dudley, 2003)。始于500年左右法兰克国王克洛维皈依基督教的历史过程，终结于第一千纪最后一个世纪捷克人、波兰人、匈牙利人和斯堪的纳维亚人皈依基督教。

## 东欧[①]

为了我们现在的目的，西欧的东部边界将大致与俄罗斯、白俄罗斯、乌克兰、巴尔干半岛（见图1.2）的边界一致。塑造东欧的主要文化影响是拜占庭帝国和希腊正教教会，所以我们所称的东欧还将包括现在土耳其的全部地区，因为它是首都位于君士坦丁堡（现在的伊斯坦布尔）的拜占庭帝国的核心地区。东部边界以及中亚或内亚的临近世界，将随着俄罗斯的农耕地区和北方的狩猎-采集的森林地区与游牧民族的草原之间的变化——打破军事实力平衡——而变化。正如我们所定义的，它是一块非常广袤的大陆地区，极端气候很常见。它以部分可航行的大河著称，如顿河、第聂伯河、把黑海与里海连接起来的伏尔加河。除了巴尔干半岛上的山脉外，主要山脉是乌拉尔山和高加索山，把这两个内陆海之间的地峡连接起来。

第一个俄罗斯国家是所谓的"基辅罗斯"，首都在基辅的一个松散的联盟。

---

① 本节史料包括克里斯蒂安(Christian, 1998, chapter 13, 14)、富兰克林和谢泼德(Franklin and Shepard, 1996)、霍伊特希(Hoetzsch, 1996, chapter 1)、麦克维迪(1961)、奥伯兰斯基(Obolensky, 1957)、奥布莱恩(2002)、罗伊特(1999, Part Ⅲ)和维纳斯基(Vernadsky, 1948)。

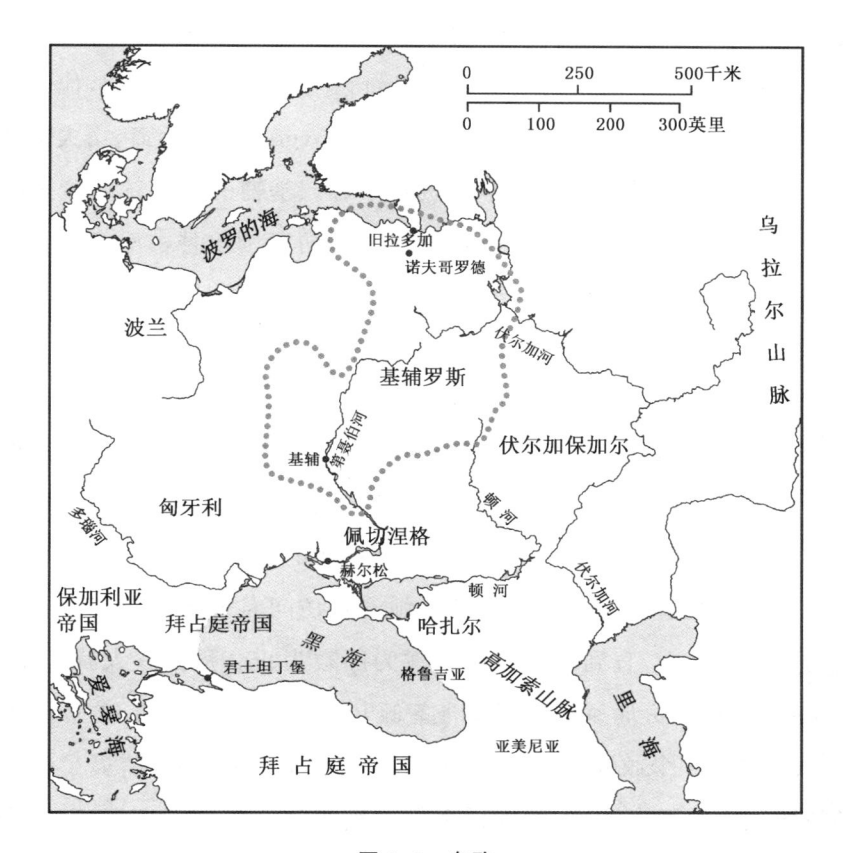

图 1.2 东欧

罗斯是斯堪的纳维亚的维京人,受到战利品、军队唯利是图的本性和以毛皮、琥珀和奴隶换取拜占庭和伊斯兰世界的奢侈品和白银的诱惑而来到东边。他们形成了一小撮武士贵族,统治大量斯拉夫农民。在基辅与北部诺夫哥罗德公国之间,基辅罗斯垄断了连接波罗的海到黑海和里海之间的河流和港口的商路。但是,基辅罗斯一直不得不与草原上强大的游牧民族(如保加尔人、佩切涅格人、哈扎尔人)斗争,以控制这些贸易商路,他们还不得不保护自己的定居农业人口免受这些掠夺者的劫掠。

俄罗斯人和其他斯拉夫人最初是拜占庭帝国北部的蛮族。通过熟悉的文化适应逻辑,他们受到更先进的文明的影响。8、9世纪,巴尔干半岛的塞尔维亚人和保加尔人皈依了基督教,988年,基辅罗斯大公弗拉基米尔(Vladimir)接受洗礼,并娶了拜占庭皇帝的妹妹,这个日子比十月革命在俄罗斯历史上的地位还重要。弗拉基米尔的王朝就是留科维奇(Rurkovichi)的王朝,他可能就是神秘的维京人诺夫哥罗德的留里克(Rurik of Novgorod)的后裔,诺夫哥罗德是斯堪的纳维亚人在俄罗斯北部最早的贸易中心。基辅的首任统治者是某个奥列格(Oleg,882—912年),他于907年和911年两度围攻拜占庭帝国。但是他的确取得了与帝国的贸易权利。继奥列格统治基辅的是伊戈尔(Igor,912—945年)大公,伊戈尔本来是奥列格的一名扈从。虽然他声名远播,但是伊戈尔的统治并未取得任何持久的成就。945年伊戈尔去世时,他的儿子斯维亚托斯拉夫(Svyatoslav)还是一个被叛乱部落扣押的婴儿,国家被伊戈尔的遗孀奥尔加(Olga)所统治,直到962年,年轻的大公终于成年。奥尔加是一位睿智而可怕的统治者,不仅镇压了对伊戈尔之死负有责任的部落叛乱,而且以提高中央集权程度为基础改革了贡物收集制度。她亲自访问君士坦丁堡,皈依基督教,但是坚持基辅的独立,直到基辅定基督教为国教为止。拜占庭人犹豫不决,促使她与奥托大帝成功地举行谈判,准备皈依罗马天主教。斯维亚托斯拉夫(962—972年)是一个顽固的异教徒,他统治时期,四面出击,消灭了哈扎尔草原上各游牧民族的强大帝国,积极插手保加利亚和巴尔干半岛事务,联合他们反对拜占庭帝国。他在征服巴尔干返回基辅的途中被佩切涅格人伏击而亡。

斯维亚托斯拉夫去世时,他的3个儿子都在重要城市和地区充当他的副手。驻扎在诺夫哥罗德的弗拉基米尔,由于得到维京人和土耳其雇佣兵的帮助,从而确保在与其兄弟争夺王位的斗争中获胜。他继续执行父王的支持异端的政策,尽管基督教在子民中传播开来了。最终他认识到异端没有前途,公然考虑除了正教之外,把伊斯兰教和罗马天主教也作为未来国教的选项。当拜占庭新皇帝巴塞尔二世(Basil II,976—1025年)急切地敦促弗拉基米尔为他提供镇压内部叛乱的军事援助时,这个事情得以最终解决。诱因是皇帝的妹妹安娜(Anna)嫁给弗拉基米尔,当然,前提是他同意接受洗礼。

在10世纪皇家婚姻市场上,一位拜占庭诸如安娜那样的紫衣贵族是奖赏。她甚至拒绝了奥托大帝儿子——未来的奥托二世——的求婚,奥托二世不得不接受另一位"不是生来的紫衣贵族"的公主。弗拉基米尔派遣一支维京人雇佣兵前往君士坦丁堡,很快平息了拜占庭境内的叛乱。巴塞尔现在企图食言,劝诱弗拉基米尔攻取克里米亚的战略港口城市赫尔松,再由弗拉基米尔把它作为"新郎的彩礼"送给他,最后他才让公主出嫁,让弗拉基米尔皈依基督教。弗拉基米尔的皈依相当于整个俄罗斯民族的皈依,因此使斯堪的纳维亚、波希米亚、波兰和匈牙利等地出现的一系列事件确定下来了,这是10世纪后期欧洲历史最具特点的一页。弗拉基米尔着手建造大量的教堂、开展慈善工作和促进教育。1015年,弗拉基米尔去世,13世纪被封为圣徒。

东欧另一个强大的早期国家是保加利亚帝国,它给拜占庭帝国带来了严峻的挑战,虽然它的教会组织和文学文化都完全来自拜占庭。保加尔人讲突厥语,定居于多瑙河下游地区,统治着当地的斯拉夫农民。811年,在异教可汗克鲁姆(Krum)统治下,他们打败了拜占庭的军队,杀害了皇帝,把他的头盖骨做成酒杯。虽然在西部遭到日耳曼人和塞尔维亚人的抵制,克鲁姆及其继承人仍征服了巴尔干半岛大部分地区。

但是,拜占庭的文化吸引力、政治和军事影响太强大,在鲍里斯一世(BorisⅠ,852—889年,907年去世)统治下,保加利亚人于869年皈依了基督教。这个决定的一个重大后果是保加利亚采用西里尔字母和斯拉夫宗教仪式,它们最初是修士西里尔(Cyrillic)和默多狄(Methodius)为摩拉维亚的捷克国家创立的,但是捷克因为喜欢拉丁教会仪式而拒绝使用。摩拉维亚的损失不仅是保加利亚的收获,而且是整个斯拉夫希腊正教教会的收获,因为它给予它们的语言独立于拜占庭的希腊语,这是一笔价值连城的政治财富。与西欧拉丁字母相反,所有希腊正教斯拉夫民族使用的西里尔字母是它们之间持续至今的文化差异。虽然它们都皈依了基督教,但是巴尔干人与南部俄罗斯之间的冲突一直是激烈的,这种冲突不仅存在于东正教徒之间,而且存在于日耳曼人和北部、西部的波兰人之间,以及与东部的异端和穆斯林游牧民族之间。

鲍里斯一世征服了马其顿,取得了巴尔干半岛通往爱琴海的出口。他的儿子西米恩一世(SimeonⅠ,893—927年)的统治被认为是这个国家历史上的鼎盛时期。他自称保加利亚人和罗马人的沙皇,以对抗拜占庭皇帝。他几度围攻君士坦丁堡,但是都没有攻陷这座伟大的城市。拜占庭人通过把匈牙利人、佩切涅格人、俄罗斯人引入保加利亚领土而遏制了西米恩。1018年,曾经使弗拉基米尔皈依基督教的巴塞尔二世毁灭性地击溃了保加利亚人,并因此得名"屠杀保加利亚人的屠夫"。

至此我们已经看到,到公元1000年,拜占庭帝国已经在俄罗斯和保加利亚牢固地建立了自己的继承国。9世纪,塞尔维亚皈依了希腊正教,而邻居克罗地亚则皈依了罗马天主教,这种分歧一直延续至今。我们现在转向叙述阿拉伯哈里发政权的兴起过程,这是另一个可以视为"继任国"的实体,不过完全属于不同的类型。

## 北非和西南亚:伊斯兰世界[①]

这是今天一般被称为"中东"的地区(见图1.3)。它是伊斯兰世界最核心的地区,当没有含义混淆时,我们也将使用"伊斯兰世界"这个名称。它包括地中海南部沿海地区、尼罗河谷地、黎凡特、美索不达米亚、阿拉伯半岛、伊朗高原和阿富汗等所谓的"肥沃新月"地区。这个地区大部分是干旱或半干旱地区,降雨极少而且不定期。另外,千年以来,尼罗河、底格里斯河和幼发拉底河流域是土地肥沃而高产的农业地区。真正的沙漠从来都是荒无人烟,但是半沙漠地区却支撑了草原游牧千年。这个地区最有价值的自然资源是它相对世界其他地区的位置,特别是在欧洲的地理大发现航行之前。欧洲只是在地中海对面,隔着直布罗陀海峡,距离非常短;伊朗和阿富汗直接与中亚连接,因而从陆上商路可以到达中国;印度既可以从海路到达,也可以沿着莫克兰和俾路支海岸的陆路到达印度河口,或者通过克伯尔山口;来自印度尼西亚群岛的香料和中国的产品可以被运输到波斯湾和红海,或被当地消费,或被转运到欧洲谋利;在跨撒

---

① 本节史料包括弗莱彻(Fletcher,1992)、霍兰尼(Hourani,1991,Part Ⅰ)、肯尼迪(Kennedy,1986)、刘易斯(Lewis,1993)、麦克维迪(1961)、奥布莱恩(2002)、德普兰诺(de Planhol,1959)、罗宾森(Robinson,1996)和沙班(Shaban,1976,1978)。

哈拉沙漠驼队贸易中,来自西非的黄金可以交换食盐,从而流通于伊斯兰世界,或者被出口到欧洲或中亚。

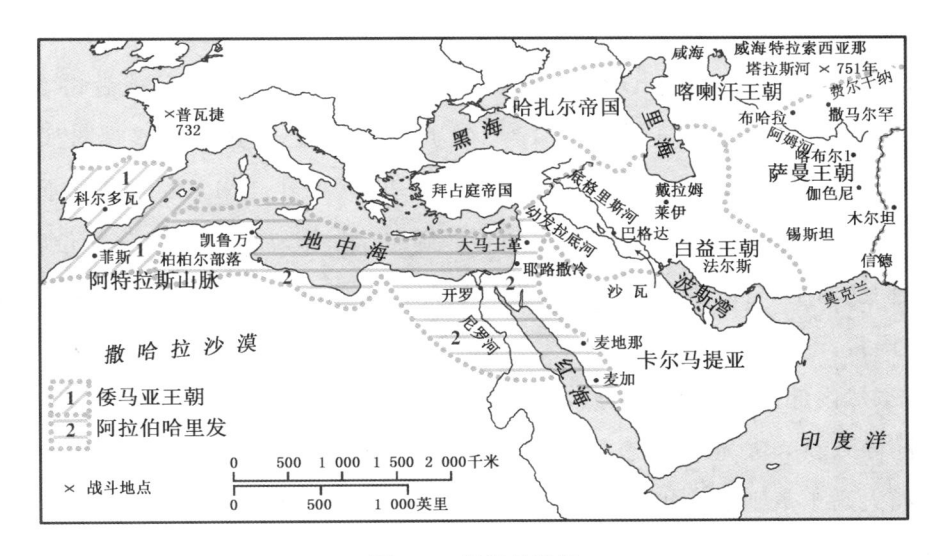

图 1.3 伊斯兰世界

7世纪伊斯兰教在阿拉伯半岛兴起。随着伊斯兰教的传播,阿拉伯人迅速征服整个中东显然是世界历史上最具有决定意义的事件之一。伊斯兰教和阿拉伯语是从大西洋沿岸到喜马拉雅山连接成伊斯兰世界的强大的统一的文化力量。古典古代、拜占庭和萨珊波斯的行政和国家治理方法的遗产都被新兴的伊斯兰教王朝所吸收。阿拉伯和波斯文化的融合形成了一种创造性的新综合体,影响了社会各个阶层。新的作物和思想从印度和东南亚引入。正如基督教化的日耳曼和斯拉夫部落,中亚地区伊斯兰化的突厥各部日益强大,逐渐在诸伊斯兰国家中占据了军事优势。

早期征服的成果被倭马亚王朝的哈里发稳固并发展,从661年到750年,倭马亚王朝的都城大马士革是伊斯兰世界的中心。大马士革可能是世界上最古老的城市,是直到拜占庭为止的大多数古代帝国的省会。大马士革位于贾巴尔·卡西姆(Jabal Qasiyun)山东部。浇灌阿尔古塔(al-Ghutah)富饶绿洲的溪流就发源于贾巴尔·卡西姆山。这些绿洲就是城市的果园,那里有各种果树,接近那些为它们提供作物的平原地区,大马士革作为驼队贸易的枢纽,战略位置和经济实力都吸引了倭马亚王朝。他们修筑了古代的堡垒,在基督教教堂的遗址上修建了"大清真寺"等建筑杰作。艾什托(Ashtor,1976a:13)引用了一个估计,720年,叙利亚的人口约400万,其中阿拉伯人约为20万,或者占5%左右。据说,1350年大马士革的人口为10万,当时它"已经过了鼎盛时期"(Watson,1983:133)。鼎盛时期是阿布·阿尔-马里德(Abd al-Malik)及其继承人阿尔-瓦利德(al-Walid,705—715年)和希沙姆(Hisham,724—743年)在位时期,在他们统治下,行政管理以及铸币发行更趋中央集权化,阿拉伯语变成了国内行政语言。

虽然内部冲突越来越激烈,但是伊斯兰世界经济繁荣,东方的大批作物被引种,导致新兴大城市出现,从西班牙的科尔多瓦到突尼斯的凯鲁万、埃及的开罗,而大马士革则继续扩大。阿拉伯军队跨越中亚的阿姆河,710年占领了布哈拉和撒马尔罕,751年在塔拉斯河战役中打败了唐朝军队,进入费尔干纳盆地,这是他们到达东方的极致。印度的信德省和旁遮普的木尔坦也于8世纪初被征服。继最初征服2/3拜占庭帝国和整个波斯萨珊王朝后,阿拉伯人相继征服这些地区。阿拉伯人还控制了黑海与里海之间的地峡的南部,包括第比利斯和德尔本特的一些城镇。750年,阿拉伯帝国的版图从大西洋沿岸的阿加迪尔延伸到中亚的阿姆河和印度的印度河流域。

在如此广袤的领土上建立统一的行政管理系统显然是不可能的。但是如何控制被征服地区呢？一种可行的方法就是在当地人口中安插阿拉伯统治者,允许他们分别征税以维持生活。如果实行这个方法,那么阿拉伯精英人口很可能被他们所统治的不同地区的社会文化所同化,正如在诺曼底和俄罗斯的维京统治阶级所发生的情况那样。第二任哈里发欧麦尔(Umar,634—644年)采取了另一个影响深远的措施:把阿拉伯人集中于设防的驻军城市,他们依靠中央政府拨付的现金军饷维持生活。由于穆斯林被豁免了大多数税收,因此这形成了一种皈依阿拉伯征服者宗教的矛盾态度。各地的共同体因此相对自由地管理自己的事务,无需官府的干预,当然,前提是他们缴纳了非穆斯林的吉兹亚

(人头税)和哈拉吉(土地税)。由于以前拜占庭和萨珊波斯的土地已经商品化了,因此这套制度运行良好。

另一个重要益处是通过把驻防城市连接起来,阿拉伯人不仅保持了自己的语言和文化,而且使被征服地区的人口逐渐学习阿拉伯语言和文化。不利之处是新的阿拉伯统治阶层除了镇压内部叛乱和抵御外敌入侵之外,可能完全变成"食租者"。最终这种关键性的军事功能越来越转移到专业化的突厥或其他外国出生的军事奴隶手中,这对哈里发来说是一个非常不利的后果。

750 年,阿巴斯王朝通过暴力推翻倭马亚王朝,取而代之,它改变了哈里发政权的阿拉伯部落特点,走向更正式的、官僚化和中央集权化的波斯模式。他们还给予大量皈依伊斯兰教人口("毛拉")更多生存空间,毛拉是城市工商业阶级的主要代表。由于较少强调征服和军事行动,因此经济活动显著加速了。阿巴斯王朝第二任哈里发曼苏尔(Mansur,754—775 年)把巴格达建成新王朝的都城。曼苏尔及其子孙马赫迪(Mahdi,775—785 年)、哈伦·赖世德(Harun al-Rashid,786—809 年)都是能干的统治者,得到一批有能力的库塔布或秘书的协助,其中最突出的是伊朗的巴尔马克家族。行政和军事机构被彻底分离。巴格达周围肥沃的沙瓦(Sawad)地区以 1/2 至 2/3 税率的农产品直接税为基础,带来了大量收入;埃及也是重要的税收贡献者。这些收入能够供养一支适当规模的军队,维持国内秩序,同时与拜占庭作战。但是,巴尔马克家族在掌管国库方面的巨大成功和他们的奢华生活方式招致传统利益集团的嫉恨,结果成了牺牲品,它的首领被哈伦残忍地处死,以安抚反对派。

随着 809 年哈伦去世而来的一系列危机使国家的前途一片黯淡。他的儿子阿敏(Amin)继承了哈里发,按照继位顺序下一个应该是稍微年轻的马蒙(Ma'mun),他被任命为呼罗珊和伊朗其他省的总督。但是,几个兄弟及其部属很快就陷入争端,血腥的内战随之爆发,马蒙率领的东部军队围攻巴格达一年多,813 年,阿敏被他兄弟的支持者处死。马蒙的将领塔希尔(Tahir)指挥军队帮助他夺取了权力,所以马蒙不得不封赏他独立而世袭地统治呼罗珊,虽然塔希尔承认阿巴斯王朝的最高宗主权。

下一个哈里发穆塔西姆（Mu'tasim，833—842年）放弃将衰败的巴格达作为都城，在底格里斯河上游兴建了新都城萨马拉，直到889年，都城才重新迁回巴格达。在某种程度上，穆塔西姆的动机是在那些能够获得土地和其他财产权益（如商业特许权）的地方建立一支由突厥"古拉姆重骑兵"组成的"新模范军队"，摆脱过去与巴格达的关系包袱和羁绊等。这支专业化的常备军目的是取代之前阿拉伯和伊朗的业余士兵组成的民军"呼罗珊民兵"（Khurasaniyya）——该政权以前依靠的主要军事力量。作为军事和财政改革的一个深远后果，过去领取服役报酬作为军饷的做法已被废止。帝国统治者还接纳了一种新的宗教正统，宣称《古兰经》是"有生命力的"，因此对它的解释要不断变化，而不是一成不变的真主永恒之言。

842年穆塔辛西姆去世后，阿巴斯王朝取得过短暂的成就和成功，但是长期趋势是衰落。主要原因似乎是难以筹集或维持国家统一所需要的收入。休·肯尼迪（Hugh Kennedy，1986：189）说，直到马蒙统治时期，阿巴斯王朝早期，沙瓦每年能带来1亿迪娜姆收入，但是到阿尔穆塔迪尔（al-Muqtadir）统治的918年，国家收入下降为3 000万。其他经济繁荣地区，如埃及和法尔斯等，大多被当地权力控制了，中央政府无法直接征税。937年，一个连年混战的军阀为了阻止对手的进军，故意切断了沙瓦的水源——纳赫拉万（Nahrawan）大运河，从而将几个世纪的运河工程毁于一旦，这对伊拉克的经济繁荣造成最后一次重击（Ibid.，199）。

10世纪，哈里发国家沦为伊朗军阀白益王朝（Buyids，941—1055年）的"保护国"，该家族得名于他们是里海地区出身卑微的渔夫"白益"（Buyeh）的后裔。为该家族的幸运奠定基础的三兄弟分别在法尔斯、赖伊和巴格达掌权，但是以家族联盟形式聚集财富，互相支持。他们的权力基础是从里海以南的故乡戴拉姆（Daylam）征募的步兵和突厥古拉姆重装骑兵构成的军队。这使其能够控制阿巴斯王朝的哈里发及其秘书联盟阶层，尽管阿巴斯王朝统治者继续保留着精神领袖的地位。虽然成了逊尼派阿拉伯哈里发的"保护者"，但是白益王朝具有支持什叶派的宗教情感，并表现出对当地波斯人和萨珊王朝王室习俗的亲和力,从而增强了阿巴斯政权赋予自己的波斯成分的重要性。白益氏族军官被授予封地,他们可以享受从土地获得的收益,但是要提供兵役作为回报。封建体系由此建立,在这个体系中,他们自己的地位类似于墨洛温王朝的宫相或后来日本的幕府将军。从总体上看,他们的政权是非常高效的,法尔斯的行省的经济非常繁荣。因此,巴格达及其周围地区的衰落并不意味着整个伊斯兰世界或阿巴斯王朝也同样在走向衰落。但是,白益王朝存在财政不平衡问题,一方面,军队无休止地索取财富,另一方面国家创造必要收入的经济生产能力有限。这导致其财政体系非常脆弱,很难经受外来打击和威胁的考验。哈里发和他们的"保护者"在11世纪最终被新兴的塞尔柱突厥人所灭亡。

阿拉伯帝国不仅中心地区冲突不断,而且由于王位争夺、宗教分裂和天然的离心倾向,帝国最初的统一很快就开始瓦解。因此到9世纪,北非出现了许多独立的王朝,如摩洛哥的伊德里斯(Idrisids)王朝(788—974年)和突尼斯的艾格莱卜(Aghlabids)王朝(800—909年)。伊德里斯王朝的创立者来自沙里夫(Sharifs,先知的后裔)家族,他们在发动反对阿巴斯王朝的叛乱失败后从麦地那逃亡北非。他的血统吸引了柏柏尔部落的追随,柏柏尔人帮助他修建菲斯(Fez),并将其作为新王国的都城,吸引来自东部和西班牙的阿拉伯移民。艾格莱卜王朝由哈里发哈伦·赖世德授予其伊夫里恰(Ifriqiyah,突尼斯和阿尔及利亚东部)的军事总督的世袭封地演变而来,该封地每年交纳4 000第纳尔给哈伦·赖世德。这个王朝的都城是凯鲁万,后来发展成为宗教和文化中心。艾格莱卜还入侵并最终占领了西西里,洗劫了罗马的郊区。

在伊朗东部和河中地区,塔希尔王朝(Tahirids,822—873年)、萨法尔王朝(Saffarids,877—900年)和萨曼王朝(Samanids,874—999年)几乎都是完全独立的边疆国家,只不过名义上归属于巴格达的阿巴斯哈里发。除萨法尔王朝外,这些王朝的缔造者有伊朗血统,原先都是阿巴斯王朝的官员。萨法尔王朝的建立源于锡斯坦行省爆发的多少带点社会革命性质的起义,其缔造者是一个铜匠,他带领一批宗教异见人士和海盗推翻了塔希尔王朝。以布哈拉为统治中心的萨曼王朝不仅富庶而且管理得井井有条。突厥人的伽色尼王朝(961—

1186年)以阿富汗的伽色尼和喀布尔为基础,通过牺牲阿巴斯王朝和作为王朝实际统治者白益(Buyid)的利益,把他们的影响向西扩大到伊拉克边境。999年,另一个突厥王朝喀喇汗王朝取代了布哈拉、撒马尔罕和河中地区的萨曼王朝,统治到1211年。因此,东部模式是阿拉伯阿巴斯王朝大多数有效权力先是给了他们的伊朗臣民,最终落入突厥人手中,这些突厥人或者是入侵阿巴斯帝国的外来部落,或者本来就是该帝国军队的组成部分。

这个过程在埃及看得非常清楚,那里的突厥军事总督艾哈迈德·伊本·图伦(Ahmad ibn Tulun)于868年变成了实际上的统治者。伊本·图伦修建了宏伟的清真寺,至今在福斯塔特(即古开罗城)仍然享有盛誉,他还拓展了该城的疆域,为他的军队提供了更多的营地和商业优惠政策。在漫长的埃及历史上,他似乎是最开明的统治者之一,改善灌溉、减免农民税收、大力支持领地内的经济发展。据说伊本·图伦年收入达到400万第纳尔,当他把埃及的统治权交给后代时,他的国库遗留了1 000万第纳尔。在905年图伦王朝衰落并被阿巴斯王朝重新控制之前,他肆意挥霍的儿子已经把国家引入实际上破产的境地。但是阿巴斯王朝的复辟很短暂,因为阿巴斯的突厥军事总督建立的伊赫希德王朝(Ikhshidids)于935年攫取了权力。在一个极其能干的维齐尔卡富尔(Kafur)的监督下,这个王朝实际上延续了图伦王朝的政策,卡富尔显然是具有苏丹血统的黑人宦官。

在这些敌对王朝中,最重要的是法蒂玛王朝,在柏柏尔人的宗教异见首领带领下,它于909年推翻了突尼斯的艾格莱卜王朝。法蒂玛王朝的基础是伊夫里恰,大致相当于今天突尼斯,而此前的城市凯鲁万被他们大幅扩建了。他们还在第一个首都马赫迪耶建立了一个大港口和海军基地,为了反对穆斯林和基督徒敌人而在那里组建了一支舰队。巩固了权力基础后,法蒂玛王朝于969年征服了埃及,并从伊赫希德加以控制。得胜的法蒂玛王朝将军乔哈尔(Jawhar)也是突厥奴隶出身,修建了伟大的都城凯鲁万,或者我们所称的开罗,它位于福斯塔特北面,成为巴格达的有力竞争者。

法蒂玛王朝是什叶派中的伊斯玛仪派信徒,自称是阿里和先知女儿法蒂玛后裔,是真正的"伊玛目"。因此他们认为阿巴斯王朝是非法的篡位者,在征服埃及后,他们自称哈里发。他们不仅对阿巴斯王朝发动战争,开启教派争端,而且成功地使利润丰厚的印度洋贸易从波斯湾转移到红海。随着埃及财政收入剧增和通过红海的对外贸易的有力扩大,他们拥有把开罗建成壮观的都城的资源,并且维持一支由柏柏尔部落武士、苏丹人军团和突厥奴隶士兵组成的强大的军队,从而挑战阿巴斯王朝、在叙利亚和巴勒斯坦的拜占庭帝国。虽然他们认同狂热的伊斯玛仪派的什叶派意识形态,但是法蒂玛王朝对其他教派和宗教信仰相当宽容和开放。他们还依靠大量的犹太教徒和基督教徒顾问,如维齐尔雅各布·伊本·基里斯(Yaqub ibn Killis)就是在伊拉克皈依的穆斯林,曾经为伊赫希德的卡富尔服务,对埃及法蒂玛王朝的行政管理产生了巨大的影响。虽然实际上是一个政教合一国家,但是法蒂玛帝国常常被它的军事首领所控制,这些军事首领来自不同的种族和宗教派系。

公元 1000 年,法蒂玛王朝控制的地区包括北非大多数地区、包括麦加和麦地那的阿拉伯半岛西部、包括大马士革和耶路撒冷的叙利亚和巴勒斯坦南部。但是,这种情况并未持续下去。当法蒂玛王朝着手征服埃及时,他们把伊夫里恰转交给被称为兹里德(Zirids)的柏柏尔人盟友手中。这个王朝是未来北非地区一系列柏柏尔人王朝的第一个,起初他们忠诚地服务法蒂玛王朝,按照数量缴纳收入,但是到 11 世纪中期,他们与主人断绝了关系,开始实行独立的政策。法蒂玛王朝的对策是把愤怒发泄在西边的贝都因游牧部落巴努·希拉尔(Banu Hilal)身上,根据伊本·赫勒敦(Ibn Khaldun)的记载,这就像"蝗灾"一样破坏了乡村,这些土地似乎从此一蹶不振。阿拉伯游牧部落不能建立任何持久的国家,这为强大的柏柏尔人的阿尔摩拉维德(Almoravids)王朝的出现提供了契机。对法蒂玛王朝来说,这些后果是严重的,因为他们的帝国现在局限于埃及和部分叙利亚地区,即使在叙利亚,他们也面临复兴的拜占庭和几个伊斯兰竞争者。此外,精神状态不稳定的哈里发阿尔-哈基姆(al-Hakim,996—1021 年)由于放纵地破坏了耶路撒冷的圣墓大教堂引起了基督教世界的公愤,而不知不觉地招致了一个世纪之后的第一次十字军东征。法蒂玛王朝及其对手阿巴斯王朝和拜占庭帝国,都将遭受来自欧亚大陆政治舞台西边的两股新势力带来的痛苦,这两股新势力很快就会出现:塞尔柱突厥人和法兰克十字军。

千年之交,我们可以在伊斯兰世界的西端看到一个正达到鼎盛时期的西班牙伊斯兰政权。阿拉伯人最初的征服始于711年,由丹吉尔总督、新近皈依柏柏尔人的塔里克(Tariq)率领7 000左右柏柏尔武士发动。他们打败了西哥特国王罗德里克(Roderick)的军队,俘虏并杀死了罗德里克。倭马亚王朝的伊夫里恰总督率领庞大的阿拉伯军队则加强了入侵者的力量,到714年,当这两位领袖都被召回到大马士革而且再也没有返回时,西班牙大部分地区被占领。安达卢西亚(在穆斯林统治下,伊比利亚半岛的该地区在阿拉伯语中的名字)的殖民似乎更多是当地的创意而不是来自倭马亚都城的中央政府指示。基督徒人口只要缴纳税收,就可以在自己的教士指导下从事宗教活动。那些抵抗过入侵的城市的土地则被分配给阿拉伯人和柏柏尔人,阿拉伯人一般居住在城镇里,依靠地租生活,许多柏柏尔人则像在故乡一样饲养绵羊。少数犹太人被集中于城市地区,似乎比以前基督徒统治时期过得更好。穆斯林开始遭受来自阿拉伯人与柏柏尔人内部冲突、阿拉伯部落之间的冲突之苦。北非和西班牙的柏柏尔人叛乱只能依靠来自叙利亚的新兴阿拉伯军队平息,这就以牺牲安达卢西亚的柏柏尔人为代价而加强了阿拉伯人的力量。

750年阿巴斯家族以暴力手段推翻倭马亚王朝,倭马亚王朝年轻的阿布德·拉赫曼(Abd al-Rahman)王子逃往北非。他的杰出祖先为他赢得了阿拉伯人和柏柏尔人的追随,使他能够迅速取得西班牙的权力,对原有各派系施加统一的影响。以都城科尔多瓦为核心,拉赫曼一世(755—788年)建立了一个富庶而强大的国家,以他统治时期建立的宏伟宫殿和清真寺为象征。他的宫廷变成了不同教派的阿拉伯人和逃避阿巴斯帝国的波斯人的避难所。与基督徒之间的东北-西南边界线变得稳定了,不过双方戍边军队仍互相刺探军情或发动突然袭击(732年查理·马特在普瓦提埃打败阿拉伯人,有效地终结了阿拉伯人入侵法国领土的企图)。后来的统治者基本上保持了这种酋长国的地位,只是随着埃米尔个人能力的强弱而略有变化。在拉赫曼三世(912—961年)统治下,其成就达到了顶峰,他于 929 年自称梦寐以求的哈里发。他的政权核心是一支主要由斯拉夫奴隶士兵组成、只忠诚自己而独立于任何派系的军队。他还建立了一套有效的中央集权官僚制度。

拉赫曼三世漫长而辉煌的统治历经 50 年终于结束了。他的儿子哈卡姆二世(al-Hakam Ⅱ,961—976 年)和孙子希沙姆二世(976—1009 年)都软弱无能,国家的实权掌握在重要元老和历史上被称为"恐怖的曼苏尔"的大政治家手中,他把持王朝直到 1002 年去世。曼苏尔取得了一系列战胜基督教邻国的伟大胜利,如攻陷巴塞罗那、莱昂、布尔戈斯,烧毁了圣地亚哥-德孔波斯特拉的神龛,把它的青铜钟带回科尔多瓦的清真寺。他还取得了对北非法蒂玛王朝的胜利。但是,他的所有成功、奢华和残忍,导致他儿子的强烈反弹。他儿子鲁莽地自称是哈里发希沙姆二世的合法继承人。长期反对倭马亚王朝依赖柏柏尔军队的阿拉伯宫廷显贵、斯拉夫雇佣兵、犹太教和基督教行政官吏都被激怒了,他们掀起叛乱,于 1009 年杀死了他。但是,他们不能维持国家的统一,国家很快陷入四分五裂,被各行省总督和被称为"泰法斯"或"派系王"的军阀所统治,"泰法斯"的名称从 1031 年使用到 1091 年科尔多瓦哈里发被正式废黜为止。毋庸赘言,对他们的基督教敌人来说,强大的倭马亚政权分裂成众多互相争夺的小国家是天上掉馅饼,基督教徒迫不及待地抓住了这个有利时机。安达卢西亚对北非的控制也被彻底削弱了,柏柏尔人的阿尔摩拉维德王朝不久将逆转跨越直布罗陀海峡霸权的方向。

因此,11 世纪也可以看作东部的阿巴斯王朝、西部科尔多瓦的倭马亚王朝和中部的法蒂玛王朝三大哈里发政权的重要转折点。阿巴斯王朝的权力丧失给伊朗人,最终丧失给塞尔柱突厥人;安达卢西亚被马格里布的柏柏尔人、伊比利亚半岛北部的基督徒所挤压;法蒂玛王朝由于在东部败于叙利亚、西部败于北非,因此他们的伊斯玛仪什叶派世界帝国的千年美梦也破灭了。

## 中亚(或内亚)[①]

这是欧亚大陆最大的内陆,南部疆界是高耸的山脉,北部疆界是北极冻原(见图 1.4)。该区域按水平方向被划分为森林(所谓"针叶林")、草原和沙漠带。首要的生态区域是草原,自远古以来,它就是游牧民族的故乡。中亚的东部和西部边界随着东部中国和朝鲜定居文明的边界、西部俄罗斯和伊朗的边界的变化而变化。总体来说,中亚地区东西长约 6 000 英里,南北长近 3 000 英里(Sinor,1990:19)。它大致包括以下地区:吉尔吉斯斯坦、塔吉克斯坦、土库曼斯坦、哈萨克斯坦和乌兹别克斯坦;蒙古国;中国内蒙古自治区、西藏自治区和新疆维吾尔自治区(Hambly,1969:xi)。

游牧与定居民族之间的相互依赖是历史上最持久的主题之一。经济制度是互补的,从谷物和手工业品与马匹和骆驼以及动物产品等的交换中互惠互利。但是,骑马的游牧民族的机动性一直使抢劫定居人口的农村和城市成为一种公开的选择。另外,直接征服通常会导致人数较少的游牧民族被被征服人口所同化和吸收。希腊人和罗马人不得不与西徐亚人和帕提亚人斗争,而匈奴人、阿瓦尔人和匈牙利人则抢掠中世纪的欧洲。汉朝长期投入与匈奴的战争,公元 3 世纪汉朝灭亡后,各种突厥王朝统治了中国部分地区。

这是哈尔福德·麦金德(Halford Mackinder,1904)爵士在其著名论文题目中称为"历史的地理枢纽"的区域。他认为,由于持续面临入侵,这块欧亚大陆"腹地"是控制新月地区的东部、西部和南部"边缘地带"的枢纽。在他看来,通过欧洲的地理大发现,腹地对"边缘地带"的支配受到遏制,但是没有终结。铁路的发明打开了中国与俄罗斯之间腹地一体化的可能性,因此再次取得对"边缘地带"的支配地位,并且通过控制海洋而终结了英国统治世界的时代。[②] 但

---

[①] 本节史料包括巴托尔德(Barthold,1968)、克里斯蒂安(1998,chapter 10,11)、戈登(Golden,1998)、汉布列(Hambly,1969)、拉蒂摩尔(Lattimore,1973)、麦克维迪(1961)、奥布莱恩(2002)和塞诺尔(Sinor,1990)。

[②] 然而,正如利奥波德·埃默里(Leopold Amery)在皇家地理学会宣读的一篇文章前瞻性地指出的那样,到了第二个千年后期,谁拥有了制空权,而非制地权或制海权,谁就能成为新世纪的霸主。

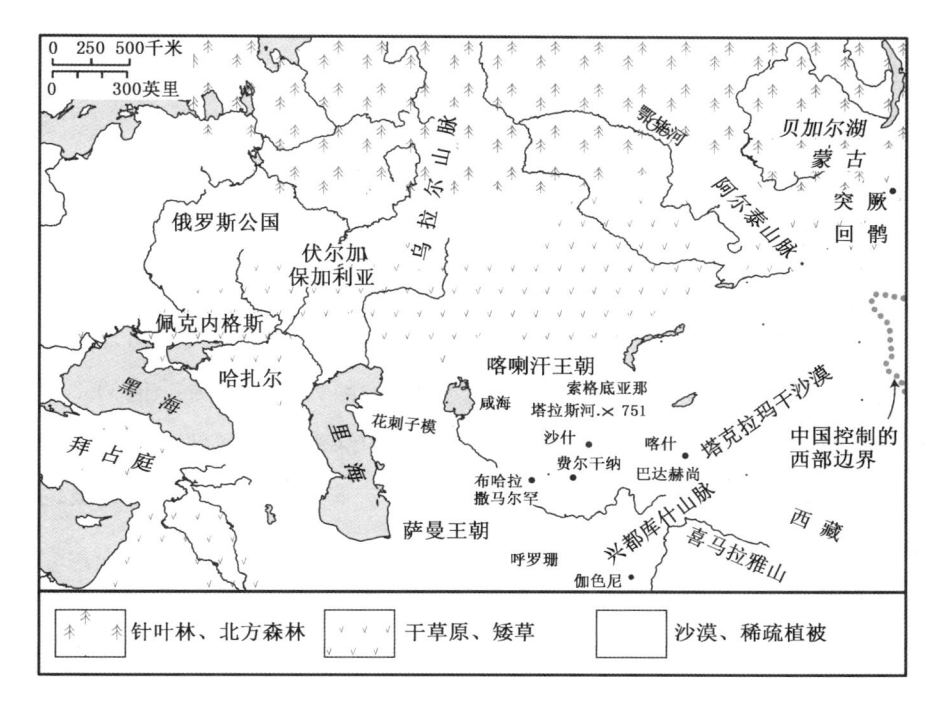

图 1.4 中亚

是，在公元 1000 年，游牧民族最大的入侵——蒙古侵略——还没有出现。

中亚不能仅仅被当作游牧民族突然在边境入侵和平定居文明浪潮的舞台。它在千年里也是互相隔离的农耕地区之间商品、技术革新、艺术形式和宗教流通的十字路口。"丝绸之路"在千年里不仅让中国的丝绸、瓷器和技术向西传播，而且把摩尼教、聂斯托利派基督教、伊斯兰教和佛教传播到中国、朝鲜和日本。向过境骆驼商队征税通常比公然打劫的利润更加丰厚。但更加有利可图的是，通过武力从中国源头得到丝绸，然后向西开展转手贸易。这正是 6 世纪草原游牧帝国成功做到了的事情。

这就是所谓的"第一突厥帝国"，它在 6 世纪下半期达到了鼎盛。从语言上看，草原民族是阿尔泰语系的一部分，该语系又可以细分为突厥语和蒙古语两支。建立这个帝国的民族被称为"蓝突厥"，因为天空的蓝色含有"天国"或"神圣"的意义。他们是阿史那氏族的部落联盟，被其他部落承认占支配地位，并提供部落联盟的最高统治者可汗,他的副手被称为叶护。部落有铁器加工的传统,这也许以他们祖先在阿尔泰山的铁矿为基础。他们的主要军事力量是披甲骑兵,而铁器加工业正好可以为之提供装备。

当他们兴起时,中国还未统一,最强大的国家是汉化的游牧民族建立的北魏,北魏之后被分裂成都城在长安的西魏和都城在洛阳的东魏。通过施加军事压力,突厥人能够以非常有利的条件,用马匹交换到大量丝绸。这些丝绸然后转手给丝绸之路上西边的粟特人或其他商业民族,由于突厥人成功地控制了向西通往萨珊波斯和拜占庭帝国边界的所有道路,因此获利巨大。他们不想直接统治任何地区或民族,而只是对丝绸之路沿线的绿洲城市和部落行使松散的最高宗主权。即便如此,这个王国的领土也非常广袤,以致它被分为高级的东支和低级的西支。当中国在短暂但强盛的隋朝(581—618年)重新统一时,这个帝国就衰落了,因为隋朝的军事力量能够重新控制草原。新兴唐朝的精力充沛的皇帝在这个方面完成了隋朝的工作,突厥帝国声称的对丝绸之路全程的最高宗主权也转移到中国手中。

对丝绸之路最高支配权的下一个竞争对手是阿拉伯帝国的哈里发。阿拉伯军队迅速打败了萨珊波斯帝国,占领了伊拉克和伊朗西部,但是他们花费了更多时间去安抚较大的呼罗珊行省,而且要花更长时间把他们的权力延伸到阿姆河到布哈拉、撒马尔罕、沙什(塔什干)和其他富庶的粟特商业中心。只要阿拉伯人继续贸易,商人阶级就似乎一直愿意与阿拉伯人和解,但是地主阶级与他们以前的西突厥领主们则更顽强地抵抗。他们还承认唐朝的宗主权,向唐朝请求支援,但是鉴于遥远的距离,唐朝无法给予有效的援助。阿拉伯人派遣使节到中国,保证开放贸易。但是,当塔什干的统治者——阿拉伯的代理人——进攻费尔干纳这个唐朝的附庸国时,阿拉伯人和中国人卷入了直接冲突。这种冲突导致了著名的751年塔拉斯河战役,由于突厥盟友的背叛,唐朝军队被打败。这场战役的一个重要后果是中国战俘被带到撒马尔罕传授造纸技术。双方此后再也没有发生直接冲突。

河中地区与花剌子模和呼罗珊的相关行省仍然处于伊斯兰教影响之下,在伊朗的萨曼王朝统治下,经济和文化发展达到鼎盛。正如前文已经注意到的,他们承认阿巴斯哈里发的精神权威,但是在其他各个方面都是真正的统治者。他们维持了农业灌溉工程和城市供水等基础设施,为奔赴俄罗斯、中国和印度的骆驼商队提供驿站,以空前的力度支持宗教和教育事业。在今天阿富汗境内的巴达赫尚行省银矿被开采,成为高质量铸币的基础。军事制度以招募草原游牧民族的所谓"古拉姆重骑兵"军事奴隶为基础,在成为30名士兵的指挥官和行政官员之前,这些军事奴隶要经历长期的训练和晋升。对军事和其他奴隶的需要刺激了大规模的人口买卖,国家不仅批准,而且从人口买卖中获取税收,出口奴隶的税率是30~70第纳尔/人,每个奴隶的平均购买价格为300第纳尔。税收满足行政和豪华宫廷开支所需,但是还没有高到阻碍贸易和手工业生产的地步。令人印象深刻的是,所有军官和民事官吏都领取现金薪俸,无须诉诸大多数早期国家不得不使用的授予封建土地的做法。

但是,草原上的突厥人正在伊斯兰化,因此在保留他们勇猛的军事技能外,还提高了他们的社会和政治组织水平。新兴的喀喇汗王朝在喀什噶尔附近兴起,这是一个被苏菲派引导皈依伊斯兰教的突厥部落。当萨曼王朝饱受内乱困扰时,他们于千年之交前夕征服了萨曼王朝。重要的是,布哈拉的穆斯林阿訇乌里玛告诫信众不要抵抗入侵者,因为他们也是善良的穆斯林。河中地区的城市(现在的乌兹别克斯坦境内)直到今天仍然因循突厥人的生活习俗。虽然喀喇汗王朝夺取了阿姆河北部的布哈拉和萨曼王朝的土地,但是阿姆河以南的呼罗珊地区落入了另一个突厥王朝伽色尼王国(962—1186年)手中,伽色尼王国的首领马哈茂德(Mahmud)曾多次洗劫印度,每次都带回大量战利品。

在东部,另一个强大的突厥部落联盟——回鹘——于744年兴起,该政权在风雨中不断飘摇,一直挺到840年。他们最初是唐朝的属国,但是唐朝越来越依靠他们的军事支持,特别是在755年"安史之乱"时。作为回报,他们以不仅在马匹换取丝绸中抬高马匹价格牟取暴利,在镇压叛乱期间趁火打劫,劫掠了许多唐朝的城市和乡村。他们与粟特商人紧密结盟,在粟特人的影响下,其统治者最终把摩尼教定为国教。回鹘还引进了粟特文(该文字后来被蒙古人采用),而且表现出了非常高的书写水平。他们在蒙古高原的都城窝鲁朵八里(Karabalghasun)是一个繁华的商业中心,商品琳琅满目,包括来自北方的毛皮和其他动物产品。环绕它的广阔农业腹地为都城人口提供农产品。也许被他们的商业成功和和平宗教所软化,回鹘人的战斗力逐渐下降,最终被他们以前的附庸吉尔吉斯人所打败。

草原西部的另外两个突厥帝国是黑海与里海之间的哈扎尔人、伏尔加河中游的保加尔人。这两个帝国都积极参与"南北"贸易和"东西"贸易,商品包括斯拉夫俘虏,北方的毛皮、蜂蜜、蜡、琥珀,来自东方的丝绸等奢侈品,来自巴格达哈里发和布哈拉的萨曼王公的白银。伏尔加河流域的保加尔人皈依了伊斯兰教,而哈扎尔人皈依了犹太教,也许是为了避免周边伊斯兰教或东正教邻国的影响。10世纪末期,上述两大帝国都被新兴的基辅罗斯所灭亡。另一个突厥部落佩彻尼格人从未形成一个国家,但是他们的凶猛和武力使任何与他们接触的民族(无论是定居民族还是游牧民族)"谈虎色变"。

### 南亚[①]

因喜马拉雅山和兴都库什山与中亚相隔,印度构成了欧亚大陆的一个次大陆,在许多方面,印度都可以和西欧比较(见图1.5)。原住居民达罗毗荼人与3000多年前从北方来的游牧民族雅利安人融合,于是产生了一种独特的文化。高级种姓婆罗门和刹帝利被肥沃的印度河-恒河平原的收获物所供养,耕作者则是首陀罗种姓。平原地区兴起了众多的王国,而喜马拉雅山麓则遍布一些部落共和国。公元前5世纪左右,恒河下游的摩揭陀王国由于处于国内外贸易的有利位置,终于控制了整个平原。当地的铁矿石使它获得锐利武器,而森林可以提供木材和充足的战象。印度西北部受到伊朗的大量影响,呾叉始罗成为印度与波斯之间卓有成效的思想交流中心。公元前330年亚历山大大帝的入侵

---

① 本节史料包括阿拉沙拉特南姆(Arasaratnam,1964)、高善比(Kosambi,1964)、奥布莱恩(2002)、施密特(1999)、斯坦(Stein,1998,chapter 1~3)和萨帕尔(Thapar,2002)。

扩大了希腊和波斯文化对犍陀罗的影响,给佛教雕塑打上了它们的独特烙印。南部的德干高原河流纵贯,为各种农业生产提供了条件。广泛的手工业分工和独特的棉纺织手工业很早就得到了发展。

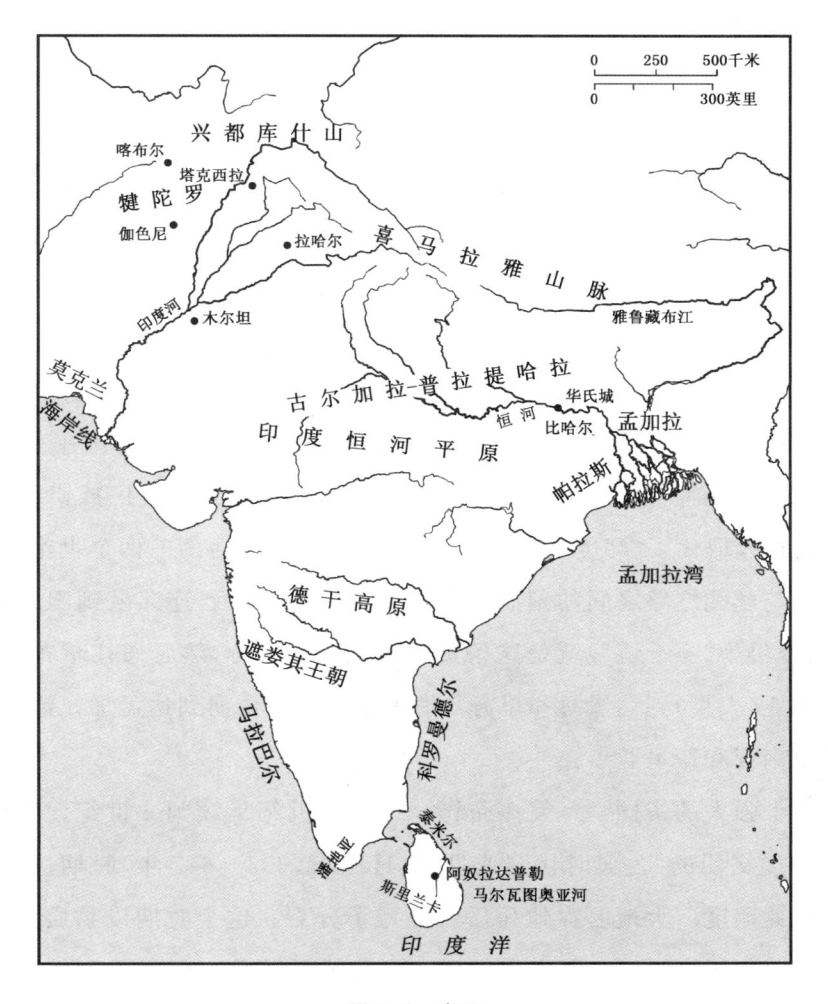

**图 1.5　南亚**

西部的马拉巴尔海岸和东部的科罗曼德尔海岸与波斯湾、红海和东南亚大陆和岛屿都有贸易往来。大量的罗马铸币被发现,证明了这种贸易的存在。地中海商人也从印度各港口获得东南亚商品,因此刺激了印度与这些商品产地的联系。印度教、佛教和文化影响,包括关于王权和治国方略等重要政治思想,因此也传播到柬埔寨、占城、爪哇和苏门答腊等地的新兴国家。

吴哥窟、婆罗浮屠、普兰巴南是印度影响最明显的物证。

亚历山大大帝入侵之后不久,旃陀罗笈多建立的孔雀帝国(公元前321—公元前185年)统一了印度河-恒河平原与印度南部大部分地区。旃陀罗笈多成功地在今天阿富汗东部地区挑战了亚历山大的塞琉古王国的继承人尼卡特(Nictor),这两个国家建立了和平的外交关系,希腊大使麦加斯梯尼(Megasthenes)留下了对印度的珍贵记述。孔雀帝国的下一个皇帝征服了南部和西部广大地区。这个王朝的第三任统治者是著名的阿育王,他以虔诚和支持佛教而著名,这是他血腥征服羯陵伽之后的忏悔,羯陵伽成为孔雀帝国的最后组成部分。公元前232年阿育王死后,帝国迅速分裂。塞琉古王国在印度西北部的统治被所谓的"印度-希腊"国王的出现所接替。其中最重要的国王是米南德(Menander,公元前155—公元前130年)。中亚的两支游牧民族萨卡人(Sakas)和贵霜人取代了"印度-希腊"国王的统治,在公元后的前两个世纪里,这鼓励了印度与丝绸之路之间的贸易。孔雀帝国修筑的从巴连弗邑到呾叉始罗的驿道(迄今仍为"主干道")就是这条贸易路线的一部分,然后通往喀布尔,经过巴克特里亚(大夏)到达黑海和里海。海上贸易通过恒河到达孟加拉湾,因此可以达到东南亚和斯里兰卡。

另一个强大的帝国——笈多帝国——从4世纪延续到6世纪。它通常被认为是印度文明的"古典时代",戒日王(Harsha,606—647年)时期达到鼎盛,他征服的北印度广大地区在他死后就陷入了分裂。这个时期以物质繁荣——至少对统治集团来说——和杰出的思想文化成就著称。印度教和佛教都受到国家的鼓励,也得到来自个人和商人行会的资助。佛教传播到斯里兰卡和东南亚,还传播到伊朗、中亚,甚至沿着丝绸之路而传播到中国。几名中国佛教香客到印度取经,如法显和玄奘等,并留下了他们经历和印象的记录。笈多帝国衰亡后,北印度和德干高原地区兴起了许多地区性王国。正如西欧一样,没有任何一个王国能够掌握必要的资源,以便控制其他所有国家和建立一个统一的帝国。7、8世纪,比哈尔和孟加拉邦的帕拉斯(Palas)都以支持佛教而闻名,北印度的古尔加拉-普拉提哈拉(Gurjara-Pratiharas)在抵抗来自中亚的匈奴人入侵方面取得了部分成功。尽管遮娄其、帕拉瓦斯和潘地亚之间展开激烈争夺,但由于德干高原的地形分裂为大量自西向东的河谷及其附近的沿海条块地,使任何单一势力都难以占据支配地位。南部出现了显著的文化和宗教发展,其中涉及雅利安和达罗毗荼元素的融合和独特的泰米尔人格的形成。南部还积极地参与印度洋贸易。几个阿拉伯商人定居在西面的马拉巴尔海岸,导致所谓的马皮拉(Mapilla)穆斯林社区的出现,它在后来东南亚的贸易和伊斯兰教中都发挥了重要作用。到千年之交,强大的朱罗王朝脱颖而出,不仅在陆地上而且在斯里兰卡和东南亚强势争夺自己的利益。

大约公元前5世纪,北印度移民定居在斯里兰卡岛,也许乘船到达西海岸。最初的居民是澳大利亚土著居民,但他们似乎没有进行任何抵抗。斯里兰卡岛的位置使它成为穿越东西印度洋的天然中继站。它不仅因为被罗马人称为"塔普罗巴奈"(Taprobane)而闻名,而且也常常被波斯、阿拉伯和中国船只光顾。更多的移民来自印度南部,按照古代记载,特别是来自潘地亚。第一个定居点位于马尔瓦图奥亚河(Malvattu Oya River)沿岸的西北部,都城建在阿奴拉达普勒。水稻种植是主要的经济活动,由最终变成精心维护的灌溉系统给予支撑。

虽然是虔诚的佛教徒,但是这些移民也把印度-雅利安人的种姓制度带来了,尽管它的实行比较松散和有弹性,主要只区分农业与非农业地区。与印度和东南亚的佛教中心的联系非常紧密;虽然缅甸、柬埔寨和暹罗(泰国旧称)也采用了小乘佛教,但斯里兰卡是更简朴和纯洁的小乘佛教的故乡。斯里兰卡积极地卷入印度南部各个王朝的政治冲突。993年,朱罗王朝入侵斯里兰卡,攻陷了都城,兼并了全岛,直到1070年,僧加罗人光复它。斯里兰卡围绕贸易还与缅甸、苏门答腊的商业国家三佛齐发生冲突。

## 东南亚[①]

东南亚可以被定义为欧亚大陆印度以东、中国以南的全部地区，加上"像绕在赤道上的玉带一样的"岛屿链（见图 1.6）。该区域的自然分界线是大陆和群岛的诸多岛屿。按当代民族国家的概念，大陆包括缅甸、泰国、老挝、柬埔寨、越南和马来西亚，而岛屿包括新加坡、印度尼西亚、菲律宾、文莱和东帝汶。马来西亚曾经占领古代称为"黄金半岛"（Golden Khersonese）的狭长地带，从地理和文化上最好被认为是岛屿而不是陆地的一部分。陆地最突出的地理特征是一系列漫长的河谷，大多数是从北向南流，如伊洛瓦底江、萨尔温江、昭披耶河、湄公河。此外，还有自西向东流的红河。这些河流及平行的小河两岸的平原，特别是淤泥沉积的三角洲，都是肥沃的水稻种植地区，水稻是千年以来这个地区各民族的主要食物。降雨量低的地区——如缅甸中部的"干旱区"——的灌溉有利于获得高产，并且成为早期王国和帝国的经济基础（Stargardt，1986）。这个区域完全受季风的影响，每年 5—9 月刮西南风，11 月至次年 3 月刮东北风。平均降雨量很大，在陆地，降雨集中于西南季风盛行期间。

岛屿和半岛人口是马来-波利尼西亚语系，他们是中国南方人的后裔，这些中国南方人首先迁移到中国台湾，接着到东南亚和波利尼西亚的复活节岛，甚至可能向西到达马达加斯加。缅甸、泰国、柬埔寨和越南的陆地人口是马来-波利尼西亚人与来自中国西部和西藏的部落的混血人口。柬埔寨的高棉人、缅甸和泰国南部的孟族人讲太平洋中南诸岛的语言，不同于缅甸人和泰国人的汉藏语系。较早时期印度和欧洲学者对东南亚"印度化"的强调被近来的研究所取代了，如 O. W. 沃尔特（O. W. Wolters，1999）的权威著作就强调东南亚的自治权。东南亚的土著民族在史前时代就发展了水稻种植技术、青铜和铁器冶炼、独特的文化、社会和政治特性，而且独立于印度和中国。由于其处于中间位置，

---

[①] 本节史料包括柯蒂斯（Coedes，1968）、霍尔（Hall，1968，Part Ⅰ）、奥布莱恩（2002）、里德（Reid，1988）、塔尔林（Tarling，1992，Part Ⅰ）、王（Wang，1998）和沃尔特（1999）。

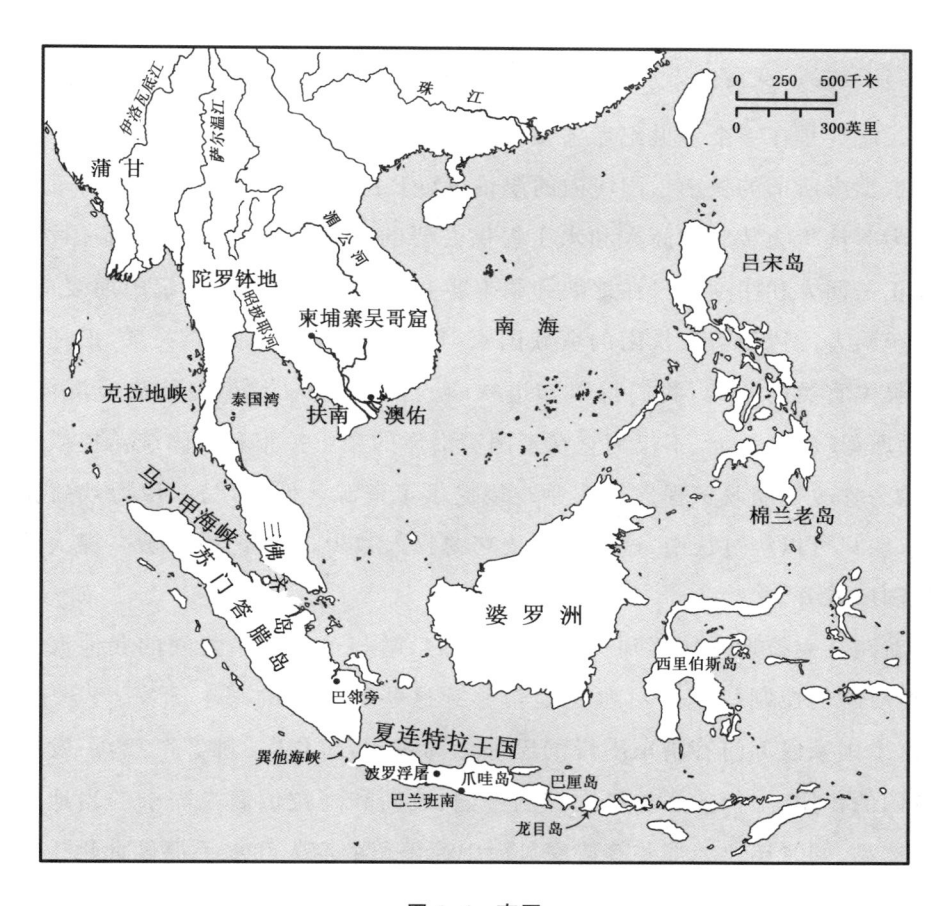

图 1.6 南亚

因此的确受到印度和中国等伟大文明的巨大影响,但是这些影响被融入了他们独特的文化模式。印度教和佛教的影响也许是当地民族和统治者故意寻找的,而不仅仅是由于印度移民或征服而移植过来的。

东南亚有史记载的最早政治实体是扶南,它位于泰国湾的南端,横跨现在柬埔寨和越南两国的边界。公元 220 年东汉灭亡后,中国进入由北方的魏国、西南的蜀国和东南的吴国组成的所谓"三国"时期(Hucker,1975:地图 4)。经河西走廊到达中亚和西方的通道只对魏国打开,跨域缅甸-云南边界的陆上通道只对蜀国打开。正如王赓武教授(1998,chapter 3)所指出的,如果吴国统治者想与西方贸易,就只有选择东南亚各港口的海路。

当时东西方传统的海上贸易航路涉及装载货物和乘客的船只穿越克拉地峡,它是马来半岛最狭窄处,只有35英里。经过马六甲海峡或巽他海峡的全海路替代航线是在一个多世纪后才被发展出来的。值得吴国考虑的最适合港口是考古学家所谓的扶南王国境内的澳佑(Oc Eo),因为它所在的湄公河三角洲能够为等待货物装卸的商人和水手提供必要的稻米,也因为它位于泰国湾边,对面正是西方和印度船只在地峡卸载乘客和货物的地方。3世纪中期之前,吴国的统治者派遣使节去扶南的蛮族国家,打开双方贸易和外交关系,正是通过这些吴国官员的记载,我们得以知道扶南。扶南这样的"小型开放经济体"的"贸易所得"应该很大,不仅为它在泰国湾沿岸的领土扩张和巩固统治提供了资源,也为它改善灌溉工程提高农业产量提供了资源。但是,马六甲海峡航路发展后,船只可以绕过扶南,这可能导致它的收入减少,6世纪最终被高棉人的真腊王国所兼并。

航路从克拉地峡转移到马六甲海峡和爪哇与苏门答腊之间的巽他海峡之后,新航路的控制权就不可避免地转移到这些岛屿中的某个国家。7—11世纪,这个国家以苏门答腊东南岸的巴邻旁为基础,史称"三佛齐"。为了发挥贸易帝国的作用,三佛齐必须牢固控制中国、波斯和阿拉伯商人需求的当地自然资源产品,同时还要为那些等待季风而中途停留的商人和水手提供食物。第一个目标通过建立以武力为后盾的朝贡关系网络而实现了,这些武力包括利用雇佣兵、当地军队以及非正式但是有效的马来海上浪人组成的海军。大米供应来自海峡对面被称为夏连特拉(Sailendras)王朝的爪哇王国。通过利用这些方法,三佛齐能够在一定程度上垄断西方与中国之间的贸易,由于唐宋王朝和大马士革、巴格达和开罗的哈里发政权经济繁荣,因此这种贸易在此期间非常有利可图。通过这些收入的支撑,统治者能够维持一个刻意印度化的宫廷,支持大量佛教设施的建设。

在陆地,新国家也在千年之交开始出现,如缅甸的蒲甘、暹罗的陀罗钵地和柬埔寨的吴哥,都受到佛教和印度其他文化的深刻影响。

## 东亚(中国、朝鲜和日本)①

像印度一样,中国可以看作欧亚大陆的一个次大陆(见图 1.7)。中国东濒太平洋,西接草原、沙漠、中亚山脉,南邻东南亚的热带丛林,北部是不适宜定居农业的地形,而且一直是影响中国文明的因素。土地肥沃的黄河和长江流域为此后所有发展提供了农业基础。黄河流域的华北平原是由风吹的黄土而形成,这些"黄土"为独特的中国文明的祖先们提供了发源地。最早的有文字记录的国家是公元前第二个千年下半期出现的商朝,它以青铜武器、礼器和所谓"甲骨文"的最早的中国表意文字闻名。商朝的青铜冶炼技术和马拉两轮战车令人想起更西边的印欧语族的马拉战车,但这是跨中亚的文化传播还是中国境内独立发展的结果,仍然有争议。

商朝之后是游牧部落建立的东周,东周是一个更加分权的政权,有时被称为"分封制"。长期分裂最终导致 7 大诸侯王国逐鹿中原的"战国时期"(公元前 475—公元前 221 年)。农业生产力的提高和铁制工具的引入,为诸侯国带来了更多的财政收入,能够供养规模更大的军队,模仿游牧民族作战方法而建立的骑兵成为军队的补充力量。新型职业官吏和专业人员也出现了,他们因为以功德取士为晋升标准而逐渐取代世袭贵族。当时还出现了一场思想运动,中国三大哲学体系儒家、道家和法家从中兴起。

随着公元前 221 年西陲秦国统一六国,建立秦朝,结束了旷日持久、群雄争霸的战国时代,伯德(Bodde,1981:41)称它为"中国历史上,除了 1912 年废除君主制之前,最重要的历史时刻"。它的统治者自称"始皇帝",意为"第一个皇帝",是整个国家第一个也是唯一的统治者。随着中央集权制度建立,以及具备强大军队支持的官僚体系,秦朝统一了语言、法律、度量衡。秦朝由文官管理国

---

① 本节史料包括布伦顿和埃尔文(Blunden and Elvin,1983,Part 1,2)、伊佩霞(Ebrey,1996,chapter 1~6)、菲茨杰拉尔德(FitzGerald 1966)、谢和耐(Gernet,1982,part 1~5)、霍尔(1970,chapter 1~3)、黄(Huang,1990)、胡克(Hucker,1975)、奥布莱恩(2002)、普利布兰克(Pulleyblank,1955)、赖肖尔和费正清(Reischauer and Fairbank,chapter 1~6,chapter 10~11)、洛普(Ropp,1990)和崔瑞德(Twitchett,1973)。

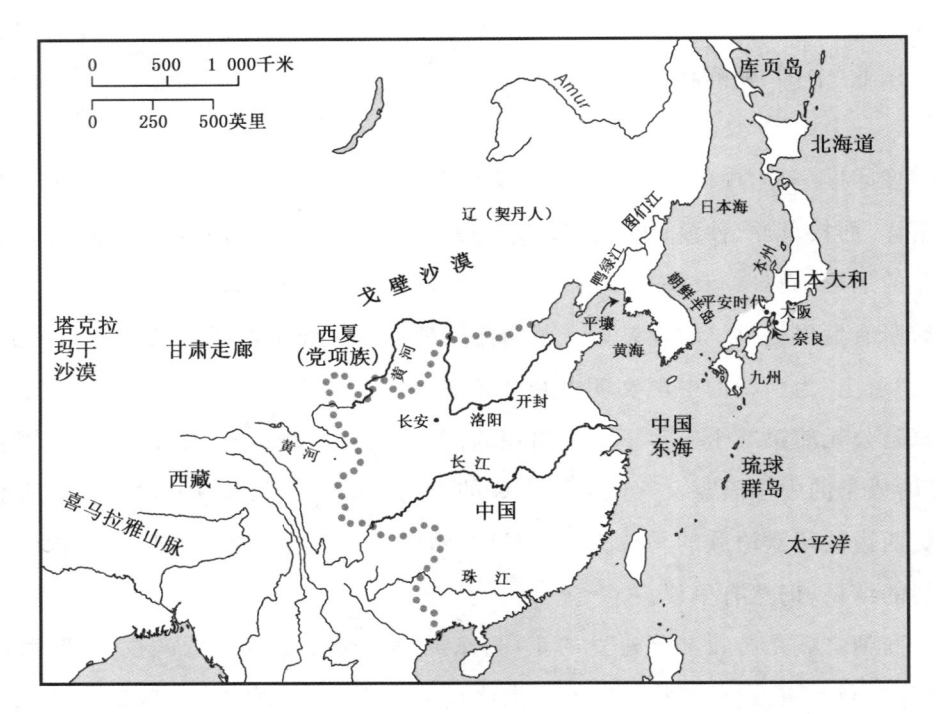

**图 1.7 东亚**

家,建设了强大的军队。20世纪70年代在西安发现的秦始皇陵中陈列着秦朝军队的复制品兵马俑。另外,秦朝修建和加固长城,兴建大量其他大型公共工程,社会负担沉重,所以公元前210年秦始皇去世不久,帝国就迅速灭亡了。公元前202年,西汉王朝建立,成为新的大一统帝国,这是一个使中国成就可以挑战西方的罗马帝国、印度的孔雀帝国的朝代。汉朝的北部边界延伸到朝鲜,南部边界延伸到越南,西部则深入中亚。以温和的儒家思想而非短命的秦朝的严苛法家思想为基础,汉朝建立了统一的官僚制度,但是汉初实行分封诸侯王制度。王朝循环更迭是中国历史发展模式的显著标志,公元220年,经过农民起义和内战的破坏,汉朝最终也丧失了"天命"。

汉朝的灭亡导致几个世纪的分裂。其中许多游牧民族出身的将军和军阀争权夺利。其中一个突厥氏族"拓跋"建立了以东汉旧都洛阳为都城的北魏王朝(386—534年)。它企图通过把汉化的贵族吸收汉族的文化制度、鼓励他们与汉族豪强地主紧密联合（可惜上述举措没有持续下去），经过努力统一了中国的北方。这一时期，大批北方人口为了逃离战乱，辗转流落到了南方。他们看到长江流域是富饶之地，盛产稻米，就在此定居下来。越来越多的人皈依佛教，试图在作乱世中求得庇佑。王朝循环再次来临，一个军功世家建立短命但非常重要的隋朝（581—618年）。隋朝的主要成就之一是修建了把北方与长江流域联系起来的大运河。正如秦朝的短暂统治导致漫长而伟大的汉朝一样，唐朝继隋朝的灭亡而建立，把中华文明提升到了一个甚至超过汉朝的水平。

国祚近3个世纪的唐朝以传播中华文化及其对中亚、朝鲜和日本的影响而著称。官僚体系更加依赖科举制，权力也分散到了地方贵族世家。随着银本位货币经济的发展和商人行会的增加，唐朝经济发展显著。经济发展中心继续转移到以水稻为基础的南方，更加依赖市场和贸易。艺术风格更加受到中亚的影响，佛教不仅在宗教意义上繁荣，而且大量土地和财富源源不断地流入寺院。

但是，到8世纪中叶，王朝衰落和困难的熟悉景象开始显现了。正如我们已经看到的，751年，阿拉伯人在塔拉斯河打败了唐朝军队，取代唐朝对中亚的控制，接着是破坏性的安史之乱。虽然李唐最终平定了叛乱，但是代价巨大，而且损害了统治家族的威信。财政危机导致寺院土地和财富被没收。唐朝苟延残喘到907年，接着是割据政权相互混战的"五代"时期。公元960年，宋朝建立，定都开封，五代至此结束。

鸭绿江和图们江东南部是朝鲜半岛。尽管在几千年里，朝鲜半岛深受中国这一邻邦的文化和政治影响，但它一直拥有明显区别于中国人的人种特征和语言。朝鲜族显然于史前时代从东北迁徙过去，说乌拉尔-阿尔泰语系的一种，而乌拉尔-阿尔泰语系与东北北部一些游牧部落的通古斯满语具有一定的亲缘关系。经过新石器时代和青铜时代，朝鲜族发展出定居农业经济，统治他们的是世袭部落贵族，这些贵族得到农民和大量服役人员的支持。公元前108年，汉朝征服了朝鲜，把它划分为4个行政或军事区域，其中最大的行政区域的统治中心就在现在朝鲜首都平壤附近。汉朝灭亡后，中国对朝鲜的政治控制削弱了，朝鲜出现了三个独立的王国：统治今天朝鲜和东北南部地区的高句丽、西南部的百济、东南部的新罗。百济与新罗的分界线是半岛屋脊的山脉。

三个王国都因与中国和日本列岛的活跃贸易而繁荣。佛教从中国传入,被朝鲜大众所信仰,取代了此前的萨满教,但是萨满教的残余形式仍然保留下来了。政府和行政都是以儒家模式为基础,并费了些周章,用汉字记录与汉语迥异的朝鲜语。在中国影响下,朝鲜发展了制陶等手工业,但是带有鲜明的当地风格。7世纪早期,隋炀帝东征高句丽,企图夺回汉朝灭亡后中国在当地丧失的控制权。高句丽顽强抵抗,击退了隋朝军队,这加速了短命隋朝的灭亡。唐朝也发动了一场不成功的东征,但是通过与新罗联盟,唐朝再次东征,迫使高句丽承认唐朝的最高统治权。668—935年,统一的新罗王国在向唐朝称臣纳贡的条件下,统治朝鲜,直到被新兴的称为"高丽"的高句丽北部国家所推翻。今日朝鲜国名,就是"高丽"一词派生而来。直到1895年"甲午战争"中清朝被日本打败,所有朝鲜政权都承认中国的最高统治权。

日本位于欧亚大陆东北部海岸,由从北向南的四个主要岛屿(即北海道、本州、四国和九州)组成,与欧亚大陆西北部海岸的不列颠群岛遥相呼应。但是与不列颠群岛不同,日本历史上很少遭到入侵和移民,与现代其他国家相比,日本长期较少受外来影响。这赋予日本独特的历史和发展道路。

由于北海道北端与蒙特利尔维度相同,九州的南端仅仅比佛罗里达州杰克逊维尔的纬度高一点[①],而且被温暖的黑潮(日本洋流)所冲刷,因此气候相对温和,没有极寒的冬天和极热的夏天。日本国土多山,不到1/5的土地可耕地。作为弥补,日本拥有丰富的森林和周围海域的鱼类资源。多山的地形还导致土地被分割成相对较小的耕作单位,给中央集权带来了困难。

日本早期居民的种族构成仍然是一个有争论的问题。但是,与朝鲜一样,他们的语言也属于乌拉尔-阿尔泰语系,这似乎表明他们起源于东北亚。考古学已经辨认出了"绳文"文化,典型代表是约公元前1000年前狩猎-采集者的绳纹陶。大约公元前300年,日本出现了所谓"弥生文化",有水稻种植、青铜铸造和冶铁等。考古发掘的骑马武士统治精英大型墓葬,表明分化的政治组织开始

---

① 参见赖肖尔和费正清(1962:453)的有趣地图。

出现。与朝鲜的相似性非常明显,但迄今未能确定这些骑马者是来自大陆的入侵者,还是受到外部影响的土著。社会由被称为"乌基"(Uji)的世袭各阶级组成,每个阶级拥有一个首领和祖先灵魂或神(Kami)。在奈良平原上,靠近大阪的大和地区的统治阶级就自称是太阳女神"天照女神"的后裔。当今日本皇室就是这个氏族的直系后裔,该氏族无疑溯源到公元前 660 年。大和统治者广泛接触中国文明,其中大多数是通过朝鲜作为中介。韩国海岸甚至有一块日本飞地。还有证据表明此时有大量朝鲜移民到达日本。接触更高级的技术将给争夺日本权力的"乌基"带来优势。公元 7 世纪初,隋唐重新统一中国后,中国文化的吸引力大大地提升了。此后 3 个世纪里,正在兴起的日本国家持续而广泛地吸收中国文化。

提出并实施汉化政策的人是圣德太子,他的母亲与从朝鲜移民来的强大氏族苏我(Soga)有亲戚关系。604 年,他颁布了《宪法十七条》,采用佛教《三藏》和儒家关于"忠孝仁义"的各种学说,效忠和服务国家和天皇。另一个重要而影响深远的改革是采用中国历法。他还派遣了一批又一批"遣隋使"和"遣唐使"到长安学习,每个使团都要乘坐几艘船,成员数百,他们带回佛教、儒家经典著作和中国的其他手工艺品。622 年圣德太子去世后,日本仍然长期坚持派遣使团到中国。一些日本人在中国学习宗教、治国方略和其他人文知识,这些所学知识让他们在回国后受益匪浅。所有这些让人不禁联想起 1868 年明治维新之后日本引进西学的那段历史。646 年,所谓大化革新开始,它模仿中国对日本政府、法律制度、行政管理等进行全面改革。

710—754 年,日本以唐朝长安为蓝本,建新都城于奈良,794 年迁都京都,它成为新的帝国制度辐射全国的中心。但是,把以品德和功劳为基础的不带个人色彩的儒家原则嫁接在日本现实的人际关系和区际关系上,并非易事。中国的官僚制度与帝国逻辑和效率越来越多地加入了日本以氏族和地方关系为基础的人际因素。平安时代先进的大都市文化退出了历史舞台,历史开始进入军阀割据的野蛮状态,而这正是日本特色的封建主义。

# 第二章

# 千年之交的世界经济

第一章以地理、政治、文化特点为基础把欧亚非三大洲划分为7大区域,并且提供了每个区域到公元1000年左右为止的历史和制度演变线索。本章将考察各区域间经济联系及其他联系的性质,或者至少考察各区域间所存在的交集。这些联系不局限于贸易或商品的交换,而且还考察人员的流动,如奴隶、商人、香客、雇佣兵和更宽泛意义上的涉及文化互动和交流的其他人,导致思想、技术革新和宗教信仰与实践的传播。[①]

正如读者在第一章中已经注意到,7大区域中,唯有北非和西南亚的伊斯兰世界与所有其他区域和撒哈拉以南非洲有经常而直接的联系。在西班牙、意大利、西西里和地中海其他岛屿,穆斯林和西欧的罗马天主教徒既进行战争,也进行贸易;穆斯林抢夺东欧的信仰希腊正教的拜占庭人的部分领土,使其成为自己帝国的一部分,此后几乎每年都在漫长的边境线上发生军事冲突,与此同时,为了相互利益,他们常常缔结商业贸易和外交关系。穆斯林用食盐和棉布交换西非的黄金;穆斯林军队入侵中亚,但也必须避开草原游牧民族的攻击,与

---

[①] 本章的几处内容来自芬德莱(1998)。

此同时,苏菲派神秘主义者和其他人从事广泛的贸易和传播伊斯兰教的活动;穆斯林军队入侵印度,但是他们从陆路和海路与印度进行大量贸易,从海路与东南亚进行贸易;最后,751年,穆斯林和中国唐朝军队在中亚的塔拉斯河发生过冲突,但是哈里发派遣几批使节前往唐朝都城长安,穆斯林商人在华南甚至有成规模的居住区。因此,毫不奇怪,阿拉伯和波斯地理学家是对当时欧亚非大陆环境和条件最了解的人(Kramers,1931)。①

南亚与其他地区的联系非常广泛,这得益于它位于中心的地理位置,印度棉布直接出口到东亚、东南亚、中亚和撒哈拉以南非洲和伊斯兰世界。中亚与除了西欧、撒哈拉以南非洲和东南亚之外的所有其他区域有密切联系。拜占庭、基辅罗斯不仅与草原游牧民族发生冲突,而且互相进行大量贸易;印度商品和佛教沿着丝绸之路而传播,中国长期对中亚各个部落产生经济和文化影响。东亚和东南亚显然认识到拜占庭,但与撒哈拉以南非洲或东欧之间没有任何持续的贸易和其他文化交流,当然与西欧更没有任何交往。事实上,西欧和撒哈拉以南地区是当时世界各大区域里最封闭的,前者只与伊斯兰世界和东欧有直接接触,后者只与伊斯兰世界和南亚有直接接触。总而言之,伊斯兰世界与7个区域都有联系;南亚与其他5个区域有联系;中亚和东亚与其他4个区域有联系;东南亚和东欧与其他3个区域有联系;撒哈拉以南非洲和西欧只与其他2个区域有联系。

这些相互联系被总结在表2.1中,该表呈现了一个固定模式,表明了公元1000年左右主要区域之间的重大相互联系。本章后面将简要描述这些交流的特点。但是在此之前,值得指出的是,地理对下面的描述具有非常重大的影响。正如图2.1所显示的,欧亚大陆是东西向的狭长陆地。② 南亚和东南亚与中国或欧洲的气候、自然资源都不同,中国具有高度发达的古代文明,生产茶叶,拥有高度发达的手工业,生产奢侈品,如瓷器和丝绸。中亚土地广袤的草原是马匹的来源,相对不发达的欧洲和非洲区域则提供奴隶和贵金属。

---

① 特别参见他的地图(Kramers,1931,Figure 12,79)。他的地图"表明10世纪伊斯兰统治及伊斯兰文化影响在地理区域上的扩张过程",包括穆斯林铸币的广泛传播。

② 这幅地图取自多种史料,包括阿布-卢格霍德(Abu-Lughod,1989)和查杜里(Chaudhuri,1985)。

表 2.1

| 原产地＼目的地 | 西欧 | 东欧 | 伊斯兰世界 | 中亚 | 撒哈拉以南非洲 | 南亚 | 东南亚 | 东亚 |
|---|---|---|---|---|---|---|---|---|
| 西欧 | ⊠ | 宝剑 | 奴隶、宝剑 | — | — | — | — | — |
| 东欧 | 奴隶、毛皮、白银 | ⊠ | 奴隶、毛皮、白银 | 毛皮、宝剑 | — | — | — | — |
| 伊斯兰世界 | 胡椒、香料、纺织品、丝绸、白银 | 纺织品、白银 | ⊠ | 纺织品 | 盐、织物、制成品、宝剑、马匹 | 战马 | 黄金 | 香料 |
| 中亚 | — | 白银 | 纸、白银、奴隶 | ⊠ | — | 白银，从中国与穆斯林世界再出口 | — | 马匹 |
| 撒哈拉以南非洲 | — | — | 黄金、奴隶、象牙、稻米 | — | ⊠ | 木材、铁 | — | — |
| 南亚 | — | — | 胡椒、香料、丝绸、柚木、织物 | 胡椒、织物 | 织物 | ⊠ | 织物、胡椒 | 织物 |
| 东南亚 | — | — | 香料、香水 | — | — | 丝绸、香料、柚木、稻米、红宝石 | ⊠ | 香水、香料、檀香木 |
| 东亚 | — | — | 丝绸、瓷器 | 丝绸、茶叶 | — | 丝绸、瓷器 | 丝绸、瓷器、铜 | ⊠ |

各区域（包括东西方）之间因此就有了天然的贸易基础。正如图2.1所清楚表明的，欧亚大陆两端有两条商路，第一条是陆路，第二条是海路。但是每条商路都有自己特殊的问题。如果陆路能通行，那么必须解决的主要问题是为穿越广袤中亚的商人提供安全保障。当然，当该区域存在中央集权的政治控制时，或者至少当中国、欧洲或中东的帝国能够深入这些内陆地区时，这是比较容易做到的。贸易对安全的依赖在2个世纪前就被伟大的爱德华·吉本

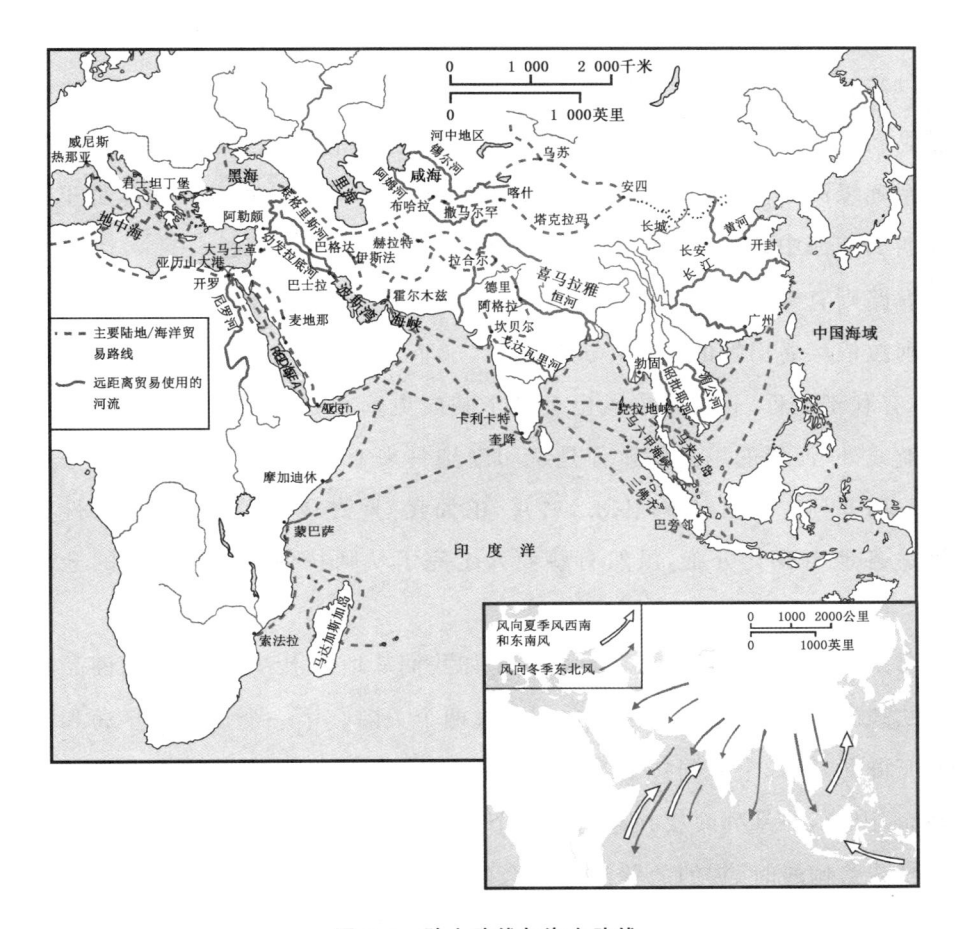

图 2.1 陆上路线与海上路线

(Edward Gibbon)所认识到,当他在"蒙古治下的和平"期间描述意大利在亚洲的贸易时就写道:"阿姆河、里海、伏尔加河和顿河能用于运输印度香料和宝石的水流很罕见,而且航行起来颇为费力;经过三个月的跋涉,卡里斯姆(Carizme)的骆驼商队在克里米亚的港口与意大利商人见面……但是这条陆路或水路只有当鞑靼人统一于一位英勇神武的君主之下时才可利用。"(Gibbon,1907:122—123)

按照菲利普·科汀(Philip Curtin,1984:90)的说法,"公元前200年到公元初年之间,穿过中亚,中国与东地中海之间的陆路贸易相当突然地出现了",印度与中国之间的贸易也变得正常了。这个时间可用强大统一的汉朝的出现于一端、罗马和帕提亚帝国出现于另一端的事实解释清楚。在科汀看来,陆路的关键是新疆干旱的塔克拉玛干沙漠足以阻挡草原部落伺机抢劫,与此同时,它的一系列绿洲为商人提供了食物和饮水(Ibid.,93-94)。骆驼商队从那里就能够向西到达河中地区,再往西到达罗马帝国,往南则到达印度。

海路则有两大问题。第一个是技术问题,与季风有关,夏季从西南吹(有利于从阿拉伯半岛出发的旅行,或有利于从东非到印度),冬天则从东北吹过阿拉伯海(有利于返程)。这些季风也有助于驶向更远东方的季节性航行。除上述这段航线外,海路的第二段航程是从印度到马来亚,第三段航程是从马来亚或印度尼西亚到中国或日本(Ibid.,97)。正如我们已经看到的,这种季节性有助于沿途各地专业化分工,虽然有些商人走完了从阿拉伯半岛到中国的全部行程。

海路的第二个问题是政治问题。正如我们从地图上看到的,如果商品在中国与欧洲之间流通,商人就必须顺利通过两个关隘。第一个是马来半岛和印度尼西亚群岛,第二个是阿拉伯半岛。显然,控制任何一个关隘都会带来大量垄断利润,因此,一系列政权兴起于这两个区域,它们利用武力对贸易征收大量税收。当陆路畅通时,它们的贸易税就会削减;当陆路贸易由于政治不稳定而破坏时,它们的贸易税就会增加。西欧地处边缘,特别是它被伊斯兰世界包围,意味着它特别容易受到这种垄断性做法的影响。从欧洲来看,非洲大陆位于一个错误的地方,它的南北走向意味着欧洲的航海技术不得不高度发达,以便他们发现绕过阿拉伯半岛的一条海路。

我们从讨论千年之交陆路和海路的情况开始,因为正是伊斯兰世界位于世界经济的中心,所以首先概括伊斯兰世界与其他各个区域之间的关系比较便利。接着我们通过宋朝与其他区域互动关系的棱镜,继续描述一些欧亚大陆东端的贸易关系。本章接着探讨通过连接中国与南亚、东南亚之间的海路贸易,最后更广泛地论述伊斯兰世界与西欧之间的互动,并借此引入本书后面突然出现的几个主题。

## 伊斯兰世界的黄金时代

7世纪和8世纪初的阿拉伯征服活动，一方面在历史上首次统一了罗马等古代帝国所在的地中海世界，另一方面统一了美索不达米亚和伊朗。亚历山大去世后，他的帝国被其账下的将军瓜分，陷入四分五裂的局面，罗马帝国的东部边界从未达到幼发拉底河。阿拉伯人把原属拜占庭的埃及、叙利亚、巴勒斯坦和北非与原属萨珊王朝的美索不达米亚和伊朗统一起来。此外，他们还把东部边界扩大到河中地区、阿富汗和印度。这为东西方在一个被伊斯兰教和阿拉伯语统一的广袤空间里，打开了人员、商品、技术和思想互动的大门。虽然伊斯兰教皈依的过程很缓慢，波斯人、阿拉米亚人、科普特人和柏柏尔人并未突然消失，但是阿拉伯语迅速成为大多数地区的行政、法律、商业用语，伊斯兰教也被大多数地区接受和采纳。

拜占庭与萨珊波斯世界的隔阂可以从它们的钱币制度差异一窥究竟。拜占庭铸币实际上是以金索里达或金诺米斯玛为基础的单金属本位制，1个苏勒德斯金币约等于4.55克黄金，而萨珊波斯也是单金属本位制，但采用了银本位制，1德克拉马约等于4.15克白银。阿拉伯征服后的几十年里，这些铸币继续在各自区域（当时均是哈里发政权的辖区）流通和铸造。但是，7世纪90年代初，倭马亚王朝的哈里发马立克（685—705年）进行了根本的货币改革，用复本位制取代了此前的铸币制度：1第纳尔约等于4.25克黄金，1第纳姆约等于2.97克白银，官方规定20个第纳姆兑换1个第纳尔，这意味着金银比率为1∶14。值得注意的是，新铸币没有按照惯例刻上君主或神祇的头像，而只刻有向真主祈愿的祷文、铸造的时间与地点。

因此，被新的双金属本位制取代了旧的金本位制和银本位制，这是拜占庭和萨珊两大帝国融合的生动象征。正如我们即将看到的，哈里发政权以大量的贵金属储备和持续获得新的贵金属供应而支持货币改革。据估计，萨珊帝国的国库储有90亿德拉克马白银，悉数落入哈里发手中，哈里发还从原先拜占庭帝国的行省埃及和叙利亚获得了大量金银器皿。努比亚和西非的金矿资源也通过贸易可以获得，伊朗和河中地区的银矿储量丰富。随着这些资源和财富被控制，伊斯兰世界能够稳定币值，在3个世纪里无需诉诸货币贬值手段，所以把这个时期描述为"黄金时代"，不仅比喻贴切，而且名副其实。正如我们将要看到的，阿拉伯铸币在基督教世界也的确广受欢迎。

我们已经用作本节标题的这个术语是莫里斯·伦巴第（Maurice Lombard，1975）的经典著作的书名。在这部杰出的著作中，他说道"世界可以被看作一系列由贸易商路连接而成的城市群岛"（Maurice Lombard，1975：10），它们提供的贵金属促进了沿线商品和生产要素的流通。每座城市岛屿都是一个由当地产品和（有时甚至从很遥远的地方）进口消费品及原材料维持的"购买力中心"或消费中心。麦加和麦地那是阿拉伯半岛上的城市，伊斯兰教信仰的发源地，直到今天，它们仍然是最受尊敬的两座圣城。但是正如我们已经看到的，伊斯兰国家的政治都城被倭马亚王朝从麦地那迁移到叙利亚的大马士革，后来又被阿巴斯王朝迁移到巴格达，再也没有回到阿拉伯半岛。随着红海和波斯湾都被穆斯林控制，穿越半岛的骆驼商队已经失去了经济价值。但是，两座圣城仍然是每年来自伊斯兰世界广大朝圣者（哈吉）的终点站，因此仍然具有重要的经济意义。此外，阿拉伯半岛还是非洲奴隶贸易的市场，麦地那变成了用古典乐舞培养奴隶的中心，古典乐舞从此传遍伊斯兰世界。另一种重要的经济活动是养马业，在阿拉伯半岛西北部内志高原的理想气候下，通过把柏柏尔种马与伊朗马杂交产生了著名的阿拉伯马。

在美索不达米亚地区，阿拉伯人把库法和巴士拉建成为设防的军事据点，后来又在它们之间建立了瓦西特。随着沼泽地的开垦和通过波斯湾的贸易的发展，巴士拉迅速发展，9世纪人口大约为20万，库法的人口大约为巴士拉的3/4（Ashtor，1976a：89）。巴士拉和库法产生的财富可能加剧了原本剑拔弩张的局势，因为社会上涌现起了诸多政见不一的教派，他们经常发动武力反抗。倭马亚王朝派遣许多阿拉伯部落镇守叙利亚和美索不达米亚的各种战略要地，以便加强对这些地区的控制。与此同时，原产印度的一些新作物，特别是水稻、甘蔗和棉花都被引进到美索不达米亚和叙利亚种植。美索不达米亚北部的底格里斯河与幼发拉底河之间的地区被用于种植棉花,在摩苏尔的手工业中心纺织成棉布,"(穆斯林)"一词就起源于此。因萨拉丁(Saladin)和萨达姆·侯赛因(Saddam Hussein)出生地而闻名的提格里特的周围地区则种植小麦、大麦和椰枣。美索不达米亚南部的东南地区,即"库希斯坦",则被甘蔗种植园所覆盖,由来自东非的"辛吉"(Zanj)黑奴种植。这种分工不禁让人有些不安,因为它预示着新大陆更熟悉的种植园黑奴这种生产方式总会降临人间。9世纪,这些奴隶发动了大规模反抗,攻陷了巴士拉,威胁阿拔斯王朝统治14年,883年才被最终镇压下去。

在伊斯兰世界,贸易的重要性可以从阿巴斯王朝都城巴格达的设计中看出来。它位于底格里斯河畔,但是通过运河连接了幼发拉底河,所以来自美索不达米亚和叙利亚的货物可以顺流而下,从印度和东南亚进口的商品则可以通过波斯湾边的巴士拉后沿河而上。该城根据圆形平面图而建,对角线交叉的主干道分别通往四座城门。东北城门通往伊朗和河中地区,西北城门通往叙利亚,东南城门通往美索不达米亚南部,西南城门则通往阿拉伯半岛和埃及。帝国各地涌入都城的人口迅速增加。财富和收入由四面八方涌入。据说巴格达人口高峰接近200万,这显然是不实之词,但很可能达到50万,在当时世界上任何地方,它都是人口众多的城市。至于阿拔斯王朝的保护者法尔斯(Fars)的繁荣,不仅归功于兴旺的农业,而且归功于通过波斯湾的港口西拉夫(Siraf)与东方的贸易,巴士拉衰落后,西拉夫逐渐被废弃。

伊朗和河中地区的城市通常是经过呼罗珊前往中国和印度的大型骆驼商队的驿站(见图2.2)。伦巴第(1975,figure 3)显示了从巴格达到达东方哈马丹、赖伊和尼沙布尔然后折向东北方向,经由梅尔夫、布哈拉、撒马尔罕、塔什干和塔拉斯后抵达中国的主要商路。撒马尔罕与塔什干之间的一条支路通往费尔干纳、喀什和莎车。从尼沙布尔出发,另一条道路向东通往巴尔干半岛,并从那里再通往喀布尔,然后或者继续到达印度,或者向西返回坎大哈和赫拉特。还有西南方向的道路,从尼沙布尔和西拉夫腹地到波斯湾的西拉夫和霍尔木兹。这些商队的主要载重牲畜是双峰驼,商队规模庞大,看起来像一座小城镇在移动。这些商路的维护和管理是"萨希布·阿尔布里德"(Sahib al-Barid,即邮政大臣)的职责。9世纪后期,伟大的地理学家伊本·胡尔达兹比赫(Ibn Khurradadhbih)[①]曾经担任过此职。大多数贸易似乎都是伊朗当地人从事:与中国贸易的商人主要是粟特人,而与中亚贸易的商人则主要是花剌子模。

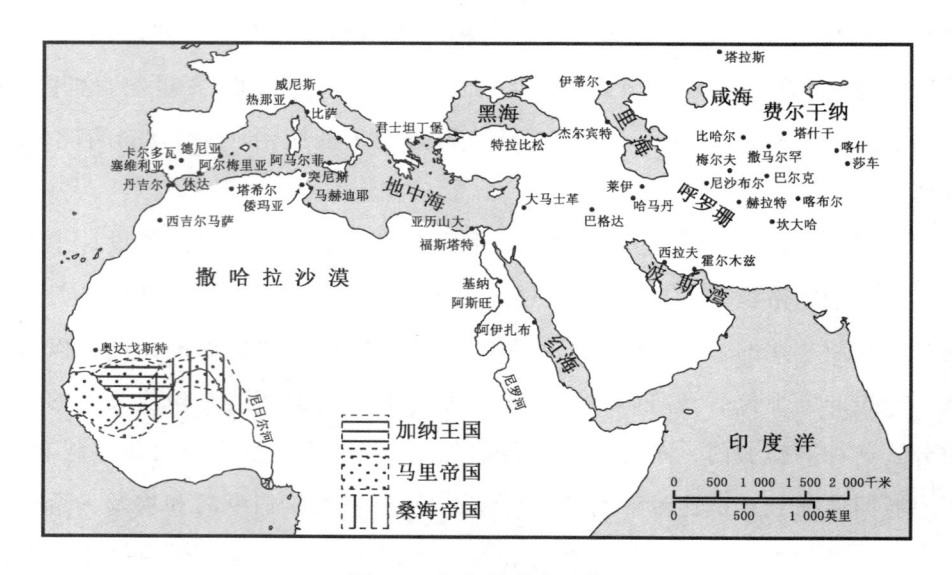

图 2.2 伊斯兰黄金时代

这些城市拥有有趣的二元结构,城市格局仍遵循四座城门加城墙的波斯建制,附设阿拉伯兵营或宿营地、清真寺和市场,象征两种文化正在融合。除了阿拉伯人和伊朗人之外,我们决不能忘记突厥人的军事存在,他们最终都获得了高升。这些城市多位于绿洲,拥有精细的灌溉系统,支撑商品菜园和养活人口的农作物种植。城市人口包括法庭、军队、公务人员、乌里玛或阿訇、离开家乡的地主,当然还包括手工业者和从事服务的工人。人口估算不仅缺少而且不可靠,但是巴托尔德认为,撒马尔罕的人口可能达到 50 万,沃特森(1983:133)引用一种来历不明的推测,认为尼沙布尔的人口为 10 万~50 万。

---

① 伊本·胡尔达兹比赫的《道里邦国志》,有中译本,由中华书局 1991 年出版。——译者注

关于手工业，所有城市都有各种不同的手工业技术，撒马尔罕的造纸业可能是最重要的，其次是丝绸制造和棉纺织业，当然还有地毯编织业，据说亚美尼亚地毯是当时最好的地毯。巴托尔德报告了萨曼王朝各城市里原材料和手工业品出口和转手贸易的名单，给人留下了深刻印象，其中包括来自撒马尔罕的纸张，到 10 世纪末，纸张完全取代了伊斯兰世界的羊皮纸。与草原游牧民族的贸易非常活跃，以当地的纺织品交换牲畜和牲畜产品。特别关税为每峰骆驼所载货物征收 2 第纳姆，鉴于当时非熟练工每月工资为 15 个第纳姆，关税就不算高。

现在开始论述非洲，作为"尼罗河赠礼"的埃及是哈里发政权的产粮区，一如它在亚历山大大帝之后、罗马人和拜占庭人时代一样。除了小麦外，最重要的作物是亚麻，这是亚麻纺织业的基础。尼罗河的芦苇是古代另一个不可或缺的手工业——纸莎草纸制作——的原材料，埃及还种植了大量甘蔗。按照伦巴第的说法，对统治者有利的是埃及拥有的另一个重要资源，即它不仅可以获得来自努比亚金矿的黄金供应，更奇怪的是它还可以从法老的坟墓中获得黄金。此外，沿着建设完美的商旅路线，来自西非的黄金也找到了流入埃及的途径。

虽然建都于伊夫里恰，但是法蒂玛王朝的主要港口一直是突尼斯，突尼斯是与地中海东部和西部贸易的中心，这是因为它在地理上处于中心位置。法蒂玛王朝还占领了更西部的伊朗鲁什塔姆（Rustamids）地区的富庶都城塔哈特（Tahart），它正处于东西方、南北方贸易的交叉点。他们在这里的主要目标是控制跨撒哈拉贸易商路的北端，沿着该商路，食盐、纺织品和其他手工业品在西非尼日尔湾加纳王国境内的"黑人之乡"（Bilad as-Sudan，即苏丹地区）交换黄金和奴隶。[①] 主要商路位于摩洛哥的西吉尔马萨（Sijilmassa）到现在毛里求斯的奥达戈斯特（Awdaghost）的绿洲城市之间。德维斯（Devisse, 1992）估计法蒂玛王朝铸币厂对苏丹纯金砂的需求大约为每年 1 吨，如果有其他额外需求，则达到 3 吨，运输这些金砂，应该需要 30～40 峰骆驼。而一个明显的事实却是，

---

[①] 这里和后面几段中，对伊斯兰世界与撒哈拉以南非洲之间经济联系的简述，我们参考了奥利弗和费奇（Oliver and Fage, 1970）、鄂贝克（Hrbek, 1992）。还可以参见奥布莱恩（2002: 80－81）非常有帮助的地图和论述。

每年从西吉尔马萨前往奥达戈斯特的骆驼要远远大于这个数字,因此问题出来了:那些多余的骆驼运载的究竟是什么货物?这个问题似乎迄今没有明确的答案。德维斯还说道,每年为了生产这么多黄金,加纳王国必须开掘数千口竖井,同时还需要非常庞大的劳动力,也许是奴隶。

这种贸易获利极其丰厚,似乎吸引了来自伊斯兰世界各地的商人,甚至远至巴格达、伊朗和河中地区。贸易总量的标志是10世纪地理学家伊本·豪盖勒(Ibn Hawqal)提供的,他报告说,他在奥达戈斯特看见了一种"萨克"(Sakk),阿尔弗雷德·利伯(Alfred Lieber,1968:233)将它翻译为"即期汇票",面值达到惊人的4.2万第纳尔,比他在伊斯兰世界任何地方看到的汇票面值都大得多。① 按照阿拉伯作家所记载,如果黄金在产地价格低廉,而等量食盐可以交换等量黄金,巨大利润是一点也不奇怪的。这显然很夸张,但是贸易条件一直有利于那些准备向南进发的商人。

但是,高额利润并非没有代价。撒哈拉以南的加纳、马里、桑海帝国的统治者对贸易征税,如控制通往撒哈拉商路的沙漠部落图阿格雷一样。法蒂玛王朝也对出口到西班牙、西西里和意大利半岛的基督教城市之前的黄金征税,或者用它们铸造第纳尔。除这些税收外,法蒂玛王朝通过出口一系列手工业品来补充国家财政收入,如将纺织品、瓷器、玻璃,特别是马匹出口到伊斯兰其他地区,或者可以销到撒哈拉以南非洲地区。

伊斯兰世界与撒哈拉以南非洲的其他重要经济联系就是奴隶贸易。众所周知,伊斯兰时代之前,非洲奴隶就普遍存在于中东地区。第一个报告祷告时刻的人比拉尔(Bilal)就是被先知释放的黑奴,先知的信徒中有大量非洲奴隶,包括早期阿拉伯征服战争中的著名军官。还有大量奴隶因为突出的诗歌和音乐才能而被释放,其中包括几名女性。法蒂玛王朝哈里发的嫔妃们多闻名于假儿子之名操控权力、施加影响,如阿尔-穆斯坦绥尔(al-Mustansir,1036—1094年)的母亲。像法蒂玛的哈里发一样,他的军队中黑人高达5万。非洲奴隶甚

---

① 关于跨撒哈拉贸易的详细情况以及伊本·豪盖勒对它的描述,参见勒维特兹安(Levtzion,1968)的文章。

至被贩卖到更远的地方：阿比西尼亚雇佣兵"哈巴什"（Habash）在印度也被大量使用，东南亚的家庭奴隶就有年轻的非洲男女，当地的统治者有时把非洲奴隶当作贡物进献给中国皇帝。有趣的是，尽管非洲奴隶流入中东超过千年，但没有任何迹象表明：他们的后裔曾经在某一地方形成一个独立的共同体，这可能是伊斯兰世界能够同化"他者"的社会宽容的一个贡献。

东非的黄金、象牙和水晶在沿岸的一系列贸易港口被出口，如摩加迪休、蒙巴萨和基努瓦。这些港口所在的海岸绵延3 000千米，向南延伸到莫桑比克，马克·霍顿（Mark Horton，1987）称之为"斯瓦希里走廊"。斯瓦希里是一个非洲部落，由于与阿拉伯和波斯商人接触而皈依了伊斯兰教，他们参与东非沿岸大量的贸易和航海活动。斯瓦希里语变成了"通用语"，其在班图语的基础上叠加一些阿拉伯语词汇。一种广为流传的说法是，斯瓦希里人是早期殖民者设拉子人的后裔，设拉子人来自伊朗的设拉子城，10、11世纪，设拉子正是白益王朝所在地。但是，按照霍顿和米德尔顿（Horton and Middleton，2000：52—61）的看法，更有可能的是，早期皈依伊斯兰教的非洲人自认为与设拉子这样声望卓著的地名有关系，而不表明他们是设拉子居民的真正后裔。以考古研究为基础，霍顿认为，可以确定的是8世纪的东非早期居民在人种特征上完全是非洲人，但是到9世纪，存在当地穆斯林精英的证据非常明显。象牙和龙涎香由来自波斯湾的西拉夫商人出口到远至中国的地区，而奴隶和木材则被出口到中东。蒙巴萨附近的铁矿以生铁的形式出口到印度，考古学家已经在东非沿岸发现了大量中国和中东的瓷器。到10世纪初，由于唐朝的灭亡和辛吉叛乱，对波斯湾的贸易显然急剧衰落了。到10世纪下半期，东非的贸易强势复兴，但是它现在往东是红海，往西通往地中海，而不是进入波斯湾和中国。霍顿从考古遗址里发现了950年以后的石料房屋和清真寺，取代了以前的泥土建筑，这表示当时取得了相当可观的财富，经济繁荣。但是，最重要的发现是2 000枚铸币，其中有一枚在东非唯一一个11世纪的遗址里被发现。据估计，每年约2万盎司的黄金、象牙和水晶是通过斯瓦希里人以食盐、贝壳、玻璃珠子和其他商品与内陆部落交换所得。霍顿和米德尔顿（2000：101）引用一位阿拉伯地理学家的话说,在东非进行贸易时,内陆各部落将他们的酋长和长老作为人质,只有得到从西边远至卡拉哈里沙漠东部边缘的象牙以后,他们才能赎回。霍顿(1987)认为,960年左右为科尔多瓦的阿布德·拉赫曼三世女儿制作的精致首饰盒和其他著名的伊斯兰国家、拜占庭、西欧艺术瑰宝的象牙都来自东非的大象。

征服埃及后,法蒂玛王朝继续积极参与贸易,正如我们看到的,他们成功地把印度洋的香料贸易从波斯湾转移到红海。因此他们染指了中世纪最有利可图的垄断利润,而当时与意大利的新兴商业城市国家——如阿马尔菲、热那亚、比萨和威尼斯等——也从中分一杯羹。红海西岸的阿伊扎布(Aydhab)港是印度洋卸货的地方,然后用骆驼商队运输货物到阿斯旺附近尼罗河源头的贸易中心,顺着尼罗河水运往开罗和亚历山大里亚,再经由意大利人和当地商人之手出口他国。亚历山大是拥有2个港口的繁华城市,一个港口供基督徒船只使用,另一个供穆斯林船只使用。

除了控制长途贸易商路外,埃及的法蒂玛王朝还享有其他经济优势。每年的谷物以贡品阿诺那(Anona)的形式先是流入罗马,后来流入君士坦丁堡,持续了几个世纪。在哈里发统治下,它先是流入圣城麦加和麦地那,再是大马士革,最后是阿巴斯王朝的巴格达。但是在法蒂玛王朝统治时,埃及谷物只停留在埃及,这显然刺激了当地经济发展。的确,禁止谷物出口有利于埃及经济,因为它会鼓励其他作物生产,如亚麻和甘蔗,它们不仅是重要的经济作物,而且为亚麻纺织和炼制蔗糖等关键手工业部门提供原料。当时被法蒂玛王朝控制的西西里也出产谷物,被输往伊弗里基亚的城市。

在官方作坊第拉兹(Tiraz)里生产的高质量亚麻产品,镶金嵌银,供应宫廷,或者作为礼物送给地方显要和外国君主,私人作坊生产的亚麻产品主要用于出口地中海各地,甚至远至中国。弗兰茨-墨菲(Frantz-Murphy,1981)认为,从突伦王朝到法蒂玛王朝,亚麻生产一直是埃及关键的经济部门。她说,它甚至具有价值储藏功能,是当时社会精英阶层的一种重要资产:他们可以在自己的地产上生产亚麻。因此,当伊本·基里斯991年去世时,人们发现他一直储存了价值50万第纳尔的昂贵纺织品,还有1.6万第纳尔投资于亚麻纺织业。

艾什托(1976a)说,炼制蔗糖是重要的资金密集型产业,利用非常先进的技术,其产品在法蒂玛王朝时期既用于为国内消费,也出口外销。与此同时,造纸业也是一个重要部门。除了手工业品出口和转运东方的香料外,法蒂玛王朝还出口手工业原料(如棉花和明矾)到新兴的意大利纺织业城市。这些出口商品用一些进口手工业品(如呢绒)支付,但大多数是以白银支付,然后再用这些白银去购买东方的胡椒和其他香料。

随着他们控制了到达西非黄金产地的通道和红海,法蒂玛王朝能够维持一支由柏柏尔人、突厥人和努比亚人构成的强大军队,以及奢华的宫廷生活。他们利用科普特人和犹太人担任行政官员和财政顾问,似乎实行非常合理而连贯的经济政策。他们建立了大型皇家工场来生产奢侈的纺织品等,控制了战略物资(如生铁、木材和树脂)的贸易。虽然这些行为充满国家意志,但是艾什托(1976a)强调,在贸易和制造业中,法蒂玛王朝相当程度上还是允许自由企业的自由生产和经营。法蒂玛王朝的行政效率和经济政策显然获得巨大成功,以致S. D. 戈伊坦(S. D. Goitein,1967:33)提到过"法蒂玛的奇迹",他把它归功于这些因素和与越来越繁荣的西欧的贸易。

戈伊坦和其他人所描述的几乎具有自由贸易特点的经济政策需要更仔细的解释,如低关税、货物、人员和资金的自由流通等。在一个关于亚历山大的匿名埃米尔或军官与犹太商人之间互利关系的重要个案研究中,A. L. 阿多维奇(A. L. Udovitch,1988:72)断定,虽然意大利城市国家的商人可能处于"国乃我之国"的地位,但是法蒂玛王朝埃及的商人可以说"国乃不反对我者"。正如迈克尔·布瑞特(Michael Brett,2001)所指出的,宫廷和王室成员,包括最高行政和军事长官的报酬是各种特权,如先买权、免税等,这一定会导致市场有利于他们,而牺牲人脉不广的商人和大众的利益。M. A. 沙班(M. A. Shaban,1978,chapter 9)也反对这种自由放任的观点,认为它导致法蒂玛王朝忽视维持农业基础,而传统上认为农业需要提供每年收入的 1/4 到 1/3。

即使承认存在上述问题,但事实是这些开明的政策带来了大量财富,这体现在无与伦比的奢华之风中,所有观察者都将这种奢华之风归为法蒂玛王朝福塔斯特(Fustat,即开罗)的城市特征,从阿拉伯地理学家伊本·豪盖勒、穆卡达西(al-Muqaddasi)和伊德里斯(al-Idrisi),到波斯旅行家纳绥尔·霍斯鲁(Nasir-i Khusraw)和法国的十字军编年史家推罗的威廉(William of Tyre),莫不如是。雄伟壮丽的公共建筑不仅局限于宫廷。他们还建造了大清真寺、爱资哈尔神学院和被称为"智慧馆"的公共图书馆,宗教和世俗主题的藏书达数千册,对公众开放,并且为读者提供笔墨纸张。住房有六七层,甚至高达14层,200多人居住其中(Wiet,1964,chapter 2)。

14世纪中期,福斯塔特的人口估计为50万～60万(Watson,1983:133),但是可以认为,在法蒂玛王朝统治下,人口肯定更多。伊本·图伦的常备军被认为由2.4万突厥古拉姆重骑兵、4.2万努比亚和苏丹黑人奴隶士兵组成(Bianquis,1998:98),认为10世纪早期福斯塔特的人口至少为常备军人数的10倍是合理的。根据有些学者的描述,尼罗河的内河航运非常发达,其规模大于巴格达和巴士拉之和,这当然是埃及首都繁华的证明。任何大城市都难逃污染的抱怨,福斯塔特也不例外,因为加斯顿·维特(Gaston Wiet,1964:37)告诉我们,一位名叫伊本·拉德温(Ibn Radwan)的医生抱怨黑色烟雾笼罩城市,特别是在夏天,扬起的灰尘似乎一直钻入胡子,福斯塔特人有把动物死尸扔到饮用水源的坏习惯。

北非西部的经济与安达卢西亚联系紧密。安达卢西亚的经济基础是发达的农业——可能是当时世界上最多样和技术最复杂的。正如沃特森(1983)在他的开创性研究中所证明的,阿拉伯人的征服导致被占领地区名副其实的"绿色革命",来自印度和东南亚的作物和植物向西传播到伊朗、伊拉克和叙利亚,然后传入他们控制之下的地中海东岸和西岸。由于这些东方作物和植物最初生长于雨水充沛的季风气候地区,因此它们在更干旱的伊斯兰世界的种植需要复杂的灌溉技术。古代波斯和美索不达米亚的技术传统,如地下灌溉渠道或"坎儿井"和多级提水轮等,在这里就是不可或缺的。按照托马斯·格里克(Thomas Glick,1994)的说法,"印度农业、罗马和波斯的水利技术、水资源分配的合法权力机构、与阿拉伯和柏柏尔游牧部落的因素、伊斯兰教法和罗马行省的习惯法被融合在一起",随着有创造性融合的农业制度的出现,所有这些发展都在安达卢西亚开花结果。雷利(Reilly,1993:62)说,9世纪引入棉花和香蕉,10世纪引入水稻、硬粒小麦、甘蔗、茄子、西瓜,11世纪引入高粱和菠菜。其他重要的新作物包括柑橘、柠檬。其他柑橘类水果和无花果、椰枣常常是由王室园林引入,果园由统治阶级的家庭维护。

在古代经典文献中的知识和印度传播来的知识基础之上,安达卢西亚的植物学、农学和园艺学得到高度发展。作为起源于沙漠的一个民族,阿拉伯人似乎对与绿洲相关的植物、树木、植物和花卉有特别的喜爱,正如他们诗歌中所反映的那样。这些新作物刺激人们增加对土地的耕种强度,在很多情况下可能采用了一年两熟(或两熟以上)的耕种方式。更传统的作物——如橄榄和葡萄——的产量也增加了,尽管伊斯兰教禁止饮酒,但增产的势头仍丝毫不减。饮用葡萄酒在安达卢西亚一直盛行,至少在城市的社会精英中如此。

伴随阿拉伯征服而来的社会变化也似乎是有利的,罗马和西哥特时期的奴隶制种植园被废除,取而代之的是收益分成的佃农种植者、更灵活的土地使用权和所有权分配制度。正如杰米·维生斯·比韦斯(Jaime Vicens Vives,1969:107)所说,"阿拉伯人统治下耕作土地的农夫比西哥特时期的境况好多了",虽然他们被迫把收成的1/5到1/3缴纳给新的统治阶级。大多数农夫是皈依了伊斯兰教的土著,即所谓"穆瓦拉兹"(Muwallads,义为"义子")。那些没有皈依伊斯兰教的土著则被称为"莫扎拉布"(Mozarabs),主要是城市里的手工业者。安达卢西亚的柏柏尔部落饲养大量牲畜,为了水草而季节性迁徙,在当地穆斯林人口中,他们是主要移民。数量少得多的东方人——阿拉伯人和叙利亚人——构成了倭马亚王朝统治阶级的精英和土地贵族。少量犹太人社区在商业和行政管理方面发挥了与其人口规模不相称的重要作用,因为它的教育、识字率和东方血统,所以犹太人变成了穆斯林与基督徒之间的文化媒介。

安达卢西亚的手工业和采矿业也得到高度发展。主要的手工业制品,如丝绸、亚麻、呢绒、棉织品等,都自东方引进,最终生产和出口到信奉基督教的西欧、信奉伊斯兰教的东方和北非各地。造纸业成为哈蒂瓦(Jativa)的重要手工业，科尔多瓦皮革和托莱多钢铁声名鹊起。红铜、生铁、水银是重要的手工业原料，拥有国内外市场。在干旱和森林已被砍伐殆尽的伊斯兰世界，木材特别珍贵，用于制作家具和造船的西班牙橡木和松树可以满足这种急需。

10世纪，科尔多瓦埃米尔王国迎来了自己的黄金时代。正如我们从阿巴斯和法蒂玛王朝的对手、倭马亚王朝哈里发阿卜杜·拉赫曼三世的公告中所看到的。931年，倭马亚王朝占领了休达，20年后占领了丹吉尔和北非其他部分领土，为了控制跨撒哈拉贸易的出口，它与法蒂玛王朝长期对峙。双方都利用柏柏尔人部落充当自己的代理人，桑哈贾部落（Sanhaja）联盟是法蒂玛王朝的代理人，倭马亚的代理人是更西边的扎纳塔人。阿卜杜·拉赫曼三世控制了南部黄金供应的道路后，于929年自称哈里发，铸造金币。双方还利用他们的庞大海军力量互相抢掠对方的海岸地区。尽管双方有这些冲突，但是"西班牙-摩尔人"经济制度的天然互补性维护下来了，这等于向世人宣告，该地区两大哈里发王朝必然存在共同的利益。穿越西地中海的繁荣贸易涉及南方农产品与北方手工业品、木材和金属之间的交换。双方还致力于打击此前危害地中海贸易的海盗活动，10世纪后，海盗活动明显减少了。

在一篇罕见的定量分析著作中，佩德罗·卡尔米塔（Pedro Chalmeta，1994）估计，这个时期安达卢西亚的人口为1 030万，100万在城市，其中科尔多瓦就占50万左右。卡尔米塔还估计，该国的"总收入"为3 600万～5 400万第纳尔，其中1/3到1/2是税收收入，这似乎是非常高的税率。维生斯·比韦斯（1969:118）给出了阿卜杜·拉赫曼三世年收入为2 000万第纳尔的数据，与卡尔米塔的估计一致。因此人均总收入大致为4、5第纳尔。虽然难以把这种估计与现在的水平比较，但是卡尔米塔（1994:756）明确地说，"对伊比利亚半岛北部的众多基督教王国来说，安达卢西亚代表了一种传说中的宝山或'应许之地'"，它的财富对"收复失地运动"（1050－1492年）提供了强大的额外动力。雷利（1993:66）说，西班牙的基督教国王们被埋葬在富丽堂皇的安达卢西亚建筑中，而圣徒则常常被殓入象牙棺材和祭坛，上面用安达卢西亚生产的亚麻布覆盖。穆斯林钱币或者它们的仿制品在基督徒的领地上流通。

伊斯兰世界的所有城市,从西边的西班牙和北非到东边的阿富汗和印度,经常互相接触,正如地理学家伊本·豪盖勒等的生活和著作所证明的,尽管个别伊斯兰国家之间经常处于政治冲突和战争状态,但没有明确规定不许人员、思想、技术、时尚、商品和资本自由流动。当然,朝圣在这方面是一个主要的黏合剂,但是绝非唯一的因素。西边的法蒂玛王朝和倭马亚王朝的经济繁荣和宗教宽容犹如一块吸引东方雄心万丈的士兵、知识分子、官吏、诗人、舞者、歌者和其他各种人员的磁铁,使他们"走向西方并与那里的国家一起成长",在某种意义上,令人回想起近 1000 年后的霍勒斯·格里利(Horace Greeley)[①]和更后来的美国西进运动。这方面的一个有趣例子是著名的齐里亚伯(789—852 年),他是一个黑人自由民,他的壮丽一生始于阿巴斯王朝的巴格达宫廷音乐家、歌唱家和诗人,然后迁移到凯鲁万,最后到达科尔多瓦。在科尔多瓦,他不仅对这里的音乐文化产生了重大影响,而且是审美和时尚的裁判员。他被誉为当时令人惊讶的革新家,如使用牙膏和腋下除臭剂、随着季节更换衣服以及将一餐分成多道饮食工序的创新之举。东方的物质和文化产品不仅刺激了西方伊斯兰世界的模仿,而且促使它主动转化和发展,从而进一步丰富了整个文明。反过来,对于西欧和世界其他地区来说,伊斯兰文明同样是一份珍贵的遗产。

**中国:宋朝的经济奇迹**

第一个千年之交,在宋朝统治下,犹如现在的第二个千年之交,中国正在经历空前的经济发展。正如我们已经看到的,907 年唐朝灭亡后,中国进入一个新的分裂时代,直到宋朝于 960 年建立。唐朝的经济中心或如冀朝鼎(1936)所谓的"重要的经济地区"从北方的黄河流域向长江流域和南方地区转移。政治和军事中心仍然在北方。中国北方和南方被一个广大的运河和其他水路网络联系起来,特别是著名的京杭大运河。小米和小麦是北方的主要谷物,而水稻是南方的主要作物。由于占城(现在越南)引进新品系或所谓"早熟稻",水稻亩

---

① 霍勒斯·格里利(1811—1972 年),美国《纽约论坛报》创始人。——译者注

产量提高了(Ho,1956)。这又促进了两熟甚至三熟作物的引进,以致随着新种子和此后的品种在整个南方地区从最早栽培占城稻的福建开始传播开来,产量迅速提高。

由于这场农业革命,中国人口大量增加,从唐朝鼎盛时期 750 年的 5 000 万左右(比公元 200 年的 6 300 万少)增加到 12 世纪中期的超过 1 亿(McEvedy and Jones,1978:167;Maddison,1998:169)。正如伊懋可(Mark Elvin,1973)所指出的,这可以被看作一个经典的马尔萨斯模型在起作用,人口增长最终抵消了生产率的提高效应。在 11 和 12 世纪,宋朝生产率提高和人口增长之间的时滞足够长,经济快速进入繁荣期。这个时期我们既可以看到广泛存在的市场、贸易和专业化,也可以看到手工业、交通运输和农业技术革新以及城市化的显著发展。那些让马可·波罗留下深刻印象的城市,其创建者正是后来被蒙古灭亡的宋朝。

宋朝时期,中国各地区和城市都具有繁忙而充满活力的经济(Elvin,1973;Shiba,1992)。这些经济中心都专注于它们最适合的生产,通过由商人、掮客和其他商业代理人构成的极其复杂的网络联系。这个网络的中心一直是世界上最广泛而且便利的水运体系。中国历代王朝传统上都将农业作为主要财源。但是,宋朝商业和手工业活动的扩大意味着商业税在国家财政收入中占有越来越重要的地位。特别是南宋的大宗收入显然来自商业贸易税收和国家垄断行业的利润,而不是来自土地税。在这些国家垄断行业中,最有利可图的是官盐和全国性饮料——茶叶。

鉴于宋朝历史上与北方强大的游牧民族国家一直存在边界冲突,其经济成就就更加显得突出。宋朝军队大约 125 万人,主要用于防御游牧民族的入侵。尽管宋朝经济繁荣,但庞大的军队也是一个毁灭性的经济负担。1126 年,金兵攻破北宋都城,北宋灭亡。1127 年康王赵构称帝,从此拉开南宋的大幕。1129 年赵构辗转逃至江南,随后暂定都于杭州,而长江以北多被金国控制。在下一章我们还将看到女真和南宋最终被蒙古消灭。陆地边界面临的威胁可能迫使宋朝反常地转入新方向。在较早的汉唐时期,中国通过骆驼商队与中亚有过互动联系。正是通过丝绸之路,中国受到了佛教、伊斯兰教、聂斯托利派基督教和大量的艺术和技术革新的重要影响。当半游牧民族的强大国家西夏和辽国打断了通往西域之路时,转向海路是合理的替代。在西方人眼里,中国传统上一直是一个"内向型"大陆强国,但是马润潮(Laurence J. C. Ma,1971:30)指出,"海洋是宋朝的国门,它对所有愿意和中国进行商业往来的人开放"。

虽然唐朝鼓励对外贸易,但是只有广州是官方关税港口。然而在宋朝,至少9个城市设立了帝国的关税港口,每个港口都由官方的"市舶使司"管理。广州在很长时间是主要外贸港口,但是它的贸易量最后被台湾海峡对岸的泉州(刺桐)所超过。有趣的是,9个港口之一的华亭,后来声名鹊起,被称为"上海"(Ibid.,39)。这些城市吸引了大量外国商人,主要是阿拉伯人和波斯人,他们有宋朝为其划定的活动专区(蕃坊),并由此享受实质性的法律保护。其中许多商人被吸收进宋朝官僚体系,担任高官要职。其中最著名和成功的是汉名为蒲寿庚的阿拉伯人,他担任过泉州市舶使司提举,在13世纪蒙古大军南下时出城投降,将泉州献给了成功征服南宋的蒙古人(Ibid.,42)。

宋朝与朝鲜和日本的贸易不断增加,但是联系的主要通道是向南方,与爪哇、苏门答腊和其他印度尼西亚群岛、越南的安南和占城,最远与红海和波斯湾沿岸各地建立了贸易关系。唐朝时期,阿拉伯人和波斯人乘船远道而来中国。但是在宋朝,中国人建造了自己的远洋船只,带有几个桅杆的大舢板,船舱是不透水的密封舱,转向舵、可移动风帆和其他航海技术革新超过世界其他地区。以航行指南针、星盘、风向和洋流为基础的宋朝航海技术也非常先进。

宋朝出口瓷器、丝绸和其他手工业品到东南亚,换取香料、药草和其他自然资源产品。东南亚与中东和欧洲的香料贸易固然有利可图,但是与它和中国的贸易规模相比,就显得渺小了许多。人口增加、至少上层阶级收入的增加和更靠近商品原产地等,使中国变成了世界贸易中奇珍异宝的最大市场,正如后来马可·波罗所注意到的。与这种贸易紧密相连的非常富有的商人和船主阶层,其中有些——如蒲寿庚——是阿拉伯、波斯或突厥血统的穆斯林,他们定居在中国的港口城市。国家本身似乎既促进又限制当时有利可图的航海贸易。一方面，政府需要通过关税、境内转卖以及面向中亚的陆上再出口，培育和扶植一个日益重要的财政来源。从陆路再出口到中亚的产品（如龟甲、象牙、犀牛角、珊瑚、玛瑙、乳香、高质量或"制造武器的"钢铁），之前都是有选择地进口到中国；然后政府以自己操纵的价格从商人手中购买，进而实行垄断经营。另一方面，战争的紧急状态迫使国家经常征用商船作为战舰或运输军需物资。最终，船只的军用和民用之间达成了实用主义的妥协。

儒家强烈推崇自给自足。通过贸易，宋朝的财政状况有了显著改善，但同时也违背了重农抑商的传统旨趣。这一度导致1127年宋高宗禁止奢侈品进口，但是1137年他被经济需求所迫，不得不回到老路上，颁布了著名的上谕，宣称"市舶之利最厚，若措置合宜，所得动以万计，岂不胜取之于民？"（Wheatley，1959:30）。宋朝关税率非常适中，优质品按价十抽一，劣质品则十五抽一（Ibid.，22）。

在政府盈利的同时，通过在沿海建造广泛的基础设施，如码头、仓库和其他便民设施以及航标和灯塔等，宋朝政府支持私营经济的发展。这些活动让我们想起当代东亚经济奇迹中政府与商业紧密合作的特点。他们远非许多西方作者描述的与中国相关的传统的"东方专制主义"画面。事实上，宋朝皇帝比其他任何朝代的皇帝都更真正关心百姓的福祉。他们谨慎地维持官僚机构的独立性，甚至自认为是"首席管理者"而不是拥有绝对权力的君主。

罗荣邦（Jung-Pang Lo，1955，1969）指出，宋朝兴起为海上强国的标志是海外贸易与海战之间互相支持。被金国排挤出华北后，南宋（1127－1279年）的防御只能依靠聪明的战略和利用复杂的河流和运河网络的战术。由于无法获得中亚的战马，因此南宋必须依靠水路调运军队。正如1113年一位著名将领所言，"海洋和长江是中国的新'长城'，战船是烽火台，火器是新式防御武器"。[①]

宋朝为了抵御游牧民族对手的传统骑兵攻击而发展出来的这些火器显然是几个世纪后改变西方战术的火炮和步枪的鼻祖。这些火器的基本原理如下：一是装入黑火药，其爆炸后提供推动力；二是通过各种管子，将可操纵的子弹发

---

① 原文作者未注释，译者查宋史也没找到它的出处，只得意译了。

射出去,中国战船的火力依靠弓箭手和弩手,辅以手雷、火箭和火焰喷射器等。根据我们所熟知的战争动力学,这些先进武器和战术也被金国和蒙古人用于攻打宋朝,蒙古人后来从海路入侵日本和爪哇,但是失败了。

持续不断的战争导致另一个与防御有关的手工业——钢铁业——的建立。郝若贝(Robert Hartwell,1962,1966,1967,1982)证明了北宋(960—1127年)钢铁生产的显著发展。总体生产规模、生产水平和单个手工工场雇佣工人的人数都超过工业革命前的英国。郝若贝估计,1078年中国生铁产量大约为15万吨。1700年欧洲的钢铁产量也未超过此量。中国钢铁生产的增长率与生产水平不相上下,850—1050年间,增长了12倍。

在中国西部的一些地方,铁币会经常作为铜钱的补充进入流通,因此消耗了大约其中1万吨。另外需要生铁的地方主要是制作铁犁铧、镰刀和其他农具。这些工具显然提高了农业劳动生产率。但是最大的生铁需求可能来自军事:制造武器和盔甲。1126年北方被金国占领的后果之一是宋朝丧失了集中于北宋都城开封附近的冶金能力,因为那里储存了大量的铁矿石和煤炭。自然资源与巨大的资本市场的联合,使北宋能利用规模经济的全部好处,降低笨重原料运输的成本。

1078年,开封的人口大约为75万,毫无疑问是当时世界上最大的城市之一,而且很可能是最大的城市。如果没有大运河从南方运来充足的粮食,这些人口就难以维持生计。因此低廉的水运价格对开封周边的钢铁生产无疑是重要的,不仅降低了原料输入和产品输出的成本,而且支持了公私对钢铁的集中需求。钢铁业雇用了全职劳动力,钢铁工人与富裕的铁厂厂长之间似乎具有了阶级斗争的迹象。这些企业家可能出身于占有土地的乡绅阶层,但是,其中许多人可能是新晋的特权富裕阶层。

汉学家们都同意宋朝代表了中国文明在艺术、文学、哲学、经济、技术和公共管理等方面的高峰。因此它被蒙古灭亡的确代表了悲剧性的倒退,本来可以比西方更早进入现代工业社会和文明。虽然蒙古人统治中国期间不断汉化,他们的后继者明朝最初支持宋元时期的"外向"航海,但是正如我们将要看到的,最终转向内部,虽然正统的儒家思想复兴了,但是宋朝的实用主义和经验主义精神被抛弃了。因此蒙古征服悲哀地终结了中国经济增长的"早熟",导致中国这朵早得春意而又非凡的"经济增长之花",结出了"闭关锁国"的苦果(Goldstone, 2002),它完全可以媲美甚至超过大致同时代的伊斯兰"黄金时代"。

**印度洋和东南亚贸易**

东南亚跨越连接中国与中东海路的地理位置意味着,一端的唐宋繁荣与另一端的阿巴斯和法蒂玛繁荣联系起来了,导致这个地区对两端的转手贸易都走向繁荣(Wolters, 1967)。正如我们在前一章简单论述过的,正是这个事实首先刺激了印度支那的扶南王国的兴起和跨越克拉地峡的贸易,扶南王国后来被控制了马六甲海峡和巽他海峡的苏门答腊商业帝国三佛齐所取代。但是,贸易的利润太丰厚,免不了招致其他国家的竞争。结果,三佛齐的竞争对手不仅有附近的爪哇,而且有陆地的柬埔寨、暹罗、缅甸的统治者,甚至远至斯里兰卡。主要威胁来自强大而富有侵略性的南印度朱罗王朝(850—1279年)。朱罗王朝的贸易掌握在庞大而组织严密的泰米尔商人手中,它们一方面招募雇佣军,享有大量的自治权,另一方面又明显与王权紧密合作。

随着三佛齐的统治者在朱罗王朝的主要港口城市纳加帕蒂南捐建了一座佛教寺庙给东南亚的商人使用,三佛齐与朱罗王朝起初维持了友好关系。但是,1025年,朱罗王朝的统治者拉金德拉一世(Rajendra I, 1012—1044年)发动了对三佛齐的灾难性海战,后者从此一蹶不振(Wolsters, 1970)。霍尔和惠特莫尔(Hall and Whitmore, 1976)坚持认为,这次海战打破了三佛齐的霸权,导致通过马六甲海峡的贸易航线转移到苏门答腊的北部、西部沿岸和爪哇东部沿岸,而且使穿越克拉地峡的跨半岛航线得到复兴。高棉君主苏利耶跋摩一世(1002—1050年)把马来半岛东岸的单马令(Tambralinga)发展成穿越克拉地峡的贸易的据点,并且与斯里兰卡和印度南部建立了外交和贸易关系。但是为了平定内乱和应对来自东部的威胁,高棉最终被迫停止这些向西的活动。缅甸中部兴起的蒲甘帝国利用霍尔和惠特莫尔所谓的"地峡争夺"期间由于三佛齐衰落而留下的真空向南扩张。缅甸积极地参与穿越孟加拉湾到斯里兰卡和南印度各港口的贸易,还与斯里兰卡和印度的佛教中心交换大量的宗教圣物。但是这并未阻止12世纪60年代斯里兰卡人袭击缅甸南部,而且显然这是贸易争端所激化的结果。

9—13世纪南亚贸易和泰米尔商人行会在其中发挥的作用是伯顿·斯坦(Burton Stein,1965)的经典论文和米拉·亚伯拉罕(Meera Abraham,1988)详细的开创性研究的主题。亚伯拉罕指出,由于斯里兰卡和南印度各王国位于东南亚与伊斯兰世界的中间位置,因此它们不仅可以在从南中国海到红海和波斯湾的贸易链条中充当贸易中介,同时还可以销售自己的产品。斯坦(1965:49)注意到,印度半岛科罗曼德尔海岸东部的康吉布勒姆港在公元初就与中国和罗马帝国建立了贸易联系。来自中东的犹太人和基督徒商人在印度建立了小型但可持续的社区,如"叙利亚的"基督徒今天在印度的喀拉拉邦活跃一样。据说其传奇创立者使徒托马斯就是随商人到达印度的,亚伯拉罕(1988)引用的文献证据证明,当时印度有一些来自叙利亚和巴勒斯坦的基督教商人和教师,如迦南的主教托马斯就是其中之一,他于8世纪后期和9世纪早期定居于奎隆港。

斯坦(1965:50)引用10—13世纪关于艾霍利(Ayyavole)和马尼格拉曼(Manigramam)两大行会活动的神庙铭文,"它们是充满活力和自信的、被组织成一个个灵活机动的团体,从事从马匹到宝石等各种商品买卖的商人,给人留下了深刻的印象"。一篇铭文说,"他们贸易的商品是大象和马匹;蓝宝石、月长石、珍珠、钻石、红宝石、黑玛瑙、黄玉和珊瑚;小豆蔻和丁香;檀香木、樟脑和麝香"。它们还说,通过交纳关税,"统治者可以用黄金和珠宝充实自己的国库,进而用来装备武器"。1015年罗阇(Rajaraja)派遣一支贸易使团前往宋朝宫廷,带着"21 000 盎司珍珠、60 根象牙、60 斤(每斤相当于 1.25 磅)乳香"和 3 300斤芳香植物(Abraham,1988:139)。乳香来自中东,芳香植物来自东南亚,这表明朱罗王朝获取这些珍贵商品的非凡能力,因此给中国皇帝留下了深刻印象,把他们当作宋朝的"一流"贸易伙伴。珍珠来自被朱罗王朝控制的斯里兰卡西北沿海的马纳尔湾的采珠场,考古学家在那里已经发现了10和11世纪中国和伊斯兰世界的瓷器,这正是朱罗王朝占领那里的时期。罗阇的儿子拉金德拉于1025年袭击了三佛齐,于1033年也派遣贸易使团前往宋朝。泰米尔商人行会似乎已经遍布东南亚各地,甚至远至中国的重要港口泉州,他们在那里建立的一座神庙至今还矗立着,而铭文已经在苏门答腊、马来半岛和蒲甘等地发现。

面对这些贸易潮流,南印度和斯里兰卡的统治者似乎急于取得鼓励贸易和适当征税带来的收入。正如已经注意到的,商人们自行雇用商队为王室军队和海军提供物资,所以贸易和军事扩张常常是相辅相成的。朱罗王朝派军远征东南亚和马尔代夫群岛,他们对斯里兰卡的多次入侵也很难说不是出于贸易的动机。斯宾塞(Spencer,1976:409)认为,这些入侵的目的是"以更残酷的抢劫和破坏重要政治和宗教中心为基础",与斯宾塞相反,亚伯拉罕(1988:130)认为,"贸易是朱罗王朝制定政策的重要原因,朱罗王朝的统治者与这个商人社区有联系,双方都从支持贸易商人的对外政策获得一定程度的利益"。关于袭击三佛齐,征服不是动机,因为没有明显企图占领或派兵守卫东南亚的领土。按照亚伯拉罕(1988:14)的说法,"袭击至少部分是为了给说泰米尔语的商人在这些地区取得权利,统治者、商人和朱罗王朝的官僚集团期望从这种贸易中获得可观的利润"。可能受到商人行会蛊惑的商业动机似乎是最合理的解释,而且也不会与皇家军队和商人行会雇佣兵的劫掠动机冲突,朱罗王朝灭亡后,这些商人行会在南印度的经济社会中作用大幅下降,虽然它们仍一直拖延到17世纪(Stein,1965:59)。

总之,上述证据揭示了一个穿越印度洋东部和南中国海的贸易扩大与积极的文化交流和政治互动结合起来的时代。这个地区11世纪最显著的特点是国际贸易的互动、新兴大国的出现、小乘佛教在东南亚大陆和斯里兰卡确立了文化主导地位,这个现象原封不动地保留至今。

我们关于从南中国海到波斯湾和红海广阔贸易地带的地名和产品的知识主要来自宋朝官员赵汝适1225年编撰的著作,他曾经担任设于泉州的福建市舶司提举。这部杰出而且不可多得的著作为《诸番志》,显然是以较早的大量中国文献为基础,但是也以他任职期间亲身观察和寻访获得的一手资料为基础。[1] 从这部著作中,我们看到宋朝人不仅了解东南亚大陆和岛屿,而且了解斯里兰卡、印度、中东和东非,甚至地中海部分地区,如西西里。

关于贸易商品,赵汝适列举了一系列外来重要产品,中国从这些地区进口大约 339 种。正如惠特利(Wheatley,1959)指出的,赵汝适混淆了许多进口商品的原产地,经常把某种商品的再出口地误认为原产地。中国进口的最重要商品是芳香植物和药物,如《圣经》中记载的来自哈德拉毛的乳香和没药、来自东南亚的檀香木、来自东非沿岸的龙涎香。来自摩鹿加群岛的香料,如丁香和肉豆蔻都是为了制作中药,来自非洲的象牙和犀牛角价格昂贵。年轻力壮的黑奴无论男女都从非洲进口。虽然丝绸是中国出口到东南亚的重要商品,但是中东精良的织锦和锦缎、印度马拉巴尔和科罗曼德尔沿岸的棉布都是价值非凡的中国进口商品。钢铁和刀剑从印度进口,几种矿产品(主要是锡)主要从东南亚进口。瓷器和丝绸是中国出口的主要商品,从东南亚和斯里兰卡到阿拉伯半岛、东非的斯瓦希里沿岸、桑给巴尔等地都发现了大量中国瓷器和丝绸。

正如惠特利(1959)所注意到的,宋朝对中东甚至东非的了解远多于对印度的了解,这不足为奇。其原因无疑是,除了泉州的泰米尔商人行会外,到达中国港口城市的印度商人远不如阿拉伯、波斯和突厥商人那么多。马润潮(1971:14)说,有宋一朝,伊斯兰世界至少派遣了 20 次贸易使团,而朱罗王朝和印度的其他王国只派遣过几次;这是当时伊斯兰世界处于世界经济中心地位的又一个证据。现在我们转向欧亚大陆的西边,转向阿拉伯征服对那里的影响。

### 皮朗(Pirenne)命题

"如果没有穆罕默德,就没有查理曼",比利时伟大的历史学家亨利·皮朗(Henry Pirenne,1939:234)说了这句著名的话,因此激起了最吸引人而且持久

---

[1] 赫尔斯和洛克希尔(Hirth and Rockhill,1964)的英译本可以得到,该书带有详备的学术性注释,也是保罗·惠特利(Paul Wheatley,1959)的多卷本研究的基础。

的学术争论,直到今天仍然众说纷纭。在皮朗那个时代,当时人们普遍认为,日耳曼部落的入侵推翻了罗马帝国高卢行省的文明结构,因而开启了社会倒退到由封建领主支配的依附农民的自给自足乡村经济的"黑暗时代"。这取代了城市化的罗马精英的文明官僚帝国,后者由土地税和与东方拜占庭帝国各行省的繁荣贸易关税提供财源。皮朗驳斥了上述看法,认为,高卢-罗马社会的新统治者,即墨洛温王朝的法兰克国王,事实上保留了罗马行政管理的精髓,甚至在他们皈依罗马天主教之后保留了罗马的金币,因此保持了古典古代社会经济制度的连续性,唯一的变化是领导阶层的构成。在他看来,真正的突变不是随着5、6世纪蛮族的接管,而是阿拉伯哈里发结束了拜占庭对东地中海的控制,于7世纪后半期使前罗马帝国的东西两部分互相隔离。按照皮朗的说法,正是此后的贸易和其他海外联系的中断导致西欧倒退到加洛林王朝统治时期更落后的自给自足经济基础,因此,没有穆罕默德,就没有查理曼。皮朗命题的实证支持是建立在罗伯特·洛佩兹(Robert Lopez,1934)所谓西欧的"四大灭绝":纸莎草、奢侈纺织品、东方香料和金币,因为西欧只能依赖从拜占庭进口。当然,皮朗必须证明不仅这些东西灭绝了,而且它们灭绝的时间恰好与阿拉伯征服时间一致。纸莎草在西罗马帝国被用于国家和教会大多数记录,还用于商业交易:按照皮朗(1939:92)的说法,"整船的纸莎草在港口的码头上被卸载"。他声称677年后,纸莎草就不再用于墨洛温王室的文献记录,高卢地区的修士和商人也从此不再使用纸莎草,虽然在意大利部分地区继续使用(Pirennes,1939:169—176)。墨洛温宫廷和基督教会都大量使用丝绸和锦缎,但是在加洛林王朝统治下,它们被朴实无华的弗莱芒呢绒所取代。金币和东方香料也大致同时不被使用了。

　　洛佩兹至少在一定程度上不同意四大灭绝的看法。纸莎草继续在意大利使用,虽然洛佩兹声称它在高卢的减少与罗马法的衰落有关,因此它的完全废弃只是表示需求的减少而不是供应的限制。至于奢侈纺织品和东方香料,洛佩兹也认为口味的变化而不是阿拉伯人限制了供应从而导致它们的消失,虽然他无法提供令人信服的观点来说明这种变化发生的原因。关于诸如"王室紫"等奢侈纺织品,他认为拜占庭可能已经限制出口,否认暴富的西欧统治者是帝国华丽的象征。关于金币,他认为西班牙的阿拉伯人实行银本位制,迫使法兰克统治者适应,但是他仍然没有提供任何有说服力的证据。

对皮朗命题更激烈的批评来自丹尼尔·丹尼特(Daniel Dennett,1948),他首先质疑阿拉伯人为什么想限制与西欧的贸易,其次他质疑,无论他们是否想这么做,关键是他们是否有实力这么做。正如我们已经看到的,毕竟阿拉伯人与各种异教徒、中亚的异教游牧民族、印度和东南亚的印度教徒和佛教徒甚至与他们最大的基督教敌人拜占庭人贸易。当他们已经与西班牙倭马亚王朝的穆斯林同宗但政治上的敌人、意大利的基督徒贸易时,为什么他们不愿与西欧的法兰克人贸易呢?如果与高卢的贸易的确衰落了,那么它不会是由于蛮族入侵及其引发的经济衰退而造成的吗,正如传统观点所认为的,而非哈里发故意发布禁令?无论如何,丹尼特认为阿拉伯人不可能实行任何禁运,如果他们没有占领西西里,而这发生在827年突尼斯的阿赫拉比统治者入侵该岛屿、831年占领巴勒莫之后;直到878年阿拉伯人才占领叙拉古、902年才占领陶尔米纳,直到10世纪才占领全岛。但是,伊利亚·艾什托(Eliyahu Ashtor,1976a)为皮朗命题提供了一种可行性辩护,阿拉伯征服后,地中海几乎不间断的战争打断并极大地削弱了贸易,尽管穆斯林没有任何主观企图这么做。

因此皮朗命题坚持认为,伊斯兰教的兴起是一股去全球化力量,至少就西欧而言;如果考虑到伊斯兰教广泛而深刻的综合影响,这的确是一个悖论。大概说来,相对价格数据可能有助于解决这个问题。如果皮朗或艾什托是正确的,那么进口到西欧的奢侈品价格将上涨,反映出供给受限,但如果洛佩兹是正确的,那么纸莎草和东方香料的相对价格由于需求减少而下降。遗憾的是,我们不知道任何如此早期的价格数据,所以我们不得不勉强应付更具定性特征的有关贸易流量和贸易商路等证据。特别是,近来学术界已经强调地中海"不是"西欧与伊斯兰世界贸易的唯一通道。另一种可能性是西欧的商品可以用于交换北方的产品,如毛皮、蜂蜜、蜡和琥珀,然后再出口到伊斯兰世界,换取它们能提供的任何商品。换句话说,伊斯兰世界和加洛林世界能够通过那些强壮结实的斯堪的纳维亚商人——海盗(即瓦良格人中介)——而联系起来。

## 东欧:北欧海盗纽带

这是瑞典历史学家和钱币收藏家斯图雷·博林(Sture Bolin, 1953)的大胆假设,他把关于这个主题的精妙论文命名为"穆罕默德、查理曼和留里克"。博林提出的基本观点清晰地表现在下列引文中:

首先,无论西欧与阿拉伯世界之间的贸易是否在加洛林时期中断了,有一点是非常确定的,在阿拉伯帝国内部贸易中,手工业和城市经济空前繁荣。其次,无论西欧的贸易在这个时期是否增减,古代西欧与北欧和波罗的海沿岸国家之间的联系变得非常重要,特别是在加洛林王朝早期。但是,如果这两个被承认的事实是并列的,那么主要问题又出来了。人们不禁要问,由于东西方联系的减少,因此法兰克帝国与北欧的联系是否变得更活跃,或者是否同样的因素促进了阿拉伯帝国与北海沿岸地区之间贸易的繁荣。(Bolin, 1953:8)

在上述两种答案中,博林坚决反对第二种答案,断言阿拉伯世界的繁荣由于对瓦良格人和基辅罗斯的最初影响,间接刺激了西欧的贸易和经济增长。因此穆罕默德在一定意义上是加洛林国家的创立者,这与皮朗主张的观点一致;但是,穆罕默德通过"促进"西欧的经济增长和贸易,而"不是"阻碍其发展。首先,博林认为西欧与东方之间的贸易在伊斯兰教兴起后的7、8世纪并未枯竭,而是继续出口奴隶、毛皮和刀剑,以换取白银和奢侈品,如丝绸和香料。但是,大多数奴隶都是东斯拉夫人,毛皮也主要来自北部和东部,所以这些商品被再次出口而不是出口,只有刀剑是法兰克人的手工业品。法兰克人用自己的主要手工业品换取波罗的海和北海地区的奴隶和毛皮。奴隶被驱赶着从格拉科夫步行到布拉格,在凡尔登集市上,经过阿尔勒,被懂得多语言的拉登尼特(Rhadanite)犹太商人出口到西班牙和伊斯兰世界其他地区,因为犹太商人与西班牙和北非到中国的广大地区都有联系。

但是,博林认为,到9世纪初,随着北欧人通过控制俄罗斯的河流体系、以武力从土著芬兰人和斯拉夫人索取作为贡物的毛皮和奴隶,他们"直接"与有利可图的东方市场联系,用毛皮和奴隶交换伊斯兰世界的白银和拜占庭的丝绸,情况发生了根本变化。随着在今天阿富汗境内的塔什干和潘杰希尔发现了储量丰富的银矿,阿巴斯王朝和后来萨珊王朝的大量白银以银币的形式流入北欧人手中,然后从他们手中再流入西欧(见图 2.3)。① 博林还比较了 9、10 世纪白银流入与 16 世纪新大陆征服者带来的白银流入,认为都带来了通货膨胀的后果。

为了确认博林版本的皮朗命题,而不是推翻皮朗命题或提出相反的说法,三个步骤必须涉及。首先,7—10 世纪伊斯兰世界经济发展必须被证明,这在本章已经完成。其次,瑞典和俄罗斯与穆斯林经济体之间贸易的确切性和规模必须加以详细说明。最后,必须通过波罗的海和北海,搭建起东西方贸易的联系纽带。本节此后的内容将论述这一系列关系的中间链接,即我们所谓的"北欧海盗纽带"。幸好自从博林之后,这个主题的研究已经取得了长足进步,特别是通过美国历史学家和钱币学家托马斯·S. 努南(Thomas S. Noonan,1998)富有洞察力的研究,我们下文内容就是以他的研究为基础而撰写的。加洛林王朝的经济与波罗的海和北海世界的联系就是本节下文的主题。

努南(1998,chapter 1)开篇就提问"为什么维京人最先到达俄罗斯"。当然,他们到达俄罗斯不是为了战利品,这与他们在西欧的英格兰、爱尔兰和法国沿岸抢劫富有的修道院和城市不同。当时的俄罗斯森林密布,人烟稀少,没有很多财富可供抢掠。但是在更远一些的南方,却可以获得大量珍宝。为此,他们沿着俄罗斯广泛的河流水系和便捷的运输,沿着伏尔加河到达里海和巴格达,或者沿着第聂伯河到达黑海和君士坦丁堡。在南方,他们用北方的森林产品(如毛皮)和定居农业地区的斯拉夫男女奴隶,可以换取大量伊斯兰世界的白银第纳尔。毛皮和奴隶部分是通过用波罗的海的产品而获得,如法兰克的刀剑或玻璃珠子,但主要是通过武力强迫芬兰的狩猎采集人或斯拉夫农业地区纳贡。他们甚至不需要一路走到巴格达或君士坦丁堡,因为哈札尔人和伏尔加河的保加尔人能充当有用的中介,在他们的帐篷里,北方的产品和奴隶就可以换

---

① 参见奥布莱恩(2002:71,78)非常有帮助的地图。

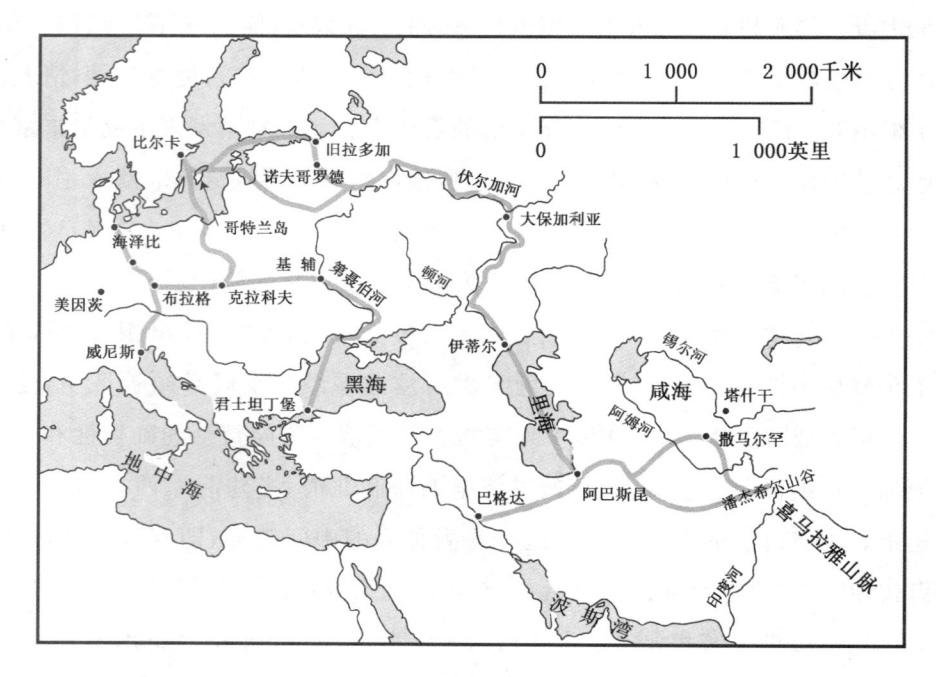

图 2.3　北欧海盗纽带

取银币和奢侈品(如丝绸),以利于三方(只要三方都不是那些不幸的俘虏)。

俄罗斯最早的定居点和城市,如斯塔利亚拉多加(Staraia Ladoga)、诺夫哥罗德和基辅主要是作为长途贸易的贡物征收站、贸易据点和驿站。但是,掠夺只会招致掠夺,其他草原民族(如佩彻涅格人)就依靠在河流最狭窄的岸边伏击来往商船的收入维持生活。贸易和战争是一枚硬币的两面,正如我们在朱罗王朝和本书后面将多次见到的那样。基辅罗斯国家可以看作为了有效组织这两种活动而兴起的。

努南(1998)报告了在伏尔加河和第聂伯河沿岸的俄罗斯各地发现了许多伊斯兰国家银币的窖藏,银币的铸造时间主要是800—840年,在波罗的海东部也发现了同期的银币窖藏。被发现的银币总数增长很快,从不足 300 枚(800年)增加到 1 750 枚(830—840 年),总数超过 4 720 枚,其中波罗的海发现的银币占36%。因此,至少流入俄罗斯境内的伊斯兰国家银币的 1/3 最终到达波罗的海地区,因为如果不通过俄罗斯,银币就不可能流入波罗的海地区。斯塔利亚拉多加是用第纳尔换取西欧商品的中心,显然,波兰和其他西斯拉夫商人就是这么做的。不过只有瑞典人敢于深入俄罗斯腹地,更直接地获得第纳尔。

努南(1998,chapter 2)考察了为什么以伊斯兰国家的银币为通货的贸易只在9世纪初才开始,而不是在哈里发国家建立不久就开始。他认为,这是由于倭马亚王朝统治下的阿拉伯人与哈札尔人为了争夺黑海与里海之间的高加索地区的"百年战争"。在这场旷日持久的争夺中,阿拉伯人能够在战场上击败哈扎尔军队,但是没有必要的资源维持对被征服地区的占领。阿巴斯王朝显然认识到这点,因此提出和平建议,最终双方在8世纪末停止了敌对。这为双方互利的贸易打开了大门,哈札尔人都城伊蒂尔正好处于伏尔加河在里海的入海口,自然就变成了不同宗教信仰的商人的中转港。

哈札尔人明白要放弃萨满教,但是他们既不愿意皈依伊斯兰教,也不愿意皈依东正教,因为担心相应宗教的大国——哈里发政权或拜占庭帝国——控制自己,正如我们前一章已经看到的,他们令人吃惊地选择了犹太教。但是,犹太教显然仅限于"可汗"和统治阶级,普通百姓则信奉多种宗教。罗斯人起初臣服哈札尔人,甚至充当哈札尔人的辅助军队。但是,他们逐渐开始夺取了对斯拉夫人部落的控制权,从南北方的贸易中获得更多利润,因此促进了白银流向波罗的海和西欧。由以前草原游牧民族建立的另一个突厥人国家就是伏尔加河保加利亚王国,它参与收集毛皮和奴隶等贡物,并用这些贡物换取白银的活动。该国定都于伏尔加河中游的大保加利亚,皈依了伊斯兰教,是基辅罗斯和哈札尔人的另一个竞争对手。凭借其伏尔加河中游的有利位置,除了收集贡物外,它还通过征收商人通行费而积累了大量财富。

922年,应保加尔人的请求,巴格达的哈里发派遣一个使团前往保加尔人都城,协助其建立伊斯兰国家,从事我们今天所谓"技术支撑"活动。其中一名外交使节就是某个伊本·法德兰(Ibn Fadlan),他在《利拉》(*Rihla*,遥远国家旅行记)中的叙述是典型的跨文化观察。伊本·法德兰在保加尔人的都城可能遇到了一群维京人,他们既让他着迷,又让他小心提防着。他们的高大身躯给他留下了深刻印象,所以他说他们"高得像棵棕榈树",他还注意到,他们每个人都随身携带武器。他把他们描述为被贸易利润驱动，对着木制神像祈祷，祈求商业成功。他们以真正"韦伯兰斯克"（Veblenesque）方式炫耀财富，让他们的妻子佩戴他们挣来的价值上万第纳尔的项链，许多妇女甚至一次佩戴几条项链来展示商业成功。他们不讲卫生的习惯、引用大量酒精和当众强奸他们贩卖的女奴隶，让法德兰感到非常震惊。他还以现代人类学家的眼光记录了一个酋长的恐怖葬礼：焚烧他生前使用过的船只，用他宠爱的小妾为他陪葬。

其他阿拉伯作家，如地理学家伊本·胡尔达兹比赫和伊本·鲁斯塔（Ibn Rustah）也留下了罗斯民族性格、商路、社会风俗的记录。克雷默（Kramers，1931：101）[以阿拉伯地理学家麦格迪西（Al-Maqdisi）的记载为基础]列举了罗斯人贸易的商品，包括"黑貂皮、白鼬皮、白貂皮、狐狸皮、海狸皮、斑点兔和山羊；还有蜡、箭头、桦树皮、高档皮帽、鱼胶、鱼牙（可能是海象牙）、海狸香、琥珀、处理过的马革皮、蜂蜜、榛子、猎鹰、刀剑、盔甲、枫木、大大小小的牲畜"。伊本·鲁斯塔尤其注意到他们不从事农业生产，只依赖用其从斯拉夫人或其他土著那里掠夺来的奴隶和产品，并通过保加尔人和哈札尔人作中介，交换伊斯兰国家的白银维生。他甚至还注意到，如果伪装成基督徒可减少必须为转运的商品支付的关税或通行费，他们有时也会如此行事。

在俄罗斯的瑞典人一直与故乡保持紧密联系。现代斯德哥尔摩附近的比尔卡遗址与哥特兰岛和海泽比的丹麦人遗址一样，发现了这个时期来自伊斯兰世界的大量人工产品，特别是银币。斯波福德（Spufford，1988：67）说，北欧、中欧和东欧已经发现了20多万枚伊斯兰国家的银币，包括哥特兰岛6万枚、斯堪的纳维亚其他地区4.5万枚、波罗的海沿岸的波美拉尼亚（现位于波兰境内）2万枚，其余大部分都分布在俄罗斯地区。他还报告说，在遥远的约克郡925—930年的一个遗址里，发现了895—911年在撒马尔罕铸造的35枚第纳尔银币。比尔卡和海泽比是沿着俄罗斯河流贸易而获得第纳尔的地点，谷物、葡萄酒、陶器、铁骑、在维京人及其东方贸易伙伴中大受欢迎的法兰克人的刀剑等在这里被交换。按照索耶（Sawyer，1994：130）的说法，哥特兰岛与其说是一个商贸中心，倒不如说是一个海盗基地，但这只是影响银币在各地的分配，而不影响它们是罗斯人通过贸易、纳贡或公开抢劫而来的东方银币的事实。在他们对维京时代城市考古发掘的详细论述中,考古学家克拉克和安布罗夏尼(Clark and Ambrosiani,1995)提供了比尔卡、海泽比、哥特兰岛等遗址在当时的经济扩张、丰富的墓葬品与伊斯兰世界银币流通之间有联系的证据,虽然他们根本没有引用博林的论著。他们描述了一种繁荣的手工业:利用当地丰富的麋鹿、驯鹿和其他动物的角和骨头,制作各种私人用品,如梳子、针、胸针等,从俄罗斯到爱尔兰都发现了这些物品。玻璃珠子和陶器也在海泽比和其他商业中心生产。

9、10世纪,斯堪的纳维亚各国和波兰都没有任何有意义的单独铸币,第纳尔也许不仅用于日常交易,而且具有窖藏价值。许多银币被砍成"碎银"的事实经常被当作证据。加洛林王朝和奥托王朝的确发行过银币,为此他们把第纳尔砸碎并重新铸造。俄罗斯和西欧窖藏中发现的第纳尔在10世纪大多数时间里急剧增加,直到975年完全消失。这种突然中止的原因不清楚,各种假设都被提出来了,如萨曼王朝在中亚和阿富汗的银矿枯竭了等。罗斯人大约此时灭亡了伏尔加保加利亚王国和哈札尔王朝,萨曼王朝于10世纪末衰落了,这个事实似乎表明,中亚世界的地缘政治变化可能是比较可靠的解释。

霍奇斯和怀特豪斯(Hodges and Whitehouse,1983)积极地采用了博林的假设。他们认为,794年查理曼进行的货币改革——引入"重"第纳尔或便士——需要大量白银,而仅仅西欧的白银是不够的,只有重新铸造通过海泽比等贸易中心获得的伊斯兰国家的第纳尔才能满足这种需要。真正的货币供应需要支持加洛林时代欧洲的经济发展,因此被当作维京人与穆斯林世界的东方贸易的间接结果。但是,我们应该注意到,卡尔·莫里森(Karl Morrison,1963)已经质疑通过斯堪的纳维亚而来的伊斯兰国家的白银能起如此关键的作用,除非留下了更多的直接证据。这种银币窖藏在莱茵河以西地区就没有发现,也没有任何线索表明它们被熔化并转运到加洛林王朝的铸币厂。但是,博林(1953:35)的确注意到一个有趣的事实:一名"来自西班牙的犹太人"发现,913年撒马尔罕、965年美因茨都在铸造萨曼王朝的第纳尔。斯波福德(1988)认为他就是托尔托萨的易卜拉欣·本·雅各布(Ibrahim ben Yaqub),代表科尔多瓦的埃米尔完成外交使命。斯波福德(1988)观察到,大多数这种银币如果不是被萨克森的奥托大帝在更东边的马格德堡铸币厂铸造,就是在莱茵兰地区被重铸。

西班牙旅行家也记录了他们在美因茨见到大量来自印度的商品。有明确证据的是,北欧通过第聂伯河、顿河、伏尔加河与伊斯兰国家的联系对9、10世纪西欧经济发展起了积极作用,以奴隶和其他出口商品换取流入的银币,从而促进了持续扩张的欧洲商业化经济的货币化进程。在这个意义上,博林所说的正是"留里克"(Rurik)有助于把穆罕默德和查理曼撮合在一起,是正确的,因此为欧洲经济重心开始发生决定性的从地中海转向西欧北部沿海转移做出了贡献,这是此后欧洲千年经济史的一个突出特点。我们以对这个重要时期西欧贸易和经济进步的简短论述来结束本章。

**西欧的经济**

中世纪早期西欧经济的性质是一个长期争论的问题。但是,一个无可辩驳的事实是加洛林世界的城市化水平比罗马或墨洛温王朝早期低。罗马帝国能被简单地描述为"其基础是以农业税支撑的 2 000 座城市组成的网络"(Devroey,2001:105)。行政和宗教精英居住在城市里,城市拥有必要的基础设施,如广场、圆形竞技场、公共浴室、大教堂(4 世纪基督教化之后),为所有劳动人口提供文明生活所需的便利条件。维持这个超级上层建筑和帝国时代 60 多万常备军所需要的收入由主要包括奴隶劳动的大地产的农业领域和贸易的税收提供。由于蛮族入侵和战乱,但主要是由于查士丁尼统治时期的 542 年爆发的鼠疫的破坏,人口损失 20%～25%,许多城市难以维持最小的必要规模,导致加洛林时代社会几乎完全是去城市化。

统治阶级——文职的、军事的和教会的——现在居住在乡村地产、大大小小的修道院,有他们的随从、支持者和仆人,而且被农民的房屋所包围,农民以小块份地养活自己,为领主的自营地提供租税和劳动力。在这些情况下,不难想象这是一种自给自足或"自然"经济,与许多人(包括皮朗)认为的交换或"货币"经济相反。由维赫尔斯特(Verhulst,2002)总结的近来研究非常决定性地证明了这种见解是错误的。所有的地产都在各种市场和区域中心出售食品、原材料或者手工业制品,购买自己土地和工场不能生产或生产不足的产品。的确,我们可以把每块地产当作一个"国家",正如在国际贸易的标准理论中,以自己的劳动力、土地、资本和消费偏好等条件,通过"出口"剩余产品,"进口"特定价格下的过度需求产品,利用市场价格使生产和消费价值最大化。按照严格的经济逻辑,城市本身既没必要也不足以维持市场经济的生存。大宗商品如谷物、葡萄酒和亚麻布,以及大众手工业制品,都可以或多或少地有效生产和分配。

加洛林制度的一个关键特点是大修道院在经济中的重要作用。这反映了当时在宗教的推动下,土地、资本和劳动力的强烈集中,导致统治者、大贵族和普通市民捐赠这些财产。由于几乎垄断了教育和他们享有的行政管理能力,因此他们也有的放矢地有效利用和管理这些资源。宗教组织不仅在农业和民用手工业生产中占有突出地位,而且在供应来自按人口征发的军队、武器装备制造等方面也占有突出地位。国家的武装力量不再是罗马帝国的常备军或者法兰克部落的蛮族士兵,而是向所有地产持有者征发的封建军队,无论僧俗。冶铁、武器和农具制造,必须在专业化工匠铺里或者附属劳动力在自己的封建份地上,作为他们封建租税的一部分。毫不奇怪,国家严格控制武器的买卖,但是经常是无效的,这点也毫不奇怪。因此尽管有禁令,但在从英格兰到俄罗斯和伊斯兰世界的国际贸易中,我们已经看到了高质量的法兰克剑这种珍贵商品,最好的剑标有制造商"乌尔夫伯特"(Ulfberht)的名字。

不同商品的制造反映了强烈的区域性专业化分工,如弗里西亚人纺织和销售的呢绒由于质量高,查理曼曾经订货,作为送给哈伦·赖世德的礼物。根据波恩与科隆之间一个村庄而得名巴多弗(Badorf)的特殊陶器是另一种行销欧洲各地的著名商品,在许多考古遗址里都被发掘出来了,包括比尔卡和海泽比。高质量玻璃也被广泛生产和销售。

农业生产由于三项技术革新而被促进:由牛队或马队拖拽的重铁铧犁、给马披戴的肩领、三圃制轮种。由于利用水磨,粮食加工的效率更高,到11世纪,西欧各地普遍使用了水磨(Bloch,1969,chapter 5)。从查士丁尼时代的鼠疫中恢复元气的人口增长、广大森林地区的开垦,加上这些重大技术革新,导致谷物生产大量增加,同时葡萄和橄榄的栽培也增加了。

地区之间的大宗商品如谷物、食盐和葡萄酒贸易由专门的商人和大地产的代理人进行。食盐产于大西洋西岸,在南特用小船沿着卢瓦尔河分散销售到各地。食盐也产于东北部的梅茨和德国的莱辛哈尔(Reichenhall),从这些地方,食盐被船运到帕绍,然后由巴伐利亚商人用船沿着多瑙河运输到帝国的边界地区,他们返程时从外国带回的商品可以免除通行费(Verhulst,2002,chapter 7)。美因茨是德国东部领土粮食和葡萄酒的重要集散中心,这些商品从美因茨向北沿着莱茵河可以运输到重要的商贸中心多施塔特(Dorestad),从那里再出口到斯堪的纳维亚和英格兰。弗里西亚人是这种贸易的经手人,他们还把大量陶器和玻璃出口到斯堪的纳维亚。磨石也是德国的一种重要产品,由弗里西亚人出口到北海和波罗的海沿岸各地。

圣日耳曼普雷(Saint-Germaindes-Prés)修道院出产的葡萄酒供过于求,剩余的葡萄酒则被沿着塞纳河运输到巴黎,在欧洲重要的葡萄酒市场圣丹尼斯集市上销售,常常是由弗里西亚和盎格鲁-撒克逊商人进行。耶勒玛(Jellema,1955:34)曾经描述过这个时期弗里西亚人在北欧长途贸易中的作用,类似于500年后汉萨同盟商人的作用,只是规模更小。他们穿梭于从英格兰的约克和伦敦到莱茵河畔的美因茨和科隆、多瑙河畔的雷根斯堡、斯堪的纳维亚的比尔卡和海泽比的贸易中心。在维京人出现之前,他们是欧洲卓越的水手,穿梭于中世纪北欧海域不可或缺的雄樯就是他们发明的一种船只(随着它被汉萨同盟作为标准船只,在13、14世纪进入全盛期)(Jellema,1955:32;Dollinger,1970:141—142)。

商业活力和动力仅次于弗里西亚人的是盎格鲁-撒克逊人。阿尔弗雷德及其后继者统治下的英格兰是一个面积不大但很富有的国家,它与加洛林王朝和斯堪的纳维亚世界都建立了广泛的贸易联系。除了约克和伦敦外,现代南安普顿附近的哈姆维克(Hamwic)也是一个重要的贸易中心,与加洛林王朝的港口坤托维克(Quentovic)隔英吉利海峡相望。呢绒生产和出口很早就开始呈现出英国经济的一个突出特点。英格兰国王的铸币,特别是国王阿瑟尔斯坦的铸币,供不应求,北欧各地发现了很多它的窖藏。

迄今我们对西欧经济活动的讨论主要关注已经变成商业通衢的波罗的海、北海、莱茵河两岸,这不是偶然的。在罗马和墨洛温时代,马赛和罗纳河流域曾经起过这种作用。在这个意义上,我们思考过皮朗和博林关于经济重心从地中海转移到北方的观点。但是,地中海仍然保持与中欧和北欧的联系,只是需要翻越阿尔卑斯山的通道、溯莱茵河北上,或沿着多瑙河到达东欧。山口的通行费征收站似乎收入可观,征收率大约为货物价值的 10%。因此意大利是一条重要的通道,与拜占庭和东方伊斯兰世界的贸易都需要经过这条通道。

在意大利,巴里是一个重要的港口,840—870 年被阿拉伯人占领,然后被收回。西岸的阿马尔菲、后来的热那亚和比萨的贸易规模不断扩大。但是,正是地处亚得里亚海北部潟湖的威尼斯利用它与拜占庭的联系,从 8 世纪起,开始坚持履行自己作为东西方枢纽的历史使命。在内陆城市中,伦巴第以前的都城帕维亚是一个重要的商业中心,沿着波河与威尼斯进行大量贸易活动。据说 924 年匈牙利人对意大利大侵袭时,烧毁了帕维亚 44 座教堂,这除了证明匈牙利的破坏能力外,还说明了这座城市的财富规模。拉万纳逐渐衰落了,罗马帝国鼎盛时期曾经拥有 100 万人口的罗马衰落到只有 3 万~4 万。但是除了作为教廷驻地和基督教世界朝圣的主要目的地之外,罗马还是一个重要的金融中心。在乡村地区,教俗贵族的大地产如法国一样,逐渐将各种手工艺和小规模手工业生产从城市转到他们自己庄园的作坊。

总而言之,证据清楚表明,贸易和商业化是这个时期西欧经济不断货币化的关键特点。但是,不应该忽视的加洛林时代经济的另一个重要特点是对邻国和部落的系统性抢劫和剥削所发挥的作用,这种抢劫行为堪与维京人和草原游牧民族相提并论。罗伊特(1985)认为,这是法兰克军事制度中的核心内容,即统治者和大贵族的随从武士必须支付酬劳。大量财富从阿瓦尔人、伦巴第人、撒克逊人那里榨取而来,较少的财富来自巴斯克人、布列塔尼人和弗里西亚人。

在牺牲斯拉夫人利益的基础上，帝国东部比农耕更发达的西部在这方面的前景更加诱人，这就是为什么西部地区分裂成封建割据状态，而东部通过为他们的随从提供更多的抢掠机会仍能较成功地维持政权的统一。捕获和出售皈依基督教之前的撒克逊部落和斯拉夫奴隶是这个过程中的重要组成部分。

9、10世纪维京人抢掠低地国家、法国和不列颠沿海地区的经济影响仍然模糊不清，但是修正主义史学家再也不会不加甄别地接受传统的论述：北欧强盗的大规模杀戮和荒诞的恐怖行为。攻陷修道院和多塞特那样的港口城市无疑严重破坏了经济活动，但是大量证据表明，它没有改变总体上升的趋势。放弃了莱茵河口容易遭受围攻的多塞特之后，弗里西亚人把贸易转移到蒂尔和乌得勒支等抢掠者不太容易到达的地方。人口增长也没有受到明显的妨碍。A. R. 刘易斯（1985a, chapter 5）在全面考察这个问题后指出，法国北部和西部的铸币厂继续铸币，大西洋商业也没有衰落，而德国与莱茵河东岸的贸易反而增长了。前文引用过的易卜拉欣·本·雅各布关于965年美因茨有大量东方奢侈品的记载是这种增长的最好证明。我们在上一节也看到，10世纪伊斯兰国家白银流入波罗的海沿岸，刺激了新兴国家波兰通过与俄罗斯和斯堪的纳维亚贸易而出现经济增长。

西欧国家的统治者经常通过支付大量贵金属铸币或银锭收买维京人，从而免遭他们的毁灭性抢掠。维京人如何利用这些财富呢？对经济学家来说，这是一个熟悉的"转移支付问题"，其中最著名的是第一次世界大战后德国赔款导致梅纳德·凯恩斯与贝蒂·俄林（Bertil Ohlin）之间的大辩论。有些财富被窖藏，其他的则毫无疑问用于在维京人领地内外购买商品和劳务。无论哪种情况，最初的"财政转移支付"最终都将导致同样规模的受害国家的剩余产品出口与维京人领土上剩余产品进口的"真正的转移支付"，维京人分配到的贵金属存量最终回到最初拥有它的国家。因此，就可能发生实际收益的再分配，但是实际收益总数并不一定减少。实际上，在某种意义上，西欧经济资源原本并未得到充分利用，其结果是总体实际收入将扩大。

这种对"丹麦赋税"（即支付给海盗的费用）的分析有助于解释为什么维京人

的破坏不一定如想象的那样给西欧经济造成了损害。一定数量的恐怖和破坏活动可能树立了维京人威胁的可信度,此后的经济妥协将进一步减少人员伤亡和物质破坏的纯"固定损失"。西蒙·卡普兰(Simon Coupland,1995)已经分析了西法兰克王国"秃头"查理840—877年间支付给维京人的赎金的影响。他的结论是赎金通常成功地防止了敌对和破坏;虽然大贵族、教会和农民必须为此缴纳更多的税费,但没有造成任何重大的经济损失或混乱。这与此前许多观点相反。

另一个被认为最终将导致成本降低的因素是从"竞争的"转变为"垄断性的"劫匪,或者用曼瑟·奥尔森(Mancur Olson,1993)的话说,流寇转变为"坐寇"。一小撮不受约束的维京人发动的袭击将很难避免杀鸡取卵的冲动,让那些防御薄弱的城市和贸易中转站走向没落。如果这种袭击是由大国的首领发动的,如丹麦国王斯文·弗克比尔德(Svein Forkbeard,也称斯文一世)或他儿子卡纽特,如11世纪早期在英格兰发生的那样,那么这个集体行动的问题就可以解决了。刘易斯(1958a)表明,维京人的攻击分两波:第一波似乎适合独立的小型抢劫,第二波是更系统的勒索,甚至行政接管,正如丹麦人在11世纪后半期征服英格兰事件那样。

另一个买通维京人的方法是在沿海重要战略要地授予他们土地,让他们抵御他们以前的同胞,这是古代中国"以夷制夷"策略的翻版。当然,最著名的例子是"笨蛋"查理把鲁恩附近地区作为封地授予维京部落酋长罗洛(Rollo)。这就是将来在欧洲历史乃至世界历史中发挥重要作用的诺曼底公爵领的起源。北欧人似乎已经迅速同化于当地的语言和文化之中,加上特别精明的"建国"能力,不仅公爵领本身,而且"诺曼征服"后的英格兰、爱尔兰、意大利南部和西西里,都证明了这点。

因此,关于维京人究竟是海盗、贸易商人还是殖民者,答案是他们无疑上面三种角色都是,角色的转换取决于机遇和形势。作为殖民者和定居者,他们的成就在北大西洋地区是最大的,不仅在奥克尼群岛、法罗群岛、冰岛、格陵兰建立了定居点,而且有一次不成功的尝试——殖民北美大陆。所有这些民族,不仅西欧的,而且整个欧亚大陆的,他们无疑尽力扩大了自己的地理空间。

# 第三章

## 1000—1500年世界贸易：
## 成吉思汗的经济后果

我们对1000—1500年"世界贸易"的关注将主要集中于第一章中所定义的区域单位之间的贸易，如果需要，我们也会注意区域内部的发展。正如我们已经注意到的，从传统上看，地中海和黑海的贸易涉及伊斯兰世界、西欧和东欧。印度洋联系伊斯兰世界、东非、印度、东南亚，而南中国海则直接把中国与印度尼西亚群岛联系起来，间接把中国与印度和伊斯兰世界联系起来。红海和波斯湾是这个时期东西方海上门户，它们自罗马甚至更早时期以来一直扮演这个角色。陆路是中国联系伊斯兰世界、通过中亚联系东欧和西欧的另一条通道。因此按照下列区域组织讨论是比较方便的：(1)地中海和黑海；(2)印度洋和南中国海；(3)从中国经过中亚到达欧洲的陆路贸易。本章考察的时间长度见证了控制这些商路的决定性转变及其历史影响，为了便于考察，我们把这个时期划分为两个独特的阶段：1000—1350年和1350—1500年，它们的分界点是黑死病的暴发。

第一阶段的数据资料缺乏到几乎不存在，但是有关各区域进出口商品的惊人数量以及它们在经济制度中发挥作用的信息的确存在。我们将注意这一时段贸易路线的变化,以及关于这些路线贸易规模的定性评估。到中世纪后期,更多的数据可以获得,特别是价格数据,我们将在本章后面各节利用这些数据。

这 500 年间欧亚大陆经济史的标志是两次重大(并且相互交织)的冲击,一次是地缘政治上的冲击,另一次是生物学上的冲击。第一次冲击是蒙古在成吉思汗的领导下统一了欧亚大陆大多数地区。第二次冲击是与蒙古帝国走向分裂大致同时爆发的黑死病大灾难。因此本章将详细论述这两大冲击产生的短期和长期影响。第三个主题是西欧从这个时期之初欧亚大陆地方性的和比较孤立的落后状态逐渐兴起为 500 年后强大的全球扩张力量。按照哈尔福德·麦金德"历史的地理学枢纽"的观点,本章涵盖的 500 年见证了强权从自人类历史之初就占据支配地位的欧亚大陆"腹地"开始转移到欧亚大陆西端的边缘地带,在克里斯托弗·哥伦布、瓦斯科·达·伽马和费迪南·麦哲伦的航行,以及"枪炮和风帆"共同形成的军事-航海革命中达到高潮(Cipolla,1965)。

**1000－1350 年地中海和黑海的贸易和战争**

在罗马帝国的经济统一过程中,地中海——罗马人所谓"我们的海"——是比罗马大道更重要的通道。正如我们在前一章所注意到的,7 世纪阿拉伯人入侵使地中海变成了"穆斯林的内湖",切断了西欧与拜占庭之间的商业联系,导致西欧变得越来越自给自足,亨利·皮朗的上述著名论点再也不被学者所接受。事实上,正如莫里斯·伦巴第所主张的,伊斯兰的"黄金时代"刺激了西欧的贸易,因为它为西欧提供了一个越来越繁荣的贸易伙伴。伊斯兰世界与欧洲之间的贸易可以用"中心-边缘"结构予以分析,随着欧洲专业化分工为资源密集型和劳动力密集型商品生产,而伊斯兰世界生产更为先进的手工业商品。所有劳动力密集型商品中劳动力密集程度最高的奴隶的确是欧洲几个世纪里出口到伊斯兰世界的主要商品,直到异教徒斯拉夫人皈依基督教从而断绝了供应。皮朗注意到的城市手工业及其相关行业的衰落可能归咎于此前更平衡的经济制度的去工业化，即向更先进和技术更复杂的伙伴出口初级产品，从中获取利润并换取对方的高级制造品；其早期著名例子是"荷兰病"，而与这一现象相反的"镜像"则是我们在前一章看到的，法蒂玛王朝时期，埃及的工业化水平上升，谷物出口下降。无论出于什么理由，公元 1000 年，西欧和拜占庭帝国控制之外东欧斯拉夫地区，毫无疑问，构成了经济欠发达的内陆贸易区，而拜占庭帝国和伊斯兰世界的经济更发达。

我们从"西欧边缘市场"（Constable，1994）的贸易开始论述可能比较方便，那里是伊斯兰地中海世界的西边与基督教欧洲南边的交汇处。正如我们在第一章所见，伊比利亚半岛最初的倭马亚王朝及其相关的中央集权国家在 11 世纪初分裂为许多小王国，即所谓"塔伊法斯"（Taifas）。伊斯兰国家的分裂使基督教徒能够向南推进他们的边界，从"塔伊法斯"国家攫取大量的贡物，1085 年最终攻占了大城市托莱多。这引起了马拉喀什的柏柏尔人统治者的干预，他建立了跨直布罗陀海峡的统一国家阿尔摩拉维德王朝。分裂的政治周期及接踵而至的北非干预在 12 世纪反复出现，1147 年，另一批柏柏尔人建立了穆瓦希德王朝。随着他们控制了穿越撒哈拉黄金供应的通道，分布在直布罗陀海峡两岸的两个柏柏尔人帝国具有占据支配地位的经济和军事实力。但是他们的辉煌时期最终被复兴的基督教欧洲的扩张所遏制。到 13 世纪中期，科尔多瓦和塞维利落入卡斯提尔之手，而阿拉贡夺回了巴伦西亚和马略卡岛。到 1350 年，只有格林纳达王国仍然被穆斯林控制。

正如在前一章所见，安达卢西亚的经济繁荣是以伊斯兰世界内部东方的农作物、农业技术、手工业活动向西传播为基础的。以牺牲竞争者——如拉登尼特犹太人——的利益为基础，斯拉夫人皈依基督教和北欧人在发展欧洲与伊斯兰世界贸易方面取得的成功，意味着北极的毛皮和东欧的奴隶再也无法大量输入伊比利亚半岛。奴隶的来源被限于伊比利亚半岛的基督教王国的俘虏，而昂贵的北欧黑貂皮和马丁靴被低贱的兔子皮所取代。但是来自西非的黄金继续流过安达卢西亚，特别是它被阿尔摩拉维德铸造成非常受欢迎的"穆拉比特"（Murabitun）金币之后，这些金币被几个基督教王国所使用和模仿。

正如前面注意到的，木材是这个时期穆斯林西班牙出口的主要商品之一，或者以原木出口或者造成木船后再出口。木材主要来自沿海茂密的松林地区和巴利阿里群岛。这些原木顺河而下运输到德尼亚（Denia）和巴伦西亚的造船中心，建造的船只出售给地中海的穆斯林和基督徒。几种矿藏，特别是红铜和汞，还有大理石和锡，都用于出口。两种外来的但非常有价值的出口商品是来自大西洋沿岸的龙涎香和朱红色染料"齐美兹"（Qirmiz）。各种高质量纺织品，特别是丝绸，被出口到地中海沿岸各地。这一定是高附加值手工业，因为生丝来自气候适于桑树生长的内华达山脉的乡村地区。地理学家曾经谈及哈恩（Jaen）附近的 3 000 座蚕桑农场和阿尔梅里亚的 800 个作坊。蚕丝既以生丝出口，也以昂贵的成品织锦和其他织物的形式出口，而丝绸和呢绒则以地毯形式出口。1100 年后对基督教国家的出口似乎增长特别迅速（Constable，1994：178）。

康斯特布尔（Constable，1994，chapter 7）列举了安达卢西亚其他有代表性的重要出口商品：皮革、纸张和陶器。纸张不仅单独出口，而且与高档皮革组合，组成华贵的书籍加以出口。她引用当时的商业指南建议商人不要投资于"哲学书籍，因为这些书籍只能销售给智者和学者，他们大多数是穷人，而且人数很少"（Constable，1994：195）。纸张在那些需要记账和通信的官僚和商人中有活跃的市场。

从 13 世纪上半期开始，随着卡斯提尔和阿拉贡收复了伊比利亚半岛大多数地区，贸易的类型和方向同时发生了变化。正如康斯特布尔指出的，最重要的变化是丝绸业衰落和呢绒成为主要的出口商品。穆斯林丝绸业衰落的部分原因是丝绸作坊的破坏，主要是意大利新的丝绸业中心卢卡的竞争，加上 1204 年后第四次十字军东征后，欧洲可以获得更多来自远东的丝绸和"蒙古治下和平"的形成。通过从北非输入美利奴羊到卡斯提尔平原地区而兴起的呢绒业不仅是一种重大创新，而且发展迅速，为弗莱芒城市繁荣的手工业提供原料。虽然从穆斯林转变为基督徒统治，但是生铁变成了新的重要出口商品，传统的出口商品（如橄榄油）仍在外销。奴隶贸易继续进行，但是由于"收复失地运动"，现在是被俘虏的穆斯林被出口到基督教国家，而不是异教徒斯拉夫人和被俘虏的基督徒被输入伊斯兰世界(Constable,1994:234－235)。

正如我们已经看到的，这个时期之初，强大的法蒂玛王朝(969－1171年)统治着北非、埃及、叙利亚和巴勒斯坦，它是以开罗为都城的另一个什叶派国家，与幸存于伊拉克的巴格达阿巴斯王朝抗衡。虽然它拥有灿烂的开端，但是法蒂玛王朝在贝都因人的反叛、与拜占庭的战争、十字军的打击和军队内部的种族斗争中，逐渐走向分裂。1171年，法蒂玛王朝被库尔德英雄萨拉丁推翻，萨拉丁利用埃及的资源有效地打击了十字军。他最终在1187年的决定性的哈丁(Hattin)战役中打败了十字军，为伊斯兰世界收复了耶路撒冷和大部分圣地。萨拉丁建立了阿尤布王朝(Ayyubids)，统治埃及、叙利亚和巴勒斯坦，直到13世纪中期。这些王朝的致命弱点似乎是为了维持军队，强加给农业和其他经济部门沉重的负担。军官被授予军事封地，在法蒂玛王朝时期，这种军事封地是短期的，但是到阿尤布王朝时期，这种军事封地最终变成了世袭制的。来自土地税的收入无法与不断增加的开支同步，越来越沉重的税收就强加到手工业和商业贸易领域。因此，法蒂玛和阿尤布王朝最终被越来越不服从指挥的庞大军队消耗了国家财源而拖垮。

1250年，阿尤布王朝杰出的奴隶士兵马穆鲁克(Mamluks)发动宫廷政变，建立了马穆鲁克王朝。令人惊讶的是，马穆鲁克对埃及的统治是如此之长，直到1517年埃及被奥斯曼帝国兼并才终结。从人种看，这些兵团主要由钦察突厥人和后来的切尔克斯人，以及少量阿尔巴尼亚人、匈牙利人和其他中东欧人组成。他们在少年时期就被捕获和出售，在被给予自由和"毕业"进入精英军团前，他们被迫接受严格的军事训练。马穆鲁克的子孙并不能变成真正的马穆鲁克，因为他们青少年早期没有在草原上生活过，也没有被卖作奴隶。因此，马穆鲁克被称为"一代制军事贵族"。苏丹之位只能被其中一名军官占据，通过竞争选拔，这种竞争包括围绕在埃米尔或军事指挥官周围的不同派系之间的阴谋诡计、暗杀。也许一点也不奇怪，这种优胜劣汰过程中的幸存者常常是非常能干的统治者(Irwin,1986,chapter 8)。天资非凡、精力充沛的将军和行政官员扎希尔·拜巴尔(al-Zahir Baybars,1260—1277年)与他的战友、苏丹曼苏尔·嘉拉温(al-Mansur Qalawun,1279—1290年)牢固地建立了马穆鲁克国家。他们成功地将马穆鲁克军事制度(涉及"佩剑人")与科普特的"执笔人"民事官僚制度、伊斯兰教神学家和法学家(即"戴头巾的人")的司法制度融为一体,建立了一个高效的、中央集权的国家,领土范围从尼罗河延伸到幼发拉底河,在250多年里能够抵御所有人的进攻。

军官和士兵的军饷是获得非世袭性"封地"地租的权利,这种封地不是连续的,从未演变成西欧那种封建主义。正如我们即将看到的,这在一个世纪后将产生重要后果。来自香料贸易的利润仍然是一个重要财源。马穆鲁克王朝的主要历史成就无疑是1260年在巴勒斯坦的艾因·扎鲁特(Ain Jalut)战役中打败了蒙古人,这标志着蒙古西征伊斯兰世界的极限。他们还把十字军赶出了安条克、的黎波里和亚克等最后据点。1258年巴格达被蒙古攻陷后,开罗变成了伊斯兰世界的主要城市和艺术、建筑、学术中心。此外,开罗还是阿巴斯哈里发的寄居地,而正是阿巴斯哈里发给马穆鲁克苏丹的统治赋予合法性。毫无疑问,马穆鲁克因此值得被伊本·赫勒敦称为"伊斯兰教的拯救者"。根据马穆鲁克王朝这一独特的社会制度逻辑,马穆鲁克需要不断购买更受欢迎的种族背景的年轻奴隶来补充兵源以满足维持军队的要求。因此,通过达达尼尔海峡与这些奴隶来源地区的贸易成为马穆鲁克王朝补充奴隶兵必不可少的途径,因为蒙古的伊尔汗国切断了陆上供应通道。

现在该论述最终控制地中海贸易的国家了,即意大利半岛上的那些航海城市国家。由于它位于地中海中部的位置,加上通过阿尔卑斯山通道与正在增长的欧洲经济的联系,因此毫不奇怪,意大利在这个时期发挥了关键性作用。欧洲人口、农业生产和城市中心的增长意味着东方奢侈品的一个有利可图的市场,意大利半岛的商人以羊毛、白银和其他初级产品换取东方奢侈品,并正好适合提供给欧洲。意大利北部城市,如米兰和帕维亚,通过这种转手贸易的滋养,变成了重要的手工业和银行业中心。但是,阿马尔菲、巴黎、比萨、热那亚,特别是威尼斯等沿海城市,在这个时期最成功。

意大利城市国家的一个重要特点是它们的自治地位，使它们能够集中精力从事贸易和经济活动，无需承担致力于其他目标的政权，如伊斯兰世界那样，强加的税收和管理负担。这个地区的正式主权被拜占庭帝国皇帝、神圣罗马帝国皇帝、教皇瓜分，这使威尼斯和其他城市国家通过灵活的外交和偶然的武力获得事实上的自治。从长期看，西欧自5世纪以来的政治分裂就是以这种方式变成了一种竞争优势的根源（Jones，2003）。

另一个有利于城市国家的因素是十字军东征。随着维京人在北大西洋和基督教在伊比利亚半岛的扩张，现在可以全力抵制穆斯林向拜占庭帝国的进攻，以基督教共同体的名义收复圣地。第一次十字军东征是1095年教皇乌尔班二世（Urban Ⅱ）宣布的，最初取得了巨大成功，1099年从法蒂玛王朝手里夺回了耶路撒冷，在巴勒斯坦建立了几个十字军国家。虽然十字军都是典型的诺曼和日耳曼贵族的幼子，他们渴望为自己在东方取得封地，但是意大利城市国家也是积极的参与者，从中获得巨大利润，他们提供运输和银行服务，有时直接提供海军支持。反过来，他们获得了在叙利亚和巴勒斯坦的贸易特权。

威尼斯以非常谦卑的方式——依靠在潟湖里划船捕鱼勉强维持生活——开始它作为一个独立的政治实体的光荣的12世纪。威尼斯主要的经济活动最初是晒盐并出口到内陆城市。威尼斯人逐渐转向大海，利用容易得到的木材建造大帆船和航行装备。效忠拜占庭换来了贸易特权，导致它变成东方丝绸和香料转运到内陆城市和阿尔卑斯山以北欧洲的中心。通过把船队用于贸易和战争，威尼斯的影响逐渐在亚得里亚海向南扩展，到达达尔马提亚海岸，在那里把奴隶出口到东方是另一个利润来源。威尼斯支持拜占庭皇帝反对意大利南部正在兴起的诺曼势力，1082年得到了"黄金诏书"的回报。该诏书给予威尼斯商人在帝国境内免除关税的特权。威尼斯共和国正迈步走上"亚得里亚海的皇后"之路。

弗雷德里克·C.莱恩（Frederick C. Lane, 1973）估计，1200年，整个潟湖地区的人口大约8万，一个世纪后增长到16万。1300年，城市里的人口接近12万，比当时的巴黎大。（米兰、佛罗伦萨、那不勒斯和巴勒莫的大小与威尼斯相当，这就使得意大利半岛的城市化水平远高于西欧其他地区。）早在公元1000年，威尼斯的独特性就是"第一个仅仅依靠贸易维生的中世纪城市"（Bautier，1971：65）。小麦、葡萄酒和橄榄油被进口来供应威尼斯城及其周围地区。12世纪，威尼斯的势力和影响延伸到东地中海。一方面，它力图维持拜占庭帝国，使其免受诺曼人和穆斯林的威胁，另一方面，它从拜占庭帝国侵夺和榨取商业利益。这些活动在1204年第四次十字军东征攻陷君士坦丁堡时达到了顶峰。威尼斯获得的报酬是新拉丁帝国3/8的领土和掠夺的大量战利品。威尼斯还直接占领克里特岛，在爱琴海、爱奥尼亚海建立具有战略地位的海军基地。另一个重大优势是获得了此前威尼斯一直被拒绝的到达黑海的通道。

由于可以到达黑海和即将形成的"蒙古治下的和平"，威尼斯现在处于越来越繁荣的西欧与伊斯兰世界、中国之间的中间人地位。胡椒和其他香料的需求在不断增加，欧洲手工业需要的原棉和丝绸供应也在不断增加。这些进口商品不仅用中欧新开采的白银支付，而且用佛兰德尔和佛罗伦萨的呢绒以及越来越多的其他手工业产品交换。虽然间或发生战争，但是与阿尤布和后来的马穆鲁克王朝的商业关系还是维持了。除了与黎凡特的转手贸易外，威尼斯还从控制意大利北部大多数地区的食盐和小麦贸易获得大量利润。它能够利用海军实力实施严格的航海法，要求大多数进口到亚得里亚海北部的商品必须经过威尼斯。它还掌握了爱琴海和爱奥尼亚海当地大多数贸易。威尼斯不仅从西西里和克里特而且还从遥远的黑海获得小麦，正如古代雅典所做的那样。

这个时期和此后时代，威尼斯的重要竞争对手是位于意大利半岛西岸北部边缘的热那亚。靠近亚平宁山脉，热那亚最初比威尼斯还寒酸，因为它甚至没有潟湖的食盐为商业成功打基础。罗伯特·洛佩兹在许多著作里已经强调了来自西地中海的阿拉伯人的战争和战利品在提供热那亚走向辉煌商业和银行业扩张所需要的"原始积累"中的作用。比萨是热那亚的早期竞争对手，也在争夺撒丁岛和科西嘉岛的控制权。不过，它们也会联手抢掠北非穆斯林的港口，获利良多。与十字军的早期合作也为这两个城市带来了殖民地和在东方的商业特权。意大利所有重要的航海城市都参与地中海的贸易，不仅从事香料和丝绸转手贸易,而且出口手工业原料,如来自叙利亚和巴勒斯坦的棉花和明矾、来自北非的羊毛,以支持正在走向繁荣的托斯坎尼毛纺织业。

13世纪上半期,威尼斯控制了东方和黑海,这是1204年第四次十字军东征的报酬。但是1261年,热那亚支持拜占庭反攻,为迈克尔·帕里奥洛格(Michael Paleologus)的王朝夺回君士坦丁堡。作为回报,他们以牺牲威尼斯的利益为代价,获得极其有利可图的殖民地和商业特权。热那亚在黑海、马尔马拉海、爱琴海沿岸都获得了贸易据点。卢扎托(Luzzatto,1961:90)说,"热那亚贸易得到了大范围发展,从克里米亚到直布罗陀海峡,最终在13世纪后期之后到了海路之外"。热那亚贸易和收入的顶峰是13世纪最后十年。洛佩兹(1987:355)说,1274—1293年,贸易税增长了4倍,是当时法国国王菲利普·奥古斯都年收入的7倍。来自海外贸易据点,如培拉、亚历山大里亚和其他战略要地的收入增长到"接近母国的水平"。热那亚的船只还率先穿过直布罗陀海峡到达英国和佛兰德尔,以东方和地中海商品交换英国的羊毛和弗莱芒的呢绒,增加了一条融合欧洲北部与南部的航线。热那亚城市本身的人口从未超过10万,周围地区的人口或许有城市人口的4~5倍。它一直比竞争对手威尼斯小,但是可以与巴黎、米兰和欧洲其他大城市相比。

十字军东征期间,基督徒与穆斯林之间长期而痛苦冲突引起的一个有趣问题是它对双方与敌人贸易意愿的影响。结论是非常清楚的。虽然教皇法令禁止为穆斯林提供战争物资,但是意大利的航海城市提供武器、造船材料和其他物资,特别是热那亚仍然为马穆鲁克精英军队提供来自黑海的奴隶雇佣兵,而这支军队正在参与把十字军国家残余势力赶出叙利亚和巴勒斯坦沿岸地区的战争(Ehrenkreutz,1981)。1289年,黎波里被穆斯林收复,1291年,基督徒当时在圣地的军事要塞和重要港口亚克被穆斯林收复。公平地说,基督教会出售一般贸易禁令豁免权的活动在一定程度上削弱了自身的道德地位,这种免税的代价意味着欧洲商人的额外开支,而马穆鲁克非常乐意为此提供补偿。这样,来自意大利海滨城市的十字军同教者现完全控制地中海和君士坦丁堡内的商业权利,加速了"东罗马"漫长的衰落,威胁了千年之交盛行的伊斯兰世界的经济霸权。

十字军东征还导致穆斯林与基督教世界之间思想和技术的交流,从长远看,这种交流有利于后者。一个著名的例子是所谓的"阿拉伯数字",它实际上起源于印度,正如穆斯林和他们的欧洲传播者都知道这点一样。新数字逐渐取代了罗马数字,最终被欧洲商人用于商业目的。但更普遍的情况是,正如阿尔弗雷德·利伯(1968:231—232)所说的,"伊斯兰世界对中世纪经济生活的最大贡献是以阅读和记录为基础的商业方法的发展。当时东方商人识字率高,才使它得以发生,而这反过来被以下事实所鼓励:价格相对便宜的书写材料在这个地区一直可以获得……这种能力……在支付手段和为国际贸易提供金融技术方面发挥了重要作用"。正如利伯和阿布-卢格霍德(Lieber and Abu-Lughod,1989:216)所强调的,促进现代商业活动的一个另外的优势是伊斯兰教传统上一直对商人比较友好,这毫不奇怪,早在穆罕默德时代,麦加就是重要的商业中心,而且穆罕默德本人就是一个商人。

我们曾经谈论过伊本·豪盖勒在奥达戈斯特遇到的汇票的例子。至少从8世纪开始这些工具在伊斯兰世界被广泛使用,使用者既有商人,也有帝国官僚,他们用汇票把收入转移到首都(Abu-Lughod,1989:233—234)。同样,在地中海贸易融资中发挥了重要作用的"康美达"契约的历史先驱就是穆斯林早期的齐拉德(Qirad)契约。[①] 正如利伯(1968:240)承认的,很难找到特定工具在不同文化之间交流的证据,原因是从理论上看总存在这样一种可能,正如约翰·普赖尔(John Pryor,1977:6)所指出的,同样的契约,如"康美达",完全可能产生于不同的国家,正如"同一时间不同地方的人对同样的经济需求做出类似的反应"。唐朝就已经使用汇票的事实也许可以作为有利于后者的证据,虽然利伯(1968:234—235)指出,在那里从事贸易的穆斯林商人事实上可能已经学会了中国的"汇票"知识,然后把这种知识传播到故乡。

阿多维齐(1962)认为齐拉德显然是"康美达"的先驱,并且认为西欧商人从

---

[①] 关于威尼斯贸易融资问题的近期论述,参见冈萨雷斯·德·拉纳(González de Lara,2005)。按照她的定义,"康美达契约是一种合伙协议,投资人根据它提供资金,但他既要承担从事贸易商人带来的损失,也可以获得商人带来的利润"(González de Lara,2005:5)。

8世纪开始就从穆斯林同行那里学会了这种技术。另外,普赖尔(1977)在罗马的"索塞尔达斯"(Societas)、拜占庭的"克里奥科因隆尼亚"(Chreokoinonia)、齐拉德和犹太人的"伊斯卡"(Isqa)找到了"康美达"的先驱,并且断定"康美达"是欧洲人创造性地综合罗马、拜占庭和中东来源的结果。西欧商人显然有机会从穆斯林同行那里学会它。1184 年,一名旅行到亚克的穆斯林注意到,那里的基督教教士在使用阿拉伯语记录关税,1200 年,比萨商人则收到了用阿拉伯语书写的来自突尼斯的信函(Lieber,1968:238)。最后,正如利伯所指出的,穆斯林商业实践对中世纪欧洲商业的影响是有令人信服的语言证据的:欧洲的词汇,如海关、关税率、交通运输、风险和货栈等,起源于东方语言。

伊斯兰世界对西欧产生影响的另一个例子是蔗糖。它所带来的结果丝毫不亚于几百年后新大陆的发现。正如芭芭拉·索洛(1987)所指出的,基督徒一旦引进了"甜盐",他们就立即在十字军领地里种植,后来在克里特岛、塞浦路斯和西西里种植。不幸的是,甘蔗种植一直与穆斯林世界的奴隶制紧密相关,现在基督徒也使用奴隶种植它,发展甘蔗种植园,这是未来新大陆奴隶制种植园的直接先驱。到 15 世纪初,甘蔗种植已经向西传播到伊比利亚在大西洋占领的土地上,如马德拉群岛,有关奴隶已经从非洲输入了。从此,"欧洲的殖民地与蔗糖联系起来;蔗糖与奴隶制联系起来;奴隶制与黑人联系起来"(Barbara Solow,1987:714)。

**1000—1350 年印度洋和南中国海**

地中海贸易通过红海和波斯湾与印度洋和南中国海的贸易联系起来,这是香料流入欧洲的历史通道。9—11 世纪,这些东方香料到达西方市场的承办商聚居于福斯塔特(旧开罗)的犹太人社区,他们把遥远的西班牙与印度联系起来。这个社区被废弃的商业和其他私人通信堆积在旧开罗,即所谓的"基尼萨文书",使 S. D. 戈伊坦(1967)能够重现他们的经济和文化活动的细节。他们不仅从印度获得胡椒和其他香料,而且大量交易丝绸、亚麻和其他商品,特别是与北非各港口之间的贸易。他们在阿巴斯王朝和法蒂玛王朝统治下走向繁荣,但是因意大利人的竞争、十字军和伊斯兰世界之间日益紧张的形势而走向衰落。

我们已经看到了这个时期基督徒企图绕过穆斯林中间商,直接到达东方香料产地。臭名昭著的十字军骑士沙蒂永的雷纳德(Reynaud de Chatillon)在这方面表现得特别积极,他多次违反与穆斯林的停战协议,袭击他们的贸易商队。库尔德人的英雄萨拉丁特别受到1182年雷纳德在阿拉伯半岛汉志地区发动袭击的刺激,雷纳德不仅攻占了埃拉特港(Eilat),还攻击红海的穆斯林商船。萨拉丁认为这不仅威胁了朝圣和圣城麦加、麦地那,而且威胁了有利可图的红海商业。1187年哈丁战役中,雷纳德的船队最终被消灭了,萨拉丁俘虏了雷纳德,并且亲自斩了他的首级(Phillips,1998:98。)

萨拉丁似乎向所谓"卡里米"的穆斯林商人集团(也包括少量皈依伊斯兰教的犹太人和基督徒)谋求香料和其他东方商品的供应。他们受到国王的保护,享有金融特权和通过红海进口东方商品的垄断权。虽然这些商人最初可能自己航行到印度甚至更远的东方,但是他们最终专注于红海贸易,在红海口的亚丁采购所需商品,古吉拉特和其他商人把胡椒、印度棉布、香料和其他更远的东方产品运到亚丁销售。亚丁被也门苏丹控制,苏丹则效忠萨拉丁的阿尤布王朝和其后的马穆鲁克王朝。两者之间似乎已经勉强建立起长期均衡的关系,也门从中获得一杯羹,但是从未招惹更强大的埃及,因而没有走向全面战争。

当时亚丁是一个繁荣的商业中心,汇集了伊斯兰世界和其他地方的商人。它的繁华与兴盛从一个中国待过40年的阿拉伯商人的生涯中可见一斑。在一场风暴中,他损失了12条商船,但是第13条运载瓷器和沉香木的商船为他挽回了所有损失。他还组建了一个当时的"跨国公司",分布于世界各地的7个妻子为他所生的7个儿子向他发运货物,以换取黎凡特、马格里布和法兰克的产品(Labib,1970:68)。

红海的航运受埃及苏丹保护,苏丹还提供设施便于卸货,或者由骆驼商队运输,沿着尼罗河到达开罗。在亚历山大里亚和杜姆亚特的意大利和其他欧洲商人被局限于他们的贸易货栈。主要的商人集团来自威尼斯、热那亚、比萨、马赛和巴伦西亚。用这种方法限制西欧人,显然是为了让"贸易条件"有利于埃及国家和卡里米商人。但是,外国人被给予了人身安全和财产、利润安全的保证。特别的刺激和免税只给予战略物资,特别是为马穆鲁克军队供应的奴隶雇佣兵。穆斯林商人似乎缴纳的进口税为25%,而基督徒常常只需缴纳20%的进口关税,如果进口特定商品,甚至只需缴纳10%的关税(Labib,1970:74)。

与印度西海岸和斯里兰卡的贸易关系既紧密又广泛。印度主要出口著名的马拉巴尔黑胡椒。也许在14世纪后期或15世纪早期,黑胡椒被引至苏门答腊和印度尼西亚岛屿。在此之前,马拉巴尔一直是黑胡椒的唯一产地。棉布是印度另一种重要出口商品,像后来几个世纪一样,生产集中于古吉拉特、孟加拉和科罗曼德尔沿岸的三个重要地区。也出口钢铁产品(主要是武器)和被迪格比(Digby,1982)详细列举的其他商品。该作者争论说,这个时期普遍的竞争使红海取代波斯湾。他指出,非凡而有价值的商品(即骑兵用的马匹),大量通过波斯湾出口到印度,印度次大陆战争频仍,又无法饲养本地的马匹,因而对战马的需求很大。伟大的旅行家伊本·白图泰(Ibn Battuta)曾经遇到突厥部落赶着几千匹马,每匹马只卖1个第纳尔,而在印度的价格则可能达到200个第纳尔,甚至500个第纳尔。他说,出口到印度的马匹大约6 000匹(Gibb,1986:145)。这则轶事揭示了两个方面,它不仅表明当时广泛的国际贸易,而且表明不同市场之间巨大的价差。赛马还从也门、阿曼和法尔斯进口,每匹价格高达4 000第纳尔。摩洛哥旅行家提供了当时伊斯兰世界和印度洋贸易、船舶和海运(包括从印度西海岸航行到中国的帆船队)等方面的有趣信息。人们也许被当时世界的贸易和专业化分工的程度惊呆了,随着"非洲之角"的共同体完全依赖从印度进口稻米和棉布,埃塞俄比亚的奴隶被卖作中国船队上的水兵,或者充当印度的穆斯林统治者的海军雇佣兵。

众所周知,马可·波罗和伊本·白图泰都对元朝的财富留下了惊人的印象,虽然它还没达到宋朝的顶峰状态。被广泛引用的马可·波罗对福建刺桐(泉州)港日常进口胡椒1万多磅的估算给了有关当时"中国市场"规模的一些印象。马可·波罗还声称,每次运载香料从亚历山大里亚到基督教港口的船只中,都有 100 艘来到泉州。伊本·白图泰则声称,"他在泉州看见 100 艘一流中国舢船停泊在一起",还不算那些数不清的"小船",而在印度马拉巴尔海岸的卡里库特,也曾停泊过 13 艘中国舢船。他见到每艘船上的人员达到 1 000 人,其中 600 名水手,400 名高度专业化的士兵,包括弓箭手和"投掷石脑油的弩手"(Gibb,1986:235)。

从经济和贸易看,元朝的政策总体上是宋朝的延续,为了取得更多的收入和利润,国家偶尔会采用一些干预措施。正如我们将在下一节看到的,由于"蒙古治下的和平"降临,宋朝时期控制了草原的游牧王国被蒙古人征服,中国与中亚和西方的陆上贸易极大地增长了。与东南亚和印度洋乃至东非和基努瓦的港口之间的海上贸易也恢复了,与日本和朝鲜也有大量贸易。日本出口各种矿产品,包括红铜和白银,以及钢铁刀剑,而朝鲜出口陶器、漆器、铜器、高丽参和其他医药品。而中国出口瓷器、丝绸和其他纺织品、书籍,再出口南亚的香料和外国产品,以及大量在日本作为法定货币流通的铜钱,为正在增长的日本经济提供货币供应。书籍流入日本和朝鲜是有趣的,表明中国文化从发源地向儒学国家传播的过程。一艘显然前往日本和菲律宾的中国沉船装载 1 万多件瓷器,表明当时中国的海上贸易已经达到相当规模(Shiba,1983:106)。

**1000—1350 年"蒙古治下的和平"和陆上贸易**

从欧亚大陆西端伊斯兰西班牙开始考察 1000—1350 年欧亚大陆海上贸易后,现在该"返程"从宋朝开始考察其东端的陆上贸易了。立国之初,宋朝在北部和西部面临两个强大的汉化的游牧民族国家:契丹族的辽国和党项族的西夏。契丹人(他们是西方中世纪以来称呼中国为"契丹"的原因)控制了东北和蒙古高原东部地区。辽国是多民族国家,其精英是强大的骑兵。这个国家包括其他游牧和狩猎民族以及大量定居的汉族农民和工匠(占总人口 60% 左右),在人口构成上,契丹人和其他非汉族人口各占 20%(Lewis,1988:11)。契丹人信奉佛教,书写时兼用他们的文字和汉字,尽管有草原游牧民族血统,但是他们一点都不像"蛮夷"。西夏的领土在甘肃、陕西和蒙古高原西部。人口由多民族组成,但党项族是统治阶层和军队的精英骑兵,如契丹一样。他们的地理位置横跨东西方、南北方商路,这使他们通过征收过路费获取大量收入。

虽然存在地缘政治竞争和频繁的军事冲突,但是这两个边陲国家与宋朝有广泛的贸易关系。辽国出口马匹、羊、毛皮、奴隶、毛织物和地毯,以及有点令人吃惊的铁甲和武器。宋朝出口丝绸、锦缎、茶叶、白银和黄金饰品、海产品、中草药、香料和其他来自东南亚的产品。除了用他们自己的产品交易外,斯波(Shiba,1983:97)报告说,辽国控制了贸易,接受来自朝鲜和其他游牧部落的贡物,如女真人和维吾尔人,还从沙漠绿洲城市(如和田和龟兹)接受玉、琥珀、玛瑙、地毯、棉布、人参、金条和银锭。宋朝从辽国和西夏最想得到的商品是骑兵所需的马匹,在冲突时期,马匹的供应自然会受到限制。西夏由于控制了一边是山脉、一边是戈壁的河西走廊而处于特别有利的地理位置。食盐是宋朝希望限制和保护自己垄断权的重要出口商品。毫不奇怪,马匹和食盐走私似乎很活跃。当战争切断了一国与宋朝的贸易时,另一个国家就会毫不犹豫地抓住时机。斯波(1983:100)说,战争时期,西夏的丝绸价格是中国的40倍,导致辽国出口丝绸到西夏获利良多。

由于不能征服上述任何一个国家,因此宋朝企图通过向这两个国家事实上缴纳贡品来"购买"和平。辽国每年接受30万匹丝绸和20万盎司白银,西夏每年接受7万盎司白银、15万匹丝绸和1万斤茶叶。斯波说,宋朝缴纳的白银大多数都返回中国,以弥补辽国和西夏的贸易逆差。我们还知道,贸易条件是20匹丝绸或100斤(或125磅)茶叶可以换取1匹马。由于茶叶和丝绸换取马匹的贸易发生了2 000多年,如果能够从汉朝到清朝的王朝档案中复原出这些相对价格的记录,我们就能够得到一个很有意思的指标,该指标可以展现欧亚大陆东端游牧文明与定居农耕文明之间错综复杂的关系。

12世纪20年代,辽国被以前的臣民女真部落所推翻,虽然契丹的王子之一与部众向西迁徙,建立了"喀喇契丹"(或"黑契丹")帝国,在中国编年史中,它也被称为"西辽"。女真族也把宋朝驱赶出华北及其都城开封,迫使他们撤退到南方。女真族建立了新的王朝——金国,13世纪,它和南宋、西夏一起被蒙古人所消灭。他们的确维护了长达一个多世纪的经济繁荣,以从前辽国—北宋关系的类型继续与南宋开展广泛贸易。

虽然通过与宋朝接触,东边的契丹、党项和女真都被汉化了,但是西边的突厥人通过接触波斯人和阿拉伯人而伊斯兰化,蒙古部落继续他们的草原游牧生活。13世纪早期,他们被天才铁木真融合成一个有效集权的同盟,1206年,铁木真被宣称为"成吉思汗"或"天下的统治者"。在他子孙统治下,西起伊拉克、伊朗和俄罗斯,东到中国的整个欧亚大陆都被蒙古征服,"蒙古治下的和平"形成。1211年,蒙古入侵关内,1215年,北京被攻陷,但是金国到1234年才在南宋和蒙古夹击下灭亡,按照麦克维迪和琼斯(1978:172)的说法,那时遭遇过挫折的蒙古已经"从屠杀抵抗者以示惩罚升级转变为直接的种族灭绝"。这两个作者还报告说,蒙古征服期间,如果与1200年1.15亿的人口总数相比较,整个汉族人口损失达到恐怖的3 500万。1218年,成吉思汗消灭了喀喇契丹帝国。虽然菲利普斯说契丹"不再是一个民族了"(Philips,1998:61),但是应该注意,个别契丹人在中亚甚至世界历史上发挥重要作用。如耶律楚材,作为成吉思汗及其儿子窝阔台杰出的主要顾问,就是契丹王室成员。接着蒙古人又颠覆了花剌子模,成吉思汗在攻打西夏时病逝。窝阔台继承汗位后在哈拉和林建立了蒙古帝国的都城,进攻伊朗、伊拉克和俄罗斯,1240年攻占了基辅。1241年,蒙古人征服了匈牙利,到达亚得里亚海边,一小股蒙古军队还进入了威尼斯。对欧洲来说,幸运的是窝阔台去世,筹划中的西征被推迟了。经过窝阔台的儿子贵由的短暂统治后,1251—1259年,蒙哥继任大汗,伊朗的阿萨辛派(暗杀派——译者注)于1256—1257年被消灭,巴格达于1258年被攻占,不久大马士革也被攻占。与此同时,蒙古人向南宋推进,1276年攻占了南宋都城临安(Philips,1998,chapter 4)。

1279年最终征服南宋后,蒙古人全面控制了中国,忽必烈力图巩固新兴元朝(1271年宣告建立)对中国的附庸国和纳贡国的权威。经过长期和艰巨的抵抗后,朝鲜已经被征服。在傲慢的日本封建统治阶级蔑视蒙古的臣服要求后,元朝征集朝鲜的人力和船只用于准备进入日本。由于日本强烈的抵抗和恶劣的气候,1274年第一次进入失败。1281年,蒙古组织几千艘战船、14万军队再次大规模进入日本。大多数船员和军队都是朝鲜人或中国人。众所周知,由于封建武士阶级的奋力抵抗和台风的影响,船队的大多数船只葬身海底,这次进入以蒙古灾难性的失败而告终。1292年,蒙古从海上进入爪哇,也以失败告终。元朝从陆地进入缅甸导致蒲甘王朝的衰落,但没有给元朝带来任何明显的利益;从陆路和海路进入安南和占婆(今越南境内)也以失败告终。1294年,忽必烈的去世可以说终结了蒙古帝国在东亚的扩张时代(见图3.1)。

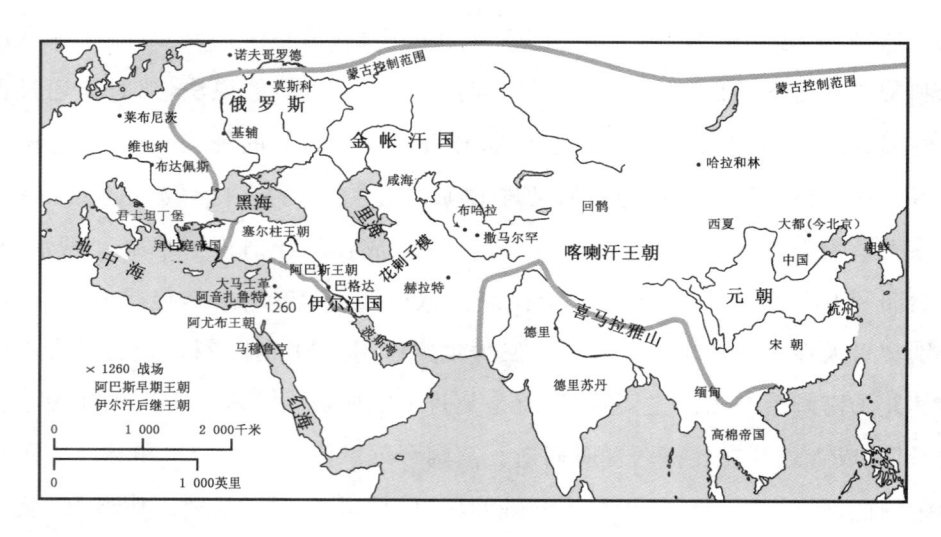

图 3.1 蒙古帝国

根据阿谢德(Adshead,1993:61)的说法,蒙古惊人成功的一个重要原因是他们能够调集当时全世界将近一半的马匹,大约2 000万匹。虽然蒙古军队并非异常庞大,重大战役中大约有10万人,但是每个士兵配备了20匹换乘战马,在决定性的遭遇战中,总能使用新鲜生猛的战马。不过,他们对草原物资的依赖,限制了其在中亚草原之外地区的征伐,这就解释了为什么他们没有深入欧洲、中东和东南亚,虽然他们企图进入缅甸和越南,但都未获得实质性利益,当然也就算不上成功。

自从蒙哥大汗死后(其后继位的是忽必烈),"大汗"对整个帝国的集中控制日益松散，大体上只是象征性的虚衔。庞大的帝国被成吉思汗的孙子们瓜分，忽必烈得到了西伯利亚大部分土地，以及华北、东北等地区，旭烈兀得到了伊拉克和伊朗，成了伊尔汗国可许，名义上是"大汗"（账下的"总督"）。俄罗斯和乌克兰的领土被分给拔都的"金帐汗国"，伊朗与中国之间的中亚则分给了察合台。

忽必烈及其后代以元朝的国号统治中国，虽然他们曾在军事、民事和财政管理上广泛任用了一些外国专家，中华文明和行政管理基本原封不动地保留下来了。不过，他们亲近穆斯林中亚人、西藏佛教徒、聂斯托利派基督徒，汉族士大夫阶层不受信任。伊尔汗国以相似的方法也保留了他们领土内的波斯和阿拉伯传统，同样利用基督徒、犹太人和其他外国专家担任官职。金帐汗国在伏尔加河畔的萨莱建立一座金碧辉煌的都城，但是继续避免直接治理俄罗斯人和其他斯拉夫臣服民族。他们借俄罗斯王公之手征收各种苛捐杂税以满足自己的利益诉求。之所以这样做，是因为他们与东正教会实现了合作，并向俄罗斯指派了蒙古监察。"交易"是俄罗斯教会、王公仍各居原位，代价是卑微地臣服蒙古人，充当主人有效的征税人。这就是俄罗斯人被迫忍受几个世纪的臭名昭著的"蒙古枷锁"。中亚草原和绿洲被察合台汗国的中央政府松散地控制着，绿洲周围的定居农业与草原游牧生活方式混合的传统没变。几座重要城市在战争期间减少了大量人口，但是经过一两代人的时间就明显恢复了昔日的繁华。

在中国和波斯，蒙古人直接统治着构成帝国"税收基础"的大量农业人口。因此对他们来说，维持和提高这些土地的生产能力是理性的。忽必烈特别致力于修建交通运输和灌溉工程，如更开明的伊尔汗国那样。这两个政权都引入了纸币，最初在中国取得了一定的成功，而波斯的经历从一开始就是一场灾难。伊尔汗国的首都大不里士是大型骆驼商队、海上联系中国和东南亚的中心，也是一个繁荣的商业中心，马可·波罗的经历可以作为证据，他在返程时，曾护送一位元朝公主远嫁伊儿汗国。

虽然总体上帝国的各个部分存在竞争和冲突，特别是金帐汗国与波斯的伊尔汗国，但是"蒙古治下的和平"是事实。蒙古人一直想鼓励贸易，穿越中亚的商路空前绝后的安全和繁忙。因此,虽然"蒙古枷锁"的负担很沉重,但是俄罗斯的城市因为参与长途贸易而经历了巨大的繁荣。诺夫哥罗德以毛皮和其他森林产品换取西方的白银和呢绒,它还积极地与东方开展贸易。与中东和中国的贸易继续繁荣。即使小城镇和乡村地区也能用白银纳税,这表明它们也卷入了贸易。哈尔珀林(Halperin, 1987, chapter 7)引证说,蒙古统治时期,非统治精英人口也能消费一些贸易商品,几个城市建造了一些大教堂和公共建筑。

简内特·阿布-卢格霍德(Janet Abu-Lughod, 1985)已经生动描述了1250—1350 年非垂直或水平连接的"世界体系",即"蒙古治下的和平"时期,它基本上包括了我们所说的 7 个区域。这种联系逐步拓展到了所有区域,从西边的不列颠群岛和西班牙延伸到东边的中国、朝鲜和日本,从北边的卑尔根和诺夫哥罗德延伸到南边的印度尼西亚群岛。的确,它的西边甚至到达以呢绒换取谷物的冰岛,更有可能到达格陵兰岛。虽然格陵兰岛当时处于与世隔绝而自给自足状态,但是偶然会出口海象牙或北极熊皮给冰岛或挪威(Philips, 1998, chapter 9)。洛佩兹(1971:108)报告说,一伙卢卡教徒确实派遣代理人到格陵兰岛征收教皇什一税。虽然只有价值高、重量轻的货物(如香料、丝绸、毛皮和奴隶)参与长途贸易,但是相当广泛的区域性市场适合大宗货物,如谷物、橄榄油和木材等。支持这种贸易的物质和制度性设施,如交通运输和信用制度等,也得到发展,如伊本·白图泰、马可·波罗和教皇的各种使节等旅行家表明,远途贸易是比较容易而且安全的。

除了马可·波罗和教皇使节的证据外,14 世纪 40 年代早期佛罗伦萨的弗朗西斯科·巴尔杜奇·彼加洛梯(Francesco Balducci Pegolotti)出版的商业指南也提供了这种信息。按照《商业实务》(*Practica della Mercatura*),从克里米亚陆路到达北京"无论白天还是黑夜都非常安全"(Rossabi, 1990:356),如果意大利人出现于黑海或周围地区,那么主要是意大利人利用了蒙古征服带来的机遇。旅程也许比较安全,但它的确漫长:从克里米亚到达中国需要 8~11 个月(Philips, 1998:100)。但是它可能通过排除了中间人而获得巨大利润。按照彼加洛梯的说法,一个商队的旅途开支和关税可能达到 3 500 佛罗琳,而商品出售后可获得 2.5 万佛罗琳(Rossabi,1990:356—357)。许多意大利人被吸引到波斯和钦察草原,而他们的同胞在中国扎根,以致弗兰西斯修会在泉州修建了一座货栈,以接待天主教商人(Lopez,1952:312—313;1987:352—353)。1323年,泉州建立了一个主教区,虽然圣方各会的传教士,如鄂多立克[Odoric,他的旅行伴侣中有个海伯尼亚的詹姆斯(James of Hibernia),他的旅行记似乎被 14 世纪英语著作《蒙德维尔行记》(*Mandeville's Travels*)所剽窃],竭力传教但未能成功让中国人皈依基督教(Philips,1998,chapter 5)。

大卫·阿布拉菲亚(David Abulafia,1987:447—448)认为,欧洲人来到中国购买的不仅仅是传统出口奢侈品,如丝绸,而且购买东南亚的香料,这些香料被基督徒(和穆斯林)商人购买前曾经被向北运输到大陆。这个时期海路运输相对于陆上运输有天然的优势,发达的陆上贸易就是欧亚大陆经济一体化的最好证明,虽然不可避免会产生一些输家,特别是埃及。1323—1345 年间,威尼斯从未向埃及派出一支海上护航队(Lopez,1987:387),因此,继蒙古征伐战争带来的不堪重负的成本之后,"蒙古治下的和平"又给伊斯兰世界增加了经济成本。意大利人购买东方商品时用"宝石、活马、机械钟、喷泉、优质亚麻和呢绒"作为支付手段(Lopez,1987:353)。有些人为了获取东方香料,还尝试了直接的贸易路线,据记载,当时有几名意大利人曾冒险进入印度(Philips,1998:103)。按照菲利普斯(1998:238)的说法,1290 年,一群热那亚水手曾计划沿底格里斯河顺流而下,由此到达印度洋。

不仅货物,而且人员、技术和思想第一次在已知世界各地自由流动。例如,《新约》和《基督教诗篇》被孟高维诺的约翰(John of Monte Corvino)翻译成蒙古语(Abu-Lughod,1989:168)。但是,文献证实信息的反向传播的影响更大。这个时期中国发明的传播和扩散进一步推动了技术变革。西欧当时正发生着技术变革,对此李约瑟(1954)曾做过有力的论证。但是"蒙古治下的和平"促进的世界一体化最有说服力的证明是洛佩兹引用的价格数据(1987:353);显然,这个时期中国丝绸在意大利的售价不超过中国进价的 3 倍。

"全球化"何时发端?虽然这个问题的答案取决于"全球化"的定义,不过,我们还是可以做出如下有说服力的解答：全球化始于蒙古征服及其进攻的农耕文明的反应而引起的欧亚大陆中部的统一。此前的每种文明一直意识到其他文明的存在，但只把它们看作一个孤立的个体，而不是作为统一体系的互动部分。在欧洲，流传着许多关于神秘的东方基督教英雄、曾经被错误地等同于成吉思汗和其他非穆斯林游牧民族的征服者的"教士约翰"传说。这些传说提供了一种统一的地缘政治框架，鼓励欧洲人去思考如何开辟对抗伊斯兰世界的东方战线，因此引起通过海上或陆地，出于宗教、军事和商业目的，与这些伊斯兰世界之外的王国建立联系的欲望。由于遭到威尼斯在陆地的阻挠，13世纪后期，热那亚就设想绕过非洲的航线，导致1291年维瓦尔第（Vivaldi）兄弟的航行，但以失败告终。两个世纪后，另一批热那亚人做出了相似的尝试，并获得成功。正如阿谢德（1993:77）所指出的，"如果欧洲最终控制了世界，那么它可能是因为欧洲首先认识到有一个等待控制的世界。从马可·波罗到克里斯托弗·哥伦布是一条直线，向东看威尼斯，向西看热那亚"。

**黑死病前夕的欧亚大陆**

1350年，我们的7个区域单位的相对地位发生了自1000年以来的重大变化。千年之交仍然是拜占庭和伊斯兰世界落后"腹地"的西欧已经发展了高效农业基础，导致人口急剧增长，还经历了罗伯特·洛佩兹（1971）所谓的"商业革命"，随着意大利城市在扩大海上和陆地贸易的范围和多样性方面占领了先机，在纺织业、造船业和航海技术方面发生了重要的技术革新。公元1000年在长途贸易中表现突出的希腊人、叙利亚人和犹太人的商人社区正在让位于可以得到武力支持的威尼斯人和热那亚人的激烈竞争。地中海的造船业过去一直被拜占庭和穆斯林所控制，现在主要掌握在意大利人手中。由于采用了指南针和其他航海新技术，意大利人大幅提高了航行的频率和速度。到1350年，他们的势力范围已经从英吉利海峡延伸到黑海。

正如我们已经看到的，长途贸易使西欧商人受到各种复杂的金融方法的影响,但是也刺激他们采取这些方法。因此,我们前一章讨论过的不仅涉及与亚洲的贸易而且增加了欧洲内部贸易的"商业革命"刺激了欧洲的各种重要革新。这些革新不仅包括我们已经讨论过的汇票,而且包括存款银行、保险和"商业和金融会计制度,使它的账簿从潦草的备忘逐渐变为收入和债务分列登记,最终变成严格的复式簿记法"(Lopez,1971:107)。这个时期欧洲内部商业促进了手工业和农业的专业化,对欧洲生活水平的提高产生了有益的后果。城市化是这个过程的一个组成部分,许多城市专注于手工业,用产品交换食物(Rosenberg and Birdzell,1986:78—80)。因此商业在欧洲"从边缘变成了日常生活的中心","变成了经济发展的驱动力量"(Lopez,1967:126;Greif,2006:23—27)。

与此同时,伊斯兰世界——从基督徒不断推进的伊比利亚半岛一直到东部在蒙古杀戮下蹒跚而行的伊拉克和伊朗——似乎已经经历了经济萎缩。的确,尽管在最初的破坏之后有所恢复,但是巴格达、布哈拉、撒马尔罕和其他繁荣的城市的鼎盛时期已经一去不复返了。只有北非国家和马穆鲁克统治下的埃及和叙利亚还具有强大的政治和军事实力。但是,马穆鲁克国家的财富越来越寄生于香料和其他东方产品的转手贸易关税,而"蒙古治下的和平"把贸易路线从红海转移到陆路。1000—1350年,拜占庭遭受了许多重大灾难,从安纳托利亚被突厥人占领,到1204—1261年君士坦丁堡被十字军占领。即使在拜占庭皇帝重新掌权后,帝国的经济生活也越来越被热那亚人和威尼斯人所控制。虽然在东正教的文化庇护下,基辅罗斯起初前程似锦,但是它变成了蒙古人的牺牲品,它的后继国家变成了金帐汗国草原领主的附庸和征税人。

这个时期最急剧的变化是从乌拉尔山到太平洋的欧亚大陆被中亚的突厥-蒙古语游牧民族所控制。公元1000年,他们在西方建立了哈扎尔帝国,与拜占庭帝国、基辅罗斯和伊斯兰世界接壤,在东方,则建立了与宋朝接壤的辽国和西夏。到1350年,他们在东边征服了中国,在西部征服了伊拉克和伊朗,把俄罗斯公国降低为附庸地位。此外,德里和肥沃的印度北部平原被奴隶士兵的突厥王朝所统治,统治埃及和叙利亚的马穆鲁克主要是钦察突厥人。他们还从海上进入日本和爪哇,不过没有成功,同时也袭击了东南亚陆地上的缅甸和越南。

虽然伊尔汗国和金帐汗国曾经信奉萨满教，践行佛教和聂斯托利派基督教，但是通过使伊尔汗国和金帐汗国皈依伊斯兰教，伊斯兰世界把军事失败转化为文化胜利。此外，正如我们已经看到的，伊斯兰世界还将十字军驱逐出他们在巴勒斯坦和叙利亚的要塞。所以，伊斯兰家园（Dar-al-Islam）的领土范围被维持了，甚至扩大到德里苏丹国统治下的印度北部，唯一的损失只在伊比利亚半岛。通过把体力充沛而且好勇斗狠的草原游牧民族突厥人融入它的文化范围，伊斯兰世界不仅消解而且超越了 13 世纪带来巨大损失的蒙古杀戮政策的影响。在波斯和俄罗斯边界的蒙古人不知不觉被更大的突厥人所固化，因为他们本来就与突厥人有联系，而且文化和语言也比较接近。

### 黑死病

"蒙古治下的和平"带来的融合在促进拉勒洛伊·拉杜里（Le Roy Ladurie，1981）所谓"通过疾病的全球统一"或形成"微生物共同市场"方面带来了灾难性后果。正如前面已经指出的，世界不仅产生了经济学上的一体化，而且产生了生物学上的一体化。长期潜伏于特定地区的细菌和病毒如今通过与人类和动物长距离运动发生了转移和混合。例如，蒙古骑兵横扫欧亚大陆时就发生了这一情形。按照麦克尼尔（McNeill，1998）的说法，黑死病病菌是被蒙古军队从缅甸-云南边境带到中亚的，最终 1347 年传播到黑海岸边的热那亚贸易据点卡法（今乌克兰的费奥多西亚）。[①] 一个老生常谈的故事是，1347 年金帐汗国的可汗札尼别（Janibeg）正在围攻卡法，下令凡是被感染的尸体都投射入城内，热那亚的船只从那里把病菌带到西西里的墨西拿。它迅速传播到地中海沿岸各港口和整个欧洲、埃及和叙利亚。整个欧洲的死亡率估计为 1/4 到 1/3，西欧人口密集地区的死亡率高于东欧空旷地区（McEvedy and Jones，1978：25）。卡洛·奇波拉（Carlo Cipolla，1994：131）说，1348—1351 年间，黑死病使欧洲总人口 8 000

---

[①] 无论这些细菌是黑死病病菌还是其他病菌，现在这是一个激烈争论的问题；关于这个问题的近期不同观点，参加科恩（Cohn，2003）和本尼迪克托（Benedictow，2004）。我们在这个生物学争论中不持任何立场，下文将可变换地称它为"黑死病"或"瘟疫"。

万中的 2 500 万死亡。直到 16 世纪末,黑死病多次爆发,不过危害程度大大降低。毫无疑问,黑死病是上个千年里西方世界的最大灾难,即使不排除 20 世纪的两次世界大战,上述论断也成立。按照多勒斯(Dols,1977)的说法,黑死病对伊斯兰世界的影响如果不是比欧洲更严重,至少也和欧洲一样严重。本章后面的内容就是考察这场灾难的后果和此后世界贸易的规模和类型的复兴。

在分析黑死病的经济后果中,其冲击性后果一定是整体生产的急剧下降,但是人均实际工资和财富增加,因为土地和有形资本仍然没变,牲畜数量显然没有受到黑死病的影响。由于劳动力递减,我们期望实际工资增加,每英亩的地租和有形资本的回报下降。[①] 此外(根据众所周知的罗伯津斯基贸易理论的原理),我们期望劳动密集型产品的相对价格上升,土地密集型产品的相对价格下降,因为如果产品相对价格保持不变,前者的产量会收缩,而后者的产量会扩大。随着人均收入上升,我们还期望奢侈品市场的繁荣、食物和其他生活必需品市场的缩小。

记住这些简单的新古典主义假设,我们就能转向这个主题的历史论著,特别集中于欧洲的证据,看看它们是否证实这些假设。如果这些假设是准确的,那么洛佩兹和米斯基明(Lopez and Miskimin,1962)与奇波拉(1964)之间的主要争论就容易解决。前两位作者谈及"文艺复兴的萧条",因为 1350 年后 1 个半世纪的文化繁荣伴随着人口下降、生产萎缩和贸易的衰落,接着是缓慢的复兴。而奇波拉指出人均生活水平提高的证据。"人均观点"特别被布拉德伯里(Bridbury,1962:91)提倡,当他观察到英国"等于是给予了一种规模惊人的'马歇尔援助'"(也见 Hatcher,1977)。

基本的事实似乎符合我们的理论期望和人均观点。图 3.2 显示了约翰·芒罗(John Munro,2004)关于 14 世纪中期以后英国建筑工人实际工资的数据。实际工资继续上涨了一个世纪左右,所以到 15 世纪中期,劳动力的工资已经增

---

[①] 下文的分析主要取自芬德莱和伦达尔(Findlay and Lundahl,2003,2006)。显然,这些假设适用于土地缺乏的地方,如西欧和中国,但是不太适合边疆地区,如中亚,那里的土地供应几乎没有限制,劳动力的边际产品相对固定不变。

加到黑死病前夕的2倍多。① 这些工资的动态趋势不仅局限于英国。厄尔·汉密尔顿(Earl Hamilton,1936:186)关于纳瓦尔实际工资的数据表明,14世纪50年代到1401—1405年间,劳动力的实际工资增长了2倍多,此后下降了1/5。当时的一位佛罗伦萨观察家马提奥·维兰尼(Matteo Villani)1363年抱怨说,"女仆和……马童希望每年至少12佛罗琳,其中大多数心高气傲的甚至希望18或24佛罗琳,所以护士和小工匠希望3倍或接近3倍的平时工资"(引自Herlihy,1997:48—49)。与此同时,他还抱怨普遍的物价上涨,但是他的评论"普通人,由于发现普通产品丰富且过剩,不再在习惯的行业中工作;他们想要最昂贵和美味的食物……孩子和普通妇女则渴求已逝杰出人物的那些做工精细而又昂贵的服装"(Herlihy,1997:47—48)。这表明,总而言之,穷人的生活水平也提高了。② 最后,埃及、拜占庭和巴尔干的城市实际工资似乎增长了100%,像西欧一样(Ashtor,1976a;Pamuk,2005)。

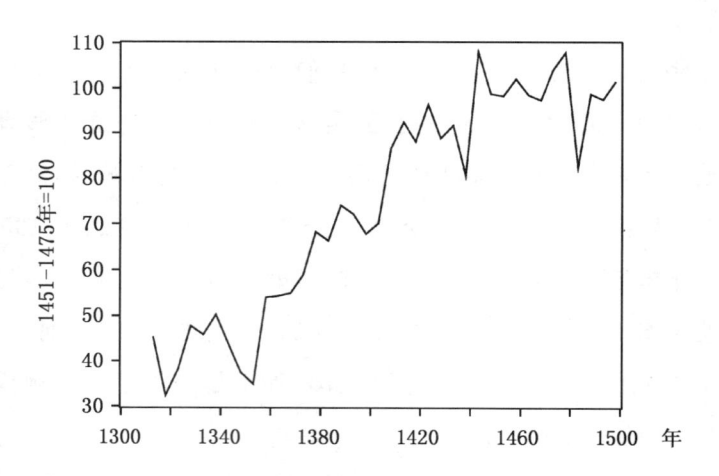

来源:芒罗(2004)。

图3.2　1300—1500年英国建筑劳工的实际工资

---

① 克拉克(Clark,2005)的数据表明了几乎同样的事情,13世纪人口增长带来了工资下降。
② 芒罗(Munro,2004)提供了一个重要的例外,他发现1349—1350年到1356—1360年间,布鲁日的建筑工人实际工资下降了大约30%,此后才开始上升,1401—1405年达到了峰值(比1349—1350年高15%左右)。

图 3.3 表明,劳动的收益不仅体现在绝对数字上,还体现在相对数字上。如图 3.3 所示,1300—1350 年,英国工资与地租的比率稳定下降,但是黑死病导致比率增长 2 倍,此后一个世纪里仍然稳定增长。黑死病之后,城市不断扩大,与查士丁尼时代瘟疫之后的情况完全相反,这反映了生活水平提高对城市化的积极影响,足以弥补人口下降的消极后果。因此巴蒂尔(Bautier,1971:187)说,巴黎的人口从 14 世纪初大约 10 万增加到 16 世纪的 30 万。吕贝克从 1300 年左右的 1.5 万增加到 15 世纪的 2.5 万;汉堡从 1300 年左右的 5 000 增加到 1450 年左右的 1.5 万;不来梅从黑死病前的 1.2 万增加到 1400 年左右的 1.7 万;但泽从 1300 年的 2 000 增加到 15 世纪中期的 2 万(Bautier,1971:187)。

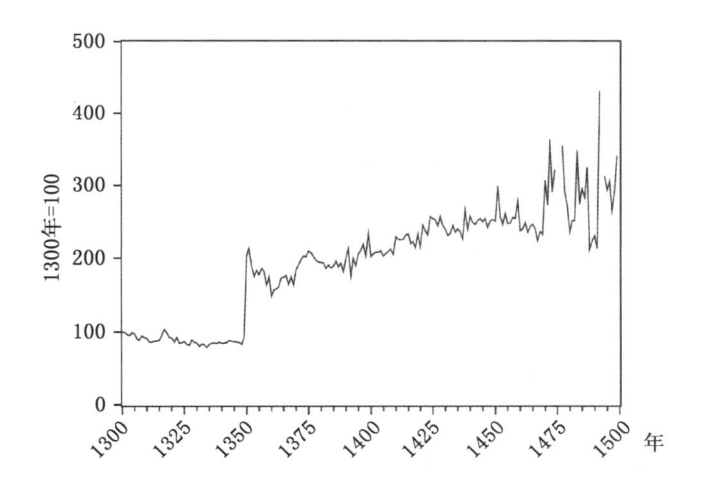

来源:格雷格·克拉克提供。

**图 3.3　1300—1500 年英国工资—地租比率**

农业方面,相对谷物种植来说,土地密集型活动扩大了,如饲养羊和牛。其他条件(特别是需求)不变的情况下,这将导致动物产品相对价格的下降,如羊毛。这种下降加上高收入对高质量呢绒需求的弹性,带来了中世纪重要的手工业呢绒业的长期繁荣。图 3.4(a)表明,1350—1500 年,呢绒价格相对羊毛价格稳定提高,虽然这可能部分地反映了劳动力成本的增加,但是毫不奇怪,这个时期手工业的增长引人注目,呢绒纺织集中于佛兰德尔地区各城市,在佛罗伦萨和意大利北部其他城市完工并染色。正如很久以前艾琳·鲍尔(Eileen Power,1941:101)所指出的那样,爱德华三世为了与法国作战而征收的羊毛出口关税给英国的毛纺织业提供了"有效保护",以牺牲佛兰德尔的利益为代价,刺激了从羊毛出口向呢绒出口的变化。

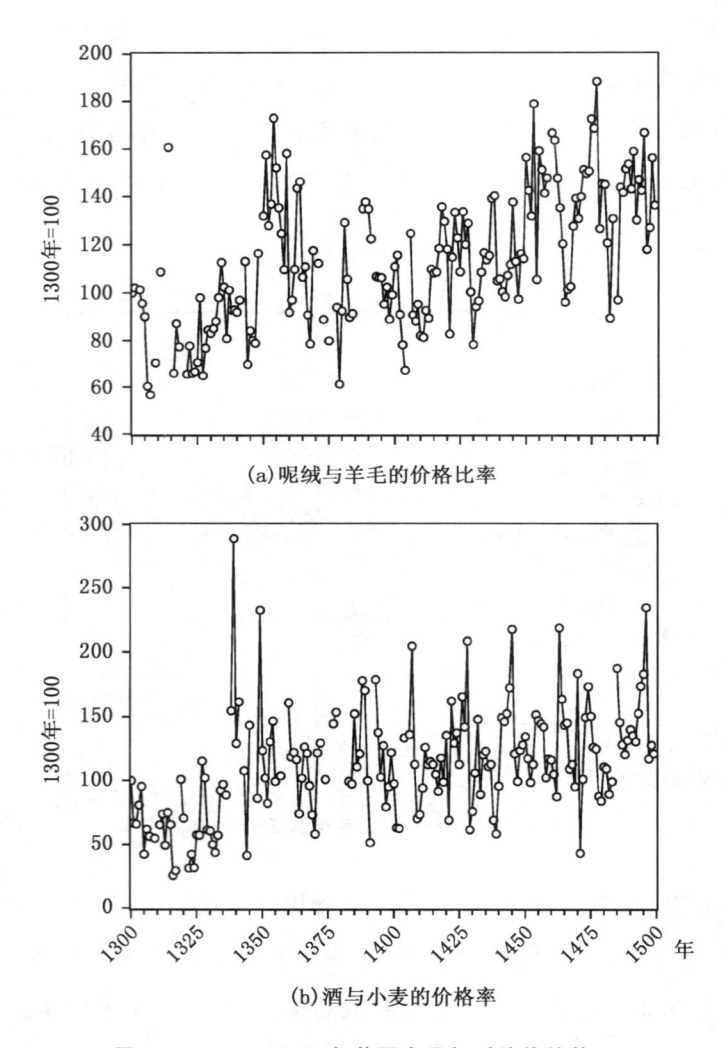

(a)呢绒与羊毛的价格比率

(b)酒与小麦的价格率

图 3.4　1300—1500 年英国商品相对价格趋势

对葡萄酒和啤酒需求的高收入弹性导致它们的相对价格也不断上涨(见图

3.4b),这反过来又促进了葡萄园和大麦的增产,从而减少了小麦种植。对洲际贸易具有更重要意义的是生活水平提高对亚洲香料价格的影响:正如所预期的,它们急剧上涨。汉密尔顿(1936:267—269)的数据表明,黑死病之后的25年里,纳瓦尔的亚洲香料价格相当于农产品的2倍,格雷格·克拉克的数据表明,相似的情况也发生在英国,"蒙古治下的和平"时期相对较低的香料价格从14世纪40年代后上涨很多。图3.5表明,15世纪英国胡椒的相对价格一直上涨,虽然这种趋势因1411年左右的突然上涨而显得有些模糊,该峰值一直延续到15世纪20年代。一旦我们解释了这个峰值(我们即将论述它),胡椒价格的上涨趋势就不是错误的。维也纳和尼德兰的胡椒真实价格也是如此,虽然后者的上涨趋势只有微小的统计学意义(O'Rourke and Williamson,forthcoming)。

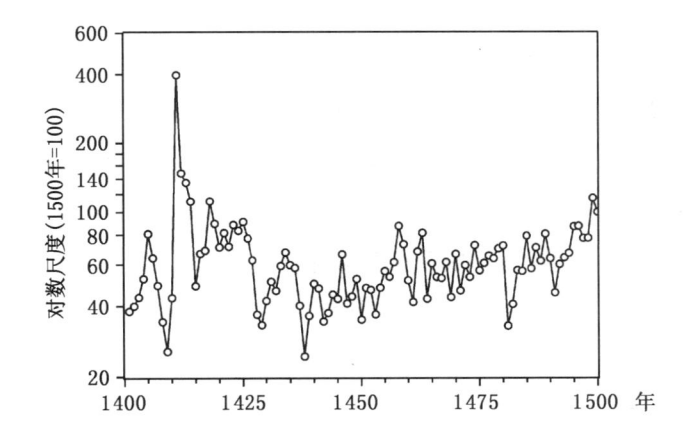

来源:奥鲁克和威廉姆森(forthcoming)。

**图 3.5　1401—1500 年英国每年胡椒价格(相对于谷物)**

黑死病对欧洲的货币也产生了影响,大卫·赫利希(David Herlihy)在一份声明中给予了难忘的总结,"人们将死,但是铸币不会消亡"。[①] 根据著名的"费雪方程式"($MV=PQ$),$MV$(由流通速度增加的货币供应)最初是不变的,但是产量 $Q$ 由于人口的减少而下降,因此价格 $P$ 就不得不上涨。这个结果就是芒罗(2004:1037)所定义的"相当可怕的物价上涨的突然爆发",商品价格相对白

---

① 赫利希(1967:125),转引自芒罗(2004:1037)。

银急剧上涨。白银相对价格的下降反过来导致欧洲白银（和黄金）产量的减少（Nef,1987:721），这正好对应欧洲对东方贸易商品需求增加。这些主要用白银支付：因此直接冲击就是欧洲银币储量减少，这导致约翰·戴(John Day)谈论"14世纪大银荒"（Day,1978）。① 洛佩兹、米斯基明和阿多维齐(Lopez, Miskimin and Udovitch,1970)追溯了1350—1500年英国通过意大利流向埃及的白银，发现无论埃及积累了多少来自西欧的白银，它最终将流向印度和远东。马穆鲁克货币供应特别沉重的消耗是通过黑海而来的草原年轻男性奴隶补充新兵的开支。每个奴隶价格为50~140金第纳尔，15世纪20年代，每年大约输入2 000名奴隶，总开支为10万~28万金第纳尔。

随着时间的推移，欧洲生活水平的提高促进了人口的恢复，由于熟悉的马尔萨斯原因，欧洲的产量也会恢复（第六章将更详细讨论马尔萨斯模式）。随着产量的提高，白银在经济中的供应下降，价格水平最终也会下降，经过长期的物价萎缩后，接踵而至的是物价开始突然上涨。这将继续下去，直到白银相对价格提高，促进白银开采的恢复，引起价格上涨。因此，芬德莱和伦达尔（Finday and Lundahl,2003）提出的简单总体平衡模式预示着欧洲的价格水平在黑死病之后开始上涨，作为银荒的结果，最终将再次上涨。

上述预测正好是历史上发生的现象。图3.6提供了意大利北部用白银表示的谷物价格。14世纪后期谷物价格不断上涨，接着急剧下降，直到15世纪60年代，再接着是价格适度上涨。按照内夫（Nef,1987:735）的看法，1460—1530年间，"采矿和冶金"非常繁荣，中欧每年白银产量也许提高了5倍多，芒罗（2003:10）为这种繁荣的规模提供了令人信服的新证据，这个规模"大大超过了16世纪上半叶西班牙-美洲白银输入的规模"。按照芒罗的看法，这种繁荣没有造成重大的物价上涨的事实可以从以下事实得到解释：白银由于贸易而正在源源不断地输往东方，到这时为止，欧洲经济正在随着人口增长而发展，意味着为了防止价格下跌，货币需要大量增加。②

---

① 还可参见米斯基明(Miskimin,1975)和斯波福德（1988,chapter 14—16）。与其相反的观点，参见苏斯曼(Sussman,1998)。

② 此外，1510年后，白银产量才急剧增加。

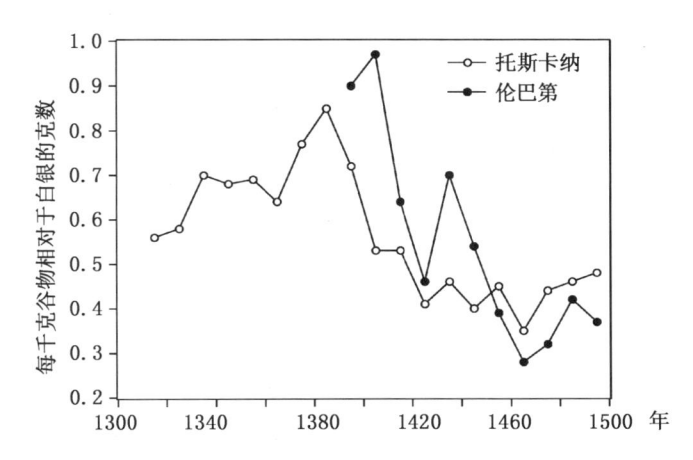

来源：马拉尼马（Malanima，2002），http://gpih.ucdavis.edu/Datafilelist.htm。

**图 3.6　1310—1500 年意大利北部的谷物价格**

当然，随着人口逐渐恢复，马尔萨斯模型预料生活水平将降低，从原则上看，经济将恢复最初的平衡（Finalay and Lundahl，2006）。但是不能忽视真实世界路径依赖的作用：正如大卫·赫利希（1997）在他的杰出著作中令人信服地认为，较高生活水平的经验和有产人口比例的增加，意味着当时控制欧洲人口的力量主要是"预防性抑制"，与危机之后的"积极抑制"形成对照。如果这被转化为女性婚龄较晚的话，那么欧洲的人口将继续增长，而生活水平不会倒退到最初的水平。此外，他还认为，劳动力缺乏促进了技术革新，古腾堡的活字印刷术就是象征，它比旧的抄写方法能更有效地满足人们对书籍不断增加的需求（David Herlihy，1997：50）。对赫利希来说，另一个节省劳动力的技术进步是火器，它再次明确地以资本取代相对昂贵的士兵（David Herlihy，1997：51）。

斯蒂芬·爱普斯坦（Stephan Epstein，2000）提供了从长期看黑死病有利于西欧的政治原因。根据他的说法，分散管理是封建经济增长的一个障碍，因为地方性征收贸易税和"对革新速度的重大影响是贸易的成本"（Ibid.，49），根据亚当·斯密的名言，劳动分工受到市场程度的限制。爱普斯坦提供的证据表明，"农业革新似乎与领主权利的强度负相关，乡村手工业发展与城市和领主的管辖权负相关"（Ibid.，51）。由于这个原因，"黑死病是封建经济摆脱低水平'平衡陷阱',它使积聚了几个世纪的压力骤然释放,走上快速增长道路的外因",即走向更中央集权的国家、互相发动战争,因此需要国家层面的税收和国家层面的行政管理结构。"通过快速改变土地与劳动力之间的讨价还价权力……14世纪的瘟疫把相对顺利的变化过程转化为熊彼特所谓的'创造性破坏'浪潮……富裕农民精英的支持……鼓励统治者增强领土管辖权的统一,使市场更具有竞争性,刺激商品化,为漫长的16世纪繁荣奠定基础"(Ibid.,54—55)。

按照麦克维迪和琼斯(1978:18)的说法,欧洲人口从1400年的6 000万增长到1500年的8 000万。英国15世纪的实际工资仍然非常高(见图3.2),尽管英国人口增长了大约50%(Ibid.,43)。同样,汉密尔顿的数据表明,15世纪上半叶,虽然15世纪伊比利亚半岛的人口从650万增长到775万,但纳瓦尔的实际工资达到历史新高(Ibid.,105)。更普遍的情况是,帕穆克(Pamuk,2005)断定直到16世纪,不仅西欧而且整个地中海世界实际工资仍然高于黑死病之前的水平,虽然艾伦(Allen,2001)已经表明,英国和低地国家甚至力图避免实际工资长期下降。因此,15世纪是欧洲人口增长而生活水平高的世纪。虽然这些数据是有限的,但是它们证实了起初较少的人口,后来经过实实在在的经济增长后开始增加,产量和生活必需品贸易适当下降,但是奢侈品(如北欧的毛皮和东方的香料等)进口急剧增加。下一节将考察西欧与东欧贸易发展的后果。

### 1350—1500年西欧与东欧的贸易

1350—1500年,由德国北部城市为了保护他们在外国市场的共同商业利益而组成的汉萨同盟控制了波罗的海和北海的贸易。汉萨同盟自始至终主要关心东欧和西北欧之间、沿着诺夫哥罗德-里沃尔-吕贝克-汉堡-布鲁日-伦敦轴心的双向贸易(Dollinger,1970,chapter 10)。沿着这条主要贸易通道,俄罗斯北部和芬兰的毛皮、蜡是向西运输的主要产品,而弗莱芒的呢绒和德国北部、比斯开湾的食盐则是向东运输的主要产品。此外,瑞典的红铜和铁、挪威和斯堪尼亚的鱼、普鲁士和波兰的谷物和木材是诺夫哥罗德-伦敦之间从北往南流动的其他重要商品。由此可见，贸易的特点是来自俄罗斯、芬兰、波罗的海东部地区与斯堪的纳维亚的原料和其他初级产品交换西欧的手工业品，特别是弗莱芒的呢绒。

遗憾的是，统计数字缺乏，但是散见的材料还是可以证明1350—1500年贸易的扩大。多林格(Dollinger,1970:215)报告说，吕贝克在波罗的海的贸易从1368年的15.3万马克增加到1492年的66万马克。由于价格急剧下降，也许这个时期下降了50%，因此这意味着贸易量可能再增加了两倍。汉萨同盟出口的英国呢绒从1400年的6 000匹增加到1480年的1.5万匹。

在波罗的海东部各港口，芬兰和俄罗斯的猎人收集来自北方森林和苔原地区的毛皮。最值钱的是黑貂皮，15世纪初，100张黑貂皮为82杜卡特。貂皮和海狸皮的销售价格为30~40杜卡特，而猞猁皮、松鼠皮、水獭皮和鼬鼠皮的价格则每100张不到个位数。毛皮显然是体现"特权"和"身份"的货物，需求规模标志着中世纪欧洲、伊斯兰世界的马穆鲁克王朝的富人的数量，因为西欧会把许多毛皮再出口到沉迷于奢侈品和炫富的伊斯兰世界。提供上文引用的价格数据的多林格(1970:235)也报告，1403—1415年，仅仅汉萨同盟的一个商人家族就从但泽、里加和里沃尔输入佛兰德尔3 000多张毛皮。一个3艘商船组成的从里加到布鲁日的船队就运输45万张毛皮和同等价值的蜡和亚麻。

蜡来自北方森林的蜂蜜，收集起来出售给汉萨同盟和其他商人。对用于宗教仪式的蜡烛的需求可能受到黑死病经历的刺激。当作珠宝的琥珀是另一种昂贵的奢侈品，供应琥珀的利润颇为丰厚，被条顿骑士团这个当时普鲁士和波罗的海东部地区最强大的军事和政治实体所垄断。

汉萨同盟在这个阶段的大多数时间控制了斯堪的纳维亚的贸易。挪威依靠从波罗的海进口的粮食——由汉萨同盟在卑尔根的贸易据点提供，并换取鳕鱼。虽然汉萨同盟遵守协定不到卑尔根以北地区贸易，但它利用对谷物供应的影响逼迫挪威做出贸易让步。德国商人在斯德哥尔摩的商业中也占突出地位，汉萨同盟是瑞典的红铜和高质量生铁输入欧洲市场的渠道。当时丹麦出口牲畜和黄油,但是强大的丹麦国王偶然以海军威胁吕贝克及汉萨同盟的城镇。但是,连接汉萨同盟与斯堪的纳维亚的主要经济活动是丹麦东北部斯堪尼亚巨大的食盐腌制鲱鱼工业。汉萨同盟的商船从比斯开湾运来的大量食盐是腌制波罗的海沿岸捕获的鲱鱼的关键原料(Crouzet,2001:30,Note 28)。

除了相关的草碱和树脂外,来自斯堪的纳维亚、俄罗斯和波罗的海东部的木材是另一种有价值的出口商品。木材和制作绳索的麻类植物是荷兰、英国和汉萨同盟各城市造船业的基本原料。木材、生铁和红铜也是制造战舰及其装备的必需战略物资。甚至百年战争中英国弓箭手制作弯弓的木材也显然是从东欧的森林地区进口。

波美拉尼亚的谷物对于供养挪威、佛兰德尔和荷兰的人口变得越来越重要,它使他们能够专业化地从事手工业生产,出口用英国和西班牙羊毛纺织而成的呢绒。因此中世纪北欧显然已经发展了广泛的专业化分工,西边的北海沿岸与东部的波罗的海沿岸之间形成了相互依赖关系。汉萨同盟通过单独充当这些地理区域之间的中介而取得重要地位。因此,控制狭窄的丹麦海峡和连接吕贝克与汉堡的日德兰半岛陆路是关键,这个时期汉萨同盟的许多战争都证明了这个事实。汉萨同盟的目标是防止丹麦和英国进入波罗的海,同时防止斯堪的纳维亚突破出来。他们在一个半世纪里取得了成功,最后屈服于荷兰。

葡萄酒和较小意义上啤酒也是中世纪欧洲贸易的重要商品。葡萄种植的专业化很早就得到了发展,波尔多和勃艮第、阿尔萨斯和摩泽尔都是重要的葡萄酒出口地区。莱茵河的葡萄酒行销德国和波罗的海地区,法国葡萄酒畅销于英国和低地国家。德国大多数城市都生产啤酒,其中汉堡和维斯马出口最多。

东欧与西欧之间的北方贸易产生了什么影响呢?根据赫克歇尔-俄林(Heckscher-Ohlin)的要素比例推理,黑死病后人口和劳动力的增加,提高土地密集型产品(如谷物和牲畜产品)的相对价格,以及平均每英亩土地的地租,而劳动密集型产品(如手工业品)的价格和实际工资会下降。这反过来则意味着出口谷物的东欧国家的贸易条件得到改善,导致耕地面积扩大和出口的增长。这些预测似乎在波兰、普鲁士,甚至在一定程度上丹麦都已经被证实了。正如波斯坦(Postan,1970)、马洛维斯特(Malowist,1966)和其他许多人已经指出的,它具有重大的社会和政治后果。所有这些国家的贵族和乡绅无论如何都能从地租提高中获得利益,都能利用他们掌握的军事力量和政治影响微弱的中央政府,以"准农奴制"更牢固地把农民固定在土地上,因此相应地提高他们的地租。因此这些国家的国内制造业和手工艺品必然衰落,城市繁荣和影响力也会下降,而批发和零售商业日益被外国商人掌握,特别是那些比国内的同行组织更好、财力更雄厚的外国商人。大量证据表明,事情正是如此。

因此,正如许多观察家已经注意到的,东欧与西欧之间要素比例的差异已经解释了另一个谜,即为什么同样的原因——黑死病后的人口恢复——能带来如此不同的复杂后果,如前者的"准农奴制",而后者是封建主义的衰落和城市的兴起。黑死病对每个地区的影响都是提高工资、降低地租、地主增加了对农奴制的需求。因此,东欧和西欧不同的经历一定归咎于农奴制"供应"的差异,前者比后者的统治者更愿意给地主让步。贸易的复兴和人口的增加有利于西欧的城市和东欧的乡村。在一定意义上,这些经济利益转化成政治利益,这有助于解释这两个地区不同的组织制度应对。[①]

西北欧与汉萨同盟贸易的一个重要方面是前者处于逆差地位,导致白银转移到德国北部城市。这些白银去了哪里? 毫无疑问,其中一些去了诺夫哥罗德和斯摩林斯克,购买西欧渴望的昂贵毛皮、琥珀、蜂蜡。正如我们马上就要论述的,虽然贡物数量随着时间而减少,但是俄罗斯的王公们至少可以部分地用白银向金帐汗国纳贡,德国的市民也有购买南欧(特别是意大利)奢侈品的意愿。因此经过纽伦堡和法兰克福到达米兰的陆路把来自英国、法国和低地国家的白银反向带给了意大利城市米兰、佛罗伦萨、卢卡和威尼斯。随着威尼斯和热那亚的帆船定期到达伦敦、布鲁日和其他阿尔卑斯山以北的港口,意大利人也直接航运到西北欧。意大利人销售的奢侈品主要是佛罗伦萨的高质量呢绒、卢卡的丝绸和锦缎、米兰制造的工艺精良的盔甲和武器。

---

① 除了其他外,艾伦(1998)和多玛尔(1970)也提出了其中几点。但英国仍然是个谜,因为它并未高度城市化。

此外，随着欧洲人收入的提高，他们越来越需要威尼斯和热那亚从伊斯兰世界获得的香料和其他东方产品。为了分析这种贸易，我们需要把注意力转向中亚和东亚的地缘政治发展。

**1350－1500年"蒙古治下的和平"之后的陆路贸易**

1335年波斯境内的伊尔汗国的灭亡，中亚的蒙古国家内部冲突，1368年元朝被明朝取代，导致"蒙古治下的和平"崩溃。游牧民族与农耕民族之间传统的贸易类型，如马匹和骆驼交换茶叶和丝绸，仍然在进行；尽管蒙古帝国各个组成部分存在松散的统一，但帝国统治的缺失带来大量的地缘政治后果，给未来的世界贸易类型产生了重大的影响。

"蒙古治下的和平"的终结意味着欧洲商人在欧亚大陆相对容易的通行也随之结束。外国人被中国驱逐出来，波斯和突厥斯坦对欧洲人实行大屠杀，这只是欧洲人此类遭遇的两个例子。因此，"欧洲南部贸易的东方边界逐渐从南中国海收缩到地中海边缘，即使在那里，意大利的商业殖民地也失去了安全保护"，欧洲商人再次发现自己越来越依赖"埃及瓶颈"（Lopez，1987：383，387）。简而言之，原状必须由中亚的伟大征服者帖木儿来恢复。从民族上看，帖木儿是突厥人，但是政治上与察合台的蒙古可汗联系，他对周围地区（无论是游牧民族还是定居民族）发动了一系列攻击，造成巨大破坏，同时积聚了大量的俘获物。他的都城撒马尔罕和该地区的其他城市都是这些征服战争的受益者，表现为辉煌的建筑物和天文台、图书馆。阿谢德（1983）声称，他的破坏活动明显具有潜在的逻辑，即取得南边的丝绸之路控制权，让骆驼商队从金帐汗国控制的北方路线改道到这里。他对金帐汗国在伏尔加河畔的都城萨莱及其商业中心的破坏都可以解释为精心为这个目标服务的。同样，他抢夺马穆鲁克王朝叙利亚的地中海沿岸港口阿勒颇也是为了控制这条商路的西部终点，1405年他去世前一直在策划的征服中国是为了获得经过丝绸之路到达西方的商品来源。

当然，在欧洲，"帖木儿似乎是众多在他们征服的广大领土内通过破坏而恢复和平、通过和平而恢复商业的新成吉思汗",由于他向奥斯曼帝国的领土不断推进,此时他正在向巴尔干扩张,并威胁君士坦丁堡,因此更受欧洲人欢迎(Lopez,1987:388—389)。1402年奥斯曼苏丹巴耶济德(Bayezid)在安卡拉彻底打败帖木儿的军队,使君士坦丁堡沦陷推迟了50年。但是随着1405年帖木儿的去世,梦想破灭了,奥斯曼的推进将继续下去,君士坦丁堡本身于1453年被"征服者"穆罕默德二世所攻陷,欧洲-亚洲之间的贸易将再次回到前文论述过的传统的海路。

但是欧洲被排除在亚洲之外并不意味着陆路贸易就完全衰落或停滞了。正如我们将看到的,15世纪是东南亚的"商业时代",它由明朝的扩张、欧洲和地中海从黑死病中恢复过来所引发。因此,如果旧丝绸之路两端的繁荣没有在海外贸易增长的同时,保持陆路贸易的延续甚至扩张,那将是令人惊讶的。的确,欧洲人不再直接参与这种贸易,但是在一个欧洲人仍然在亚洲经济生活中发挥一点作用的时代,这只是相对微小的延误而已。因此,罗茂锐(Morris Rossabi,1990)的一篇富有价值的论文已经指出,15世纪中亚骆驼商队的贸易不仅没有衰落,而且实际上仍然繁荣。虽然元朝灭亡了,除了金帐汗国外,整个蒙古帝国、中亚、伊朗和土耳其的后继国家,还是维护了商路沿线的和平与安全。

正如我们已经看到的,帖木儿极其关心维护从中国到西方的中亚陆路的畅通,他的后代,特别是统治赫拉特繁荣的骆驼商队城市和撒马尔罕的沙鲁克汗(Shahrukh Khan)和乌鲁伯(Ulugh Beg),更迫切需要吸引贸易到他们的领土上,以便维持他们雄心勃勃的建筑计划和科学项目,如乌鲁伯在撒马尔罕的巨大天文台。通往丝绸之路东端的哈密和吐鲁番的绿洲城市的伊斯兰化的突厥-蒙古统治者渴望用马匹、骆驼交换中国的丝绸、金属和其他手工业品,派遣了大量伪装的"朝贡"使团或贸易团前往中国。1407—1502年,仅仅吐鲁番就至少派遣过54次(Lopez,1987:358—359)。波斯城市,如设拉子和伊斯法罕,也派遣外交和贸易使团。中国派遣以外交或"实况调查"官员代表团前往西南亚的伊斯兰地区。15世纪中期奥斯曼帝国的建立也增加了商路沿线的和平与安全,15世纪,远至土耳其、阿拉伯半岛甚至埃及的商人也可以旅行到中国(Lopez,1987:358—359)。

**俄罗斯的兴起**

正如此前注意到的金帐汗国没有对他们控制的俄罗斯境内诸多公国实行直接统治。相反,他们榨取贡物,通过操纵个别附庸公国来维持他们的最高宗主权。黑死病带来的破坏意味着金帐汗国对俄罗斯各公国的控制被削弱了,帖木儿的劫掠给了它另一个严重打击。虽然最初的受益者是正在兴起的立陶宛大公国,但是从长期看,最大的受益者是俄罗斯最强大的公国——莫斯科。

伊凡三世"大帝"(Ivan Ⅲ "the Great",1462—1505年)——"恐怖"伊凡(Ivan the Terrible)的曾祖父——统治莫斯科公国时期极其重要。伊凡三世统一了当时分裂为多个城邦或共和国和公国的俄罗斯领土,将之纳入莫斯科公国。此外,他击退了罗马天主教的立陶宛公国和在俄罗斯西部边界上的德国立陶宛骑士团对俄罗斯的入侵,打开了与东欧、中欧和波罗的海的贸易大门。1478年伟大的贸易共和国诺夫哥罗德的臣服极大地提高了莫斯科公国的财富和实力。诺夫哥罗德曾经控制了广大的领土,在这些领土内征收毛皮和森林产品,然后出售给汉萨同盟和其他西欧商人。这些土地现在被分封给伊凡的忠诚支持者。通过武力和精明的外交,他也能把莫斯科公国的影响扩大到克里米亚和喀山的蒙古人汗国以及被称为"大汗"的金帐汗国残余势力,因此到达里海与黑海之间的边界地区。1453年君士坦丁堡被奥斯曼土耳其人攻陷意味着他是当时唯一的东欧东正教君主,他与拜占庭皇帝的侄女索菲娅(Sofia)的婚姻使他能够要求继承拜占庭的遗产,称莫斯科为第三罗马帝国和最后的罗马帝国。

这些巨大成就得益于莫斯科公国以新兴"中间食利阶层"为基础的财政和军事改革的结果,这些中间食利阶层被授予土地和控制农奴的特权,他们提供快速机动而且纪律严明的骑兵,能够抵御立陶宛和立窝尼亚骑士、草原蒙古骑兵的进攻。"到伊凡三世统治末期,莫斯科公国已经变成了重要的商业中心,它的商人把莫斯科公国北部与喀山和黑海南部的市场中心连接起来,形成单一的商业网络"(Martin,1995:322)。瓦西里三世(Vassily Ⅲ)继承了他父亲伊凡三世的大公位,虽然不如他父亲那么伟大,但他也是一位能干的统治者。瓦西里不仅力图坚守其父亲所获得的领土,而且通过征服俄罗斯另一个繁荣的贸易共和国普斯科夫,以及从立陶宛夺取重要城市和要塞斯摩林斯克,扩大了领土。他大多数时间都在与他父亲的盟友克里米亚蒙古人、喀山发生战争,而在西部与立陶宛的战争也持续进行。但是与奥斯曼帝国的关系的确朝积极方向发展,前提是莫斯科公国为伊斯坦布尔提供珍贵的黑貂皮和貂皮的能力,这些毛皮是宫廷的仪式特权物品。与克里米亚争夺的根源之一是因为莫斯科公司与奥斯曼帝国这两个大国建立了越来越直接的双边关系,克里米亚正逐步丧失在两者之间成功发挥的中间人的作用。克拉米(Crummey,1987)指出,莫斯科公国统治的土地面积从伊凡三世时期的1462年到瓦西里三世去世的1533年增加了3倍多,在此过程中,莫斯科从一个"野心勃勃的公国"变成了一个"领土广袤的民族国家"。最终俄罗斯帝国在统一欧亚大陆北部时发挥了作用,因此在此给予欧洲人直接联系亚洲骆驼商队贸易的通道,正如我们将在第五章看到的。

### 1350—1500年中东、地中海和国际贸易

"蒙古治下的和平"期间,围绕争夺圣地的冲突持续了几个世纪,欧洲不时向蒙古人示好,并放弃了传统的红海贸易,所有这些使威尼斯人和其他异教徒商人积极向埃及苏丹靠拢。此外,千年之交,繁荣和豪华的伊斯兰世界现在长期的经济停滞和衰落中苦苦挣扎,黑死病及其带来的人口持续下降更加重了衰落。马穆鲁克王朝继续统治着埃及和叙利亚,但是1382年从以前突厥人马穆鲁克手中夺取了权力的切尔克斯人马穆鲁克对他们统治下的领土的所有经济活动都采取了无情掠夺的政策。他们不仅继续对农民实行传统的剥削政策,而且引入了新的敲诈性税收,强迫出售手工业产品和商业。早期的货币稳定政策由于大规模引入铜币而被破坏。劳动力下降导致农业生产衰落,无法维持灌溉

公共设施和应对贝都因人的抢劫,大量手工业(从纺织业到蔗糖炼制和造纸业)都由于税负过重和来自欧洲进口的竞争而减少。马穆鲁克从经济活动和香料转手贸易中榨取的收入被精英大肆挥霍于奢侈品消费,平定贝都因部落叛乱的战争和对抗越来越强大的奥斯曼土耳其人。14世纪后期,叙利亚遭到帖木儿的劫掠和破坏。艾什托(1976a,chapter 8)、利瓦纳尼(Levanoni,1995,chapter 4)和许多其他作者都呈现了这个时期伊斯兰世界经济惨状的画面。

伊斯兰世界相对衰落的症状、西欧的相对兴起,使两个贸易伙伴传统上盛行的贸易类型逐渐逆转(Ashtor,1983,1992,chapter 1)。正如我们已经看到的,欧洲在千年之交出口的商品主要是相对未被加工的,只有一两个证据充分的例外,如法兰克人的刀剑,以换取高价值的手工业品和奢侈品。但是,现在马穆鲁克地区手工业的衰落意味着正是欧洲适合传统的"核心"经济地区的形象,而伊斯兰世界发现自己越来越扮演着"边缘"的角色。在纺织业中,13世纪,欧洲就采用了自动纺锤、脚踏织机、水力驱动的漂洗机,而伊斯兰世界没有。阿布拉菲亚(Abulafia,1987)提供了关于棉麻粗布的生动例子,这是意大利用亚麻和羊毛混合纺织和出口的布料,得名于福斯塔特的亚麻纺织业,它曾经是地中海世界的主要供应者。同样的进口替代发生在欧洲其他手工业,如丝绸制造业,最终出口到进口原料的原产地。意大利人从叙利亚带回碱灰,用于制造玻璃和肥皂,威尼斯的"慕拉诺"玻璃取代了叙利亚玻璃的领先地位。欧洲的造纸业也比伊斯兰世界先进得多。棉花的种植、较小程度上甘蔗的出口,是这个时期马穆鲁克经济中少数几个亮点,但是这个成功故事也预示了后来"殖民地的"关系与欧洲的兴起。

当然,黑死病后果的这幅画面与我们前面描述过的西欧的积极后果截然相反,我们在前文已经对此有过论述,其中强调实际工资和人均收入的增加,人口和产量恢复到它们在黑死病之前的水平。为什么同样的外来人口减少会产生如此完全不同的后果呢?艾什托推测,黑死病后埃及和叙利亚实际工资的增加是马穆鲁克手工业下降的原因之一,但这似乎不是一个有说服力的解释,因为正如我们已经看到的,欧洲的实际工资也增加了,但产生了长期的有利后果。

近来关于黑死病在埃及和英国带来不同后果的研究提供了另一种视角(Borsch,2005)。博尔施(Borsch)关于黑死病对英国的影响从根本上与我们前面一节对整个欧洲的影响是相似的,它使简单的新马尔萨斯主义模式符合竞争性的商品、土地和劳动力市场需要。相反,在马穆鲁克埃及,赐予军事将领的土地不能世袭,而只是在其任期内享有。这意味着:一方面,作为个体,每个地主都没有兴趣进行长期的生产性投资;另一方面,作为同样的军事统治集团的成员,他们又有共同的私利,都希望维持其土地的租金水平。因此,他们面对劳动力短缺时,采取的是"杀鸡取卵"的策略,对农民施行苛政,通过损害农民的利益维持土地的租金;而当这一措施也不奏效时,他们就会盘剥和掠夺。另一个更重要的差异是,埃及农业以中央和地方灌溉工程的复杂制度来控制和分配尼罗河的洪水为基础。因此短期内维护利益不仅是依靠剥夺农民,而且也依靠维持公共工程,如灌溉工程。

黑死病带来的困难也导致贝都因袭击定居地区,尽管遭到马穆鲁克政权的野蛮报复。由于这些因素,因此博尔施(2005:15)说,虽然埃及人口下降了大约50%,但是农业产量至少下降了68%。显然,其与英国和西欧其他地区的差异的确非常大。如果人均收入的确由于黑死病而下降,那么马尔萨斯模式将带来更大的人口下降而不是西欧展示的自我纠正和恢复。此外,14世纪60年代到16世纪,黑死病在埃及爆发过16次,叙利亚15次,这似乎比西欧更频繁和严重(Levanoni,1995:137)。

如果埃及的人均收入下降,但是地租维持了原有水平,城市工资增加了(Pamuk,2005),那么这一定意味着农民生活水平正在恶化。这将刺激他们放弃经济作物种植,以便种植粮食,或者干脆逃入城市或周边沙漠,而这又反过来减低地租和城市工资。因此,如果马穆鲁克成功地维持了租金,那么最大的可能是因为埃及农民根本就不能迁徙,尽管博尔施(2005:49—52)引用了农民成群从乡村逃往城市的证据。加尔辛(Garcin,1998:314)暗示说,尽管埃及总人口下降了,但是开罗的人口仍然稳定。阿布-卢格霍德(1989:238)认为,相对西欧农民来说,埃及农民流动性较低,实际上是这个时期这两个地区最关键的差异。

在他关于农奴制和奴隶制的原因的经典分析中,埃弗塞·多玛(Evsey Domar,1970:28—29)曾经提出一个问题,当地主从强迫农民接受低生活水平中获益时,为什么黑死病后西欧没有维持农奴制。他的答案是"农奴制不能恢复,除非地主能合理地联合起来向劳动者施压,除非后者愿意并且能够按照前者的旨意行事"。显然这些条件在英国无法得到满足。议会曾经试图减少农民的流动,但事实证明这些措施是无效的。另外,被占有土地的军事精英控制的马穆鲁克政权愿意以立法和暴力手段支持地主维持地租的企图(Borsch,2005:48—49,59—62)。

较低的部门流动性阻碍了埃及手工业的发展。苛捐杂税进一步加重了手工业部门的负担。因此两个因素有助于解释这个时期伊斯兰世界手工业部门相对于西欧手工业部门的衰落。此外,半干旱气候使埃及农业依靠稳定维护灌溉系统,而在比西欧更严重和持久的人口危机影响下,掠夺性的马穆鲁克组织结构不能满足上述需求。正如利瓦纳尼(1995)和加尔辛(1998)已经充分证明的,不顾人口和产量下降而维持他们的收入将导致苏丹、高级埃米尔与桀骜不驯的新兵之间的深刻分化和冲突,这严重削弱了这个外来统治阶级的军事效率和纪律。从人口、繁荣、政治凝聚力或军事英勇等方面来看,马穆鲁克统治下的埃及因此从未完全从黑死病中恢复过来。

所有这些意味着想在亚历山大购买香料的欧洲商人在马穆鲁克王朝将会面对这样一个合伙人,他急于从欧洲和当地香料商人身上榨取最大的利润。由于不满足于来自香料转手贸易的传统收入,苏丹巴尔斯拜(Barsbay,1422—1438年)企图实行国家垄断以便提高收入。尽管控制香料贸易的卡里米(Karimi)商人一心想发财,同时也慷慨地为国库做贡献,但仍被巴尔拜斯的措施有效地挤出了这种贸易。威尼斯人和采购香料的其他欧洲商人抵制他企图强迫他们支付的过高价格,按照艾什托(1983,chapter 5)的说法,他的努力最终以失败告终。但是,16世纪此后时间里,财政压力迫使埃及追求利润最大化。因此1480年,胡椒的市场价格是50杜卡特,苏丹要求每"斯波塔"(Sporta)胡椒向他交税110杜卡特。威尼斯人拒绝了这一要求,但是紧接着苏丹不许他们离开埃及,直到他们如数交纳相应税收为止(Lopez,1987:388)。

这个时期地中海的贸易掌握在相互竞争的威尼斯和热那亚手中。欧洲商人渴望的主要商品是胡椒和生姜,但是更有价值的丁香和肉豆蔻的重要性也在不断增加。正如艾什托(1978)已经强调的,原棉作为德国南部、中欧和意大利建立的纺织业的原料,对其的需求越来越高。反过来,出口到伊斯兰世界的主要商品是呢绒,无论佛罗伦萨和佛兰德尔的高质量产品,还是加泰罗尼亚和法国的廉价品种。金属,特别是红铜,也是重要的出口商品。西班牙和北非的橄榄油被意大利城市出口到埃及和叙利亚,意大利城市在造船业中的支配地位使他们能够染指伊斯兰世界内部生产的商品的贸易。

威尼斯在这个时期经常派遣大帆船船队前往亚历山大里亚和贝鲁特。平均船队数量比较稳定,尽管有波动(Lopez,1987:388),但是贸易规模增加了,因为后来的柯克船和大帆船的载重量急剧增加了。按照艾什托(1978)的说法,威尼斯在香料贸易中地位的上升得益于其能从中欧得到马穆鲁克非常需要的白银和红铜,以及能到达德国和北欧并且通过它们到达纽伦堡的固定香料市场。另外,热那亚人和加泰罗尼亚人越来越积极地抵制巴尔斯拜,所以1438年巴尔斯拜去世、国家垄断政策被放弃后,他们变成了最不受欢迎的贸易伙伴。此外,加泰罗尼亚人有海盗倾向,所以当伊斯兰国家采取报复手段时,海盗行为阻碍了他们的贸易。

热那亚在地中海的贸易类型不同于威尼斯。它的力量来源于它在君士坦丁堡附近的佩拉(Pera)和爱琴海的希俄斯岛殖民地。它垄断了小亚细亚的福西亚(Phocaea)生产的明矾——作为呢绒染料出口,主要直接出口到佛兰德尔。从亚历山大和大马士革采购的香料也被直接船运到南安普顿和佛兰德尔的斯路易斯(Sluys)。希俄斯岛是用于制作绘画颜料和香水的乳香的主要产地,乳香出口到欧洲和伊斯兰世界。黑海地区获得的奴隶继续被出口到埃及的马穆鲁克王朝。热那亚人主要从土耳其获得棉花并出口到欧洲的棉纺织中心。虽然威尼斯和热那亚是主要的贸易商人,但是许多其他欧洲城市和国家也积极参与黎凡特和地中海的贸易。来自巴塞罗那和巴伦西亚的加泰罗尼亚商人特别突出，他们从西班牙出口自己的呢绒和橄榄油到埃及和叙利亚。阿马尔菲、比萨和其他意大利城市和亚得里亚海东岸的拉古萨(Ragusa)也卷入其中。

15世纪末整个地中海世界可以被当作一个历史转折点，古典文明及其旁系伊斯兰文明的历史舞台上发生了一场危机和转型，它反映了有利于西北欧和大西洋的经济和社会力量的深层变化，这种变化在16世纪变得非常明显。在西欧，这种从意大利和地中海向低地国家和伊比利亚半岛的转移是我们熟悉的转移，但是与此相连的是我们不熟悉的转移，即伊斯兰世界的政权更迭。统治埃及和"大叙利亚"（包括黎巴嫩、巴勒斯坦和外约旦）以及汉志地区的圣城麦加和麦地那的马穆鲁克，是1258年阿巴斯哈里发政权的灭亡与1453年君士坦丁堡被奥斯曼攻占之间最强大的伊斯兰国家。马穆鲁克和奥斯曼都是逊尼派穆斯林，两国的精英都起源于中亚西部的草原，但是为了争夺伊斯兰世界的领袖地位，他们显然注定要成为竞争对手。

但是，正如卡尔·F.彼得里(Carl F. Petry,1934)已经指出的，这两个国家的根本差异是，古老的马穆鲁克希望维持现状，而新兴奥斯曼国家是扩张性的和充满活力的。按照大卫·阿亚伦(David Ayalon,1956)的经典研究，马穆鲁克王朝天然的保守主义是显著的而且致命的，反映在它的武士统治阶级对待火药和火器使用的态度上。作为拥有无可匹敌的弓箭、长矛使用技巧的骑兵，他们敌视和不能接受以这些创新为基础的新军事技术，只有辅助部队使用火器，大炮只用于海岸防守，而不用于野战。奥斯曼人在巴尔干半岛和中欧与欧洲人发生多次冲突，因此用火枪武装他们的精英新军，大炮不仅在围攻战中更有效，如在君士坦丁堡，而且在野战中也很有效。1515年在查尔迪兰(Chaldiran)战役中打败正在崛起的萨非王朝，他们的大炮起了决定性作用，1516年和1517年他们把同样的命运强加给马穆鲁克王朝在叙利亚和埃及的军队身上。虽然马穆鲁克们作为帝国内部一个有影响的集团幸存了下来，整个马穆鲁克王朝纳入苏丹塞里姆·亚维斯(Selim Yavuz)或如西方所称的"残忍者塞里姆"(Selim the Grim,1512—1520年)的帝国。

### 1350－1500 年东南亚和中国

我们现在转向由伊斯兰世界销售给基督教欧洲的香料的原产地,即东南亚,也转向东南亚与中国的关系。15 世纪是一个扩张的世纪,主要由东方的中国对胡椒和香料的需求,加上对西方人到红海和波斯湾的贸易,这一贸易反映了伊斯兰世界和越来越繁荣的西欧对香料的需求。因此,安东尼·里德(Anthony Reid,1993a,chapter 1)称 1400－1650 年为东南亚历史上的"商业时代"。这本身就是传统欧洲中心论的解毒剂,欧洲中心论把亚洲商业与 15 世纪末才开始的"瓦斯科·达·伽马时代"联系起来。注意到由于黑死病的肆虐与蒙古帝国的衰落,14 世纪中期的香料贸易处于消沉状态。注意到这一点后,里德着手把他的"商业时代"与 1405 年开始的明朝郑和率领的一系列伟大航行联系起来。

西方作家对明朝航行的论述都认为纯粹是为了炫耀新王朝的实力而忽视其经济影响。因此有趣的是,一名现代中国学者田汝康(T'ien Ju-kang,1981)强调郑和的航行从东南亚和马拉巴尔海岸带回大量的胡椒。他说"在中国,胡椒从珍贵商品到平常用途的价值变化就是随着郑和的航行而发生的"。按照里德(1993a:12)的说法,"这些探险无疑刺激了东南亚产品销往中国市场"。的确,正是这个时候,来自印度南部马拉巴尔的胡椒被引入苏门答腊北部地区种植,从那里出口到中国。在明朝统治下,胡椒被帝国垄断,明朝利用胡椒、檀香木和其他贵重进口商品,而不是白银或纸币,给成千上万的士兵和官吏发放军饷和俸禄。郑和下西洋停止后,胡椒仍然大量进口,因为走私贸易和纳贡,胡椒价格到 17 世纪早期已经下降了 10 倍。除了胡椒外,丁香和苏木在这种贸易中也是重要的商品。

15 世纪是马六甲作为典型的马来"港口-国家"的鼎盛时期,正如卡西萨姆拜-威尔斯和维利尔斯(Kathirithamby-Wells and Villiers,1990,chapter 1)所认为的,当地的一位君主将港口向全球各地的商人开放。这种政治实体位于河边,这样它们就可以到达农业腹地;位于沿海或其附近的条件使它们可以到达国际贸易要道。贸易是维持精英统治的主要财源。这种政治实体本身就是主要可出口产品的产地,或者是一个转运其他地区的产品的贸易中心。在这个意义上,马六甲可以被认为是三佛齐的后继者,新加坡的先驱,是东南亚地区的主要港口国家。它的历史起源是模糊的。据说它于1402年左右由某个拜里米苏剌(Paramesvara)在一个渔村创建,据说拜里米苏剌出生于苏门答腊的巴邻旁,是夏连特拉王室的一位王子。他显然控制了马六甲海峡两岸,并与明朝建立了外交关系,还被册封为马六甲君王。重要的是,郑和于1409年第三次下西洋时访问过马六甲。

这时伊斯兰教正开始在苏门答腊传播。信奉印度教的拜里米苏剌在他1424年去世前,为了与帕赛(Pasai)签订贸易条约皈依了伊斯兰教,港口王国帕赛拥有第一位穆斯林统治者。后来的统治者,在15世纪中期明确采用伊斯兰教之前,显然重新皈依了印度教。东西方贸易的扩张,特别是以香料换取白银、棉布、瓷器,促进了马六甲作为东南亚第一个港口的形成和发展,这得益于其地理位置连接印度洋和南中国海,位于西北季风和东南季风交替地带之间。随着马六甲贸易的增长,伊斯兰教接踵而至香料群岛。到1511年它落入葡萄牙人之手为止,马六甲的人口在10万~20万,是东南亚最大的城市(Thomaz,1993)。

贸易税提供了这个国家大多数收入,因为除了蔬菜和有价值的水果(如榴莲和山竹果)之外,它没有农业生产,所需稻米全部从缅甸、暹罗或爪哇进口而且免除关税。1511年左右贸易的总价值为100万~200万葡萄牙克鲁扎多。马六甲发行锡币,但是所有货币都在市场上自由贸易。苏丹拥有自己的船队,贸易收支单独记录,他也与私商合作,显然没有任何不利于外国商人或当地私有部门竞争的企图。每个大的社区,如古吉拉特人、泰米尔人、中国人和爪哇人,都有自己的首领或港务官掌管本社区的交易,对中央政府任命的官员盘陀诃罗(Bendahara)负责。1516年左右,据说有1 000名古吉拉特人,4 000多名孟加拉人、阿拉伯人和波斯人,1 000名泰米尔人,数千爪哇人。马六甲国家拥有常备军和雇佣兵海军,战争时期还从那些效忠苏丹的周围地区征调民军。马六甲的一个重要社区是奥朗劳特人(Orang Laut)或海盗集团,他们组成海军的核心和国家的统治精英。马六甲的气氛似乎一直是显著的国际化大都市。伊斯兰教的实施不是很严格,来自中东的正统穆斯林谴责它的放纵。

葡萄牙的药剂师和外交家汤姆·皮雷斯(Tome Pires)于1511年葡萄牙占领马六甲不久就来到了这里,他说这里每天至少能听到84种语言。皮雷斯(1990)在其著作的第六章中详细论述了马六甲贸易的盛况。根据他的说法,每年至少有100艘运载非常贵重货物的大船来到马六甲。其中来自古吉拉特、科罗曼德尔沿岸和孟加拉地区各5艘;来自缅甸南部勃固(Pegu)港的大约15艘;来自暹罗的大约30艘;来自中国的10艘,来自巴邻旁的10艘,其他的来自群岛和远东各港口。港口有安全存储货物的仓库,直到它们被转手,所有必要的制度都确保贸易能够顺利而安全地进行。我们还知道,来自红海和波斯湾的商人先把货物运到古吉拉特的坎贝,再运到马六甲,"那些从开罗由威尼斯三桅帆船运输的各种商品,包括许多武器、染色呢绒、珊瑚、红铜、水银、朱砂、钉子、玻璃和其他珠子、金色玻璃器皿"。坎贝的每艘船只装载的货物价值7万~8万克鲁扎多,包括13种"在东南亚地区备受珍视"的布匹。返程装载的货物是丁香、肉豆蔻、肉豆蔻干皮、檀香木、"大量白丝"、锡、羽毛价值非凡的鸟。

皮雷斯注意到两大港口之间的相互依赖关系,宣称"坎贝商人使马六甲成为他们的主要贸易中心""没有坎贝,马六甲无法生存,或者没有马六甲,坎贝也无法生存,它们互相成就了对方的富庶和繁荣"。被称为克林(Klings)的泰米尔商人也带来大量布匹,用于交换檀香木、樟脑、明矾、香料、珍珠和黄金。按照皮雷斯的说法,这些克林"拥有各种商品,比其他任何国家的商人在马六甲贸易中采购的商品都多"。这些泰米尔商人中最著名的是尼纳·恰图(Nina Chatu),1509年葡萄牙人首次来到马六甲时,他帮助葡萄牙人,1511年葡萄牙人占领马六甲之后,他被任命为盘陀诃罗,当葡萄牙人以一位马来王子取代他的职位以便安抚当地人之后,他自杀了。皮雷斯以狂热赞美马六甲的潜力来结束他对它的叙述,不仅赞美它无与伦比的地理位置而成为世界上最好的贸易中心,而且赞美它在反对伊斯兰教的斗争中所取得的胜利,因为"商人们都喜欢我们的宗教",赞美它在反对其主要欧洲竞争对手的商业竞争方面所取得的胜利,因为"无论谁是马六甲的主人,他都会扼住威尼斯的咽喉"。

虽然控制了海峡,但是马六甲王国不得不承认对人口众多的暹罗大城府的松散依赖,因为后者可以从北端以武力控制马来半岛。大城府位于流入泰国湾的湄南河河口。因此它既可以通往肥沃的稻谷平原,也是海外贸易的出海口,这些条件使它能够把人力与农业和商业收入结合起来。这个国家是1351年由暹罗王室成员与中国商人混血后代所建立,这种情况反映了这个重要的东南亚国家的双重特点。正如从里德(1999)的著作中引来的表3.1所表明的,大城府积极地抓住机遇,在明朝初年就与中国开展贸易,从1369—1429年,60年里派遣了60个海上"朝贡"使团,比东南亚任何国家都多,而同一时期占婆和爪哇派遣了40多个使团到中国。

表 3.1　　　　　　　1369—1509年从海路到中国朝贡的使团数量

| 时期 | 暹罗 | 柬埔寨 | 占婆 | 爪哇 | 马六甲 | 帕萨亚(Pasaia) |
|---|---|---|---|---|---|---|
| 1369—1399年 | 33 | 13 | 25 | 11 | | 1 |
| 1400—1409年 | 11 | 4 | 5 | 8 | 3 | 3 |
| 1410—1419年 | 6 | 3 | 9 | 6 | 8 | 7 |
| 1420—1429年 | 10 | | 9 | 16 | 5 | 5 |
| 1430—1439年 | 4 | | 10 | 5 | 3 | 3 |
| 1440—1449年 | 3 | | 9 | 7 | 2 | |
| 1450—1459年 | 2 | | 3 | 3 | 3 | |
| 1460—1469年 | 1 | | 4 | 3 | 2 | 1 |
| 1470—1479年 | 4 | | 3 | | 1 | |
| 1480—1489年 | 3 | | 3 | | | 3 |
| 1490—1499年 | 3 | | 3 | 2 | | |
| 1500—1509年 | 1 | | 2 | | 2 | |

来源:里德(1999,table 1,87)。

由于受到东部早期吴哥文明的影响,大城府发展成一个高度中央集权的官僚体制国家,军官与行政官员分离,人员和其他资源按照具体官位和职能分配。15

世纪,它的势力延伸到缅甸和老挝边境,还控制了墨吉和德林达伊(Tenasserim)港口,因而拥有了孟加拉湾出海口。它的主要出口商品除了大米和来自马来半岛的锡之外,还有中国、日本和琉球群岛非常需要的鹿皮。虽然对外贸易管理最高权力由皇室控制,但是具体事务委托给有外国血统的官吏,其中主要是波斯人、印度的穆斯林、中国人与具有商业背景和经历的中国-暹罗混血种人。该王国承认中国为宗主国,积极维护与中国、印度、中东和所有马来和印度尼西亚国家的关系。

15世纪大城府的天然竞争者是掸族人,虽然大城府的种族和语言与掸族人有关,但是掸族人分裂成众多小国,下缅甸勃固的孟王国创立于1356年,13世纪衰落的蒲甘帝国的弱小继承者阿瓦(Ava)创立于1364年。勃固王国非常积极地参与马六甲、孟加拉湾的贸易,柚木使它成为整个东南亚的重要造船中心。运载货物到马六甲和东南亚其他港口的较大船只经常由他们亲自销往各地。勃固还出口在东南亚各地大受欢迎的"马达班广口瓶",人们将其作为盛装水、油和谷物的容器。来自对外贸易的收入使15世纪勃固的统治者能够在与拥有缅甸内陆农业耕地、缺乏出海口的阿瓦王国的斗争中占上风。另外,阿瓦王国从缅甸中部的干旱区的灌溉农业中获得大量收入,使它能够比勃固王国统治的伊洛瓦底江、锡唐河和萨尔温江的沼泽地养活更多的人口。

若开山脉把阿瓦王国和勃固与若开王国分开,若开王国向东南延伸到孟加拉海岸,与后者的经济文化联系很紧密,虽然两者信奉的宗教不同,一个信奉佛教,一个信奉伊斯兰教。这个王国的都城妙乌(Mrauk-U)建成于1433年,位于能通往大海的肥沃稻米平原。1459—1666年,它还控制了重要的港口和棉纺织业中心——孟加拉吉大港。因此,当它处于实力和繁荣的顶峰时期,经济基础和收入来源多样。正如我们已经看到的,整个东南亚都迫切需要孟加拉的棉纺织品,后者还能与孟加拉湾周边交换其他商品,包括来自上缅甸的红宝石,进口从云南顺着伊洛瓦底江而下的中国商品。若开人维持了一支强大的帆船舰队,擅长在小溪和河流的浅水区作战,他们利用这一舰队从孟加拉抢掠战利品和奴隶,这是该国的另一个重要财源。

第一个千年里,越南一直是中国的一个行省。因此,对海外联系感兴趣的明朝于1407年企图恢复对这个地区的宗主权，表面上清除了篡位者，但实际上是实行直接统治。越南人持续抵抗，1428年，当地人首领发动起义，建立了黎朝，定都河内。当黎朝答应纳贡后，明朝才承认黎朝为安南的法定政权，挽回了面子，恢复了两国关系的传统基础：越南名义上臣服实际上独立。新王朝最著名的统治者是黎圣宗（Le Thanh Ton，1460－1497年），他于1471年征服了南部的占婆王国，从而将领土延伸到湄公河三角洲和现代西贡的所在地，除了传统的红河三角洲之外，这两个地区由安南山脉以东的长条沿海地带连接起来。

因此，除了马六甲外，这个时期还有许多其他区域性中心，如若开、勃固、大城府和爪哇北部海岸那些经济繁荣的国家。政治竞争和战争绝非没有，但一个显著的现象是，15世纪东南亚没有出现任何一个国家带有帝国的领土野心。蒲甘、吴哥和麻喏巴歇都已经成为历史，而新的竞争者还没出现。虽然马六甲、印度尼西亚和马来几个国家的港口都参与了长途贸易，但是它们对当地产品的需求刺激了缅甸和暹罗的水稻生产和造船活动。因此在东南亚各国，香料、印度棉布、中国丝绸和瓷器的长途贸易被跨区域的稻米、木材和其他生活必需品的贸易所补充，确保了国际专业化生产分工。15世纪东南亚出口总额没有数量估计，但香料出口数量总体增加似乎是事实。

大约1430年后，明朝禁止海外联系，对海外贸易实施广泛的禁令和规定。已经建造的船只和码头都不再存在，长途航海技术开始衰退，最后被废弃。对这些显然非理性行为的解释通常是因为在两大阵营的权力斗争中，儒家保守士大夫集团完全占了上风。儒家保守士大夫集团固守传统儒家学说与"以农为本"的价值体系、集中精力应对来自中亚游牧民族的威胁，而郑和所属的宫廷太监集团对扩大明朝海外影响感兴趣。所谓日本"倭寇"对沿海地区的抢掠是明朝官僚集团反对对外贸易的另一个原因。为了防止倭寇入侵内陆地区，甚至实行更严厉的对外贸易控制，对外贸易越来越局限于传统的朝贡贸易制度。在这种制度下，只有来自被承认的附庸国的朝贡使团才能贸易，而且贸易的规模和货物种类都有严格规定。

一个有趣的后果是国王尚真王（Sho Hashi）统治下的琉球群岛开始变得重

要了,他鼓励中国南部商人定居冲绳岛附近,与日本、中国和东南亚贸易,因此为这些市场之间提供了一种重要的联系渠道(Sakamaki,1964;Reid,1990)。表3.1表明,15世纪,在明朝将重心转向内部之后,爪哇、暹罗、占婆和其他地方继续向中国派遣朝贡贸易使团,但频率减少了。因此,15世纪头10年,暹罗派遣了11次朝贡贸易使团,15世纪20年代只有10次,但是此后每10年里都不会超过4次,其他地方的情况也是如此。这个时期中国不是变得经济上自给自足,而是空前闭关锁国。

**中世纪后期香料贸易的量化分析**

我们以15世纪香料贸易程度的一些数量信息来结束本章,因为它们是我们所能得到的最早的国际贸易数据,而且香料贸易是一个重要的地缘政治问题。按照韦克(Wake,1986)的看法,公元1400年,欧洲年进口胡椒数量约1 000吨,其中60%由威尼斯提供。除胡椒之外的香料进口量为470~550吨,其中威尼斯供应数量不到一半。到1500年,欧洲进口胡椒小幅上升到每年1 200吨左右,其中威尼斯供应量低了60%。对于除胡椒以外的香料,包括更值钱的丁香和肉豆蔻等,欧洲的进口量增长得更快,达到每年1 200~1 350吨,威尼斯供应量超过60%。因此威尼斯通过获得更多有利可图的优质香料贸易而弥补了它在胡椒贸易市场份额中的损失。

从前文讨论中可以看出,15世纪进口的增加很可能反映了欧洲需求的增长而不是更便利的贸易条件。胡椒价格证据表明,事实的确如此。弗雷德里克·莱恩(1968)和伊利亚·艾什托(1969,1973,1976b)已经提供了账目上的香料价格,特别是胡椒价格,15世纪在威尼斯和近东的下降情况。但是,只有相对价格才能表示商品的经济匮乏或丰盈,两个作者都没有提供这方面的直接证据。的确,艾什托(1969)认为,香料价格下降的部分原因是近东总体价格趋势下降,这印证了前文指出的欧洲价格下降的趋势。但是无论如何,尽管这个时期威尼斯和近东的香料价格正在下降,但是图3.5表明,这个发现"不能"推及欧洲其他地方,因为 15 世纪真实的胡椒价格在英国、荷兰、佛兰德尔、奥地利不断上涨(O'Rourke and Williamson, forthcoming)。

15 世纪 20 年代香料价格的突出是有含义的,因为它正好对应于郑和下西洋。的确,1411 年见证了郑和舰队进入锡兰(今斯里兰卡),并俘虏当地国王(Wade, 2004:16)。我们已经看到郑和的几次出使采购了大量香料和胡椒,我们由此可以合理推断:考虑到这时中国终极市场的支配作用,这很可能导致当地销往欧洲香料的比例大幅下降。(的确,14 世纪 90 年代到 15 世纪,欧洲丁香进口从 22 吨下降为 14 吨,Bulbeck, 1998:54。)如果这是真的,那么这个假设将有助于强调这个时期欧洲完全依赖亚洲市场条件,以及它在国际贸易中的边缘地位的观点。亚洲,而不是欧洲,仍然控制着洲际贸易的节奏。[①]

但是由于我们在本章已经探讨过的力量,这种状况很快就改变了。我们已经看到,黑死病如何提高欧洲的生活水平,因此需要亚洲贸易商品,正好当时西欧人与亚洲陆路贸易再次被切断。只有在这种情况下,才可能出现欧洲市场胡椒和其他奢侈品价格上涨。与此同时,穆斯林和威尼斯中间商见到欧洲人生活水平提高,肯定会提高贸易的"价格-成本"差,加大对欧洲消费者的盘剥,这又进一步推动欧洲奢侈品价格的上涨。只有这样,埃及和威尼斯香料价格下降和西北欧主要进口中心较高的价格的反差才容易理解。

所有这些加上中世纪欧洲边界的封闭(Lewis, 1985),更加刺激了非威尼斯人发现一条绕过阻碍直接通往亚洲香料和非洲黄金的穆斯林中间人的路线,我们已经看到,至少从 13 世纪开始,欧洲人就坚持这个目标。重返中国的文化和地缘政治动机补充了经济动机,"蒙古治下的和平"期间产生的旅行家故事鲜活地保留了这种愿望。正如 J. R. S. 菲利普斯(1998:246)所说,"我们可以说,13 世纪成吉思汗及其后继者对亚洲和东欧的征服的最大遗产是 15 世纪末欧洲人与美洲土著的互相发现,这一说法似乎也不算太过"。

---

[①] 如果爱德华·吉本可信,当然我们肯定愿意相信他,那么东亚的事件直接影响英国的相对价格就不是第一次。按照吉本的说法,"1238 年,哥德堡(瑞典)和弗莱兹的居民因为害怕鞑靼人,而不能像往常那样派遣船只到英国海岸捕捞鲱鱼;当没有出口时,鲱鱼价格上涨为 1 令令 40~50 条鲱鱼……这是非常怪异的,统治着中国边界大部分领土的蒙古可汗的命令应该降低了英国市场的鲱鱼价格"(Gibbon, 1907:148)。

# 第四章

# 1500—1650年世界贸易：
# 旧大陆的贸易与新大陆的白银

亚当·斯密本着J.H.艾略特(J.H.Elliott,1970:1)所谓的"苏格兰人的直率",在他的伟大著作中坦率地宣称,"美洲的发现和绕过好望角到达东印度航线的发现,是人类有史记载以来最伟大的两个重要事件"。现在最流行的说法可能是谴责这种观点为欧洲中心论,斥之为不可饶恕的"罪行"。但是,没有人严肃地否认斯密所谓世界历史重要转折点的航行,永远结束了美洲与欧亚非生物圈的旧大陆隔绝状态。15世纪最后10年里哥伦布和达·伽马的航行未竟的任务由1521年麦哲伦的环球航行所完成。50年后,西班牙创建了马尼拉城。第一艘从阿卡普尔科运载白银大帆船的到来标志着字面意义上的"世界贸易的起源",正如弗里恩和吉拉德兹(Flynn and Giráldez,1995:201)所注意到的,因为只有到那时,商品才完全在全球流通,人们跨越辽阔的大西洋和太平洋,相互交换商品。

这些划时代的事件提出了不断出现的问题:为什么是伊比利亚的葡萄牙、卡斯提尔和阿拉贡等国家,而不是商业更加发达的意大利城邦国家、弗莱芒或正在兴起的强国法国,在这些重要的冒险中占据领先地位。伊比利亚国家甘冒风险并承担这些前往未知世界的航行的开支的动机是什么?发现新大陆对旧大陆各地的影响是什么?美洲白银的发现对国际经济的影响是什么?为什么伊比利亚强国主要被英国和荷兰取代?非洲与新大陆之间的奴隶贸易的兴起与18世纪工业革命的出现有什么因果联系?这些及其相关问题将在本章和后面各章加以讨论。

我们必须关注的此后3个世纪的重要特点是持续不断的战争,欧洲列强不仅在欧陆发动和参与战争,他们不仅互相争伐而且与他们遇到的土著民族、国家和帝国进行战争。这些冲突反映了早期近代战争的大量新特征,有人称之为"军事革命"(Roberts,1967;Parker,1988)。[①] 这个概念被用于一系列复杂而连锁的战略、战术、装备、武器、防御工事、征募新兵、训练、陆海军组织等的发展。无论是从绝对数字看,还是从可以获得的总体人口和物质资源的相对数字,还是从各兵种的纪律和配合,还是从各级军官的职业化水准提高等方面看,上述发展都导致军队规模质的提升。军事革命发生的关键时间是1560—1660年,但是它也可以往前延伸到14世纪,往后延伸到19世纪后期。

军队规模和开支的增加只有在下列情况下才可能发生,那就是早期近代欧洲国家的人口和财富增加,这些国家汲取财富能力的增强。不断增加的军事开支也反映在欧洲独立政治实体数量的减少(Tilly,1975,chapter 1),到1800年,世界陆地表面35%从属欧洲(Headrick,1981:3)。新大陆的征服者、在印度洋和东南亚的葡萄牙人和荷兰人,英、法东印度公司的印度兵,都以这种或那种方式证明,"军事革命"赋予早期近代欧洲列强独特的"暴力比较优势"。但是,我们也要强调一个事实:新的军事技术被输出到世界其他地区,导致同样的政治集权化过程,而且也导致类似的"军事-财政"问题,因为国家企图找到收入满足国防开支螺旋式上升的需求(Bayly,2004:91—92)。满足这种需要的方法有三种:一是抢掠和垄断贸易利润,二是剥削农民,三是财政改革。国家迎接这些挑战的成功程度在很大程度上决定了他们的经济和政治未来,在某些国家,甚至

---

[①] 关于这个主题的大量有影响的论文都可以从罗杰斯(Rogers,1995)的书中方便地得到。

决定了他们能否持续生存下去。

## 葡萄牙、大西洋和印度洋

阿克顿（Acton,1961）勋爵在第二次《现代史演讲》（*Lectures on Modern History*）关于"新大陆"中说，"葡萄牙人是第一个懂得海洋不是局限而是连接人类的通衢的欧洲人"。他把这种领先归因于葡萄牙被西班牙包围，除了大西洋出口，葡萄牙焦躁不安的贵族的精力和野心无处释放。葡萄牙王国本身是"收复失地运动"的十字军精神的产物，1147年，首都里斯本被一群由英国人、弗莱芒人和德国人组成的十字军战士在前往圣地途中"光复"。他们代表葡萄牙王国的缔造者阿方索·亨利克（Afonso Henriques），从摩尔人手里夺回了里斯本。不仅在伊比利亚半岛，而且后来在北非的战场上，这种精神在后来的冲突中持续发挥作用。葡萄牙军队在这些战争中的高潮是，1415年阿维斯王朝的创立者诺奥一世从柏柏尔马林迪手里夺取了休达。1419年，葡萄牙人打败马林迪和格林纳达的纳斯里德（Nasrid）王朝的联合进攻，由此牢牢控制了休达。这场胜利不仅给予新王朝在基督教世界极大的声誉，而且为在摩洛哥及其之外的进一步军事和商业行动提供了基础。

在攻占休达中表现突出的是年仅21岁的王子亨里克，英语世界一代代小学生更喜欢称他为"航海家亨利"，他是诺奥一世与来自英国兰开斯特的费丽帕（Philippa）王后的第五个儿子。他的努力得到的奖赏是被任命为阿尔加维的总督和"基督骑士团团长"，王子利用这些和其他授予他的官职和特权，发动了一系列前往大西洋岛屿和西非海岸的航行活动。亨利的眼前和不可抗拒的诱惑是"摩尔人的黄金贸易"，他试图通过上述航行发现直接抵达黄金原产地比拉德苏丹的海上路线（Fernández-Armesto,2006:132—134）。亨利推动大航海的另一个动机是袭击非洲沿海居民，捕获可用钱赎回的奴隶或穆斯林（Newitt, 2005:15）。按照拉塞尔（Russell,2001:120—121）的说法，亨利更大的希望是想表明，"在撒哈拉和撒哈拉以南非洲地区的大西洋沿岸，与地中海世界一样"，基督教可以组织十字军,有效地讨伐穆斯林。

15世纪葡萄牙扩张的动机似乎是宗教狂热、地缘政治大战略和商业利润不可避免的混合物,伊斯兰世界成为这方面的主要对手。按照博克瑟(Boxer,1975:18)的说法,"鼓舞葡萄牙领导阶层的4个主要动机……是按照时间顺序排列的,但是有重叠并且重要程度不一:第一,反对穆斯林的十字军狂热;第二,渴望获得几内亚的黄金;第三,寻找教士约翰;第四,寻找东方的香料"。与卡斯提尔的政治竞争是另一个重要因素(Newitt,2005)。最初,在非洲及其沿海涉及黄金、奴隶和其他商品的贸易和抢掠是主要经济目标,但是到15世纪末,一个更遥远但也更诱惑的前景出现了:通过直接到达香料产地,打破他们对香料贸易的垄断,从侧面打击威尼斯和埃及的马穆鲁克。从大战略角度看,冒险可以被看作对伊斯兰世界的包围,侧面打击马穆鲁克和奥斯曼帝国,而不是陷入巴尔干的陆地和地中海的海上僵局状态。正如我们已经看到的,这些非常长远但相当理性的考虑交织在一起的是教士约翰的持久传说,他是东方一个王国神秘的基督教统治者,在反对穆斯林的战争中,只要能够找到他的王国,他就是一个有价值的同盟者。按照老生常谈的故事,当达·伽马的船队来到卡里库特并且被问"什么恶魔把你们带到这里?"时,答复是"我们来寻找基督徒和香料"(Boxer,1975:37)。

虽然这个崇高的目的鼓舞葡萄牙人不断努力,但是亨利王子的许多实际行动具有非常平庸甚至肮脏的特点。其中最突出的是奴隶贸易开始增加,非洲人被卖到欧洲充当家奴,加那利群岛的土著被送往马德拉群岛由热那亚资本建立的甘蔗种植园劳作。亨利对这种贸易和从中获取利润的垄断权利被教皇尼古拉斯五世许可。1460年亨利去世后,新发现的佛得角群岛被用于甘蔗种植,以非洲奴隶劳动力为基础,是不久之后加勒比海采用的模式的一个重要先驱。这些岛屿的发现者和开发者是热那亚人安东尼奥·达诺利(Antonio da Noli),他从"航海家"亨利那里得到许可,在某种意义上,亨利成为最令人厌恶的大西洋奴隶贸易的资助人和创始人。

1468年,里斯本商人费尔南·戈麦斯(Fernão Gomes)被授予5年垄断与非洲的贸易的权利，条件是他每年必须沿着西非海岸向南探索100里格（300英里多一点）。他超额实现了这个目标，越过了被称为"象牙海岸"（科特迪瓦）、"黄金海岸"（加纳）和"奴隶海岸"（多哥和达荷美）的地区。1474年，"航海家"的侄子唐·诺奥（Dom João）王子将于1481年继位为诺奥二世，掌管航海探险活动。按照 A. H. 德·奥利维亚·马奎斯（A. H. de Oliverira Marques, 1976: 218）的说法，正是这位唐·诺奥，而不是他的"航海家"叔叔，应该被视为未来葡萄牙帝国的真正奠基人，因为他有明确而坚定的目标，即绕过非洲大陆最南端到达印度。在他的领导下，15世纪80年代进行了两次著名的航行。跨越了刚果河口和现在的安哥拉。1488年，当巴托罗缪·迪亚士（Bartolemeu Dias）最终发现非洲最南端，绕过名副其实的"好望角"时，一个里程碑式的事件发生了。从此以后，到达印度只是一个时间问题。1495年诺奥二世去世，宫廷发生派系斗争，这件事情被耽搁了，直到1497年瓦斯科·达·伽马在新国王"幸运儿"曼纽尔一世的资助下，终于离开里斯本，进行划时代的航行。曼纽尔一世是其杰出前任的堂侄子，对航海探险和建立帝国拥有无穷的精力和热情。

诺奥二世战略眼光的明确证据是1487年，即迪亚士开始进行绕过好望角的同一年，他派出一个"秘密"收集情报的使团从陆地到达埃及和阿拉伯半岛。两名伪装成商人的代表访问了开罗、亚历山大和亚丁。其中一名似乎从历史中消失了，但是另一名佩罗·达柯利（Pero da Colilh）会说阿拉伯语，搭乘商船到达印度的马拉巴尔海岸，他在那里获得了很多重要港口（包括卡里库特）的信息。接着他前往埃塞俄比亚的基督教王国，教士约翰传说之后的真实王国。达柯利在埃塞俄比亚定居下来，被皇帝艾斯肯德（Eskender）任命为一个地区的总督，虽然他被禁止离开这个国家，但是在此之前他已经向一个来自里斯本的犹太人使团递交了关于西印度洋政治和商业形势的详细报告。达·伽马出发探险之前可能已经获悉了这份情报，所以绕过好望角之后，他清楚地知道能期望什么，然后一路向北航行到东非海岸。

现在该考虑一下支持葡萄牙这些探险的航海技术了。地中海和北欧西欧沿海的航海已经依靠经验进行了很长时间，"波特兰"航海图中的方位圈和方位线有助于确定已知地点和熟悉的地标之间的航程。在大海中长途航行到一个未知目的地需要更科学的天文和地理知识，文艺复兴时期古典学术的复兴在这里起了不可或缺的作用，其中大多数是通过犹太人和穆斯林学者的中介而翻译出来的。诺奥二世积极促进诸如通过观察正午太阳高度来确定维度的方法等高度相关问题的研究。制图学家利用从马可·波罗到另一个威尼斯旅行家尼科洛·达·康提（Niccolo dei Conti，1419－1444年，他在中东、印度、东南亚各地进行了广泛的旅行）等欧洲旅行家的知识制作地图。装备了当时最好的航海知识，达·伽马能够大胆地向西进入大西洋，以避免几内亚湾的洋流和赤道无风带，利用信风的优势，然后折向东航行，在绕过好望角之前，精确地在非洲西南海岸登陆。

对15世纪初欧洲的船只来说，这种航行可能是不可行的，但15世纪造船技术取得了显著进步。按照帕里（Parry，1964，chapter 3）的说法，这个时期地中海船只设计受到两个长期存在的副作用的影响。阿拉伯入侵几个世纪之前就已经发生的第一个关键的革新是采用阿拉伯的纵向三角帆，它比旧的罗马式方形帆更灵活地适应风向。后者不能逆风航行，不够机动。另外，方形帆船比三角帆船的体积大得多，不适应长途航行。第二个外来影响来自西北欧，它的柯克船仍然使用方形帆，但是改进了罗马时期的设计。这些船只在十字军之后重新引入地中海，成为装载大型货物的标准船只。15世纪这两种传统的最佳因素被结合起来加以改进，如在方形帆船上增加张挂三角帆的桅杆。"大量混合式样的船只出现了"（Parry，1964：79），其中最重要的是两种，一种是较大的三桅大帆船，载重量达到600吨以上，第二种是方形帆，但是在船尾张挂三角帆；以三角帆为基础的著名大帆船也包括一两根张挂方形帆的桅杆。还有大量客货两用船，探险家喜欢使用"均衡的船队，正如瓦斯科·达·伽马和卡布拉尔的船队——一两艘大帆船，用于装载小分队、上岸侦查和其他活动，这些活动后来被海军司令交给了护卫舰"（Parry，1964：82）。正是这些"经过紧张实验和变化的"船只使帕里所谓的"勘测时代"变得可能。

达·伽马航行中的两艘主力船只——旗舰"圣加百列号"和"圣拉斐尔

号"——都是中等规模,而第三艘后勤补给船"贝里奥号"只是载重50吨的轻快帆船。在出航印度的航程中,他们在马林迪(今肯尼亚)沿岸得到当地一名穆斯林领航员的帮助,度过印度洋到达卡里库特。据说这名领航员就是著名的阿曼的艾哈迈德·伊本·马季德(Ahmad ibn Majid of Oman),是一篇论述航海的阿拉伯语论文的作者,但是苏布拉马尼亚姆(Subrahmanyam,1997:121—128)令人信服地争辩说,不可能是这位著名人物,但很可能是一个古吉拉特人。身份确认貌似不可信,因为它依靠来自不同世界的两位英雄人物在东非沿岸的港口偶然在这个重大历史时刻戏剧性地相遇。

1498年5月他们登陆的卡里库特是马拉巴尔海岸的一个大港口和商业中心。它的统治者是一名印度教徒,号称"武士首领"或"海王",葡萄牙人将其腐化为扎莫林,在西方国家的记述中,这些统治者都是这样称呼的。大多数贸易掌握在来自中东或土生土长的古吉拉特和马皮拉穆斯林商人手中。马皮拉人是阿拉伯移民(大多数为水手)和低级种姓的印度妇女的后代。内陆广大地区种植胡椒,与生姜一起,是主要的出口商品,但是每种能想到的商品都可以再出口到各个地方。贸易所需的基础设施,无论是码头和仓库等有形的设施,还是银行和金融服务等无形设施,都大量存在,为了刺激商业的大规模发展,法律制度比较严谨和公正,费用和关税相对低廉。

这个时期印度的总体政治形势是转型。占统治地位的国家是强大的突厥奴隶王朝——德里苏丹国,但是它已经腐朽不堪,15世纪中期被虚弱的阿富汗洛提(Lodis)王朝所取代,1526年后者被莫卧儿王朝的创立者巴布尔(Babur)打败。印度中部和南部处于强大的印度教王国查耶那加尔(Vijayanagar)与巴赫曼尼(Bahmani)苏丹国的反复争夺之下,14世纪德里苏丹国走向衰落时,它们都与德里苏丹国断绝了关系。沿着西海岸北上是另一个富庶的穆斯林苏丹国古吉拉特,棉纺织中心和坎贝尔港就位于那里。东部的孟加拉是一个独立的穆斯林苏丹国。

这个时期西海岸的主要贸易中心是坎贝尔和卡里库特,但是果阿、坎诺尔(Cananore)和科钦也是重要的贸易中心。所有这些港口挤满了来自霍尔木兹和亚丁的商船,霍尔木兹和亚丁分别位于波斯湾和红海的入口处。印度进口的唯一最重要的商品是我们已经讲到的,即波斯和阿拉伯半岛的马匹,处于战争状态的印度诸国都迫切需要用它们来装备自己的骑兵。另一种有"战略意义的战争动物"是战象,从斯里兰卡与肉桂和珍珠一起输入印度。丝绸、地毯和染料是波斯输入印度的仅次于马匹的商品。蒙巴沙、马林迪、基努瓦和索法拉等东非港口用象牙、乌木、奴隶和黄金从古吉拉特换取棉纺织品。来自班达斯和摩鹿加群岛的丁香、肉豆蔻和肉豆蔻干皮在马拉巴尔各港口卸货,然后向西转运。半岛东部的孟加拉和科罗曼德尔海岸出口棉布到马六甲和东南亚其他港口以换取香料和中国的瓷器。泰米尔商人,如切蒂亚尔人(Chettiars),在印度洋东半部贸易中占据特别突出的地位(见图 4.1)。许多港口依靠从爪哇和勃固进口稻米。印度洋沿岸各国没有一个真正企图控制或管理贸易,以便使价格朝着有利于自己的方向发展,大多数关税和费用只是为了获取财政收入。事实上,"市场与国家的分离"似乎特别明显,除了海盗外,海洋似乎完全自由,以致胡果·格劳秀斯(Hugo Grotius)在其《公海自由论》(*Mare Liberum*)中倡导的欧洲水域航行自由在被葡萄牙人破坏之前,已经在东方实现了。

达·伽马从卡里库特返回不久,曼努尔就标榜自己为"埃塞俄比亚、阿拉伯半岛、波斯和印度的征服、航行和商业之王",葡萄牙人将它理解为垄断和管理东方所有船只和商业,特别是香料贸易的权利。穆斯林商人和商船被认为是敌人并且受到捕获、没收和毁坏,除非缴纳一定的费用获取许可证(Cartaz)。费用本身可以忽略不计,但是商船被迫接受葡萄牙人控制的港口管理,进出货物都必须缴纳关税(Pearson,1987:38)。为了维持这种放纵政策,作为葡萄牙海外权力机构的"东印度公司"企图从东边的马六甲到西边的霍尔木兹和亚丁的印度洋沿岸建立一圈设防的海岸要塞。通常被认为是这个方案的始作俑者、1510—1515 年担任总督的阿方索·德·阿尔布奎克于 1510 年攻占了果阿,将其作为中心基地,1511 年占领了马六甲,1514 年占领了霍尔木兹。但是,1513 年他占领亚丁的想法失败了,葡萄牙人企图以此垄断香料出口到欧洲,因为红海仍然对穆斯林商船开放。虽然取得了一些重要的海战胜利,如 1509 年在第

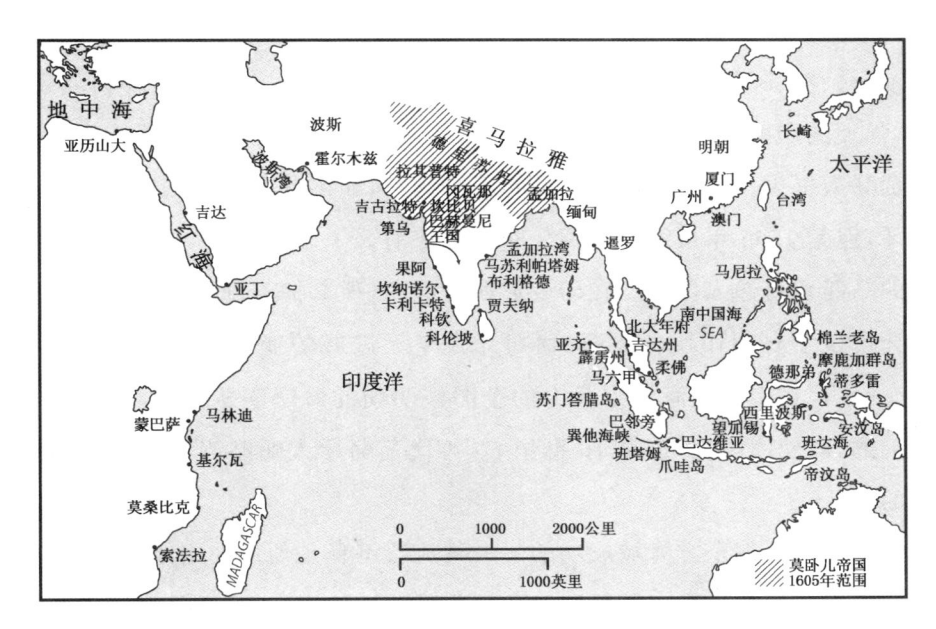

图 4.1　印度洋

乌海岸打败马穆鲁克舰队,但是在没有控制亚丁的情况下,葡萄牙没有足够的船只或人员实施这个垄断计划。

博克瑟(1975:52—53)说过,16 世纪葡萄牙的人口不超过 125 万,随时能到东方服役、身体强壮的男性不超过 1 万,苏布拉马尼亚姆和托马斯(Subrahmanyam and Thomaz,1991:318)引用的一种估计认为,16 世纪最后 25 年后者的数字在 1.4 万～1.6 万。为了弥补这一不足,他们不得不求助于日益增长的欧亚人口和当地水手。按照同一个作者的说法,每年船只数量从未超过 300 艘。"由于天气、疾病和战争,东印度公司"船只和人员的损失非常大。最后双方达成了妥协,当无法避免时,穆斯林商人和统治者向葡萄牙缴纳适当的"保护费",而葡萄牙私人贸易商与当地的穆斯林和印度教徒合伙从事有利可图的当地转口贸易。

尽管有这些问题,但是随着他们宏伟计划的实施,无论以什么标准来衡量,葡萄牙人还是取得了巨大成功。关于这种成功的各种原因中,最常被应用的是对手不团结。例如,科钦和坎纳诺尔(Cannanore)在落入葡萄牙之手之前曾经共同反对卡里库特的扎莫林。在葡萄牙占领霍尔木兹（波斯马匹装船穿过阿拉伯海前行）和果阿（承载波斯马匹的船只在此登岸，然后转运至印度内陆各地）之后，强大的印度教国家查耶那加尔非常乐于让自己的重装骑兵所需马匹主要由葡萄牙人提供。德干高原的穆斯林苏丹国家，如比贾布尔虽然丧失了果阿给葡萄牙，但是1565年最终与葡萄牙联合起来消灭了伟大的印度教国家，把有利可图的马匹贸易送入深渊。在印度尼西亚群岛，穆斯林苏丹国之间的敌对也对葡萄牙产生了有利作用。然而，葡萄牙人毫无进展的亚洲国家只有中国。16世纪20年代在南中国海使用武力的企图被明朝的海岸舰队打败，正如我们即将看到的，即使澳门港，也是16世纪50年代葡萄牙人贿赂当地中国官员后才取得的。

关于葡萄牙在东方海域成功的另一种流行解释是他们使用了火器，特别是有效地使用了船载大炮。虽然印度各国熟悉陆地使用大炮，但是一般不能在海上使用。马穆鲁克以轻视使用火器而闻名，但是1517年已经取代马穆鲁克的奥斯曼继承了他们对红海贸易的兴趣，对使用火器毫无禁忌。土耳其商船有时给葡萄牙船只和基地极大的损害。但是从总体上看，以陆地为基础的亚洲统治者，如古吉拉特的苏丹，似乎相信"海战是商人的事情，与国王的威望无关"（Pearson，1987：56）。毫无疑问，如果比较强大的印度国家齐心协力，就一定能把葡萄牙从基地中驱赶出去，但是它们似乎都对此没有兴趣。马拉巴尔海岸较小的贸易国家和社会也只有当自身利益与葡萄牙人的利益截然相反，并且只剩下向他们投降、满足其要求时才会选择发动全面战争。但是经过英勇的斗争之后，卡利卡特被科钦取代，马皮拉人被打败。

1511年，葡萄牙人占领马六甲，开始打破以港口城市及其自由贸易体制占支配地位为基础的印度洋贸易传统。泰米尔商人继续在马六甲开展贸易（Das Gupta，1999：251），但是穆斯林古吉拉特人打开了另一条海路：通过苏门答腊西北角的亚齐，沿着西海岸航行，穿过巽他海峡，到达爪哇西北部的万丹。胡椒从亚齐经过马尔代夫出口到红海，最终到达威尼斯。此外，胡椒可以在印度境内运输，沿西海岸北上到达古吉拉特，虽然其间有葡萄牙船只巡逻，胡椒仍可以从吉吉拉特出口到红海。因此,占领亚丁的失败继续困扰着"东印度公司"。

博克瑟(1969)引用了大量葡萄牙和其他欧洲史料来证明,参与亚齐-红海贸易的商船是与葡萄牙大帆船同类的"高桅横帆船",体积和装备堪与葡萄牙大帆船相媲美,甚至更大,风帆和传统装置也完全相同。他们为了保护自己,似乎装载了大量土耳其人、阿拉伯人、埃塞俄比亚人和其他雇佣兵,并在偶然与企图截获它们的葡萄牙战舰发生战斗中尽了最大努力,如 1562 年和 1565 年那样。由于葡萄牙在印度西海岸建造他们的船只,因此我们在这里似乎看到了西方技术成功传播到东方的明确例子。亚齐是葡萄牙人的眼中钉,他们经常袭击马六甲,加剧了香料贸易转移造成的损害。有许多人呼吁全面进攻亚齐以解决问题,但是果阿的政权永远找不到资源来发动这种昂贵的行动。

"东印度公司"从未解决的另一个问题是,它作为国王派出的公务人员与为了自己利益的军事首领或私人贸易商人这双重身份之间的冲突。"东印度公司"显然不像现代官僚机构那样,有一套严格的规则和程序确保仅仅为了国家的利益而顺利地发挥作用。正如内维特(Newitt,1980)指出的,因为它在葡萄牙开了一个好头,15 世纪后半期设立了管理西非军事行动和贸易关系的部门几内亚公司(Casa da Guine)。作为这个组织的放大版,印度公司(Casa da India)被设立,在印度洋发挥同样的作用。由于范围更广,距离更远,以及随之而来的通信问题,因此它实际上不可能像最初设想的那样发挥作用。与西非的邮件交换需要 2 个月,而里斯本与果阿之间则需要 2 年。与葡萄牙的财政资源相比,该组织的规模也意味着永远无法保证及时和定期支付士兵军饷、生活费用和流动资本。还有一个问题是缺乏帝国运行所需要的训练有素的人员。与拥有 30 所大学培养文化和计算人才的卡斯提尔不同,葡萄牙只有科英布拉大学,后来增加了耶稣会的埃沃拉(Evora)大学。在这些情况下,实际上葡萄牙必须利用另一种模式,这是毫不奇怪的。这种模式的原型是我们已经注意到的大西洋群岛的殖民活动。

这个替代模式符合更传统或中世纪的世袭封建形式,统治者把权力授予贵族或更低等级的宠信,这被理解为他们会利用职务维持自己、亲属和随从习惯的生活方式,与此同时又履行对君主和国家的义务。这些"乡绅"的价值观、训练和精神气质倾向于遵从军事掠夺带来的荣誉和名声,庇护亲属和随从,当然,这在他们生活的社会里是完全理性的行为。正如早期近代欧洲的通常做法,官职可以自由买卖,其价格反映了从官职中能获得的利润(Pearson,1987,chapter 3)。因此1618年果阿海关法官职位以全城警察局局长俸禄2倍的价格出售。霍尔木兹和第乌要塞指挥官职位分别以14倍和5倍果阿警察局局长职位的价格出售,因为它们是波斯湾和古吉拉特有利可图的贸易的必经之地。这些官职的任期通常相当短,很少超过3年,所以刺激是在既定时间里榨取最大的利润,而不是追求任何为了国家利益的任期目标。在这些情况下,毫不奇怪,实施香料贸易垄断的严厉规则被经常违反。内维特(1980:26)引用了1548年索法拉的例子,垄断象牙出口的皇家机构在索法拉竟然找不到一根象牙,而索拉法将军为了自己的利益,将巨量象牙装入自己的船中。葡萄牙在马拉巴尔的官员自己收购胡椒,价格高于他们作为王室香料垄断管理者向种植者提供的低价。皮尔森(Pearson,1987:67)甚至推测葡萄牙之所以没有攻占亚丁,可能就是因为红海的关闭将严重减少允许穆斯林货物通过而腐败的机会。

国王解决"东印度公司"的"主要官员问题"所依靠的最强烈和最狡猾的手段是创造抢掠的机会。在一个领土帝国内,如果臣民交纳规定的税收和贡物给国家,国家的官员有义务保护臣民的生命和财产安全,因为官员的报酬就来自这些税款和贡物。葡萄牙的海洋帝国则是完全不同的类型。他们占据的少数要塞和港口并不包括大量可以征税的非基督徒土著。但是,穆斯林或异教徒国家、部落和个人都臣服于"东印度公司"及其官吏的各种掠夺。岸上的据点能够通过抢掠邻居领土而获得给养,海上舰队则依靠战利品和俘获物来维持,正如瓦斯科·达·伽马自己所说的(Newitt,1980:21),反抗的国家和城市为有组织抢掠提供了最好的口实。因此当第一任总督弗朗西斯科·德·阿尔梅达(Francisco de Almeida)1505年攻打蒙巴沙时,他把该城划分为四部分,每部分都由一名官员经营。这些官员只要向葡萄牙政府上交适量的收益,就有权在辖区内处置所没收或抓获的任何物品和人员。

依靠抢掠作为建立帝国的工具带来的一个问题是特定地区很快就将面临

资源枯竭,要求延伸"抢掠边界",以便维持势头。正如内维特(1980:16)说的,"正是抢掠边界的移动吸引人们前往陌生地区并进行进一步的发现。换句话说,抢掠是'发现'的第一动力"。经历最初抢劫而来的财富之后,更多一般的机遇也需要采取后援行动,如征收费用和牟取商业利润等。但是,乡绅阶层贪欲无限,并不可能由此得到满足,因此只要有可能,国家就越来越倾向占领领土。莫卧儿印度和中国明朝实力太强大,以致没有提供这种机会,但是安哥拉和莫桑比克以及斯里兰卡更容易遭到侵袭。如此行事给帝国带来的收入远不及增加的开支,虽然它们的确满足了乡绅的贵族生活方式的需求。

皮尔森(1987,chapter 2)提出了一个有悖于事实的建议:如果"东印度公司"在香料贸易中仅仅依靠和平的经济竞争,依靠绕过好望角航路的成本优势,而不是依靠广泛而最终失败的通过武力垄断,后果会如何呢?他引用了葡萄牙杰出的经济史学家维托日诺·莫伽拉-戈迪诺(Vitorino Mogalhaes-Godinho)的数据证明,里斯本和马拉巴尔的胡椒价差将带来260%的毛利率,扣除损坏和运输成本,带来152%的净利润。以此为基础,他断定和平贸易比军国主义的垄断政策带来更多利润,因为后者需要大量的要塞和战舰开支。他还认为17世纪荷兰和英国的东印度公司并未打算在印度使用武力进行垄断,虽然正如我们将要看到的,荷兰在摩鹿加群岛、爪哇的确进行了大规模的垄断。葡萄牙没有追求这种和平政策的原因当然是受到十字军传统和乡绅阶层封建气质的影响。

虽然很诱人,但是对我们来说,违背事实似乎是不可能的。正如我们已经看到的,"东印度公司"明确依靠抢掠作为贸易的工具,作为支付其雇员报酬的重要组成部分和营运资本的来源。完全和平的贸易只有在高得多的初始资本条件下才有可能实现。与1600年的荷兰和英国不同,1500年的葡萄牙是一个穷国,没有阿姆斯特丹和伦敦资本市场的资源。16世纪,资本不得不从热那亚和佛罗伦萨借贷,无疑要支付非常高的风险溢价。16世纪时,白银还没有从新大陆流入欧洲。17世纪从新大陆大量流入欧洲的白银,被东印度公司用来购买香料再卖到欧洲。因此,依靠暴力的比较优势似乎是16世纪葡萄牙最初必要的努力,好望角航线的成本优势本身还不充分。

到 16 世纪末,多中心的平衡已经出现在印度洋贸易中,取代了此前马六甲占支配地位的旧格局。葡萄牙占领的马六甲不仅不得不与亚齐、万丹分享利益,而且要与诸如望加锡等贸易中心分享利益。葡萄牙在德那第(Ternate)、蒂多雷、阿姆波伊纳(Amboyna)、东帝汶和其他地方建立的据点和要塞并未防止土著、中国和印度商人参与甚至扩大他们的贸易。葡萄牙唯一可行的选择就是加入他们,不是像在马六甲那样作为国王的代理人,而是按照自己的利益参与私人贸易,并且与非西方人合伙。事实上,正如达斯·古普塔(Das Gupta,1999)所指出的,"葡萄牙人"越来越多地指印度或印度尼西亚血统的欧亚混血人种。因此亚洲的新平衡与旧的平衡没有什么区别,虽然正如我们将要看到的,贸易路线的欧洲一端发生了重要变化。

的确,越来越多的人承认,所谓"达·伽马时代"(Panikkar,1953)无非就是指亚洲香料市场,欧洲人还没有向亚洲摇尾乞怜,这种认知现在已经变成了早期近代亚洲航海史研究的重要主题之一(Wills,1993;O'Rourke and Williamson,forthcoming)。达·伽马之前,欧洲进口至多相当于亚洲香料产量的 1/4,16 世纪亚洲仍然是香料的主要消费者(Reid,1993a:19;Pearson,1996:xxiii)。按照基尼维奇(Kieniewicz,1969)的说法,1515 年,大约只有 30%马拉巴尔胡椒产量到达了里斯本,其余 70%被亚洲人消费了;1504—1509 年,马拉巴尔的胡椒只有 55%向西运输到里斯本,其余的都运往了黎凡特。虽然 16 世纪马拉巴尔胡椒供应每年增长 7%或 8%,但这是由于"印度、中国、波斯和奥斯曼帝国所统治的各国"需求增加的结果,而不是在欧洲发生了任何事情(Ibid.,61—62)。因此,直到 1600 年,欧洲人仍然只消费亚洲胡椒的 1/4(Pearson,1996:xxviii),1510—1519 年,欧洲人进口丁香产量的 7%,1570—1579 年为 17%(Bulbeck,1998:54)。从经济学角度来看,葡萄牙称霸的世纪仍然主要是亚洲人的世纪,而欧洲人为了从香料贸易中获得更多的利润,相互间展开了价格战,在这次价格战中欧洲香料商在亚洲供应价的基础上高价销售给欧洲消费者,以牟取利润,而香料的供应价格仍然是亚洲生产者与消费者之间互动所决定的。新大陆的情况将完全不同。

**西班牙、葡萄牙和新大陆**

每个学童都知道,或者至少曾经知道,克里斯托弗·哥伦布是一名热那亚人,曾经向几个欧洲国家(包括葡萄牙)兜售他的向西航行到达印度的计划,最终被西班牙的联合君主——阿拉贡的费迪南(Ferdinand)和卡斯提尔的伊萨贝拉(Isabella)采纳(见图 4.2)。他们为什么采纳?阿拉贡是一个传统上的地中海大国,具有浓厚的城市商业兴趣,特别是在加泰罗尼亚。卡斯提尔是一个土地充足的乡村社会,其经济以饲养绵羊和羊毛出口为基础,其贵族统治阶级仍怀有在西班牙再征服运动中所形成的十字军尚武精神。与葡萄牙不同,阿拉贡和卡斯提尔似乎都不可能成为承担大西洋航行风险的候选人。但是,正如 J. H. 艾略特(2002, chapter 1)指出的,卡斯提尔与它北方欧洲伙伴的羊毛贸易把它带入了一个不断扩大的商业网络,热那亚商人和银行家在塞维利很有影响力。羊毛贸易也使卡斯提尔参与大西洋航行活动。加那利群岛的占领和殖民、反对北非摩尔人的战争,为国王采取进一步海外活动提供了基础。我们还记得 1492 年的大事件并非我们现在想象的那样,但是穆斯林最后一个堡垒格林纳达的陷落和西班牙再征服运动的完成,这引发了新一轮征服热潮。

哥伦布到达加勒比的航行不久,较大的伊斯帕尼奥拉和古巴群岛就被移民定居。1513 年,瓦斯科·努内兹·德·巴尔波亚(Vasco Núñez de Balboa)开始占领了巴拿马地峡后[①],幸运地在"达连湾的顶峰上静静地"看见了太平洋,残酷无情的佩德罗·阿里亚斯·达维拉(Pedro Arias Davila)最终完成了对巴拿马地峡的占领,并且下令处死了巴尔波亚。到 1521 年,赫尔南·科尔特斯(Hernán Cortés)仅仅带领 600 人、16 匹战马和大量印第安同盟军,就毁灭了阿兹特克帝国,占领了其都城特诺奇蒂特兰(即今天的墨西哥城),16 世纪 30 年代,弗朗西斯科·皮萨罗(Francisco Pizarro)仅仅带领 100 个士兵和 37 匹战马

---

① 参见比奇(Beach, 1934)和维克(Wicker, 1956)。

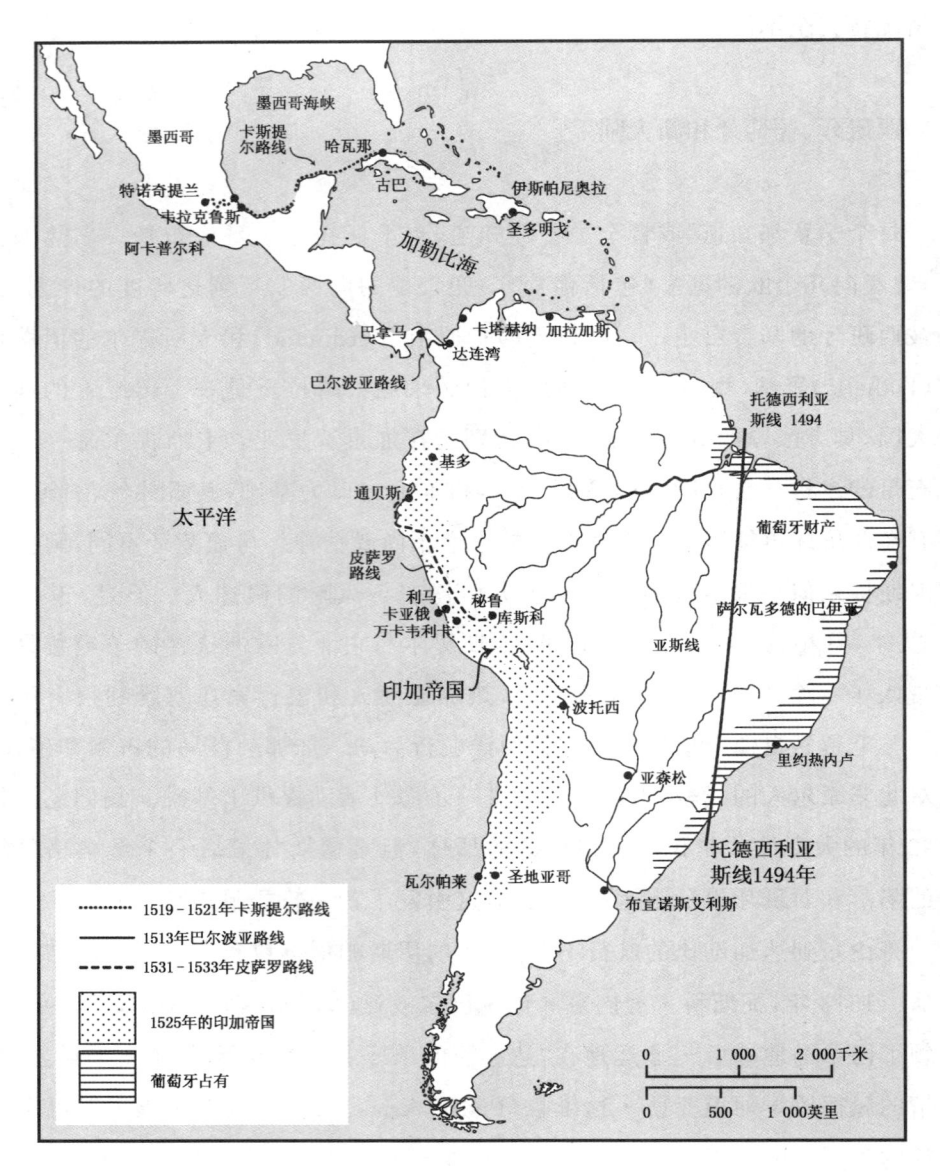

图 4.2 拉丁美洲和伊比利亚征服行动

就推翻了秘鲁的印加帝国。此后 10 年里,探险队被派往今天的智利、阿根廷和巴拉圭。圣多明戈、哈瓦那和卡塔赫纳都建立了港口,秘鲁太平洋沿岸的卡亚俄则为首都利马服务。2 名殖民地总督代表君主行使权力:1 名驻扎在墨西哥城,管辖墨西哥或新西班牙;另 1 名驻扎在利马,管辖秘鲁或新卡斯提尔。

这些令人瞩目的成就大多不是由王室官员所取得,而是由帕里(1966:54)所谓的"几千名衣衫褴褛的武士"所取得的,他们大多数来自埃斯特雷马杜拉的边境地区,在历史上被称为"征服者"。他们取得惊人成功的原因有很多:拥有土著未见过的火器、钢铁武器和马匹,印第安人不团结和士气低落,他们自己的坚强决心和战斗精神,领导者(特别是科尔特斯)的远见和能力等。至关重要的是,土著受到西班牙人携带的旧大陆的病菌的冲击,由于天花、斑疹伤寒、疟疾和其他疾病的爆发严重减少了人口,加剧了他们的混乱和被征服的风险。但无论确切数字是多少,这个数字都高得惊人。举个极端和备受争议的例子,亨利·多宾斯(Henry Dobyns)估计,欧洲疾病至少消灭了美洲土著人口的 95%(Livi-Bacci,2006:204)。正如利维-巴茨(Livi-Bacci)所指出的,对人口下降的估计与对人口减少原因的看法之间存在逻辑上的联系,因为如果人口真的减少了几千万,那么病菌就是比相对少量征服者的掠夺更合理的解释。实际上,利维-巴茨提供了貌似有理的证据:病菌不是唯一发挥作用的因素,而且西班牙的暴力,以及"人口繁殖的微弱,土著被驱逐和强迫迁徙到隐藏地或不可居住地区,也是人口下降的重要因素。印第安人灭绝的背后不仅有病菌的盲目作用,而且还有不少致命的人为力量"(Livi-Bacci,2006:226—227)。

西班牙在美洲的人数很少,但是马匹、牛、绵羊、猪的引入导致这些动物在新的但适宜它们生长的环境里迅速繁殖。克罗斯比(Crosby,2003)形象地称为"哥伦布交流"的术语还涉及玉米、烟草、西红柿的反方向传播,所有这些对旧大陆的重要后果与动物对新大陆的重要后果一样。小麦、甘蔗和棉花从旧大陆输入新大陆,后来大量出口返回旧大陆,产生了重大的经济后果。虽然"哥伦布交流"的人口影响,或者如麦克尼尔(1998)称物种跨越太平洋的传播为"麦哲伦交流",对新大陆产生了深刻的消极影响,但是它对欧亚大陆的影响无疑是积极的(Crosby,2003,chapter 5)。新来的美洲高产作物最终将导致远至中国和爱尔兰那样的地区人口增长。正如克罗斯比(2003:199)在一个经常被引用的段落所说的①,"虽然跟着科尔特斯猛攻特诺奇蒂特兰的人还活着,但是花生正在上海附近的沙地里生长,玉米正在华南把田野变绿,甘薯正在变成福建穷人的主食"。

这个时期的人口数据显然主要以推测为基础,但可以肯定的是,哥伦布之后的几个世纪里,欧亚非生物圈的人口迅速增长。按照表4.1,16世纪中国的人口增长了50%,17世纪下降,18世纪快速增长,1700—1820年,中国人口增长了3倍。印度、欧洲和非洲的人口增长非常稳定,前两个地区在3个世纪里几乎都增长了2倍,后者几乎增长了50%。中国17、18世纪"第二次农业革命"后人口出现了增长高峰,这以玉米、花生和甘薯的引进为基础。在爱尔兰,18世纪和19世纪早期,以马铃薯为基础的人口大增长,直到1845年新大陆引入的"晚疫病"爆发才中止(ó Gráda,1999)。

表 4.1　　　　　　　　1500—1820年旧大陆的人口　　　　　　　单位:百万

|  | 1500年 | 1600年 | 1700年 | 1820年 |
| --- | --- | --- | --- | --- |
| 中国 | 103 000 | 160 000 | 138 000 | 381 000 |
| 印度 | 110 000 | 135 000 | 165 000 | 209 000 |
| 西南亚 | 17 800 | 21 400 | 20 800 | 25 147 |
| 苏联疆域 | 16 950 | 20 700 | 26 550 | 54 765 |
| 东欧 | 13 500 | 16 950 | 18 800 | 36 457 |
| 西欧 | 57 268 | 73 778 | 81 460 | 133 040 |
| 非洲 | 46 610 | 55 320 | 61 080 | 74 236 |

来源:麦迪逊(2003)。

最初几十年中,西班牙对美洲的渗透可以被解释为"抢掠的边疆"向"定居的边疆"转化,从加勒比群岛转向墨西哥中部和秘鲁,直到16世纪中期左右,两者聚合。在这些群岛上,最初20年,相对原始的土著居民受到掠夺和打压,印第安人拥有的黄金储备被掠夺,土著人口基本消失殆尽,机遇也就消失了。用这种方法获得的资源为早期向大陆的探险活动提供了经费,这些探险遇到了更

---

① 弗林和吉拉德兹(2004)在"阐述全球化的发端"时特别强调了这种洲际贸易对DNA的影响。

先进的阿兹特克和印加帝国,那里的武士和祭司贵族从定居农业人口那里榨取贡物。从根本上看,科尔特斯和皮萨罗用西班牙人取代了当地的统治精英,依靠剥削臣服的农民维生。但是,可怕的苛捐杂税通过征服而折磨农民,急剧地减少了西班牙统治者聚敛的土地的剩余收入。牲畜饲养在开阔平原和原先农民耕种的土地上,这为新主人提供了另一个财源。16世纪40年代在墨西哥和秘鲁相继发现大型银矿,这大幅增加了对肉类的需求,以满足矿工的消费,同时也为定居人口和王室带来了巨大的利润和收入来源。不是依靠从西班牙流入的资本在新大陆投资,反而是新大陆迅速获得的财富为西班牙本国的开支和私人项目提供资金。

麦克劳德(Macleod,1984:356)说,1482年后的40年里,"从欧洲出来的主要货物是人"。16世纪为20万～30万,17世纪为45万,其中大多数是西班牙人。早期定居者还没有准备好以玉米、大豆、木薯为生,所以小麦、葡萄酒、橄榄油最初都从西班牙出口,但是最终因为进口替代和定居者适应新环境时饮食的变化而取代。最初50年,这条被称为"西印度航路"(Carrera de Indias)的跨大西洋航线的主要回程货物是黄金。西班牙与新大陆之间的贸易受到的塞维利商人公会[即"领事馆"(Consulado)]的垄断。所有进出口商品都由他们发放许可证,并由"贸易办公室"(Casa de Cibtratacuib)管理,它负责维护仓库和码头,管理船只和船员,征收税费,包括国王向所有海外贸易货物征收的价值1/5的税。尽管位于古达尔基维尔河上游几英里处,但是塞维利作为西班牙全球贸易中心,是一个聪明的选择。她的丰富农业腹地能为远航的船只提供食物,该地的意大利银行家,特别是热那亚人是一个随时可用的财源。但是,沉重的税收和严格的管理规定意味着有大量走私和贩卖违禁品的机会,而其他欧洲列强,特别是荷兰和英国,抓住了这个机会。对敢于冒险的运宝船队来说,更危险的是北方竞争国家的无畏水手的公然海盗活动,如皮耶·海恩(Piet Heyn)和弗兰西斯·德雷克(Francis Drake)。

于盖特(Huguette)和皮埃尔·肖尼(Pierre Chaunu,1955—1959)的8卷本鸿篇巨制1504—1650年2.5万艘船只的航行记录为基础,详细论述和评价了塞维利与西班牙美洲的贸易。[①] 由于知道每艘船只每年的航行及其载重量,因此每个来回跨越大西洋的货运量就能大致推测和重构,1504—1650年的时间顺序的细节也可以获得。图4.3以菲利普斯(1990:43—44)提供的概括性数据为基础,绘出了他们的结果。它表明了,直到1620年左右年贸易量都在稳定增长,除了16世纪50年代有所衰弱和1588年西班牙无敌舰队灾难之后的急剧下降。按照肖尼的说法,1620—1650年,因为从西班牙出口的小麦、葡萄酒和橄榄油被更昂贵的纺织品和其他从意大利、荷兰和英国获得的手工业品所取代,货运吨位下降造成的损失由货物价值的提高弥补了。这反映了上文所说的殖民地的食物进口替代。肖尼(1974:120)引用了"尽管安达卢西亚贵族从温顺的西班牙政府得到了禁酒令",但毫不约束力;人们还是将葡萄成功移植到太平洋沿岸、秘鲁沿岸干燥的绿洲的例子。

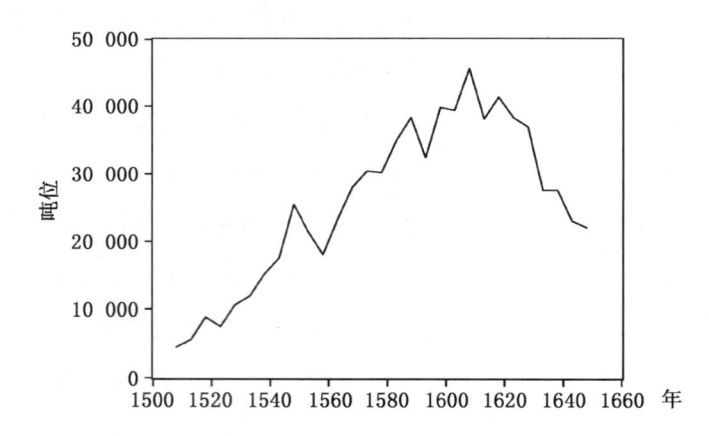

来源:菲利普斯(Phillips,1980:43—44)。

**图4.3  1506—1650年抵达和来自西属印第安地区的贸易量**

肖尼把新西班牙的17世纪解释为以国内市场为基础的巩固和发展时期,与16世纪主要依靠剥削墨西哥和秘鲁的白银为基础的外向或出口导向相反。他们无论如何也不承认内向或经济上自给自足的17世纪是一个衰退时期;事实上,他们称它"完全相反"。考虑到首先由埃里克·霍布斯鲍姆(Eric

---

[①] 关于该书的英文摘要,参见肖尼和肖尼(Chaunu and Chaunu,1974)。

Hobsbawm,1954)提出的、众所周知的欧洲乃至世界的"17世纪危机"假设,那么这就是非常有趣的。独立于霍布斯鲍姆,拉丁美洲史专家伍德罗·博拉(Woodrow Borah)和墨顿·麦克劳德(Murdo Macleod)宣称,17世纪新西班牙有衰落的迹象,以人口停滞增长、劳动力短缺、手工业和农业生产问题等为基础。但是,特帕斯克和克莱恩(TePaske and Klein,1981)发现,17世纪,随着白银产量提高,虽然有些波动,但来自新西班牙几座矿山的收入呈上升而不是下降趋势。这显然与新西班牙危机理论不符。

卡拉·拉恩·菲利普斯(Carla Rahn Phillips,1990)收集了1500—1750年伊比利亚帝国的大西洋贸易史料,下文将大量引用她的著作。从一些重要的基础出口产品而不是贵金属的出口入手是比较方便的做法,因为这些经常被忽视。其中最早和最有趣的是牛皮。这种出口贸易是后来更全面的跨大西洋贸易类型的先驱。牲畜饲养显然是一种土地密集型活动。在西班牙和欧洲其他地区,养牛的草地必须与养羊和耕地竞争,而在较大的加勒比岛屿、墨西哥和中美洲的开阔地里牛的牧场实际上是自由的开阔地带,不存在这种竞争(Macleod,1984:360)。牛被剥皮后,其躯体就被舍弃了,因为国内对牛肉的需求还不多,没有冷藏箱,出口也是不可能的。牛皮出口从1561—1565年的年均2.7万张增加到1581—1585年的年均13.4万张,17世纪50年代下降为年均3.2万张,到17世纪末则下降为年均不足1万张。这种下降趋势反映了当时耕地的增加,因而与牛群饲养争夺日益不足的土地;同时也表明,美洲殖民地开发更加内向的第二个世纪中,经济有所发展。16世纪后期,年均出口牛皮的价值为7 800万西班牙铜币,相当于西班牙美洲每年蔗糖出口价值的2倍(Phillips,1990:79)。

胭脂虫——从食用仙人掌的昆虫中得到的一种红色染料——是这个时期非常有价值的出口商品,每年价值为1.25亿西班牙铜币,而靛蓝的价值每年只有3 000万西班牙铜币。除了贵金属外,这个时期美洲殖民地出口到西班牙的所有商品的价值大约为3.2亿西班牙铜币,其中胭脂虫占42%以上。从塞维利亚出口到外地的商品价值再次达到其3倍左右,因此为9亿西班牙铜币(Ibid.,

83)。但是,这每年12亿铜币价值的双向商品贸易是值得的,因为16世纪中期以后贵金属(特别是白银)在这个时期从殖民地输往塞维利亚。正如肖尼(1974:121)所说的,"在西班牙和美洲之间,耗费大量成本运输价值小而且不宜长途运输的产品的疯狂行为,只有新大陆的银矿的利润非常高才有可能"。我们真的知道这些出口贵金属的规模和价值是这个时代经济和政治发展的驱动力量吗?

从黄金开始,菲利普斯(1990:83)引用了肖尼的估计,1525年前,从美洲运往西班牙的黄金为23~27吨。其中大部分黄金是从加勒比群岛和阿兹特克人那里抢掠而来,后来,他们才开始从冲积矿床里开采黄金。随着一个个地区被接连开采和放弃,生产和出口经过一系列短暂周期,从圣多明戈开始,它在1510年达到顶峰,接着是波多黎各、古巴和巴拿马在1520年达到顶峰,最后是秘鲁于16世纪中期达到顶峰。但更为重要的是大约1545年在安第斯高原今天玻利维亚的波托西发现了巨大的"银山"。该矿山位于1.万英尺以上的高海拔地区,调集所需要的劳动力就是一个大问题。秘鲁总督创立了一套叫作"米塔"(Mita)的徭役制度,每年从每个省征调1/7的18~50岁男性到矿山服劳役,用这种方法获得1.35万名劳动力,其中1/3一直从事开采工作(Bakewell,1984:125)。其他工人则是自由工人,虽然劳动条件非常艰苦,但是可以获得工资。波托西的总人口约为16万,是西班牙美洲最大的人口聚居地,也是除了中国外的世界上最大的城市之一。

图4.4复制了沃德·巴雷特(Ward Barrett)关于美洲生产和出口贵金属的总数。较早的著作,如汉密尔顿(1934),已经表明17世纪美洲运往欧洲的货物总量已经下降了,其中一个原因就是霍布斯鲍姆在他的著名论文中作为危机证据所指出的,但是巴雷特接受迈克尔·莫里诺(Michel Morineau,1985)的观点:事实上,出口一直在增加。现在大多数专家似乎都接受这个观点(如Pearson,2001)。他的数据表明,从16世纪最初25年里每年出口45吨白银上升到第二个25年的每年125吨,到最后25年里的每年290吨。如果没有技术进步,产量和出口的大量增加是不可能的,这就是混汞法的应用,大幅提高了将金

属与矿石分离开来的效率。汞在秘鲁的万卡韦利卡(Huencavelica)可以很方便获得,也从西班牙的阿尔马登进口。20%～30%官方登记的跨越大西洋的金银通过征收什二税落入国王口袋。从1555—1600年,西班牙王室所获得的金银,价值大约240亿西班牙铜币(Phillips,1990:85)。

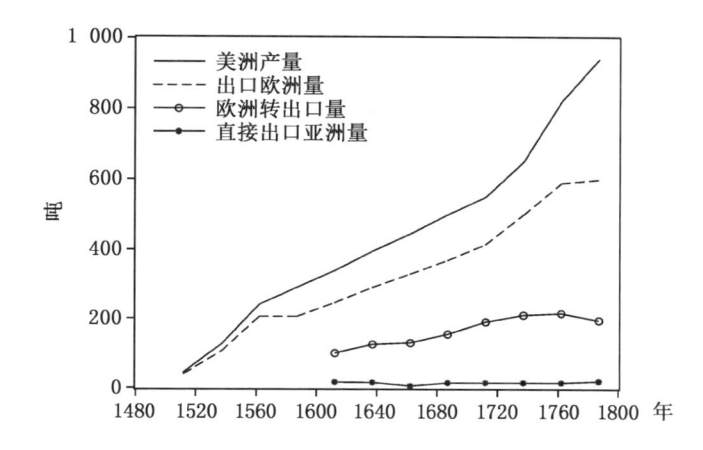

来源:巴雷特(1990:242—243).

**图4.4　1501—1800年美洲贵金属的产量和出口量(年平均值)**

现在我们转向葡萄牙人,他们进入新大陆纯属偶然。1500年当佩德罗·阿尔瓦雷斯·卡布拉尔(Pedro Alvares Cabral)第一次航行去印度时,被大风吹到大西洋西边,在我们今天称为巴西的地方登陆,但他认为这是另一个岛屿。这个地区的命名来自那里生长的大量巴西木,这是一种有价值的染料的来源。巴西木和其他自然资源的开采最初是由一个商团承包的,但是1506—1534年间,葡萄牙政府的直接控制接踵而来,它建立了皇家工厂或贸易中心,私人要与土著贸易,必须向政府机构申请许可证。法国商船也企图进入贸易,导致与葡萄牙的冲突。1534年,葡萄牙对大西洋群岛的传统管制模式发生了剧烈的政策变化。葡萄牙在巴西设立了12个将军区,每个区都拥有广阔的沿海地段,有权任意向内陆扩张领土。将军对被授予的土地拥有许多权力,有义务向国王缴纳特定份额的税收和其他收入。从1549年起,国王任命一名总督协调移居者的活动,防止法国和其他闯入者获得立足点。对印第安部落也采用了强硬的手段,他们在这一时期基本上被消灭了。

随着压榨机传播到甘蔗田包围的乡村地区,甘蔗种植很快变成这些领土的重要经济支柱。随着欧洲对蔗糖需求的增长,甘蔗种植发展很快。约翰逊(Johnson,1984,table 1:279)表明,1570 年,巴西的白人数量为 2 万,制糖厂为 60 个,1585 年,相应数据将近 3 万和 120 个。蔗糖产量迅速增加,按照毛洛(1984:457),17 世纪 20 年代,200 多个制糖厂生产 1.5 万～2 万吨,他还报告说,1600 年,巴西的非洲奴隶人数为 1.3 万～1.5 万,17 世纪上半叶,平均每年输入非洲奴隶 4 000 人。他们占制糖厂劳动力 70％左右。因此,与新大陆蔗糖相关的是熟悉的奴隶制,我们已经看到,这是蔗糖生产的一个特点。当时,大多数奴隶是从非洲西南海岸的安哥拉输入,奴隶在超载的运奴船上的死亡率经常超过 50％。伯南布哥是最初的将军区中发展最快,也最繁华,1585 年,它的白人占巴西白人的 41％,制糖厂占巴西的 55％。这个地区的种植园主以把大量利润用于消费来自母国的奢侈品而闻名。巴伊亚是另一个繁荣地区,其最有吸引力的地方里约热内卢最初是由法国人开发的,1565 年被葡萄牙占领,从此发展迅速。

### 太平洋和东亚

巴尔波亚在达连湾的山顶上看见并且声称属于卡斯提尔国王的辽阔水域在当时被称为"南海"。他对它的广阔或它里面究竟有什么或者对岸有什么都一无所知,虽然他应该知道最终人们可以到达亚洲。麦哲伦环球航行的目标就是从葡萄牙相反的方向到达香料群岛,麦哲伦是一名强悍的葡萄牙老兵,曾经为他的国家在印度洋服役,但是现在为西班牙服务。环球航行本身最初似乎没有什么目标,只是想寻找另一条贸易航线。1519 年,4 艘船、237 名船员出发,1522 年在塞巴斯蒂安·德尔·肯诺(Sebastian del Cano)的指挥下,完成环球航行时只剩下 1 艘"维多利亚"号和 18 名船员,麦哲伦在登陆蒂多雷岛并收集有价值的香料之前,就在宿务岛的一场小规模冲突中被杀。德尔·肯诺被授予了盾徽,上面适当地展示了肉桂、肉豆蔻、丁香,宣布他是"第一个环球航海家"。

香料群岛的利用并非易事,因为葡萄牙已经在竞争的德那第岛上驻扎下来了。基督教竞争对手之间的争端爆发了,两边都得到了当地分别代表德那第和蒂多雷苏丹的穆斯林盟友的支持。争端不仅局限于军事、商业和政治层面,而且延伸到世界各地,因为根据1494年的《托德西拉斯条约》(Treaty of Tordesillas),教皇把新发现的土地在伊比利亚两国之间划分,以佛得角群岛以西270里格的子午线为基础,西班牙获得此线以西的一切,葡萄牙获得此线以东的一切。问题是,香料群岛位于绕地球一圈的"托德西拉斯线"的哪一边?于是,1959年双方又签订了《萨拉戈萨条约》(Treaty of Saragossa)。由于认识到无论他的合法要求是什么,都可能是葡萄牙更接近马六甲,因此查理五世对于从条约中获得35万杜卡特金币非常满意。查理五世此举虽属明智,当时却让许多臣民感到脸上无光。

O. H. K. 斯贝特(O. H. K. Spate,1979)给其伟大的太平洋史著作第一卷取名为《西班牙内湖》(*The Spanish Lake*),虽然遇到许多挑战,但太平洋在麦哲伦之后将近2个世纪一直是西班牙内湖。但不清楚的是,西班牙帝国从她的英雄水手在广大海域里寻找财宝、香料和皈依真正信仰的灵魂的所有英雄航行中究竟获得了什么经济利益。唯一真正有利可图的机遇,也是持续了几个世纪的机遇,是通过西班牙在太平洋的唯一殖民地菲律宾的马尼拉用美洲的白银换取中国丝绸,以及许多其他价值较低的物品。西班牙宣布对群岛拥有主权,但是有效的占领和移居始于1564年从墨西哥派遣的米格尔·洛佩兹·德·黎牙实比(Miguel Lopez de Legazpi)的远征活动。

1571年,黎牙实比从土著穆斯林统治者手里夺取了马尼拉,1572年去世前,他已经控制了大多数主要岛屿。一个重要的例外是棉兰老岛,那里直到今天穆斯林势力都很强大。在奥古斯丁修士和探险家安德烈·德·乌达内塔(Andrés de Urdaneta)的开明领导下,皈依基督教进展迅速。在西班牙到来之前,许多中国人被吸引到这些岛屿上,但是1571年起,从阿卡普尔科来的大帆船出现在马尼拉是世界贸易史上的一个转折点,虽然需要从西班牙当局购买许可证才能合法地移民,大量中国移民受这些美洲来的白银吸引,仍纷纷背井离乡移民至马尼拉。马尼拉四面都有城墙,里面住着西班牙行政官吏、士兵和教士以及皈依了基督教的菲律宾人,城外是更大的中国手工业者和商人社区,其中只有少数人皈依了基督教。随着明朝完全控制了中国,中国海盗和军阀经常进入马尼拉,因此毫不奇怪,尽管中国移民是马尼拉不可或缺的经济活力,但他们总是被西班牙当局害怕地当作一种潜在的"第五纵队"。

总体来说,现在必须考察明朝政府对外贸和与外国人接触的态度。15世纪最初几十年郑和下西洋时对海外联系的开放态度已经一去不复返了。但是,东南亚与中国之间贸易的潜力很大,广东和其他海岸地区的官员无法抵挡捞油水和收取贿赂的诱惑。正是在这种官方禁止但策略上允许的贸易使葡萄牙于1511年占领马六甲之后开始开展与中国的贸易。

一开始,葡萄牙人试图用武力闯入中国,但是这一些笨拙行径无果而终,葡萄牙人最终偶然发现了一种有效的妥协方法,该方法由两名非常明智的人提出,他们是葡萄牙私商莱昂内尔·苏萨(Leonel de Sousa)和明朝官员汪柏(Wang Po)。正如威尔斯(Wills,1998)叙述的,葡萄牙被准予在珠江口建立货栈、建造教堂,但是未经中国准许葡萄牙人无法直接获得粮食来源。除了每年缴纳的费用外,葡萄牙人还要缴纳贸易税,或者至少缴纳一部分,收入由地方官员与中央政府分享。葡萄牙不允许任何局外人(特别是危险的日本人)进入他们狭窄的规定区域。这就是著名的1557年葡萄牙要塞澳门的起源,它在4个世纪后才正式回归中国。

对葡萄牙来说,幸运的是一个可以利用中日贸易的真正的"中间人的天堂"为他们打开了。中国在丝绸方面拥有强大的比较优势,无论是生丝还是丝绸织物和丝绸服装,日本人非常渴望得到,尽管其国内也有丝绸产业。这个时期日本正在开采产量非常高的银矿,明朝为了铸币和其他用途都非常需要白银。问题是如何成功开展这种互惠的交易,因为明朝政府为了我们今天所谓的"国家安全"既不愿意日本人来到中国,也不愿意中国人去日本。因此马尼拉和澳门都有同样的机会为明朝提供白银以交换丝绸,马尼拉从来自阿卡普尔科的大帆船获得白银,澳门则利用日本的白银。

每年至少一艘载重量 1 600 吨甚至 2 000 吨、用马拉巴尔柚木建造的大帆船,装载印度棉布和其他手工业品从果阿航行到马六甲。销售这些商品是为了购买香料、檀香木和东南亚其他产品,然后将其运输到澳门,交换成丝绸。随后前往日本港口,出售丝绸换取白银,然后再返回澳门。最后,在马六甲再次购买香料,再运回果阿,再由其他船只绕过好望角转运到欧洲。这种安排的美妙之处是从物质方面来说,除了承担高风险的航行和提供必要的"管理服务"外,葡萄牙的投入实际上为零。船只在印度建造,船员(包括领航员)主要是阿拉伯人或非洲人,而贸易的商品全部或大部分产于亚洲。

一趟航行的利润足够许可证持有者解决一生的生计。直到 1618 年,每年"来自澳门的大船"装载中国的生丝和纺织品到长崎,按照博克瑟(1959:7)的说法,运回 18~20 吨白银。1618 年后,每年用 6 条或 7 条较小但更快的带帆两排划桨小船取代 1 艘大船是更好的方法,可以避免企图取代葡萄牙在利润丰厚的中日贸易的荷兰和英国重型武装船只的拦截。博克瑟(1959:169)说,"从澳门-日本贸易中获得的利润直到最后都是非常高的",1639 年白银输出的数量甚至是 17 世纪初的 3 倍。阿特韦尔(Atwell,1998:399)引用德川家康喜欢的翻译、耶稣会修士诺奥·罗德里格斯(João Rodrigues)的话说,16 世纪 40 年代,即使乡绅也很少穿丝绸服装,而到了丰臣秀吉时代(16 世纪八九十年代)"全国人穿着丝绸长袍;甚至农民及其妻子都系丝绸腰带,其中有些家境好的农民也穿丝绸长袍"。

16 世纪后半期,日本正逐渐走出漫长的战国时代。其间,各种封建主都企图取代 14 世纪以来就掌权的虚弱的"足利幕府"。这些竞争者中,最成功的是与耶稣会和葡萄牙商人都维持良好关系的军阀织田信长。当 1543 年 2 名带着火绳钩枪的葡萄牙人遭遇海难而首次现身于种子岛后,日本就立即采用了火器。当地统治者购买火枪,并且由其武器制造师仿造,不久大多数军阀将火枪用于战场。火器的迅速传播增加了战斗的决心,织田信长有效地利用它们,1584 年被背叛的将军暗杀之前,他已经打败了主要对手。正如约翰·惠特尼

• 霍尔(John Whitney Hall,1970:138)所说的,"火枪的引进可能使国家的最后统一提前了几十年"。

葡萄牙带给日本的还有基督教,沙勿略和一小批耶稣会士在皈依日本人方面取得了巨大成功,许多有影响的领主皈依了基督教。沙勿略对日本印象深刻,说他们是"迄今所见过的最好的民族,对我来说,在不信仰基督教的民族中,没有超过日本的民族"(Sansom,1973:115)。日本也似乎很尊敬一些耶稣会士和他们遇到的"菲达戈斯"(Fidalgos,意为贵族),后者也看重个人荣誉和尚武精神,与日本的武士道契合。杰出的封建领主、九州的大村纯忠是同级别中第一个皈依基督教的日本人,1571年他将长崎港的所在地交给了葡萄牙人,同年西班牙建成马尼拉。织田信长对耶稣会士很友好,也许把他们当作抵御佛教影响的手段。

织田信长的继承人是更伟大的人物丰臣秀吉,到1598年,丰臣秀吉实际上完成了日本的政治统一。但是,统一的巩固还有待德川家康1600年打败其他反对派,就任幕府将军,德川幕府维持到1868年明治维新。日本经济似乎在国家统一过程中得到了迅速发展(Yamamura,1981)。领地的固定和产权的合理化给予农民更多的独立性和提高农业产量的积极性。日本急剧增加对高质量中国丝绸的需求就可以解释了,也解释了澳门-长崎航行获利的可行性。

然而,德川幕府于17世纪30年代实行闭关锁国政策并暴力驱逐所有基督教传教士,把与西方的接触局限为长崎外面出岛上的少数荷兰人,这对贸易造成了致命的打击。在日本历史上的所谓"基督教世纪"里,葡萄牙与日本的各种互动经历了三个阶段。16世纪40年代至80年代,日本渴望对外贸易,也接受外来者的宗教和文化影响。1587年,丰臣秀吉似乎突然认识到,虽然贸易带来大量益处,但是基督教的传播会瓦解日本文化和社会制度的基础。因此他企图在有生之年把贸易与传教活动分离开来,允许前者但禁止后者,虽然没有严格贯彻执行,但它也是德川幕府最初两位将军到1623年为止采用的方法。但是,第三任德川幕府将军德川家光显然认为,既然葡萄牙传教士伪装成商人或其他俗人进入日本,他们就威胁了日本的政治稳定,应该完全被驱除,而与荷兰和明朝的贸易继续限定在长崎。在 1637 年被称为"岛原叛乱"的农民起义中，站在农民一边皈依基督教的日本武士的战斗口号是"圣詹姆士"，这也可能被看成外来宗教固有危险的证据。但是桑塞姆（Sansom，1963，chapter 3）提出了另一个有趣的观点，驱除政策实际上是幕府为了垄断对外贸易、防止敌对封建领主通过外贸致富的手段。当然驱除政策对澳门的打击巨大，但澳门毕竟是富有弹性的贸易城市，转而将马尼拉作为另一个输入白银供应地，由此得以继续生存下去。正如帕里（1967：210）所说的，马尼拉是"哥伦布和瓦斯科·达·伽马继承者在地球另一端的集会地；海上交流不管概率多小，都取得了巨大成功"。

跨太平洋贸易基本上局限于西班牙殖民地通过马尼拉与明朝的贸易——长期以来与传说中的马尼拉大帆船有关，这也是 W. L. 舒尔茨（W. L. Schurz，1939）论述全球商业史上这一独特事件的经典著作的标题。两大洲之间的基本交换是中国丝绸、瓷器和一定程度上的东南亚香料换取从波托西和墨西哥银矿里正在涌出来的白银。明朝的商人大多数来自南部港口厦门和广州，带着生丝、丝织品和丝绸服装到马尼拉，在那里换成白银，随后这些产品用马尼拉大帆船运到新大陆再次销售。

西班牙当局在菲律宾和美洲殖民地遇到的问题是这种贸易量应该多大才最符合他们的利益。西班牙和墨西哥都有丝绸业，科尔特斯征服之后很快就把丝绸业引入墨西哥了。因此，首都和殖民地的丝绸业都需要保护。此外，西班牙也不愿意让太多白银被转移到太平洋彼岸，因为这意味着欧洲贸易和战争的紧急需要就减少了。但是，如果根本不允许贸易，那么菲律宾将注定走向灭亡，因为没有其他可行的经济选项去维持这颗"西班牙皇冠最西边的宝石"。妥协的解决方法就是允许贸易，但是限制在规定程度，这样就可以使本土和殖民地中与进口竞争的丝绸业存活下去，又使流向太平洋彼岸的白银保持在一定限度内。与此同时，还提供足以吸引欧洲殖民者定居在一个危险和不健康的环境所必需的刺激。

在经历了 1571 年以来的相对自由阶段后，1593 年引进了管制体系。在马尼拉卸载的货物价值按当地价格计算，不能超过 25 万比索，在阿卡普尔科出售时，总价值按当地价格计算，不能超过 50 万比索。正如舒尔茨（1939：155）简明扼要地说的，"这具有殖民地出口配额的效力，服务于既限制中国丝绸与西班牙相关品在墨西哥市场竞争，又限制墨西哥白银流入中国的双重目的"。许可费用直到 1702 年才发生变化，提高到马尼拉 30 万比索，阿卡普尔科仍然是其双倍。在减去税收、关税、风暴和海盗带来的风险损失折扣等之前，官方价值的收益率最高为 100%。如果上述船运货物价值超过规定价值，那么当然会相应增加总体利润，但是，只要阿卡普尔科的价格仍然如以前那样是马尼拉的 2 倍，收益率不变。

这些利润（即大帆船的载货空间）的分配是一个巨大的"恩赐"，总督和其他王室与城市官员、西班牙商人共同体的成员互相争夺。舒尔茨以诙谐的细节叙述了它们如何被分配给马尼拉社会的各个组成部分，从商人到公务人员、军官、养老金领取者、寡妇和孤儿，最后（但不是不重要的）是各种教会和慈善组织。正如可以想象得到的，通过减少储存航行设备和军需设备的必要空间，超载是普遍现象，以致危及船只航行安全，并增加了损失或被截获的风险。正如舒尔茨所说的，相比之下，从阿卡普尔科到马尼拉的返程航行"基本是空载"，因为丝绸主要以白银支付，价值显然远远高于其重量。因为菲律宾的人口稳定增长，到马尼拉的乘客数量显然多于到阿卡普尔科的。

对丝绸和大帆船运往阿卡普尔科深水港的亚洲商品的需求是非常强烈的。从官方角度上说，阿卡普尔科进口货的购买者只能是新西班牙总督区的居民，但是不可能防止秘鲁总督区的人也进入，甚至通过他们在马尼拉的代理人直接订购。1600 年左右到达阿卡普尔科的优质丝绸是从韦拉克鲁斯到西班牙的（Parry，1967：209），这是一种价低而质高的商品，在太平洋与大西洋连接起来之后，这种商品仍然具有竞争力。所有到过墨西哥城和利马的欧洲人都被当地人（包括混血人，甚至印第安人）穿着丝绸服装感到吃惊，而当地比较富裕的西班牙人展示的奢侈之风，已经超过欧洲任一首府。

墨西哥丝绸业只有通过利用进口的中国生丝才能避免灭亡的命运。阿特韦尔（1998：409）引用的一份史料说，从马尼拉进口的中国生丝可以维持墨西哥城和普埃布拉 1.4 万织工的工作。一点也不吃惊的是,舒尔茨(1939:190)声称大帆船贸易的利润率在 10%～300%,而不是被允许的 80% 多一点。诸如州长和总督由于能够获得稀缺货物的空间,因而大发横财的著名例子很多。舒尔茨引用了著名的 16 世纪航海家的例子,这位航海家以 200 杜卡特西班牙和弗莱芒货物起步,在马尼拉能兑换成 1 400 杜卡特的丝绸制品,在阿卡普尔科销售后,他能获得 2 500 杜卡特利润。后来几个世纪里,其他欧洲国家对中国丝绸的需求减少了大帆船贸易的利润,不过,大帆船贸易仍在持续,一直到 1815 年才告终。

**荷兰崛起为世界贸易霸主**

16 世纪最后 10 年,荷兰开始变成世界经济中的一个重要因素,在几十年里就取代葡萄牙和西班牙,并在 18 世纪前一直维持其霸权地位,直到最后被英国打败。西班牙在尼德兰的领土中有 17 个省,其中北方 7 省在 16 世纪 60 年代末开始反对菲利普二世的压迫性统治。1579 年,他们组成防御性同盟"乌得勒支同盟",1581 年宣布脱离哈布斯堡家族的西班牙。南部各省,包括非常发达的佛兰德尔和布拉班特,大致对应于现在的比利时,在大量富有和熟练的持不同政见者逃往北方之后,被纳入西班牙和天主教的治下。布拉班特的安特卫普 15 世纪前就是欧洲那部分地区的主要商业中心,基本上被荷兰人的敌意和长期封锁斯凯尔特河所毁灭,不久就被荷兰 7 省中人口最多、最富裕的城市阿姆斯特丹所取代。阿姆斯特丹的人口从 1600 年的 5 万左右到 1620 年就增加了 2 倍,到 1650 年达到 20 万。

荷兰共和国是一种商业寡头政治,有些像威尼斯,但绝不仅仅是一个城市国家,人口为 100 万～200 万,与葡萄牙大致相当,但是拥有多样而生产能力强大的腹地。新兴国家的行政领袖主要来自"沉默者"威廉(William the Silent,1584 年去世)的后裔奥伦治家族,威廉被尊称为"国父"。他们担任荷兰、芝兰、乌得勒支的执政和荷兰武装力量的总司令。主要的联邦机构是在海牙召开的

"联省会议"。这个新贵共和国的主要资产是它的经济制度，是当时欧洲最具有生产性和效率的，意大利在前一个世纪就已经走下巅峰。农业集中于高附加值活动，如饲养牲畜、奶牛场，而不是耕耘，从而释放出高比例的劳动力从事手工业和服务业。荷兰经济最强大的比较优势是航运，特别是孕育其他贸易的到波罗的海的所谓"母亲贸易"。波罗的海地区出口的大多数谷物都是由荷兰船只装运到阿姆斯特丹，然后再出口到欧洲其他地区，包括地中海。北海的捕鱼业是荷兰的另一个重要产业，利用所谓"鲱鱼巴士"大型船只，相当于一座流动工场，鲱鱼捕捞后在船上取出内脏，用盐腌制，装箱。

手工业也大踏步发展，部分是以佛兰德尔和西班牙占领的尼德兰其他地区更古老和稳定的中心为代价。因此翁斯科特（Hondshoote）曾经是"新装饰织物"的主要生产者，这种新织物是一种用长纤维羊毛制作的较轻的呢绒。与西班牙的冲突导致该城数千名熟练工人和企业家逃往荷兰的莱登，1580—1600年，莱登的人口增加了2倍，而它的轻呢绒产量增加了2倍多。到1644年，莱登生产14.4万匹呢绒，范豪特（van Houtte，1977:162）说，"当时莱登是欧洲乃至世界的杰出羊毛纺织中心"。这些荷兰呢绒不久就被出口到波罗的海和地中海市场。弗拉芒的逃亡者也把哈勒姆建设成为重要的亚麻纺织中心。建造新船取代大型船队的损耗和出口是另一个重要的手工业部门，1650年左右，每年建造250～300艘。著名的航海技术革新是"弗鲁伊特"（Fluit），它的设计目的是载货空间最大化、劳动力成本最小化。正是这些16世纪90年代开始使用、在霍恩建造的船只使荷兰在大型货物运输中的费用很低，并把大多数竞争对手排挤出了市场。弗鲁伊特能够节省劳动力的原因之一是它们不带武装力量，或者只带少量武装力量。但是，这也意味着它们在危险海域里需要护航，因而是这个时期富足依靠实力的一个很好的例子。与荷兰民用与军用船只分离相反，英国和其他国家的商船仍装备有既沉重又昂贵的武器。按照我们下一章将要遇到的乔治·唐宁（George Downing）的说法，"如果荷兰商人经常被护航，那么英国商人既是商人又是战士，他不能像荷兰商人那样低价销售，结果所有贸易一定逐渐地落入荷兰人手中"（Barbour，1930:281）。

正如我们后面将要看到的,1590年后荷兰坚定参与的一项重要外贸活动不是通过波罗的海,而是通过挪威北部到达阿尔汉格尔斯克,与俄罗斯开展贸易。这条航线涉及葡萄酒、香料、丝绸和昂贵的呢绒换取毛皮、皮革和鱼子酱,然后再出口到欧洲各地。根据乔纳森·伊斯雷尔(Jonathan Israel,1989:44)的说法,荷兰人在1610年取代英国人成为高价值贸易的领先者,他非常重视这一突破,认为这标志着荷兰不再仅仅是低成本托运人,在贸易领域又迈上了一个新台阶,因为它需要资本和必要的贸易关系来汇集各种各样的昂贵商品用于转售。欧洲其他地区的许多精英商人,包括来自伊比利亚半岛的所谓"新基督徒",被商业机遇和宗教宽容政策所吸引,开始在荷兰开展经营活动。

这种高价值转口贸易的根本是能够接近里斯本的香料市场,1580年伊比利亚半岛两个王室统一后,它被置于西班牙的控制之下。禁运可以随时切断这条通道,1585年和1595年都发生过。唯一可行的长期解决方法是到达香料产地——东印度群岛,因此就像葡萄牙一个世纪以前对威尼斯和埃及所做的一样。于是,1594年一群阿姆斯特丹商人组成了"远地公司",派遣一支由4艘船组成的船队前往东方海域,1597年船队归来,虽然损失了一艘船只和许多人员,但是带回大量胡椒,因此这次航行被认为是成功的(Boxer,1973:24—26)。在这些航行的鼓励下,1598年,由24艘船组成的2支船队被派往东方,其中由雅各布·冯·内克(Jacob van Neck)担任总指挥的一支船队带着8艘船和大量香料返回,获利400%,导致阿姆斯特丹全城敲起了欢快的钟声。随着对香料利润渴望的增长,1601年,65艘船被派出。但是泡沫显然引起胡椒产地的价格急剧上涨,按照伊斯雷尔(1989:68)的说法,6年里上涨了100%多,而在欧洲的胡椒价格则下降了。

形势迫切需要一个有效的垄断组织,但是如何达到这个目的呢?联省会议在联邦层面解决了这个问题,荷兰南部的杰出政治家约翰·冯·奥登巴内佛(Johan van Oldenbarneveldt)在谈判中起了领袖作用。1602年,持有特许状的"荷兰东印度公司"(简称VOC)成立了,它由17名董事(即著名的"十七绅士")组成的委员会管理。资本的主要来源地阿姆斯特丹拥有8名董事,芝兰省4

名,北部(霍恩和恩克赫伊森)和荷兰南部(代尔夫特和鹿特丹)各 2 名。第 17 名董事长则在芝兰省、北部和荷兰南部之间轮流,这样就可以防止阿姆斯特丹董事多数的同时又承认它的突出地位,公司总部设在阿姆斯特丹也表明了它的突出地位。

荷兰东印度公司被授予东起好望角、西至麦哲伦海峡 21 年的东方贸易垄断权。其"十七绅士"组成的董事会有权发动防御战争,建造军事堡垒和要塞,并在其垄断的广大地区缔结条约和结盟。因此,荷兰东印度公司应该说是"实际上的国中之国"(Boxer,1973:26)。这是一种前所未有的商业和政治力量的独特结合。威尼斯、热那亚和汉萨同盟的确动用了相当大的海军力量,但是它们只是城邦,没有真正意义上调动民族国家的全部资源。尽管人口规模不大,但荷兰共和国无疑做到了这一点。1602 年,荷兰东印度公司非凡的组织制度基础一经建立,很快就在东印度群岛取得了巨大的成功。到 17 世纪中期,荷兰终于在 1648 年结束了摆脱哈布斯堡长达 80 年的战争。此时,荷兰在亚洲与欧洲、亚洲内部的转手贸易中都占据主导地位,远超其已有的伊比利亚竞争对手。这一成功在很大程度上要归功于第四任和最伟大的荷兰东印度公司印度总督简·皮特斯佐恩·科恩(Jan Pieterszoon Coen,1587—1629 年)。他上任后不久就对董事们说:"我们不能脱离贸易而发动战争,也不要没有脱离战争而开展贸易。"这句话完全准确地描述了重商主义时代战争与贸易的关系,科恩用实际行动证明了自己在这两方面既残酷无情又精通时事。

正如我们在前面章节中看到的,到 17 世纪初,印度洋和太平洋的贸易已经趋于稳定。葡萄牙人控制了果阿、霍尔木兹、马六甲和澳门,西班牙人控制了马尼拉,将其作为坚固的基地和港口,但由于当时经由陆路运往欧洲的香料比绕过好望角的香料还多,因此,毫无疑问,葡萄牙东方殖民地(印度政厅)拥有对这些商品的垄断权。年轻的科恩具有敏锐的地缘战略头脑,他认为这种情况下,夺取全球份额的机会已经成熟。他的祖国在自己的土地上与伊比利亚超级大国作战,并正在建立足够的海军资源,通过直接夺取或培植竞争对手来打入从霍尔木兹到马尼拉的防御工事坚固的环形贸易站。此外,与其被动地等待供应出现,不如采取一种更前瞻性的政策,如果可以通过武力阻止本土和外国买家的竞争,那么可以从本地种植者那里以低价获取香料,并以相对较少的数量出口到欧洲,但利润却很高。经过审慎挑选的荷兰移民可以在亚洲的不同地点开展业务,从事大量的亚洲内部转口贸易,从中获得的利润可以为贸易提供年度周转资金,而无需从西班牙或意大利债权人那里获得昂贵的银条或金币。由于这一愿景的所有细节都记录在了给"十七绅士"的备忘录中,他们任命年仅30岁的科恩为总督也就不足为奇了。

大多数香料贸易标的是胡椒,这是一种在热带从马拉巴尔到苏门答腊和爪哇都比较容易生长的藤本植物。因此它的供应不可能垄断,而卡特尔式的垄断也显然不可能组织起来并维持下去。而垄断丁香、肉豆蔻和豆蔻供应的可能性就大得多。肉豆蔻树需要土壤、温度和雨水才能长得茂盛,所以它只能在班达群岛的5个小岛屿上生产。至少从16世纪早期开始,由于需求足够强劲,这些岛屿就开始专门生产和出口肉豆蔻等香料,用以换取西米、稻米和布匹。这个时期丁香也只能生长于哈马黑拉岛西边的德那第和蒂多雷的小岛阿姆波伊纳和塞兰岛(Ceram),这些岛屿统称为"摩鹿加群岛"。维利尔斯(Villiers,1990:93)报告说,丁香持续涨价是非常明显的,马六甲的价格是摩鹿加群岛产地的30倍,印度则是100倍,而在货源紧缺的时候,里斯本的价格则是摩鹿加群岛的240倍。肉豆蔻的价差更高。米尔顿(Milton,1999:6)说,班达群岛10磅肉豆蔻的价格还不到1英国便士,而同等重量的销售价格在欧洲则是70先令,或者840便士!

荷兰人在荷兰东印度公司早期航行中已经到达这些岛屿,并且从当地部落酋长那里获得了合同,强迫他们除了荷兰东印度公司之外不许出售给任何人。因此当英国东印度公司的代表稍后出现于摩鹿加群岛并以更高的价格采购香料时,荷兰人认为他们是闯入者,而当地的部落酋长则是神圣契约的破坏者,因此当他们拒绝停止买卖时,荷兰人使用武力反对英国和酋长就有合法性。1616年,荷兰以武力占领了班达群岛所有岛屿,只有帕劳(Pulau Run)小岛被尼古拉斯·考特霍普(Nicholas Courthope)带领的少数英国东印度公司的人占领。

1620年,他在一场英勇的防御战中被杀,吉尔斯·米尔顿(Giles Milton,1999)《纳撒尼尔的肉豆蔻》(*Nathaniel's Nutmeg*)中描写了他的传奇行动。科恩对班达群岛实施了极其卑劣的"种族清洗",屠杀或驱逐了全部人口,用进口的奴隶和荷兰殖民者取而代之,以供应肉豆蔻。

安博伊纳上演了英-荷之间非常不愉快的插曲:英国人在该岛上建立了一个据点,荷兰人以他们阴谋夺取岛上的要塞为由,对英国东印度公司的英国人及其日本雇员实施了大屠杀,或者更正确地说是合法"司法谋杀",在严刑拷打下,这些人被迫承认上述指控。丁香的生产被限于安博伊纳,其他岛屿的丁香树被连根拔起,以保证丁香供应限制于能实现垄断经营的最优水平。"十七绅士"痛苦地使劲拧着手,对科恩在班达岛上的残忍行为表示"震惊",但是他声称他所做的一切是执行他们批准的垄断政策。即使不谈科恩明显的行为道德败坏问题,当时的人和历史学家都质疑了他的行为的理性和长远代价。严谨而公正的学者迈林克-勒洛夫斯(Meilink-Roelofsz,1962)认为,此后几年的丁香供应非常短缺,限制丁香、肉豆蔻和豆蔻的贸易规模,其中所能获得的利润能否抵消科恩作战和镇压叛乱的花费值得怀疑。

万丹苏丹利用英-荷敌视的有利条件,吞并爪哇北部沿海国家雅加达,那里曾经是荷兰东印度公司的定居地和贸易站。1619年科恩为规避比其实力更强的英国海军,率领舰队离开安博伊纳,身先士卒、猛攻雅加达,并将其夷为平地。他在雅加达原址上建立了荷兰东印度公司的新总部,以荷兰的日耳曼先祖为它取名"巴达维亚"。该城按照荷兰风格设计街道和运河,很快便吸引了大量当地人和中国人,这一发家方式与马尼拉非常相似。它将作为荷兰在东印度群岛的首府,直到第二次世界大战结束。1623年,科恩第一任总督任期已满,返回荷兰,但是1627年他开始了第二个任期。巴达维亚的建立是对爪哇中部强大的马塔兰的苏丹阿贡(Agung)的一个挑战,阿贡带领大量军队围攻新兴的荷兰城市,几乎要成功占领它。1629年,巴达维亚被围攻期间,科恩突然去世,可能是由于感染痢疾,年仅42岁。围攻最终解除了,当马塔兰和巴达维亚实际上都变成了荷兰东印度公司的附属国时,巴达维亚与马塔兰之间的冲突到17世纪末才终于结束。

科恩的扩张主义政策在其得力门生安东尼·范·迭曼(Antonie van Dieman)领导下继续推行。1641年,迭曼最终在柔佛苏丹的帮助下,从葡萄牙手中夺取了马六甲。当1648年荷兰与西班牙最终达成和平后,科恩的扩张主义得到了大力支持。荷兰与西班牙斗争的结束意味着荷兰东印度公司的贸易可以得到两种基本"输入":士兵和白银。1648—1652年,荷兰东印度公司雇用了10.5万作战经验丰富的老兵,此前几十年流入巴达维亚的白银从大约800万增加到1650—1660年的1 200万荷兰盾(Iarael,1989:245,table 5.17)。

1638年,荷兰人通过与内陆康提王国统治者拉贾辛哈二世(Rajasinha Ⅱ)结盟而从葡萄牙手中夺取了斯里兰卡。随着资源的增长,1656年荷兰东印度公司以2 000名荷兰士兵和僧伽罗人辅助军队,能够从葡萄牙手中夺取科伦坡,不久控制了全岛。1657年,他们占领了贾夫纳,吞并了以前盟友康提王国的领地,使公司能够成功地垄断宝贵的肉桂贸易,控制有利可图的向莫卧儿帝国和印度其他国家出口大象的贸易。17世纪60年代初,荷兰东印度公司的军队占领了葡萄牙在马拉巴尔海岸的一系列军事堡垒和贸易站,包括1663年占领科钦(除了较小的巽他群岛上的帝汶岛和索洛岛外),只有1622年从荷兰的决定性攻击中幸免的果阿和澳门现在仍然是葡萄牙的亚洲据点。荷兰东印度公司在东印度群岛完全将英国人逐出班达群岛、将西班牙人逐出德那第和蒂多雷,并且巩固了其在爪哇和苏门答腊的地位。17世纪60年代后期,他们与布吉人结盟,征服了苏拉威西岛上强大的望加锡苏丹国,防止了它与英国或其他竞争者贸易,从而提高了他们自己从丁香和其他香料贸易中获得的利润,在某些情况下,通过强行迁移种植地区的人口,消除过剩产能。

荷兰东印度公司对康提和望加锡的占领是早期近代欧洲帝国主义在亚洲殖民的有趣案子,标志着与原先葡萄牙人的殖民模式已经过时,预示了之后100多年英国和法国将采取的行动。因此,当葡萄牙非常满足于在战略要地建立堡垒和贸易据点并紧紧依赖海上力量控制贸易时,荷兰东印度公司则准备通过控制肉豆蔻、丁香和肉桂的产地而建立垄断权。正如辛纳帕·阿拉沙拉特南姆(Sinnappah Arasaratnam, 1988:XX)所说,"荷兰在亚洲的领土扩张是他们商业政策的直接后果"。这些实在的收获足以弥补在远东遭受的损失：远东的德川幕府的排外政策意味着日本白银供应停止,而且 1661 年荷兰被驱逐出台湾。对未来亚洲民族主义者来说,这些事件的教训是明确的。哪里有强大的统一的亚洲国家,如德川幕府时期的日本和清政府,欧洲人就会被限制于互惠商业贸易,但是哪里的亚洲国家被内部分裂,如印度尼西亚群岛或斯里兰卡,它们就会沦为贪婪的欧洲列强的猎物。

来自印度东部科罗曼德尔海岸的棉布是印度尼西亚群岛最想用香料换取的商品。17 世纪最初 10 年,荷兰东印度公司相应地在这个地区建立了 2 个贸易据点马苏利帕特南(Masulipatam)和普利卡特(Pulicat)。正如雷齐杜里(1962:16)所指出的,德干苏丹急于接受荷兰东印度公司进入他的领地。荷兰东印度公司购买棉布不必缴纳 12% 的印花税,而其他棉布购买者,甚至本地商人仍必须如数缴纳。这不禁让人想起现在许多发展中国家为了吸引外国投资的做法。但是,这并不妨碍他的贪婪成性的官员和其他地方当局以多种方式向公司索取贿赂。其他的障碍是持续不断的战争和折磨这个地区的间歇性饥荒。尽管面临这些困难,但是棉布供应有很强的弹性,荷兰东印度公司的购买能力只受限于公司每年以贵金属形式筹集的资本,因为这是当地唯一可以接受的支付方式。① 整个 17 世纪,棉布出口稳定增长,不仅出口到印度尼西亚群岛换取香料,而且出口到欧洲,甚至日本和波斯,使科罗曼德尔的棉布变成了荷兰东印度公司掌控的全球商品。科罗曼德尔棉布和其他纺织品在阿姆斯特丹销售总数中的份额由 1648—1650 年的 17% 上升到 1698—1700 年的 43%,这意味着它超过了香料和胡椒,因为同期香料和胡椒共占份额由 58% 下降到 37%(Glomann, 1958:14)。人们经常这么说科罗曼德尔,荷兰东印度公司的"左膀"因此最终变得比其"右臂"印度尼西亚群岛的香料贸易更强大。

棉布绝非荷兰人从科罗曼德尔出口的唯一商品。靛蓝是欧洲和亚洲急需

---

① 商品的供求弹性越高,生产者和消费者对价格变化的反应就越敏感。这种弹性如何影响经济的例子,参见图 6.5 及其相应论述。

的另一种商品,公司希望鼓励当地种植靛蓝。但是,也许最令人吃惊的是用当地的硝石制造的火药,按照雷齐杜里的说法,这些硝石不仅满足公司的大量需求,而且出口到欧洲,以满足"三十年战争"带来的需求。经常爆发饥荒造成的奴隶贸易也得到了发展,尽管科恩努力促进它,但是还未达到重要比例。当地一名印度教军阀拒绝为科恩提供奴隶,说他认为在神的心目中这是一大罪孽。在这种情况下,至少印度教的神祇比科恩的加尔文教派的上帝更悲天悯人。科罗曼德尔的贸易货栈也成为促进与孟加拉地区、缅甸和马来半岛贸易的基地。因此荷兰东印度公司头 50 年显然取得了巨大成功。每 10 年从亚洲返回荷兰的船只从 17 世纪 20 年代的 50 艘稳定上升到 17 世纪 60 年代的 103 艘、最后 10 年的 156 艘,1625—1648 年,阿姆斯特丹股票交易所的股票价格几乎增长了 4 倍(Israel,1989: table 4.8,5.19)。按照德·弗里斯和冯·德尔·伍德(de Vries and van der Woude,1997:396)的说法,到 1650 年,荷兰东印度公司支付的股息是原始资本的 8 倍,股票持有者的年回报率为 27%。

这个时期荷兰的洲际贸易绝不局限于荷兰东印度公司和亚洲。从 16 世纪 90 年代起,荷兰还积极在大西洋活动,既在西非沿岸,也在美洲东岸活动。在几内亚沿岸,荷兰船只最初为了黄金和象牙而进行贸易,后来积极参与奴隶贸易。与西班牙的战争切断了荷兰从葡萄牙和西班牙海域获得鲱鱼业所需要的渠道,但是大型船队被派往委内瑞拉沿岸和加勒比,开发那里的大量矿藏,直到西班牙颁布严厉的应对措施加以阻止,荷兰水手经常被当作犯罪的闯入者而处死。在北美,荷兰用斧子、刀子等与当地人交换海狸皮和水獭皮,在加勒比他们也从事同样的毛皮贸易。正如在东印度一样,荷兰商人之间的相互竞争严重降低了这些贸易的利润率,于是荷兰人采取了类似的矫正方法,整合组建了一个股份公司,即西印度公司(WIC)。西印度公司成立于 1621 年,比荷兰东印度公司晚了 19 年,其原始资本更多,董事会成员为 19 名,当然被称为"十九绅士"。

"三十年战争"当时在欧洲激战正酣,西印度公司在大西洋不得不面对哈布斯堡家族的西班牙和葡萄牙的全部势力。该公司最初取得了一些成功。在西非,到竞争结束时,几内亚沿岸的黄金价格与黄铜器皿价格相比降低了一半

(Israel,1989:161)。在加勒比,1628年,海军上将皮耶·海恩在古巴沿岸捕获了西班牙运宝船队,净额1 100万荷兰盾(Ibid.,162)。在总账的另一方面,以敦刻尔克为基地的弗莱芒私掠船主们经常给荷兰船只带来巨大灾难,破坏或捕获数百艘鲱鱼"巴士",有时甚至能够诱捕非常富有的战利品,如1642年诱捕8艘来自阿尔汉格尔斯克返回的满载而归的富人的船只(Ibid.,136—137)。按照帕克(Parker,1979:198)的说法,1626—1634年间,1 800多艘船(主要是荷兰商船)被私掠船捕获或破坏。伊斯雷尔报告说,1620—1627年间,从波罗的海到地中海的荷兰船只减少了90%以上。

葡萄牙在巴西的主要据点巴伊亚于1624年被荷兰人攻占,但是一年之后就被伊比利亚联军收回。1630年,荷兰夺取了伯南布哥的累西腓(Recife)军事要塞,并利用来自西非的奴隶积极发展甘蔗种植园。按照伊斯雷尔(1989:163、169)的说法,1636—1645年,荷兰人在巴西领土上至少出售了2.3万奴隶,与此同时,蔗糖出口也从1638年的3 600箱提高到1643年的9 500箱。但是此后不久,荷兰在巴西的整个据点都崩溃了。以非洲奴隶、印第安人和混血儿为主体的当地居民,在葡萄牙占领的巴西南部的同胞支持下揭竿而起,1654年,他们成功地驱赶了荷兰人。1647年,西印度公司估计在巴西的利润为40万佛罗琳,但是为镇压起义花费了10万佛罗琳(Parkey,1979:195)。在这次崩溃后,西印度公司放弃了用武力促进在新大陆贸易的企图,转而依靠和平的(尽管是不道德的)手段寻找适当的商业机会,从西非跨大西洋输出奴隶。

博克瑟(1975:106)宣称,17世纪荷兰共和国与哈布斯堡伊比利亚政权的冲突比1914—1918年的正常冲突更值得称为"第一次世界大战",因为它在"4个大陆、7个海洋中进行"。无论以什么名义,战争的开支都是真正的令人吃惊,正如杰弗里·帕克(Geoffrey Parker,1979,chapter 10)所清楚地揭示出来的。尼德兰南部,特别是中世纪欧洲经济发展中心的佛兰德尔和不拉奔各省,被战争和阻塞入海口而破坏。它们的确恢复得不错,但是直到19世纪工业革命,它们才恢复了在欧洲的领先地位。西班牙在这场冲突中也元气大伤,为维持入侵荷兰的庞大军队,西班牙的花费比在西印度群岛所得的财富多得多。帕克(1979)报告说,1571—1575年国王从西印度群岛获得的收入共计约400万杜卡特,而同期在佛兰德尔的开支为900万杜卡特,耗费在地中海舰队上500万杜卡特,1 000万杜卡特财政赤字不得不靠无情地在卡斯提尔征税、向热那亚和其他地方(主要是意大利)的银行家大肆举债予以弥补。1556年菲利普二世继位时,西班牙国债3 600万杜卡特,1598年他去世时的债务高达8 500万杜卡特,1667年则达到1.8亿杜卡特。1580年,葡萄牙与西班牙王室合并,加剧了它与荷兰的敌对,战争带给葡萄牙的负担特别具有灾难性,因为正如我们所见到的,葡萄牙耗费了其亚洲帝国的大部分财富。当1640年葡萄牙脱离西班牙时,一切都为时已晚,因为荷兰已经远远领先了。

荷兰的成功崛起显然可以从其获得的航运船只数量得到说明。根据德·弗里斯调查画的图4.5显示了从葡萄牙、荷兰、英国、法国和欧洲其他国家每10年前往亚洲的船只数量。这些船只并非全部从亚洲返回欧洲,有些在亚洲水域被用于商业或军事目的,有些则损失掉了。并且在大小上因国而异,因时而异。正如所见,几乎整个16世纪,葡萄牙完全垄断了绕过好望角的航线。但是随着时间的推移,葡萄牙的船只数量不断减少,从16世纪头10年的151艘下降到16世纪90年代的43艘,船只的平均规模增加弥补了这种数量减少(从16世纪10年代的283.3吨增加到16世纪90年代的1 144.2吨),同一时期,返回葡萄牙的船只也从58%增加到93%。正如数据显示的,结果是返回里斯本的吨位逐渐但稳定地增加,只有16世纪90年代下降,这是荷兰首次出现于亚洲海域的时代。

从此,荷兰比葡萄牙或其他任何地方都派遣更多的船只到亚洲,这种优势维持了将近2个世纪,直到18世纪80年代。由于荷兰(和葡萄牙)船只比英国或法国的船只更大,因此荷兰的航行船只数量优势就变成了返回欧洲的吨位优势。至于葡萄牙,返回里斯本的吨位在17世纪呈不断下降趋势。到17世纪中期,他们在曾经领先一个半世纪的绕过好望角航线也不再是荷兰的重要竞争对手。欧洲与亚洲之间的洲际贸易的首位权明显转移到荷兰东印度公司和荷兰共和国,虽然他们已经发现必须与英国竞争,以便维持它。

172　国强国富

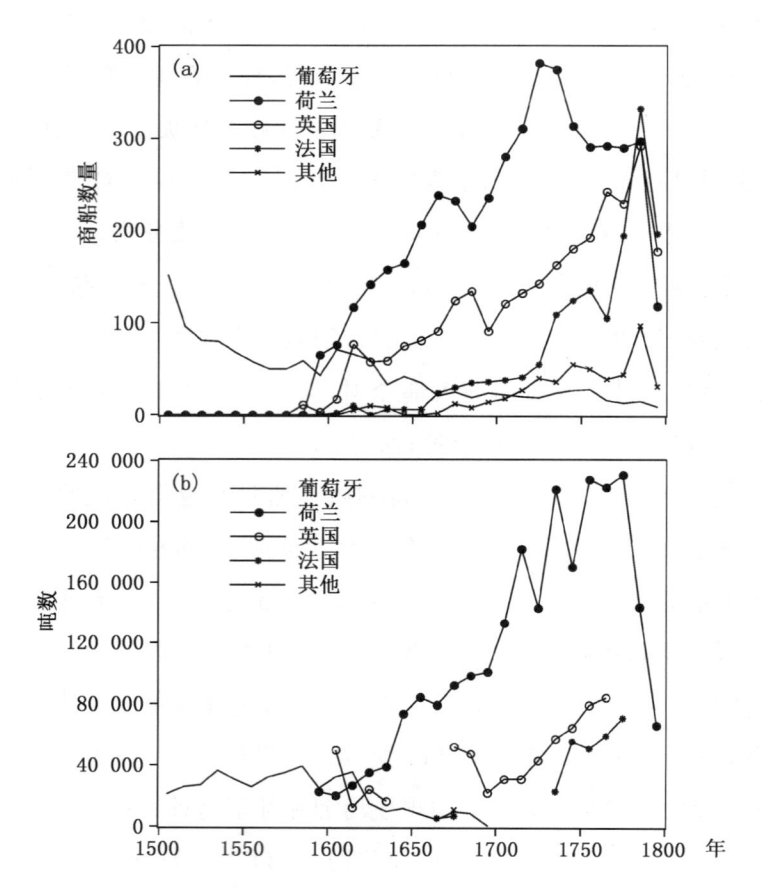

注:(a)每 10 年驶往亚洲的船只数量;(b)返回欧洲的吨数。
来源:德·弗里斯(2003)。

图 4.5　1500—1800 年环绕好望角的贸易

正如帕克(1979:191)所证明的,荷兰的胜利来之不易。抵抗西班牙庞大的军队每年需要大量经费,从 1591 年的 300 万佛罗琳增加到 1607 年的 900 万佛罗琳,1640 年高达 1 900 万佛罗琳。税收不得不提高,1651 年仅在一省的公债就高达 1.53 亿佛罗琳。但是,与西班牙的一大差异是,虽然商人寡头和摄政阶层生活豪华、奢侈,但荷兰人有很强的储蓄偏好。这些债务大多数是在阿姆斯特丹借贷,而且债权人是国内的人,17 世纪初支付的利息率为 10%,17 世纪 40 年代下降为 5%,1651 年后则为 4%。

正如我们已经看到的,荷兰东印度公司最终获利很高,但是它花了几十年构建军事和商业基础设施,而西印度公司则每况愈下。的确可以认为,荷兰人的长途洲际贸易虽然充满魅力且美名远扬,但对荷兰"黄金时代"的真正繁荣所做出的贡献,不如波罗的海的"母亲贸易"和鲱鱼业那么大。1634年荷兰运行的4 300艘船只中,捕捞鲱鱼的占2 250艘,波罗的海和地中海船队占1 750艘,东印度和西印度群岛只占300艘(Parker,1979:196)。因此我们不能忽略以下事实:早期近代欧洲内部贸易和亚洲内部贸易的规模和价值都远远大于穿越世界各地海洋的香料、丝绸、奴隶贸易。但是,为此不能否认1500—1650年在创立真正全球经济方面所取得的重要性。

**1500—1650年俄罗斯、瑞典和波罗的海**

在离开论述欧洲之前,值得停顿一下,论述俄罗斯逐渐崛起为欧亚大陆强国的故事线索,因为这代表着这个时期欧洲扩张主义的另一个著名例子。正如我们已经看到的,在伊凡三世和瓦西里三世的统治下,莫斯科大公国获得了大量领土,所以当伊凡四世(1533—1584年)3岁继承父亲的王位时,他就是现在所谓的强大民族国家的统治者。幼主继位招致不同贵族派系之间长期的权力争夺,直到他1547年加冕为"全俄罗斯的沙皇"而不仅仅是"莫斯科大公"为止。伊凡自称拜占庭皇帝的继承人和"第三罗马"帝国的首领,但是他在历史上更以"伊凡·格罗兹尼"("恐怖者")著称。他统治早期,随着火枪团(著名的"射击团")的建立而加强了军事力量,补充了传统的贵族骑兵,升级了炮台防御设施和随军城武器。这些措施在1552年大胜伏尔加河中游地区的喀山汗国中见到了成效,这场胜利打开了向东到达西伯利亚和沿着伏尔加河南下到达里海边的阿斯特拉罕的通道。在这个节骨眼上,许多鞑靼部落被纳入俄罗斯军队,扩大了骑兵力量,伊凡可以用于反对独立的鞑靼部落和后来对抗西边的立窝尼亚的战争。

征服喀山和阿斯特拉罕汗国被认为是东正教反对异教徒穆斯林的十字军

战争。这些征服使莫斯科公国卷入与克里米亚鞑靼人和南部边疆的奥斯曼帝国的长期冲突之中。但是，在东边，"喀山的征服开启了兼并整个西伯利亚的进程"(Martin,1995:354)。兼并西伯利亚是中世纪的内陆国家莫斯科公国转变成彼得大帝和叶卡捷琳娜大帝时期伟大帝国的最重要原因。著名的斯特罗加诺夫(Stroganovs)家族被伊凡颁发了喀山之外地区收集毛皮和殖民的许可证。1582年，一支哥萨克分遣队打败了西伯利亚的大汗，为俄罗斯在广大的西伯利亚扩张和殖民打开了大门。军队和殖民者紧随少数猎人和诱捕动物者的脚步，逐渐地克服困难，沿着一系列要塞和贸易据点向东边挺进，17世纪40年代到达太平洋的鄂霍次克海。昂贵的黑貂皮、貂皮和其他毛皮从当地土著中征收，这些土著对俄罗斯剥削的抵抗很容易被残酷镇压。

虽然推动东扩过程的是私人部门，但是莫斯科的政府通过1637年建立的专门的"西伯利亚部"监督整个过程，确保国家获得了最好的毛皮的1/10，作为它的财政收入。他们的目标不是获得用于耕种和密集定居的领土，而是通过毛皮贸易榨取财富，军队、行政管理人员、定居者仅仅提供取得毛皮所需要的基础设施。毛皮收集根本不考虑生态可持续性，当毛皮供应枯竭时，就不断向东推进。到19世纪，传说中的毛皮"宝山"变成了冻原，唯一的用处是罪犯和持不同政见者的流放之地。但是，17世纪后期和18世纪，西伯利亚的毛皮是俄罗斯帝国的一个重要财源。西伯利亚的俄罗斯的男性人口从1719年的16.9万增加到1792年的41.2万(Perudue,2005:89)。

在西边，重要的据点，如瑞威尔(塔林)和里加，实际上是自由城市或商业共和国，立窝尼亚骑士团曾经强大的战斗力已经大幅减弱了。因此俄罗斯1558年发动攻击时，最初取得了巨大成功，虽然没有占领里加和瑞威尔，但是占领了多尔帕特和纳尔瓦。伊凡一夺取纳尔瓦，北欧的船只就云集那里与他进行商业交易，并且受到他的欢迎(Kirchner,1966)。伊凡不仅把纳尔瓦作为俄罗斯传统出口产品(如毛皮)的出海口，而且作为进口武器和军用物资的口岸。贸易额是如此庞大而多样，以致那里的大多数商品(包括贵金属)的价格据说都比波罗的海各港口低。纳尔瓦的贸易规模反映在通过松德海峡埃尔西诺的船只大量增加，1567年至少有76艘，柯克纳（Kirchner，1966）断定那里的贸易每年涉及数百艘船，与波罗的海东部最大的港口里加不相上下。

因此，各国争相分享俄罗斯入侵所带来的机会。由此引起的相互敌对和竞争导致北方七年战争（1563—1570年）爆发，在这场战争中，瑞典曾于1561年占领了瑞威尔，远程攻击丹麦、波兰-立陶宛、汉萨同盟的主要港口城市吕贝克。俄罗斯保持中立，纳尔瓦因向各方开放商业活动而繁荣。但是，俄罗斯的强大竞争对手最后都不愿意静观其变，眼睁睁看着俄罗斯大把赚钱。丹麦、瑞典和最重要的波兰-立陶宛都介入了，伊凡不久就发现自己实际上在西线已经卷入了敌对状态。1571年，克里米亚的鞑靼人也利用这种有利形势发动了对莫斯科的毁灭性袭击。波兰和立陶宛根据1569年的《卢布林条约》而变成了一个双君主制国家（或邦联制国家），选举特兰西瓦尼亚王子斯蒂芬·巴托里（Stephen Batory，1576—1586年）统治他们。结果证明他是一个强大的军事领袖，在许多要塞威胁俄罗斯的西部防线。瑞典人控制了芬兰湾沿岸大多数地区，1581年还夺取了纳尔瓦。

俄罗斯不得不与这些北欧国家达成和平。1582年，俄罗斯与波兰-立陶宛签订《亚姆-扎波利斯克停战协定》（Truce of Yam Zapolskii），恢复战前的边界。俄罗斯与瑞典单独达成和平，承认对俄罗斯非常不利的现状。一个半世纪后，彼得大帝才再次打开波罗的海的窗口。只要俄罗斯能够占据纳尔瓦并巩固它在那里的地位，那么正如柯克纳所主张的，国家的西方化就可以随着时间而被加速。但17世纪几乎是俄罗斯历史上的失利时代，其标志是正如我们已经看到的，成功地扩张到西伯利亚和东部，但代价是它的社会政治结构进一步"亚洲化"（Kirchner，1966：76），比西方更中央集权的专制主义。

伊凡四世的统治在最初的成功后，落入困境，暴力和镇压不断爆发。沙俄和苏联时代的俄罗斯历史学家都企图证明他最离奇和虐待狂的行为都是"国家利益"驱动，是为了建立能够抵抗无数外部威胁的有效民族国家的必要步骤。但是，正如理查德·赫利（Richard Hellie，1986）和伊萨贝尔·马达里亚加（Isabel de Madariaga，2005）所指出的，处决和严刑拷打成千上万无辜百姓很难说是必要的，在所谓诺夫哥罗德叛乱事件中，屠城很难说是社会进步的代价。一名绝对专制君主的严重妄想症似乎更能解释这些毫无意义和残酷无情的行为，随着1584年他的去世，这些行为终于结束了。伊凡四世去世后，俄罗斯进入了历史上的"困顿时期"。由于王位争夺的混乱、佞臣当道、农民起义、外国入侵，俄罗斯陷入混乱；而在此期间，俄罗斯许多地方经历了至少长达一代人的时光的破坏，遍地残垣。这一系列事件的罪魁祸首，很大程度上是伊凡四世的昏庸无道。在新的罗曼诺夫王朝统治下，俄罗斯开始缓慢恢复元气，1613年罗曼诺夫王朝在被唤醒的平民的欢呼声中开始掌权，之前，这些平民已经把占领莫斯科的波兰军队驱逐出城。

17世纪其他时间仍然以俄罗斯、波兰-立陶宛和瑞典之间的三国纷争为标志。俄罗斯与波兰-立陶宛之间的冲突围绕东欧支配权展开，特别是现在的白俄罗斯和乌克兰地区。1611年，波兰人夺回了斯摩棱斯克，但是1654年，俄罗斯人永久地夺取了它。17世纪50年代博格丹·赫梅利尼茨基（Bogdan Khmelnitsky）领导的哥萨克大起义摧毁了波兰，使俄罗斯能够通过1667年的《安德鲁索沃停战协定》取得基辅和第聂伯河的乌克兰东部地区，1686年另一个条约则重申了它的占领。到这时，一个非常明显的事实是，复合的罗马天主教共同体只是无法调集足够的作战单位和资源与专制的正教敌人抗衡。

瑞典是另一个强大的对手。虽然人口不足100万，但是瑞典作为北欧和波罗的海的支配力量正在经历它的"伟大时代"。它的实力是由古斯塔夫一世瓦萨（Gustav Ⅰ Vasa，1523—1560年）的精明统治所奠基的，他的后继者不仅能够抵抗芬兰人，而且开始在芬兰、立窝尼亚、爱沙尼亚建立一个帝国，他的孙子古斯塔夫二世阿道夫（Gustav Ⅱ Adolf，1611—1632年）取得的军事和外交突出成就，让瑞典达到鼎盛。作为土地贫瘠和农业资源贫乏的弥补，瑞典的铜矿和铁矿资源储量丰富，这不仅可以为本国军队提供"战争的肌腱"，而且可在紧急时期为进口必要的民生必需品提供财政资助，如粮食和食盐。乡绅、自耕农、城市市民、流动的外国能干商人和主要来自德国、荷兰、苏格兰的士兵构成的相对开放的社会，为帝国使命提供了必要的人力资源。

迈克·罗伯茨(Michael Roberts,1979,chapter 1)曾经比较了他所谓的"老一辈瑞典历史学家"与所谓"新学派"的观点。前者认为,对一个在敌视环境中容易遭受攻击的国家来说,国家安全是瑞典建立帝国事业的主要目标。后者则强调经济动机的优先性,即希望垄断利润丰厚的波罗的海贸易,从东端的俄罗斯到西边的丹麦和松德海峡,这导致瑞典必须控制关键性的港口(如纳尔瓦、瑞威尔、梅梅尔、里加和但泽)及其内陆地区。罗伯茨和其他学者已经令人信服地认为,证据不能支持瑞典政策的严格而狭隘的经济解释,虽然贸易和关税的作用从未被忽视。这个问题实际上与关于重商主义的"实力与富足矛盾"争论是一样的,雅各布·维纳(1948)已经解决了重商主义的争论,本章下面将主要关注的内容是:简而言之,无论达到哪个目标,都将促进其他成就。因此可以安全地说,瑞典的目标是"垄断波罗的海的航运",因为从长期来看,无论哪个目标首先实现,国家安全和经济霸权都必须以上述目标为前提。

挪威、芬兰和俄罗斯都能大量提供树脂、柏油、大麻和木材等荷兰和英国海军和商业航海必须进口的商品,是波罗的海的主要出口产品,除了传统的食盐、鳕鱼和鲱鱼外,手工业品和东方产品是主要的进口产品。波罗的海各港口中,维斯瓦河口的但泽是波兰粮食出口、西欧产品进口的主要口岸,西欧进口产品逆流和深入内地出售,以便交换它们的产品。粮食显然是主要的出口产品,占出口总额的70%~80%,但泽同时也是匈牙利的铜、铅、铁从尼尔曼(Nieman)或通过哥尼斯堡(Konigsberg)船运来的立陶宛和俄罗斯产品的出海口(Attman,1973:57—66)。15世纪但泽出口货物的主要目的地是吕贝克,但是16世纪主要是荷兰,17世纪英国也变成了重要目的地。1580—1628年,英国的"东方公司"(Eastland Company)在艾尔宾(Elbing)的小港口设立了贸易据点,但是此后转移到但泽。

几个竞争者中,究竟谁将建立繁荣的波罗的海贸易世界的霸权呢?汉萨同盟各城市仍然拥有自己的船队和贸易网络,但是它们不能控制内陆地区,缺乏与正在兴起的民族国家竞争必要的财政和军事资源。正如条顿骑士团和立窝尼亚骑士团在近代早期越来越变成了中世纪的残余。当诺夫哥罗德和普斯科夫还是共和制的城市国家时，汉萨同盟还可以与之竞争，但当他们被莫斯科公国兼并后，汉萨同盟就无能为力了。荷兰共和国能够运载波罗的海的大宗货物，但是它忙于在国内抵御哈布斯堡领主的攻击专注于在东印度和西印度群岛的殖民事业，以及世界各地贸易来获得更多的利润。

因此，古斯塔夫二世的瑞典取得了17世纪争夺波罗的海支配权斗争的胜利，这很快使得"三十年战争"（1618—1648年）期间和之后成为斯堪的纳维亚强国的克里斯蒂安四世的丹麦黯然失色。1658年瑞典占领了斯堪的纳维亚，与丹麦共同控制了分隔北海与波罗的海的狭窄海峡，标志着这两个王国相对实力的转变。瑞典查理十世（1654—1660年）发动的那场1655—1660年的战争则遏止了波兰-立陶宛的进军步伐。在波兰历史上，这一时期被称为"洪水期"，虽然波兰的确复兴过，但终究未能再展昔日雄风，在18世纪后期被俄罗斯、普鲁士和奥地利三分。"洪水期"之后，但泽的贸易衰落了，其地位丧失给属于胜利的瑞典的其他港口，如瑞威尔和里加。

尽管取得了这些军事成功，但是瑞典从未垄断波罗的海贸易。这很大程度上归因于一条新的航线的开辟，1553年英国理查德·钱瑟勒（Richard Chancellor）率领的船只停泊俄罗斯白海的北极海岸，开启了世界贸易史上的一个新篇章。这是3艘企图发现到达中国和东印度航线的英国船只之一。钱瑟勒及其船员前往莫斯科，谒见沙皇，沙皇很快便注意到贸易的潜在利益。虽然每年大多数时间都是冰雪覆盖，但是在阿尔汉格尔斯克港新成立的"莫斯科公司"（Muscovy Company）还是发展了有利可图的贸易。俄罗斯出口绳索、蜂蜡、毛皮和制作桅杆的木材。俄罗斯两种非常重要的出口商品亚麻和大麻主要是从波罗的海的港口装运，粮食在价格非常高的时候则只能从阿尔汉格尔斯克装运，因为只有那时才能承担起北极航线的高昂运费。进口商品是呢绒和棉织品、金属制品、武器和战争物资、葡萄酒、食盐和贵金属。

1587年，至少10艘船从阿尔汉格尔斯克返回了英国，16世纪90年代每年有14或15艘大的商船往返于白海的港口。但是，正如我们已经看到的，荷兰很快就在阿尔汉格尔斯克贸易中取代了英国（Israel，1989：43—48）。1600年，

13 艘荷兰船与 12 艘英国船同时停靠在阿尔汉格尔斯克港,但是到 1604 年,双方的船只分别为 17 艘和 9 艘,从此荷兰继续脱颖而出。荷兰人成功的原因是他们掌握了更多的资金和可以到达东印度群岛的香料产地,使他们能够以更大型和更结实的船只适应北极航线,在莫斯科和沃洛格达都建立了贸易货栈,能更好地为俄罗斯市场服务。他们还能提供优质的染整呢绒,拥有更多的白银供应去填补西欧与俄罗斯贸易的价值赤字。一名愤愤不平的沙皇、彼得大帝之父亚历克西斯(Alexis,1645—1676 年)于 1649 年驱逐了英国人,以宣泄对英国人无视其君权的愤怒。这是荷兰经济跃居首位的早期上升阶段,正如英-荷在东印度群岛的竞争一样,它在北极海域也同样明显。我们还要注意 17 世纪早期全球化程度的证据,因为东印度香料和新大陆的白银在欧洲最北部的贸易中是两个关键因素。

除了这条北方航线外,东欧与西欧之间穿越波兰的陆上贸易在 16 世纪得到发展,即使在倒退的 17 世纪也得到增长。来自乌克兰、匈牙利、摩尔达维亚和瓦拉几亚广大平原的牛群被赶往西欧城市(如奥格斯堡、纽伦堡、雷根斯堡、乌尔姆)宰杀,沿途经过卢布林、克拉科夫、波兹南和布雷斯劳等地。俄罗斯的毛皮、皮革、俄罗斯和波兰的蜂蜡,也从诺夫哥罗德和普斯科夫从陆路运输到莱比锡等中心,这些商品可以在那里名闻遐迩的集市上展示和销售,以换取西欧的商品。

虽然有大量相反的观点,但是阿特曼(Attman,1973,chapter 3)强调,"俄罗斯统一市场"是存在的,因为大多数贸易商品能够而且经常从三条商路运输,即通过白海、波罗的海各港口和经过波兰-立陶宛的陆路。阿特曼的论点在 1944 年的一篇论文中首先提出,得到了阿恩·奥伯格(Arne Öhberg,1955)的强烈支持。他指出,阿尔汉格尔斯克航线是防止瑞典实现其垄断俄罗斯与西欧的海外贸易的千秋美梦。因此,"三十年战争"期间,当古斯塔夫二世阿道夫及其大法官阿克塞尔·乌克森谢纳(Axel Oxenstierna)企图通过维斯瓦河的束缚而垄断波罗的海向阿姆斯特丹市场供应粮食时,引起粮食价格暴涨,结果粮食出口转向了阿尔汉格尔斯克,这种企图就失败了。瑞典有条不紊地企图把阿汉格尔斯克贸易转移到他们通过降低关税到 2% 而控制的波罗的海各港口,俄罗斯通过提高出口关税以弥补商人的损失,引诱他们放弃北方航线。瑞典试图通过劝说俄罗斯人把阿尔汉格尔斯克贸易转移到波罗的海的外交努力失败了,因为俄罗斯人不愿意承担放弃北方路线而沦为瑞典人手中棋子的风险,尽管瑞典一再"诚挚"地保证绝不会发生此等状况。按照奥伯格(1955:162)的说法,"白海航线是一个永远不安全的因素,瑞典政府只要关心波罗的海贸易,就必须认真考虑白海航线"。

### "商业时代"的东南亚

我们现在考察"地理大发现航行"对一直是欧洲欲望的目标地区——东南亚——的一些意义。为了取得适当的视野,我们需要从东南亚本身的角度来考察 1500—1650 年,而不是从东印度公司的角度,或者如我们已经提到的荷兰东印度公司的角度,或者如 J. C. 范勒尔(J. C. van Leur,1955)所说的仿佛"从一艘丹麦船只的甲板上"。因此我们将探索东南亚大陆和群岛上的政治实体的命运,考虑它们与印度、中国和欧洲的互动关系。"商业时代"对东南亚的影响远远超过贸易,不仅影响了国家与地区之间的权力平衡,而且从根本上影响了宗教这样基本的文化领域,伊斯兰教和基督教的传播,在一定程度上,小乘佛教也与商业扩张联系起来(Reid,1993b)。与日本的情况一样,欧洲人出现的一个重要后果是欧洲军事技术的迅速传播,这导致更多决定性的军事冲突,并有助于在更广泛的地区建立中央集权的政治实体。

在两位伟大的武士国王莽瑞体(Tabinshwehti,1531—1550 年)和莽应龙(Bayinnaung,1551—1581 年)的统治下,阿瓦和勃固边界的缅甸丘陵小王国东吁(Taungngu)能够首先征服勃固,接着征服阿瓦,因此从海上商业和农业中获得收入。他们建立了一个庞大的帝国,1564 年和 1569 年两次打败并洗劫了大城府,使它与现在泰国北部的清迈和老挝的大多数地区一起沦为附庸。莽应龙因此变成了东南亚历史上最大的帝国的统治者。他给欧洲观察家留下了极其深刻的印象,其中威尼斯商人恺撒·弗里德里克(Caesar Fredericke)说,"他没有任何海军,而是单凭陆军获得了人民、领地、黄金和白银,不管是财富还是军事实力,他都远远超过奥斯曼苏丹"(Harvey,1925:176)。①

但是,这个缅甸第二帝国,正如廷昂(Htin Aung,1967,chapter 6)所称呼它的,是昙花一现。难以翻越的山脉把暹罗和老挝与缅甸隔离开来,整个帝国也无法建立统一的行政管理。帝国各组成部分的中心地区被委托给不可靠的王室亲属,1599 年,若开国王带领大批葡萄牙雇佣兵与东吁总督结盟,攻占、洗劫并焚毁了勃固的豪华都城。帝国的缅甸部分被莽应龙的两个孙子阿那毕隆(Anaukhpetlun,1605—1628 年)和他隆王(Thalun,1629—1648 年)所复兴。1634 年,他隆王把都城从阿瓦沿海的勃固迁到伊洛瓦底江上游内陆地区的决定一直被解释为"致命的转折",它脱离莽瑞体和莽应龙的黄金时代的著名"开放",返回更"封闭的"、更内向的农业国家,最终轻易变成了英国的猎物。但是,李伯曼(Lieberman,1991,1993)强烈主张,这是一个加强农业基础和增加土地收入的理性决定,与此同时,还从海外贸易和与中国诱人的陆路贸易中取得收入。

这个时期在东南亚的许多葡萄牙雇佣兵和冒险家中,最富有传奇色彩的是菲利浦·德·布里托(Felipe de Brito),他最初服务于若开国王,1599 年率领小舰队攻击勃固。此后他受命指挥大约 50 名葡萄牙人,守卫伊洛瓦底江三角洲的重要港口塞内亚姆(Syriam)。由于认识到它巨大的潜在商业价值,德·布里托很快就摆脱他的宗主,对沿岸航行的船只征收关税,建立一支由葡萄牙人、混血儿和印度穆斯林组成的军队。为了巩固地位,他前往果阿争取获得葡萄牙总督的承认,返回时不仅带来增援部队和 6 艘战舰,而且带了新娘——总督有一半爪哇血统的外甥女卢伊莎·德·萨尔达尼亚小姐(Dona Luisa de Saldanha)。塞内亚姆有一座教堂,2 名耶稣会教士忙碌地让异教徒皈依基督教,德·布里托愚蠢地抢劫并毁坏佛教神龛,将其青铜大钟熔化,铸造成大炮。他还强迫沿

---

① 另一方面,哈维(Harvey)觉得威尼斯人把莽应龙比作奥斯曼苏丹未免太夸张了,当时的奥斯曼苏丹正是苏莱曼大帝本人。

海船只改变航向到塞内亚姆,实际上垄断了海外进口物资对内陆地区的供给,还突袭和抢劫内陆的城市。1612年,阿那毕隆最终积聚了足够的力量,在果阿和若开的援兵到达之前,围攻并攻占了塞内亚姆。德·布里托因亵渎神明而遭到穿刺的惩罚,3天之后才死亡,不幸的卢伊莎小姐被卖作奴隶。幸存的葡萄牙人和许多穆斯林雇佣兵被安置于内陆乡村,直到19世纪,他们的后裔仍然充当缅甸王室军队中的炮兵。撇开这段插曲,阿那毕隆感兴趣的是维持贸易,他向荷兰、英国、亚齐甚至果阿都伸出了橄榄枝,但是没有取得什么重要效果。

在暹罗,葡萄牙占领马六甲不久,就与大城府建立了外交和商业关系,很快就以雇佣兵和军事顾问身份加入王国的武装力量,特别是炮兵。领导暹罗从1569年灾难中复兴的是年轻的王子纳黎萱(Naresuan),青年时代他曾经在缅甸宫廷获得了镇压叛乱的武士名声,1590年返回大城府,继承王位。直到1605年去世,纳黎萱成功地反抗了缅甸人和柬埔寨人,重新夺取了清迈,从缅甸夺取了土瓦(Tavoy)和德林达伊,因此能够通往孟加拉湾。他统治时期的一个重要特征就是国际贸易的扩大,东边与中国台湾、中国大陆、日本和琉球群岛交往,西边与苏门答腊、印度和中东交往。鹿皮、稻米、森林产品和锡是主要出口商品,大象主要出口给印度宫廷。他发展了强大的海军,1592年甚至为明朝提供海军用于抵抗丰臣秀吉入侵朝鲜进而威胁明政府。通过从葡萄牙进口火枪、从日本进口钢铁刀剑和戟,他加强了军事力量。暹罗是日本"朱印船"的重要目的地,这是17世纪30年代德川幕府采取闭关锁国政策之前,被授予贸易权的船只。里德(1999:93)指出,1604—1606年,暹罗接受了36艘朱印船,比东南亚其他任何目的地都多(虽然柬埔寨、南圻、菲律宾的吕宋岛都是重要的目的地)。

在长期互相斗争中,除了传统的战象之外,暹罗和缅甸都大量依赖葡萄牙雇佣兵、火绳钩枪和火炮,大象也被用作火枪手坐骑,驮载"小火炮"。[①] 虽然双方势均力敌,但是这些政权拥有来自海外贸易的收入,又得到了先进的军事技术,都能够控制比较落后的内陆腹地,所以"商业时代"是缅甸和暹罗建立强大中央集权大陆国家的原因。"富足与实力"的联系在越南也发挥了作用。正如

---

① 李伯曼(1980)提供了有关征服缅甸中的火器和葡萄牙雇佣军的出色论述。

前一章所见,1471年,黎圣宗占领了南部,但是统一的王国难以维持。都城为河内、由郑氏统治的北部同庆王国与都城在顺化、由敌对的阮氏统治的南部南圻王国发生了分裂。尽管黎氏现在只是郑氏的傀儡,明朝仍然承认他为整个王国的合法统治者。

商业对政治的影响在南圻表现得更为突出。其港口城市会安1570—1630年变成最繁忙的国际贸易港口之一,特别是在17世纪20年代。这个港口是日本和中国产品互相交换的主要中心(因为明朝禁止直接与日本贸易),也是中国和日本交换东南亚各种商品的中心。它是由该氏族最有想象力和远见的领袖阮潢建立的,通过征收过往船只的通行费为新兴南圻提供经济基础。这些收入使阮潢能够从葡萄牙人那里购买大炮和其他火器,有助于他们反对郑氏人口众多的国家,郑氏虽然得到荷兰的支持,但是更少依靠对外贸易(Li,1998)。

现在转向群岛,葡萄牙统治马六甲被认为是非法的,无论明朝还是穆斯林商人,他们都经常光顾这个港口,正如我们已经看到的,马六甲的贸易对许多新兴中心是极其重要的。其中一个中心是爪哇西北部的万丹,它不仅接近来自东南部苏门答腊的大量香料,而且控制通过巽他海峡的船只。因此它起着双重作用,不仅是中东和印度与香料群岛和中国之间的中转站,而且本身就是一个重要的香料产地。统治它的苏丹通过从内地廉价购买香料然后在港口转卖、对转手贸易征税而获得大量收入。这些收入使他们能够维持强大的海军和陆军,还能广泛参与印度洋和南中国海的长途贸易。1600年后荷兰和英国的到来增加了对香料和其他商品的需求,因此有利于万丹,但是荷兰东印度公司在大声抱怨苏丹垄断行径的同时,利用他们的海军,通过封锁和其他手段而恢复贸易平衡。科恩想把贸易转向巴达维亚,不惜捕获从万丹出发的中国船只,强迫它们低价转售香料,甚至绑架中国水手到荷兰东印度公司的种植园劳动,直到它在阿姆斯特丹的总部禁止为止(Meilink-Roelofsz,1962:253)。万丹与荷兰之间的冲突是经常性的,有时甚至威胁巴达维亚的安全。苏丹阿布法塔·阿贡(Abul-fatah Agung,1651—1683年)是荷兰东印度公司最顽强的对手,但是荷兰人干预苏丹父子之间的内战,1683年攻占万丹之后把它降为依附地位,扶植儿子作为傀儡统治者(Ricklefs,1993:78—80)。其他欧洲人被禁止在万丹贸易,英国东印度公司不得不把它的活动转移到苏门答腊西海岸的明古连。

印度尼西亚群岛东端类似于万丹的是苏拉威西岛(旧称西里伯斯岛)西南的望加锡。这是由两个独特的国家混合而成的复合体,一个是好战的农业王国戈瓦(Gowa),另一个是较小的航海贸易公国泰罗(Tallo)。内陆地区生产的剩余稻米,在马六甲或香料群岛交换肉豆蔻、豆蔻和丁香。这些商品又反过来用于交换来自中国、印度和其他地方的布匹、瓷器和其他手工业品。这种贸易大多掌握在马来的穆斯林商人手中,他们为了避免葡萄牙和后来荷兰人的压力而逃到东边。他们受到当地统治者的欢迎,而且似乎享受人身和财产的"治外法权"。由于爪哇和苏门答腊胡椒种植园对奴隶的需求,大量的奴隶贸易也存在。望加锡的地理位置(马六甲海峡与香料群岛的中间)使它成为贵重货物,如东帝汶的檀香木、龟甲和我们在第三章已经看到的奥朗劳特人收集的其他产品的中心。

贸易机会吸引了欧洲和亚洲商人,都受到宽容的当地人"不加区别的"欢迎。度量衡统一了,稳定的金币也发行了。当泰罗国王卡拉恩·麻都阿亚(Karaeng Matoaya)兼任他的侄子戈瓦国王的大法官和宰相时,两个王国的融合在16世纪90年代变得特别紧密。这个杰出的人物是17世纪上半叶望加锡黄金时代的缔造者,安东尼·里德(1999,chapter 6,7)以极其赞许和深刻地描绘过他及其儿子的生涯和成就。不过,外来的穆斯林和基督徒却不那么宽容,他们要求麻都阿亚令其子民放弃多神崇拜传统,皈依其中一方的"真正信仰",1603年,麻都阿亚选择了伊斯兰教,但是特别宽容和折中的那种伊斯兰教,而他的侄子在他死后则像安拉·乌丁(Ala'Uddin)一样统治。百姓追随他们皈依伊斯兰教,并非完全自愿,但是统治者也没有使用武力强迫他们皈依。

这些事件发生的同时,荷兰东印度公司正在班达斯和摩鹿加群岛实施种族灭绝政策,企图垄断肉豆蔻、豆蔻和丁香的贸易。香料"走私"的唯一出口就是望加锡,因此它对葡萄牙和英国东印度公司都越来越重要,正如对亚洲商人一样。英国人视他们在望加锡的贸易据点为"我们花园里最特别的花朵"(Kathirithamby-Wells and Villiers,1990:151)。当荷兰要求望加锡停止与香料群岛的所有贸易时,苏丹安拉·乌丁用胡果·格劳秀斯自己还没有写好的《海洋自由论》中的原则予以了响亮的回答:

神创造了陆地和海洋;他把陆地在人类之间分配,他把海洋也给予了人类。我从未听过任何人被禁止在海洋航行。如果你希望这么做,那么你将从人们的口中夺取面包。

这种门户开放的自由贸易政策吸引各地商人来到望加锡,包括葡萄牙商人,他们因为荷兰对马六甲的威胁与日俱增,越来越多地涌到望加锡。虽然他们的国王皈依了伊斯兰教,但是当地统治者允许在望加锡建立基督教堂,1641年荷兰占领马六甲之后,这些教堂变成了各种修道会的大本营。1637年,麻都阿亚在安拉·乌丁苏丹去世之后不久也去世了,但是麻都阿亚的儿子帕廷阿朗(Pattingaloang)担任大法官时,合作关系被恢复了。帕廷阿朗的确是一个另类,能流利地说葡萄牙语,还知道一些法语、西班牙语、阿拉伯语和马来语。他对数学和西方科学技术怀有浓厚的兴趣。鉴于荷兰的敌视,毫不奇怪他急于从英国和葡萄牙获得最先进的武器和防御技术。由于这种装备升级,加上他们传说中的武士精神,即使对欧洲列强来说,被荷兰人称为"好战的东方公鸡"的望加锡人也是非常可怕的敌人。但是,残酷无情的荷兰东印度公司认识到,取得长期垄断香料贸易的唯一方法就是消除望加锡的独立。因此荷兰人与不满的布吉人武士王子阿隆·帕拉卡(Arung Palakka)结盟,后者曾经在苏拉威西岛的叛乱失败后率领部下到过巴达维亚。通过在爪哇荷兰东印度公司军队中服役,他显然获得了使用武器和火器制造的知识。在他的帮助下,荷兰东印度公司在1667年和1669年两场硬仗后征服了望加锡,流放了苏丹,驱逐了所有其他欧洲竞争对手。阿隆·帕拉卡被扶植为苏拉威西岛南部的国王,他在那里进行专制统治,直到1696年去世。荷兰东印度公司最终取得了印度尼西亚群岛东部的香料垄断权。

"商业时代"东南亚另一个强大的军事化贸易国家是苏门答腊北部的亚齐。葡萄牙进入海峡并征服了马六甲不久,这个国家就脱颖而出。苏丹阿鲁丁·里阿亚特·沙·阿尔-卡哈尔（Aluddin Riayat Shah al-Kahar，1539—1571年）把亚齐建设成马六甲胡椒贸易的主要竞争对手，每年至少向红海派遣5艘大船，其运载量与葡萄牙人绕过好望角航线运送的货物相当（Reid，1975：46）。1567年他还与奥斯曼帝国建立外交关系，在铸造和使用重炮方面获得帮助，多次威胁马六甲。班达尔－亚齐商业中心在他的宫殿周围发展起来，来自伊斯兰世界和东南亚世界各地的商贾云集于此，在2004年恐怖的印度洋大海啸过后，它才为世人所熟知。苏丹伊斯坎达尔·穆达（Iskander Muda，1607—1636年）几乎控制了胡椒贸易，排挤了英国和荷兰商人。他利用贸易收入建立极其强大的军事机器，包括由大型战舰组成的舰队，每艘战舰可以装载600～800名水手和几门大炮，还组建了由几门巨炮组成的炮队、骑兵和大象军、大量步兵。

伊斯坎达尔·穆达连续发动对柔佛、彭亨、吉打、霹雳和其他马来国家的战争，并加强了对苏门答腊其他港口的控制。他还成功地在陆地和海上多次打败葡萄牙人。他的主要目标是把葡萄牙人赶出马六甲，1629年，他调集几百艘战舰进攻马六甲，其中一艘巨型战舰被称为"宇宙之恐惧"，装载了100门大炮，2万名水手，里德（1993a：233）认为这是到当时为止最大的木制战舰。他从靠近陆地的一边围攻马六甲3个月，但是整个舰队被葡萄牙的增援部队捕获或消灭，葡萄牙人还得到马来盟友柔佛和北大年府的支持，被围困的军队大多数被杀或被俘。亚齐被葡萄牙打败有利于荷兰，这样荷兰可以避免亲自与如此可怕的敌人竞争。1629年的确是荷兰东印度公司在东南亚建立霸权的转折点（Reid，1993a：274），因为这也是荷兰决定性地打败马达兰苏丹阿贡的一年。12年后，葡萄牙人把马六甲丧失给荷兰，后者同样得到了曾经从伊斯坎达尔·穆达手中挽救过马六甲的柔佛的帮助，这是东南亚权力政治的一个真实教训。

正如我们在前一章看到的，15世纪是东南亚贸易快速增长的时代。随着1511年葡萄牙人闯入和攻占马六甲，所有这些都突然发生了变化。正如里德（1990：7）所观察到的，"从季风地区的经济来看，1498年欧洲发现到达亚洲海路之后的时代……是一个非常坏的时代"，因为葡萄牙"开始击沉或抢劫他们遇到的每艘香料船"。据估计，年均丁香、肉豆蔻、豆蔻出口从1496—1499年的

74、37 和 17 吨分别下降为 1503—1505 年的 38、6 和 2.5 吨,按照里德的说法,这种萧条持续到 16 世纪 30 年代末。然而,古吉拉特商人从亚齐航行到红海的胡椒和香料出口贸易恢复了。到 16 世纪 60 年代,红海船运的香料超过葡萄牙,虽然二者的绝对价值都在增长,马六甲的关税收入数据反映了私人和官方的葡萄牙出口情况,从 16 世纪 40 年代的年均 1 000 万雷亚尔增加到 80 年代的 2 000 万雷亚尔(Reid,1990:9)。表 4.2 表明,从 1580 年至 1683 年,欧洲的丁香进口额急剧增加,到 17 世纪 50 年代又出现大幅下降。

表 4.2　　　　　　　1490—1657 年欧洲进口的丁香　　　　　　单位:吨/年

| 时期 | 葡萄牙人 官方 | 葡萄牙人 私人 | 葡萄牙人 总数 | 荷兰人和英国人 | 穆斯林商路 |
|---|---|---|---|---|---|
| 1490—1499 年 | | | | | 50 |
| 1500—1509 年 | 12 | 2 | 14 | | 14 |
| 1510—1519 年 | 11 | 4 | 15 | | 3 |
| 1520—1529 年 | 45 | 15 | 60 | | 2 |
| 1530—1539 年 | 33 | 11 | 44 | | 6 |
| 1540—1549 年 | 45 | 15 | 60 | | 5 |
| 1550—1559 年 | 40 | 15 | 55 | | 10 |
| 1560—1569 年 | 25 | 10 | 35 | | 35 |
| 1570—1579 年 | 30 | 10 | 40 | | 35 |
| 1580—1589 年 | 100 | 40 | 140 | | 30 |
| 1590—1599 年 | 80 | 30 | 110 | | 30 |
| 1620—1622 年 | 2 | 1 | 3 | 280 | 2 |
| 1638 年 | | | | 290 | 0 |
| 1653—1657 年 | 0 | | 0 | 174 | 0 |

来源:布尔贝克(Bulbeck,1998,table2.4,32)。

1571 年西班牙占领马尼拉、17 世纪初英国和荷兰东印度公司的进入导致 1570—1630 年变成东南亚香料贸易繁荣的顶峰时期。欧洲 3 个贸易国家之间的竞争导致欧洲消费者的相对低价和欧洲消费水平的顶峰:17 世纪 20 年代,欧洲消费丁香 200 吨、肉豆蔻 200 吨、豆蔻 70~80 吨(Reid,1990:14)。因此,荷兰东印度公司成功地垄断肉豆蔻和豆蔻,限制了供应,抬高了欧洲的价格。

荷兰东印度公司在垄断丁香供应方面不太成功,但是它能够限制自己控制地区的供应,毁灭其他地区的丁香树,使欧洲的丁香价格翻倍,印度的丁香价格涨了3倍。表4.2表明,1580—1638年,欧洲的丁香进口急剧增加,之后在17世纪50年代大幅下降,胡椒只占优质摩鹿加香料价格的一部分,但是它的数量大,是"商业时代"东南亚的主要出口商品。正如表4.3所表明的,16世纪头10年到17世纪,东南亚每年出口胡椒的总数增长了4倍,出口到中国和"其他地区"(如印度、日本和美洲)大致增长了2倍,出口到中东和欧洲的数量则呈现爆炸式增长。

表4.3　　　　　　　　　　1500—1659年东南亚香料出口　　　　　　　　　单位:吨

| 时期 | 欧洲和中东 | 中国 | 印度、日本、美洲 | 合计 |
| --- | --- | --- | --- | --- |
| 1500—1509年 | 50 | 500 | 400 | 950 |
| 1510—1519年 | 100 | 500 | 400 | 1 000 |
| 1520—1529年 | 200 | 500 | 400 | 1 100 |
| 1530—1539年 | 300 | 500 | 500 | 1 300 |
| 1540—1549年 | 600 | 500 | 600 | 1 700 |
| 1550—1559年 | 700 | 500 | 700 | 1 900 |
| 1560—1569年 | 1 300 | 700 | 700 | 2 700 |
| 1570—1579年 | 1 300 | 900 | 800 | 3 000 |
| 1580—1589年 | 1 400 | 900 | 900 | 3 200 |
| 1590—1599年 | 1 400 | 1 000 | 1 000 | 3 400 |
| 1600—1609年 | 2 000 | 1 000 | 1 000 | 4 000 |
| 1610—1619年 | 1 500 | 1 000 | 1 000 | 3 500 |
| 1620—1629年 | 1 500 | 1 200 | 1 100 | 3 800 |
| 1630—1639年 | 1 400 | 1 200 | 1 200 | 3 800 |
| 1640—1649年 | 2 100 | 400 | 1 300 | 3 800 |
| 1650—1659年 | 2 200 | 400 | 1 400 | 4 000 |

来源:布尔贝克(1998,table 3.7,86)。

这种繁荣不仅被欧洲的需求和新大陆白银所驱动,而且被中国和日本的强烈需求所驱动。1567年后,明朝特许部分商人与东南亚进行贸易,规模从每年

50艘大帆船增加到16世纪90年代的超过100艘。日本可以用白银交换中国的丝绸和东南亚如马尼拉、大城府和南圻会安出产的鹿皮和其他森林产品，1604—1635年间共355艘"朱印船"航行到达那里。之后，这种贸易就因日本突然实行闭关锁国政策终止了。南圻接待了87艘"朱印船"，马尼拉和大城府各自大约接待了55艘(Ibid.,10)。明朝放松贸易限制刺激更多中国人前往东南亚贸易和移民，这个过程被17世纪中叶明朝灭亡带来的动荡所打断。王赓武(2000:29)认为，"17世纪20年代到1644年明朝灭亡的20年是现代之前中国在东南亚自由贸易的顶峰"。他解释了这个时期主要来自福建省的中国私商特别成功的原因：第一，明朝面临的危机使中央政府无力管制这些商人；第二，1635年德川幕府采取闭关锁国政策，日本的竞争消失了；第三，荷兰与伊比利亚对手之间的冲突为中国商人打开了大门。

**绕过好望角的航线、威尼斯和中东**

现在我们转向欧洲"地理大发现航行"的一些经济意义。正如我们已经看到的，伊比利亚探险家的目的一直是绕过传统上控制了欧洲从亚洲进口的威尼斯和穆斯林中间商，这些中间商很快便认识到达·伽马的航行对他们利益的潜在威胁。因此，威尼斯在开罗的大使听到这个消息时评论说，绕过好望角航线的开辟是"威尼斯大毁灭的原因之一"(Magalhaes-Godinho,1953:83)，当吉罗拉莫·普留利(Girolamo Priuli)写道，香料贸易的损失对威尼斯来说就像"初生婴儿断了奶"(Braudel,1975:543)。地理大发现之后几个世纪里欧洲经济中心从地中海逐渐转移的事实表明，这些观察家是正确的，绕过好望角航线的确对东南欧和中东的经济生活给予了致命打击。但是，历史学家已经证明，如果我们更仔细地研究这个故事，那么真相比这个要复杂得多。

随着1517年征服埃及，奥斯曼面临着与此前的马穆鲁克同样的问题，即如何确保香料和生丝继续流入红海或他们于1546年占领的巴士拉，不要被转移到南边的绕过好望角航线或北边经过伏尔加河到达俄罗斯。随着葡萄牙占据霍尔木兹和奥斯曼占据巴士拉,整个波斯湾变成了它们之间争夺的焦点。许多激烈的战斗发生在陆地和海洋,没有决定性的结果,奥斯曼人仍然牢固控制了红海,但是不能支配波斯湾(Ozbaran,1994,chapter 13)。一支舰队集合于奥斯曼帝国的主要海军基地苏伊士,亚丁和也门也被占领,以便阻止葡萄牙人进入红海。由于葡萄牙渗透红海将使圣城麦加和麦地那陷入危险,因此奥斯曼苏丹有宗教职责、经济和政治理由阻止任何这种企图。

经过在波斯湾激烈但无结果的竞争后,葡萄牙和奥斯曼最终发现合作才是双方的利益。葡萄牙允许印度香料、靛蓝和棉布运到巴士拉,而阿拉伯马匹在那里集中,通过霍尔木兹运到印度。因此,阿勒颇和巴士拉、的黎波里和贝鲁特能够获得的香料越来越多。到16世纪中期,威尼斯在香料贸易中的地位得到恢复,并且继续扩大,这的确是一个显著的复兴,主要归功于伟大的穆斯林盟友勇猛的军事力量。当然这不能防止同一个世纪里威尼斯人和奥斯曼人在许多场合互相混战,如在塞浦路斯和克里特岛问题上。

毫无疑问,如果没有奥斯曼帝国的干预,葡萄牙垄断香料贸易就会得逞。正如上文已经指出的,亚齐成为印度尼西亚群岛香料产地后,活跃的古吉拉特商船队有助于复兴红海航线,随之它变成威尼斯和奥斯曼帝国的机遇。我们已经看到,奥斯曼提供技术和军事援助给亚齐苏丹,帮助他威胁葡萄牙占领的马六甲。1538年,奥斯曼海军被迫放弃从海上攻击第乌的古吉拉特人,虽然这次攻击没有成功,但是也警告了葡萄牙人,就像巴士拉的占领一样。对葡萄牙人来说,幸运的是在这个关键时刻,地中海的其他冲突牵扯了奥斯曼帝国在印度洋的势力。1571年奥斯曼帝国海军在勒班陀海战被打败,亚齐苏丹几年后去世了,二者的军事结盟最终瓦解了,但是香料继续运入红海。

因此,绕过好望角航线发现后的最初时间里,威尼斯幸存下来了(Lane,1933,1940)。难道16世纪旧商路的恢复意味着葡萄牙发现绕过好望角航线对欧洲香料市场没有影响吗?莱恩(Lane,1968:597)认为,绕过好望角航线不仅没有取代威尼斯,而且没有导致欧洲香料价格下降。相反,它导致香料价格上涨,可能由于葡萄牙在印度洋拦截商船导致商人活动成本增加(1500年后,它将与欧洲进口下降相符)。奥鲁克和威廉姆森(forthcoming)表明,这个观点是错误的,因为它依赖名义上的香料价格,而由于美洲白银的大量流入,欧洲的所有物价上涨,香料名义价格也随之上涨。正如他们所显示的,"真实的"胡椒价格在16世纪整个欧洲急剧下降,17世纪(正如我们在前一章已经看到的)北欧的胡椒价格则不断上涨。此外,肉桂、丁香、姜黄、薰香、豆蔻和胡椒的真实价格都下降。因此,绕过好望角航线的确有助于欧洲与亚洲市场联系起来,16世纪后期威尼斯人和奥斯曼人重返香料贸易的事实,只能加强这种融合,因为它将加剧竞争,降低边际利润,使欧洲的价格更接近亚洲的水平。

此外,人们可以辩称,绕过好望角航线还有助于加强欧洲"内部"市场的融合,因为它颠覆了旧的垄断,增加了竞争。15世纪,希望从威尼斯购买亚洲商品的德国商人不得不去威尼斯,他们在那里被迫待在德国商馆(Fondaco dei Tedeschi),在威尼斯政府的监督下进行买卖活动。相反,1501年,葡萄牙开始在安特卫普展销他们的"大西洋"胡椒。福格尔家族和德国其他商业大家族从威尼斯转向安特卫普订购,里昂作为辅助性的集散中心,克里斯托夫·格拉曼(Kristof Glamann,1974)声称,16世纪20年代,安特卫普的香料价格下降到最低点。葡萄牙最初把香料市场作为国王的垄断产品而经营,每年为国王销售"全部"或大部分(Ibid.,486),但是1577年,他们调整了政策,允许私人承包商竞价参与市场。奥格斯堡商人康拉德·洛特(Konrad Rot)企图把萨克森、丹麦等地的统治者联合起来去竞价,从而垄断葡萄牙胡椒的整个市场,但是无法获得实现这个雄心勃勃的计划所需要的资金。另一个更加雄心勃勃的计划是联合垄断葡萄牙和威尼斯的香料供应,但是因每个参与者互相阋墙而无法实现,"这是16世纪从未认识到也从未追求的梦想"(Ibid.,486)。最终结果是全面竞争比达·伽马航行之前更加激烈。

不是葡萄牙,而是荷兰和英国最终结束了威尼斯在香料贸易中的传统优势地位。到17世纪20年代,阿姆斯特丹和接踵而至的伦敦取代了安特卫普而作为西欧胡椒的主要供应地。按照韦克(1979:389)的说法,"一种新的价格水平现在主宰了欧洲市场。按照白银价格,这比16世纪葡萄牙维持的进口价格下降了30%～40%。这足以结束威尼斯人和其他地中海进口商人的黎凡特贸易"。荷兰东印度公司与英国东印度公司在胡椒贸易中的竞争是驱动欧洲市场价格下降和消费增长的主要因素。荷兰和英国的公司都积极地参与竞争性的非零和博弈游戏,双方都企图以牺牲对方利益、增加供应而扩大市场占有份额。正如道格拉斯·欧文(1991)指出的,荷兰东印度公司通过它的激励机制而加强竞争,这导致决策者把收入最大化而不是利润最大化作为目标,意味着他们愿意比英国对手供应更多。但是,在这个过程中,到16世纪50年代,双方促使价格降低到每100荷兰磅不足60佛罗琳(Glamann,1974:484),此后价格很少超过这个水平。虽然有英国-荷兰竞争,但是韦克坚持认为,与威尼斯和其他地中海供应商不同,葡萄牙仍然能够积极地参与胡椒贸易和其他优质香料贸易。当然,这进一步增加了这些市场的竞争压力。

我们对竞争的关注得到了来自优质香料(即丁香、肉豆蔻、豆蔻)的史料的间接支持,因为这些香料贸易的竞争不太激烈。正如我们已经看到的,与产地众多、购买者不得不支付竞争性价格的胡椒不同,荷兰东印度公司能够垄断摩鹿加群岛的肉豆蔻和豆蔻的供应。① 格拉曼(1958,chapter 5)对这种政策的总结呈现了亚洲与欧洲市场利润最大化的价格差异:正如他说的(1958:93),"通过控制群岛,公司能够固定很低的运输价格,所以香料的毛利润率变得很高,常常超过100%"。

图4.6表明了垄断政策的戏剧性效果。16世纪80年代,当亚洲香料仍然通过葡萄牙(或者通过传统的黎凡特陆路)到达阿姆斯特丹时,阿姆斯特丹的丁香价格相当于东南亚的6.5倍。到17世纪头10年,荷兰东印度公司成立不久,边际利润几乎是9倍,但是此后几十年则下降为2～5倍。全面控制供应产地对荷兰东印度公司的利润产生了立竿见影的效果:17世纪50年代价差为9.5倍,60年代为25倍,在下降到平均水平14或15倍之前,它一直维持到70年代。与胡椒的反差是非常明显的:这种香料的价差为3～4倍,直到19世纪,

---

① 买家独家垄断:一种市场状态,是指特定产品只有单个买家或消费者,因此他可以影响产品价格;也可以指处于这种地位的消费者(牛津英语词典)。

战争时期会偶有上扬。这几乎与荷兰东印度公司建立后作为亚洲贸易的重要竞争者后,但它成功地在产地控制丁香供应之前(即 1610—1649 年)实现的丁香利润完全相同。从此,市场结构的重要性明显出现了。

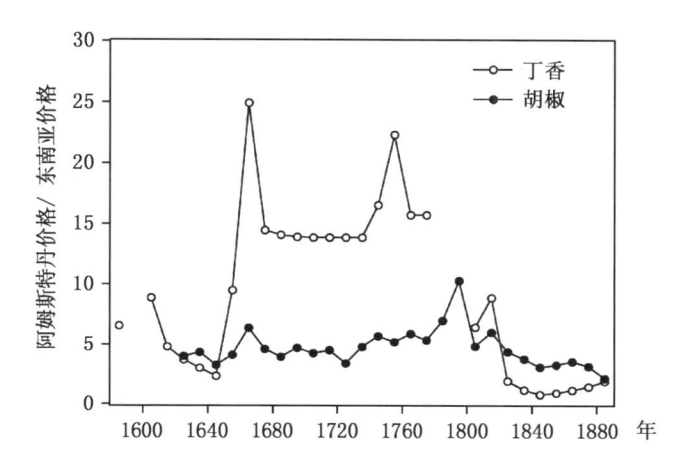

来源:布尔贝克等(Bulbeck et al.,1998)。

**图 4.6　1580—1890 年阿姆斯特丹和东南亚价格涨幅**

威尼斯与奥斯曼帝国之间的另一个重要经济联系是威尼斯高质量呢绒出售给后者。但是,在 17 世纪,荷兰和英国再次取代威尼斯和其他意大利生产者在黎凡特市场提供这些重要的手工业品。查尔斯·威尔逊(Charles Wilson,1960:212)简明扼要地叙述了这点,认为"土耳其人想要廉价而轻便的呢绒。威尼斯人提供的则是昂贵而笨重的呢绒"。受行会规则的限制,威尼斯坚持高质量和高价格。与此同时,北方商人降低了质量和价格,而且诉诸走私和伪造等不道德手段,在自己的廉价产品上贴上威尼斯的商标,这种做法至今仍很常见(Rapp,1975)。按照拉普(Rapp)的说法,"正是地中海的入侵,而不是大西洋的开发,带来了阿姆斯特丹和伦敦的'黄金时代'"(Rapp,1975:501),当他把英国的这些成功归因于"一种市场革命"时,这种革命为黎凡特消费者提供了形式上酷似优质呢绒,但实际上相当便宜的布料。

北方列强对东地中海的贸易和航行的"入侵"与奥斯曼人一样,具有对信奉天主教的西班牙和与罗马教廷结盟的哈布斯堡共同的敌意。1571 年在勒班陀海战失败后，奥斯曼人急于获得新教的英国和荷兰的支持，这是被共同的敌人菲利普二世威胁的两个强大的海军国家。一份贸易协定或 1580 年的"有条件协定"给予英国缴纳 3％ 关税即可自由航行于奥斯曼帝国各个港口的权利，而不是威尼斯人和法国人必须缴纳的 5％ 关税。一群英国"巴巴里商人"组建的"黎凡特公司"提供了一个英国出口呢绒到奥斯曼和更东边市场，以换取生丝、葡萄酒和小粒葡萄干的贸易框架。英国出口的另一种重要商品是战争物资，如锡、钢铁和武器。除了夺取了威尼斯高质量呢绒市场外，英国还取代威尼斯成为奥斯曼帝国贸易货物的运输者。随着 1612 年荷兰也取得了相应的协定，而且具有与英国相同的进出口结构，荷兰步英国后尘进入黎凡特贸易。按照伊斯雷尔(1989:149—156)的说法，随着 1621 年荷兰与西班牙敌视状态的恢复，荷兰在地中海的贸易急剧衰落，但是 1648 年战争结束后最终得到了恢复和繁荣。

鲍勃·艾伦(2003a)最近提供的计量经济学证据表明，威尼斯的损失的确是英国的收获，这些"新帷幔"是早期近代英国经济成功的一个主要因素。"它为城市化和乡村手工业的增长提供了强大的推动力量。通过这些努力，新帷幔的成功为农业在全要素生产率中的增长发挥了重大作用，因为农场主成功地应对了市场对食物、羊毛和劳动力的更大需求。没有(这个)17 世纪的成功，那么 1800 年工资、农业生产率和城市规模将会更低"(Ibid.,431)。①

巴士拉既是重要的南北商路，也是非常熟悉的东西商路。东方商品从陆路运往瓦拉几亚和特兰西瓦尼亚之间的布拉索夫，由奥斯曼和巴尔干半岛的商人从黑海北岸的阿克曼和基利阿运往波兰东部的利沃夫，再从那里运往北欧各地。来自巴士拉的昂贵织锦显然是这个时期波兰人和瑞典贵族喜欢的布匹。作为交换的呢绒、金属制品和其他欧洲手工业制品沿着相反的方向输送。虽然有这些贸易联系，但是波兰人和奥斯曼人为了控制第聂伯河与德涅斯特河之间的地区而进行了激烈的争夺，摩尔达维亚的基督教统治者被夹在两个大国之间。

在奥斯曼帝国统治下，热那亚的旧商业中心卡法仍然重要，特别是在把伊

---

① 《大英百科全书》把计量经济学定义为"经济关系的统计学和数学分析"。全要素生产率(TFP)是衡量一个部门或国家技术水平的标准。

斯坦布尔与新兴的莫斯科公国建立联系方面，莫斯科公国的毛皮是奥斯曼宫廷极其需要的商品。这个时期的黑海比拜占庭时期更像奥斯曼帝国的内湖，因为奥斯曼人不许热那亚或其他大国加强它们的贸易据点。伊斯坦布尔需要来自克里米亚出口的大量粮食、鱼和牲畜，而且奴隶贸易也非常重要。克里米亚草原的游牧部落发现，从波兰、俄罗斯和切尔克斯地区的定居人口那里劫掠人口作为奴隶是一个有利可图的事情，作为饲养牲畜的补充，以致依纳尔西科（Inalcik,1994:284）说，它变成了他们的主要经济来源，1500—1650 年，每年至少有 1 万名奴隶被输出。阿纳托利亚人的出口平衡了他们的进口，如葡萄酒、坚果、水果，但是当地生产的粗棉织品是另一种主要出口产品，显示了黑海南北两岸的互补性。虽然有许多其他活动，印度香料（特别是胡椒）的再出口，仍然是贸易的主要商品。正如依纳尔西科（1994:343）观察的，"地缘的和经济的条件、特别是运输成本，导致维也纳和意大利以东的一条线上有一个单独的香料区"。因此，虽然绕过好望角航线能够满足西方的需要，但是中东欧、巴尔干和奥斯曼广大地区仍然需要黎凡特贸易。

正如在伊斯兰教最初的"黄金时代"一样，在伊斯兰法律和宗教的共同文化框架内再次展现出高度的国际因素的流动性。波斯诗人不仅歌颂萨非王朝的宫廷，而且歌颂伟大的莫卧儿帝国的宫廷（Savory,1980）。土耳其商人在遥远的苏门答腊和古吉拉特港口都有聚居点，而意大利商人和军事专家则分布于整个伊斯兰世界，传播他们的火器知识和使用技术。跨文化交流不仅丰富了伊斯兰世界建筑、绘画、瓷器和装饰艺术，而且突破主要的宗教分野，波及伊斯兰世界以外的地区。

**白银、丝绸和香料**

虽然导致 16、17 世纪国际融合的关键推动力是香料贸易的诱惑，但正是新大陆银矿开采的白银全球流动的增加成为世界经济"循环体系"的命脉，正如费尔南德·布罗代尔（1975:569）所说的，"各种金币和银币流通的不断增加，绕着地球从西方到东方,与它们一起携带的是广泛的商品,犹如一种补充货币,消失在相反方向,丰富多样的不同商品和贵金属,从东方向西方流动"。这条全球白银流动链条拥有许多个别联系,每个联系都值得独立关注和考察。

从西欧与波罗的海的贸易开始,为了以西欧的葡萄酒、呢绒和其他手工业制品交换东方的初级产品,如谷物、木材、毛皮,贸易逆差一直存在,这种逆差被从美洲获得的白银给予解决。这些白银又被进一步输送到了东方,换取中东的波斯丝绸和其他奢侈品。欧洲通过地中海的黎凡特贸易也导致白银外流去购买通过红海和波斯湾运来的东方香料。最后,绕过最初由葡萄牙开辟、但后来被所有欧洲贸易国家利用的好望角航线导致白银进一步外流,以购买香料、丝绸和棉布。正如我们已经看到的,美洲白银也直接通过马尼拉而直接到达亚洲,以购买丝绸和其他中国奢侈品,而日本是另一个重要的白银来源,它主要通过欧洲商人的中介作用而交换中国的丝绸。

究竟有多少白银卷入了这些流动之中?关于各种流动的绝对甚至相对规模无疑是一个争论众多的话题,但是最近学术界已经帮助澄清几个关键问题。我们首先转向早期近代最大的白银流动,即美洲与欧洲之间的流动。巴雷特(1990)给出的数据是:16世纪美洲白银产量为1.7万吨,17世纪为3.4万吨,18世纪为5.1万吨。其中16世纪的3/4时间里,约85%被运往欧洲,但是1576—1775年间,该比例为70%~75%。因此,1551—1600年,欧洲从美洲输入白银年均为205吨,1601—1625年年均为245吨,1626—1650年年均为290吨。

巴雷特进一步提供了以下数据:输入欧洲的白银中,1601—1625年和1626—1650年分别有100吨和125吨再出口到其他地区,而145吨和165吨,或59%和57%被留在欧洲内部。巴雷特的欧洲出口数据主要依据阿图尔·阿特曼(Artur Attman)的著作,遭到皮尔森(2001)的批评,因为低估了欧洲再出口的数量,从而高估了美洲白银留在欧洲内部的数量。正如皮尔森所注意到的,阿特曼本人描述他的欧洲出口数据是"非常保守的"(Attman,1986:115)。另外,即使允许如此偏差,欧洲在世界白银贸易中仅仅是中介作用——从美洲进口后立即再出口——的观点也站不住脚。欧洲对白银的需求,如果仅仅是为了提供必要的流动性,以配合这一时期其相当可观的经济增长,它似乎自身就很重要。

欧洲并非这个时期唯一一个经常被忽视的白银"聚集地"。图 4.4 表明,16 世纪中期以后,新大陆白银生产与白银出口差距的增加意味着,越来越多的白银也被用于支持正在增长的美洲经济。与此相对应的是,西班牙帝国内部区域之间的转移也在增加,正如格拉夫和伊罗金(Grafe and Irigoin,2006)指出的,所有这些与抢掠者和绝对专制主义西班牙国家残酷无情榨取殖民地资源的漫画形象不相符。

17 世纪上半期,从美洲流向菲律宾的白银大约年均 17 吨,如果特帕斯克(TePaske,1983,被引用于 Barrett,1990:251)的数据可信,按照万志英(von Glohn,1996a:438)的研究则为年均 38 吨,或者按照弗林和吉拉德兹(1995)的数据则为年均 50 吨。正如我们已经看到的,这个时期白银的另一个重要来源是日本,特别是 1560—1640 年间。按照山浦和上木(Yamamura and Kamiki,1983)的看法,朝鲜的所谓"扬尘法"被引入日本,这是熔炼之后把白银从铅中分离的工艺,迅速增加了日本石见省西部银矿的产量,而且被广泛采用。有趣的是,他们注意到,通过与西班牙传教士的接触,日本人知道波托西银矿使用的混汞法工艺,但是没有采用,因为当地无法获得汞。

表 4.4(a)给出了万志英(1996b:133—141)的 16 世纪后期和 17 世纪早期中国白银进口的数据(换算成了年均数),以及山浦和上木(1983)的较早估计,并对三个来源做了区分:日本、新大陆(通过菲律宾)和欧洲(通过印度)。如表 4.4 所示,两种估计的巨大差异是 1600—1645 年日本供应的相对作用,山浦和上木的估计意味着 17 世纪上半叶中国进口的大部分是日本白银。正如皮尔森注意到的,如果这些数据不可信,那么 1560—1640 年的 80 年里日本出口到中国的白银只占新大陆产量的 36%,实际上是一个非常高的比例。因此,我们倾向于万志英的估计,以及其他作者的估计,如德·弗里斯(de Vries,2003)。据此,1550—1645 年,日本白银占中国进口的一半左右,16 世纪后期则达到 60% 左右。新大陆供应中国白银需求的 1/4 到 1/3,其中大约 1/6 从欧洲经过印度而来,假设大约从欧洲出口到印度的白银的一半最终到达中国(万志英,1996b:

135)。关于1600—1645年,明朝被清朝推翻的前几年,万志英估计中国年均进口白银约111吨,比此前2倍还多。把这两个阶段加起来,那么中国从各个来源进口的白银为7 300吨,这的确是一个巨大的数字。

表4.4　　　　　　　　　1550—1645年中国和印度进口的白银　　　　　　单位:年均,吨

(a)中国进口

| 白银来源和携带者 | 1550—1600年 | 1601—1645年 |
| --- | --- | --- |
| 日本 | | |
| 葡萄牙人 | 14.8～18.4 | 14.4 |
| 中国人 | 9.0 | 13.3 |
| 日本特许贸易船 | 0 | 18.7 |
| 荷兰人 | 0 | 7.6 |
| 走私商人 | ? | ? |
| 小计 | 23.8～27.4+ | 54 |
| 山浦和上木估算 | 27.0～39.0 | 133.3～166.7 |
| 新大陆/菲律宾 | | |
| 中国人 | 11.7 | 13.8 |
| 葡萄牙人 | 0 | 1.7 |
| 走私商人 | ? | 22.9 |
| 小计 | 11.7 | 38.3 |
| (山浦和上木估算) | 8.4 | 20.0 |
| 印度洋/欧洲 | 7.6 | 18.9 |
| 总数 | 43.1～46.7 | 111.3+ |
| (山浦和上木估算) | 35.4～47.4 | 153.3～186.7 |

(b)印度进口

| 来源 | 1588—1602年 | 1630—1645年 | 1679—1685年 |
| --- | --- | --- | --- |
| 波斯湾 | 27.8 | 25 | 30 |
| 伊斯法罕-阿格拉 | 10 | 5 | 10 |
| 红海 | 75 | 40 | 56 |
| 葡萄牙人 | 11.2 | 3 | 0 |

续表

| 来源 | 1588—1602 年 | 1630—1645 年 | 1679—1685 年 |
| --- | --- | --- | --- |
| 英国人 | 0 | 5.2 | 25.1 |
| 荷兰人 | 0 | 6.6 | 9.7 |
| 总数 | 124 | 84.8 | 130.8 |

来源：万志英(1996b,table 13,140)和海德(Haider,1996,table 9,323)。

为什么中国进口如此多的白银？最接近的答案是相对于黄金，白银在中国的价值更高，当时许多评论家注意到，中国的白银与黄金之比为 5∶1，而同时代欧洲的比率为 12∶1，这自然导致白银大量流入中国。在更深的程度上，中国白银高价是由于当地白银产量有限，以及明朝纸币和铜币的崩溃，而白银又是交换和纳税必需的媒介（Flynn and Giráldez,1995）。这导致私人和政府都越来越依靠白银从事所有的交易，当地供应的缺乏则意味着白银必须主要依赖进口。中国白银需求的增加正好对应于美洲和日本供应的增加，大规模贸易就是不可避免的结果。

中国对外来白银的依赖导致一些杰出的学者声称，1644 年明朝衰落并且被持续到 1911 年的清朝取代，正是由于白银进口的突然、急剧减少（Adshead,1973；Atwell,1982,1986；Wakeman,1986）。在这种版本中，明朝的衰亡是我们前述的全球"17 世纪危机"的结果。对这个观点的简单概括就是明朝已经变得如此依赖白银进口作为它的货币和财政制度的基础，以致德川幕府驱除葡萄牙人、禁止日本出口白银到中国、新大陆白银流入马尼拉的偶然中断而造成的进口突然下降，都会导致严重的财政危机。收入和军事开支的下降、乡村不满于旨在弥补收入短缺的措施，使清朝能够取代明朝。在理论层面上，这个论点来自企图使用货币数量的历史学家都冒犯的常见错误，即混淆货币"存量"和白银流入的作用。前者才是决定物价水平和名义收入的关键因素，后者只是货币存量中的增量。马洛尼和夏（Maloughney and Xia,1989）与万志英(1996a,1996b)从最基本的经验层面，令人信服地批驳了白银短缺导致明朝灭亡的论点。1644 年前，白银进口总量并未下降，因为被驱逐出长崎的葡萄牙人完全被荷兰人和中国商人的进口所弥补，而马尼拉的非官方供应在抵消了官方批准的白银交易量下降后仍绰绰有余。

除了中国外,这个时期美洲白银在亚洲的另一个主要流向是莫卧儿印度。纳杰夫·海德(Najaf Haider,1996:323)提供了莫卧儿帝国白银进口的有价值的数量分析,复制于表4.4(b)。由于数据缺乏,因此他只对1588—1602年、1630—1645年和1679—1685年三个阶段进行了详细的估计。第一阶段,他估计为每年流动124吨,其中一半多来自红海,从奥斯曼和萨菲王朝流入,近1/4来自波斯湾(每年42吨中的2/3从霍尔木兹港流入印度)。剩下的白银则从伊朗通过陆路经过坎大哈到达阿格拉,或经过葡萄牙人的好望角航线流入印度。1630—1645年,进口降低了大约1/3,其中红海的白银流量下降了近一半。到1679—1685年,年均白银进口量有所恢复,变为130.8吨,此时荷兰和英国的东印度公司承运的数量在不断增加,而葡萄牙承运的数量则下降。因此,这个时期莫卧儿帝国进口的白银大约为每年100吨,虽然总数波动很大。因此16世纪后期印度进口白银比中国多得多,正如17世纪前期中国进口的白银比印度多得多一样。但必须强调的是,这些印度进口数据是总数,因为印度白银也船运到更东方的地区,最终流入中国。

图4.7总结了德·弗里斯(2003)对洲际白银流动情况的专业调查,图4.7复制了他的两个流动图表,给出了1600—1650年、1725—1750年两个时期贵金属的生产、贸易和吸收情况。他承认巴雷特关于美洲生产和出口到欧洲的数据,也承认阿特曼关于欧洲出口的数据(而我们认为这些数据被低估了),还承认万志英关于日本白银出口的估计。与此同时,他对特帕斯克、弗林和吉拉德兹关于经过菲律宾的白银流动的估计的相对规模则仍然保持了不可知态度。据计算,南亚和东亚吸收白银的数量相当于从日本、菲律宾和经由好望角航线从欧洲进口的数量之和,1600—1650年间相当于年均91~126吨。[①]

正如从数据可以看出来的,17世纪上半叶,绕过好望角航线的白银流入占总量较小,不足欧洲从美洲进口的6%,或者正好占美洲产量的4%。从西欧流到黎凡特的白银是其2倍多,流到波罗的海的白银是其3倍多。绕过好望角航

---

① 但是,请注意,如果表4.4中印度数据是正确的,那么南亚和东亚吸收的白银数量就比这个大得多。

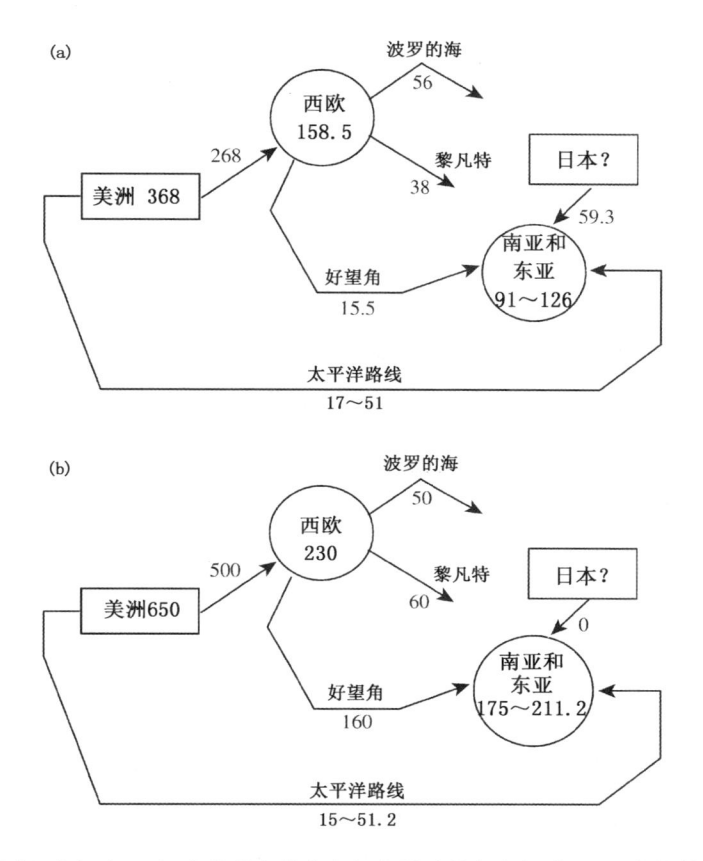

注：方框（白银出口地）中的数字代表白银产量；圆圈（白银进口地）中的数字代表当地白银吸收量。

来源：德·弗里斯（2003，table 2.3a，b）。

**图 4.7　17 世纪前期和 18 世纪前期洲际白银流动量**

线流入南亚和东亚的白银也低于直接出口到马尼拉的数量，如果弗林和吉拉德兹的估计可以接受，那么前者还不到后者的 1/3。这完全与 16 世纪后期旧的陆上商路恢复相符。这个数据也表明欧洲与中国贸易的程度被日本白银所加强：日本流入中国的白银几乎是欧洲绕过好望角航线出口的白银的 4 倍。正如德·弗里斯（2003：82）所说的，"以硬币购买亚洲商品的贸易活动中，欧洲人致力于亚洲内部各地之间的贸易，由此获得了大部分实惠"。

这个数据也表明，到 1725－1750 年，当绕过好望角航线处于鼎盛时期，美洲白银被首先运往欧洲、其次通过好望角航线运往亚洲的简单想法比17世纪更接近事实真相。到那时,美洲白银的3/4被运往欧洲。其总数的1/3经过好望角航线运往亚洲,或者超过50%从西欧出口到波罗的海和黎凡特。正是在这个时期,欧洲的大型贸易公司非常明显地控制了欧洲-亚洲贸易,达到了它们成为南亚和东亚主要白银供应者的程度(从17世纪早期开始,通过马尼拉的流动是经常的,来自日本的白银流动已经枯竭了)。

这些巨大白银流动的经济后果是什么呢?我们在这里想区分欧亚大陆东西两端的不同后果。正如前面的讨论已经清楚地表明的,输入这两个地区的白银的性质是完全不同的。在西欧,白银输入从根本上可以被看作外来冲击,增加了当地的白银供应,因此增加了当地的货币供应。在东亚,白银输入是对价差的内生性反应,因此可能会造成非常不同的经济后果。接下来,我们探讨新大陆白银给以下地区带来的经济后果,首先是对欧洲,接着对主要输入地区(中国和印度),最后对由奥斯曼帝国、波斯帝国和俄罗斯组成的中间地区。

在欧洲,特别是在伊比利亚半岛,首先感受到冲击,新大陆白银进口的可预测后果是降低白银的相对价格,或者换句话说,提高总体物价水平。按照货币学派对支付平衡的说法,这个过程已经进行了(Flynn,1996,chapter 1)。首先,伊比利亚半岛的货币供应从外部增加了,大大提高了消费价格。其次,跨边界的商品贸易已经导致西欧其他地区,特别是邻近国家的物价上涨。最后,这种价格上涨必定引起其他地区名义工资的上涨,在增加名义货币的过程中,需要而且导致从伊比利亚半岛(因为在这个模型中,货币一直流动到需要它的地方)进口白银。在一个现代全球化世界里,商品市场是高度融合的,物价上涨转移的过程必定很快发生了,欧洲各地的价格水平大致保持了相等。在早期近代欧洲,商品市场的确彼此相连,但贸易成本仍然很高,这个过程已经较长了,伊比利亚半岛与其他遥远地区之间存在大量和持续的不均衡的价差。道格拉斯·费希尔(Douglas Fisher,1989)通过上述平衡国际收支机制的方法,发现了这个时期欧洲价格上涨与新大陆白银流入之间可能的经济联系证据。

另外,在东亚,白银从外部流入经济,满足对白银需求的增长,在中国,白银与银锭作为主要交换媒介有关。"麦哲伦交换"对人口的影响增强了白银需求，正如我们已经看到的，"麦哲伦交换"导致 16 世纪中国人口急剧增长，因此也造成经济增长和对货币需求的增长。最后，16 世纪是"中国商业化快速推进"时期(万志英，1996b：142)，这也需要额外的货币供应。因此，进口白银将为正在扩大的实体经济提供流动资金；根据著名的剑桥数量理论，在任何货币供应 $M$ 等于 $KPY$，$M$ 的增加是由增加的收入 $Y$ 所诱发，而不是一种外在现象，货币供应增加在经济中不仅仅是被动或促进作用，它可能是为了提高 $K$（经济被"货币化"的程度指数）和 $Y$，而不是价格 $P$。的确，这个时期中国物价水平上升的证据的确不多；16 世纪，稻米价格上涨非常缓慢，土地价格似乎下降了（虽然稻米价格在 17 世纪早期的确大幅上涨，直到 1660 年再次下降）(万志英，1996b：158—159，242)。

像在中国一样，白银在印度主要用作货币。按照伊尔范·哈比布（Irfan Habib，1982：360）的说法，"莫卧儿帝国可以自夸拥有当时世界上最优质的硬通货，该系统包括三种金属硬币，均具有相当强的统一性和相当高的纯度，而白银卢比是基本的硬币"。金币很少，大多用于仪式，而铜币则用于较小的交易。白银只要缴纳少量费用，就可以在莫卧儿帝国境内众多铸币厂铸造成银币，卢比的价值稍高于它的白银含量，反映出对它的纯度的信心。由于这个时期印度没有自己的白银供应来源，因此人们推测，进口白银是铸币的唯一基础。人们还相信，所有进口的白银都被用于铸币了，只有黄金以金条的形式窖藏。阿克巴（Akbar，1556—1605 年）统治时期，白银取代铜币在城市、后来在乡村的地位，被国家用于支付官吏薪俸和军官的军饷（而不是授予土地），与此同时，土地税也被要求交纳货币而不是实物（Moosvi，1987）。因此白银是莫卧儿帝国经济货币化不断加强的基础，特别是在拥有中部和北部农业腹地的贸易导向的西海岸地区。

在开创性的研究中，阿齐扎·哈桑（Aziza Hasan，1969）利用现存各大博物馆中的莫卧儿铸币作为估算货币产量指数的基础。哈桑的指数从 1590 年到 1640 年增长了 3 倍，此后衰落，直到 1685 年，但此时仍然是 1590 年的 2 倍。她研究的一个重要目的是考察莫卧儿帝国铸币量与美洲白银进入欧洲之间存在关系的任何证据。把她的指数变化与汉密尔顿流入西班牙的白银数据相比较，她发现了一种紧密的联系，虽然滞后10～20年，"流入西班牙的白银规模的波动经常能够忠实地反映印度进口的白银和莫卧儿铸币厂的铸币产量"。后来，希琳·莫斯威(Shireen Moosvi,1987)在一篇重要的论文中确证了货币产量的增长，并推算1631—1660年法国每年白银铸币产量大约75吨，1556—1705年莫卧儿年均为其2倍，达到152吨，如果考虑到印度人口是1.3亿，法国人口是2 000万，那么这就合情合理了。

至此，我们已经看到，白银对欧洲、中国和印度产生了非常不同的影响。在欧洲，它导致物价上涨，在南亚和东亚，它维持了增长和越来越货币化和商品化的经济。但是它对白银流动所经过的欧洲与亚洲之间传统的商路的影响如何呢？白银一定导致物价上涨？白银一定促进商业化？还是白银仅仅经过这些地区，对它们的经济没有什么特别影响？我们通过考察三个中间地区再下结论：波斯、奥斯曼帝国和俄罗斯。这个时期伊朗在世界经济中的作用特别有趣。萨菲王朝是在这个时期之初由年轻而富有个人魅力的伊思迈尔大帝(1501—1524年)建立的，阿巴斯一世(1588—1629年)时期达到鼎盛。正是萨菲王朝牢固建立了伊朗的伊斯兰教什叶派政权，为历经阿拉伯、蒙古和突厥统治者几个世纪之后的现代伊朗国家和民族奠定了基础。伊朗位于欧亚大陆西部东西方、南北方商路中心的地理位置，意味着它是四面八方商品和贵金属流动的枢纽。当地生产的生丝不仅供应当地的锦缎和塔夫绸纺织业，而且正如我们已经看到的，也是土耳其和意大利繁荣的丝织业所需要的原料。这使伊朗在与西方贸易中处于贸易顺差地位，而与印度和东印度群岛的贸易则处于逆差地位，尽管它出口骑兵用的战马、印度棉纺织业需要的染料、各种坚果、水果和其他加工食品，但因为进口棉布、丁香、蔗糖和香料产生了贸易赤字。伊朗贸易的这种长期特点——与西方贸易处于顺差，而与东方贸易处于逆差——导致1660年居住在伊斯法罕的欧洲杰出居民、法国教士拉斐尔·杜曼斯(Raphael du Mans)进行了著名的描写，正如海德(2002:197)：

波斯犹如一个大型商队驿站,这座驿站只有2扇大门,一扇大门在土耳其一侧,西方的白银由此进入……另一扇大门是位于波斯湾的阿巴斯港或冈布龙港,通往印度、苏拉特,世界上的所有白银都在那里卸货,白银从那里似乎掉入了无底洞,再也不会出现。

但是,17世纪中期波斯处于贸易顺差地位的事实(Ferrier,1986:489)表明,至少进入帝国的部分白银被截留在其国内了。

伊朗的经济,特别是阿巴斯一世统治时期,是一种市场力量的有趣混合,反映了当地波斯人、印度人、特别突出的亚美尼亚人所组成的老道的商人阶层的活动。不过,市场活动的基础仍是强大的政府和广泛的行政干预。政府如此行事的动机,一是谋取丰厚的财政收入,二是受重商主义需求的驱动希望借此促进国家富强(Matthee,1999,chapter 3)。祖尔法(Julfa)的亚美尼亚商人社区被重新安置在新的豪华都城伊斯法罕的一个特别区域,被称为"新祖尔法",被给予了广泛特权,以换取他们对国家商业、金融和外交领域的服务,这种作用一直持续到现代。我们现在所谓"进口替代"项目已经被阿巴斯一世用于生产丁香、棉花、水稻,他甚至企图通过在马什德开发一个与伊玛目·里扎(Imam Reza)相竞争的什叶派场所,以阻止奥斯曼境内到麦加朝圣的香客香料耗竭。在大多数大城市里,他建立了为王室生产丝绸和其他纺织品的工场,采取措施改善运输和交通基础设施。所有这些都指向正在扩张和商业化的波斯经济,表明这个时期波斯的确截留了一些白银以促进这个过程。

正如我们已经看到的,什叶派萨菲与逊尼派奥斯曼之间的激烈竞争经常导致伊朗难以通过叙利亚的商业中心阿勒颇向西出口丝绸和其他商品。因此伊朗为了发展通往西方市场的替代商路而进行了大量努力,其中一条是通过阿斯特拉罕、沿着伏尔加河向上游到达波罗的海,其他海路是从波斯湾绕过好望角,正如英国和荷兰的东印度公司迫切希望的那样。为了达到这个目的,1622年,在荷兰的默许下,一支英国舰队帮助阿巴斯一世从葡萄牙手中夺取了霍尔木兹。但是,随着双方认识到维持向西出口丝绸可以双方互利,萨菲王朝与奥斯曼帝国最终缔结了良好的双边关系,而海路和伏尔加路线最终都不能取代到达黎凡特的西边商路。

奥斯曼帝国也处于随着"地理大发现航行"而带来的全球白银流通的东西方枢纽位置。按照奥默·卢特菲·巴坎（Omer Lutfi Barkan,1975）的看法，正是这个事实造成此前高度稳定的奥斯曼经济、社会和政治制度的衰落和最终崩溃。用巴坎的话说，奥斯曼的经济制度，从阿纳托利亚、巴尔干到埃及和北非，"基本上是一种帝国自给自足"。但是，"地理大发现航行"后，不断扩张的欧洲大西洋经济削弱了这种制度。与货币学派支付平衡相符，欧洲价格的上涨意味着诸如"小麦、红铜、羊毛等"商品都"从奥斯曼市场吸走"，毁灭了传统的手工业，引起手工业者和乡村的社会动荡，以及关键的军事单位的动荡和不满。因此，按照巴坎的说法，如果奥斯曼帝国是19世纪"欧洲病夫"的话，那么它不是当时引发疾病的工业革命，而是16世纪"价格革命"早已萦绕着奥斯曼，使之久病缠身。

巴坎影响深远的论文最近被人接受了，但是塞维克特·帕穆克（2007, chapter 7）关于奥斯曼货币史的权威著作对它提出了严厉的批评。帕穆克发现价格上涨没有布坎说的那么高；因此根据白银来看，1600—1625年比1490年价格上涨了80%～100%，而巴坎报告说1490—1605年上涨了165%。按照帕穆克的说法，白银价格接着"下降"，直到1700年，比1490年只高了20%左右。帕穆克也反对"价格革命"造成帝国财政、军事和手工业困难的观点，他强调其他因素，如许多前线的战争开支大幅增加，与之相连的军事和财政负担也大幅增加，还有农业和手工业组织的保守主义，使这些领域不能适应变化。但是，"在许多方面……中东只是这些洲际金银流动的转运地区"（Pamuk,1994：959），证据表明，那里的价格在16世纪的确上涨了，但是也有确切证据表明，奥斯曼经济在此期间正在变得货币化，"对货币的需求正在增长，但是这种需求可以通过增加白银供应而满足"。

因此，白银对奥斯曼和波斯帝国都产生了影响，前者是物价上涨，与二者商业活动增加相对应（也许是促进作用）。正如我们已经看到的，这个时期欧洲东北部的贸易活跃，因此毫不奇怪，白银流动甚至到达波兰、俄罗斯和波罗的海沿岸地区，尽管它们远离正常的东西方贸易商路。正如玛丽安·马洛维斯(Marian Malowist,1958:27)所说，"波罗的海贸易在地理大发现时代已经丧失了重要性的旧观点早就站不住脚了。相反，我们现在知道波罗的海沿岸各国既是西欧原材料的供应地，又是它们出口的市场，因此促进了它们相对快速的工业化"。我们还看到，这个时期西欧白银净出口到东方。虽然其中一些被转移到更远的东方波斯和奥斯曼，但是还留下了足够的白银，足以使当地经济货币化，正如布卢姆(Blum,1956)以文献所证明的。

总之，新大陆白银的发现对欧亚大陆的经济产生了重要影响，刺激物价上涨，促进货币化和商业化。它的最基本作用是扩大了欧亚大陆内部的贸易，既在"民族的"经济范围内，也在各民族经济之间，这显然是白银的交换媒介作用的结果。获得白银能力的提高以及白银倾向于流向东方的趋势，造成了较高的物价，为理解16世纪后期亚洲与欧洲之间陆路贸易复兴提供了一个视角，欧亚大陆内部贸易的增加本身就有利于俄罗斯、波斯和奥斯曼帝国，即使这些地区货币化程度没有任何提高。由此可见，新大陆使欧亚大陆更紧密地联系在一起。在促进在亚洲的欧洲贸易公司的活动方面，白银也发挥了关键作用，不仅对东南亚(正如我们已经看到的)而且对印度(第五章)都产生了深远的政治影响。

新大陆对旧大陆(欧亚非大陆)经济的最终影响远比上述影响深刻。美洲大量白银推动的洲际贸易形式产生质的变化，而促成新贸易形式的首要动力就是美洲广阔的土地。但是，要想使新贸易腾飞，美洲殖民地必须解决他们面临的关键问题，即劳动力短缺；虽然正如我们已经看到的，他们几乎立即用奴隶制解决了这个问题，但建立有效地供应欧洲市场必要的制度框架需要时间。

图4.8显示了这一贸易形式多变的含义，它提供了16、17世纪荷兰的胡椒和蔗糖的实际价格。这两个系列之间的对比非常强烈。正如我们已经看到的，胡椒的实际价格在"地理大发现航行"后不久就开始下降了，到17世纪中期最终稳定在一个历史较低水平。但是16世纪蔗糖的价格上涨很快，表明以前证明不断增加的巴西蔗糖出口还不能满足欧洲市场的需求；劳动力短缺仍然导致新大陆的供应无法增加。结果是不断刺激殖民者给欧洲提供蔗糖和其他"热带

杂货",因此最终是不断刺激用船运输奴隶跨越大西洋。只有在16世纪90年代左右,平衡才开始发生有利于欧洲消费者的变化(我们也许可以加上,不利于不幸被卖作奴隶的非洲人)。因此,正是到16世纪末,正当荷兰和英国准备在印度洋打下烙印时,"白银时代"开始让位于"蔗糖和奴隶时代",大西洋开始补充印度洋的经济重要性,下一章集中讨论三角贸易变成了世界经济内部的关键驱动力量。

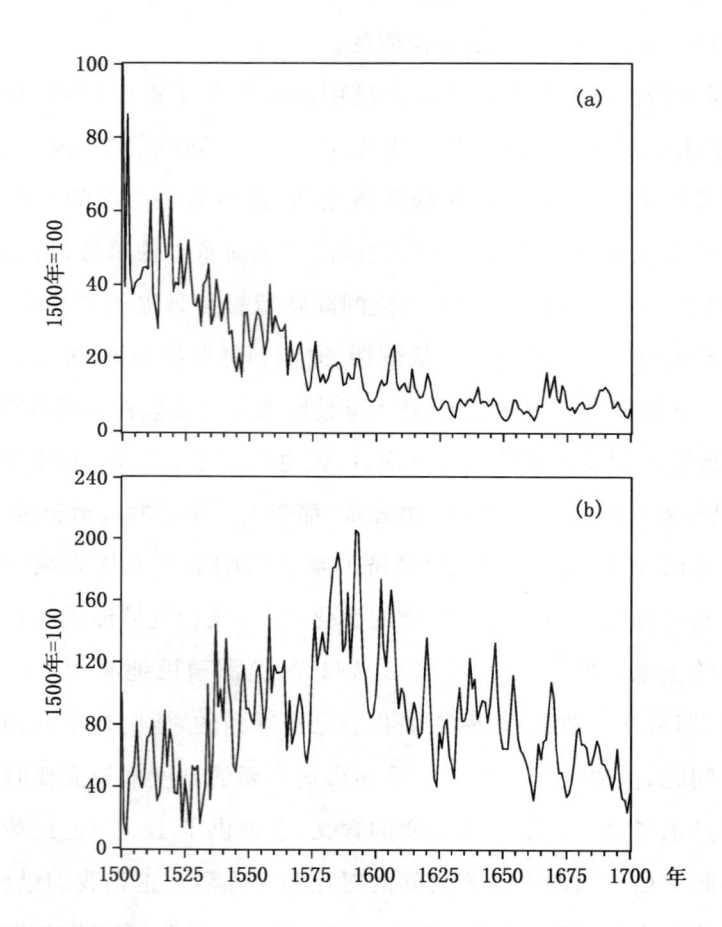

来源:范赞登(Van Zanden,2005)。

图 4.8　16 至 17 世纪胡椒(a)和蔗糖(b)在荷兰的实际价格

这个时期经济逐渐转型大致与政治逐渐转型同时发生。17 世纪中期是早期近代历史的一个重要分水岭。在欧洲,"三十年战争"的破坏终于结束,1648年《威斯特伐利亚和约》开创了一个国际关系的新时代。俄罗斯正在向东扩张它的边疆至西伯利亚森林地带,到1648年已经到达太平洋岸,而1644年李自成推翻明朝,随后的清朝正忙于向西扩大它的边疆至中亚。德川幕府统治下的日本正着手漫长但绝非徒劳的闭关锁国。伊斯兰教的"火药帝国"正在显示某种紧张的迹象,但在陆地上仍然是强大的。在东南亚,荷兰在1641年占领马六甲之后,正在扩大对印度尼西亚群岛和斯里兰卡的控制,而缅甸和暹罗正在葡萄牙雇佣兵和军事技术的帮助下,建立强大的王国。

正在扩大的世界贸易网络将变成一个母体,从中最终真正转型突破进入现代。"工业革命"只有一个世纪多一点就要爆发了。

# 第五章

# 1650—1780 年世界贸易:重商主义时代

　　17 世纪中期到 19 时期初是欧洲列强为了控制新大陆的资源、领土和贸易而长期争斗的时代。新大陆许多社会的劳动力不仅局限于少量欧洲移民和在其领地内的美洲土著,还包括不断增加的来自西非的奴隶。奴隶的大量引入,使美洲大陆迅速融入世界经济。表 5.1 反映了这种毫无人道的贸易的惊人增长速度(Curtin,1969)。16 世纪,25 万多奴隶经由船运跨越大西洋,17 世纪奴隶贩运数量超过其 5 倍,到 18 世纪末,每 25 年就有近 200 万奴隶被运到美洲。16 至 19 世纪中期,总数超过 1 100 万非洲人被强迫迁徙到新大陆。正如我们已经看到的,作为早期蔗糖生产者的葡萄牙人,如果不是其他经济活动的急先锋,至少也是奴隶贸易的急先锋,其贩卖奴隶数量约占总数一半,而英国这个 18 世纪最活跃的奴隶贩子贩卖奴隶数量则占总数的 1/4 强。

表 5.1　　　　　　　　　　1519—1867 年跨大西洋奴隶贸易规模

（按运输奴隶船只国籍计）　　　　　　　　单位：千人

| 时期 | 葡萄牙 | 英国 | 法国 | 荷兰 | 西班牙 | 美国 | 其他国家 | 各国总数 |
|---|---|---|---|---|---|---|---|---|
| 1519—1600 年 | 264.1 | 2.0 | 0 | 0 | 0 | 0 | 0 | |
| 1601—1650 年 | 439.5 | 23.0 | 0 | 41.0 | 0 | 0 | 0 | 503.5 |
| 1651—1675 年 | 53.7 | 115.2 | 5.9 | 64.8 | 0 | 0 | 0.2 | 239.8 |
| 1676—1700 年 | 161.1 | 243.3 | 34.1 | 56.1 | 0 | 0 | 15.4 | 510 |
| 1701—1725 年 | 378.3 | 380.9 | 106.3 | 65.5 | 11 | 0 | 16.7 | 958.6 |
| 1726—1750 年 | 405.6 | 490.5 | 253.9 | 109.2 | 44.5 | 0 | 7.6 | 1 311.3 |
| 1751—1775 年 | 472.9 | 859.1 | 321.5 | 148.0 | 1.0 | 89.1 | 13.4 | 1 905.2 |
| 1776—1800 年 | 626.2 | 741.3 | 419.5 | 40.8 | 8.6 | 54.3 | 30.4 | 1 921.1 |
| 1801—1825 年 | 871.6 | 257 | 217.9 | 2.3 | 204.8 | 81.1 | 10.5 | 1 645.1 |
| 1826—1850 年 | 1 247.7 | 0 | 94.1 | 0 | 279.2 | 0 | 0 | 1 621 |
| 1851—1867 年 | 154.2 | 0 | 3.2 | 0 | 23.4 | 0 | 0 | 180.7 |
| 各国总数 | 5 074.9 | 3 112.3 | 1 456.4 | 527.7 | 517 | 280 | 94.2 | 11 062.4 |
| 各国占总数比例(%) | 45.9 | 28.3 | 13.2 | 4.8 | 4.7 | 2.5 | 0.9 | 100 |

来源：埃尔提斯（Eltis，2001，table Ⅶ，supplement materials）。

从这些不同来源的复杂互动中，所谓"大西洋体系"出现了。这一体系由大西洋连接 4 个大陆，包括北部的英国-荷兰-法国部分、中部的西班牙-墨西哥地带、南部的葡萄牙-巴西地带，各地区互相联系并且都通过多种经济关系网络与非洲联系。新大陆这个沃尔特·普雷斯科特·韦伯（Walter Prescott Webb）所谓的"伟大边疆"的丰富自然资源意味着欧洲列强的贸易活动越来越涉及新大陆的进出口。那时盛行的重商主义信条把这些争夺财富的斗争视为零和博弈游戏，每个列强视其殖民地为原料供应地和"母国"手工业制品的市场，外来闯入者将被驱赶，如果有必要，可以使用武力。因此，这个时期新大陆经常发生冲突。要想在这些战争获胜，就要调集必要的财政资源，提供有效的海军和陆军力量，因此按照雅各布·维纳（1948）对重商主义政策的经典阐释，"实力"将是取得"富足"的手段，反过来，"富足"将提供"实力"的肌腱。在"重商主义时代"，

"实力"与"富足"之间的这种关系就是本章的主题。

重商主义时代的大多数竞争者都是关于哪个国家的公司能够控制既定的市场或贸易区域,如东南亚的香料贸易,或者进出波罗的海的贸易。其目的就是垄断一种既定的贸易,从而获得垄断利润,这反过来又会提高国家的经济实力,使其顺利发动战争,以巩固本国重商主义者的贸易目标。这种逻辑并不新鲜,因为正如我们已经在前面许多国家看到的,包括三佛齐、马穆鲁克和奥斯曼统治下的埃及、威尼斯和葡萄牙的东印度公司,都或多或少成功地尝试了类似的政策。如果这种垄断利润是国际瓜分"零和博弈",那么关于完全竞争的和平条件下各方通过贸易获得利润的经典观点就不成立。因此为弥补波罗的海贸易中的海军军备带来的贸易赤字,或者为各列强的东印度公司与亚洲的利润丰厚的贸易提供运营资本就成了为获取贵金属辩护的必要理由(Wilson,1949)。

当然,在早期近代重商主义等民族主义背景下,现在所谓特殊利益集团(如殖民项目和特许公司)"寻租"的机会俯拾皆是,埃克隆德和托利森(Ekelund and Tollison,1981)已经非常有效地把这个概念模型应用于英国和法国的历史经验。但是,除了对1600—1750年的总体趋势进行非常简短的讨论(Ekelund and Tollison,1981:12—13)外,他们基本忽略了这里关注的重商主义时代的国际背景。人们不得不问,对选择单边奉行和平自由贸易的欧洲任何一个民族国家来说,真实的相反情况究竟是什么样的呢?在缺乏任何有效的集体安全机制或明确的霸权的情况下,对我们来说,军事失败和被排挤出外国市场似乎是一种貌似可信的答案。究竟由什么构成可能的相反事实的问题,显然与重商主义政策严格的成本-利益核算有关,如国家卷入战争的成败问题。除了美国独立战争这个著名的例外,英国大致赢得了这个时期的战争,这对未来国际经济具有重要意义,所以英国在国际上的崛起必然是本章的一个重要主题。

**大英帝国的崛起:贸易、掠夺和殖民**

每个人都听说过,大英帝国被认为是"一不留神"而获得的,尽管他们不太可能知道这种说法源自维多利时代的帝国史学家 J. R. 西利(J. R. Seeley)。西利妙语的背景是他在批驳英国历史编纂学集中关注国内自由而不是海外扩张的趋势时提出的,他认为自伊丽莎白一世以来,海外扩张才是国家发展的真正驱动力量。他的单卷本《英国的扩张》(*The Expansion of England*)1883 年甫一出版就广受欢迎,至今仍然是这个主题生动而有力的陈述(Seeley,1971)。他真正说的是:"事实表明,在不知不觉中,我们征服并殖民了半个地球",从 18 世纪英国的传统历史来看,人们确实会得到这种印象,因为那些记录"制造了太多充斥着纯粹的议会辩论和关于自由的争论",而英国的真实历史却体现为它对建立海外帝国这一目标有着完全自觉与明确的诉求,因此,18 世纪"英国的历史不是在英格兰,而是在美洲和亚洲"。

与在伊比利亚半岛的国家和"收复失地"的例子一样,英国扩张的过程始于"内部的殖民主义",逐渐把威尔士人、苏格兰人和爱尔兰人吸收进后来的"大不列颠及爱尔兰联合王国"。詹姆士一世和六世集苏格兰和英格兰王位于一身,1707 年,随着《联合法案》的签署,这两个王国实现了历史性统一。

兼并爱尔兰则是一件更困难、更血腥的事情,伊丽莎白一世时期,她觉得必须"让这个粗鲁野蛮的民族学会礼貌",奥利佛·克伦威尔、威廉和玛丽联合统治时期发生了特别残酷的事件。伊丽莎白一世时期一些著名人物参加了早期的掠夺袭击和新大陆的殖民项目,如汉弗莱·吉尔伯特(Humphrey Gilbert)爵士和沃尔特·雷利(Walter Raleigh)爵士,他们都是通过在爱尔兰犯下今天被认为公然暴行而崭露头角。正如 J. H. 艾略特(1990:50)所说,"爱尔兰对英格兰人来说,犹如安达卢西亚对西班牙人,只是作为发展后来可能建立海外帝国的思想和技术的有用试验场"。

肯尼斯·安德鲁斯(Kenneth Andrews,1984:356)已经指出,"在英国扩大海外贸易过程中,掠夺和殖民是紧密交织在一起的",掠夺是第一位的。他还观察到,1550—1630 年间,英国的造船吨位翻倍,这支舰队的特殊力量在于它在"战争和掠夺行为之间的巧妙平衡",这很好地阐释了德雷克和霍金斯海盗袭击的攻击性,以及 1588 年反对"西班牙无敌舰队"的防御性。殖民的发展经历了更长时间,始于美洲大陆的弗吉尼亚和新英格兰以及西印度群岛的圣基茨岛、尼维斯岛、安提瓜岛、蒙特色拉特岛和巴巴多斯岛,时间是1600—1632年,1655年,克伦威尔从西班牙手中夺取了牙买加。加勒比群岛甘蔗种植可获得的利益,使食糖生产比投资开发美洲大陆更有吸引力,加之非洲奴隶的输入,那里的人口迅速增长。的确,按照比克尔斯(Beckles,1998:222)的说法,"到1640年,英国在加勒比群岛已经取得了对欧洲其他国家的人口优势"。

1601—1700年,到英属美洲大陆地区和西印度群岛的欧洲移民相当均衡,每个地方大约17.7万,但是非洲人的分布就很分散,只有大约1.2万被送输往大陆,23.7万被输往加勒比地区(Games,2002:table 2.1,41)。从1600年到1800年,美洲的欧洲移民和非洲移民的总数分别为75.2万人和28.7万人,而加勒比地区的欧洲移民和非洲移民的总数分别为29万人和204.5万人。所有非洲移民当然都是奴隶,盖姆斯(Games,2002:41)说,所有欧洲人的75%多是契约奴仆或罪犯。对强迫劳动力的依赖是新大陆农业的一个特点,也许部分地反映了这些社会拥有极其丰富的土地,这意味着劳动力的回报大致恒定,因此对依赖昂贵的自由劳动力的地主来说,利润很低,甚至为0(Domar,1970)。矛盾的是,它也许反映了"国内自由的发展,包括个人产权",因为这"允许欧洲人的个人权利扩大到欧洲以外。因此欧洲的国内自由是欧洲在国外实行奴隶制的先决条件"(Drescher,2004:33)。①

表5.2表明,1650年这两个地区的人口总数都比较少,但是到1770年,北美洲的人口总数比西印度群岛多4.5倍,几乎达到2 300万。到18世纪,奴隶占西印度群岛人口的90%,但是只占北美人口的1/5。西印度群岛奴隶人口远少于被运往那里的奴隶数量,这表明奴隶的死亡率非常高,需要不断输入奴隶,以满足需求。另外,北美洲大陆的奴隶人口似乎也开始有了自力更生的迹象。数据也清楚地表明北美白人自然增长率非常高,而那些移往加勒比地区的白人的自然增长率非常低(确实只包括移民)。令人吃惊的是,英属北美的白人人口

---

① 关于新大陆非洲奴隶制的成因的论著过于庞杂,这里难以适当总结。近期的一个重要成果是埃尔提斯(2000)。

在1750—1770年间几乎翻倍。

表5.2　　　　　　　　1650—1770年英属美洲殖民地的人口　　　　　　单位：百万

| 年份 | 1650 | 1700 | 1750 | 1770 |
|---|---|---|---|---|
| 北美 ||||| 
| 白人 | 53 | 234 | 964 | 1816 |
| 黑人 | 2 | 31 | 242 | 467 |
| 合计 | 55 | 265 | 1 206 | 2 283 |
| 黑人占总人口比例(%) | 3.6 | 11.7 | 20.1 | 20.5 |
| 西印度群岛 |||||
| 白人 | 44 | 32 | 35 | 45 |
| 黑人 | 15 | 115 | 295 | 434 |
| 合计 | 59 | 147 | 330 | 479 |
| 黑人占总人口比例(%) | 25.4 | 78.2 | 89.4 | 90.6 |

来源：麦考库斯和梅纳德(1991，table 3.1，54)。

在大英帝国早期，贸易、殖民和掠夺之间的关系可由牙买加的例子加以说明，这是努瓦拉·扎赫戴尔(Nuala Zahedieh，1986)一项富有启发的研究的主题。正如她说的(Nuala Zahedieh，1986：210)，"在英国海盗式袭击西属印度群岛时，牙买加是个聊胜于无的战利品，克伦威尔所谓的'西方设计'，最初目标是占领伊斯帕尼奥拉岛(即海地岛)，当这次袭击被搞砸了后，它转向了牙买加"。无论克伦威尔政权还是查理二世的政权都不想再在该岛上花费更多的军事或财政资源，即使西班牙占领者也忽略该岛，但是牙买加的地理位置、皇家港的港湾及其作为私掠船和非法贸易基地的潜力，使它成为"一把刺向西班牙帝国的匕首"。到1670年，皇家港已经拥有20多艘船和2 000人参与这种邪恶但获利丰厚的活动。最著名和成功的海盗是亨利·摩根(Henry Morgon)，埃洛尔·弗里恩和泰隆·鲍尔(Errol Flynn and Tyrone Power)时代的好莱坞海盗电影迷都熟悉他。仅仅1668年摩根对波多贝罗的袭击就"抢掠了7.5万英镑，超过该岛每年蔗糖出口价值的7倍"(Ibid.，216)。

西印度群岛和美洲大陆上的西班牙殖民者发现,通过牙买加进口欧洲商品比等待官方规定的一年一度从塞维利或加迪斯来的舰队不仅更加方便,而且更加便宜。扎赫戴尔认为,由于来自抢掠和违禁贸易的利润,这座岛屿充斥着投资甘蔗种植园和其他农业生产的流动资金,没有必要从英国筹集资本。因此,她反驳了亚当·斯密的著名观点——殖民地将耗竭母国的生产资本,根据她所提供的计算:牙买加甘蔗种植园的回报率大约为10%或更多,高于英国普遍的利息率。因此牙买加似乎是一个理想的重商主义殖民项目,不需要母国的原始资本,但是通过抢掠敌人和走私能获得高额回报,并且发出有价值的初级出口品,如蔗糖,用英国船只运回大都市。的确,再没有更好的例子可以说明马克思主义"原始积累"的概念了,因为即使亨利·摩根的时代早已过去很多年了,18世纪大多数时间里牙买加也一直是大英帝国最大的蔗糖输出地。

按当时的日记作者说法,在牙买加发财的大多数"绅士和种植园主"都是"以前粗鲁而出身卑微,有头脑的人,在这里他们发了财"(Ibid.,214)。彼得·贝克福德(Peter Beckford)就是其中之一,他曾经是一名普通水手,是西印度最杰出的"地方长官"威廉·贝克福德(William Beckford)的祖父,威廉曾经与他的3个兄弟一起担任下议员,是18世纪英国最富有的人之一。巴巴多斯和牙买加的甘蔗种植园使西印度群岛如此繁荣,以致埃里克·威廉姆斯(Eric Williams,1966:52)称它们为"大英帝国的中心,对英国的伟大和繁荣极其重要"。对于痴迷于重商主义时代贸易的历史学家来说,一个优势是这个时期的国家开始收集详细的贸易统计数字,表5.3提供了1768—1772年英属新大陆殖民地出口信息。正如第一栏所显示的,西印度群岛出口的蔗糖及其相关产品(如糖浆和朗姆酒)的总价值为每年390万英镑,其中340万英镑流向英国,剩余的50万英镑流向北美。

表 5.3　　　　　　　　　　1768—1772 年英属北美洲殖民地出口　　　　　　　　　单位：英镑

| 产品 | 目的地 ||||||| 
|---|---|---|---|---|---|---|---|
| | 英国 | 爱尔兰 | 北美 | 欧洲其他国家和地区 | 西印度群岛 | 非洲 | 合计 |
| 西印度群岛 |||||||| 
| 蔗糖 | 3 002 750 | | 183 700 | | | | 3 186 450 |
| 朗姆酒 | 380 943 | | 333 337 | | | | 714 280 |
| 糖蜜 | 222 | | 9 648 | | | | 9 870 |
| 小计 | 3 383 915 | | 526 685 | | | | 3 910 600 |
| 新英格兰 |||||||| 
| 鱼/鲸鱼 | 40 649 | | | 57 999 | 115 170 | 440 | 214 258 |
| 家畜/肉 | 374 | | | 461 | 89 118 | | 89 953 |
| 木材 | 5 983 | 167 | | 1 352 | 57 769 | | 65 271 |
| 草碱 | 22 390 | 9 | | | | | 22 399 |
| 谷物 | 117 | 23 | | 3 998 | 15 764 | | 19 902 |
| 朗姆酒 | 471 | 44 | | 1 497 | | 16754 | 18 766 |
| 其他 | 6 991 | 1 018 | | 296 | 247 | | 8 552 |
| 小计 | 76 975 | 1 261 | | 65 603 | 278 068 | 17 194 | 439 101 |
| 中部殖民地 |||||||| 
| 谷物 | 15 453 | 9 668 | | 175 280 | 178 961 | | 379 380 |
| 亚麻籽 | 771 | 35 185 | | | | | 35 956 |
| 木材 | 2 635 | 4 815 | | 3 053 | 18 845 | | 29 348 |
| 生铁 | 24 053 | 695 | | | 2921 | | 27 669 |
| 家畜/肉 | 2 142 | | | 1 199 | 16 692 | | 20 033 |
| 草碱 | 12 233 | 39 | | | | | 12 272 |
| 其他 | 11 082 | 1310 | | 2 227 | 6 191 | 1 077 | 21 887 |
| 小计 | 68 369 | 51 730 | | 181 759 | 223 610 | 1 077 | 526 545 |
| 上南部地区 |||||||| 
| 烟草 | 756 128 | | | | | | 756 128 |
| 谷物 | 10 206 | 22 962 | | 97 523 | 68 794 | | 199 485 |
| 生铁 | 28 314 | 416 | | | 461 | | 29 191 |
| 木材 | 9 060 | 2 115 | | 1114 | 10 195 | | 22 484 |

续表

| 产品 | 目的地 | | | | | | |
|---|---|---|---|---|---|---|---|
| | 英国 | 爱尔兰 | 北美 | 欧洲其他国家和地区 | 西印度群岛 | 非洲 | 合计 |
| 其他 | 23 344 | 3 357 | | 526 | 12 368 | | 39 595 |
| 小计 | 827 052 | 28 850 | | 99 163 | 91 818 | | 1 046 883 |
| 下南部地区 | | | | | | | |
| 稻米 | 198 590 | | | 50 982 | 55 961 | | 305 533 |
| 靛蓝 | 111 864 | | | | | | 111 864 |
| 鹿皮 | 37 093 | | | | | | 37 093 |
| 海军装备 | 31 709 | | | | | | 31 709 |
| 木材 | 2 520 | 228 | | 1 396 | 21 620 | | 25 764 |
| 谷物 | 302 | 169 | | 1 323 | 11 358 | | 13 152 |
| 家畜/肉 | 75 | 366 | | 103 | 12 386 | | 12 930 |
| 其他 | 11 877 | 515 | | 365 | 785 | 362 | 13 904 |
| 小计 | 394 030 | 1 278 | | 54 169 | 102 110 | 362 | 551 949 |

来源：麦考库斯科和梅纳德（1991：108，130，160，174，199）。

在美洲大陆，新英格兰殖民地（马萨诸塞、康涅狄格、新罕布什尔和罗德岛）主要被17世纪20年代来自英国的新教徒定居，与加勒比群岛的特点非常不同。克伦威尔称新英格兰为"寒冷、贫穷和无用之地"，表明他不能预见勇敢的清教徒同胞最终将战胜没有前途的环境。玉米种植、毛皮贸易、牲畜饲养、捕鱼、造船、各种航运和其他服务业的多种经营导致许多定居家庭享有所谓"过舒适生活的收入"，如果不是富裕的话，那也是足够舒适的。

这种发展使新英格兰的经济与西印度群岛的经济形成互补，新英格兰输出棉花、鳕鱼和其他商品以维持西印度群岛上的自由民和奴隶以及法国人、荷兰人和英国人的生活，并且进口朗姆酒、糖浆和蔗糖。与西属和葡属的马德拉群岛及亚速尔群岛的贸易也很活跃，用鱼和食物换取葡萄酒和食盐。虽然早婚和大家庭导致原先的移民人口的高自然增长率，但土著美洲人口因疾病、与武器装备更好的定居者的冲突等而遭受重创，殖民者认为这是天意。人口快速增长和多样化经济推动了城市化进程，以拥有商业精英的波士顿为基地的贸易和金融中心开始出现,波士顿是英国进口商品的入口,进口商品从那里被分散到其他大陆殖民地和西印度群岛。

航运服务带来的利润几乎相当于所有商品出口,至少为 42.7 万英镑(McCusker and Menard,1991:110)。这个事实导致麦考库斯科和梅纳德(1991:92)观察到,"新英格兰变成了大英帝国的荷兰"。

其他正在发展的早期大陆殖民地是弗吉尼亚的上南部和马里兰,它们很快就形成典型的单一作物出口经济,在切萨皮克湾沿岸种植有"毒草"之称的高利润经济作物烟草。烟草在欧洲迅速发展了大众消费市场,烟草产值从 1629 年的 6 万英镑增加到 1670 年的 1 500 万英镑,到 17 世纪 80 年代中期则达到 2 800 万英镑(Horn,1998:183),此后显然呈停滞状态,直到 1715 年后再次增加,到 1760 年达到 5 000 万英镑。表 5.3 表明,上南部烟草出口超过大陆其他地区,总价值(1768—1772 年年均)超过 100 万英镑。烟草占其中 3/4 以上,所有烟草都出口到英国,其中 85% 从英国再出口到欧洲大陆(McCusker and Menard,1991:124)。

新英格兰与上南部之间是包括纽约和宾夕法尼亚及其分支新泽西和特拉华的中部殖民地。纽约与荷兰联系紧密,因为它的起源是 1644 年落入英国之手的新尼德兰殖民地,宾夕法尼亚由于其创建人威廉·潘恩(William Penn)而与贵格会联系紧密。这些历史的初始条件在形成与阿姆斯特丹、荷兰西印度群岛的外贸网络、广泛的贵格会贸易区方面是非常有价值的。宾夕法尼亚的农业也受益于来到该州的大量德国新教徒移民带来的先进耕作技术。费城和纽约迅速发展为商业和金融中心,在独立战争前就取代了波士顿。费城发展为美洲大陆最大的城市,1775 年,它的人口达到 3.5 万,堪与英国的布里斯托尔和曼彻斯特相比。与严重依赖西印度群岛的新英格兰、切萨皮克几乎完全依靠英国不同,中部殖民地出口目的地比较均衡,40% 多一点出口到西印度群岛,1/5 多一点出口到英国和爱尔兰,1/3 多一点出口到欧洲其他地区。重要的是,航运和其他服务带来的收入超过 25 万英镑(McCusker and Menard,1991:202)。

北卡罗来纳和南卡罗来纳以及佐治亚的下南部与大陆其他殖民地的历史

不同，它们不是由英国或欧洲直接来的移民创建的，而是由来自西印度群岛和上南部的移民创建的，或引用一位无情的观察家说的话，他们是"英国其他殖民地的残渣余孽"。第一股推动力量来自巴巴多斯，那里迅速发展的甘蔗种植园在一个小小的岛上挤满了大多数契约劳工和其他早期移民。在17世纪中，大约1万人离开巴巴多斯前往其他殖民地（McCusker and Menard，1991：171）。他们最初作为"殖民地的侨民"而存活下来（Edgar，1998），出口食物和其他物资，以支持巴巴多斯的单一作物生产。后来，与当地印第安人发展了有利可图的鹿皮贸易，但正是水稻形成了南卡罗来纳传统出口经济的另一个基础。出口总值从1710年的150万英镑增加到独立战争时期的超过9 000万英镑。到18世纪40年代，靛蓝开始作为所谓水稻的"美妙附属品"出现，因为它是输入必需品的补充。"殖民地的侨民"终于复制了巴巴多斯，以水稻取代甘蔗，但是两者都依靠奴隶劳动。重要的是，到18世纪后期，黑人比例已经上升到40%（McCusker and Menard，1991：172）。2/3的粮食出口到英国，其余1/3则平均出口到西印度群岛和欧洲。所有的靛蓝都被出口到英国。

虽然农业和初级产品的出口对北美13个殖民地的重要性不言而喻，但是手工业也不容忽视。珀金斯（Perkins，1998：25）说，1700年，殖民地的生铁产量为1 500吨或者世界产量的2%，1775年增加到2.1万吨，占世界总产量的15%多，雇用8 000多工人，超过80座高炉，每年出口价值5.8万英镑的生铁到英国。随着丰富的木材供应，大陆殖民地不仅出口船只的桅杆，而且出口船只，占登记在劳埃德公司名下的英国船只的1/3（McCusker and Menard，1991：81；Price，1998：83）。

感谢沃顿和谢泼德（Walton and Shepherd，1979），表5.3是以他们的著作为基础，我们拥有独立战争前夕13个殖民地的国际收支数据（1768—1772年平均水平）。商品出口总价值280万英镑，无形出口收入是航运60万英镑、保险和佣金22万英镑。在负债方面，进口商品总额为390万英镑、购买奴隶20万英镑、契约奴仆工资8万英镑。总体收支处于赤字，如果各种财政收支项目都考虑进去，那么赤字约4万英镑，需要通过借款或铸币输出加以解决，与即将变成"美利坚合众国"几乎潜力无限的经济相比,这是一个完全可以忽略的数额(McCusker and Menard,1991:81—83;Perkins,1988:table 2.1 and 2.2)。

大陆殖民地、西印度群岛、英国、外国之间的贸易都在被称为"旧殖民制度"的重商主义结构之中进行,"旧殖民制度"的基础是1651年克伦威尔议会通过的《航海条例》,但是1660年"复辟议会"采用的《航海条例》更具有可操作性,1663年又颁布了《原产地法》(Staple Act)和其他一些立法。这个法令的目的是确保所有进口到英国的商品必须由英国或原始出口国的船只运输。这显然是针对荷兰及其对航海贸易的支配地位:与英国殖民地的贸易、英国殖民地之间的贸易必须由英国或殖民地拥有的船只运输。此外,"被列举的"商品名单,包括蔗糖、烟草、棉花、生姜、靛蓝和一些其他染料等,只能从英国殖民地出口到英国,也就是说,它们只能从英国再出口才能到达外国的目的地。

这套国家干预英国和殖民地福利和增长的影响一直是研究和争议的热点,随着早期典型的仔细研究发现,强加给殖民地的负担比较小(Thomas,1965;McClelland,1969;Walton,1971)。[①] 但是,值得回想的是,即使亚当·斯密也为《航海条例》辩护,认为"防御比财富更重要",商船队是"培养水手的温床",战争时期皇家海军就是从中招募新兵。对大陆殖民地来说,把进口商品的运输限制于英国船只意味着一些运输效率的损失,但是这可能从排挤荷兰与西印度群岛广泛而有利的贸易的获利中得到弥补。在被限制的出口产品中,烟草生产者无疑遭受损失,因为英国和苏格兰商人再出口超过他们从殖民地购买的商品的80%以上给法国和其他欧洲国家。另外,英属殖民地蔗糖生产者在英国缴纳的进口关税仅为法属和荷属殖民地蔗糖进口关税的1/4~1/3。

**重商主义、商业竞争和英荷战争**

正如我们在前一章已经看到的,到1650年,荷兰已经在世界各地的海洋中崛起为全球商业的领袖。因此英荷战争就发生在荷兰实力的顶峰时刻。乔纳

---

① 计量历史学包括现代经济理论和统计学技术用于历史研究。

森·伊斯雷尔(1989,chapter 6)认为1647—1652年是荷兰世界贸易领先的"顶点",恰好在1648年,停止了与西班牙的敌对行为。这导致航运和保险开支方面(特别是在地中海)急剧下降,有些甚至下降50%之多,而它们正是确保贸易(特别是地中海贸易)得以增长的前提。现在荷兰商人能够平等地在西班牙和西班牙的殖民地进行贸易,他们在亚洲、非洲和新大陆所获得的各种利益都被承认了。与西班牙的和平也促进了荷兰在东南亚的军事扩张,建立对摩鹿加群岛香料的有效垄断。

较低的利息率和更好的呢绒染整技术,加上更容易获得西班牙羊毛,都给予了荷兰在这个关键领域的重要优势。荷兰运费的相对下降和呢绒生产比较优势的提高,在损害英国和汉萨同盟城市利益的前提下,促进了他们在波罗的海、意大利和黎凡特的贸易。与西班牙的敌对一结束,荷兰在加勒比地区就变得更加活跃。正是这些发展对英国的即时影响,激化了双方的积怨,促使了1652—1654年第一次英荷战争的爆发。

自从伊丽莎白一世后期以来,他们的新教小盟友的进步一直被英国人所关注,带着崇敬、妒忌和怨恨,或者如查尔斯·威尔逊(1957:10)所说的,"一种对大量利益的简单和本能的妒忌,尽管荷兰人通过更先进的外贸制度显然容易获得这些利润"。使英国更加难以忍受荷兰成功的是,英国人口至少是荷兰的两倍,拥有更丰富的农业和手工业资源。他们的粮食能自给自足,丰年还能有所剩余,而荷兰必须从波罗的海进口粮食才能满足基本需求。英国的呢绒业利用自己丰富的羊毛,而荷兰必须从西班牙进口。但是,英国只出口未染整的"白布"给荷兰,呢绒在荷兰产生了大部分附加值。最难堪的是荷兰从北海的英国和苏格兰近海捕捞鲱鱼,获得巨额利润。

所有这些抱怨都集中体现在英国最著名的重商主义小册子,即托马斯·孟(Thomas Mun)的《英国得自对外贸易的财富》(*England's Treasure by Foreign Trade*)——写于17世纪20、30年代,但是出版于第二次英荷战争前夕的1664年——中。按照孟的说法,荷兰商业繁荣的精美大厦主要依靠英国允许他们在英国领海里任意捕鱼,整个生产过程中,使用大约1 000艘"鲱鱼巴士"

和 50 万人，保守估计，每年获得价值超过 100 万英镑。正如孟所说的，荷兰联省共和国"就像一只漂亮的小鸟，穿着借来的漂亮衣服；但是如果每只飞鸟都必须带着羽毛，那么这只小鸟将裸体休息"（引自 Wilson,1957:22）。最大限度恢复控制她自己的"伟大渔业"、拒绝荷兰"借羽毛"的唯一方法就是主张海军实力，以最直接的方式把"富足"建立在"实力"之上。

与此同时，在詹姆士一世和查理一世统治期间，为了增加国家对鲱鱼业的参与，政府提出了各种计划，但是由于缺少必要水平的商业组织和金融支持，这些计划都失败了。同样，把英国呢绒留在国内染整从而产生附加值，而不是把这些附加值让给荷兰的计划，与伦敦的商人领袖奥尔德曼·科克恩（Alderman Cockyne）有关，也因同样的原因而以失败告终。正如许多发展中国家已经发现的那样，如果缺乏必要的技巧、企业和资本，"绕开中间人"并占有他的利润并非易事。

从内战中崛起的英国拥有强大的海军，侵略野心勃发、随时准备挑战荷兰商业霸权的中产阶级。按照大卫·奥姆罗德（David Ormrod,1998:685）的说法，"毫无疑问，1650 年后英国商业政策的动力就是与荷兰竞争"，这种商业政策的目标"几乎都指向一个基本准则：只要可能，就废除公司垄断特权，而在议会批准的'单一的、包罗万象的国家垄断'范围内保护商业利益"。奥姆罗德认为，英国和美洲殖民地的新商业集团都反对通过皇家特权授予垄断权给特定实体，如"商人冒险家公司"等，他们迫切要求采取措施为国内企业保护特定的贸易或经济领域，但是允许公开竞争，通过关税保护、出口补贴和奖励、退税（对再出口实施全额或部分进口关税偿还），特定的全国性公司能够在竞争中获得成功和繁荣。因此《航海条例》"对荷兰的航海贸易给予了毁灭性打击"而无需给予英国特定公司任何特权。正是议会新近提高的权力，根据全国商人阶层的整体利益而行动，而不是君主对特定恳求者的"恩惠和支持"，从此负责英国实行"重商主义"的经济政策。奥姆罗德（1998:2003）令人信服地主张，这种方法比荷兰共和国采取的排他主义方法更加"现代"和有效，排他主义政策是荷兰 18 世纪初首先在北海的区域性经济中，最后在大西洋经济中开始丧失它的经济领先地位的主要原因。

克伦威尔渴望维持与欧洲其他新教共和国的友好关系,甚至提议建立一种新教国家联盟,以促进共同的经济和安全利益,以反对西班牙和其他天主教国家,但是遭到更实用主义的荷兰的直接反对。随着两个国家在彼此之间狭窄的海域里巡游,以下事件的发生就毫不奇怪了:英国海军向离开多佛尔的荷兰舰队开炮,击沉2艘荷兰战舰,理由是它们没有在自己的海域里显示适当的尊重。双方的情绪都被点燃,1652年战争爆发,虽然克伦威尔和荷兰的一流政治家都不愿意看到这一幕。

荷兰全球贸易网络的范围和互相依赖、和平时期繁荣的基础,都使它们在战争时期变得非常容易遭受攻击。荷兰政府要求其海军上将保护从波罗的海来的运输粮食的舰队、来自西班牙的运输白银的舰队、北海的鲱鱼捕捞舰队以及其他各类船只。毫不奇怪,作为具有超级能力的海军指挥官,海军上将特罗普(Trop)和鲁伊特(Ruyter)非常厌恶护航和保护商人的任务,而希望主动寻找并在决定性战役中摧毁英国舰队。双方在英吉利海峡发生了几次重大战斗,通常以有利于英国的结果告终,因为英国舰队火力更强大。返航的荷兰舰队经常不得不绕行到苏格兰北部,以避免在英吉利海峡被捕获,这大幅增加了成本。英国能够长期封锁荷兰的港口,因此对它们的商业造成损失,提高了荷兰主要食品面包和鲱鱼的价格。

最终英荷双方都厌倦了战争带来的开支和争端,结束战争的《威斯敏斯特条约》没有给双方强加任何繁重的义务。英国海军债务得到缓和,但是最终结果是平局。荷兰商业在短期内遭受了更多损失,但是很快恢复了,虽然它容易遭受敌对海军强国攻击的脆弱性暴露无遗,但它未来的领袖并未吸取这个教训。与此同时,"英国商人能够带着些许满足去回忆与荷兰的战争"(Wilson,1957:77),他们获得的自信对未来的思想和政策将产生影响。在此后的克伦威尔统治期间,英国海军力量继续增长,增加了20多艘战舰,以致查理二世被恢复王位时,他的海军舰队规模是他父亲的10倍多。

"复辟"政权不是简单地继承"护国政府"的海军和商业政策,而是更加强化了它们。国王的弟弟、约克公爵詹姆士被任命为海军大臣,他是加强英国海军力量的热情提倡者。克伦威尔的几个最亲密追随者和顾问明智地转变政治立场后,不仅被授予高官而且得到晋升。这些投机取巧者中最重要的是乔治·唐宁爵士,遗憾的是,他因为以他名字命名的伦敦街道而著名,而不是因为他作为一个经济管理者和政策制定者所取得的成就而著名。作为移民到新英格兰的清教徒家庭成员和哈佛大学早期毕业生,他返回英国为议会作战。唐宁不是一个原创思想家,但他是托马斯·孟收支顺差理论的忠实信徒,加上他对荷兰商业和金融实践的无可匹敌的知识——他作为英国大使驻海牙时获得的,按照威尔逊(1957:103)的说法,使他成为英国重商主义实践之父。修改后的1660年《航海条例》与1651年的一样,具有反荷兰的目的,但是更加合理一些,而且更具有操作性。它增加了一个条款,原条例只要求运输必须由英属船只完成,修改后的条例将由英国公民所有的外国船只也排除在外。唐宁还制定了《原产地法》,要求出口到殖民地的欧洲货物必须使用英国船只。由于认识到当英国工业仍然不发达的时候,仅仅禁止荷兰在英国出售鱼是无效的,他把进口关税提高了一倍。同样,他允许英国公民登记荷兰建造的船只,直到国内的造船业能够达到自给自足的水平。虽然被反对荷兰的经济民族主义所强烈鼓舞,但是唐宁创立的新重商主义法则以精明的实用性著称,在这个经济发展的早期阶段,当国家正在企图"追赶"她的世界航海和商业竞争对手时,它很好地为国家服务。威尔逊(1957:102)对17世纪60年代英国经济史的估计值得全文引述:

> 毫不夸张地说,这几年是英国经济命运的转折点,半成品呢绒出口贸易的旧单一观念让位于一种新构想——新殖民地区增加:新商品的对外贸易,不断扩大范围和种类。这些地区反过来变成了伦敦和西海岸各港口精炼和加工工业,以及大规模再出口贸易的基础。整个体系依靠不断增长的商船队,为了促进其运作,必要的商业和金融机制也在逐渐演化。

威尔逊关于复辟后的10年是英国对外贸易性质决定性突破的观点得到了拉尔夫·戴维斯(Ralph Davis,1954,1962,1967)详细的定量研究的支持。"内战"爆发前,英国出口呢绒的80%是到欧洲的,其他的涉欧洲出口只占总出口的一小部分。然而,到了1700年,尽管绝对数量迅速增长,但由于殖民地再出口的大量增加,呢绒出口下降到不足一半,到18世纪末已经被取代了。在这些殖民地再出口中,最突出的是烟草和蔗糖。正是《航海条例》的颁布在很大程度上将这种殖民地产品通过英国而流通到欧洲大陆,因为几乎可以肯定,荷兰本应凭借其更大和更有效率的海运业和金融组织而承运跨大西洋贸易的大多数货物。在戴维斯(1967:3)看来,英国对外贸易的这种结构性变化是如此重要,"以致我们可以把从英国复辟到美国独立战争的这段时期称为'商业革命'"。

在查理二世的宫廷里,出现了一个强大的派系,他们支持对荷兰人采取敌对行动,同时更积极地追求殖民贸易。它建立在国王宠臣小圈子与伦敦商人小集团结盟基础上。他们在渴望追求海军荣誉的约克公爵那里找到了一个强大支持者。英国组建了"皇家非洲公司",以勘探非洲西海岸的黄金、参与奴隶和象牙贸易。虽然还没有公开宣战,但与荷兰人的敌对行动持续了很长时间。在亚洲,帕劳的肉豆蔻岛仍然是双方的东印度公司争夺的焦点。查理二世与葡萄牙新的王室布拉干萨(Braganza)家族的凯瑟琳公主的婚姻加剧了紧张局势。她带来了孟买和丹吉尔这份丰厚嫁妆,但是作为交换,葡萄牙希望英国支持他们保持在印度的地位,对抗荷兰的蚕食。荷兰东印度公司不仅把葡萄牙人从马拉巴尔沿岸的要塞驱逐了,而且拒绝英国船只入境。正如唐宁抱怨的荷兰人喜欢虔诚地恳求格劳秀斯论述海洋航行自由一样,"对这些人来说,英国海域是自由航行,但是西非沿岸和东印度则封闭起来"(引自Wilson,1957:118)。

在北美大陆,荷兰殖民地新阿姆斯特丹被突袭队所攻占,并以海军上将的名字重新命名,虽然当时人们认为它的价值还不到伦岛的一小部分。反对荷兰的大众情绪被现在所谓印刷媒体所激发。当宫廷的好战集团寻求可行理由证明战争的合法性时,一名高级指挥官据说曾已经放话,"这个理由和那个理由有什么用?我们想要的就是他们现在已经拥有的更多的贸易"。最终找到了第二次英荷战争的足够理由,1665年正式宣战,虽然双方比较明智的人都不愿意看到这个结果。海军再次旗鼓相当,战斗血腥而艰苦,但是没有决定性的结果。英国的战争热情减退了,1667年双方签订的《布雷达条约》在解释《航海条例》

时对荷兰做了让步,包括同意不登上中立船只搜寻战略物资,这是英国海军一直不愿意做的。允许荷兰船将莱茵河的葡萄酒和西莱西亚的亚麻作为荷兰共和国自然腹地的产品进入英国。它还确定了荷兰占领苏里南,使之变成荷兰在新大陆活动的主要基地,以及他们对伦岛的占领。英国对纽约、新泽西和特拉华的占领,以及在西非保留一些要塞和贸易据点也得到承认。

1672年,第三次英荷战争爆发,在与英国结盟的法国的煽动下,12万法国军队与一些德国盟友入侵荷兰共和国,同时由146艘战舰和3.4万水手组成的英法联合舰队准备在荷兰沿岸登陆(Israel,1989:293)。一切似乎都完了,因为法国是欧洲大陆最强大的国家,在海上,英国至少与荷兰旗鼓相当。随着荷兰东印度公司股票价值下降了一半,阿姆斯特丹金融市场也崩溃了,荷兰共和国也时日无多了。但是,在奥伦治家族年轻的威廉担任执政和武装力量最高指挥官时,荷兰几乎奇迹般地能够与英国和法国作战,在海上打个平局,通过打开大堤的绝招,阻止了法国对其国土的入侵,而西班牙和奥地利则反对法国。荷兰的私掠船主给英国海运以致命的打击,按照伊斯雷尔(1989:299)的说法,至少掠夺了700艘船,其中许多装载了价值昂贵的货物。1674年签订了单独和约之后,英国政策的推动力量转变为包围法国,而不是继续与荷兰联省共和国敌对。

### 英国、法国和荷兰共和国

重商主义时代的弱肉强食是一种微妙的讽刺,当荷兰东印度公司这条大鱼正在吞噬东南亚的小鱼康提和望加锡时,荷兰共和国自身正在吸引一条非常大的鱼——年轻的路易十四及其大臣让·巴普提斯特·科尔贝(Jean-Baptiste Colbert)的法国——的恶意目光。荷兰上升为世界贸易领袖地位不仅引起了天然航海竞争者英国的妒忌,而且引起了法国的嫉妒,法国是荷兰出口和再出口的主要目的地以及它的许多产品的主要进口国。无论在商业界还是在宫廷里,一个大国"奴性十足地依赖"荷兰仓库,这种感觉实在过分,必须尽快结束

(Israel,1989:284)。这并不意味着法国应该模仿英国的手段,如《航海条例》,因为它没有类似英国的强大海军和商船队,虽然科尔贝竭尽全力改善这两者。法国在贸易战中最有效的武器是对从荷兰进口的大量商品征收高关税,如优质呢绒、香料、奶酪、鲱鱼、鲸鱼油产品和精炼蔗糖。伊斯雷尔也指出,法国可以增加对在第三方市场(特别是西班牙、西属美洲和黎凡特)商品出口,如精美的亚麻布和丝绸,与荷兰竞争,从而伤害荷兰。

科尔贝还热心促进对特定行业的投资,其中之一就是蔗糖提炼,这是荷兰的一个重要工业部门。1664年,科尔贝提高了荷兰出口到法国的商品的关税,在大多数情况下还是温和的但是对精炼蔗糖和香料的关税更重,以扶植新建立的法国东、西印度公司。1667年,第二次英荷战争结束后,精制呢绒和亚麻布的关税被提高了一倍,精炼蔗糖的关税提高了50%,而对鲸鱼油产品的关税则提高了4倍,烟草的关税竟然提高了7倍(Israel,1989,table 6.25)。荷兰通过禁止进口法国的白兰地、丝绸和亚麻予以报复,但是招致法国对从荷兰进口的鲱鱼和香料征收更高的关税。全面的贸易战爆发了,1672年,真正的战争也接踵而至。正如我们已经看到的,1674年英国撤出并且单独缔结了和约,但是荷兰共和国不得不继续与法国作战,直到1678年与强大的盟友一起,胜率大增,威胁到"太阳王"的统治。终结法国-荷兰战争的《奈梅亨条约》给予荷兰优厚的条件,包括废除1667年科尔贝提高的关税。从这个意义上说,战争没有达到法国的眼前经济目标,但是也不能因此而认为是法国的失败。施托伊(Stoye,1969:290)认为,路易十四之所以对荷兰让步,是因为他想引诱荷兰退出反法同盟。这使他能够强迫它们在1679年终结敌对状态的条约里,允许法国在西欧、北欧和中欧的扩张。

法国作为第三个参与世界贸易首位权竞争者显然带来了熟悉的战略问题:3个玩家中的2个将缔结同盟反对第三家。在第二次英荷战争中,法国与荷兰结盟阻止英国取得霸权,因为当时他们认为英国是更强大的敌人。但是经过英国的拙劣表现后,他们似乎已经把荷兰当作主要敌人,通过给查理二世支付大量补助金而取得同盟,包括他挑起第三次英荷战争。在一举击败对方的计划失败后,谁联合谁的问题再次被公开提出来了。1677年,因母亲(查理二世的姐姐)的关系而已经站在英国一边的奥伦治家族的威廉,也娶了斯图亚特家族的约克公爵(未来的詹姆士二世)之女玛丽为妻。1688年"光荣革命"和威廉三世与玛丽二世联合统治英国后,显然英国要与荷兰结盟,与路易十四的法国争夺世界贸易的首位权。荷兰共和国继续参与漫长的博弈,但是她将在处于英吉利海峡两边的两个大国面前黯然失色。1651年克伦威尔建议荷兰联省共和国成立新教联盟,或者"新教资本主义国际",但被轻蔑地拒绝了,但最终还是成立了,强烈地反对当时最强大的天主教君主的权力,促进了荷兰和1707年《统一法案》后的英国的繁荣。

### 英国和法国:商业扩张和"第二次百年战争"

在"漫长的"18世纪里(为了现在的目的,我们定义它为1689—1815年),126年中,至少64年英国与法国交战(Seeley,1971:21)。因此和平间隙通常以耍花招的骗局和准备下一次冲突的爆发为标志。大多数战争是在欧洲大陆进行,但是战争的范围和程度都是世界的,特别是北美和西印度群岛、印度。虽然法国的主要动机可以说是欧洲境内的领土和霸权,但是对英国来说,取得和保护有价值的海外殖民地贸易的资源、双方利益的互相冲突迫使英国不能忍受法国控制欧洲大陆,而法国也不能忍受英国无节制地扩大它的海外殖民地和贸易据点。因此英国不得不维持常备军,随时准备投入欧洲大陆使用,或者资助盟友在欧洲大陆反对法国,法国也不得不维持一支强大的海军,如果需要的话,还可以用私掠船作为补充。这要求每个国家都能筹集足够的收入以提供需要的军事资源,为了维持"实力","富足"再次成为必需,反过来,获得"富足"的供给,"实力"也是必需的。它们在筹集收入方面的成功将在很大程度上决定西利所说的"第二次百年战争"的结局。

像英国一样,比伊比利亚半岛国家更晚到达新大陆的法国一直被迫集中力量在北美洲殖民。早期法国探险家,如雅克·卡迪尔(Jacques Cartier),仍然在寻找贵金属、宝石和香料,他们忽视了北方广袤无垠的冰天雪地,徒劳地寻找到达太平洋和亚洲的"西北航道"。首先被大规模开发的北美大陆资源是纽芬兰岛岸边的"大浅滩"的鳕鱼。葡萄牙再次成为先驱,但是最终来自诺曼底和布列塔尼的渔夫在这个欧洲主要行业中占据了主要地位,服务于法国国内的广大市场,依赖比斯开湾的丰富供应去腌制他们从海洋中捕获的"绿色"鱼。鳕鱼捕捞业的近海作业主要是在岸上用盐腌制鳕鱼,这种活动由现在加拿大的新斯科舍省和纽芬兰省建立的小殖民地所从事。低质量的腌制鳕鱼是出口到西印度群岛养活奴隶人口的重要商品。

捕鱼殖民地吸引了美洲土著部落以海狸皮换取欧洲产品,特别是火器和白兰地。法国殖民的主要地区是1608年塞缪尔·德·张伯伦(Samuel de Champlain)建立的魁北克与西部地区海狸皮和其他动物毛皮收集点的蒙特利尔之间的圣劳伦斯河两岸。虽然少数法国殖民者,如库勒尔斯·德布瓦(Coureurs des Bois)亲自深入森林,乘坐他们从土著那里学会制作的桦皮独木舟上溯河流,大多数狩猎都是土著从事,越来越多的动物栖息地被破坏。由于可以获得火器,因此部落之间为了控制毛皮供应的竞争变得越来越致命。阿尔冈琴部落联盟与法国人结盟,而他们的对手易洛魁族则寻求新阿姆斯特丹的荷兰人帮助,后来,英国人取代了荷兰人。

1600年,皇室垄断了毛皮贸易,1627年由黎塞留建立、以发展北美的法国殖民地的新法兰西公司(Company of New France)接手。1664年,科尔贝置新法兰西公司于国王直接控制之下,并成立一个新的"印度公司",在其支持下从事贸易。魁北克的新法兰西公司由平民、军队和教会构成的层级体系严格控制,与比较松散的、分权的英属美洲殖民地截然相反。北美内陆的开发、伊利诺伊乡村贸易据点和要塞的建立、密西西比河水位的下降、1718年新奥尔良建于它的河口、1722年新路易斯安那省的设立,意味着法国已经控制了英国的大陆殖民地的北面、西面和南面的呈弧形的广大领土,因此封锁了它们的扩张,但是她在新大陆缺乏有效利用这种优势的人口基础。法国移民加拿大人数有限的原因之一是捕鱼业和毛皮贸易利益集团害怕更多的定居者将意味着更大的产量、更高的开支和更低的出口价格。另一个原因是法国不允许胡格诺派教徒移民,这与英国允许不同教派移民到殖民地不同。缺乏可以获得的移民意味着防御和行政管理成本更高,给宗主国带来额外的财政压力。

在西印度群岛,法国人最初与英国共享圣克里斯托弗岛(圣基茨岛),他们从那里占领了马提尼克岛和瓜德罗普岛,最终占领了圣多明各。种植烟草和其他作物后,这些岛屿最终专门在大种植园中利用非洲奴隶劳动力种植甘蔗,正如英国的巴巴多斯和牙买加殖民地一样。法国殖民地的甘蔗生产发展迅速,特别是圣多明各的广大处女地上。按照戴维斯(1973,table 4)的说法,1720 年,法属西印度群岛、英属巴巴多斯和牙买加以及其他一些较小岛屿上的蔗糖产量大致相等,约 2.4 万吨,但是到 1767 年,法属殖民地的产量为 7.7 万吨,而英属殖民地的产量为 6.7 万吨。1767 年圣多明各的产量为 6.3 万吨,而英国最大的蔗糖生产地牙买加只有 3.6 万吨。值得注意的是,虽然新法兰西和西印度殖民地在法兰西帝国版图中面积相差悬殊,但 1730 年,新法兰西公司出口的鱼和毛皮只占西印度群岛殖民地蔗糖出口价值的 7%(Prithard,2004:162)。

"光荣革命"后的 25 年里,英国与法国进行了两场长期战争,即所谓的"大同盟战争"或"九年战争"(1689—1697 年)和"西班牙王位继承战争"(1701—1713 年)。第一次战争涉及威廉三世与他的奥地利和德国盟友阻止法国在欧陆的扩张,并挫败路易十四恢复詹姆士二世王位的企图。这次看似激烈却无关宏旨的战争令双方财政预算同时吃紧,导致英国关税水平大幅增加。英国进出口关税传统上都是 5%,因此是一种"非扭曲的"和完全为了筹集收入的措施。"九年战争"的财政需求导致威廉和玛丽把关税提高到 15% 甚至更高,以"官方价值"或人为确定的价格征税,在某些情况下起到了显著的贸易保护主义作用。特别是从法国进口的商品,尤其是他们领先的丝绸和亚麻产品,以及从印度和中国进口的棉布和丝绸,都被课以重税。虽然更高的关税最初也适用于出口,但是相关工业,如政治势力强大的呢绒业,在 1722 年罗伯特·沃尔普尔(Robert Walpole)爵士的关税改革中能够得到减免。在后来的战争中,进口关税一升再升,导致关税制度在 18 世纪变得越来越趋于贸易保护主义。英国并未从战争中取得领土或商业利益,但是威廉的确获得了法国对他的英国王位的承认。

战争期间,法国海军在加勒比的活动大多专注于反对西属美洲的所谓"王室私掠",国王的战舰在西属美洲实际上租给私人投资者袭击和抢掠敌人的船只和设施。这些努力中最著名的是 1697 年法国的一支大型舰队联合殖民地民军、圣多明各的海盗,袭击卡塔赫纳,获得 1 000 万利弗尔战利品,其中大多数用于投资岛上的蔗糖生产。这次袭击产生了转移英国舰队航向的更大影响,这支英国舰队被假定在地中海保护西班牙海岸,有助于法国占领巴塞罗那,并逼迫西班牙退出"反法大同盟"。这导致战争结束和《雷斯维克条约》签订,通过这个条约,法国对圣多明各和多巴哥的主权要求得到了西班牙的承认(Ibid., chapter 7)。

英法两国在美洲大陆上的敌对被新法兰西公司的总督方特纳克伯爵(Comte de Frontenac)所挑起,利用正规军、加拿大民军,与印第安人结盟反对新英格兰和纽约的定居者,以缓和法国在欧洲承受的压力(Lenman,1998:152)。英国的回应涉及他们的盟友易洛魁人攻击法国定居者,导致他们与法国的盟友发生冲突,双方都在以牺牲他人的利益为代价,寻求自己控制领土和毛皮贸易的优势。欧洲列强在经济和军事上的成功在很大程度上取决于他们能够为各自客户提供物美价廉商品的能力。遗憾的是,这种竞争的一个悲剧方面是法国白兰地与英国朗姆酒之间的竞争,两者都对土著居民的生活带来了破坏,尽管提供毛皮和军事合作都是有效的诱惑。一般认为,在与部落关系方面,法国比英国更成功。在 1701 年结束北美战争的《蒙特利尔和约》中,法国取得了重大的外交胜利,易洛魁部落联盟承诺在未来英法战争中保持中立(Eccles, 1987:81)。

"西班牙王位继承战争"是阻止波旁王朝在西班牙的最后一位哈布斯堡家族没有子嗣的国王查理二世在死后,法国与西班牙的王位合二为一。如果西班牙庞大的海外帝国的财富与法国在欧洲的人口和领土由同一个王朝统治,那么北部海洋大国的前景将是一片惨淡。法国的商业和金融利益已经渗透到西班牙加迪斯的经济中,并且在为《贩奴协定》提供担保,这一垄断许可使法国以单价 100 利弗尔输入 3.8 万奴隶到西属美洲。贩奴许可以前名义上属于葡萄牙,但是实际上被多个欧洲列强所实施,主要是荷兰和英国。

战争期间,加勒比没有发生重大的海战,但是有大量的法国私掠活动,包括 1711 年袭击里约热内卢和对英国、荷兰和葡萄牙利益的其他损害。但是,欧洲交战国的殖民地之间的贸易不仅明显继续进行,而且实际上很繁荣,因为战争时期的条件使宗主国更难对殖民地实行重商主义的限制。圣多明各、马提尼克和瓜德罗普的甘蔗种植继续扩大,英国美洲大陆殖民地的产品在法国的加勒比群岛上找到了现成的市场。普里查德(Pritchard,2004:348)甚至宣称"通过打破规定和控制,引入比以前更自由的贸易,西班牙王位继承战争可能是法属殖民地历史上经济增长最重要的刺激"。即使在战争期间,急于贸易的荷兰还与敌人贸易,对法国在阿姆斯特丹筹集借款以支撑战争的事实也睁一只眼闭一只眼,引起英国盟友的强烈愤慨。

在马尔伯娄(Marlborough)公爵和萨伏伊王子尤金(Eugene)的联合指挥下,反法同盟在欧洲战场获胜,使法国在战争末期只得牺牲美洲的殖民地和商业利益,以防止在欧洲割让更多的领土。法属加拿大东部地区的阿卡迪亚成了英国的新斯科舍省。在 1713 年《乌得勒支条约》中,法国将这一地区和纽芬兰和圣基茨的法属部分割让给英国。普里查德(2004:401)的看法是,"《乌得勒支条约》给法兰西的帝国梦以沉重打击,法国再也没有从中恢复过来"。

《乌得勒支条约》是英国崛起为大国和海外帝国的一个里程碑。西班牙王冠的确由波旁家族的一个成员菲利普五世继承,但是该条约确保法国和西班牙这两个波旁王朝的分支永远也不能被联合统治。法国在 1704 年占领的直布罗陀被割让给英国,给予英国一个极其重要的海军基地,直到今天英国也不会放手。一个重要的经济战利品是英国取得了在西属殖民地贩卖非洲奴隶的特权,为期 30 年。战争的另一个副产品是 1703 年与葡萄牙签订的《梅休因条约》,英国拥有优先出口呢绒到葡萄牙的权利,作为交换,葡萄牙拥有优先出口葡萄酒到英国的权利,这个相互贸易因为大卫·李嘉图利用它来阐述比较优势理论而名垂青史。到1715年,路易十四去世,他的曾孙、斯图亚特家族最后一位成员安妮女王的王位被汉诺威王朝的第一任君主乔治一世继承。结束英法之间25年几乎不间断战争的《乌得勒支条约》之后是25年的和平。

虽然此时英国与西属美洲的贸易已经通过《贩奴协定》的形式予以规范,但是非法贸易继续进行。为了防止他们所认为的公开走私和违禁品贸易,西班牙当局授权所谓的"海岸警卫队"拦截他们怀疑从事任何非法贸易的外国船只。海岸警卫队的成员鱼龙混杂,不乏海盗之辈充斥其中。在此期间,英国船长罗伯特·詹金斯(Robert Jenkins)与登船检查的法国人扭打起来,被砍掉了一只耳朵。7年后,他把这只腌制在白兰地酒中的耳朵出示给一位义愤填膺的下议员看,导致爆发了历史上唯一一场以严重肢体伤害为由的战争。一支强大的英国海军占领了波多贝罗,但是没有占领卡塔赫纳和哈瓦那。随着奥地利王位继承战争(1740—1748年)在欧洲的爆发,1745年法国支持的詹姆士二世的支持者入侵苏格兰,苏格兰高地部落发动反叛,在卡洛登战役中,汉诺威政权镇压了这场叛乱,英国-西班牙冲突很快升级为英法冲突的一部分。

《乌得勒支条约》之后,法国和英国在北美大陆的殖民地之间曾经盛行过一段时间的地缘政治和经济的均势,现在被打破了。削弱稳定的因素是弗吉尼亚定居人口的增加迫使人们向西迁徙,越过阿利根尼山脉,进入俄亥俄河流域,寻找另外的农场用地,这一西进运动由土地投机商提供财务资助和组织。这使声称占有这些土地的易洛魁部落联盟感到不安,并向法国当局报告,害怕英国人将推进到密西西比,切断路易斯安那与新法兰西公司之间的联系。他们在俄亥俄流域积极进行干预,修建了一连串堡垒,加剧与弗吉尼亚人的冲突,迫使英国政府派遣正规军队支持殖民者。布拉多克(Braddock)将军率领的一支英国正规军与年轻的乔治·华盛顿率领的弗吉尼亚民兵小分队遭到法国盟友印第安人伏击,布拉多克将军在遭遇战中被杀。由于一连串意想不到的后果,这为世界范围内的1756—1763年的"七年战争"提供了理由(Anderson,2001;Higonnet,1968),在美国历史上被称为"法国-印第安战争"。

在北美的战争早期,法国及其盟友取得一些胜利,但是英国控制了大西洋,

1756—1761 年,在精力充沛、想象力丰富的老威廉·皮特(William Pitt)的领导下,英国能够更有效地利用大西洋两岸的军事力量,最终取得胜利。法国人被赶回到俄亥俄河流域的堡垒里,路易斯堡、魁北克和蒙特利尔最终都因海军和陆军精心策划的"联合行动"而被占领,其中最经典的是 1759 年魁北克被詹姆斯·沃尔夫(James Wolfe)所攻占,沃尔夫和法国指挥官蒙特卡姆(Montcalm)都阵亡于此。次年,蒙特利尔也被攻占。1759 年,英国皇家海军在法国沿岸的基伯龙港和葡萄牙海岸的拉各斯港给予法国舰队沉重打击。瓜德罗普和马提尼克于 1759 年和 1762 年先后被英国占领,英国还占领了几个较小的岛屿,包括多米尼克、圣卢西亚和格林纳达。自 18 世纪 40 年代以来,两大东印度公司之间的长期冲突也逐渐有利于英国。法国东印度公司的大本营蓬蒂切里(Pondicherry)于 1761 年被英国攻占,导致印度沿岸其他贸易据点被攻占,同样这些主要是英国海军的优势。1758 年,法国在塞内加尔和冈比亚河沿岸的军事要塞和贸易据点、西非的戈雷岛,都被一支小型英国海军远征队所攻占。西班牙的波旁王朝轻率地与它的法国表亲组成"家族同盟",1762 年参战,在英国海军舰队和陆军攻占了哈瓦那和马尼拉之后,很快便失去了古巴和菲律宾,他们对葡萄牙的入侵,由于英国远征军的援助而遭到了失败。

在欧洲,在英国大力资助下,战争给普鲁士的军事天才弗雷德里克大帝反对法国、奥地利和俄罗斯敌人调集的庞大军队提供了时机。弗里德里克因 1762 年皇后伊丽莎白去世而摆脱困境,后来又让俄国退出了战争。所有的敌视最终在 1763 年的《巴黎条约》里终结了。与 1689 年以来稍微改变现状的所有战争不同,"七年战争"是英国对法国决定性的胜利。新法兰西公司被割让给英国,英国还从西班牙获得了佛罗里达,使英国人能够控制密西西比河以东从哈德逊湾到墨西哥湾的北美大陆。路易斯安那从法国转移给西班牙,古巴和菲律宾也归还给西班牙。富有价值的加勒比生产蔗糖的群岛被归还给法国,这主要归功于西印度群岛种植园主对英国议会游说集团的影响,这些英国种植园主希望巴巴多斯和牙买加继续享有对外来进口蔗糖征收高关税的保护。尽管战果辉煌,但是当皮特被新国王乔治三世宠信的布特(Bute)勋爵取代职位后,他猛烈抨击和约的条件，认为它们对法国太有利，给予法国成功复兴的舞台 (Plumb, 1963:114)。法国首相也预言，甚至一些英国领导人也相信，没有法国在北美大陆威胁它们，那么美洲殖民地将很快就会要求脱离英国而独立(Eccles, 1987:148)。事实证明，这两位政治家都有令人惊异的先见之明。

从上一段可以清楚地看到，虽然一直被一水之隔的西欧大陆强国的入侵所阻挠，英国正是由于控制世界的海洋，才得以在短短几年里取得在全球投送兵力的壮举，同时与西欧最强大的陆地国家有一水之隔，免遭入侵。正如我们已经看到的，尽管1588年打败了西班牙"无敌舰队"，但是只有在英荷战争期间，英国海军真正突出，但是甚至那时她还不能完全超越荷兰舰队。在"西班牙王位继承战争"期间，它联合荷兰舰队抵抗由科尔贝大力扩充的法国海军，法国舰队虽然在拉和岬(La Hogue)战败，却在之前的1690年俾赤岬战役中击败英国-荷兰联合舰队，事实上"七年战争"爆发之初，1756年英国舰队在米诺卡岛(Minorca)惨败于法国，这一失败导致英国处决了当时的海军上将拜恩(Byng)，伏尔泰认为这是"杀一儆百"。

如果这就是处死海军上将的目的，那么它肯定很快就达到了，正如我们所见，因为英国继任的海军上将开始在大西洋、太平洋和印度洋取得一系列胜利，再也没有遭到失败。上文提到的1759年11月基伯龙港胜利，"七年战争"中的特拉法加海战，一举粉碎了法国入侵英国或挑战英国海军的所有大胆梦想，次年还决定了法国在加拿大的命运(Anderson, 2001, chapter 43)。特别引人注目的是，英国小型远征舰队以伤亡26人的代价就攻占了马尼拉，这支舰队由英国东印度公司资助、从马德拉斯出发，由皇家海军印度洋舰队的10艘战舰运输500名英国正规军和550名印度士兵组成。攻占哈瓦那的伤亡人员则超过6 000，但不是由于虚弱的西班牙抵抗造成的，而是由于黄热病造成的，据说导致约翰逊医生哀呼"希望我的祖国不再因类似的征服而遭难"(Kamen, 2003:482)。

海军史学家近来的论著已经强调，第二次英法百年战争中英国海军战略的关键是西部海军中队的布置，这是一支从西边上风航道保卫英吉利海峡的舰队,还可以出发进入大西洋,但与总部的距离足够近,以便能够及时接受指令和调度,足够接收来自指挥部的命令和情报并传递下去,并监控拦截或封锁主要基地在布列斯特和土伦的法国舰队的威胁。与此同时,当它正在履行保卫祖国英伦三岛的首要防御任务时,这支舰队处于极佳位置去保护进出英国到东西印度群岛的船只,在战争时间,劫掠欧洲敌人的船只。在其他海域执行有限抢掠或防御任务时,可在必要时将主要海军中队派遣小部分船只予以实现。此外,在英国西部海军中队的虎视眈眈下,西欧任何敌人,如法国或西班牙即使要向海外派遣海军舰队,也须首先竭尽全力离开母港,如果派出的军队不够强大,就有随时被歼灭的危险。

这就是皇家海军解决防御和进攻目标与有限资源矛盾的方法。N. A. M. 罗杰(N. A. M. Rodger,1998)指出,"七年战争"期间,英国64%的海军的战舰和人员资源被用于国内或在地中海防御,他还注意到"英国曾经进行过的最成功的商业征服战争,大多数海军留守国内——通过这样做,那些征服活动才变得可能"(Ibid.,179)。这个战略的实现不仅需要充足的战舰供应,而且要保持它们在海洋中的充足部署,这就是维护、修理、配备人员、后勤供应系统的规模和效率的作用。正如鲍(Baugh,2004)指出的,18世纪皇家海军非常好地履行了所有这些辅助功能,结果1762年,80%的战舰和人员都在海洋中,这是法国和西班牙望尘莫及的高比率。在海洋中的时间长度也意味着年轻海军军官可以积累更丰富的经验,得到更多的晋升机会。此外,皇家海军的规则手册意味着船长必须尽可能对敌作战,这意味着船员往往训练有素、身经百战(Allen,2002)。因此,即使敌人的海军舰只数量相当甚至超过,皇家海军在作战中也能表现得更好。

海军是极其昂贵的军种,1780年,一艘配备74门大炮的战舰要耗费5万英镑,当时英国最大的工厂的开支也只有它的1/10(Baugh,2004:238)。一场战役的参战水手人数可达2.4万人,比当时大多数城市的人口多,这意味着一支舰队停泊在港口时,后勤供应的压力很大(Duffy,1992:66)。维持这部强大的军事机器显然需要空前规模的国家开支和收入,约翰·布鲁尔(John Brewer,

1990)在先驱性的著作《权力的肌腱》(*The Sinews of Power*)中对英国财政-军事国家的论述堪称经典。他发现1680—1780年间,英国陆军和海军的规模增长了两倍(Brewer,1994:57)。年均税收从"九年战争"期间的360万英镑增长到"七年战争"期间的860万英镑(Brewer,1990:30)。尽管税收收入增长如此迅速,但它仍然不能赶上开支增长的步伐,解决的办法就是国家公债从1697年的1 670万增加到1763年的1.326亿英镑(Ibid.)。在这些战争中,军事开支平均约占总开支的70%[①],但是占国家收入的比例则从1710年的9%上升到1760年的14%(Brewer,1990:40—41),即使按照今天的标准看,这个比例也很高,但它表明了18世纪英国财政-军事国家特别的战争能力。布鲁尔把国家的财政能力解释为收入征收和开支中央集权化的结果,这一权力机构就是财政部,该部下属的各消费税和关税部门招募了业务熟练的职员。

为了比较英国和法国财政政策,我们现在转向马尔萨斯和奥布莱恩(Mathias and O'Brien,1976)得出的引人注目的结论。基于标准的刻板印象,人们期望绝对专制主义王权的法国一定能够比拥有立宪君主制和更具有代议制的政治制度的英国榨取更多的收入。但令人惊异的是,他们发现18世纪英国榨取人均实际收入是法国的两倍,在拿破仑战争期间则高达3倍。这种差异是因为英国更多地依赖非常广泛的间接税,利用招募而来的税收官员更有效地征税。至关重要的是,"1800年左右,约1/3收入来自关税,大部分关税收入来自进口热带作物和酒精饮料。如果没有包括对一系列需求不断增长的进口商品征收关税,中央政府如何能够建立足够捍卫王国边界统一的军事力量呢?"(O'Brien and Engerman,1991:206)

这种更强大的税收基础也使英国能够以比法国更低的利率更广泛地借款,因此1694年成立的英格兰银行通过货币和资本市场上的国债发行,可以多次"消解"战争的财政负担。军事开支的高水平、沉重的税收和必需的借款,按惯例分析会产生对私人投资的"溢出效应",因此从长远看,这并不利于经济的发展(Williamson,1984)。但是,这种方法忽略了在一个单边自由贸易和平稳立

---

① 按照奥布莱恩的看法,比例甚至更高。

场不是可以选择的重商主义世界里,出现和保护海外商业的必要性。因此从多边自由贸易中获利最大的荷兰共和国不得不征收比英国更重的税收,以便保护它的贸易。

正如皮特和舒瓦瑟尔(Pitt and Choiseul)曾经预见的,因为不同的原因,英国并不能长期享有1763年《巴黎条约》中所获得的利益。美洲殖民地不久就会处于烟草价格下降加剧的战后经济长期衰退的痛苦之中,引起他们反对大英帝国的控制。与此同时,战争留下了"欧洲军事财政危机"的后遗症(Bayly,2004:92—96),主要交战国都不得不偿还巨额债务。1767年,英国下议院拒绝批准更高的土地税,而英国较大的商业势力使政府不能拖欠它的债务,正如1672年查理二世时期所发生的那样。从政治上讲,通过征收印花税等手段,税负转移似乎更容易(McCusker,1996:360—361),特别是当政府觉得必须在北美维持一支强大的军队时。这引发了著名的"无代表不税收"抗议,进而废除《印花税法》,但以更高的关税取而代之,同时更严格实施重商主义贸易法规和其他不受欢迎的措施,紧急情况下武装部队驻扎等。另一个重要不满之处是英国政府企图禁止殖民地的西进运动,以避免与土著居民发生冲突。经过一系列众所周知的过程,这种紧张关系最终导致1776年的《独立宣言》和美国独立战争的爆发。

"七年战争"的失败深深地刺痛了法国,于是法国进行了广泛的军事改革,包括野心勃勃的舰艇建造计划,海军开支从18世纪60年代的3 000万利弗尔上升到70年代末期的超过1.5亿利弗尔(Kennedy,1987:118)。1778年,法国站在殖民地一边,西班牙甚至英国的盟友荷兰也追随法国,其他欧洲列强宣布中立,因此完全孤立了英国。法国第一次摆脱了欧洲大陆的纠缠,能够集中精力打场海战和殖民战争,而英国必须进行美洲大陆的战争,以镇压反抗的殖民地,这是一场具有叛乱特点的冲突,而非与敌国的交战。扩充之后的法国舰队加上西班牙,超过了英国舰只数量,暂时能够取得大西洋的控制权以对抗康沃利斯(Cornwallis)勋爵及其率领的大批英军,1781年,乔治·华盛顿和驻扎在约克镇的5 800名法国正规军在切萨皮克湾包围了英国军队,在走投无路的情况下,康沃利斯只能选择投降。这场战役决定了战局,双方于1783年签署《巴黎和约》。华盛顿本人写给海军上将德·格拉斯(De Grasse)的一封信中优雅地承认法国做出的重要贡献,"您已经看到,无论陆军做出多大的努力,海军一定是目前竞争中的决定性力量"(Lloyd,1965:174)。加拿大历史学家 W. J. 埃克尔斯(W. J. Eccles,1987:153)说得更直白:"法国的首创精神、法国的战略、法国的战舰、法国的大炮和士兵取得了那场出人意料的决定性胜利。美国人不可能自己做到这点"。承认新兴美利坚合众国独立的《巴黎和约》仍然保留加拿大和新斯科舍给英国占领,把佛罗里达归还给西班牙。路易斯安那仍然保留给西班牙,直到1800年短暂归还给法国,之后在1803年在"路易斯安那置地案"中由法国卖给美国。

美国独立战争期间英国使用的军事力量的规模和军事开支的规模都高于"七年战争",公债又增加了1亿英镑,达到2.43亿英镑(Brewer,1990:30)。战争对更加混乱的法国财政制度产生了非常严重的后果,1777—1787年,法国财政大臣卡隆(Calonne)和他的前任内克尔(Necker)共借款9亿利弗尔(Doyle,1988:43—52)。情况非常糟糕,以致卡隆禀报路易十六说,如果不彻底修正旧制度的社会和行政管理制度,将无计可施,这导致1789年"三级会议"的召集和法国大革命的爆发。因此,"第二次百年战争"剧情的最后一幕将在第七章探讨。

这些重大事件对英国和法国的贸易有什么意义呢?正如我们在上一节看到的,17世纪最后40年,通过殖民地再出口(主要是烟草和蔗糖)的爆炸式增长,传统的呢绒出口在英国外贸中的地位被取代。这些商品最初都是欧洲市场的高价奢侈品,但是切萨皮克地区和西印度种植园的迅速发展导致价格急剧下降,很好地满足了消费者的需求,为产品创造了这两者的大众市场。按照戴维斯(1967:10)的说法,詹姆士一世时期,烟草价格为20~40先令/磅,但是到他孙子查理二世统治时期,每磅的价格不到1先令。蔗糖价格也是如此,甚至亚洲的"热带杂货"(如茶叶等)也是如此,18世纪20年代茶叶价格为12~36先令/磅,到1785年只有2~10先令/磅,到18世纪中期,茶叶就已经成为工人阶级的饮料。在英国,人均蔗糖消费从1698—1699年的约4磅到18世纪10年代的8磅,到50年代又增加了1倍,到90年代大约为24先令/磅;而18世纪30年代到90年代,人均茶叶消费增长了4倍(Berg,2004:366—367)。这些商品的实用性激发了工人从休闲转向工作,从维持生存的生产转向商业活动,扬·德·弗里斯(1993,1994)和约阿希姆·沃什(1998)等学者已经测算了"勤勉革命"的影响,它对18世纪欧洲经济增长做出了重大贡献(Bayly,2004:51—55)。

正如表5.4(引自Davis,1962)所显示的,18世纪,出口到欧陆主要市场的呢绒继续缓慢增长。另外,海外市场增长更快。18世纪英国出口的明星产品是各种各样的工业制品,如"钉子、斧子、枪炮、木桶、沙发、钟表、马鞍、手帕、纽扣、绳索"和其他商品,品种多到难以枚举,以至于海关官员只写下"货物"各种类型的字样,所有商品都出口到大西洋彼岸的殖民地。18世纪,表5.4中被列为"其他手工业制品"的英国商品出口到欧陆的数量几乎增长了2倍,但最重要的市场还是在海外。因此,出口到非洲和美洲的价值从18世纪初的不足30多万英镑增加到70年代早期的超过250万英镑,不仅反映了英国本身这方面的进步,而且反映了"七年战争"成功带来的大英帝国的扩张。重要的是,印度和远东对上述商品的进口在1722—1744年还可以忽略不计,但到了1752—1754年,印度和远东进口了这些商品中的40.8万英镑,1772—1774年则达到50.1万英镑。18世纪初,欧洲大陆是这些商品最大的市场,但是到美国独立战争前夕,海外出口商品的重要性则提高了3倍。

表5.4　　　　　　　　　　1699—1774年英国出口　　　　　　　　单位:千英镑

|  | 1699—1701年 | 1722—1724年 | 1752—1754年 | 1772—1774年 |
|---|---|---|---|---|
| 欧洲大陆 | 2 745 | 2 592 | 3 279 | 2 630 |
| 爱尔兰和海峡群岛 | 26 | 19 | 47 | 219 |
| 美洲和非洲 | 185 | 303 | 374 | 1 148 |
| 印度和远东 | 59 | 72 | 230 | 189 |

续表

|  | 1699—1701年 | 1722—1724年 | 1752—1754年 | 1772—1774年 |
|---|---|---|---|---|
| 其他手工业制品 ||||| 
| 欧洲大陆 | 456 | 367 | 647 | 987 |
| 爱尔兰和海峡群岛 | 60 | 40 | 168 | 280 |
| 美洲和非洲 | 290 | 376 | 1 197 | 2 533 |
| 印度和远东 | 22 | 15 | 408 | 501 |
| 再出口（给所有市场） |||||
| 总数 | 1 986 | 2 714 | 3 492 | 5 818 |
| 　其中印花棉布 | 340 | 484 | 499 | 701 |
| 　其他各种手工业制品 | 746 | 1 116 | 1 145 | 1 562 |
| 烟草 | 421 | 387 | 953 | 904 |
| 蔗糖 | 287 | 211 | 110 | 429 |
| 香料 | 93 | 44 | 104 | 110 |
| 茶叶 | 2 | 267 | 217 | 295 |
| 咖啡 | 2 | 151 | 84 | 873 |
| 稻米 | 4 | 63 | 206 | 363 |

来源：戴维斯(1962:291,302)。

　　表5.4中显示的烟草和蔗糖再出口开始急剧下降反映了法国竞争的后果，后来的上升则反映了"七年战争"胜利的结果。来自中国的茶叶和西印度的咖啡从微不足道的份额分别增加到1772—1774年的29.5万英镑和87.3万英镑。英国东印度公司再出口印度的印花棉布到欧洲和非洲增长迅速，到1772—1774年超过2倍。所有这些都清楚地证明，18世纪头75年英国贸易已经具有了决定性的洲际特征，与17世纪末它的更传统的欧洲导向形成鲜明对照。这一点可以从英国各种出口产品更多的动态变化因素和再出口贸易中得到证明。英国对洲际贸易的主导地位也表明这时帝国对英国经济的重要性、在提供"富足"方面"权力"的作用不断增长。

克鲁泽(Crouzet,1990)注意到一个惊人的事实,即 1715—1784 年间,法国外贸增长比英国快。他定义全部的"外贸"为出口、进口和再出口的价值总和,他还发现 1716—1720 年和 1784—1788 年间,英国外贸增长的真实因子是 2.4,而同期法国外贸增长的真实因子至少为 3。

法国的外贸规模在 1716—1720 年只有英国一半多一点,但是,到 18 世纪 80 年代中期,法国外贸的快速增长使它几乎赶上了英国,然而,法国人均贸易额不到英国的 1/3。至于贸易的方向,法国与西班牙和西属美洲贸易的份额较大,这无疑得到了波旁王朝联系的帮助,而英国支配了较小的葡萄牙-巴西市场,这归功于《梅休因条约》。但是,手工业品出口的主要差异是法国没有英国在北美大陆的殖民地,新法兰西的人口少得可怜。引自昆卡·伊斯特班(Cuenca Esteban,2004)著作的表 5.5 表明,即使在 1787—1789 年,美国独立后,英国仍然出口大量国内生产的商品到美国,这是一个法国似乎无法渗透的市场。法国占领的西印度群岛的马提尼克、瓜德罗普,特别是圣多明各蔗糖的再出口快速增长。正是这些地方的低价蔗糖的竞争减少了英国从巴巴多斯和牙买加的再出口。1716—1720 年到 1784—1788 年,法属殖民地贸易增长了 10 倍,几乎占当时法国出口总数的 40%。但是,表 5.5 也表明了法国的脆弱,它从殖民地进口的商品大多来自圣多明各。

表 5.5　　　　　　　　　　1787—1789 年英国和法国的贸易　　　　　　　　单位:千英镑

|  | 国内出口 |  | 再出口 |  | 进口 |  |
|---|---|---|---|---|---|---|
|  | 英国 | 法国 | 英国 | 法国 | 英国 | 法国 |
| 从本国的亚非殖民地进口或出口到亚非殖民地 | 6 919 | 3 610 | 1 719 | 33 | 14 830 | 9 173 |
| 爱尔兰 | 1 569 |  | 961 |  | 3 358 |  |
| 西印度群岛 | 1 761 |  | 208 |  | 5 582 | 8 000 |
| 加拿大 | 781 |  | 240 |  | 268 |  |
| 亚洲 | 2 170 |  | 54 |  | 5 465 | 900 |
| 非洲 | 636 |  | 257 |  | 157 | 273 |

续表

|  | 国内出口 |  | 再出口 |  | 进口 |  |
|---|---|---|---|---|---|---|
|  | 英国 | 法国 | 英国 | 法国 | 英国 | 法国 |
| 从外国的美洲殖民地进出口 | 617 | 200 | 2 |  | 1 096 |  |
| 与美国的进出口贸易 | 2 567 | 56 | 334 | 5 | 1 246 | 401 |
| 与欧洲和黎凡特的进出口贸易 | 7 741 | 6 750 | 2 797 | 6 921 | 9 958 | 11 964 |
| 合计 | 17 846 | 10 617 | 4 852 | 6 960 | 27 132 | 21 539 |

来源：昆卡·伊斯特班（2004，table 2.1、2.2 and 2.3，38—42）。

### 印度：莫卧儿帝国的瓦解和殖民统治的变化

正如前一章所表明的，由于人口比当时其他帝国多几倍，莫卧儿帝国是一个可怕而强大的国家，也只有清朝才能与其媲美。在沙贾汗（Shah Jahan，1628—1658年）及其儿子奥朗则布（Aurangzeb，1658—1707年）统治下，莫卧儿帝国的势力向北远及阿富汗，向东达到阿萨姆，向南几乎达到印度半岛南端。奥朗则布征服了德干高原的比贾普和戈尔康达这两个苏丹领地，它们曾经顽强抵制莫卧儿帝国的扩张。帝国的统治范围和伊斯兰教的边界得到广泛扩展，特别是在孟加拉地区，欧洲的贸易公司把它的印度棉布销往世界各地。在西北边界，莫卧儿与萨菲帝国维持稳定的均势，萨菲帝国占领了喀布尔和赫拉特，坎大哈是二者之间联系的枢纽。虽然两个王朝之间有冲突，但是这两个王朝和阿富汗从彼此之间以及与中亚的骆驼商队中获得了丰厚的利润。

奥朗则布漫长的统治见证了王朝的领土顶峰和开始衰落。我们可以用大家熟悉的"帝国过分扩张"现象来解释二者的相关性，帝国的扩张超越最佳点就是"过分扩张"，最佳点就是进一步扩大领土的利益和开支处于平衡状态，过之则产生负面效果（Kennedy，1987；Findlay，1996）。苏丹德干领地的征服以及直接控制这些领地的意图，无疑使帝国的资源紧张，使帝国处于公开叛乱和未来外敌入侵的危险之中。这个时期莫卧儿帝国面临的重大威胁之一是马拉地联盟在马哈拉施特拉西部地区崛起,这是一个流动的掠夺成性的国家,由鲁莽而具有武士魅力的部落首领希瓦吉·博恩索(Shivaji Bhonsle,1674—1680年)建立。在西高止山与海岸之间取得一个大本营之后,在希瓦吉及其后人的统治下,马拉地人向北、向东推进,骚扰莫卧儿和其他伊斯兰国家以及印度教国家,除非以至少占国家财政收入1/4的价格将这些地区赎买下来。

与允许德干高原各苏丹国作为反对远方更致命的马拉地人威胁的缓冲国家不同,奥朗则布选择占领它们,直接面对马拉地人。这个地缘政治错误也许可以追溯到他疯狂的逊尼派正统信仰,不能容忍德干高原统治者的什叶派信仰。由阿克巴大帝倡导的莫卧儿宗教宽容传统被奥朗则布颠覆了,如果奥朗则布的兄弟达拉·舒科(Dara Shukoh)赢得了继位战争,那么宗教宽容传统还会保持,但是继位战争的结果是达拉被处死。事实上,奥朗则布通过重新征收"人头税"等措施迫害非穆斯林,拉其普特王公传统上对帝国的忠诚也被弃之不顾,引起爱好和平的印度北部锡克教徒和顽强的农民贾特人激烈而长期的反抗。

最后但可能最重要的是,导致莫卧儿帝国衰落的真正原因是与当时欧洲列强一样面临的军事-财政危机(Bayly,2004)。像欧洲一样,新的军事技术增加了帝国正在进行的长期战争开支。与此同时,行省总督和其他官员越来越自行其是,他们截留收入和捐税以自用,而不是全部上缴中央政府。税收的减少损耗了帝国军队的人数和效率,当然,这使帝国更难防止国家税收进一步减少。这种莫卧儿衰落的迹象是阿富汗两个军阀纳迪尔沙(Nadir Shah)和艾哈迈德·沙·杜拉尼(Ahmad Shah Durrani)的相继兴起。前者于1736年终结了萨菲帝国的统治,1739年对印度北部和德里实施了破坏性抢掠,杀戮了几千人,带回大量的战利品,包括传说中的沙贾汗"孔雀宝座"。几年之后,阿哈默德·沙·杜拉尼对阿富汗阿卜杜利(Abdali)部落进行了更具破坏性的抢掠。

税收的增加使各行省高级官员更贪恋自己的职位,其竞争对手只好以商业特权作为交换,寻求马拉地人或欧洲的公司支持。正是通过这种手段,英国东印度公司能够在18世纪50、60年代控制孟加拉这个富庶行省。英国东印度公司成立于1600年,被授予从好望角以东到麦哲伦海峡以西的英国贸易垄断权,最初规定为期 15 年。正如我们在上一章看到的,公司最初努力与荷兰争夺印度尼西亚群岛的香料贸易,但不是很成功。当 1607 年古吉拉特的苏拉特被选作在印度的第一个贸易据点时,英国东印度公司仅将其作为供应印度尼西亚贸易的基地,而不是作为印度本身贸易的基地。但是,苏拉特的优势便显现出来了,"它是一个集散地,通过它,我们既可以吸引东印度的所有贸易,又可以把商品买卖到东印度的任何地方以及英国,因为我们发现这里的商品可以在印度各地和英国买卖"(Andrews,1984:270)。苏拉特的腹地供应棉纺织品、丁香和硝石。它是一个便利的港口,既可以向东航行到香料群岛,也可以航行到波斯湾和红海。此外,它靠近需要大量各种奢侈品的莫卧儿帝国都城阿格拉,所以英国东印度公司在这里也建立了贸易据点。

英国东印度公司利用海军力量不仅防止葡萄牙,而且为运输昂贵货物前往红海和波斯湾的印度商船、前往麦加朝圣的成千上万香客护航。所有这些服务和托马斯·罗伊(Thomas Roe)爵士纵横捭阖的外交使公司给贾汉吉留下了良好印象,导致贾汉吉授予公司几项商业特权。另一个贸易据点于 1611 年设立在东部海岸的重要港口默苏利帕德姆。安德鲁斯(Andrews,1984:273)说,1630 年前,英国就已经对印度次大陆进行商业渗透。1639 年,英国从当地一个统治者手中取得了马德拉斯,在那里修建了圣乔治堡,1690 年取得了加尔各答,在那里修建了威廉堡。1668 年,公司从查理二世那里接收了未来的孟买港,后来它取代苏拉特而成为西海岸的重要商业中心。公司的这 3 个贸易据点——孟买、马德拉斯和加尔各答——注定会成为现代印度的重要港口城市。马德拉斯发展迅速,到 1700 年,人口达到 30 万,到 18 世纪中期,加尔各答和孟买的人数分别为 10 万和 7 万(Smith,1981:456)。这三座城市分别成为一个自治的"董事"的总部,只对伦敦的"董事长"负责,因此提供了必要的分权,但代价是整个印度次大陆整体政策的协调性和一致性有所损失。

17 世纪 80 年代,公司在伦敦的首脑约西亚·柴尔德(Josiah Child),也许作为重商主义的经典《关于贸易的新对话》(*A New Discourse of Trade*)作者的后裔更加广为人知,鲁莽地企图通过在孟加拉地区和印度西部使用海军力量恐吓莫卧儿帝国,但是当奥朗则布占领了苏拉特的贸易据点并且以驱逐英国人相威胁时,很快就不得不让步。直到18世纪50年代,公司并不想进一步武力干预,这时奥朗则布已经去世很久了。1708年公司重组后,贸易稳定地扩大。原先拥有皇家垄断特权的两个竞争对手合并,成立了"英国东印度贸易联合商人公司",其资本达到那个时代难以想象的125万英镑,拥有大约3 000名股东。公司的利润率一直可观,公司致力维持股息8%,是当时公债利息率的2倍(Raychandhuri,1978:445)。

正如在其他地方看到旧制度下法国的许多情况一样,法国在印度的有组织贸易可以追溯到科尔贝,他于1664年成立"法国东印度公司",以"促进法国的商业活动,并阻止英国和荷兰像之前的那样独享这块土地的利益"(Markovits,2004:144)。1671年,一支法国舰队被派遣到印度海域,但是除了1674年在蓬蒂切里建立了一个贸易据点外,没有取得其他成果。它变成了法国在次大陆的贸易总部,到1740年,人口达到12万。法国另一个重要贸易据点是孟加拉地区的金德讷格尔(Chandernagore),建立于1688年,从那里能获有价值的丝绸和棉织品供应。1711—1716年,30艘商船被派往印度,但这只有英国的一半、荷兰的1/3(见图4.5)。18世纪20年代重组后,法国东印度公司发展了蓬蒂切里,与印度的贸易进入了繁荣状态。1728—1740年,它的贸易规模增加了10倍,从8.9万英镑增加到88万英镑,但这仍然只有英国的一半(Smith,1981:457)。但是,18世纪30年代,法国东印度公司的利润率是25%,远远高于竞争对手英国的10%(Markovits,2004:209)。

正如我们已经看到的,18世纪40、50年代,印度的历史被英法全球争霸斗争所支配,北部被伊朗和阿富汗所入侵,英法介入印度当地的政治冲突,结果引起有关各方陷入极端混乱的对抗行为之中。所有这些最终都导致英国的胜利,虽然法国当时根本认识不到自己的彻底失败,但是印度各种势力将来都臣服英国。法国的印度事业领袖约瑟夫·弗朗索瓦·迪普莱(Joseph Francois Dupleix)的关键战略远见是,18世纪中期,印度将变得非常脆弱,只要欧洲军官率领一支小型正规军,使用现代大炮和装备,加上纵横捭阖的外交技巧,挑拨当地的统治者互相斗争,任何欧洲列强都能以极小的代价占领它。通过这种手段,欧洲公司就能把当地富有的国家或莫卧儿帝国的行省当作傀儡一样而统治,控制当地的财源,用于商业活动,或者扩大他们的政治影响。让迪普莱和法国感到遗憾的是,正是拥有强大财政和海军力量的英国东印度公司和英国的年轻军官罗伯特·克里夫(Robert Clive),使用迪普莱曾经预测的手段,最终取得了成功。

孟加拉王公去世后,他的孙子西拉吉·道莱(Siraj-ud-daula)继位,这是一个鲁莽的年轻人。此时,英国的机会来了。英国东印度公司曾经成功地扩大了在该省的商业利益,但是西拉吉·道莱夺取了加尔各答,激怒了英国。1757年,罗伯特·克里夫带着一支英国正规军和印度士兵,从马德拉斯登陆,在普拉西与西拉吉·道莱率领的孟加拉军队相遇。西拉吉·道莱很快就被杀,米尔·贾法尔(Mir Jafar)取代他成为孟加拉王公,但是当他无法满足英国的要求时,他也被人取代了。但是,英国再次看错了人,因为新的王公竭力要求独立,招致乌丹德(Oudhand)王公和莫卧儿帝国法定继位人沙阿拉姆(Shah Alam)亲自率领军队前来镇压。1764年,东印度公司军队在艰苦的伯格萨尔(Buxar)战役中打败了沙阿拉姆,牢固控制了孟加拉地区。在1756年签订的条约中,沙阿拉姆授予东印度公司征收孟加拉地区税收的权利,把奥德置于英国居民和军队的某种监督之下。拥有大量土地收入和广泛丝绸和棉纺织业的孟加拉地区,就这样变成了英国占领整个印度的"桥头堡"(Marshall,1987)。

在孟加拉地区,东印度公司的雇员(不包括克里夫本人)沉湎于腐败,成为英国的丑闻,导致1773年《东印度公司规范法案》通过,根据该法律,英国政府对东印度公司雇员的监管更加严格。克里夫因被指控而痛苦不堪,即使被授予贵族爵位也无法缓解,1774年他自杀身亡。沃伦·哈斯汀斯(Warren Hastings)担任新的总督职务,管辖范围从马德拉斯和孟买延伸到孟加拉地区。哈斯汀斯不仅把孟加拉的行政管理置于更坚实的基础之上,而且遏制了以前印度的迈索尔邦的穆斯林统治者海德·阿里(Haider Ali)对英国在印度地位的严重威胁,阿里得到了法国和马拉地人的支持。1785年,哈斯汀斯离开印度,返回英国后面临弹劾和审判,虽然他最终得到了赦免,但是埃德蒙德·柏克的雄辩无可挽回地诋毁了他的名声。但是,珀西瓦尔·斯皮尔(Percival Spear,1990:92)适当地归纳了他的成就,"建立了一个税收管理机构,并留下一个国家"。

刚从在约克镇向乔治·华盛顿投降的耻辱中恢复过来的康沃利斯勋爵接任哈斯汀斯担任总督,他清除了孟加拉地区的残余腐败分子,通过提高薪水、禁止亲自参与贸易牟利的方法,改革了公司的运营状况。英国在印度面临的最危险敌人马拉地人和在海德·阿里的儿子蒂普(Tipu)苏丹统治下的迈索尔邦被遏制了,后一任总督英格兰-爱尔兰裔理查德·韦尔斯利(Richard Wellesley)(后来被封为侯爵)打败了他们。他弟弟亚瑟也为东印度公司服务,在与马拉地人作战中获得了有价值的经验,为他后来神化为威灵顿公爵和取得滑铁卢战役胜利奠定了基础。英国的势力沿着恒河上溯到奥德,指向德里。1788年,早已丧失实权的莫卧儿皇帝沙阿拉姆被阿富汗人弄瞎了眼睛,1803年,他把自己置于英国保护之下,象征性地确立了早已众所周知的事实,英国变成了莫卧儿帝国曾经统治的地区的实际统治者。

详细叙述复杂的政治背景后,我们最后才能转向叙述莫卧儿帝国经济制度的结构和演变。国家和大多数精英居住的城市都是依靠榨取农民的土地税而建立起来。一名佛罗伦萨旅行家曾经说道,"伟大的莫卧儿帝国挥金如土"(Markovits,2004:123),这显然是指从乡村榨取的大量收入转移到中央政府,再分配给各级军政官员,他们再分配给各自的随从人员。塔潘·雷齐杜里(Tapan Raychaudhuri,1982:173)说,"莫卧儿帝国是一头贪得无厌的怪兽:它对经济的影响首先是对资源的无限掠夺"。按照麦迪逊(Maddison,2001:109)的说法,土地税占全国收入的15%左右。但值得注意的是,这个比例与18世纪的英国旗鼓相当,我们将在下一章再讨论这个问题。莫卧儿王朝税收制度的一个重要方面是对种植经济作物(如棉花和甘蔗)的土地征收的税赋低于种植粮食作物的土地,此举明显是为了促进对种植商品经济的发展。开垦耕地和兴修基础设施(如水井等)也受到鼓励。对外贸易的发展为帝国的收入做出了贡献,正如我们已经看到的,提高土地收入和关税收入将导致金银流入,增加铸币供应。

虽然与马拉地人的斗争和战争持续不断,但是次大陆从总体上来说还是受惠于"莫卧儿治下的和平"。在获得粮食方面,地区差异非常大,孟加拉等地的粮食剩余,而古吉拉特等地则不足,需要大量经过陆地和海上的地区性贸易以平衡供需。孟加拉和古吉拉特的主要手工业制品的原材料需要对方提供。孟加拉的棉纺织业从古吉拉特进口棉花,古吉拉特的丝织业从孟加拉进口生丝(Prakash,2004:chapter 9)。用于贸易的棉织品不仅是质量上乘、主要用于出口的平纹细布,而且在更大程度上也包括普通消费者穿着的粗棉布。

正如上一章已经注意到的,莫卧儿帝国以现金征收土地税,这就需要城乡贸易,以便农民取得必要的现金,城市居民花费现金。正如 B. R. 格罗弗(B. R. Grover,1994)已经充分证明的,这些需要导致城市和印度北部地区开始联系起来,除了河流之外还通过广泛的陆路系统联系。保险费率非常低,约为 2%,这表明不同市场之间商品流通的安全程度很高。一个叫作班加拉人(Banjaras)的社区专门从事用牛驮运货物,经常用数千头牛运输货物,结果降低了价差。18 世纪中期经常发生的入侵和战争也不能长期打断经济制度的作用。统一发行的纯度很高的银币、发达的金融和信用制度,包括使用复杂的金融工具,如汇票或信贷证券,促进了商品和资本市场的一体化,但是由于前工业经济时代的许多市场不完善,因此这种一体化远未完成。

关于国际贸易,这个时期的印度商人继续与西边的红海和波斯湾联系,东边与缅甸、暹罗、印度尼西亚群岛联系。17 世纪最著名的商人是耆那教的苏拉特商业巨子维尔吉·沃拉(Virji Vora),他是当时最富有的人,拥有财富近 5 000 万卢比或 1 000 万美元(Gokhale,1979,chapter 7)。他的商业利益延伸到英国东印度公司的范围,东印度公司在几个关键场合依靠向他借款。但是,到 18 世纪后期,印度商人社区逐渐被东印度公司所蚕食,其国际贸易活动仅起辅助作用,在国内贸易中仍然发挥主要作用。

大多数在印度和东南亚与古吉拉特和泰米尔商人打过交道的欧洲商人都对他们的商业头脑留下了极其深刻的印象。印度是 17 世纪和 18 世纪大多数时间出类拔萃的手工业品出口者,世界各地对其棉布情有独钟。尽管如此,哈比布(1980:1)已经说过,"虽然找不到详细的证据,但是否认西欧在17世纪期间已经明确超越印度的看法是愚蠢的"。不合史实的观点认为,直到工业革命为止,西欧与世界其他地区之间没有任何明显的技术差异。而研究莫卧儿帝国经济史的权威们(他们同时也是激进的民族主义者)所做的类似于哈比布的论断,正好驳斥了这种观点。[①]

哈比布提供的证据表明,虽然在某些领域的技术应用给人深刻印象,如引进新大陆的经济作物烟草、玉米,以及在造船方面,但是与伊斯兰世界其他地区一样,莫卧儿印度没有引进基本的技术革新,如书籍印刷、机械时钟等基础技术和眼镜、望远镜等光学设备,在钢铁生产技术方面也落后,虽然它早期在这方面是领先的。他还注意到,印度大量廉价熟练劳动力在许多领域替代了各种工具和机械装备,因此缺乏引进机器生产的动力。的确,正是在较低的工资基础上,18世纪印度在国家棉布市场上仍然具有竞争力(Broadberry and Gupta, 2005)。在军事技术上,莫卧儿擅长制造步枪和重型铜炮,但是较轻的铁炮铸造技术落后,而后者在战场上比统治者喜欢的铜炮更有效。

奥朗则布死后帝国的迅速衰落不能被认为经济也相应地衰落。显然,地方自治的加强导致较少收入上缴中央,可能伴随着农民或地主和"地方乡绅阶级"截留收入的实质增加,与此前莫卧儿帝国的集权相比,极有可能促成一种更分权、更健康的发展模式。因此许多作者,如C. A.贝利(C. A. Bayly, 1983, 1988)已经争辩说,17世纪产量和人口的增长虽然缓慢但是并未停止,而是持续到18世纪中期,这也部分是因为中央权威丧失。以贸易和市场为导向的"新中产阶级",即贝利(1983:15)所说的"社会中间阶级——城市市民、商人、贵族奴仆,他们具有经商和书写能力",即使存在困难与争议,也可以与英国东印度公司建立一种方便的伙伴关系,以促进其商业利益和活动,它还可以组织采购活动,供应印度的出口产品,汇集收入,甚至在必要的时候提供贷款。因此,普拉西战役之后出现的印度"殖民地社会"可能不是"殖民主义"外部因素介入的结果,而更可

---

[①] 在较早的一篇经典文章中,哈比布(1969)甚至认为莫卧儿帝国的经济不具备独立发展资本主义和现代经济的能力。

能是莫卧儿帝国这个重负消除后,印度社会内部演变的结果。

除了印度可能具有或不具有的其他特性外,这个观点有一个吸引很多人的优势,即印度代理人不能被看作无助的受害者,而是一场历史性跨文化相遇时,他们是左右历史进程的积极参与者。但是,前殖民地与殖民地政权之间有连续性的观点一直被伊尔范·哈比布(1997:259—295)和 M. 阿塔尔·阿里(M. Athar Ali,1993:90—99)公开反对,他们强调东印度公司对任何潜在的当地对手出现并威胁它的经济支配地位的敌意。也许两种立场之间的差异不如表面那么大,一方强调相同点,另一方强调复杂而矛盾的关系的敌对方面。拉加特·坎塔·雷(Rajat Kanta Ray,1998)既记载了失败者、莫卧儿地主及其租户、哀叹他们熟悉的世界已经"翻天覆地"的穆斯林知识分子的绝望,也记载了孟加拉地区新兴印度教中产阶级,他们热情地响应英国占领印度部分地区所给予的机遇,虽然他们从一开始就与反对殖民统治的民族主义思想萌芽混合在一起,后来积极卷入民族主义活动。

也许只是巧合,撰写英国东印度公司在孟加拉地区建立桥头堡之前历史的人,恰好是上面那个著名社会团体中最杰出的一员——K. N. 查杜里(1978)。他提供了 1660—1760 年东印度公司贸易活动的详细统计表格,给出了东印度公司从亚洲(主要是印度)进口、在英国销售或再出口到欧洲和世界其他地区的商品总额,以及英国出口到亚洲(仍然主要是印度)的商品的(但主要是贵金属)总额。1660—1760 年,虽然总体发展有些波动,特别是 17 世纪 90 年代出现过下降,但英国东印度公司进出口复合增长率大约为每年 2.2%,比同期欧洲和亚洲的人口和总产量增长更快。

17 世纪早期,来自马拉巴尔和东南亚的胡椒在英国东印度公司的进口中占有很大比重,有时超过英国东印度公司进口总额的 25%,但是越来越被棉布取代,到 18 世纪,棉布占据印度出口货物的支配地位。这些印度棉布被英国东印度公司运往全球各地,毫无疑问是世界经济中重要的成功故事之一。由于质量和价格多种多样,因此它们能够满足市场的各种需求,从英国贵族小姐穿着的孟加拉特级平纹细布到加勒比地区非洲奴隶身上的粗糙绿色科罗曼德尔棉布。在前工业化时代,英国东印度公司为全球对各种棉布的大致需求匹配供应,这的确是一个物流方面的奇迹。供货订单从伦敦发往加尔各答、马德拉斯和孟买,与当地的商人联盟签订供应棉布的合同,棉布大多由腹地的乡村织工纺织而成,这些织工可以与商人讨价还价。印度棉布的竞争使英国斯皮塔佛德的毛纺织业和丝织业工人感到恐惧,导致强烈的贸易保护主义措施,减缓但是并未阻止印度棉布的出口。直到18世纪50年代茶叶(这导致50年代末,中国商品增加到1/3)进口增加,占英国东印度公司平均每年进口总额60%～80%的棉布才下降到55%左右。来自孟加拉地区和中国的生丝是另一种重要的进口商品,常常超过进口商品总价值10%,有时甚至高达20%。18世纪20年代,从摩卡进口咖啡达到顶峰,约占进口总价值的15%～20%,但是此后就下降为5%左右,而硝石和靛蓝的进口几乎可以忽略不计了。

查杜里系列著作只写至1760年,但是我们从其他史料获悉,由于取得了迪瓦尼,在孟加拉地区获取的收入和定居印度的英国居民(如英国东印度公司的雇员用储蓄投资)的贷款可以为购买棉布和其他商品提供必要的财务支持,这样从欧洲输出的"贵重物品"比以前少得多。的确,1660—1760年大多数时间里,"贵重物品"占英国东印度公司出口总额超过75%,但是到末期,只占30%左右,正好对应于普拉西战役的胜利和对孟加拉地区的征服(Chaudhuri,1978,table C4:512)。每年从孟加拉地区获得的约300万英镑(Marshall,1998:492)收入不仅有助于提供东印度公司购买返程商品销往欧洲的资金,而且为在广州购买中国的茶叶和古吉拉特的原棉提供资金。此外,比哈尔和孟加拉还是鸦片的主要产地,英国东印度公司1773年取得鸦片专卖权(Prakash,1998:327—336)。鸦片贸易无疑是英国东印度公司最赚钱的买卖,为购买利润丰厚的中国茶叶提供资金。鸦片在加尔各答拍卖给私商,之后由后者出口到广州,因此为19世纪中期臭名昭著的鸦片战争埋下了伏笔,正是鸦片战争之后,中国开始逐步丧失了独立自主的地位。

除了英国东印度公司本身的贸易外,英国商人还有很多私人贸易,他们常常是公司的雇员,利用自己的资本谋取自己的利润。这带来的明显利益冲突是公司历史上的一个痼疾。如果直接禁止,将引起怨恨和降低雇员的士气,但如果听之任之,则会严重减少公司股东的利润,结果是实际上双方妥协。公司的许多雇员和其他欧洲人与当地印度人或亚美尼亚商人合伙,或从他们那里贷款参与亚洲各地之间的贸易。欧洲的水手利用他们高超的航海技术打入了贸易运输市场,凭借其更有效和更安全的服务排挤当地的商船,进而牟利。

这些船长和私商中最有趣的是托马斯·皮特(Thomas Pitt,1653—1726),他是"老皮特"的祖父,因为在印度获得的一枚钻石而被称为"钻石"皮特,后来这枚钻石以当时的天价1.25万英镑卖给了奥尔良公爵。"钻石"皮特的事业始于担任闯入他国海域的船只的船长,1697—1709年被提升为马德拉斯的圣乔治要塞总督,通过组织几次获利丰厚的私人航行贸易而发财。他用从印度赚取的钱财购买了老塞勒姆这个著名的虽然衰落但有议会选举权的城镇。1735年,他的更著名的孙子威廉就是从那里进入下议院。另一个著名私商并最终变成马德拉斯总督的是伊莱休·耶鲁(Elihu Yale,1649—1721),1701年,他利用部分财富捐赠给康涅狄格的一所著名教育机构,即以他的名字命名的耶鲁大学。马德拉斯的繁荣不仅建立在科罗曼德尔沿岸的棉布出口基础之上,而且建立在转运孟加拉、缅甸、暹罗和中国的商品到印度西海岸、红海和波斯湾的基础之上。但是,加尔各答和威廉堡的建立导致有利可图的孟加拉贸易转移到那里,马德拉斯的财富开始萎缩。加尔各答被克里夫攻占后迎来了惊人的繁荣,英国私商航行数量增加,不仅直接到广州,而且在1786年英国新建的殖民地槟榔屿、苏门答腊的老中心明古连装载昂贵的锡和香料等货物(Marshall,1999)。

在本节结束时,我们再次提请注意,普莱西战役和英国人占领孟加拉地区之后,印度与欧洲公司之间的关系发生了根本性的破裂。到那时为止,各公司不得不互相竞争,只要国内市场需要棉布、生丝、靛蓝、硝石或无论什么商品,它们都想采购。各公司取得的价格折扣取决于它们的订单大小、供应商与重要客户维持长期关系的愿望。在沙贾汗和奥朗则布统治下,甚至在18世纪50年代之前的他们孱弱后继者统治下,在任何交易中,扩大使用武力以威胁当地代理人的可能性都不存在。奥姆·普拉卡什(Om Prakash,1998:317)已经提出了先入为主的貌似可靠的观点：由于欧洲对印度棉布的需求增长快于印度的供应能力，因此贸易条件一直朝着不利于各公司而有利于印度商人和织工的方向变化。这个观点得到了查杜里（1978，table A3）的英国东印度公司进口价格指数的支持，由1664年的100急剧上涨到1705年顶峰的155，到大约1725年，仍然高于100。这表明欧洲需求迅速增长最初拉升了价格，直到供应扩大才导致价格回落到接近最初水平。由于劳动力甚至熟练劳动力供应充足，这个时期没有证据表明土地匮乏，棉布供应曲线应该很高，如果从长期来看不是完全弹性的，因此最终回归到最初的价格。

1600—1750年的前殖民地时期，通过欧洲的公司作为中介，印度与欧洲的贸易非常活跃，利用其强大的棉布比较优势换取必需的白银流通，以竞争性市场关系为基础，维持和扩大其货币基础。普莱西战役之后，欧洲公司不仅成了孟加拉的主人，而且以11.5万多军队（大多数是欧洲军官指挥下的印度士兵）实施垄断，既反对科罗曼德尔海岸的当地人和欧洲公司的竞争对手，也反对卡纳提克的当地人和欧洲对手（Prakash，1998）。特别臭名昭著的是它垄断孟加拉的鸦片（Ibid.，327—336）。此外，在孟加拉获得的收入不仅使各公司以前每年向印度注入白银变得没有必要，而且由于购买中国茶叶或者将利润汇往英国，造成了印度的民族主义作家所说的贵金属"外流"，使局面发生了反转。对英国来说，这一点的重要性可以从昆卡·伊斯特班（2001：58）最近的著作中看见，他重新考察了英国统计数字，得出的结论是，"1757年后，如果没有来自印度积累的财富转移，英国在法国作战期间陆地战争中的资金将被消耗殆尽"，这是"富足"在支撑"权力"方面发挥作用的另一个证明。

### 东南亚和"商业时代"的终结

正如前一章已经注意到的，17世纪下半期荷兰巩固了丁香和肉豆蔻贸易的垄断地位。因此，从军事和政治角度看，荷兰东印度公司似乎一直处于提高利润的有利地位。但是，从严格的经济成本和利益核算角度看，景象就完全不同了。由于荷兰东印度公司的垄断控制和强制交付的企图,当地农民、商人和统治者缺乏促进生产和贸易的动力,军事和行政开支增加了,但是收入和利润没有相应增加。17世纪下半期,欧洲的香料市场开始饱和。在欧洲市场上,这些公司最初仅仅是将印度棉布作为获得香料的一种手段,现在印度棉布正变得比香料本身更受欢迎,荷兰东印度公司发现,在这个更活跃的洲际贸易中,越来越难以与英国东印度公司竞争。

安东尼·里德把17世纪中期视为该地区历史的一个"分水岭",商业扩张带来的积极趋势让位于全球性的"17世纪危机"所导致的停滞和衰退,荷兰东印度公司在这个地区的高压政策进一步加剧了该地区的衰落。里德有关马来-印度尼西亚的观点为学界所接受,但是对陆地国家缅甸的看法受到维克多·李伯曼(Victor Lieberman,1993)的反对,对暹罗的看法受到提瓦拉·娜·庞吉贝拉的否定(Dhiravat na Pombejra,1993)。正如我们已经看到的,李伯曼认为缅甸所谓"复辟的东吁王朝"虽然都城从伊洛瓦底江三角洲迁往更内陆地区,但是仍能从沿海地区征收赋税并控制贸易,以补充内地土地税的不足,而且还积极与中国进行陆上贸易。因此缅甸的产量、人口和军事资源继续增长,也由此能够维持甚至扩大它对周边地区的控制,直到1752年被推翻。同样,庞吉贝拉(Pombejra,1993)认为,虽然大城府不再着迷与法国、荷兰和英国进行贸易,但是它仍然积极地与日本、中国、印度和伊斯兰世界开展贸易,因此再次否认了17世纪是分水岭的观点。在下文中,我们将更仔细考察这两个亚洲国家,然后转向东南亚,并概述它们在此期间相对衰落的原因。

17世纪后期和18世纪早期,缅甸的统治者集中精力巩固内部管理,在边界上防范暹罗、云南和曼尼普尔。18世纪40年代,缅甸南部孟族人发动叛乱,驱逐了他们的缅甸总督,横扫北部,1752年攻占了都城阿瓦,终结了东吁王朝。一名拥有非凡政治和军事天赋的村长率领士气低落的村民、联合阿瓦军队的残部,反对孟族人的入侵。1753年,他夺回了都城,最终把孟族人赶回了缅甸南部,他以"雍籍牙"(Alaungpaya,意为"未来之佛")作为自己的名号,建立了贡榜王朝,并一直统治到1760年去世为止。该王朝是统治缅甸的最后一个王朝,

1885 年被英国推翻。

雍籍牙的兴起正值"七年战争"爆发前夕,缅甸也间接卷入了这场全球性冲突。善于浑水摸鱼的迪普莱抓住任何反对英国的机会,与孟族人互派使节,希望获得一个顺从的盟友、沙廉的天然良港和德布里托旧基地的造船设施,因此从侧翼包围在孟加拉地区的英国人。他的代表布鲁诺先生(Sieur Bruno)充当孟族人的军事顾问,法国战舰在沙廉和达贡(Dagon)周围的战役中炮轰缅甸的战船。达贡被攻占,1755 年被雍籍牙重新命名为"仰光"(意为"冲突的终结"),雍籍牙沿着伊洛瓦底江南下,把战火延伸到孟族人的故地。法国人和孟族人在沙廉被包围,法国从蓬蒂切里派出 3 艘战舰组成的远征军前来解围。对这些法国人来说,不幸的是,雍籍牙捕获了这些战舰,缴获它们的大炮和步枪武装自己的军队,招募其水手和下级军官担任炮手,并将包括德布鲁诺先生在内的 12 名高级军官斩首。法国的大炮和水手急剧提高了缅军对孟族人作战的炮兵水平,在以后与暹罗和清朝的冲突中,他们成为精锐部队。按照哈维(1925:231)的说法,其中米拉德骑士(Chevalier Milard)变成了贡榜王朝的卫队长和军械主管,而其他人在缅甸内陆乡村打发日子,了却一生,"远离布列塔尼的悬崖峭壁和在故乡苦等他们归来的妻子",他们只好娶缅甸女人,这可能给了他们些许安慰。

在缅甸再次关注诱人的暹罗大城府前,雍籍牙攻占了沙廉和勃固,以杀戮和破坏向孟族人复仇。还没有攻下大城府,雍籍牙于 1760 年就去世了,年仅 46 岁,他儿子辛标信("白象的主人",Hsinbyushin,1763—1776 年)于 1767 年完成了他的夙愿,毁灭了该城,并俘虏了数千战俘。缅甸军队更著名和更具有建设性的成就是,18 世纪 60 年代后期,由于掸邦的边界争端与清朝多次冲突,打败了清朝。之后,缅甸恢复了臣服清朝的外交关系和两国之间密切的陆路贸易,直到被英国征服(Hall,1968:412—414)。雍籍牙的另一个儿子孟云(Bodawpaya,1782—1819 年)通过兼并若开和曼尼普尔,把"第三缅甸帝国"(Htin,1967,chapter 8)扩张到历史上最大版图,但是因此不可避免地与其他大国(英国东印度公司位于孟加拉和阿萨姆的邻近省份)产生矛盾。

17 世纪初荷兰东印度公司进入东方海域后,就开始在暹罗活动,但是除了取得一个落脚点之外,收获不大,直到巴萨通王(Prasat Thong,1629—1656年)统治,荷兰才获得有价值的鹿皮和锡贸易权,作为交换,以海军协助暹罗对抗缅甸和马来国家。这个时期,亚洲的非民族主义者比在暹罗的欧洲人影响更大。德川幕府对日本基督徒的迫害导致他们很多人去东南亚避难,其中一名武士山田长政(Yamada Nagamasa)变成了王室卫队首领,在17世纪后期的争夺王位斗争中发挥了重要作用。在大城府宫廷,波斯的影响也很大,这在那莱(Narai)国王治下(1656—1688年)体现得尤为明显,那莱是19世纪前暹罗最"西化"的君主。

1662年,那莱的波斯顾问创立了王室垄断对外贸易的制度,给越来越必须面对来自欧洲私商、亚洲商人和英国东印度公司竞争的荷兰人带来了困难。英国东印度公司雇用了一个极有天赋又雄心勃勃的年轻希腊人康斯坦丁·华尔康(Constantine Phaulkon),他于1678年来到暹罗,很快学会了泰语,这使他能利用担任翻译的机会接近那莱国王。后来他为王室服务,很快被提拔到掌管全国的对外贸易和对外政策的职位,最终晋升为民事部门的首脑,与首相分庭抗礼。他消除了宫廷里穆斯林派系的影响,发展了与法国东印度公司的密切关系,后者得以与暹罗建立外交和商业关系,还与法国的耶稣会传教士保持紧密关系。巴黎与大城府互派使节,1687年,一支法国军队来到大城府,表面上是保护他们的贸易据点,实则占据了距离大城府很近的曼谷。这自然引起当地宫廷派系的警觉,他们对华尔康产生了怀疑,认为他与法国人互相勾结,密谋推翻政府和那莱王,他们迅速采取行动,在那莱王因病去世前逮捕并处决了华尔康。之后,宫廷政变的领袖篡夺了王位,法国军队没有参与任何敌对一方的活动就撤出了。

暹罗宫廷从此切断了与欧洲列强的联系,直到19世纪被迫与它们打交道为止。尽管如此,对外贸易仍得到了蓬勃发展,特别是与中国和日本的贸易。这种贸易大多是转口贸易,大城府扮演着沟通东南亚与中国和日本贸易的角色。18世纪,从暹罗出口稻米到华南变得越来越重要,中国移民和中国血统的家庭在贸易和科举考试中表现突出,他们与其他国家出身的部族竞争权力,如

"婆罗门"和波斯人（Wyatt，1984，chapter 5）。这个时期宫廷的注意力都集中在与老挝和柬埔寨的关系上，所以对 18 世纪 60 年代雍籍牙及其后裔率领的缅甸人的突然袭击毫无应战准备。

但是，随着纳黎萱接替莽应龙，在一个富有领袖魅力的国王统治下，暹罗再次复兴。这个人不是太子，而是一个拥有一半中国血统的府尹郑信（Phraya Taksin）。他在曼谷的对岸吞武里建都，依靠其父的潮州商会华侨提供抵抗缅甸的资金。不到 3 年，他就收复了大城府的全部失地，被加冕为国王。但是此后他似乎精神错乱，亵渎神明，行为残忍，令宫廷和强大的佛教僧侣集团感到震惊，1782 年被废黜和处死。对一个民族英雄来说，这是非常遗憾的结局。新的却克里（Chakri）王朝得以建立，并一直延续至今。王朝的建立者虽然也有部分中国血统，但是与官僚系统中的各个派系都有紧密的家族关系。王朝的创立者拉玛一世就是郑信的女婿。都城永久地定都曼谷，与大海和外部世界联系更紧密，与早期缅甸人从沿海的勃固迁往内陆的阿瓦截然相反。因此，客观地说，缅甸人对大城府的破坏事实上可能无意给暹罗做了一件具有重大历史影响的好事。

最后，在越南南部阮氏与北部郑氏之间的战争让双方耗尽国力，18 世纪 70 年代，被称为"西山起义"的大规模农民起义，威胁着两个国家的生存。但是，起义在即将胜利时功亏一篑，阮福映（Nguyen Anh）在著名的法国教士百多禄（Pigneau de Behaine）的帮助下镇压了起义。阮福映重新统一了越南，从 1802 年起以嘉隆（Gia Long）为年号统治。与暹罗和缅甸的新兴王朝一样，越南也向清朝纳贡，换取清朝的承认。阮氏王朝持续到 1955 年，是年，保大君主被废黜，越南共和国宣告成立，吴庭艳担任第一任总统。

讨论了东南亚大陆的主要发展后，我们现在叙述群岛的历史进程。到 18 世纪 20 年代，作为荷兰东印度公司盟友的柔佛已经崛起为马六甲海峡地区占支配地位的土著国家，定都于廖内港这个繁忙的伊斯兰贸易中心。马来政治风景中出现的一个新因素是来自苏拉威西的布吉人和马卡萨族（Makassarese）难民，他们被独裁者阿隆·帕拉卡驱逐，这在前一章里稍有提及。这些群体把他们的英勇传统带入战争和商业贸易活动中,在半岛上充当入侵者、雇佣兵、商人和移民等多种角色,其方式不禁令人联想起公元1000年末期横扫欧洲的维京人。作为局外人,他们不能像马来国家的主权统治者那样取得合法性,但是在柔佛,他们的确变成了副主,掌握实权。当1784年布吉人企图从荷兰东印度公司手里夺取马六甲时,他们被来自荷兰的一支舰队打败,首领被杀,他们的衰败就不可避免了。所有布吉人被迫离开廖内和柔佛,让它和邻国雪兰莪(Selangor)暂时置于荷兰控制之下。但这是荷兰东印度公司最后的辉煌,由于欧洲的重大事件(参见本书第七章),他们很快就被来自苏禄海的海盗逐出廖内,留下港口及其郊区处于无政府状态,预示了安迪亚和安迪亚(Andaya and Ardaya,1982:108)所谓的"马来贸易中心国家的灭亡"。

  18世纪爪哇中部和东部既不太平也不繁荣。荷兰东印度公司希望岛屿内部有一个温顺的傀儡国家,允许它集中精力在巴达维亚和沿岸贸易。但不幸的是,他们发现支持其客户王公反对竞争者和各种叛乱成本高昂、耗时费力而且常常伴随着血腥,而王位继承战争更是一场接着一场。他们最终达成妥协,通过把马达兰分裂为在日惹和苏拉卡尔塔的两个朝廷,表面上独立的当地统治者由荷兰监控,荷兰东印度公司直接管理巴达维亚和沿海地区。的确想控制内陆部分地区的咖啡、蔗糖、靛蓝和其他经济作物的生产,他们为此更多依靠强迫和行政控制农民而不是价格竞争。与此同时,1740年巴达维亚的骚乱导致几万中国人被屠杀,荷兰人可能是共谋,接着是一场叛乱,它虽然被镇压,但却带来很多生命和财产损失。18世纪后半叶总体上比较和平,但是荷兰东印度公司和爪哇都处于停滞状态。里克莱夫斯(Ricklefs,1993:105)说这个时代是"遍地腐败、效率低下和财政危机,在印度尼西亚的荷兰第一帝国将渐趋沉寂"。

  这些发展的最大受益者显然是英国,虽然他们根本没有直接参与。正如我们已经看到的,英国东印度公司占领孟加拉地区,导致英国对中国的"港脚贸易"迅速增长,散商抓住了马六甲海峡沿岸出现的任何贸易机会。1786年,吉打的苏丹出租槟榔屿给英国东印度公司,期望英国保护它反对缅甸最高宗主的传统主权要求,但是现在新兴的却克里王朝断然要求槟榔屿的主权,因为它是孟加拉的棉布和鸦片交换马来的锡和其他产品的有用之地,这些马来产品可以到广州交换中国茶叶,同时槟榔屿还是一个潜在的海军基地。与槟榔屿相对的陆地上的一个地区也于1800年被出租给英国,命名为"韦尔斯利省"(Wellesley)。对锡的需求导致马来半岛的繁荣,那里的锡矿丰富,特别是在霹雳州(Perak),进一步刺激了中国南方各省移民,这些移民是企业家精神和工业技术专家的最大源泉。但是,对荷兰东印度公司来说,获利的时机已经过去了,因为法国占领了荷兰,威廉五世被迫逃往英国,他在那里把荷兰在远东占有的土地交给英国,直到他返回荷兰。

这个时期的贸易情况如何?里德为何提出17世纪中期成为东南亚群岛终结250年前开始的"商业时代"分水岭的观点?表5.6表明,胡椒出口持续增长到17世纪70年代,但是此后再次下降,直到18世纪80年代才再次达到这个顶峰水平。出口到印度、日本和美洲保持稳定,但是17世纪70年代后,出口到中国实际上增长了;出口到欧洲下降了,被认为是荷兰垄断的结果。图5.1提供了荷兰垄断对东南亚经济的影响的较强证据:印度尼西亚的丁香出口从16世纪初(总数为170吨)急剧增长到17世纪20年代(达到450吨)。同时,丁香在东南亚的销售价格飞速提高,从每吨35美元到1 000美元,即使在我们在第四章已经研究过的价格革命背景下,这也是惊人的增长。但是17世纪50年代,随着荷兰控制的加强,印度尼西亚的丁香价格急剧下降,17世纪60年代下降到每吨206美元,而且保持到18世纪80年代。价格急剧下降显然不是由于供应增加,因为出口也急剧下降了,而是由于我们前面讨论过的荷兰垄断。推测起来,低价采购经济作物和高价销售粮食和纺织品的双重垄断是导致这个时期马来-印度尼西亚农民生产者转向粮食生产的关键因素,这与欧洲勤勉革命相反。

表 5.6　　　　　　　1650—1789 年东南亚香料出口　　　　　　　单位:吨

| 年份 | 欧洲和中东 | 中国 | 印度、日本和美洲 | 合　计 |
|---|---|---|---|---|
| 1650—1659 年 | 2 200 | 400 | 1 400 | 4 000 |
| 1660—1669 年 | 2 900 | 500 | 1 500 | 4 900 |

续表

| 年份 | 欧洲和中东 | 中国 | 印度、日本和美洲 | 合　　计 |
|---|---|---|---|---|
| 1670—1679 年 | 4 500 | 500 | 1 500 | 6 500 |
| 1680—1689 年 | 2 600 | 600 | 1 500 | 4 700 |
| 1690—1699 年 | 2 600 | 1 300 | 1 400 | 5 300 |
| 1700—1709 年 | 1 800 | 1 500 | 1 500 | 4 800 |
| 1710—1719 年 | 1 900 | 1 200 | 1 500 | 4 600 |
| 1720—1729 年 | 3 600 | 900 | 1 500 | 6 000 |
| 1730—1739 年 | 3 000 | 1 100 | 1 600 | 5 700 |
| 1740—1749 年 | 3 600 | 800 | 1 600 | 6 000 |
| 1750—1759 年 | 2 300 | 1 000 | 1 600 | 4 900 |
| 1760—1769 年 | 2 700 | 1 200 | 1 700 | 5 600 |
| 1770—1779 年 | 2 400 | 1 900 | 1 800 | 6 100 |
| 1780—1789 年 | 2 100 | 2 100 | 1 900 | 6 100 |

来源：布尔贝克等(1998，table 3.7，86)。

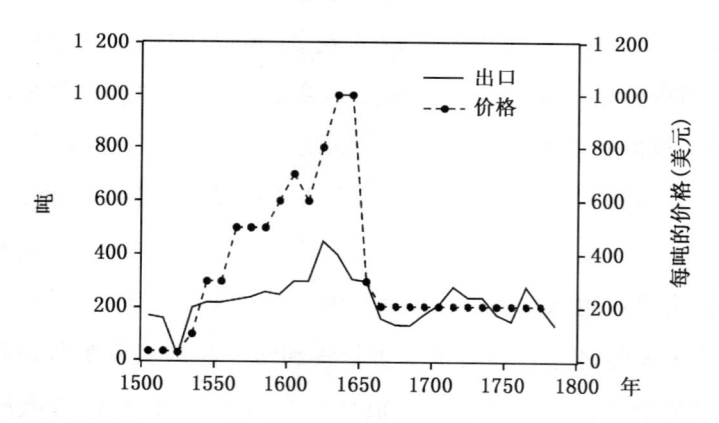

图 5.1　1500—1789 年印度尼西亚的丁香出口量和价格

来源：布尔吕克等(1998，table 2.15，58—58)。

有人可能提出异议说，这些数据只是两种也许不具代表性的商品，但是有更多证据表明这个时期群岛经济的确出现了衰退。一个特别有用的标志是东南亚从科罗曼德尔海岸、古吉拉特和孟加拉进口棉布的数据。这些"颜色鲜艳、纺织精良"的印度棉布的进口是"该地区商业繁荣的最佳单一指数",按照里德(1990:21)的说法,因为东南亚出口收入大部分用于购买印度棉布。1620—1650年间,棉布进口达到顶峰,其价值相当于每年60吨白银,是1510年的4倍(Ibid.,23)。到17世纪80年代,进口额下降到这个总数的一半,这是荷兰东印度公司严格的垄断政策与欧洲的胡椒和优质棉布市场已经饱和的结果。虽然陆地国家如缅甸、暹罗和南圻在新王朝的统治下也许一直能够维持它们早期的发展势头,甚至通过重新定位与清朝的陆上和海上贸易而得到扩大,但是1650—1800年显然至少是一个印度尼西亚群岛主要岛屿和马来半岛大部分人口生活水平如果不是处于下降也是停滞的时代。里德(1993a,chapter 5;1999,chapter 10)把这个时代看作"东南亚贫穷的根源"的标志。

对这种非常负面的评价需要做两点说明,两者都与中国有关。正如我们已经看到的,第一点是大陆国家越来越与中国进行陆上贸易,相应地走向经济繁荣。亚洲人在这里仍然牢牢掌握着自己的命运。第二点涉及这个时期中国参与海上贸易。正如我们将要看到的,清朝最初无情镇压东南沿海地区忠于明朝的势力,造成贸易和船运严重下降。但是大约在1685年后,中国的商船、商人和移民在东南亚越来越活跃,特别是在越南、菲律宾、暹罗、爪哇、苏门答腊和马来半岛上的国家。忠于明朝的流亡者社区遍布柬埔寨和越南。其中马氏(Mac)家族领导的华人社区于18世纪初在泰国湾东岸的河仙港(Hatien)建立了一个实际上独立的国家,在越南历史上发挥了突出的作用。正如我们所看到的,中国人在马尼拉和巴达维亚的存在是非常明显的,他们在这两座城市的经济中发挥了不可或缺的作用,遭到欧洲殖民者和当地土著的憎恨。1755年,西班牙驱逐了菲律宾的所有中国商人,让取了西班牙名的中国-菲律宾罗马天主教徒混血儿经商,后者变成商业精英以及后来的职业、政治精英,此种状况一直延续到今天(Reid,1996:46)。在印度尼西亚,从荷兰东印度公司和当地统治者手中谋利成了华人企业家的另一种主要活动。在暹罗,随着17世纪末商业贸易由西方转向中国,中国商人的作用变得越来越突出。①

## 清朝

我们现在回到广袤的欧亚大陆腹地,从俄罗斯穿越中亚到中国和远东。这些地区的国家和民族都没有直接卷入"地理大发现的航行",但是他们迟早要承受其后果,或以不断增加的压力的形式,或因西欧航海强国创造的商业机遇,正如我们前一章已经考察过的新大陆白银涌入的例子。但是,我们即将关注的穿越欧亚大陆中部的东西方互动主题是两端新兴的强国——清朝和莫斯科公国——走向中间的动力。正如我们看到的,中国和俄罗斯都曾经是蒙古帝国的组成部分,前者由元朝直接统治,后者作为金帐汗国的臣属国。1368 年,明朝驱逐了元朝统治者,但是在起初的成功后,采取了依靠长城的防御战略,以防止草原游牧民族的入侵。1644 年明朝灭亡后,这个任务留给了清朝。在另一端,新兴的莫斯科公国开始它的帝国扩张事业,正如我们已经看到的,随着 1554 年"恐怖的"伊凡征服喀山的蒙古汗国,打开了通往毛皮贸易最丰富的西伯利亚和太平洋的通道。贸易和战争,都是与当地部落和彼此之间进行,是两大帝国相互碰撞过程中的选择。接下来,我们首先叙述清朝的兴起,接着叙述它与世界其他地区的海上和陆上贸易关系。

与普遍的印象不同,满族人不是来自草原的游牧民族。他们最初的经济制度是在中国的东北以饲养牲畜、狩猎和农业为基础,长期受到周边中央政权的文化影响,并被迫向其称臣纳贡。他们的祖先是女真人,我们已经看到,女真族建立的金国从 1115 到 1234 年曾经统治中国北方和东北地区,直到被蒙古军队消灭为止。两位杰出的部落首领努尔哈赤(1607—1626 年)和他的儿子皇太极(1635—1643 年)利用从利润丰厚的毛皮和人参贸易中获得的资金创建了强大的军事机器,由于地处中国东北地区,正好便于他们获得这两种物资。② 努尔哈

---

① 参见王(Wang,1981,2000)和斯金纳(Skinner,1996)对这个时期海外华人"克里奥"社区形成的富有洞见的论述。

② 这里把两者开始统治的时间定为他们变成"可汗"时。

赤和皇太极利用这支军事力量征服朝鲜,强迫蒙古贵族臣服。最后,在蒙古辅助军队和明朝变节将领的帮助下,1644 年他们利用明朝的内战而攻占了北京,到 17 世纪 80 年代,在镇压了云南、华南和台湾地区忠于明朝的势力之后,征服了明朝统治的大多数地区。

通过禁止满汉通婚,清朝保持统治精英的单独文化认同,但是在管理帝国方面采用传统的中国制度,行政工作大多由汉族知识分子担任。每个部都实行满汉双轨制,满族和汉族各有一名尚书,以平衡汉人专长与假设的满族人的忠诚可靠。在许多方面,清朝似乎比 3 个世纪以前的元朝获得更多认可。即使实施最初被蔑视为异族压迫象征的"剃发令",最终也得以推行,直到 19 世纪末。清朝历史提供了一个著名的例子:一个人口不足百万的族群如何成功地实行统治,而且从 1644 年到 1911 年没有丧失它独特的社会、文化和政治认同。

### 中国的海外贸易

正如我们已经看到的,虽然明朝对海外贸易持否定态度,明朝后期,南中国海的国际贸易,甚至跨越太平洋与马尼拉的国际贸易正在繁荣。在澳门的葡萄牙人、与日本人接触的荷兰人,正在为福建和广东商人与处于"商业时代"鼎盛时期的东南亚的活动增添活力。因此,毫不奇怪,这些省的商业社区不想承认满族的统治。当时这些地区被著名的拥有强大舰队的郑氏家族控制,该舰队既可以用于海盗活动,也可以假装为明朝剿灭海盗服务,该家族首领郑芝龙(1604—1661 年)被任命为"五虎游击将军",赋予巡查南方沿海的权力。郑芝龙年轻时去过澳门,学会了葡萄牙语,甚至受洗为基督徒,教名为尼古拉斯·加斯巴德·伊泉(Nicholas Gaspard Iquan)。他为葡萄牙人和荷兰人充当翻译,但是让他发财的是作为李旦的代表,李旦建立了一个联系琉球群岛和日本的商业帝国,在欧洲被称为"中国船长"(Clements,2005:18—25)。1625 年李旦去世时,郑芝龙控制了李旦在日本和中国台湾的财富,郑芝龙利用这些财富提高他在厦门和华南的地位。在担任九州岛南部平户的中国商人社区首领之前,李旦在马尼拉做过西班牙人的苦工。他还因充当英国东印度公司与中国政府之间的中介人——类似于院外游说集团成员——而获得丰厚报酬。因此他似乎与当时东亚贸易世界的所有角色都有个人联系，是前一章（Wills，1979）描述的中日"丝绸换白银"贸易的化身。清朝政府表示，只要郑芝龙投降，便许以高官厚禄。郑芝龙不久后降清，遭到他的儿子郑成功（1623－1662 年）的谴责。郑成功出生于平户，7 岁与父亲团聚前，与母亲（日本人）一起生活。他接受了经典的教育和武术训练，这些在他以后风雨飘摇的一生中是有用的。

邓刚（Deng，1999：95）提供了郑成功引人注目的贸易活动规模的一些零散信息。他说仅仅与日本的贸易每年的利润就达到 20 吨白银，总体贸易价值达到 85～100 吨白银。按吨数来看，郑成功与日本的贸易是荷兰与日本贸易的 7～11 倍。邓刚还说，郑成功航行到日本的船只每艘能装载 70 吨生丝，考虑到丝绸重量极轻，这意味着这些船只的体积非常大。如此庞大的利润使这个家族的三代人从 17 世纪 40 年代到 80 年代都能维持 8 000 艘船和 17 万军队。

当清朝怀疑郑芝龙诈降而将其逮捕时，郑成功控制了这个家族的巨额财富，并有效地利用它们武装抵抗入侵者，在路上和海上打败他们，1659 年甚至派出数百艘、数万吨的船只航行到长江，给南京造成极大威胁，直到最后被击退。为了寻求一个更安全的基地，他率领军队登陆台湾，经过长期围困，把荷兰东印度公司从热兰遮城堡的要塞中驱逐出去。清朝认识到，郑成功在台湾的经济和军事力量依靠联系大陆，因此下令东部沿海坚壁清野，往后撤 20 英里，给人口带来巨大压力，使贸易倒退了几十年。残酷的措施无疑保证了战略目标的完成。清朝因郑成功坚决抵抗而处死其父亲不久，1662 年郑成功也去世了。他的儿子郑经（1681 年卒）和郑家其他幸存者坚守台湾。1683 年，郑氏家族以前的部将施琅率军攻占台湾，施琅从此担任福建省的地方官。郑氏商业帝国的毁灭和华南沿海经济的衰退无疑使欧洲人在亚洲的贸易更加简便，因为他们现在没有强大的竞争对手了。1685 年，清朝原则上开放所有港口对外贸易，进口关税为 20%，但是实际上对商业扩张仍然实行严格的行政管理和垄断限制。

但是，按照马宗达（Mazumdar，1998：95）的说法，"中国的海外贸易空前增长"。郑氏家族支配地位的消失可能刺激了大批商人经由厦门港加入南中国海的商业贸易。马宗达(1998,table 7－9,97－98)表明,中国内地到达巴达维亚的商船从 1684—1688 年的 51 艘增加到 1699—1703 年的 82 艘,远远超过中国澳门同期到达那里的商船数量。她还表明 1685 年年底清朝实行海禁政策和日本 1715 年禁止贸易期间,中国人到达长崎的活动更多,无论是绝对数量还是与荷兰相比。1684—1688 年,中国航行到长崎的商船达到 540 艘,虽然日本只允许 128 艘登陆,相比之下荷兰只有 19 艘,这个时期中国船只的数量也超过荷兰。为了铸造货币而需要日本的铜,这是清朝急于扩大对日本贸易的主要原因。最后,马宗达还表明,这个时期中国到达马尼拉的船只数量远远超过葡萄牙。

郑氏与清朝之间的斗争可以被看成本章主题的另一个实例,航海贸易国家与内陆农业国家之间的冲突常常以后者的胜利而告终,正如此例。中国历史中,"应该如此"的重大反例之一就是如果郑成功在南京成功了将会如何？如果中国的士大夫们既可以熟悉的角色服务清朝,又可以把命运交给一个像郑成功那样血气方刚的造反者和海盗首领以保卫他们的汉人王朝的话,那么他们会选择后者吗？如果满族人被赶出中原,或者至少留下南方充分自治权以便全面参与 18 世纪迅速增长的国家贸易,并且中国扮演贸易的主动者而不是仅仅不情愿地充当欧洲列强的附庸角色？凭借与日本、葡萄牙和荷兰的联系,以及从李旦那里继承下来的贸易网络,郑氏家族一定会向近代全球化早期的多国流通采取开放的态度。郑成功的军队就是多民族构成的,其精英警卫部队是从葡萄牙人手中解放的黑人奴隶,另一个是更令人闻风丧胆的"铁人"军团,他们身着金属盔甲,很可能让日本武士甘拜下风。明朝末期,地方势力、北方军阀和官僚的联盟,再次成为扼杀南方沿海"航运"的强大力量,正如他们最初打败了郑和一样。至少后人对郑成功是仁慈的,就像对郑和一样,在某种程度上补偿了他悲惨的一生。甚至在他死后,清朝也因他对明朝忠心耿耿而将他视为至高儒家品德的模范。他对荷兰的胜利和对清朝的抵抗都使他成为世人景仰的英雄,在中国台湾被尊为把台湾融入中华文化的缔造者,当地土著甚至拜他求雨(Clements,2005:260)。他的母亲是日本人和出生于九州的事实也使他受到日本人的爱戴,(日本剧作家)近松门左卫门最著名的木偶戏之一《国姓爷合战》(Battles of Coxinga)便以郑成功为主角。

中国学者遗憾地认为,郑氏家族不能利用庞大商业资本突破传统中国由地主乡绅和儒家知识分子占支配地位的窠臼,让国家开始走向以商业企业和利润为基础的更有创造性的外向型道路。因此,郑芝龙庞大的商业帝国以及保护帝国的强大海军力量找不到更好的用处,只能服务于衰落的明朝,换取土地、官衔和赏赐。他为天才儿子的期望就是给予他最好的古典教育,为走仕途做准备。当清朝取代明朝时,他唯一关心的是讨好新主子,这使他的儿子感到厌恶。郑成功对明朝的绝对忠诚以失败和悲剧告终,他只要选择表面上承认清朝的宗主权,便可以维持与中国东南部和台湾联系紧密的商贸活动、通过参与他非常熟悉的正在走向繁荣的世界经济而进一步扩大商业规模。具有讽刺意味的是,再也没有中国政权走向贸易导向的发展道路,直到20世纪40年代国民党政权败退台湾,以及80年代中国大陆改革开放(Cheng,1990:236—237)。

康熙皇帝(1661—1722年)统治时期,清朝政权得以巩固和扩大。到17世纪80年代,通过一系列平定准噶尔贵族的叛乱,中国边陲的动荡终于稳定下来了,它的边疆稳固地延伸到现在的新疆维吾尔自治区,其中有些战役是由皇帝御驾亲征。这些战役更多的是为了平定叛乱,而不是为了扩充领土,这一次,清朝采取主动进攻政策,而不是明朝采取的消极防御政策。利用中国传统的"以夷制夷"方法,康熙与东部的喀尔喀蒙古部落结盟,打败并杀死了西部准噶尔蒙古的首领噶尔丹(1676—1697年)。清朝骑兵不可或缺的茶马贸易传统是对蒙古政策的一个重要因素。康熙的政策基本被雍正和乾隆皇帝所沿袭,乾隆在位的时间几乎堪与康熙相比。到1751年,西藏被征服和并入清朝。

噶尔丹死后,准噶尔人在他侄子的率领下在蒙古西部建立了一个庞大的帝国,版图从西伯利亚延伸到西藏边界,威胁效忠清朝的东部喀尔喀蒙古人。1757年,乾隆发起了消灭准噶尔部的战争。1759年,中国版图达到顶峰,达1 150万平方千米(Gernet,1982:480)。还应该注意的是,正如我们已经看到的,这个时期许多中亚国家和民族也承认清朝为最高宗主,因此清朝控制的版图空前庞大。

从 17 世纪后期到 18 世纪中期,中国人口大幅增加。按照麦迪逊(1998:169)的说法,从 1620 年的大约 1.45 亿下降到 1680 年的 1.26 亿,1710 年快速增长之前,恢复到 1.57 亿,到 1800 年超过 2 倍,到 1850 年则高达 4.12 亿。耕地只增加了 1 倍(Naquin and Rawski,1987:25,table 1),但是单产提高了,这是由于农作物的种类更加丰富,包括新大陆的作物(如甘薯、玉米、辣椒、花生)和经济作物(如茶叶、甘蔗和烟草)。对福建那种粮食不能自给的省的粮食总量和稳定来说,甘薯特别意义重大,因为它能在不适合种植其他作物的土壤生长,而且更耐旱。从菲律宾引进的烟草也广泛种植,中国人很快便沉迷于用烟筒抽烟,后来与鸦片一起混合吸食。[①]

清朝的海外贸易终于越来越集中于广东省广州市,特别是 1757 年后,广州成了清政府授权的唯一通商口岸。广州的商人协会或"垄断行会"显然可以追溯到 16 世纪 50 年代,当时政府批准特定集团与外国商人打交道,并从他们那里征税。这些集团或公司被称为"行",对外国商人的行为负有法律责任,外国商人也主要与他们打交道。1685 年后,随着清朝解除外贸禁令,他们变得更重要了。1720 年,13 个这样的公司被组织成后来著名的"公行",虽然几经兴衰,但是它们存在到 19 世纪鸦片战争为止。尽管内部的成员数量时多时少,但是公行保持了一种被正式批准与外国商人打交道的垄断集团的身份,也为当地众多企业和商人联系进出口商人与区域性经纪人及个别乡村出口商品生产者,如丝绸、蔗糖和茶叶。各种官吏直接代表国家,其中最重要的是代表皇室的海关关员。正如任何熟悉寻租行为概念的人将认识到的,情况是腐败蔓延,各方都为了从垄断性贸易中取得最大份额而尔虞我诈。皇室的收入很高,其收入不仅来自官方征收的关税,而且来自各个受益者为了确保特权地位而上缴的贡物和捐献。唯一的约束是需要刺激当地生产者和外国商人供应有

---

[①] 但是纳坎和罗斯基(Naquin and Rawski,1987:23)认为,种植传统作物的土地面积扩大、耕作方式的改变,甚至比新大陆的作物更加重要。

关商品（Fairbank，1969：3；Mazumdar，1998：6）。来自印度的英国"皇家"商人和当地非公行体系的中国商人也积极争夺战利品，特别是在官方禁止的鸦片贸易中。

按照法国学者路易·德尔米尼（Louis Dermigny）的说法，1719—1726年到1783—1791年间，在广州的外国商船吨位几乎增长了9倍，无论以什么标准来衡量，它都是巨大的增长（Naquin and Rawski，1987：103，table 2）。涉及的商品包括中国传统出口的丝绸和瓷器，但是正如我们已经看到的，从18世纪起对这些商品的消费扩张到全球，特别是英国和欧洲。霍尔登·弗伯（Holden Furber，1976：126）报告说，1664年，英国东印度公司总督敬献给查理二世2磅茶叶，此后20年零星进口一定数量。查杜里（1978：387）发现，1690年，英国东印度公司进口了3.8万磅茶叶，1先令平均成本价与6先令销售价格之间的差异是由每磅5先令的关税造成的。18世纪初茶叶需求开始飞速增长，1713—1720年的7年间，英国东印度公司进口茶叶超过200万磅。此后每个10年里，增长仍十分可观，18世纪20年代进口890万磅，30年代则达1 170万磅，40年代为2 020万磅，50年代为3 740万磅，同期销售额从18世纪20年代的611 441英镑增加到50年代的1 692 698英镑（Ibid.，388，table A17）。1760年，英国东印度公司进口的茶叶占其所有进口的39％，几乎相当于它从亚洲进口的所有棉布和丝绸的价值（Ibid.，table C19，C24）。茶叶由特制的"中国船"运输，只在印度停留一次，从广州返航时则一次也不停留，茶叶以中国方式包装在镀锌箱子里，尽可能新鲜地到达消费者手里。相反，荷兰东印度公司丧失了在茶叶贸易中的竞争机会，只能在巴达维亚购买，而不能直接在广州购买，从而不能尽快和新鲜地把茶叶卖到欧洲市场。

正如我们已经注意到的，英国东印度公司在广州"投资"或购买茶叶的资金部分来自出售印度商品（包括鸦片），公司用英国私商的白银从"公行"购买茶叶，伦敦的商人把白银兑换成英镑。这种"英国-中国-印度三角贸易"是谭中（Tan Chung，1974）有价值的论文的主题。他的表2（Ibid.，413）表明，1761—1770年，英国为从中国购买茶叶支付了52％的白银，到1800年这个比例急剧下降,此后就变得微不足道了。另外,印度商品从1761—1770年的24%上升到此后30年里超过50%,接着急剧上涨到1821—1830年的83%。表4(Ibid.,419)表明,从印度输入中国的鸦片从18世纪90年代的年均2 000箱(每箱149磅)增加到19世纪前10年的年均11 400箱和20年代的年均24 300箱。1821年,中国进口的鸦片价值900万西班牙元,而中国出口到英国的茶叶价值只有840万西班牙元(Ibid.,420)。

但谭中引人注目的发现是,与普遍流行的观点相反,印度的鸦片出口并非英国东印度公司平衡与中国贸易的必要条件。谭中的表5(Ibid.,420)表明,1792—1795年,英国-印度平均每年出口到中国的商品价值,排除鸦片,也超过英国东印度公司从中国进口茶叶和其他商品价值20万英镑。在这方面,从孟买出口的印度棉布做出的贡献最大。他说(Ibid.,421),"如果鸦片在英国平衡与中国贸易中的作用有限,那么很多鸦片根本不会在18世纪上市流通,并在19世纪退出历史舞台"。马宗达(1998:105)也声称,"直到1823年,原棉是印度出口到中国最有价值的商品——比鸦片更有价值"。按照谭中的说法,印度棉布出口——中国"南京布"的原料来源——超过购买中国茶叶所需,不需要依靠破坏中国社会道德和社会结构的鸦片。

茶叶出口的急剧增长[其中50%~70%来自福建省(Natuin and Rawski, 1987:170)],导致其他地区的季节性流动劳动力和企业进入福建省,而生产资金来自商人行会——以一种外包制或前工业化制度的形式(Gardella,1990:333—342)。当地的地主,包括腹地山区的寺庙和道观一般都是被动参与,仅仅出租土地,在生产过程中不做决策也不承担风险。茶叶贸易的组织似乎已经很复杂或具有"现代"意味,书面合同规定将要交货的质量和数量、付款期限、欺诈行为的惩罚。虽然种茶和摘茶的劳动力不需要熟练技术,但是后期根据市场需求加工茶叶则需要大量专业技巧。加尔代拉(Gardella,1990:332)观察到,如果需求不受英国东印度公司在欧洲消费市场终端实行价格垄断政策的限制,那么供应的增加会更快。

茶叶产量的增长自然导致稻田被用于种植茶叶,导致该地区不仅要从中国其他地区输入粮食,而且从东南亚(特别是暹罗和南圻)进口粮食。这种现象,即茶叶出口到欧洲刺激了亚洲内部稻米贸易,构成了一个非常经典的三角贸易例子,除了我们下一章将详细考察的更熟悉的大西洋三角贸易外。正如我们已经看到的,大城府与华南的贸易关系可以回溯到此前国家的起源,在郑氏统治时期特别活跃。郑成功进口用于军事的锡和硝石,交换日本的白银和铅,1665年,他的儿子郑经派出20艘中国帆船前往东南亚,其中10艘去暹罗(Viraphol,1977:45)。随着清朝海外贸易禁令的解除,厦门、广州和宁波的帆船与东南亚各港口之间的贸易急剧增长。正如几位欧洲观察家所注意到的,在暹罗的福建商人积极与当地商人和政府官员联系,人数也大量增加。中国、暹罗和日本之间的大量贸易被中国商人、船长和水手所主导,其中很多服务于大城府宫廷,大城府出口鹿皮和其他东南亚产品、中国商品到日本长崎,主要是为了交换红铜。

虽然从这些海外贸易中获得大量收入,但是清朝于1717年正式恢复海外贸易禁令。主要原因可能是担心东南亚华人社区人数的增长和经济的繁荣是潜在的"第五纵队",担心粮食和诸如造船木材等战略原材料的损失,因为每年航行到海外的中国帆船只有不到一半返航。贸易不顾禁令而继续进行,但是遭受了挫折。由此引起的困难明显很严重,1727年,清朝总督为沿海地区请求解除海禁的奏折被批准了,为期40年。华南稻米短缺,而暹罗的稻米既廉价又相对丰富,这似乎是解除海禁的最重要原因。一年至少110艘来自厦门和广州的船只航行到泰国和马来半岛,按照吴汉泉(Viraphol,1977:72)的说法,他注意到,"在最后的分析中,18世纪20—60年代,中国-暹罗贸易的复兴主要归功于从暹罗进口稻米到中国东南各省,这是解除海外旅行和贸易禁令的最大单一有形要素"(Ibid.,73)。清朝皇帝颁发削减关税的敕令、授予商人官衔和赏赐等,都鼓励了稻米贸易。华南与暹罗贸易的类型符合标准的"要素比例"结构,劳动力资源比较丰富的福建和广东出口劳动密集型手工业品,如瓷器、金属器皿和纺织品,换取土地密集型的自然资源产品,如暹罗的稻米和苏木、马来半岛的锡。

## 中国与俄罗斯的陆路贸易

现在我们该把注意力转向不太重要的中国陆路贸易问题了。正如我们在第三章所看到的,蒙古帝国瓦解后的 1 个半世纪里,陆路骆驼商队贸易维持得相对较好,但是这种贸易在 16 世纪明显衰落和中断。这种衰落通常以相当欧洲中心论的方式归咎于好望角航线的发现,这个假设是,陆路贸易无法与绕过好望角的海上运输成本竞争。但是,罗茂锐(1990:351)令人信服地主张,好望角航线的竞争并不是穿越中亚的长途骆驼商队贸易衰落的唯一原因,甚至也不是主要原因。他认为从 16 世纪早期开始,陆路贸易沿线的政治动荡才是最重要的原因。特别是帖木儿帝国被游牧的乌兹别克人和哈萨克人覆灭意味着河中地区和呼罗珊的撒马尔罕、赫拉特和其他伟大骆驼商队城市对陆路贸易再也没有吸引力了,新兴游牧政权对抢掠的兴趣大于对贸易的兴趣。波斯新兴的萨菲王朝耗费时间巩固权力后,很快便陷入与乌兹别克和奥斯曼帝国的双线激战,由于它信奉伊斯兰教的什叶派,因此对逊尼派商人不友好,甚至招致来自坚定的逊尼派奥斯曼帝国更为强烈的反对。喀什噶尔、莎车、哈密和吐鲁番等绿洲城市遭到哈萨克人和其他游牧部落的攻击,而且内部被宗教和教派争端所分裂,以正统阿訇的信徒为一方,以苏菲派信徒为另一方,而且苏菲派内部又分裂为不同的阵营。1600—1630 年间,中亚只向中国派遣过 2 个使团(Ibid.,363),15 世纪非常频繁的来自吐鲁番的使团也大幅减少。[①]

---

[①] 一个稍微相关的争论考察了欧洲的东印度公司和传统的亚洲贸易的相对效率。尼尔斯·斯廷斯加德(Niels Steensgaard,1974)追随范勒尔(1955),也认为传统的亚洲贸易是一种挨家挨户的"贩卖",即在不同区域之间小规模转手买卖剩余产品,而且商业资本非常有限。在他看来,规模更大、买卖的距离更远、航海技术更先进的葡萄牙东印度公司实际上也是一个前现代"做转手买卖的企业",它的动机更像一个封建领主征收通行税、收缴贡物、抢劫的工具,而不像一个以追求利润和理性商业计算为特点的商业组织。相反,荷兰和英国的东印度公司则代表自由市场力量。斯廷斯加德的著作受到迈林克-勒洛夫斯(1980)的严厉批评,他指出,"贩卖"的特点不适合马六甲、古吉拉特、泰米尔和在那里贸易的亚洲商人的复杂组织,更不要说在东南亚各地贸易的精明的中国商人。她还质疑"现代的"和高度"理性的"荷兰东印度公司的论点,指出它的不准确记账方法、常常过分而无效地炫耀武力,除了摩鹿加的肉桂外,无法取得垄断亚洲贸易的主要目标。公平地说,斯廷斯加德意识到这些问题,以(Ibid.,25—26)亚美尼亚商人霍夫哈奈斯 1682—1693 年间在巴士拉、伊斯法罕和苏拉特之间开展贸易活动为例,他以"最便利的方式"仔细地记录了复杂的、涉及不同地区铸币和度量衡的贸易情况。

到 16 世纪末和 17 世纪初,明朝进入连续政局动荡时期,腐败横行和多地爆发激烈的农民起义,最后终于在 17 世纪 40 年代灭亡。骆驼商队前往西方必经的西北河西走廊遭到特别严重的干旱,由此引起了农民骚乱。这个地区的许多人口是穆斯林,来自绿洲城市和草原的同宗派支持他们反对明朝,这加剧了动荡局面。蒙古和满族的敌视是明朝无法应付的挑战,新兴的清朝统治者也不被所有起义者所接受,所以明朝灭亡几十年后,政局才开始稳定。正如我们已经看到的,从康熙到乾隆与准噶尔贵族斗争,直到 18 世纪 50 年代准噶尔灭亡为止。草原地区近一个世纪的残酷战争显然不利于传统的丝绸之路南线的长途骆驼商队活动。正是海外贸易把白银带入清朝,换取中国的茶叶、丝绸和瓷器,而传统的以茶叶交换马匹和骆驼的贸易则面临着严重的限制和破坏。

但是,随着俄罗斯向东扩张到西伯利亚针叶林地区从当地部落寻求丰富的毛皮,清朝陆路贸易的一个重要新伙伴,也是潜在的危险的政治竞争者开始出现。正如我们已经看到的,大致与清朝立国同时,俄罗斯到达太平洋岸。准噶尔部急切地寻求与这个强大的国家结盟,但是俄罗斯人无意触怒清朝,他们焦急地与清朝贸易,用昂贵的毛皮换取茶叶、丝绸和其他中国商品。欧亚大陆两端的两个大国之间建立了外交关系,分别于 1689 年和 1728 年签订了里程碑式的《尼布楚条约》和《恰克图条约》。

俄罗斯向东扩张的举动必然会在清朝的西部边界引发冲突。17 世纪 40 年代,最初的冲突发生在西伯利亚南部和中国东北北部之间肥沃的黑龙江流域。俄罗斯人想利用这个肥沃的流域为毛皮贸易商人提供食物,但是当地的部落向清朝纳贡,所以清朝不允许俄罗斯这么做。经过一些冲突后,双方签订了《尼布楚条约》,根据条约,俄罗斯同意撤出黑龙江地区,边界被固定到北岸。作为这些领土退让的条件,俄罗斯获得以他们的毛皮换取丝绸和其他中国商品的权利。双方还同意当地各部落(包括蒙古人)将被置于俄罗斯的"势力范围"内。特别是,俄罗斯同意不与危险的准噶尔部结盟。引人注目的是,外交谈判的官方语言是拉丁语,两名欧洲耶稣会士代表清朝,一名波兰官员为俄罗斯服务(Perdue, 2005:167)。条约允许俄罗斯每 3 年派遣一次骆驼商队到北京,用毛皮交换丝绸和其他产品。按照福斯特(Foust,1961:479)的统计,1689—1728年,俄罗斯有 50 次骆驼商队到达北京,包括 10 次官方的,其他都是非官方的私人商队,这表明上述贸易非常有利可图。毛皮出口繁荣似乎导致供过于求和价格下降。彼得大帝显然想以股份制公司为基础实行垄断经营,以扭转这种局面,但是没有结果。

1728 年,中俄之间签订《恰克图条约》,建立了新的中俄关系,为两个大国之间陆路贸易建立了将要持续到 1860 年的行动框架(Mancall,1964:24)。每 3 年一支俄罗斯国家商队到达北京的条款继续,但是作为补充,在俄罗斯西伯利亚领土与中国蒙古的领土之间的恰克图作为双方私商定期贸易的中心。俄罗斯商人和官员驻扎在恰克图,而他们的中国同行则住在边界另一边叫作"买卖城"的地方。这种私人贸易很快使到达北京的官方商队黯然失色,最后一次官方商队是 1755 年,在叶卡捷琳娜(1762—1796 年)统治第一年正式取缔它之前,因为她认为自由贸易只有益于启蒙时代的君主。当然,出于获取财政收入的目的开展"自由贸易"并不意味着取消贸易关税。福斯特(1969:281)引用了她发表的一些令人吃惊的声明,"哪里有贸易,哪里就有关税。贸易的目的是进出口商品以使国家获利"。无论是私人贸易还是官方贸易,都因《恰克图条约》获得了极大的好处。从恰克图出口到中国的毛皮价值从 1735 年的 40 万白银卢布增加到 1759 年的近 120 万(Mancall,1964:25)。到 1802 年,恰克图的总贸易额接近 900 万卢布,为国家带来收入 90 万卢布(Foust,1969:352,table 1)。俄罗斯显然认识到更"开明"或理性的政策是把贸易交给私商,国家只是规定接近贸易总额 10% 的合理关税率,并取得大量关税收入,而不必派遣间接成本高昂的皇家商队去北京。

"恰克图贸易"虽然不太著名,但它是 18 世纪世界贸易的重要组成部分。因此,马克·曼考尔(Mark Mancall,1964)的相关论文极有价值,这里的论述大多数来自他的观点,而福斯特(1969)则详细论述了外交和政治背景。曼考尔注意到,18 世纪 60 年代到 18 世纪末,贸易大量增长,俄罗斯的主要出口商品是毛皮,最初占贸易总额的 85%,到世纪末下降到约占 75%。在贸易顶峰时期,海狸皮和海獭皮的需求量最大,以致要到远至堪察加半岛和千岛群岛去寻找货源,最终甚至远至阿留申群岛和阿拉斯加。中国的需求巨大,俄罗斯商人不得不从北美进口,再通过恰克图出口到中国。呢绒是俄罗斯出口中国的第二重要商品,这也需要求助再出口才能扩大俄罗斯的供应。彼得大帝开创了俄罗斯的羊毛纺织业,虽然18世纪得到了大量增长,但还是无法满足国内的需求。到1850年,俄罗斯的供应提高到足以满足中国的150万码需求,占俄罗斯出口中国的65%,而毛皮只占23%。曼考尔(1964:28)注意到,英国东印度公司在广州销售呢绒并不理想,正是因为恰克图的呢绒更接近华北市场,那里的寒冷气候创造了最大的需求。

中国最初出口的是南京棉布,它甚至充当相对价格计算的基准,这是双边易货贸易的关键。丝绸最初也是中国的重要出口商品,但是俄罗斯积极的进口替代计划迅速消解了它的重要性,从占1751年出口总额的24%下降到18世纪末的12%。中国出口的一种异乎寻常但是重要的商品是大黄,俄罗斯对它的药用价值需求很大,直到1782年它的国内分配都是国家垄断。但是最终变得占支配地位的中国出口商品是茶叶。俄罗斯人通过与蒙古人接触而引入饮茶习惯,恰克图贸易的开通进一步刺激了俄罗斯人的茶叶消费。18世纪60年代到1785年,茶叶只占出口总额的15%,但是正如经过广州的海外贸易情况一样,到18世纪末,它呈爆炸式增长,到1825年占俄罗斯从中国进口总额的87%,到1850年高达95%。曼考尔给出了中国在俄罗斯贸易总额中相对重要性的有用数据。18世纪下半期,俄罗斯对外贸易大幅增长,从1758—1760年的每年大约1 900万卢比增加到1792年的6 000万卢比。中国所占份额仍然稳定在7%~8%,尽管这相当于俄罗斯对亚洲贸易总额的2/3。但是,1775年,中国占俄罗斯关税收入的份额则不成比例地高达38%(45.32万白银卢布)。

比较这些年里恰克图的陆路贸易与广州的海上贸易是一件非常有趣的事。正如我们已经看到的,茶叶是中国向两个地方出口的主要商品。但是,广州贸易的规模似乎更大,1800年为2 300万英镑,而恰克图只有250万英镑(Gardella,1990:331,334)。这些市场销售的茶叶也有质量差别,在恰克图,高质量茶叶销往俄罗斯市场,低质量的砖茶则销往西伯利亚,而广州出口的茶叶主要是中等质量,销往英国和欧洲市场,但是这两个地方出口的平均价格大致相同。恰克图超越了广州的毛皮进口,这是两个市场联系的证据,因为当恰克图贸易偶然被打断时,广州的进口就增加。1802—1804 年,恰克图的中国呢绒进口年均 85.6 万两白银,超过 18 世纪末期年均额的两倍(Mancall,1964:44)。曼考尔还报告说,中俄恰克图贸易似乎友好而礼貌地进行,与英国和中国在广州互相敌视和误解截然相反。英国观察家注意到这个问题,但是习惯性地认为这是俄罗斯人是"半个亚洲人"的缘故。当然,恰克图贸易的历史呈现了清朝对西方人态度、与他们的外交和贸易关系的另一面,不同于盎格鲁-撒克逊对话者传递的傲慢无知刻板形象(第六章)。

　　正如我们已经看到的,西伯利亚毛皮供应的枯竭导致俄罗斯人远至阿留申群岛和阿拉斯加去寻找新的供应地。为了控制西伯利亚毛皮贸易的扩张,俄罗斯建立了俄美公司,总部设立在伊尔库斯克。福斯特(1969:318)称之为"俄罗斯历史上第一家由帝国批准成立的有限责任股份公司"。它为阿留申和阿拉斯加的狩猎和捕猎者的殖民地提供准备金、给中国市场发送毛皮等,给冰天雪地的北方海域带来了很多问题。俄罗斯也不得不面对英国和美国在广州的竞争。对俄罗斯来说,所有这些问题的解决方法是打开中国港口的通路,既为阿拉斯加前哨站提供给养,又在中国市场销售毛皮。他们企图派遣一艘商船装载毛皮到广州销售,但是遭到清朝的坚决拒绝,清朝禁止俄罗斯商船卸载货物。俄罗斯人不得不只在恰克图体系中开展贸易,正如俄罗斯人预料到的,这种贸易注定沦为海上贸易的牺牲品。1804 年,俄罗斯商船"打开"日本大门的企图也被德川幕府拒绝。最后一个雄心万丈的使团从伊尔库斯克出发,去谈判,或者为俄罗斯商船开放港口,或者允许陆路商队进入中国内地,但是这个使团甚至不许到达北京。因此 19 世纪俄罗斯与远东的贸易就这样焦虑地开始了。

　　但是与此同时,俄罗斯正在加强它的欧洲大国地位。1800—1825 年,彼得大帝(1682—1725 年)已经迈出了"西化"的关键性步骤。通过在"北方战争"中打败战争狂人查理十二世(1697—1718 年)而终结了瑞典短暂的"伟大时代",

不仅恢复纳尔瓦作为面向"西方的窗口",而且增设了里加和瑞维尔两个城市。此外,他还在涅瓦河的沼泽地修建了圣彼得堡,耗费大量人力巩固俄罗斯在波罗的海岸的存在。通过向南吞并鞑靼人和奥斯曼帝国的一些领土,向西兼并了波兰和立陶宛的部分领土,之前的各公国和波兰的一部分都被俄罗斯兼并,叶卡捷琳娜女皇进一步提升了俄罗斯的大国地位。根据1774年《库楚克凯纳尔吉条约》(Treaty of Kutchuk-Kainardji),奥斯曼帝国承认俄罗斯在黑海海峡航行的权利,允许俄罗斯船只直接进出地中海。

亚历山大·格申克龙(Alexander Gerschenkron,1970,Lecture 3)把彼得大帝的动机解释为重商主义国家干预政策的极端例子,按照他熟悉的路数,"相对落后"程度越大,战胜它的组织制度的努力越强(Gerschenkron,1962)。正是从这个角度,他把彼得大帝修建道路、桥梁,试图连接波罗的海与伏尔加河和里海的运河,以及其他雄心勃勃的项目,视为旨在创建一个统一的民族经济制度。工业化是为了满足对瑞典查理十二世(后来转为奥斯曼帝国和萨菲帝国)作战的需要,而当时的瑞典就是俄罗斯要"赶超"的西方对象。"赶超"这个词是由布尔什维克提出的。因此,彼得大帝强调钢铁、火药、造船等行业的发展。对外贸易的作用就是用出口盈余向西方换取军事工业产品,同时招揽彼得大帝急需的众多外国专家和技术人员。

正如阿卡迪斯·卡汉(Arcadius Kahan,1974)所指出的,与以前依赖阿尔汉格尔斯克相比,到达波罗的海的通道降低了俄罗斯进出口的运输成本,仅仅这个事实就极大地刺激了彼得大帝时代的对外贸易。他断定说,"以对外贸易作为克服俄罗斯经济落后和文化孤立的手段,这是彼得大帝对外贸易政策的主要遗产"(Ibid.,236)。在另一篇论文中,卡汉(1985:163)宣称,"18世纪俄罗斯的对外贸易是经济增长重要引擎之一。它对农业和工业的商品化、货币供应的增加、资本积累等都产生了重大影响"。从18世纪初到18世纪末,扣除物价因素,对外贸易增长了15倍。1742—1793年间,俄罗斯的对外贸易增长特别迅速,按照实际价值计算为10倍多,扣除物价因素则为6.5倍。尽管同期人口从1 800万增加到3 700万,俄罗斯人均出口规模仍增长了3倍(Ibid.,265)。

表 5.7 列出了 18 世纪俄罗斯出口的商品构成。俄罗斯主要出口散装货物,价值与重量的比率低,如大麻、亚麻、蜂蜡和动物油脂、兽皮、皮革、沥青和焦油、木材、越来越多的谷物和铁条。因此,除了谷物,它的出口主要是为西欧更发达的经济提供制造业和造船业的中间产品。一定程度工业化的证据来自这些数字,因为 1701 年不出口生铁,但是 1793—1795 年,生铁占总出口额的12%,而同期亚麻布(用于制作新大陆黑奴服装)出口份额则从 3% 上升到10%。生铁在乌拉尔地区的国营工厂或私人所有企业生产,低劳动力和燃料成本可以弥补运输到西欧市场的成本。英国购买俄罗斯生铁成为俄罗斯出口增长的一个重要因素。

表 5.7    1710—1795 年俄国出口的构成    单位:%

| 商品 \ 年份 | 1710 年 | 1769 年 | 1793—1795 年 |
| --- | --- | --- | --- |
| 农作物 | 37.8 | 50.5 | 43.1 |
| 大麻 | 34.4 | 18.8 | 20.2 |
| 亚麻 | 3.3 | 11.3 | 12.6 |
| 亚麻籽和大麻籽 | 0.04 | 3.5 | 3.4 |
| 谷物 | 2.9 | 16.9 | 6.9 |
| 畜产品 | 50.5 | 12.5 | 18.1 |
| 动物油脂 | 11.4 | 5 | 11.3 |
| 兽皮 | 39 | 7.5 | 6.8 |
| 林产品 | 5.1 | 4.5 | 4.2 |
| 工业产品 | 3.3 | 22.8 | 22.2 |
| 生铁 |  | 9.8 | 12 |
| 亚麻纺织品 | 3.3 | 13 | 10.2 |
| 合计 | 96.7 | 90.3 | 87.6 |

来源:卡汉(1985,table 4.2,168)。

俄罗斯和瑞典为了英国和其他西欧市场展开激烈的竞争,瑞典生铁质量更好,但是俄罗斯生铁价格更低。到 18 世纪 60 年代,俄罗斯超过瑞典成为英国进口生铁的主要来源。但是,正如卡汉(1985:186)所说,"俄罗斯在 18 世纪欧洲生铁市场上的主导作用是一个保守很好的秘密,只有少数专业历史学家才了解它"。

1700年左右,荷兰是俄罗斯最重要的贸易伙伴,直到18世纪三四十年代才被英国超过,这反映了当时十分明显的商业霸权的易手。我们已经看到,1700年的主要出口是白海的阿尔汉格尔斯克,而18世纪后期,黑海各地的港口在地中海谷物出口中的作用日益增强,阿尔汉格尔斯克的地位逐渐被里加和圣彼得堡所取代。在东部,我们已经注意到,俄罗斯通过恰克图与中国的贸易的增长。所有海外贸易都是由外国船只运输,俄罗斯商业航海实际上不存在。

18世纪俄罗斯进口反映了该国社会构成引起的收入分配严重不均。贵族、乡绅和商人精英主要集中于圣彼得堡,炫耀地消费奢侈服饰和"殖民地的"香料、蔗糖和饮料产品,上述产品约占俄罗斯进口商品的40%。诸如染料和其他主要用于纺织业的原料进口也占40%。圣彼得堡是这些进口商品的主要港口,同时也是来自广大内陆地区的出口港口,因为它位于涅瓦河的河口,而涅瓦河通过运河联系俄罗斯主要内河水系,通往里海。作为行政和司法首都,圣彼得堡自1703年建成后就立即变成占据主导地位的港口,体现了彼得大帝的雄才伟略,这在著名的雕像"从彼得一世到凯瑟琳二世"①和普希金的诗歌《青铜骑士》中得到体现。里加是第二重要的港口,但是,因为俄罗斯的进口关税更高,一部分贸易转向俄罗斯的竞争对手普鲁士柯尼斯堡和梅梅尔②。阿尔汉格尔斯克仍然是西伯利亚商品的出口地,但是与波罗的海各港口相比,显得有些衰落。

如果阿尔汉格尔斯克一直是俄罗斯"向西方打开的窗口",那么位于伏尔加河注入里海入海口的阿斯特拉罕则是"向东方打开的窗口"。1556年这座城市落入俄罗斯手中,促进了俄罗斯与伊朗贸易的大量增长。主要商品是丝绸、生丝和成品,它从伊朗出口,供俄罗斯国内消费,或者由俄罗斯再出口到西欧。这种贸易主要掌握在亚美尼亚商人手中,正如我们在前一章看到的,他们被阿巴斯一世授予一系列国家垄断权,而且在俄罗斯也被承认。在主导此项贸易方

---

① 即叶卡捷琳娜。——译者注
② 今克莱佩达。——译者注

面,亚美尼亚人具有得天独厚的条件,因为他们同时有人居住在俄罗斯、波兰和伊朗。正如我们已经看到的,与奥斯曼帝国的持续冲突,导致萨菲帝国寻求丝绸出口的其他出路。18世纪40年代丝绸转手贸易达到鼎盛,但是俄罗斯为了自身丝织业而进口伊朗生丝的数量增加。伊朗出口到俄罗斯的商品还有作为原料的棉花和作为纺织品的棉布及地毯。作为交换,俄罗斯为伊朗提供毛皮或呢绒等欧洲商品。与伊朗的贸易似乎是逆差,因此使俄罗斯在波罗的海与西欧贸易所获得的白银继续流入东方。

约从1620年起,阿斯特拉罕开始成为一个小型但活跃的印度商人聚集地,他们是从拉合尔和木尔坦到坎大哈、伊斯法罕和布哈拉的广泛网络的一部分,这个网络把印度和阿富汗、伊朗、中亚和俄罗斯连接在一起(Dale,1994)。这些印度商人运载俄罗斯商品,包括奢侈品(如黑貂皮、伯尔瑞猎犬和矛隼),给莫卧儿帝国精英,还从事货币借贷活动。他们穿越伏尔加河流域进入远至莫斯科的俄罗斯腹地,无论是对资金来源的掌控,还是从商经验的积累,俄罗斯本地商人均无法与之竞争,因此,引起了他们的强烈不满。俄罗斯国家并未有效地应对这些抱怨,因为印度商人团体带来大量的关税收入。可能是由于海外贸易的通路具有更高的安全性,印度棉织品被荷兰和英国东印度公司,而不是印度商人,经过阿尔汉格尔斯克和波罗的海各港口出口到俄罗斯。俄罗斯与中亚草原游牧民族之间的丰厚贸易则途经奥伦堡,它位于乌拉尔河河畔,是18世纪40年代建立的一个要塞兼货栈。俄罗斯从这些地区进口大量短毛绵羊,作为制作出口动物油脂的原料,这些动物油脂出口至英格兰和苏格兰,用于制造肥皂和蜡烛,这反映了俄罗斯在早期近代从格拉斯哥到吉尔吉斯草原的全球化中所起的作用。

## 结论

到18世纪中期,国际经济已经与千年之初的体系完全不同。最重要的是,美洲再也不是一块孤立的大陆,而是与亚洲、非洲和欧洲直接贸易的国际经济的一个组成部分。仍然孤立的(有人居住的)大陆只有大洋洲,但是这种状况也很快改变。1788 年英国在澳大利亚建立了第一个殖民地,当年新南威尔士大约有 1 000 个殖民者和 29 只绵羊。到 1821 年绵羊增加到 25 万只,到 1838 年增加到 310 万只(Vamplew,1987:25,107)。西欧不再是欧亚大陆的边远地区的配角,而是变成了新的经济体系的中心,在政治上控制了美洲、南亚和东南亚大部分地区,在东亚和撒哈拉沙漠以南建立了贸易据点。表 2.1 中的许多空白单元格现在被填满了。最明显的是,西欧现在直接联系其他所有地区,而东欧现在则直接联系东亚、通过俄罗斯的西伯利亚领土直接联系北美。

按照奥鲁克和威廉姆森(2002a)的说法,早期近代欧洲与世界其他地区的贸易不断增长,包括有时被认为是危机重重的 17 世纪。他们发现 16 世纪年均增长率为 1.26%,17 世纪为 0.66%,18 世纪为 1.26%,或者整个世纪每年增长 1.06%。结果与德·弗里斯(2003)最近对亚洲返航欧洲船只的吨位估算是相符的:根据他的估算,16 世纪的年增长率为 1.01%,17 世纪为 1.24%,18 世纪为 1.16%,总体平均为 1.1%。年均增长率为 1%,3 个世纪的时间保持 1% 的年均增长率算不上特别引人注目,但是与刚刚过去的情形相比,还是令人印象深刻。按照安格斯·麦迪逊(2003)的说法,1500—1820 年间,中国和西欧的 GDP 大约以每年 0.4% 的速度增长,而印度 GDP 增长则不足此水平的一半。因此,达·伽马之后的 3 个世纪里,欧亚大陆的洲际贸易与 GDP 之比一直是增长的。

图 5.2 提供了思考这个时期或其他任何时期贸易增长源泉的简单框架。在一个地区,$MM$ 是进口需求函数(即国内需求减去国内供给),它缓慢下降,意味着当国内市场价格($P$)上涨的时候,这些国家进口减少。$SS$ 是其他地区的出口供应函数(外国供给减去外国需求),当国外价格($P^*$)上涨时,出口供应增加。在没有因为运输成本、垄断、战争或不安全引起的贸易障碍的情况下,国际商品市场就会被完美地一体化:国内外的价格一样,由进出口函数的交点所决定。各种贸易壁垒造成了出口和进口价格之间的缺口($T$)。在这个框架中,贸易能够因为贸易障碍的减少而增加,或者因为进口需求向外推移而增加,或者

因为进口供应的向外推移而增加。

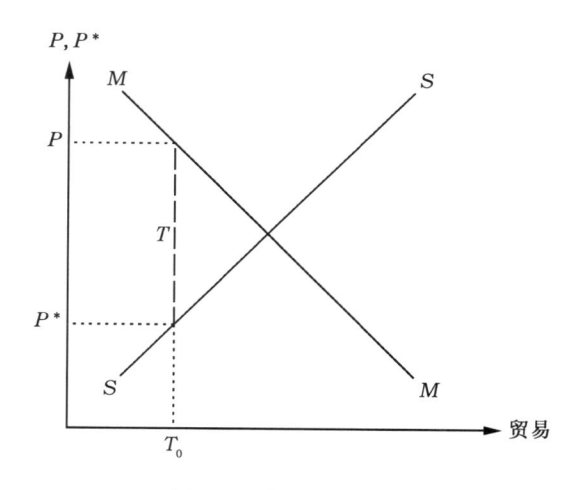

图 5.2　贸易增长的来源

如果贸易增长正在被贸易障碍减少而促进的话,那么图 5.2 中的缺口 $T$ 将下降,出口地区 $P^*$ 的物价将上涨到进口价格 $P$;也就是说,商品价格将趋同。我们在第四章已经看到一些证据,绕过好望角航线的最初影响是使欧洲和亚洲市场联系更紧密,但是这个过程似乎没有持续下去。正如图 4.6 所表明的,没有任何证据证明 17、18 世纪荷兰与东南亚的商品价格是趋同的,这是荷兰东印度公司垄断活动的一种反应。奥鲁克和威廉姆森(2002b)表明,这个发现可以推广到我们现在有了必要的价格证据的其他商品:如英国东印度公司支付给印度的棉布价格与在伦敦接收这些棉布的价差保持了稳定,1660—1760 年间大约为 100%。此外,英国与印度之间的丝绸、咖啡、茶和丁香的价差也是如此,这意味着供求的向外推移是 1600—1800 年间贸易增长的主要原因。按照奥鲁克和威廉姆森(2002a)的说法,需求变化比供给变化更加重要,是早期近代欧洲进口增长一半到 2/3 的原因。

为什么价差如此稳定?一种可能的解释是 15 世纪造船技术没有改进,而且这也是 19 世纪的特点。梅纳德(1991)已经表明,这个时期"没有"跨洋运费系统下降的证据,与这个假设相符。另一种解释是重商主义值得谴责:不仅垄断行为使洲际价差人为提高,而且正如我们见到的,战争是这个时期经常的特征。似乎也有价格证据支持第二种观点,由于欧亚商品价差在第一、二次英荷战争、"七年战争"期间提高了(图4.6),而在"西班牙王位继承战争"、西班牙与英国之间的"詹金斯耳朵之战"期间,秘鲁的进口商品价格上涨(Brown,1990:183—185)。

各种各样的贸易成本仍然是贸易的一个重大障碍,当时跨洋运输的商品种类就是更进一步的证据。正如表5.8所表明的,欧洲从海外进口的大多数商品价值高、重量轻,这样就可以承担运输成本,因为它们在欧洲不能生产。的确,随着时间的推移,被运输的商品范围一直在发生变化。正如我们已经看到的,横跨大西洋和太平洋最重要的早期贸易往来促成了生物物种的基因交换:白银是新大陆第二重要的出口商品,也是极其有价值的商品,而香料在欧亚贸易中仍然占有传统的重要地位。大约17世纪中期,印度棉布开始在各贸易公司从亚洲进口的商品中占据主导地位,但这些商品也是奢侈品,当然欧洲的毛纺织业还不能与印度棉纺织业竞争。与此同时,白银的重要性正开始被"殖民地商品"取代,如新大陆出口的蔗糖和烟草,但这些商品也是欧洲温和气候下不能轻易生长的,洲际贸易正逐渐地卷入越来越笨重的商品,但是大部分还没有涉及大规模笨重商品,如能够在大洋两岸轻易生产的谷物和生铁。

表5.8　　　　　　　　1513—1780年欧洲海外进口的构成

(a)1513—1610年从亚洲进口到里斯本(按重量%)

|  | 1513—1519年 | 1523—1531年 | 1547—1548年 | 1587—1588年 | 1600—1603年 | 1608—1610年 |
| --- | --- | --- | --- | --- | --- | --- |
| 胡椒 | 80 | 84 | 89 | 68 | 65 | 69 |
| 其他香料 | 18.4 | 15.6 | 9.6 | 11.6 | 16.2 | 10.9 |
| 靛蓝 | 0 | 0 | 0 | 8.4 | 4.4 | 7.7 |
| 纺织品 | 0.2 | 0 | 0 | 10.5 | 12.2 | 7.8 |
| 杂项 | 1.4 | 0.4 | 1.4 | 1.5 | 2.2 | 4.6 |
| 总计 | 100 | 100 | 100 | 100 | 100 | 100 |

(b)1619—1780年荷兰东印度公司进口到欧洲的商品(按价值%)

|  | 1619—1621年 | 1648—1650年 | 1668—1670年 | 1698—1700年 | 1738—1740年 | 1778—1780年 |
|---|---|---|---|---|---|---|
| 胡椒 | 56.5 | 50.4 | 30.5 | 11.2 | 8.1 | 9 |
| 其他香料 | 17.6 | 17.9 | 12.1 | 11.7 | 6.1 | 3.1 |
| 纺织品 | 16.1 | 14.2 | 36.5 | 54.7 | 41.1 | 49.5 |
| 茶叶和咖啡 |  |  |  | 4.2 | 32.2 | 27.2 |
| 药物、香水和染料 | 9.8 | 8.5 | 5.8 | 8.3 | 2.8 | 1.8 |
| 蔗糖 |  | 6.4 | 4.2 | 0.2 | 3.7 | 0.6 |
| 硝石 |  | 2.1 | 5.1 | 3.9 | 2.6 | 4.4 |
| 金属 | 0.1 | 0.5 | 5.7 | 5.3 | 1.1 | 2.7 |
| 杂项 |  | 0.2 | 0.1 | 0.4 | 2.3 | 1.7 |
| 总计 | 100 | 100 | 100 | 100 | 100 | 100 |

(c)1668—1760年英国东印度公司进口到欧洲的商品(按价值%)

|  | 1668—1670年 | 1698—1700年 | 1738—1740年 | 1758—1760年 |
|---|---|---|---|---|
| 香料 | 25.25 | 7.02 | 3.37 | 4.37 |
| 纺织品 | 56.61 | 73.98 | 69.58 | 53.51 |
| 生丝 | 0.6 | 7.09 | 10.89 | 12.27 |
| 茶叶 | 0.03 | 1.13 | 10.22 | 25.23 |
| 咖啡 | 0.44 | 1.93 | 2.65 |  |
| 靛蓝 | 4.25 | 2.82 |  |  |
| 硝石 | 7.67 | 1.51 | 1.85 | 2.97 |
| 杂项 | 5.15 | 4.52 | 1.44 | 1.65 |
| 总计 | 100 | 100 | 100 | 100 |

(d)1751—1754年英国、荷兰销售的殖民地产品

|  | 总额销售(千比索) | 亚洲商品占比(%) | 占总销售额比例(%) |
|---|---|---|---|
| 纺织品 | 6 750 | 41.7 | 21.1 |

续表

|  | 总额销售（千比索） | 亚洲商品占比(%) | 占总销售额比例(%) |
|---|---|---|---|
| 胡椒 | 1 100 | 6.8 | 3.4 |
| 茶叶 | 2 800 | 17.3 | 8.7 |
| 咖啡 | 1 000 | 6.2 | 3.1 |
| 香料 | 1 850 | 11.4 | 5.8 |
| 杂项 | 2 700 | 16.7 | 8.4 |
| 从亚洲进口商品的总数 | 16 200 | 100 | 50.5 |
|  |  | 来自美洲的商品占比 | 占总销售额比例(%) |
| 蔗糖 | 8 050 | 50.8 | 25.1 |
| 烟草 | 3 700 | 23.3 | 11.5 |
| 杂项 | 4 100 | 25.9 | 12.8 |
| 从美洲进口商品的总数 | 15 800 | 100 | 49.5 |
| 海外进口总数 | 32 050 |  | 100 |

来源：普拉卡什（1998：36，115，120）和斯廷斯加德（1990：12）。

因此，1800年前全球化的技术和地缘政治基础比其后要微弱得多。但是，事实仍然是1500年后欧洲与世界其他地区的贸易大幅增长。此外，这个时期跨洋贸易与经济繁荣之间的统计数字联系似乎是非常明确的。按照阿西莫格鲁等（Acemoglu et al，2005：549）的说法，1500年，"大西洋的"欧洲经济（英国、法国、荷兰、葡萄牙和西班牙）的城市化水平仅为10.1%，低于西欧其他地区（11.4%）或亚洲（11.5%）。到1700年，大西洋欧洲的城市化水平（14.5%），比其他两个地区（西欧13.1%，亚洲11.6%）都高，到1800年，差距更大（19.8%，西欧16.9%，亚洲仅仅8.9%）。GDP统计数据表明，我们已经在本章和前一章探讨过它们的财富。5个海外殖民国家之间也出现了同样的不均衡增长模式，同样，艾伦（2003a）发现了早期近代欧洲贸易与增长之间的相关关系，并断定"洲际贸易的繁荣是推动西北欧发展的关键因素"（Ibid.，432）。的确，他的结论表明，这个时期英国城市化水平一半以上应该归功于不断增长的贸易和英国的帝国主义（Ibid.，431）。

艾伦把每个国家的贸易当作一种重要的外生变量来对待，反映了每个国家获得贸易的军事力量的重要性。正如他所说的(Ibid.,414),"一些国家在帝国竞争中是成功的,其他国家则不成功"。在当时地缘政治背景下,我们完全同意艾伦关于在竞赛中力争上游的结论。我们不是主张战争本身有利于增长。的确,正如莫基尔(Mokyr,2002:280)所指出的,"1490年后的意大利,1580年后的西属尼德兰,1620年后的德国和中欧,1650年后的爱尔兰,1700年后的瑞典,这些社会的繁荣在武装冲突的直接影响下遭到严重损害"。东南亚人、被贩卖为奴的非洲人、不幸的美洲居民,提供了另一个典型,他们在这个时期显然由于欧洲帝国主义而成为失意者。我们不否认自由贸易比重商主义的双边壁垒更受人欢迎:正如我们在第七章将要看到的,这些壁垒的移除,加上时代的和平环境,是19世纪贸易特别繁荣的一个重要因素。我们正在讨论的是,在一个零和博弈(甚至负数博弈)的重商主义世界,赢得战争是重要的,"实力"的确是提供"富足"的重要因素,皇家海军给英国带来了经济和军事利益。正如大卫·奥姆罗德(2003:341)所说的,"前现代增长的局限是由地缘政治决定的:在遥远海域航行的商船所能获得的国家实力和海军保护程度"。

究竟什么是本章描述的贸易与帝国的关系?如果它们有关系,究竟什么是转向现代经济——工业革命——的事件?我们下一章就将转向这个主题。

# 第六章

# 贸易与工业革命

在众多被认为把现代性与此前时代区分开来的关键事件中,最熟悉和最持久的一定是工业革命,人们一直认为工业革命于18世纪后期或19世纪早期某个时间发生于英国。至少在大英帝国境内,每个学童都学过这样的知识:一股"小玩意儿浪潮"被天才的机械师和企业家引入采煤、钢铁、棉纺织和其他行业,其中大多数位于英国北部地区,工业革命最终改变了欧洲和欧洲海外殖民地的经济生活,但是给那些没有采用新技术必要的组织制度的亚洲、非洲和拉丁美洲留下多种多样的巨大不幸。从狄更斯和其他作家的作品里,学童们还获得了一种印象:至少早期工业革命是一个残酷无情的过程,葛擂梗(Gradgrind)、庞得贝(Bounderby)和其他人的"黑暗的邪恶工厂"剥削工人,包括妇女和儿童。当学童们长大后进入大学,他们将阅读 T. S. 阿什顿(T. S. Ashton)的经典小说(Ashton,1948),书中充满了历史细节和相关统计数据,使他们醒悟过来,原来工业革命对人类不仅仅是一个伟大的赐福,或者至少是那些欧洲精英人物的赐福。任何对这篇论文的质疑都将被参考《资本主义和历史学家》(*Capitalism and the Historians*,Hayek,1954),他们在那里将被迫面对如下问题:如果乡村景观像画家和诗人描绘的田园诗般的美好,为什么还有那么多人会被吸引到伯明翰和曼彻斯特,在同样黑暗、邪恶的工厂做工。

如果那些曾经的学童继续选择攻读经济学研究生,比如20世纪50年代到MIT,那么他们将遇到沃尔特·惠特曼·罗斯托(Walt Whitman Rostow),他正致力于把工业革命归纳为经济增长阶段理论(Rostow,1960)。在这一理论框架中,核心阶段被喻为航空领域的"起飞"阶段,为期10~20年,在此期间,是国民收入增长率出现急剧的、不连续的上扬,同时国家储蓄率几乎增加一倍,为其他经济部门设定步调的"主导产业"出现。第一个典型的起飞当然是英国工业革命,罗斯托大胆地将它界定为1783—1802年。大约与此同时,大卫·兰迪斯(1969)在《解放了的普罗米修斯》(*Prometheus Unbound*)中有对工业革命技术方面的经典论述。

但是与此同时,"新经济史"或"计量历史学派"正在把注意力转向工业革命。罗斯托所主张的增长率和储蓄率的急剧而间歇性增长的观点一直受到学者们的批评,如菲利斯·迪恩(Phyllis Deane)和西蒙·库兹涅茨(Simon Kuznets)(Rostow,1963),因为这些在英国和其他地方难以找到匹配的历史记录,但是现在更精细的宏观经济学估算强化了这种怀疑态度。20世纪80年代的研究生会了解到,任何相关的比率并没有如此突然的中断或变化,所以高潮事件本身似乎分解成为生活水平漫长、缓慢、逐渐但是持续提高以及随之而来的人口空前增长。新修正主义者对工业革命的最权威论述体现在克拉夫茨(Crafts)和哈利(Harley)的著作中(如,Harley,1982;Crafts,1985;Crafts and Harley,1992)。昆卡·伊斯特班(1994)可能是对宏观经济学数据最有影响的批评者,而传统观点的最强烈捍卫者是兰迪斯(1999),在他的著作里,我们可以看到他对批评者的有力反驳。

关于增长率估算的修正程度被概括在表6.1中。正如我们已经看到的,迪恩和科尔(Deane and Cole,1967)对1760—1830年GDP增长的估计已经被修订为降低了近1/3,所以现在认为18世纪最后40年的年均增长率不到0.2%,此后30年也只有0.5%。比较有活力的工业领域的增长更快,被修正减少得少一些：对18世纪后期的新估计是年均1.6%～2.6%，但是关于1800年后工业产量增长年均超过3%的看法似乎是一致的，尽管它仍然低于迪恩和科尔估计的4.4%。

表6.1　　　　　　　　1761—1860年英国工业生产和GDP增长　　　　单位：年百分比

| 作者 | 1700—1760年 | 1760—1800年 | 1800—1830年 | 1830—1870年 |
| --- | --- | --- | --- | --- |
| (a)迪恩和科尔(1967) | 0.44 | 0.52 | 1.61 | 1.98 |
| (a)克拉夫茨 | 0.3 | 0.17 | 0.52 | 1.98 |
| (b)霍夫曼(1955) | 0.67 | 2.45 | 2.7 | 3.1 |
| (b)迪恩和科尔(1967) | 0.74 | 1.24 | 4.4 | 2.9 |
| (b)哈利 | N.a. | 1.6 | 3.2 | N.a. |
| (b)克拉夫茨 | 0.62 | 1.96 | 3 | N.a. |
| (b)昆卡·伊斯特班(1994) | N.a. | 2.61 | 3.18 | N.a. |

注：(a)人均国民收入，(b)工业生产，N.a.表示无法获得数据。
来源：莫基尔(2004,table 1.1,4)。

对那些习惯按照急剧突破和小"玩意儿浪潮"思考的学者来说，更惊人的是技术变化或全要素生产率（TFP）方面的数据对他们的主张更为不利。范斯坦(1981)最早的估算表明，被传统观念视为英雄时代的18世纪后期全要素生产率也非常低。修正主义者（Crafts,1985；Crafts and Harley,1992；Antras and Voth,2003）已经成功地利用许多方法，大幅降低了18世纪早期的TFP的估算，从年均1%多减少为大约年均0.5%。此外，近来的学术研究已经表明，自18世纪初以来，全要素生产率一直在稳定地提高。因此，"现代经济增长的源泉比工业革命传统研究所包含的时间更长、地理范围更广"（Harkey and Crafts,2000:820—821）。

因此而带来的问题是工业革命是"大变革"吗？大多数学者认为，18世纪后期和19世纪初期许多定性特点证明这个时代的确具有革命意义。[1]

---

[1]　关于这个主题的大量论著的杰出介绍，见莫基尔(1999)，他的方法在下文中被大量采用。

第一,这些总经济增长率的低数值掩盖的与揭示的一样多,工业革命的主导领域最初只代表经济总量的一小部分,因此对全体人口的影响很小。诸如冶金,特别是棉纺织等关键领域增长极其迅速:1770—1815 年,哈利的数据表明,棉纺织业年均增长 7%,钢铁业年均增长 3%,煤炭开采年均增长 2.5%,而其他工业部门增长率约为 1%(Crafts and Harley,1992:713)。

第二,主导部门快速发展的后果是,这个时期发生了迅速的结构性变化。英国男性在农业中的就业率从 1700 年的 61% 下降到 1760 年的 53%,1800 年的 41%,1841 年的 29%(Crafts,1985,table 3.6,62)。在工业领域,现代领域(如棉纺织业)的份额上升,而传统领域(如毛纺织、亚麻纺织、皮革等行业)的份额下降。1752—1754 年,工业革命的主导部门棉纺织业只占英国出口的 1.3%,而毛纺织业占 61.9%(O'Brien and Engerman,1991,table 3,184)。正如表 6.2 所显示的,到 1810 年,棉纺织品占出口总量超过 40%,而毛纺织品则下降到不足 20%。

表 6.2　　　　　　　　　1784—1856 年英国出口,按照产品群　　　　　　　单位:%

| 时期＼商品 | 棉制品 | 羊毛制品 | 其他纺织品 | 其他制造品 | 粮食和原材料 | 合　计 |
| --- | --- | --- | --- | --- | --- | --- |
| 1784—1786 年 | 6 | 29.2 | 10.6 | 38.3 | 15.9 | 12 690 |
| 1794—1796 年 | 15.6 | 23.9 | 10.6 | 37.4 | 12.5 | 21 770 |
| 1804—1806 年 | 42.3 | 16.4 | 7.4 | 23.8 | 10 | 37 535 |
| 1814—1816 年 | 42.1 | 17.7 | 8.2 | 17.5 | 14.5 | 44 474 |
| 1824—1826 年 | 47.8 | 16.3 | 9.1 | 19.2 | 7.6 | 35 298 |
| 1834—1836 年 | 48.5 | 15.2 | 9.8 | 17.6 | 8.9 | 46 193 |
| 1844—1846 年 | 44.2 | 14.2 | 10.9 | 18.7 | 12 | 58 420 |
| 1854—1856 年 | 34.1 | 10.5 | 12.7 | 23.8 | 18.9 | 102 501 |

来源:戴维斯(1979,table 2,15)。

断定工业革命的确是变革的第三个原因是虽然英国人口快速增长,生活水平没有下降。这打破了马尔萨斯的要素禀赋与实际工资之间的传统关系,标志着与过去的深刻决裂(Crafts and Harley,1992:704),经济史学家一直认识到它的重要意义[关于最近的重要论述,见克拉克(2007a)]。正如里格利和斯科菲尔德(Wrigley and Schofield,1989:412)所说,"如果不考虑近代的殖民现象,这是人类历史上第一次出现一个国家同时现出人口快速增长与生活水平提高。人类生活条件的基本特征发生了变化"。按照里格利(Wrigley,2004,table 3.1,3.2,3.4),英国人口从 1701 年的 520 万增长到 1751 年的 590 万、1801 年的 860 万、1841 年的 1490 万。这种人口增长的主要原因不是人们习惯想象的死亡率下降,而是结婚和抚育实力提高,部分地反映了女性平均结婚年龄从 18 世纪初的 26 岁下降到 1830—1837 年的 23 岁。

根据历史经验,这将导致英国生活水平下降,与我们在第三章中分析黑死病后果所习惯的马尔萨斯模式的预设相符。在这种模式中,如果资本、土地和技术被设定,那么劳动的回报呈递减趋势,这意味着随着人口增长,劳动生产率和实际工资都下降。但是,图 6.1(引自 Clark,2005)表明,马尔萨斯关于实际工资与人口数量负相关的结论在 17 世纪后期或 18 世纪后期被逆转了,负相关关系在哪个阶段被打破,取决于人们采用图 6.1 中哪个阶段的实际工资数据。[①] 在此之前,工资与人口是沿着一个严格定义的负斜率曲线分布的,但随后经济开始偏离这一曲线,因此更高的人口水平与更高的实际工资相吻合,或者至少实际工资没有下降,或者不会下降得以历史经验期望的那么快。无论人们使用哪个工资系列,到 19 世纪初图 6.1 中的两个序列一致表现出对马尔萨斯关系的突破,从此以后,人口"和"实际工资正在增加(Allen,2001;Clark,2005;Feinstein,1998)。因此,英国工业革命的伟大成就是它允许人口大规模增长的同时生活水平没有任何下降,这表明旧的马尔萨斯约束条件正在被突破。

图 6.2 提供了认识 19 世纪如何急剧突破的另一个方法。许多世纪以来,实际工资在大致恒定的趋势上经历了明显的周期性循环,这符合马尔萨斯模型的长期预测。该模型假定,死亡率是人均收入的递减函数,生育率是人均收入的递增函数。这就产生了一个人均收入的临界值,在这个临界值上出生率与死

---

① 里格利和斯科菲尔德(1989:410)有一个非常相似的曲线图,其中 1781 年是一个关键的转折点。他们的曲线图被兰迪斯(1999)所复制,他也强调这个与过去决裂的重要性。还要注意,早期近代低地国家经常能够把实际工资与人口上涨联系起来,这证明不是只有英国能够"摆脱"这一规律的影响(Allen,2001)。

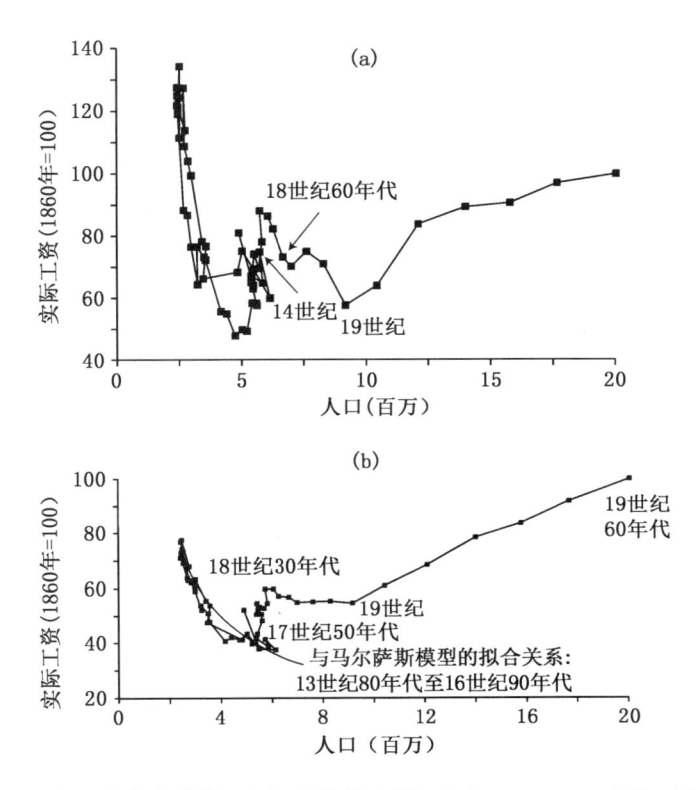

注：(a)工资引自菲尔普斯-布朗和霍普金斯（Phelps-Brown and Hopkins,1981），(b)工资引自克拉克(2005)。

来源：克拉克(2005,figure 3 and 5,1310,1312)。

**图 6.1　13 世纪 80 年代到 19 世纪 60 年代英格兰人口和工资**

亡率相等，因此人口是稳定的。资本、土地或技术的任何不连续增加，无论多大，最终都只能导致同样生活水平下的人口增加。虽然人均收入在短期内会增加，但是从长远看，这将减少人口增长，当增加的人口给土地和自然资源等固定生产要素形成压力时，人均收入将由于回报递减而下降到长期水平。许多世纪以来，这个模型一直符合事实，但是到了 19 世纪，停滞被持续增长所取代。在这个以艾伦(2001)为基础的图中，突破大约发生于 1870 年，而克拉克(2005)提供了类似的系列数据，但是突破发生于 1815 年左右。就此而言，关于工业革命的"乐观派"与"悲观派"频繁的激烈争论就被归结为一个时间的界定问题；不管怎样，19 世纪确实发生了显著的经济增长。

虽然适当更新的马尔萨斯模型的确解释了前工业化时代(Clark,2007a)，但是它不能解释接着而来的持续增长。为此,我们转向索洛(Solow,1956)的标准新古典增长模型,或者其后的许多内生增长模型。[①] 索洛模型与马尔萨斯模型的区别主要有两个方面。第一,根据人口统计学,人口增长与人均收入的正相关被人口增长随着人均收入而波动的假设所取代。第二,马尔萨斯模型中给定的技术水平能短暂地发生变化,但是不能不断变化,被固定的外生的"劳动强化"技术进步的假设所取代。在这些假设下,经济将享有"稳定状态"增长率,等于人口增长和技术进步两个外生率之和,而人均增长将被仅仅归功于技术进步。因此从马尔萨斯模型转向索洛模型的标志有两个:一是"人口变化",人口增长率不再随着人均收入而内生地(正相关地)变化,相反变成了外生的常数,二是"技术革命",马尔萨斯模型中技术进步的急促和偶然性被固定比率的持续进步所取代。

这种转变是否至少能够与经济史上一个真实事件(如英国工业革命)相提并论？答案似乎是肯定的,虽然这种转变是阶段性发生,而且部分转变发生于19世纪后期。图6.1表明,收入与人口之间的负相关在17世纪或18世纪开始被打破,这表明也许这个时期发生了技术的稳定进步,到19世纪则加速进步(Clark,2007a,chapter 11)。另外,18、19世纪人口快速增长与马尔萨斯模型相符,在这种模型中,它可能归功于实际工资的逐渐提高,导致年轻夫妇自立门户,与"欧洲婚姻模型"相符(Hajnal,1965)。最终大约19世纪70年代后,生育率的上升被下降趋势取代,表明马尔萨斯人口模型不再适用,或者至少是马尔萨斯模型中出生率与人均收入正相关的假设不再适用。最终这意味着技术进步的益处不再被人口增长所稀释,从而允许"现代经济增长"出现和生活水平更快提高(Galor and Weil,2000;Galor,2005)。如果全面考虑,社会上仍然有忍饥挨饿的穷人。

---

[①] 当然,无论从经济史还是从经济理论的角度,对重大突破本身的"解释"仍然存在解释和分析的巨大困难。显然,任何通过技术进步和有效决策的内向发展的企图都必须超越"索洛模型"。企图这么做的特别有影响力的论文是盖勒和韦伊(Galor and Weil,2000),盖勒(Galor,2005)对关于转型到现代经济增长的现有论著进行了极其宝贵的论述。

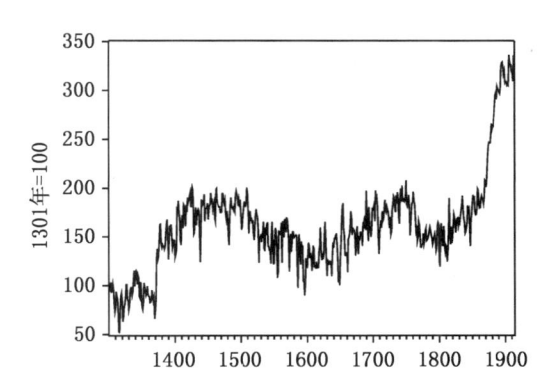

来源：艾伦（2001）。

图 6.2　1301—1913 年伦敦的实际工资

技术进步是工业化经济逃离"马尔萨斯陷阱"的关键因素。工业革命毕竟是革命的第四个理由是这个时期技术进步的程度（Mokyr,1990,1999,2004,2005a）。通过参考这个时期的经济主导部门，即棉纺织业，这种进步就可以得到最好的阐释。正如我们已经看到的，长期以来，印度的白棉布和平纹细布是英国和荷兰东印度公司进口到欧洲的有利可图的商品。事实上，上述两种商品在英国国内毛纺织业市场上竞争力很强，以致毛纺织业试图抵制进口来自印度、波斯和中国的棉织品，来保护自己的市场份额。这种保护从1700年持续到1721年。但事实上，这是搬起石头砸自己的脚，棉纺织业在兰开夏兴起，成了毛纺织业另一个有力的竞争者。正如芒图（Mantoux,1962:203）所观察的，传统毛纺织业"追求盲目垄断，制造了另一个若干年后他想消灭的竞争者：正是因为从1700年对毛纺织业的保护，英国的棉纺织业有机会发展起来，成功取代了印度棉织品"。因此（Ibid.,104），"（棉纺织业，因此在某种程度上工业革命本身）的种子实际上是由英国东印度公司的船只运到英国的"，而新兴工业是"东印度贸易的产物"（Ibid.,203）。芒图还指出（Ibid.,204），新兴棉纺织业拥有"自由，而不是特权"，因此是"各种发明和创新的领域"，第一种现代机器工业的诞生万事俱备了。

棉纺织业（和第四章提到过的新装饰织物的制造）已经被来自安特卫普的

难民所创立，他们在 1576 年有 7 000 多居民被杀的"西班牙暴乱"和 1585 年哈布斯堡王朝的军队围攻并占领安特卫普后，开始逃亡到英格兰。这些移民最初在英格兰东部的诺里奇建立了一些棉纺织小工厂，1640 年后纺织业就在兰开夏郡和曼彻斯特周边发展起来。他们纺织的纱线要么太粗糙，要么太脆弱，因此必须与亚麻混纺才能足够结实。棉麻混纺的布匹被称为棉麻粗布，这种棉布的生产不受 1721 年颁布的禁止生产纯棉织品的条例的限制，该条例直到 1774 年方才失效。兰开夏郡的气候特别有利于棉花纺织，又靠近大港口利物浦，这意味着它不仅可以从土耳其的士麦那（伊兹密尔）得到棉花，而且越来越多地从加勒比地区、巴西和新大陆进口棉花。棉麻粗布上的图案被设计成印度风格，在非洲东海岸奴隶贸易盛行区域和新大陆奴隶制盛行区有很大的市场。

尽管棉纺织品取得了这些成功，但是如果没有 18 世纪后半期越来越频繁出现的一系列纺织技术革新，棉纺织业的重要性就会大打折扣。第一个重大革新出现在织布方面：1735 年引进了约翰·凯伊（John Kay）的飞梭，它使单个织工的产量提高了一倍。接着出现了纺纱方面 3 个关键革新：詹姆斯·哈格里夫斯（James Hargreaves）的珍妮纺纱机、理查德·阿克莱特（Richard Arkwright）的水力纺纱机、塞缪尔·克朗普顿（Samuel Crompton）的走锭纺纱机，1825 年理查德·罗伯茨（Richard Roberts）在走锭纺纱机基础上于 1825 年发明了自动纺纱机，这种机器在 19 世纪 30 年代引入生产领域。纺纱效率的巨大提高导致织布跟不上，虽然埃德蒙德·卡特莱特（Edmund Cartwright）在 18 世纪 80 年代发明了动力织布机，因为几个技术困难必须克服，直到 19 世纪 20 年代才完全解决。当蒸汽机被用作纺纱和织布的动力来源后，关键性的突破才实现。到 1835 年，蒸汽动力为整个纺织业提供 3 万～4 万马力的动力，其余的依靠水力（Chapman，1972，table 1，19）。按照查普曼（Chapman，1972）的说法，印度手工纺纱 100 磅（45 公斤）棉花需要 5 万多小时。在英国，到 1779 年克朗普顿走锭纺纱机只需要 2 000 小时，到 1795 年只要 300 小时，到 1825 年下降为 135 小时，到 1972 年查普曼的研究出版时只要 40 小时。

棉纺织业经历了许多技术革新，纺纱和织布只是其中两个领域。成品棉布的漂洗最初是通过酸乳浸泡，产生乳酸，这是一个漫长而低效的过程，到 18 世纪 50 年代，苏格兰企业首次通过使用硫酸而改进了它，后来通过漂白粉甚至改进更多，这是工业化学品应用的另一个早期例子。染色和印刷图案都机械化了(Ibid.，25)。由于这些革新和充足的国内外市场，棉纺织业迅速提高在国民收入中的份额；首先在棉纺织方面进行的技术革新也被用于羊毛、亚麻和丝绸工业，而棉纺织业通过对中间产品(如硫酸、漂白粉的需求)和生产资料(如纺织机和纺锤)的需求，刺激了化工和工程技术的增长。从整体来看，罗斯托把棉纺织业的原始特征作为英国工业革命的主导部门似乎有充分理由。

纺织业、冶金和其他领域不断的技术革新，直接或间接帮助英国摆脱了马尔萨斯陷阱。首先，正如 E. A. 莱里格利(1988)在近年关于这个主题的最重要论文已经强调的，工业革命的新技术，特别是蒸汽机，就是以煤炭工业发展为基础的。此前的经济依靠"有机"能源，即依靠人类或动物的力量，或者木材。从这个角度看，经济完全依赖土地，土地为人类和牲畜提供生存必需品，提供生产木材的森林。当然，有一些替代能源(如风、水)，但这些资源受到时间和地点限制，不可控。毫不奇怪，在一个土地不仅必须提供食物、纤维(如纺织品的原料)和建筑材料，而且必须提供燃料的时代，马尔萨斯限制一直具有强大的束缚力量(Pomeranz, 2000)。但是，18 世纪森林消耗殆尽的英国非常幸运，地表下拥有丰富的可开采煤炭资源，新技术使英国首次可以开采广大的地下矿物燃料，从此，世界一直利用这些资源，维持了人口和生产的持续增长。正如里格利(1988, 2000)指出的，这些矿藏和土地现在提供了富有弹性的投入品，这个事实有助于解释传统的短期的马尔萨斯人口与生活水平之间关系的突破，因为传统的人口与生活水平关系主要取决于土地和其他固定供应的生产要素(Mokyr, 2004：18)。

从 19 世纪中期开始，工业革命通过提供新的交通运输技术，把欧洲与新大陆的广阔土地资源更紧密地联系起来，还有助于欧洲克服马尔萨斯限制。它不仅使欧洲能够进口不断增加的食物和原料，而且使它能够在人口迅速增长时派遣大量人员奔赴海外。用这种方法，欧洲在人口爆炸时期有效增加了土地(Pomeranz,2000,chapter 6)。正如盖勒和韦伊(2000:826)所说的,"通过在关键时刻减轻土地压力——当人均收入开始迅速提高,但是人口变化已经开始的时候——新大陆的'幽灵土地'(Ghost Acres)提供了时间窗口,使欧洲能够决定性地摆脱马尔萨斯平衡"。① 因此,新大陆土地的弹性供应和煤炭的弹性供应是解释这个时期欧洲如何摆脱边际收益递减的两个根本因素,这两个因素的重要性随着技术进步而提高。

图6.3显示了克拉夫茨-哈利的英国工业生产总指数和原棉进口指数,这是棉纺织业(同样是新大陆土地对英国增长根本重要性的一个良好提示,即使在蒸汽机和铁路出现之前)活动的一个良好指标。正如已经能看到的,18世纪80年代,原棉进口急剧增加,直到19世纪中期,棉纺织产量增长速度快于整个工业产出的增长速度。数据也显示1820年左右整个工业的增长率明显加速。正如我们即将在下一章看到的,这种加速正好对应了法国大革命和英法拿破仑战争的结束,简单的贸易理论认为,贸易的破坏加上这些战争将有利于英国农业以牺牲工业为代价而得到发展。因此,从战争向和平的转移提供了这种加速的一种解释。② 正如我们已经看到的,另一种解释则简单地认为,新工业经济中最迅速增长的部门,如棉纺织业,最初只占整个经济的小部分,经过几十年之后,它们在整体经济中所占的比重才对统计数字产生明显的效果。③ 无论如何,滑铁卢战役到第一次世界大战之间,工业革命普遍传播,足以对英国和欧洲经济产生明显影响。1800年,工业领域就业的男性占比仍然不足30%,但是到1840年就上升到47%,1910年则提高到54%(Crafts,1985:62)。

尽管英国政府最初企图禁止机器和熟练工人出口,新技术仍逐渐传播到西北欧大陆。表6.3显示了保罗·贝洛赫(Paul Bairoch,1982)对1750—1913年

---

① 由乔治·伯格斯托姆(Georg Borgstrom)首创的"幽灵土地"这个概念被埃里克·琼斯(2003)所使用,从而在经济史学家中流行起来。

② 威廉姆森(1984)强烈认可这个观点。

③ 的确,关于工业革命期间精确增长率的争论主要围绕不同时期棉纺织业在整个生产中的比重(Cuenca Esteban,1994,1995;Crafts and Harley,1992;Harley and Crafts,1995)。但是,必须注意,有些作者(如Temin,1997)反对把技术进步仅仅限于少数部门的观点,认为英国的确变成了"世界工厂,而不仅仅是世界的棉纺织厂"(Ibid.,80)。从长远看,这只是一个主要关于时间界定的争论。

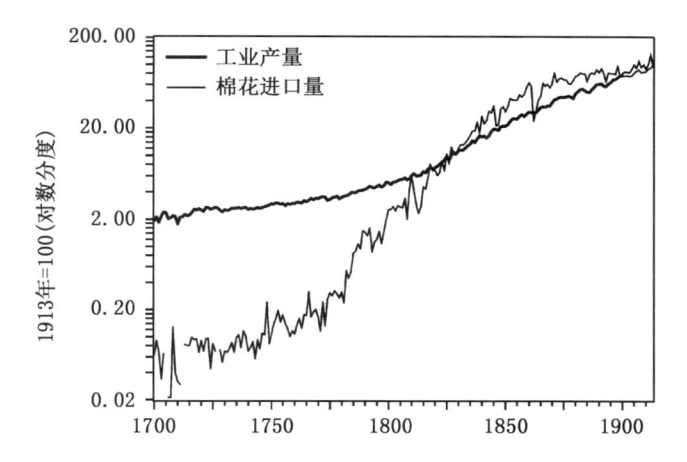

图 6.3 1700—1913 年英国的工业产出和棉花进口

来源：克拉夫茨和哈利(Crafts and Harley,1992,table A3.1,725－727)和米歇尔(Mitchell,1988:330－331,334－335)。

间人均工业化水平的估算。虽然这种估算的基础相当薄弱，但是如果人们及时回顾过去，趋势就足够强烈而必须严肃对待。这个表格显示 18 世纪后半期英国领先欧洲竞争对手，而且在此后 60 年里继续保持领先地位。比利时[①]和瑞士是较早的效仿者，像法国一样，但是即使如此，直到 19 世纪中期，它们的人均工业化水平还是远远落后于英国。但是，19 世纪后半期，这些早期效仿英国的国家（特别是比利时、德国和瑞士）出现了大量趋同现象，英国实际上被美国超越了；表 6.3 还显示工业化逐渐传播到东欧和日本。

表 6.3　　　　　　　　1750—1913 年人均工业化的水平

（假定 1900 年英国＝100；1913 年为分界线）

| 国家 | 1750 年 | 1800 年 | 1860 年 | 1913 年 |
|---|---|---|---|---|
| 奥匈帝国 | 7 | 7 | 11 | 32 |
| 比利时 | 9 | 10 | 28 | 88 |
| 法国 | 9 | 9 | 20 | 59 |
| 德国 | 8 | 8 | 15 | 85 |

① 1830 年开始成为一个独立国家。

续表

| 国家 | 1750 年 | 1800 年 | 1860 年 | 1913 年 |
|---|---|---|---|---|
| 意大利 | 8 | 8 | 10 | 26 |
| 俄国 | 6 | 6 | 8 | 20 |
| 西班牙 | 7 | 7 | 11 | 22 |
| 瑞典 | 7 | 8 | 15 | 67 |
| 瑞士 | 7 | 10 | 26 | 87 |
| 英国 | 10 | 16 | 64 | 115 |
| 加拿大 | N.a. | 5 | 7 | 46 |
| 美国 | 4 | 9 | 21 | 126 |
| 日本 | 7 | 7 | 7 | 20 |
| 中国 | 8 | 6 | 4 | 3 |
| 印度 | 7 | 6 | 3 | 2 |
| 巴西 | N.a. | N.a. | 4 | 7 |
| 墨西哥 | N.a. | N.a. | 5 | 7 |

注：N.a. 表示无法获得数据。
来源：贝洛赫(1982:281)。

因为工业革命始于欧洲，然后逐渐传播到世界其他地区，所以欧洲与其他地区工业化开始产生急剧的差异。按照表 6.3，中国和印度的工业化实际上出现于 1750 年到第一次世界大战之间。虽然 1750 年它们的工业化水平相当于英国的 70%～80%，但是到 1913 年，差距达到 40 倍甚至 50 倍。虽然精确的数据显然值得争论，但是已经获得的证据清楚地表明，19 世纪印度在逆工业化，19 世纪初到 1870 年，印度和中国的人均收入停滞甚至下降（第七章）。例如，印度工业部门雇佣劳动力的占比从 1800 年的 15%～18% 下降到 1900 年的大约 10%[Roy,2000,引自克林格史密斯和威廉姆森(Clingingsmith and Williamson,2004a:9)]。

结果是世界经济的不对称增长，欧洲占世界工业产量的份额不断增加。按照贝洛赫(1982:296)的说法，1750 年，发展中国家占世界制造业产量的比重为 3/4，其中中国占比近 1/3，印度占比 1/4。即使这些数据是过于高估了，但是毫无疑问,18、19世纪亚洲工业产量占比下降。我们拥有准确数据的1913年,印度占比只有1.4%,中国占比只有3.6%,欧洲的占比和英国分支(British offshoots)的占比达到惊人的89.8%(Bairoch,1982)。[①]

什么能解释欧洲起飞到19世纪的增长,怎么解释接着发生的"大分流"?在这些发展中,贸易和帝国主义发挥了什么作用,为什么正是欧洲首先起飞,正如我们已经看到的,这个地区在千年之交是比较边远的落后地区?下一节将试图回答这些问题,首先论述工业革命期间英国贸易的类型。

**工业革命期间的贸易**

关于工业革命(参见 Crouzet,1980)时期对外贸易,尤其是棉纺织品贸易的作用,拉尔夫·戴维斯(1979)是最方便和最有帮助的源头。他的数据(复制于表6.4)显示,18世纪80年代到19世纪50年代,棉制品出口不断增长,除了19世纪20年代外,年均增长从1784—1786年的约25万英镑提高到1854—1856年的1 200万英镑。棉制品出口(例如,以"官方价值"或可比价格衡量出口)规模的增长率的确突出:1815—1855年,每10年依次为39%、84%、71%和68%(Ralph Davis,1979,table 8,20)。正如我们在表6.2所看到的,这意味着棉制品占总出口的份额从1784—1786年的6%上升到1804—1806年的42%,1834—1836年达到顶峰48%。此后则逐渐下降,到1854—1856年为34%,而冶金和工程产品的份额急剧上升,但是棉纺织品出口的绝对数额仍然不断提高。19世纪上半期,欧洲出口只有英国出口的40%~60%,但是1854—1856年,亚洲和非洲(39%)的份额第一次超过欧洲(29%),这反映了较发达的欧洲经济进口替代的成功,印度和其他殖民地经济重要性的增加。

---

① 本书此处和下文中的"英国分支"均指北美和大洋洲的盎格鲁-撒克逊殖民经济。

表 6.4　　　　　　　　1784—1856 年棉织品出口，按出口目的地分类　　　　　　单位：千英镑

| | 1784—1786 年 | 1794—1796 年 | 1804—1806 年 | 1814—1716 年 |
|---|---|---|---|---|
| 欧洲 | 310 | 761 | 7 224 | 11 386 |
| 占比(%) | 40.5 | 22.4 | 45.5 | 60.8 |
| 亚洲和非洲 | 164 | 199 | 683 | 346 |
| 占比(%) | 21.4 | 5.9 | 4.3 | 1.8 |
| 美国和澳大利亚 | 292 | 2 432 | 7 964 | 7 010 |
| 占比(%) | 38.1 | 71.7 | 50.2 | 37.4 |
| 旧市场 | 766 | 3 384 | 15 192 | 17 040 |
| 占比(%) | 100.0 | 99.8 | 95.7 | 90.9 |
| 新市场 | 0.0 | 8.0 | 679.0 | 1 702.0 |
| 占比(%) | 0.0 | 0.2 | 4.3 | 9.1 |
| 合计 | 766 | 3 392 | 15 871 | 18 742 |
| | 1824—1826 年 | 1834—1836 年 | 1844—1846 年 | 1854—1856 年 |
| 欧洲 | 8 682 | 10 612 | 10 153 | 10 263 |
| 占比(%) | 51.4 | 47.4 | 39.3 | 29.4 |
| 亚洲和非洲 | 1 707 | 4 056 | 9 356 | 13 831 |
| 占比(%) | 10.1 | 18.1 | 36.2 | 39.6 |
| 美国和澳大利亚 | 6 490 | 7 730 | 6 326 | 10 814 |
| 占比(%) | 38.5 | 34.5 | 24.5 | 31.0 |
| 旧市场 | 12 313 | 15 037 | 13 246 | 15 594 |
| 占比(%) | 72.9 | 67.1 | 51.3 | 45.7 |
| 新市场 | 4 566.0 | 7 361.1 | 12 589.0 | 18 954.0 |
| 占比(%) | 27.1 | 32.9 | 48.7 | 54.3 |
| 合计 | 16 879 | 22 398 | 25 835 | 34 908 |

注：旧市场是欧洲、美国、加拿大和西印度群岛；新市场是亚洲、非洲、澳大利亚和拉丁美洲。
来源：戴维斯(1979,table 3 and 9,15,21)。

表 6.5　　　　　　　　1784—1856 年英国进口：按产品类型分类　　　　　　单位：%

|  | 1784—1786 年 | 1794—1796 年 | 1804—1806 年 | 1814—1816 年 |
|---|---|---|---|---|
| 制成品 | 10.5 | 7.1 | 3.4 | 1.1 |
| 原材料 | 47.0 | 44.7 | 54.2 | 56.2 |
| 温带食物 | 2.6 | 6.4 | 5.7 | 3.2 |
| 白酒 | 7.5 | 8.3 | 6.3 | 5.8 |
| 茶、咖啡、可可 | 13.5 | 12.0 | 12.7 | 11.4 |
| 糖 | 12.8 | 17.3 | 13.6 | 17.2 |
| 其他食物 | 6.1 | 4.1 | 4.1 | 5.0 |
| 合计（千英镑） | 20 386 | 34 326 | 50 619 | 64 741 |
|  | 1824—1826 年 | 1834—1836 年 | 1844—1846 年 | 1854—1856 年 |
| 制成品 | 1.6 | 2.7 | 4.3 | 5.1 |
| 原材料 | 62.3 | 67.8 | 62.3 | 59.0 |
| 温带食物 | 4.2 | 2.9 | 10.3 | 15.4 |
| 白酒 | 6.8 | 5.7 | 3.9 | 3.7 |
| 茶、咖啡、可可 | 9.0 | 6.9 | 4.6 | 4.5 |
| 糖 | 11.8 | 10.1 | 9.9 | 7.2 |
| 其他食物 | 4.3 | 3.8 | 4.8 | 5.1 |
| 合计（千英镑） | 56 975 | 70 265 | 81 963 | 151 581 |

来源：戴维斯(1979,table 23 and 24,36—37)。

　　戴维斯对"旧"市场（欧洲、美国、加拿大、西印度）与"新"市场（包括中东的亚洲、非洲、澳大利亚、拉丁美洲）进行了有趣的比较。19 世纪上半叶，对旧市场的销售额波动较小，约为 1 500 万美元，但是对新市场的销售额则从 1804—1806 年的 68 万美元增加到 1854—1856 年的 1 900 万美元，远超对旧市场的销售额。欧洲棉纺织业的发展以进口英国棉纱取代进口英国棉布为基础。因此 19 世纪上半叶欧洲进口英国棉布大致稳定，而进口英国棉纱则增加了大约 250%（Davis,1979,table 5,17）。到 19 世纪 30 年代，法国和瑞士的棉纺织业做到了自给自足，不久还出口到邻国（Ibid.,17）。19 世纪初，美国和澳大利亚占英国棉花出口的 50%，但是到 19 世纪中期，下降为 1/4～1/3。这种下降表明，美国新英格兰地区的棉纺织业已经替代了进口,它以进口原棉为基础,与英国棉纺织业主要依赖进口原棉一样;这种下降还表明,由于世界蔗糖市场竞争日趋剧烈,西印度群岛的殖民地逐渐陷入穷困。

在 19 世纪上半叶英国其他出口中,按照绝对数字看,羊毛制品出口仍然总体上增长,虽然正如我们在表 6.2 中已经看到的,它们占总出口的比重在不断下降。传统的金属和金属制品出口一直温和地增长到 19 世纪 40 年代,但是 50 年代与铁路建设相关的钢铁出口突然增加,包括蒸汽机车、火车车厢和铁轨。这些商品首先于 19 世纪 40 年代出口到欧洲,然后 50 年代出口到美国,1854 年,出口美国的数量占总出口额的一半,此后有些剩余出口到印度。这些出口反映了 19 世纪中期英国在世界生铁生产中的支配地位,产量超过 200 万吨,相当于法国的 5 倍、德国的 10 倍(Ibid.,28)。

英国与欧洲工业发达国家的贸易经历了一个有趣的变化。19 世纪初英国在机械、纺纱和其他制造业方面的领先地位使它的伙伴们最初集中关注机械化程度较低的下游制造业,因此随着这些国家从英国进口工业原料和半成品,如棉花和精纺棉纱、铸铁、铁条、铁梁等作为中间投入时,一种"垂直"劳动分工就出现了。此外,英国公司为原棉、羊毛、兽皮等发展出了组织精密的市场,因此这些商品的大量再出口贸易也发展起来了。英国出口欧洲的原料和纺纱占总出口的份额从 18 世纪 80 年代的 17% 上升到 19 世纪 50 年代的 57%(Davis,1979,table 21,34)。另外,欧洲占英国成品出口的份额从 18 世纪 80 年代的 36% 下降到 19 世纪 50 年代的 21%。因此,英国与工业化欧洲的贸易主要涉及一些工业制造品出口,但主要是半成品,换取其他工业制造品和一些初级产品,如小麦、葡萄酒和木材。但是,对世界上欠发达地区,英国出口工业制造品,交换初级产品,主要是粮食和农业原料(如茶叶、咖啡和蔗糖)。

正如我们已经看到的,殖民地农产品的再出口曾经长期是英国对外贸易的主要形式,大约占 1700—1775 年总出口的 1/3(Davis,1979:31)。这些数据直接反映了重商主义时期英国对外贸易变化的成功,如《航海条例》的影响、"七年战争"的胜利和吞并殖民地。北美殖民地的丧失导致蔗糖、烟草、稻米的再出口贸易严重下降,其他产品现在直接运往欧洲,而不是通过英国港口再出口到欧洲。在与法国的漫长斗争中,英国成为海洋主宰意味着它能够把大多数这些产品先运到英国,然后再出口到最终目的地,但是此后的和平再次导致欧洲中心与原料产地直接联系的恢复。不过,当英国变成欧洲工业化所需要的初级产品和半成品的天然集散地时,一种全新的再出口贸易发挥了作用。1794—1796年与1854—1856年之间,再出口占总出口的份额从24%下降到17%,但是再出口的总价值增加了3倍,从不到700万英镑增加到2 100多万英镑(Davis,1979:33)。不是由于1849年被废除的《航海条例》的强迫条款,新贸易反映了英国作为来自世界各地的原料集散地的比较优势,包括巴西和拉丁美洲新近独立的前西班牙殖民地。

英国的进口总额从1784—1786年的2 030万英镑提高到1854—1856年的1.518亿英镑(Davis,1979,table 6.5)。这些进口的组成发生了重大变化。1700年,手工业制品几乎占进口的1/3,但是18世纪强大的工业增长使这个份额减少为1784—1786年的10.5%,到1800—1820年,不足2%,到1854—1856年稍微有所恢复,达到5%。原料进口的份额从1784—1786年的47%上升到1834—1836年的68%,此后20年稳定在60%左右。同期粮食进口份额从42%稍微下降到35%。这些粮食进口由"温带"产品(如来自欧洲的谷物和小麦)和"热带"商品(如茶叶、咖啡、可可和蔗糖)构成。正如戴维斯(1979:37)指出的,当来自海外的供应不断增加而且运输成本不断降低时,这些热带商品的价格大幅下降。但是,只有当铁路通过广大腹地、蒸汽轮船进一步降低海运费用后,来自北美和乌克兰的温带粮食供应才变得充足(第七章)。在此期间,英国不得不依靠从欧洲进口,特别是从爱尔兰进口,正如布林利·托马斯(Brinley Thomas,1985)所强调的那样。托马斯估计,直到19世纪30年代,从爱尔兰进口的粮食仍相当于英国农业产量的13%,超过英国进口谷物、肉类、黄油和家禽总数的85%;因此"爱尔兰的土地正在缓解工业化对英国所施加的强大压力"(Thomas,1985:741—742)。

原料进口的来源发生了重大变化。对波罗的海木材和海军补给品的传统依赖转移到加拿大了,而澳大利亚正在变成越来越重要的羊毛供应地,全新产品,如来自印度的黄麻、来自西非的棕榈油,开始出现(Davis,1979:38)。欧洲进口的原料份额从1784—1786年的65.7%下降到1854—1856年的30.8%。但是,随着欧洲工业化浪潮开始流动,欧洲变成了越来越重要的制造品来源,其份额从1784—1786年的36%上升到1854—1856年的84%,而亚洲的纺织业迅速衰落。

棉花、蔗糖和茶叶是这个时期的主要进口商品,最初蔗糖最重要,持续了150年左右,但是19世纪20年代后被棉花取代。我们在第五章中记录的18世纪对这些商品的高消费一直持续到19世纪50年代。加勒比群岛是蔗糖的主要来源,但是拿破仑战争期间从法国夺取的毛里求斯和印度也提供蔗糖。1784—1786年到1854—1856年,蔗糖进口增长了4倍多,反映了人口从900万增加到2100万、人均年消费达到惊人的约35磅(Davis,1979:45)。当然蔗糖随着茶叶的需求而得到补充,1784—1856年间,茶叶消费比蔗糖增长还快。茶叶人均消费几乎增长了3倍,达到3.2磅,虽然这个时期的进口关税大多数为100%,但是进口仍然几乎增加了6倍(Davis,1979:47)。正如戴维斯(1979:47)所说的"从18世纪初的稀有而奢侈的商品,随着与中国正常贸易的关税降低了成本,茶叶变成大众消费品;1784年后,在廉价供应时代,各阶层都普遍喝茶,甚至最贫穷的农场工人和修甲工人也开始喝茶"。

英国制造业不断专业化的趋势意味着这个时期英国正在变成更加开放的经济体。按照克拉夫茨(1985:131)记载,1700年,出口占英国GDP的8.4%,1760年为14.6%,1780年为9.4%,1801年为15.7%,1831年为14.3%,1851年为19.6%。出口在制造业中尤其重要:昆卡·伊斯特班(1997)最近发现,18世纪20年代到1851年,出口占英国工业产量的比重不断增加。1700年,出口占工业产量的13%,如果图6.3的数据可以接受,那么1760年为18%,1780年为25%,1801年为40%,1831年为49%。几个作者(如Thomas,1985;Harley and Crafts,2000;Clark,2007b)已经指出,越来越开放和专业化的分工是这个时期英国人口快速增长的必然后果,或者至少提供了这种增长可以持续的唯一前景。正如布林利·托马斯(1985:731)所说的,"这些人如何空前地聚集在这个小小的、近海的岛屿上,而且与不断提高的生活水平一致呢?在英国固定的可耕地上,无论英国农业技术进步发生了什么奇迹,这都是不可能的。英国的出路就是(通过运输革命和国际贸易)更大范围地扩张自己的土地"。换句话说,人口增长和土地资源限制必定意味着大规模进口粮食和原料,而这必然以出口工业品来支付。因此贸易和工业化是英国人口增长的关键,而人口增长反过来对19世纪英国取得军事支配地位又是极其重要的因素(Clark,2007b)。此外,通过使英国依赖外国粮食供应,人口增长和工业的专业化分工给予英国确保国际贸易体系平稳运行的强大战略动力(Offer,1989)。

**贸易、海外扩张和工业革命**

经济史中争论最久的问题之一是,既反对那些认为工业革命的根源主要在于"启蒙时代"英国或者更广泛的欧洲社会的特性,也反对那些觉得欧洲与世界其他地区的关系是帮助它取得关键突破的因素。这个争论与意识形态纠缠在一起,因为正如我们已经在前两章详细论述过的,欧洲与世界其他地区的关系主要是暴力塑造的。因此,它与各种作者回答大卫·兰迪斯(1990)提出的著名问题"为什么我们如此富有,而他们如此贫穷"紧密相关。"我们"在这里是指欧洲公民和英国人的后裔,也许还可以将日本人视为名誉上的欧洲人。正如兰迪斯(1990:1)所说,这个问题有两种传统的回应。第一种认为,"我们是如此好,即他们是如此坏,即我们是勤劳的、知性的、受过良好教育的、治理良好的、有效的和生产效率高的";第二种认为,"我们是如此坏,他们是如此好,即我们是贪婪的、残酷无情的、剥削的、侵略成性的……"。第一种回应强调欧洲的金融发展、"光荣革命"、弗兰西斯·培根(Francis Bacon)或者"卢米埃兄弟"这样伟大的思想家;第二种则强调对边缘地区的垄断性剥削、抢掠或奴役。

这个争论与经济学更加有关,即与英国工业革命期间经济增长根源是供给方还是需求方(Mokyr,1997)。增长主要是因为国内的刺激还是外国市场的需求(由此可见,英国的美洲殖民地的需求份额现在正在增加)提供了一种外生的增长动力？最后,这个争论还与过去半个世纪以来历史学家关于增长源泉的不同理论观点有关。有些历史学家追随马克思和其他古典经济学家,强调利润是增长的引擎;有的历史学家则强调需求(凯恩斯的框架就是为解释短期波动而非长期增长率而设计的);还有的历史学家关注技术变化,如索洛模型;几位计量经济学家避开任何动态分析,而宁愿只关注静态的资源分配问题。

兰迪斯评论对他提出的问题的各种答案时说,"对我来说不清楚的是,争论的一方是否能排除另一方的影响"(Landes,1990:1)。我们完全同意这种评价,正如我们将认为,无论主张供给还是主张需求作为工业革命发生的唯一因素都是毫无意义的。当然,抛弃外部需求使英国工业产量在18世纪后期和19世纪早期突然扩大的观点是很容易的事情。如果事实的确如此,那么根据图5.2英国工业增长将必然归功于外国进口需求曲线 MM 的向右移动,英国工业产品的相对价格将提高(即贸易条件会改善)。① 但是,英国工业革命期间对外贸易的一个显著特点是它的贸易条件持续恶化,直到19世纪中期才发生改变(见图6.4),因为当时由于运输成本的降低改善了所有国家的贸易条件,同时英国的贸易条件也有所改善。这不仅仅是与凯恩斯对工业革命简单解释中的预测不一致;而且让那些采用某种版本的"中心-外围"理论的经济学家大跌眼镜,这类"中心-外围"理论认为工业化的中心地区残酷剥削生产初级产品的"外围"地区,或只利用帝国霸权榨取殖民地。

但是,从国际贸易标准理论的视角看,这正是我们所期望的。如果一种经济,无论什么原因,开始增长快于它的贸易伙伴,并且进一步集中这种增长于出口而不是进口竞争领域,那么这些出口的供应将增加得比那些发展较慢的贸易伙伴国家的需求更快,为了维持平衡,世界市场的出口相对价格就要下降。至于工业革命时期的英国,技术变化的类型过于侧重棉纺织业,许多首次重大革新都发生于此。到18世纪80年代,英国已经或多或少完成了以手工纺织的印度棉纺织业为代价的进口替代过程。因此,出口到世界市场的新机器生产的剩

---

① 此外,第一个工业化国家的现代经济增长的突破将在其他地方增长之前予以解释(Mokyr,1977)。

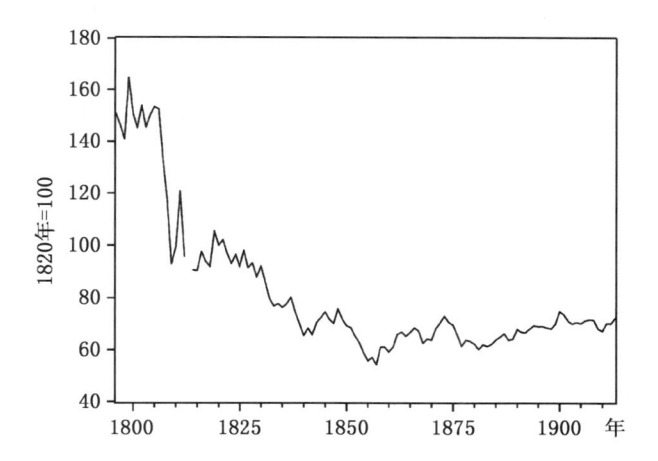

来源：以伊姆拉赫(Imlah,1958)和昆卡·埃斯特班(1997)的数据为基础。

**图 6.4　1796—1913 年英国的贸易条件**

余产品必然越来越多，它们必然降价销售，以便换回进口的粮食和原料。

芬德莱(1982)提出的总体平衡模式的简体版就是供求范式，它有助于我们理解上述观点（见图 6.5）。按照克拉夫茨和哈利(1992)的观点，1780—1831年，工业产量大约增加了 235％，而 GDP 大约增长了 135％。[①] 如果需求的收入弹性为 1，如果外国收入与英国收入增速相同，那么以固定价格对英国工业品的需求将上涨 135％，表现为向上倾斜从 D 移到了 D′（现在忽视 D″ 和 D‴）。如果工业产品的供给曲线是垂线，那么它将会向右移动 235％，以便与新需求曲线相交于新均衡点 B。关于英国贸易条件的历史数据表明，在点 B，工业制造品的相对价格比原来的均衡点 A 低 55％。[②] 如果供应弹性为 1，那么供应曲线应该向右移动 290％（135％＋100％＋55％）（价格不变），以便使均衡点保持不变，相交于点 B 远大于需求曲线向外移动 135％。虽然这个做法只是近似值，但是英国贸易条件大幅下降的事实表明，这个时期英国的供应曲线比英国工业制造品的需求曲线向外移动的速度快得多。上述分析的一个重要含义是英国

---

① 鉴于这种做法非常接近，所以我们宁可使用整数，以便容易解释。
② 这个估算是以迪恩和科尔(1967)和图 6.4 给出的贸易条件曲线为基础。鉴于这种做法非常接近，所以我们宁可再次使用整数，而不找任何托词来辩解精确性。

从工业革命期间技术空前进步所得在很大程度上是与其贸易伙伴共享,其贸易伙伴也从中获益良多(Clark,2007b)。印度可能是例外,它一直是世界上以劳动密集型技术为基础的棉纺织品出口大国。正是机器生产的兰开夏郡棉布的大量涌入造成了印度的逆工业化,这是一个直到今天仍然众说纷纭的话题。

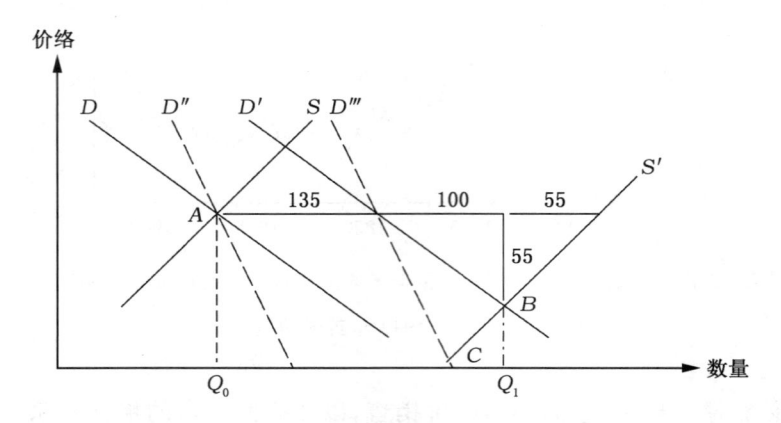

图 6.5 工业革命时期的需求和供给

海外需求不是英国工业产量增长的外部驱动力。随之而来的看法是贸易与这种增长无关吗?工业革命对英国贸易平衡的进口方面的最明显影响当然是原棉大量涌入,以满足兰开夏郡棉纺织业空前发展的需要。1784—1786年原棉进口为1 600万磅,到1854—1856年,增加到8.03亿磅,或者说增加了大约50倍(见图6.3)。18世纪后期的主要来源是西印度群岛,但是加勒比群岛有限的面积很快导致面积广大的美国和巴西取代它们。1854—1856年,美国提供英国原棉进口3/4强(Mitchell,1988:334),由于18世纪90年代伊莱·惠特尼(Eli Whitney)发明了轧棉机和棉花种植边界的急剧扩大,每磅棉花的价格从1804—1806年的16.25便士下降到1854—1856年的5.75便士(Davis,1979,table 26,41)。"事实上,棉花是英国繁荣的根本支撑——必须依赖进口,无论市场价格如何,不仅因为它是消费者需求的棉织品的一种原料,而且因为巨大的投资和英国众多家庭依靠它维持生计"(Mitchell,1988,40)。

因此,工业革命与新大陆奴隶制棉花种植园之间的联系可能不太明显,随之而来的是不舒服的含义:如果没有大西洋"三角贸易"把美洲的原棉与兰开夏郡的棉纺织品出口、西非沿岸的奴隶供应联系起来,工业革命本身将不可能发生或者至少不可能在这个时间和地点发生。工业革命与大西洋奴隶贸易之间的联系是埃里克·威廉姆斯(1966)的名著《资本主义与奴隶制》(*Capitalism and Slavery*)的主题,威廉姆斯后来当上了特立尼达和多巴哥的首相。威廉姆斯不关注曼彻斯特的工业与新大陆的奴隶制种植园之间的技术联系,而是选择提出更微妙且困难的论点来证明:在很大程度上,正是大西洋奴隶贸易的"利润"为工业革命提供了"财务资源"。在其著作前言中,威廉姆斯(1966)把它描述成"严格的关于黑奴和奴隶贸易在提供英国工业革命所需资金的作用、成熟的工业资本主义在消灭奴隶制度方面所起作用的经济研究"。威廉姆斯自己的证据大多是不可信的奇闻逸事,引用了大量与奴隶贸易有关的个人和家庭投资于制造业或与其相关的活动,如修建铁路或运河等特别事例。

众所周知,"威廉姆斯论点"是工业革命史学编撰中挥之不去的幽灵。早期英国帝国主义学派历史学家急于捍卫盎格鲁-撒克逊人的荣誉及其经济成就,他们贬低威廉姆斯的观点,认为这不过是一个怨恨的黑人知识分子编造的神话,没有能力对经济史进行冷静的研究。[①] 在他们看来,奴隶制的确是道德悲剧,虽然人们不能肯定就是如此,但是可以肯定它不是对英国经济的任何方面都没有重大经济意义。亚当·斯密的观点可以参考,他认为新大陆的种植园奴隶制是没有生产效率、垄断的和重商主义的"旧殖民主义制度"的一部分,是自由企业及其"国内贸易"发展活力上的噩梦,而自由企业及其相关的"国内贸易"是18世纪英国经济增长的真正动力。

当然,种植园奴隶制是一种低效的、陈旧的历史残余物,这种观念被最早的计量经济史学家罗伯特·福格尔和斯坦利·恩格曼(Robert Fogel and Stanley Engerman,1974)的《苦难时代》(*Time on the Cross*)一书所推翻。"新"经济历史学家(多数是美国自由经济学派成员)更尊重威廉姆斯的观点,但不免带有俯尊屈就的色彩。他们用于驳斥威廉姆斯观点的主要理论工具就是用英国甚至欧洲的国民收入来衡量奴隶贸易的作用,并由此得出如下结论:奴隶贸易的作

---

① 参见谢里登(Sheridan,1987)对《资本主义与奴隶制》富有见地的评论。

用没那么显著。例如,斯坦利·恩格曼(Stanley Engerman,1972)估计,1770年,奴隶贸易的利润只占英国国民收入的0.54%、总投资的7.8%、商业和工业投资的38.9%。这些数字是大是小,在很大程度上似乎都取决于旁观者的眼光。索洛(1985)认为它们很高,或者至少没有低到完全推翻威廉姆斯的观点。他做了一些类似的计算,认为以廉价奴隶劳动力的弹性供应为基础,西印度群岛投资就一定比在国内获得的回报更高。

受到恩格曼的例子的鼓舞,帕特里克·奥布莱恩(1982)以更多的统计学比率为基础,提出了对威廉姆斯论点的更广泛批评,认为"外围地区就是边缘的(作用)"对英国或欧洲经济的工业中心地区的活动并不重要。从此以后,这次争论和朗朗上口的短语本身被广泛引用,包括在最近和涉及这个主题的最权威教材中(Harley,2004:198)。另外,正如芬德莱(1990:26)指出的,奥布莱恩在论文表1中的数字"也许真如威廉姆斯最狂热支持者所期望的那么高"。对1784—1786年,他估测与外围地区的贸易额为566万英镑,而英国经济总投资额为1 030万英镑,或者超过50%。对1824—1826年,相应的数据为殖民地利润1 595万英镑,总投资额为3 430万英镑,接近50%。奥布莱恩(1982:9)宣称,"假设1607年英国颁布废除奴隶贸易的法令,而不是两个世纪后,那么1807年西欧取得的财富和收入的水平不会有太大差异"。但是,他没有提及哪些国家将取代英国,哪些部门会取代兰开夏郡的棉纺织业,哪些原材料会代替美国的棉花以及哪些市场会取代英国的海外殖民地和美国,而所有这些都依赖非洲的奴隶贸易。

正如各种学者已经指出的,以奴隶贸易的利润在国民收入中占比很小而贬低奴隶贸易是成问题的。当然,坚持应用这个观点能够证明工业革命本身是一个神话,因为正如我们已经看到的,那个时代现代工业的份额本身只占英国国民收入的很小比例。保尔·芒图(Paul Mantoux,1962:103)也意识到不能把规模与重要性混淆起来:"如果我们能借用自然科学来类比的话,那就是微量催化剂是促进大规模事件发生急剧变化所必需的。对外贸易对生产机器的影响也许难以显示出来,但不是不可以追溯"。另外,经济学家和经济历史学家现在都同意，威廉姆斯对贸易利润的关注有误导性，因为从长期来看，正是技术进步而不是资本积累导致人均收入不断增长。正如我们已经看到的，关键的技术革新显然是英国发明家和企业家的工作，在广阔的欧洲背景中，新技术及其应用被迅速传播到各个国家、各个工业部门。在这个意义上，工业革命显然不是资本从棉纺织业流动到产业的结果，无论资本的来源是什么，规模有多大。

凯恩斯主义和马克思主义的理论模式分别关注需求和利润，但是都适用于探讨贸易在工业革命中的作用。静态的新古典主义贸易模式也是如此。在计量史学早期，计量历史学家相当成功地说明上述种种理论下估计的"哈伯格三角"（Harberger Triangles）是比较小的，由此推断贸易政策的影响也较小。因此托马斯和麦克洛斯基（Thomas and McCloskey, 1981）在一篇著名而非计量史学的论文中认为，通过替代奇迹，封锁对外贸易的英国经济将生产更少的棉花，但是生产更多的啤酒，福利损失并不大。在教条更少、内容更精细的著作中，哈利（2004）讨论了这个时期把贸易与工业化和经济增长联系起来的各种机械，但是他也禁不住玩弄古老的两个分数相乘得到一个更小分数的伎俩，用这种方法得到的结果是，"的确，19 世纪 60 年代的自给自足……只消耗了英国国民收入总和……大约 6%，但是 1855—1913 年，每个工人的产量增加了 80% 左右，前者只是后者的 1/13 而已"（Harley, 2004: 194—195）。但是，静态比较贸易模型不但无法解释贸易对经济增长的作用，而且对以下问题，即"已发生工业革命的 1860 年的英国经济，如果没有贸易，是否只会遭受很小的福利损失"，所给出的答案非但不能让人信服，同时又引发了另一个问题：为了使经济体达到模型中描述的状态，需要哪些动力因素？

因此我们可以认为，围绕贸易与工业革命关系被提出的大量争论，主要反映了理论框架的不恰当。例如，马克思主义强调利润，导致许多学者关注加勒比甘蔗种植园的作用，而这可能并不是我们真正需要关注的地方（Eltis and Engerman, 2000）。此外，对我们来说，用"要么……要么"提出问题似乎毫无益处。国内创新导致技术突破，但是对我们来说，关键问题是在没有国际贸易的情况下，这些技术突破会产生什么影响，反过来，这对未来技术进步又有什么影响。

当然，18世纪英国经济爆炸式增长决不是经济史上的第一次。虽然统计数字很难得到，但是我们已经注意到历史上数次较为明显的经济扩张过程。例如，第一个千年里最后一个世纪伊斯兰世界的"黄金时代"，11、12世纪宋朝令人印象深刻的繁荣，在"蒙古治下的和平"中，欧亚大陆的总体繁荣，黑死病后意大利城市国家带领欧洲迅速恢复，1400—1650年东南亚的"商业时代"的出口繁荣，17世纪荷兰的"黄金时代"，18世纪清朝的经济发展等。用金世杰(Jack Goldstone,2002)的话来说，这些只是世界历史上一些最著名的繁荣时期。但是除了17世纪荷兰的繁荣以外，这些事件没有一个最终导致人均收入的持续增长。

正如莫基尔(2004)指出的，工业革命与历史上的数次繁荣相比，其根本区别在于，工业革命期间"创造力的爆发"并未逐渐消失，而是持续到19世纪及其之后。此前的繁荣时期，无论以技术进步还是商业化为基础，都因为多种原因而必然导致利润递减（虽然在宋朝和东南亚的案例中，人们肯定会指出蒙古人或荷兰人的外部入侵作为重要因素）。我们已经看到经历一次性技术革新的马尔萨斯社会最终一定会遭遇土地和自然资源的限制，达到它可能发展的极限。或者，考虑一个经历"斯密式增长"的社会，它可以被定义为伴随专业化和劳动分工深化的经济活动扩张过程，由于人为障碍的拆除以及与农业、制造业和运输业不连续技术革新而引起市场扩大。一旦各地的相关联系形成了，从专业化中没有进一步获利的可能，这种斯密式增长就不可避免地终结了(Kelly,1997)。

我们认为，国际贸易是英国工业革命与众不同的一个关键原因。这个观点由两部分组成。第一，给定国内刺激（如工业革命中的新技术），因为国际贸易提供的众多机会使经济体中的收入出现了更大幅度增长。与没有贸易相比，贸易有助于一个经济体摆脱资源约束的限制，使技术进步能转化为更持久的经济增长。第二，技术变革本身至少在一定程度上依赖经济体对贸易的开放程度。两种观点都极其依赖众所周知的事实：国际贸易系统地提高了一个经济体面临的供求弹性。我们有必要按顺序考察上述事实。

我们的第一个观点是,如果英国工业没有在重商主义和《航海条例》的全盛期发展起来的全球原料和产品销售市场,并在一系列对抗荷兰和法国的漫长战争胜利中得到巩固,工业革命中的科技革新就不会产生如此深刻而持久的影响。在200多年里,最初供应蔗糖、后来供应棉花的新大陆奴隶制和种植园经济,是"大西洋体系"的一个组成部分。"新"经济历史学家以利用反事实的思维研究历史问题而感到自豪,如铁路的经济意义。因此有些令人惊讶的是,几乎没有人试图反事实地研究一下,如果新大陆没有英国殖民地或奴隶制,兰开夏郡棉纺织业将会发生什么。印度和埃及或者美洲的自由白人劳动力将填补这个缺口吗?会不会有其他产业或国家迅速崛起而取代英国在棉纺织业方面的地位?如果兰开夏郡不能得到海外市场,或者如果它只能在国内获得所有原料,那么它会发生什么?反过来说,如果这些发生了,那么它对整个英国经济意味着什么呢?

为了思考这些问题,大西洋经济作为一个整体的总体平衡是必需的,如芬德莱(1990)受到达里蒂(Darity,1982)论文的启发提出了一个一般均衡模型。这个模型有三个区域。英国(或欧洲)以固定供应的资本、劳动力和初级中间投入(如用于加工成纤维的原棉或者被精炼为终极消费品原糖)生产工业产品。美洲(或新大陆)生产原料,出口并被英国用于制造品的中间投入,以换取制造品。它在边际成本不断增加和土地供应固定不变的情况下利用从非洲输入的奴隶劳动力。非洲出口奴隶以换取制造品。以多边为基础的每个区域的贸易总体上保持平衡。在利率固定的情况下,资本是完全弹性供应的,利率相当于英国和美洲对货币时间价值的偏好。美洲奴隶人口的死亡率高于出生率,因此每年需要从非洲输入奴隶,以便维持奴隶人口这个常量。

在这个模型中,工业革命的影响是什么呢?根据我们此前的讨论,工业革命被描述成一种积极的技术冲击,提高了英国资本和劳动力把进口原料转化为最终制造品产量的效率。英国工业产量的提高增加了对美洲原料的需求,因此原料价格上涨,改善了美洲的贸易条件。美洲的原材料价格上涨,使其产出增加,于是需要更多的奴隶生产这些原材料,因此非洲奴隶出口的数量和价格也在上升(因为增加原料产量就提高了对奴隶劳动的需求)。通过大幅提高英国工业产量,英国劳动生产率的提高将对大西洋体系的所有外生变量产生同样的溢出效应。美洲土地供应的增加也对这个体系产生溢出效应,但是土地供给的增加所导致的原材料供给增加会降低原料价格,从而恶化美洲的贸易条件,改善英国的贸易条件。英国或美洲的任何发展都将提高非洲奴隶的价格和供应,因此贸易条件将朝着有利于奴隶出口的非洲国家的方向转化,如达荷美和贝宁等。

这些定性"预测"得到了历史记录的支持。正如表 5.1 所显示的,跨大西洋奴隶贸易在 1750—1775 年间达到顶峰:被强迫迁徙到新大陆的 1 100 万非洲人至少 17% 在此期间遭到厄运,而传统上这个时期被认为是工业革命早期的"英雄阶段"。埃尔提斯和詹宁斯(Eltis and Jennings,1988)报告说,英国与非洲的进出口比率从 1750 年的 112 下降到 1800 年的 40(即按照进口的制造品计算,奴隶价格上升了 2.5 倍),而科汀(Curtin,1975)估算塞内冈比亚地区的贸易条件从 1680 年的 100 增加到 1780 年的 475,而同期奴隶出口占总出口的比例从 55% 增加到 86%。因此,大西洋奴隶贸易、美国南部的奴隶制种植园,在英国颁布废奴法令和美国独立战争之前,它们几乎不可能是无利润的、效率低下的业务,而是在工业革命期间出现高峰,这主要由于对原棉和其他中间投入产品的各种需求。正如埃尔提斯和詹宁斯(1988:959)观察到的,"如果奴隶贸易没有被废除,那么海外贸易对非洲的影响在 19 世纪将更大……欧洲对来自种植园的原料不断增长的需求将促使交通运输的发展,使 19 世纪从欧洲移民的成本降低,奴隶的价格将大幅上涨,但这不能阻挡交通运输的大规模发展"。

这个模型预测了英国由于工业革命而导致制造品出口的发展,部分收入用于支付进口原料,我们在这里再次看到它与现实相符,主导部门棉纺织业出口增长尤其迅速。还有大量证据支持这个模型关于工业革命将增加新大陆的出口和提高它的贸易条件的预测。图 6.3 已经表明,英国的原棉进口以惊人的速度增长,美国出口的统计数据反映了这个现象。从 1791 年的 18.9 万磅原棉出口增加到 1801 年的 2 100 万磅,到 1810 年接近 9 300 万磅(North,1966,table

B-IV,231)。按照诺斯(North,1966)的说法,18 世纪 90 年代(数据可以获得)后美国进出口规模急剧增长,虽然 1808—1814 年拿破仑战争期间急剧下降(下一章将回过头来论述)。与此同时,18 世纪 90 年代,美国的贸易条件从 100 提高到 162,虽然战争也导致贸易条件下降,但是 1815 年后得到了恢复。

1807 年废除大西洋奴隶贸易后,英国仍然长期从美国出口的原棉中获利,因为正如第五章已经注意到的,美国的奴隶制种植园无需非洲奴隶补充劳动力仍能繁荣和发展。正如我们已经看到的,棉织品在英国出口中的比重在 1834—1836 年达到顶峰,到 1861 年美国内战爆发时,下降了 2/3 左右。这个事件提供了世界经济互相联系的精密例证,说明了我们模型的历史关联性:通过中断原料供应,它对英国棉织品出口的影响不少于 40%,出口价值从 1861 年的 5 000 万英镑下降到 1864 年的 3 000 万英镑。但是恢复得很快,棉织品出口的绝对价值一直增长到 1912—1913 年,达到 1.25 万亿英镑(Schlote,1952,table 15,151)。

这个模型认为,这个时期的英国经济不仅与美洲联系紧密,而且与非洲联系紧密。通过提供"从地理大发现航行"到 19 世纪中期由非洲奴隶劳动力生产的美洲出口产品的份额估算,引自英尼克里(Inikori,2002)的表 6.6 表明了与非洲联系的急剧变化。正如我们已经看到的,到 18 世纪,这个份额已经提高到惊人的 80%。因此这个模型使我们能够理解英国制造业、美洲的农业、非洲奴隶贸易是如何相互联系的。现在假设英国发生的技术变化一如既往。如果英国工业被迫在国内而不是通过进口解决原料问题,那么这意味着原料成本将急剧增加,随着需求水平上涨终于要面临有限的国内土地资源。如此一来,新大陆的"幽灵土地"(Jones,2003;Pomeranz,2000)就具有决定性的影响,使得英国无需把原料成本推高到禁止的水平就能得到发展。当然,这是我们遇到的观点的变化,涉及贸易有助于欧洲摆脱马尔萨斯陷阱的作用,但是这个模型也使我们能够看到非洲劳动力与新大陆的土地一样重要。新大陆恰好拥有广阔的土地,到达新大陆的成本仍然很高,这些事实意味着自由劳动力缺乏而且昂贵,尤其是不能固定供应。非洲奴隶不仅比自由劳动力便宜,而且可以随着需求而调整进口数量。新大陆意味着弹性供应土地,非洲意味着弹性供应劳动力;净影响就是弹性供应原料,意味着工业革命对原料价格的推动远远低于封闭经济体。反过来,这意味着工业增长能够持续更长时间,而不会被投入成本上升所窒息。

表 6.6　　　　　　1501—1850 年非洲奴隶生产的美洲"出口商品"

| 时　期 | 出口商品的产量(千英镑) | 非洲奴隶生产所占比例(%) |
| --- | --- | --- |
| 1501—1550 年 | 1 286 | 54.0 |
| 1551—1660 年 | 3 764 | 55.5 |
| 1601—1650 年 | 6 268 | 69.0 |
| 1651—1670 年 | 7 970 | 69.1 |
| 1711—1760 年 | 14 142 | 80.6 |
| 1761—1780 年 | 21 903 | 82.5 |
| 1781—1800 年 | 39 119 | 79.9 |
| 1848—1850 年 | 89 204 | 68.8 |

来源:英尼克里(2002,table 4.7,197)。

贸易对英国制造业在需求方面也有重要意义。需求可能不是工业增长的首要动力,但是贸易防止了棉织品和其他出口商品价格出现更大幅度的下降,尤其与原本封闭的英国经济相比。毫无疑问,外部需求将英国出口商品生产者的需求曲线向右平移,从而缓冲了价格下降。而且至关重要的是,与封闭经济体相比,开放经济体的需求更有弹性。这意味着与封闭经济体相比,既定供应增加转化为更大的产出,价格下降减缓。按照图 6.5,想象一下,如果供给曲线像以前那样向外移动(向右移动 238%),需求在不变价格下也向右移动 135%,但是现在让需求更具价格弹性,即需求曲线从 $D''$ 到 $D'''$ 而不是从 $D$ 到 $D'$。显然,净效应是产出增长比以前小得多,价格下降大得多,均衡点从 $A$ 到 $C$ 而不是从 $A$ 到 $B$。东亚四小龙(即中国香港、新加坡、韩国和中国台湾)实施出口导向发展战略,据说这些例子鼓舞了中国领导人决定采取"对外开放"政策。从这个意义上,人们可以说,18、19 世纪之交的英国是"第一个新兴工业化国家"。我们认为在工业化中忽视需求的作用,反映了未能以恰当的反事实角度思考。在供需双方,贸易都增加了弹性,这意味着特定的国内推动因素(在这里是技术变革)促进了英国经济更快发展。

另外,18世纪末和19世纪初,如果没有贸易的存在,技术革新者面临的动力将更不利,因此供给曲线向外移动的幅度也不会这么大(Findlay,1982,1990)。虽然我们仍然缺乏一种被普遍接受的技术进步理论,但是显然,任何合理的模型都会得出同样结果:如果英国关闭贸易,那么工业革命将不可持续。技术突破及其相关的东西不是以纯粹知识的名义,而是以追求利润的名义取得的。的确,如果发明家要盈亏平衡,利润是必需的,更别说富贵了,因为正如罗伯特·艾伦(Robert Allen,2006)指出的,理查德·阿克莱特等发明家不得不花费大量来自风险投资家的金钱,以便他们的创意能够结果。发明的高额固定开支意味着发明家需要利润来维持生存,更大的市场显然有助于发明家收回这些固定开支。格罗斯曼和赫尔普曼(Grossman and Helpman,1991:242—246)指出,总体来说,更大的市场对发明家的动机产生补充效果:它意味着更大的潜在利润,但是也意味着更多的潜在竞争者。至少在工业革命初期,当英国正在独领风骚的时候,第一种效应显然主导了第二种效应。

也许有人会提出反对意见,因为无论这些固定开支多大,对一个通过在国内市场销售产品的公司来说,这些开支都是可以收回的。我们再次强调,通过提高需求弹性和向外移动需求曲线,贸易都能发挥同样大的作用,这增加了发明的刺激,即使个别公司规模很小。在最近一篇重要的理论研究论文中,德斯梅特和帕伦特(Desmet and Parente,2006)表明,对个别垄断性竞争的公司来说,更大的市场意味着更有弹性的需求曲线。① 其含义是降低价格的革新将导致销售和收入的更大增长,而这又反过来使公司更加可能选择首先实施昂贵的革新。此外,正如我们已经看到的,在产业层面上,贸易也增加了弹性。如果没有贸易,投入成本将增加,产品价格将下降而且下降的速度会比没有贸易的情况下更快,这将使新兴棉纺织业的投资几乎不可能获利。此外,格罗斯曼和赫尔普曼(1991)强调,通过促进思想传播,贸易还推动革新。我们在本书论述的这个时期已经遇到许多技术和思想国际传播的例子,莫基尔(2002)强调17世

---

① 狂热爱好者将注意到,他们从兰开斯特(Lancaster,1979)喜欢使用的模型推导出这个结论。

纪的科学革命和18世纪的启蒙运动是一种欧洲而非英国现象。向世界开放——它的思想、它的原料和它的市场——是英国起飞的关键。

这个观点在英国贸易中找到了支持的数据。我们已经看到,18世纪和19世纪早期英国出口在国内总产出和国内工业总产出中所占的份额不断增长。到1815年,关键的棉纺织业至少60%的产品被出口(Harley,1999:187)。对我们的论点(强调海外需求的弹性吸收额外的英国产品的能力)更重要的是,18世纪后期和19世纪早期,英国新增产出中的很大一部分被出口了。按照克拉夫茨(1985:131)的说法,1780—1801年,出口增长相当于GDP总增长的21%,而昆卡·伊斯特班(1997:881)估计,"在引起很多争议的1780—1801年间,额外的50%～79%的工业产品被出口了",比克拉夫茨的数据42.6%稍微高了一些(O'Brien and Engerman,1991:188)。如果哈利(1999:187)的数据可信,在棉纺织业领域,1815—1841年,60%的额外产量被出口。此外,到18世纪后期,制造业已经传播到整个西欧,英国的制造业主发现自己越来越被德国、法国、瑞典和其他地方排挤(Davis,1962)。因此,毫不奇怪,1780—1801年,美洲大约吸收了60%额外的英国出口(O'Brien and Engerman,1991:186)。

因此,随着英国工业的扩张,英国的发明家极其依靠海外市场。在一个重商主义世界里,各个国家系统地将敌人排除在保护的市场之外,这意味着英国在军事上战胜法国和欧洲其他竞争对手,是解释英国后来在经济上崛起的一个重要原因。这个观点是否站得住脚,可以通过它在回答下面两个节点不同的问题时的表现来"检验"。第一,为什么正是英国而不是其他欧洲国家率先转变为现代经济增长？第二,为什么工业革命发生在欧洲而不是在亚洲？[①]

### 为什么是英国？为什么是欧洲而不是亚洲？

#### 为什么是英国？

工业革命为什么发生于英国的问题一直没有得到令人满意的解释。在老

---

① 我们正在追随众多作者,包括琼斯(2003)和莫基尔(2002,2005a),以便将这两个问题分开讨论。

式历史教科书的术语中,有一个相当熟悉的"近因"列表,而试图找出更深刻或更根本的原因通常以援引"英国人的天赋"或者亨吉斯特(Hengist)和霍萨(Horsa)从日耳曼森林带出的坚定的盎格鲁-撒克逊个人主义精神而告终(Macfarlane,1979:170,引自孟德斯鸠)。马克斯·哈特韦尔(Max Hartwell,1967:59)列举了有利于资本积累的近因是高储蓄和低利息、技术发明、丰富的自然资源禀赋(如丰富的煤炭和铁矿石)、自由放任政策、随着人口增长而来的市场扩张、农业生产率的提高和对外贸易,最后是"各种各样的"原因,如对外战争的成功和18世纪30、40年代的好收成。流行的早期经济历史学家的解释是"亚当·斯密加上蒸汽机"等。亚当·斯密1776年出版的《国富论》横扫中世纪的约束残余、重商主义的规定、自由企业和竞争力量的释放,导致技术革新的爆发。

在18世纪英国经济成就的观察者中,最敏锐、最关切的非英国的竞争对手法国人莫属。弗朗索瓦·克鲁泽(1981)提供了法国人对英国财富来源的迷人看法,不仅包括重农学派经济学家的论著,而且包括外交部和海军部的外交官和官员递交的各种报告。"太阳底下无新事"的确是人们能说的一切,因为克鲁泽报告与20世纪80年代美国评论员对日本崛起的反应几乎完全一致:钦佩、妒忌、猜疑和敌视的混合物。但是,尽管面临失信和不公平做法的指责,克鲁泽引用的评论员总体上对18世纪英国经济实力做出了清晰而深刻的评估,今天几乎难以提供比这更好的评估,在某种程度上比亚当·斯密更切中要害,亚当·斯密在意识形态上强烈反对重商主义,因为它忽视制造业中的技术革新(Koebner,1959:382)。

法国学者注意到,英国的面积只有法国的1/4,人口接近法国一半,而贸易是法国的2倍,还有大量的商船队、其政府有能力承担和偿还更大的公债。早在18世纪40年代,法国官员就警告说,随着皇家海军的扩张和海外贸易支配地位的巩固,英国正打算把法国排挤出美洲殖民地,使法国局限于国内贸易,18世纪80年代,他们注意到英国与中国和远东贸易的规划。克鲁泽说,他们强调的一个因素是英国的对外贸易,据说已经"巨大""庞大"和"惊人"。被伊恩·布鲁玛(Ian Buruma,1998)称为"亲英派之父"的伏尔泰,把英国贸易的成功与其宪政体制自由联系起来,他认为二者相辅相成:"使英国公民变得更加富有的贸易有助于使他们自由,反过来,这种自由又扩大了贸易。"[①]与此同时,1738年,法国外交部一名官员宣称"贸易带来了英国的财富,这些都归功于它的海军和制造业的扩张"(Crouzet,1981:63—64)。因此,法国完全理解了帕特里克·奥布莱恩所说的"海军-工业复合体"汉诺威英国的含义。

克鲁泽再次引用了伏尔泰的话:"自从伊丽莎白一世时代促进贸易以来,使英国强大的是各个党派已经……联合起来。"同一个议会,它曾经让国王人头落地,同时忙于航海项目,像在太平无事时代一样。查理一世的血还是热的,同一个议会于1650年(实际上是1651年)通过了著名的《航海条例》(Crouzet,1981:65)。法国重商主义者怨恨地谴责英国的保护政策,但是钦佩他们的效率,对自己国家不效仿英国而感到迷惑不解。诸如禁运或对外国进口工业制造品征收高关税、原料进口免税(对"有效保护"重要性的美好承认)、出口工业品免税、禁止羊毛等国内原料出口等措施被认为是英国重商主义手腕的顶峰和英国成功的原因。得出这些看法的同一个法国官员艾蒂安·德·西卢埃特(Etienne de Silhouette)还写道:"英国从美洲、从他们自己的殖民地和巴西榨取的财富是他们实力的基础。"(Crouzet,1981:67)后来被称为18世纪英国贸易的"美洲化"也被法国人注意到,正如我们在前一章已经看到的,法国的殖民野心也因此遭受损害。

对外贸易不是法国人感到落后于英国的唯一领域。令许多人不解的事实是,英国实际工资更高,但是似乎没有使它处于贸易不利地位,有一些学者头脑清楚地意识到,这是由于广泛生产活动的更高生产效率使然。甚至有人说,"1个英国工人比6个法国工人干的工作还多,而且更好,所以这个国家能够抵御外国竞争,尽管劳动力价格昂贵"(Crouzer,1981:69)。1786年,古斯丁(Custine)侯爵评论说,"蒸汽机(被 M. 瓦特改进)被到处用于驱动机器,节省劳动力",蒸汽机"通过燃烧煤炭而驱动,煤炭在各省都很便宜。它取代了水力驱动,

---

[①] 关于同样观点的新版本,参见阿西莫格鲁(2005)。

在许多小作坊被用于纺纱、织布,而这些工作连小孩都可以做"。值得注意的是,与法国嗜好奢侈品工业不同,英国工业倾向于满足大众市场,因此拥有更广泛的扩张基础。当然,满足大众市场需要大众市场存在,包括海外市场。

除了落后于这些特别优势外,法国观察家强调英国政治和社会组织的良性影响:人身和财产安全、新闻自由、与法国"监察官"之下的中央集权化截然相反的分权化的地方行政管理、政府的相对廉洁,尤其是议会在促进各种贸易和经济活动中所发挥的作用。英国商人享有崇高的社会地位,甚至贵族也愿意参与贸易,也被法国观察家认为是英国经济成就卓越的重要原因。宗教宽容也被认为对英国的经济优势发挥了作用,正如许多胡格诺教徒在1685年《南特敕令》废除后带着知识、技术和资本从法国逃往英国。正如克鲁泽指出的,有趣的是,在他引用的文献中,可以看到法国旧制度的批评者不仅包括启蒙运动者和独立作家,而且包括法国政府部门的官员。

具有后见之明的经济史家能够说什么呢?首先,正如已经注意到的,导致工业革命的知识发展,如科学革命和"启蒙运动"都是整个西欧的现象,因此不能解释英国"率先发生工业革命"的事实。正如莫基尔(2005a:1126)所说的,"工业革命的许多技术,如果不是大多数的话,都是联合国际努力的结果,法国、德国、斯堪的纳维亚、意大利、美国和其他'西方的'革新者互相合作,交流知识,互相通信和交流,互相传阅著作"。其次,我们与艾伦(2006)和克拉克(2007a)一起,质疑英国的成功是否能够真正归功于优越的制度,具体到"光荣革命",它被认为限制了政府权力,保护产权,因此促进了投资和增长。奎因(Quinn,2001)已经表明,虽然英国政府债务的风险溢价在"九年战争"后消失了,但是私人投资者关心的"私人"利息实际上提高了。同样,克拉克(1996)发现,1540—1837年间,诸如"光荣革命"那样的政治事件与私人利息之间没有关联性,虽然在此后一部著作里,他发现"光荣革命"对英国全部工厂生产效率增长也没有影响(Clark,2007a,chapter 11)。正如艾伦(2006)注意到的,琼-劳伦特·罗森塔尔(Jean-Laurent Rosenthal,1990)的著作进一步批判了看待经济史的"新辉格党"视角。事实远非如此,法国的财产权不是不受保护,也有明晰的产权界定,在旧制度下,地主能够阻止改善有利的基础设施,如灌溉工程等。①

英国拥有小型政府优势的假设也非事实,因为正如我们在前一章已经看到的,在18世纪大多数时间里,英国从每个纳税人身上榨取的收入远多于法国。的确,1688—1815年,政府开支占全国开支的份额大幅增长,虽然不同作者估计的数据各不相同。按照奥布莱恩(1988:3)的估算,政府开支的份额从1688年的微不足道上升到滑铁卢战役之前的近1/5,18世纪大多数时候保持在10%左右。克拉克(2007a,table 7.3)认为,1760年后,税收占14%~16%,而克鲁泽(1993)的数据表明,18世纪大多数时候英国税收占国民收入约20%,而法国政府徘徊在10%~13%。② 因此,近来经济史学家的著作削弱了"华盛顿共识",这种观点认为小政府和低税收是英国成功的基础,而且这两者都被代议制政府的事实所支持。回顾证据,霍夫曼和诺伯格(Hoffman and Norberg,1994:299—300)的观点非常明确,他们的结论值得详细引用于此:

假如英国道路是通往自由的唯一道路,那么历史学家假设代议制机构,如英国议会,就是人民反对贪婪而专制财政的唯一武器。他们描绘了欧陆君主们洗劫被压迫的臣民、残酷践踏财产和自由……这是典型的、根深蒂固的英国关于早期近代国家建设的观点,其中大多数已经变成了常识……从比较史学来看,最自由的人纳税最少的观点无法成立。如果我们比较西班牙、法国、英国和荷兰的税率,就会发现,在绝对专制主义国家,如西班牙和法国,税收相对轻微……最终,代议制政府,而不是绝对专制主义君主被证明是更卓越的榨取收入机器……自由是富裕而强大的国家兴起的必要条件。

为什么事情竟然是如此?范赞登和普拉卡(Van Zanden and Prak,2006)指出,在生产公共产品方面,国家集中资源有一些优势,但是首先需要解决各种实际问题。潜在的纳税人需要被再次保证被赋予了权力的国家将不会背叛他们,虽然个人"搭便车"的诱惑仍然存在,让他人为了公共产品而纳税,他们自己则享受利益。对范赞登和普拉卡来说,公民权提供了解决"代理权问题"的方法,

---

① 埃普坦(Epetein,2000)强烈批评了"新辉格党"的观点。
② 邦尼(Bonney,2004:202—203)也引用了它。

公民权被定义为"行为人与国家代理人之间可实施的相互关系"(Tilly,1996：8)。公民必须纳税,而且拥有参与决定税收管理和使用的政治过程的权利。被选举出来的官员也拥有政治权利和义务,这意味着"税收必须以公平为基础而征收,必须透明,被迫纳税的公民必须受到尊重"。结果是以公民权为基础的国家而不是强制力量,实际上能够征收更多的税收,而不是更少。

这些理想的公共产品可能是什么？在一个"军事革命"大幅提高维持常备军成本的时代、在一个没有超国界的组织维护和平的时代,在一个国家通常使用武力排除彼此的产品进入受保护市场的时代,国防就是一种公共产品。英国政府开支的压倒性份额,按照奥布莱恩(1993)的说法,有83%是用于军事目的。① 作为国民收入的一部分,大约16%(20%中的80%)用于军事开支,远远超过私人资本形成占国民收入的比例(Ibid.,135)。在这些军事开支中,超过60%被拨付给皇家海军(Ibid.,138)。因此,英国无疑统治了海洋,但是代价巨大,涉及高额累退税和国债的大幅增加。

无论如何,这个结果仍然是一个争论不休的问题。我们在第五章注意到的证据表明,早期近代贸易和经济繁荣之间的关系密切,这意味着一个国家的利益是保护市场而不是把市场拱手相让于经济和军事竞争对手。我们还详细论述过,对于英国那样的欧洲小国来说,如果它的工业革命想要持续,海外市场就是至关重要的。帝国领土以及工业品销售和原料供应海外市场的扩大,当然正是重商主义者所期望的,使用"武力"以便获得"富足"。从这点看,1688—1815年无疑是巨大的成功,荷兰人被超越、法国人被打败。但是,亚当·斯密及其现在的自由派追随者已经而且将继续认为,这个开支的大多数都被浪费了,不必要地压缩生产效率更高的私人投资。当然,上述观点建立在以下前提之上：私人领域依靠的市场和原料供应始终是存在的。对这一观点的结论性评价不得不在反事实的历史中进行大量令人难以置信的实践：如果根本没有帝国扩张,结果会如何？这个练习的一部分是评估荷兰和法国对英国的纯防御姿态会做出什么反应？很难说它们不会通过扩张自己的帝国而力图取代大英帝国的事

---

① 正如我们在前一章所见,布鲁尔(1990)的估算稍微低一点。

业,给反事实的被动的英国造成不利。普遍自由贸易被认为比以军事胜利为基础的英国与殖民地贸易更对英国有利,但是在早期近代这几乎是不现实的选择。无论如何,我们所知道的是,欧洲三大列强之间为了经济领先地位而进行的长期而残酷的竞争最终以英国完全胜利而告终。认为英国取得这个成就的军费开支和政策削减了英国人民福利的看法似乎有些书生气,无论如何,上述关于英国"被动"姿态的假设仅仅是一种假设,在现实中永远得不到印证。

在此之前,鉴于贸易对工业革命的重要性,我们似乎有理由得出这样的结论:英国在海外的军事成功是英国而不是法国最先成为工业化国家方面发挥了重要作用。[①] 美国在工业革命开始进入关键阶段的时刻赢得独立,这个观点可能会遭到反对,但是对我们来说,这似乎忽略了经济学家的术语"路径依赖"在决定双边贸易类型中的重要性。有许多理论上的原因可以解释为什么两国之间的贸易史会使它们倾向于在将来互相进行更多贸易。第一次进入市场可能会有一次性的成本,一旦这些成本沉淀下去,后面的贸易就会得到促进。另一种方法是,个别商人、生产者和零售商之间的贸易历史也可能导致他们之间建立信任,因此降低贸易成本。无论什么主要原因,实际上一群国家之间的贸易是自我延续的(Eichengreen and Irwin,1998),而大量经验文献已经确定,即使在今天,过去殖民地联系的历史仍然促进从前的殖民地与殖民者之间的贸易关系(如,Rauch and Trindade,2002)。此外,即使获得独立之后,美国仍然是一个说英语的国家,它的白种居民大多数是英国人的后裔。经验主义的贸易文献也毫不含糊地认为一种共同的语言通过降低交易成本而能促进贸易,正如 20 世纪后期海外华裔人际网络已经表明了对贸易的促进作用。因此,在《巴黎和约》[②]签订之后很长一段时间,英国仍在继续促进它与美国的贸易。1821 年,美英战争刚刚过去,美国从英国进口占总进口 44%,而从法国进口只有 7%(Carter et al.,2006)。

---

[①] 这当然不是否认其他因素的潜在作用,如英国丰富的煤炭储量,虽然人们在这里也可以像鲍勃·艾伦(2006)一样认为,英国煤炭工业的发展主要是由于伦敦的扩大,而伦敦扩大是贸易繁荣的结果。

[②] 这里的《巴黎和约》是美国和英国为结束美国独立战争而缔结的和平条约。1783 年 9 月 3 日签订于巴黎附近的凡尔赛。——译者注

### 为什么是欧洲而不是亚洲？

为什么工业革命发生于英国而不是法国或荷兰的问题，还不如更普遍性的为什么欧洲率先转向现代经济增长，而不是亚洲或伊斯兰世界的问题更具有根本意义。正如我们在前面几章看到的，起初伊斯兰世界和宋朝的经济制度比西欧先进得多。西欧外部的市场组织、货币制度、手工业技术都比西欧发达得多。以城市化为例，西欧无法与巴格达、开罗或开封、杭州相提并论。我们还看到，在千年之交初期，伊斯兰世界与当时已知世界都建立了直接联系，而西欧只熟悉东欧和伊斯兰世界，而且了解有限。从科学知识和哲学思考来说，伊斯兰世界继承了古典古代的成就，而它们主要通过安达卢西亚的学者从阿拉伯语翻译成拉丁语才进入欧洲。

但是，正如我们也已经看到的，欧洲并没有耗费许多世纪，就在商业技巧、农业和手工业技术方面赶超了伊斯兰世界。当西方"兴起"时，世界其他地区正在发生什么呢？较早的西方历史学有一个简单的答案：什么也没发生！在黑格尔的《历史哲学》和马克思的"亚细亚生产方式"传统中，他们认为非西方民族只是一连串"东方专制君主"的遗憾传说，以控制重要的灌溉工程为基础，借此压迫人们以实施绝对专制权力，阻止任何代议制机构和个人创新精神的发展。从长期来看，如果任何成功的商人或企业家的财产被没收，经济发展就是不可能的。正如马克思所说的，尽管有些残酷无情，但正是西方的掠夺性扩张政策发挥了必要的历史作用，"重创"停滞的亚洲社会的"中国长城"，英国人把铁路引入印度，结束了印度自给自足村落的千年封闭状态，最终使它们开始实现经济增长，如果没有殖民主义者的入侵，印度不可能取得这样的进步。受到马克思的鼓舞，但没有马克思那般客观的分析，后来的一些西方学者认为，如果自我封闭，那么任何社会都会遵循同样的发展道路，但是非欧洲社会被西方掠夺性的帝国主义阻止了这样的发展，西方的"原始积累"榨干了非欧洲社会的资源，以确保它们自己的霸权。因此，左翼对第三世界的同情和团结并不必然排除同样的欧洲中心论。

东方停滞论也是20世纪最伟大的社会科学家马克斯·韦伯影响巨大的观

点之一。作为博学而具有敏锐洞察力的人,韦伯撰写了各种也许可以称为全球发展比较社会学的论著,不仅包括新教伦理与西方资本主义兴起的联系,而且包括宗教在中国和印度的作用,以及为什么这些宗教没有发生相应的转变。他在西方看到了各种社会互动形式朝着"理性化"演变,在"尘世禁欲主义"驱动下,私人空间与公共空间分离,而且导致资本主义和非个人的"理性合法的"官僚制度的最终出现,而官僚制度将使自然和传统社会发生转变。但是,东方发展理性只是达到行为适应外界形势为止,而不是达到"掌握"它们,并且像西方宗教改革和工业革命后那样创造一个新世界。自然和社会世界只能靠"巫术"和诸如儒家仪式等抚慰,或者通过印度教和佛教的禁欲主义获得个人精神满足而逃避。韦伯意识到中国和印度存在大量商业活动,但是他声称只有在西方,理性的复式簿记法和资本会计才能发展出来,如果没有这些,经济生活就不能说具有真正的理性基础。

当印度长期沦为英国殖民地、中国从晚清衰落进入军阀混战和社会混乱的时候,韦伯的研究正好出现了。只有日本已经成功地发生了经济和社会转型,西方把日本人当作名义上的"西方人"而与他们打交道,如种族隔离时期的南非一样,但是他们仍然怀疑印度人或中国人能够完全发展或进入现代。当然,在韦伯之后,特别是最近 20 年,随着许多西方人现在担心中国和印度经济的快速发展正在威胁他们的经济安全,这种态度发生了逆转。韦伯的影响仍然很强大,最近出版的《剑桥韦伯指南》(Cambridge Companion to Weber, Turner, 2002)仍然几乎不加批评地重复了韦伯的观点,分析中国和印度问题。

然而,我们广泛论述的 7 个区域的经历已经表明,7 个区域(而不仅仅是西欧)都在经历着显著的经济和政治变革,包括内部的变革及和平或战争时期的外交变革。"任何"区域的技术、人口和社会政治组织都不是一成不变的。按照我们已经应用于欧亚大陆东部和西部的马尔萨斯人口经济模型,诸如早熟稻在中国、伊斯兰世界"黄金时代"被引入中东的东方作物等重大革新,提高了生产率,增加了人口,而战争和瘟疫急剧地破坏了社会秩序并减少了人口。工业革命前,中国和印度人口一直比较众多的原因是它们长期经济成功的表现,而不是失败的表现。

直到18世纪,即直到工业革命,印度棉布和中国丝绸、瓷器都是世界领先的手工业出口产品。往返于印度洋沿岸各地的印度商人在1 000多年里,至少与东印度公司公平竞争,这种状态一直延续到18世纪。奥斯曼、萨菲和莫卧儿帝国、清朝,都不仅仅实行君主专制,而是复杂的多民族国家建设的实践,比哈布斯堡王朝复杂得多。这4个国家都是强大的军事机器,由生产性的农业经济维持,受到国内外大量商业的影响,在18世纪西方侵入之前,这些商业都是无法渗透的。在"商业时代"之前,东南亚国家远非不愿意参与贸易,而是渴望相互之间、与中国和伊斯兰世界贸易,正如安东尼·里德指出的,无论如何,东南亚的"商业时代"不是由瓦斯科·达·伽马所开启的,而是近100年前由明朝郑和下西洋所开启的。当他们与葡萄牙人接触后,他们不是被动参与贸易,而是积极地利用葡萄牙人可以提供的火枪和雇佣兵服务,建立自己的庞大帝国。

杰出的文化人类学家杰克·古迪(Jack Goody,1996)强烈批评韦伯关于东方缺乏理性的学说。他指出了一个事实:地中海世界有长期的账目登记历史,(正如第三章注意到的)意大利商人通过与伊斯兰世界贸易而熟悉了这些方法。他还列举了古代到早期近代印度和中国的大量理性和有目的的商业活动。东方和西方的商业实践都经历了漫长的变化,挑选西方无疑领先的时刻、以"科学"或"理性"去描述它的实践,认为这是东西方绝对的本质差异,并暗示东方的实践不可能超越常识的水平,这些做法都是不合理的。

同样,汉学家伊懋可(1984)等已经指出,使用一成不变的"理想化类型"去概括2000多年中国社会的特点是一种无效的研究策略。它无法解释同一时刻中国不同地区或同一地区在不同时刻会产生不同的后果,如果唯一的解释方法是所有时间和地点、所有单个实践者拥有相同智力的话。众所周知,弗兰西斯·培根认为他那个时代的三个最伟大发明是指南针、活字印刷术和火药,毫无疑问它们都是中国发明的,尽管正如某些人所争辩的,它们后来被欧洲人独立地再次发明。14世纪早期,中国发明了黄麻纺锤的机械装置,与同时期意大利的卢卡和博洛尼亚用于原丝纺织的纺锤非常相似(Elvin,1989)。① 15世纪初明朝郑和下西洋的航行,就使令人印象深刻的宋朝航海成就黯然失色,18世纪清朝的扩张规模也是非常壮观的。因此,虽然中国没有发生18世纪英国那样的工业革命,但是这些成就本身足以让韦伯提出的中国社会缺乏"理性"的观点根本站不住脚。当然,一个修建长城和大运河、明朝开展下西洋的社会,怎么可能从未"征服"过自然呢?

亚洲"利维坦"国家的刻板形象也不能与有限的欧洲政府一样经得起详细考察,因为正如已经注意到的国家,如英国和荷兰,都拥有按当时标准衡量的"大"政府。虽然正如我们在前一章看到的莫卧儿帝国,鼎盛时期控制了18世纪英国那样的国家资源,这在非欧洲世界是个例外。费维凯(Feurwerker,1984:300)估测1550年左右,明朝税收占国民收入4%～8%,2个世纪后,占2%～4%。早期近代奥斯曼帝国税收占国民收入不足4.5%(Clark,2007a,table 7.3),18世纪晚期则只有2%～3%(Pamuk,2004:243)。最后,通过指出欧洲更自由的经济政策来解释欧洲的成功也注定是徒劳的,至少在本书关注的贸易方面是如此。按照早期近代的标准,欧洲人遇到的印度洋是自由贸易的天堂,卡里库特和马六甲等港口采取了比当时欧洲任何国家都更自由的政策。正如我们已经看到的,欧洲人并未在达·伽马之后把自由贸易带到亚洲,反而以武力威胁实行垄断贸易。更通常说来,没有证据表明,早期近代欧洲有更有利于市场的政策造成更有效的商品市场。在最近发表的一篇重要论文中,薛华和凯勒(Shiue and Keller,2007)分析了17—19世纪欧洲和中国的粮食市场,发现直到18世纪80年代,中国的市场与欧洲市场一样有效率。正是工业革命后,而不是之前,欧洲市场超过了中国。

遗憾的是,破易立难。批评他人比令人信服地回答这个社会科学最持久的问题之一要容易得多。在我们看来,有几点值得强调。第一,单一原因的解释显然完全不满意,争论的主要参与者现在已经在某些方面达成了共识。第二,

---

① 艾伦(2006)认为,正是低工资而非缺乏"理性",是这种机器在中国不受欢迎的原因;虽然中国社会具有工业化的能力,但是它缺乏工业化的动机。中国未能实现工业化仍然是一个引发重大争论的主题(Mokyr,2005b)。

显然相关的一点是我们需要区分欧洲增长的必要条件与充分条件。"西方的兴起"的确需要大量必要条件,但是它们不是充分条件,因为在许多情况下,我们发现同样的条件也适用于世界其他地区。第三,如果关注点是"为什么亚洲没有兴起",而不是"为什么欧洲兴起",那么我们需要从不同的角度解释中国、伊斯兰世界或东南亚彼此不同的经济和社会历史。第四,正如我们已经看到的,世界各个地区不是孤立地发展,而是通过贸易、战争、传教活动和其他大量渠道彼此深刻影响。把各个地区当作孤岛,并具有孤立发展出来的一系列特点的解释,显然错过了大部分画面。欧洲与世界其他地区的联系是解释其发展的关键,因此如果不参考技术在亚洲和欧洲的传播,或者欧洲海外扩张等因素,转向现代增长的起飞就无法理解。反过来,这些现象只能被解释为各种长期历史过程的后果。古迪(1996:41)精确地总结了我们的方法,"资本主义必须被看作一系列事件突变的结果,而不是某一突发的刺激性因素的结果。在这一系列事件中,有些事件发生于西欧范围之外,尤其是文艺复兴之前。当东方的生产制度正在产生新的发展时,这种情况今天似乎正在重演。风水轮流转,在某一点处于先锋的(正在现代化)社会让位于其他社会。从更长的时间跨度来看,没有任何一个地区对现代社会的诞生负有完全的责任"。

在这些更广泛的争论背景下,我们对贸易在促进增长中的作用能说什么呢?首先,我们已经遇到的许多文明开化显然扎根于贸易扩张、商业化、劳动分工的扩大。如东南亚的"商业时代"或欧洲的"商业革命"明显是真实的例子,但是宋朝经济奇迹也是真实的插曲。正如在第二章中注意到的,宋朝奇迹主要是日益增长的商业化和专业化分工驱动的,与发达的内陆水运的发展有关。有趣的是,从我们前面有关英国的观点看,摩根·凯利(Morgan Kelly,1997:955)认为,"市场扩张通过专业化分工加强不仅导致产量提高,而且增加了创新的动力……在一种维持生存的经济中,没有把剩余产品运输到市场的手段,那么11世纪采用早熟稻就没有任何价值……同样,11世纪增长了4倍的生铁产量的大多数是由东北几个大型铁厂生产的……(这)导致东北森林的迅速砍伐……为焦炭作为替代燃料提供了诱因和来源"。

因此亚洲的文献确认贸易与增长是紧密相连的。但是,中国的例子也告诉我们,接近市场不是现代增长起飞的一个"充分"条件,尽管中国市场庞大,为未来的企业家提供了他们渴望的消费者。在英国这样的小经济体中,只面向国内消费者销售产品是行不通的,因此国际贸易是英国经济增长的必要条件。但是,为了解释中国没有起飞的原因,历史学家需要寻找其他原因,特别是正如我们已经看到的,按照欧洲标准,早期近代中国市场已经很好地融合为一体了。

另一个的确是欧洲成功的必要条件但不是充分条件的解释是日益强烈的欧洲"国家体系",我们在许多场合已经暗示了它(Jones, 2003)。欧洲政治分裂,众多不能被一个中心控制的互相竞争的国家,意味着社会、政治和经济政策以及各国为了争夺军事和经济霸权之间拥有更多的选择余地。欧洲的自由城市,被韦伯单列出来作为欧洲的特色和未来发展的根本因素,特别是意大利城市国家的"商业革命",为扩张时代增添了光彩,这种扩张于14世纪初开始减慢,随后受到"黑死病"的灾难性打击。

我们发现,欧洲国家之间的竞争导致有利的财政"逐底竞争"、流动的劳动力和资本限制了政府征税的能力,这种观点是没有说服力的,因为正如我们已经看到的,工业革命前夕,英国税收是很高,而不是很低。相反,事实是,政治分裂使欧洲难以压制不利的思想,退出选项也使得欧洲的"知识市场"比一个与反事实的统一大陆更加强大。更好的是,共同的欧洲文化确保各种思想能够突破边界而流传,甚至当思想家不能跨越边界时。因为欧洲的"国家体系"的确可能为17世纪科学革命、18世纪启蒙运动做出了贡献,这两者为后来欧洲经济起飞无疑发挥了重要推动作用(Jones, 2003; Mokyr, 2002, 2005a, 2006)。

显然,欧洲的"国家体系"也促使欧洲各国保持军事竞争。对琼斯那样的学者来说,这个体系是欧洲长期成功的一个重要原因,中国是一个天然比较对象。因此,中国不能生产现代枪支的事实可以说明在一个缺乏军事竞争刺激压力的社会里将会发生什么(Landes, 2006)。但是,即使上述观点对中国是正确的,政治分裂也"是"南亚和东南亚的一个特征。正如我们已经看到的,东南亚国家迅速采用了新的军事技术,在一定程度上可以支持琼斯的观点,即新军事技术的运用是变革的动力。另外,正如第四章已经注意到的,政治分裂是欧洲小国能够成功控制印度沿海、最后控制内陆的一个原因。此外,公元750年以来,伊斯兰世界也是以国家之间的激烈竞争和享有共同文化为特点,这种特点在西欧显然是有利的,但是在伊斯兰世界它最终却引起衰落。杀戮同宗教徒的意图似乎不如充足的大市场,成为经济快速发展的充分条件。

对我们来说,地理条件似乎是国家之间互相竞争不成比例地有利于西欧的一个原因。位于欧亚大陆西端的边缘地理位置使英国免受蒙古人的侵略,而穆斯林城市如巴格达和大马士革遭到成吉思汗后裔的破坏。正如我们所看到的,对西欧来说,蒙古"震荡"是一个积极因素,而它对伊斯兰世界却是一个消极因素。在其他时候,欧洲的位置使它受穆斯林中间人的支配,这给予欧洲人强烈的参与航海探险的刺激。单靠地理位置就可以让任何控制红海和波斯湾的国家获得转手贸易的大量利润。但西欧是一个终点站,而不是东西方贸易商路上的转手站,这意味着各国寻求新的以贸易为基础的财源将不得不追求侵略性的军事战略。特别是要求海军力量控制航道或者生产香料或奢侈贸易商品的地区。事实上,一旦在亚历山大和贝鲁特购买了亚洲进口商品,要攫取剩余利润,就必须用武力将其他欧洲国家排除在地中海贸易竞争之外。加上更普通的地中海第一重要、大西洋次之的战略,这意味着欧洲人享有显著的海上力量优势,发展了从本质上说是流动火炮平台的船只。正如我们已经看到的,这种"大炮与风帆"的结合(Cipolla,1965)是欧洲建立对亚洲的霸权的一个重要因素。按照菲利普·费尔南迪斯-阿尔梅斯托的看法,同样重要的因素是欧洲人拥有到达大西洋"有利风向和洋流"的便利,而大西洋是到达"世界其他地区的高速通道"。相反,亚洲航海家面临的条件就要差得多了:费尔南迪斯-阿尔梅斯托简单地归纳它为,"要想开始世界范围的冒险,占据有利位置是至关重要的"(Felipe Fernández-Armesto,2006:149)。

欧洲拥有的另一个更重要的地理位置优势当然是比较接近美洲。西欧更可能是"偶然发现"这个比世界其他任何地区更广袤的大陆,"实力"支撑下追求

"富庶"的竞争确保欧洲人不会长期尽最大努力在美洲探索资源。为了支持"军事竞争"观点,奥斯曼帝国四面受敌的事实,与萨菲帝国、俄罗斯、西欧接壤,也许有助于解释为什么他们在军事上保持了这么长时间的相对竞争力,为什么他们如此愿意利用外国技术专家,为什么他们的经济和政治制度展示了革新的强大能力(Pamuk,2004)。但是奥斯曼的地理位置也意味着领土扩张是不可能突破一定限制的。撒哈拉无法取代大西洋,新大陆的不义之财将被西欧列强获得。这不仅赋予大西洋经济"伟大边疆"的庞大资源(Webb,1952),它还通过为欧洲提供一个"必要的安全阀门",有助于保存欧洲国家体系本身(Jones,2003：108)。

对我们来说,不同地区对共同震荡的应对方式是值得强调的另一个因素。同样,正如在第三章已经注意到的,从长期来看,西欧应对黑死病的方式似乎比伊斯兰世界更有利。近来经济史家的著作已经显示,虽然黑死病之后欧洲、伊斯坦布尔和开罗的实际工资提高了,但是那些挣取工资的人在西北欧比其他地区多得多(Pamuk,2005,2006)。我们还看到,正是在中世纪后期,伊斯兰世界与西欧的经济关系发生了逆转,前者从手工业产品出口者正在变成初级产品出口者。第三章推测,这部分是由于两个地区应对黑死病引起的实际工资暂时增长(利润暂时下降)的不同方式。在西北欧,高工资导致有利的人口反应,这种反应有助于"锁定"暂时的工资挣取者,促进了各种节省劳动力的技术革新(Herlihy,1997)。相反,黑死病削弱了马穆鲁克的财政基础,导致损失转移到贸易和商业税收上。的确,14、15世纪,它的主要财源越来越依靠与威尼斯和其他意大利城市通过红海的香料转手贸易的税收,香料转手贸易的增长得益于黑死病之后欧洲的经济繁荣。1498年葡萄牙开辟绕过好望角的航路后,1517年马穆鲁克王朝被奥斯曼帝国兼并似乎不完全是巧合。

从历史文献看,欧洲对亚洲的优势似乎耗费了很长时间才建立。关于工业革命期间的经济增长新数据明确地说明了这种情况(因为如果18世纪后期的增长比此前想象的要慢,那么工业革命前欧洲人的收入一定比此前想象的要高)。罗伯特·艾伦和其他学者近来关于长期实际工资发展趋势的论著也确证,在英国起飞走向现代经济增长之前,西北欧的生活水平比亚洲高(Broadberry and Gupta,2006)。① 显然,西欧内部力量、有利的外部影响,如科学技术从亚洲和伊斯兰世界转移等,促进了西欧千年之交以来的增长。例如,在最近一篇令人着迷的文章中,布林和范赞登表明,6—18世纪,欧洲的书籍出版以每年1%的速度增加,从6世纪每年大约出版120部手稿增加到1790年出版2 000万部手稿(Buringh and van Zanden,2006:11)。增加得特别迅速的时期是8、9世纪,1000—1250年,黑死病后的恢复期间,15世纪中期古腾堡发明活字印刷术之后。

显然,欧洲社会内部众多本质因素是这些长期趋势的原因。但是我们希望读者将认识到中世纪和早期近代贸易在推动经济社会发展中所起的重要作用:世界各地之间的互动是决定结果的关键因素。即使莫基尔(2005b:339)这样的作者也认为,"启蒙运动的根源是中世纪后期和16世纪的商业资本主义",虽然他认为工业革命的根源非常明显是科学革命和启蒙运动,正如我们看到的,长途贸易与后一种现象紧密相关。此外,除了我们一直强调的机械外,还有其他因素发生作用。例如,重商主义时代贸易的政治重要性赋予商人实力,导致有利于商业利益的立法(Acemoglu et al.,2005)。热带作物的进口不仅扩大了政府的税收基础,而且给予工人挣钱的新理由,因此有助于刺激工业革命(de Vries,1993,1994)。总的来说,我们不得不得出结论:欧洲海外扩张是其长期成功的一个重要原因。因此,关于为什么欧洲从军事上和政治上支配亚洲而不是相反,一些结论性的话似乎是按顺序排列的。

虽然17世纪欧洲的确经历了"军事革命",明朝郑和下西洋有力地证明,中国至少在15世纪早期拥有海外扩张的能力。虽然有"能力",但是缺乏"动力",因为优先陆地边界防御注定在宫廷派系竞争中胜出,因为中国比较自给自足,在我们看来,市场的有限性恰恰是西欧扩张的另一个关键地理因素。的确,正如我们在上一章已经看到的,虽然欧洲各国计划在美洲和南亚扩张它们的海外

---

① 按照艾伦(2007)的说法,直到17世纪后期,印度的实际工资仍然与英国一样高,但是18世纪则低于英国,所以到1800年,英国生活水平远高于印度。

势力,但是清朝统治下的中国投身于广大的西部战役,镇压准噶尔贵族叛乱,以确保这一地区将来不会出现任何威胁。因此这里也许不适合研究为什么中国没有效仿欧洲列强,通过企图扩大市场和取得海外原料。据说郑和带回中国的长颈鹿无疑是帝国动物园一个受欢迎的新成员,但它的战略重要性不足以保证对航海探险的持续承诺。蒙古威胁在西欧是一个遥远的记忆,但是对中国统治者来说,这是他们的西部边界现实的危险。他们没有认识到,新的和更大的危险已经出现于他们的东部沿海,他们根本没准备面对它。

1793年,乔治三世派遣经验丰富、曾经在印度和加勒比地区待过许多年的马嘎尔尼勋爵,进行了著名的觐见乾隆皇帝的无果外交活动。为马克斯·韦伯作铺垫的马嘎尔尼对他的出使失败表示遗憾,他在日记中写道:"中国只是一艘破败的头等战船。如果说在过去150年间依旧能够航行,以一种貌似强大的外表威慑邻国,那是因为侥幸出了几名能干的船长。一旦碰到一个无能之辈掌舵,一切将分崩离析。"(Spence,1990:123)这被认为是理性不安的西方与它所认为的平静自满的东方的一次交锋,但是"历史充满了人为的不确定性",这次交锋的最终结局,现在仍是个未知数。

## 结论

欧洲工业革命的成功与贸易和海外扩张紧密相关,海外扩张在欧洲中世纪最后一项伟大成就"地理大发现航行"之后,贸易和海外扩张开始加强。在地理大发现之前,已经有一些历史的先行者,特别是维京人冲动地探索北大西洋,但是也表现在诸如十字军东征、"蒙古治下的和平"期间通过陆路与东亚联系以及维尔瓦第兄弟不走运的旅行等历史插曲(Phillips,1998)。这种典型的欧洲强烈欲望不仅来自欧洲渴望亚洲的贸易商品,而且来自其地理位置,这种地理位置使其容易遭受任何控制了红海、波斯湾和到达黑海通道的国家的控制。在这个意义上,穆罕默德与查理曼一样,应该对达·伽马的航行负责。

虽然工业革命的起源不可避免地与国际经济几个世纪的发展有关，但是它通过大量关键通道，反过来继续使国际贸易体系发生革命性变化。它开创了世界经济中的巨大经济不对称，使国际运输发生革命性变化，并有助于巩固欧洲对非洲和亚洲的地缘政治支配地位。工业革命在很大程度上不仅被贸易历史所解释；贸易也是理解后来贸易历史的关键，下面我们就要把注意力转向贸易历史。

# 第七章

# 1780—1914年世界贸易:大分工

如第五章所示,到18世纪中叶,世界贸易体系的发展已经日臻完善,该体系通过贸易几乎将全球各大陆都连接起来了。一方面,传统的欧亚大陆贸易往来仍然保持非常重要的地位,另一方面,大西洋现在俨然已经成为一座沟通桥梁,而不再是一道屏障,它既把欧洲与其美洲的殖民地连接起来,也使欧美两大洲与非洲的商品市场和奴隶供应相互连接。这些历经数个世纪形成的、明确界定的洲际贸易模式,将在1780年以后的几十年里被永久打乱,这对国际体系造成了一系列深刻的冲击。第一,是重要的经济冲击:工业革命。它是本书前一章的重点,也将在该书其余章节中占有显要突出地位。第二,该时期初期所经历的世界性军事冲突严重干扰了贸易活动。第三,美洲大陆一波接一波的独立运动使欧洲列强失去了其大部分殖民地。第四,1807年英国政府废除了非洲与其海外殖民地之间的奴隶贸易,丹麦曾在1803年采取了类似的行动(Engerman,1981:4—5)。1807年,美国也禁止跨大西洋奴隶贸易,而英国则继续努力阻止其他欧洲强国的大西洋奴隶运输活动。

这四次冲击以如此方式相互作用以至于"19世纪"——我们通常指的从

1815 到 1914 年这一历史时期——的国际经济状况与之前相比有着根本性差异。从表 2.1 矩阵数据来看,从 1500 年至 1800 年过去的这 300 年时间很大程度上是在填补以前留下的空白。然而,从这个时期开始,由于工业革命的爆发,这些互动作用的强度将会达到前所未有的高度。此外,由于工业革命最初仅限于西欧以及英国本土和殖民地区,因此国际贸易的结构和劳动分工将发生巨大变化,比以往任何时候都要不均衡得多。

正是在这样的时期把世界划分为"北半球"和"南半球",或者使用"第三世界"等术语,才开始具有了现实意义。尽管这类术语表达显然过于简单化——其隐含的含义要比它们所揭示的更多,但是为了表述方便的缘故,在本章中我们开始使用它们。与上文中提及的经济日益失衡相对应的是政治上的不平衡,这意味着当欧洲列强在全球范围扩张背景下,欧洲发生的事件对整个世界产生巨大的影响力,正所谓"牵一发而动全身"。因此,本章一开始就先论述其影响波及整个世界的欧洲冲突,即英国与其宿敌法国的革命战争和拿破仑战争。

## 战争与革命[①]

我们在第四章中看到,重商主义时期的特点是频繁的战争,它对国际贸易造成了损害。我们也看到,连年征战导致参战国爆发严重的财政危机,反过来,财政危机又引起美国和法国大革命的爆发。随之而来的是一场比以往的重商主义战争更大规模的冲突,而现在意识形态的维度早已充盈其中。1792 年,法国向奥地利和普鲁士宣战,次年 2 月 1 日,它向英国宣战。两个国家之间随后发生的冲突一直持续至 1815 年,期间只有两次短暂的和平间歇,第一次间歇期从 1802 年 3 月的亚眠和谈到 1803 年 5 月战争复发,第二次从 1814 到 1815 年间。

战争一开始,法国随即禁止进口多种英国商品,并于 1793 年 10 月禁止进口所有英国工业制品。在此期间,英国也封锁了法国沿岸。正如伊莱•赫克

---

[①] 以下三节大量引用了奥鲁克(2006)的著述。

歇尔(Eli Heckscher,1922)所强调的那样,重商主义的推论,特别是阻止敌对国通过出口获取贵金属的愿望,推动了这类措施的施行。① 这与20世纪两次世界大战时的政策形成鲜明对比,正如我们看到的,交战国试图封锁对手的食品和弹药进口。因此,18世纪90年代的封锁,以及后来的大陆封锁,有着明显的18世纪的味道。其中著名的事件是,在1810年当英国饱受作物歉收之苦而法国食物丰盛之时,拿破仑授权粮食出口企业向敌人出口食品,数量约占英国当年粮食消费额的13%(Olson,1963:65)。这项政策立场是基于这样一种希望,即通过向敌国提供粮食来换取黄金,从而使英国屈服,也基于这样的假设,即英国需要贸易顺差为其在欧洲大陆的战争努力融资。可是,它忽略了英国可以通过向欧洲大陆贷款为战争提供资金来源的可能性(Neal,1990:205),也引发人们进行与事实相反的猜测,要是拿破仑试图饿死英国人,那会发生什么事情呢?(Rose,1902;Heckscher,1922;Olson,1963)

欧洲的中立国从一开始就发现自己已经卷入了这场贸易冲突,尽管它们的根本意愿是希望继续与双方都保持贸易来往。波罗的海沿岸诸强国对此做出的早期反应是定于1800年12月组成"武装中立同盟",俄罗斯、瑞典、普鲁士和丹麦同意为同盟国的过往商船提供海军保护。② 英国政府禁止与该同盟成员进行贸易交往(普鲁士除外),并命令英国海军向哥本哈根发动攻击,最终导致该同盟于1801年解散。另外,对于中立的美国商船而言,这场战争最初几年的光景不错,它们发现将法国殖民地生产的货物运往法国是个有利可图的生意。其结果是美国再出口呈现繁荣景象,虽然这样的繁荣发展是否会为美国经济带来更广泛的利益,或者仅仅起到了"排挤"美国生产的商品的作用,依然是一个有争议的话题(North,1966;Adams,1980;Goldin and Lewis,1980)。

拿破仑在1805年对奥地利和俄罗斯的军事胜利以及1806年对普鲁士的军事胜利强化了他破坏英国制造业的企图。1806年11月,他颁布了"柏林敕令",宣布对不列颠群岛进行封锁。考虑到刚刚在上一年英国皇家海军在特拉

---

① 例外情况是,在国内粮食供应不足时,偶尔禁止粮食出口。
② 1794年这两个斯堪的纳维亚国家达成了类似的协议。

法尔加(Trafalgar)海战取得了压倒性胜利的情形下,这是一个富有想象力的政策。更严重的是,该法令禁止所有英国货物的贸易,并规定直接从英国本土及其殖民地开来的商船将被禁止驶入法国港口。至关重要的是,法国人现在不仅在法国,而且在西班牙、那不勒斯和荷兰等附属国也可以实施这一禁令。1807年,继法国在弗里德兰(Friedland)击败俄罗斯并签署《蒂尔赛条约》(The Treaty of Tilsit)之后,拿破仑大陆封锁的范围进一步扩大。

俄罗斯和普鲁士也加入其大陆封锁行动中来,使拿破仑能够将注意力转向葡萄牙,并在同年晚些时候成功入侵该国。由于担心拿破仑会强迫丹麦结成军事同盟,英国侵入丹麦并将其海军俘获,那么丹麦(和挪威)与法国结盟并加入了封锁英国的行列,也就毫不为奇了。最后,瑞典在1810年也被迫加入。

在这种情形下,欧洲的中立国不得不在贸易争端中选边站。接下来就轮到美国了。1807年11月,作为对拿破仑政策的回应,英国颁布一系列"枢密院令",根据这些命令,英国可扣押从敌对国殖民地直接运送货物到其母国的中立船只。当然,中立国船只仍然可以从敌对国殖民地那里运送货物到自己国家的母港,或从敌对国的殖民地到英国的港口,抑或从英国的港口到法国的港口。实际上,这意味着中立国的商船,特别是美国的船只,如果他们想把货物从法国殖民地运到法国必须进入英国港口。而拿破仑的反制措施是宣布任何进入英国港口的中立国船只都可以被扣押。在这一阶段,美国商人陷入了一个无法摆脱的困境:如果他们试图把法国殖民地的货物运到法国,无论他们怎么做,他们的船都将不可避免地会被英国或者法国扣押。1807年12月,托马斯·杰斐逊(Thomas Jefferson)政府的应对办法是向所有交战国的船运关闭美国港口,同时也禁止美国船只出港。这所谓的《禁运法案》于1809年被废除,取而代之的是一项只禁止与英国、法国及其殖民地贸易的《互不交往法案》(Non-Intercourse Act),该法案适用程度在随后的几年中由于时局严重性不同而有所变化(Heaton,1941)。

1810年拿破仑"大陆封锁"政策的施行达到了顶峰。该年12月31日,沙皇亚历山大向中立国船只开放了俄国港口。这是导致拿破仑在1812年6月对俄罗斯灾难性入侵的因素之一,其结果最终以高昂的代价与屈辱的溃退告终。随后,1813 年在俄国及其盟友面前,拿破仑的军队于莱比锡之役中遭遇了毁灭性的军事失败,1814 年初法国自己的领土也遭到入侵。1814 年拿破仑退位后封锁法案最终被废除,实际上,封锁法案在 1813 年夏季就已经分崩离析了。

另外,由于 1812 年贸易问题上持续不断的摩擦以及迫使美国船只上的海员为英国服务,导致美国对英国宣战。随后,英国封锁了美国的海岸,到 1814 年英国的封锁行动得到很大的加强,因为当时英国对拿破仑的军事胜利使皇家海军得以把军队重新部署到那里。本来"1812 年战争"会在 1814 年的圣诞平安夜于根特(Ghent)签署和平条约后就会结束,可是有关条约签署的消息传到新奥尔良的时间太晚了,因此 1 月 8 日发生的最后一次战斗竟没能避免,这也是该事件的闻名之处,同时也表明,当时的世界在许多方面仍然支离破碎。

**大革命与拿破仑战争:短期影响**

在一部经典著作中,伊莱·赫克歇尔(1922)认为,"大陆封锁"以及英国和美国采取的类似政策对国际贸易体系没有太大的影响,这是由于负责执行贸易限制的公职人员走私和腐败的结果。而克鲁泽(1987)则认为封锁从 1807 年中期到 1808 年中期产生了影响,从 1810 年春天到 1812 年冬天这段时间也可以看到其影响所在。弗兰克(Frankel,1982)和欧文(2005)都表明杰斐逊政府"禁运政策"确实严重地限制了美国的对外贸易。根据贸易量的现有数据可以看出,法国的进口量在禁运期间急剧减少,美国的进出口都大幅下降,特别是在 1814 年期间。在 1807 到 1814 年期间,法国和美国的进口额下降了 50% 多一点,美国的出口额下降了三分之一,而英国的贸易额只受到轻微的影响,从统计数字来看其影响意义不大(O'Rourke,2006,table 1,129)。然而,这样的证据想必无法使赫克歇尔感到信服,因为这些官方统计数据并没有将走私货物包括在内。

另外,相对价格为进口商品稀缺度变化提供了很好的指示作用,表 7.1 可以看到一些简要证据,说明冲突期间各国进口货物相对于出口货物的价格发生了何等变化。在每一种情况下,按照该表给出的百分比,无论从整个战争期间还是从 1807 到 1814 年的封锁期来看,相对进口价格皆超过其长期趋势。可以看出,欧洲和美洲的相对进口价格大幅上升,尤其是在封锁期间。在欧洲,英国制成品与大陆食品和原材料之间的传统贸易交换被中断,导致英国小麦和法国纺织品的相对价格上涨。但真正剧烈的价格变动涉及两大洲之间的货物贸易。

表 7.1　拿破仑战争对价格的影响(相对价格高于二次趋势的百分比增长)

| 相对价格 | 国家 | 战争 | 封锁 |
| --- | --- | --- | --- |
| (a)欧洲内部 ||||
| 小麦/纺织品 | 英国 | 19.03 | 41.35 |
| 纺织品/小麦 | 法国 | 16.58 | 19.84 |
| 纺织品/小麦 | 德国 | 6.74 | 5.71 |
| (b)欧洲—亚洲 ||||
| 胡椒/纺织品 | 法国 | 66.53 | 216.36 |
|  | 英国 | −27.22 | −8.21 |
|  | 荷兰 | 1.41 | 119.46 |
| 胡椒/纺织品 | 法国 | 19.10 | 109.82 |
|  | 英国 | −13.37 | 29.74 |
|  | 荷兰 | 15.13 | 167.37 |
| (c)欧洲—美洲 ||||
| 蔗糖/小麦 | 法国 | 63.31 | 195.03 |
|  | 英国 | 16.31 | −2.90 |
|  | 荷兰 | 17.87 | 165.10 |
|  | 德国 | 2.43 | 143.09 |
| 原棉/小麦 | 法国 | 6.46 | 114.28 |
|  | 英国 | −10.96 | −26.17 |
|  | 荷兰 | −9.47 | 11.45 |
|  | 德国 | −28.7 | 67.89 |

续表

| 相对价格 | 国家 | 战争 | 封锁 |
|---|---|---|---|
| 蔗糖/纺织品 | 法国 | 26.70 | 125.59 |
|  | 英国 | 38.44 | 37.25 |
|  | 荷兰 | 25.27 | 214.64 |
|  | 德国 | −4.04 | 129.95 |
| 原棉/纺织品 | 法国 | −19.76 | 78.81 |
|  | 英国 | 6.43 | 4.93 |
|  | 荷兰 | −2.31 | 31.23 |
|  | 德国 | −33.2 | 58.82 |
| 纺织品/原棉 | 美国 | 106.01 | 182.51 |
| 酒/原棉 | 美国 | 28.59 | 137.05 |
| 鲁昂布匹/白银 | 秘鲁(阿雷基帕) | 12.92 | 91.58 |
| 纸/白银 | 秘鲁(阿雷基帕) | 53.19 | 120.79 |
| 纸/白银 | 秘鲁(利马) | 46.87 | 111.77 |

来源：奥鲁克(2006)。

因此，1807至1814年期间，荷兰的辣椒相对于小麦价格翻了一番，法国增加了两倍，欧洲大陆引进美洲的棉花和蔗糖等商品相对价格涨幅也同样巨大。值得注意的是，德国的进口价格只在封锁时期才上涨，当时拿破仑政权势力影响向东延伸已跨过了莱茵河；英国从非欧洲国家进口商品的相对价格上涨幅度不大，考虑到皇家海军对公海的控制，这也在情理之中。

另外值得注意的是西班牙和英国（1796—1802年和1804—1808年）之间的海战严重扰乱了贸易，因此，美国和拉丁美洲地区的相对进口价格皆出现大幅上涨。

因此，原本纯粹的欧洲内部冲突，也对世界上非欧洲区域产生了很多重大影响。拉夫乔伊和理查德森（Lovejoy and Richardson, 1995）的奴隶价格数据为这种更广泛的跨洲影响提供了另一个例证。在英国奴隶贸易密集的西非以及向南更远的安哥拉，奴隶价格因进口贸易商品的成本而降低。如果把它们的战前水平（1788—1792年）定为100，那么西非的实际奴隶价格在1793至1797年间为91.6,1798—1802年间为122,1803—1807年为132.5,而1808—1814年仅为74.3,在1815至1820年间为40.3。随后,奴隶价格在19世纪20年代初回升至57.6,19世纪20年代后期回升至90.1。奴隶价格下跌的时机十分清楚地表明英国和美国废除奴隶贸易是最重要的推动力量,一份更能说明这一点的证据是安哥拉奴隶价格在1808年以后趋于稳定(Ibid.,table 3,113)。另外,战后的奴隶价格回升也同样表明这场战争在降低非洲相对出口价格方面的独立作用。

对于少数国家的情况而言,我们有关于冲突期间贸易条件的更系统的数据,这些数据转载自图7.1(阴影区指1807—1814年)。数据显示,瑞典的贸易条件明显恶化(即相对进口价格上涨),美国的贸易条件急剧恶化,特别是在1814年期间,而法国在1807年至1814年间出现严重恶化(在亚眠和谈期间有所改善)。英国的贸易条件也有所恶化,但下降幅度要小得多。反过来,这些冲击想必导致了有关国家福利的削减。欧文(2005)估计,在杰斐逊政府禁运期间,美国的福利下降了大约5%,而奥鲁克(2007a)研究估计,美国在1807年至1814年间每年的福利损失为4%~5%,同一时期的法国约为2%~3%,英国为1%~2%。

**大革命与拿破仑战争:长期影响**

显然,1792年至1815年发生的一系列战争对全球的国际贸易产生了重大而破坏性的影响,但它们产生的各种各样的长期影响也不容忽视,这些长期影响将会塑造下个世纪国际贸易政策的政治背景。一方面,经济封锁引发了贸易保护主义游说团体在北欧主要经济体的形成。这些说客们从贸易中断受益匪浅,因此,他们将尽一切努力阻止随后任何走向自由贸易的行动。另一方面,战争的爆发使18世纪重商主义国际体系中的几个贸易限制特征走向终结。

我们将从战争对19世纪全球一体化的负面影响开始讲起。在英国,随着地租的大幅上涨,地主由于农产品价格的上涨而获益。实质上,战后地主们的

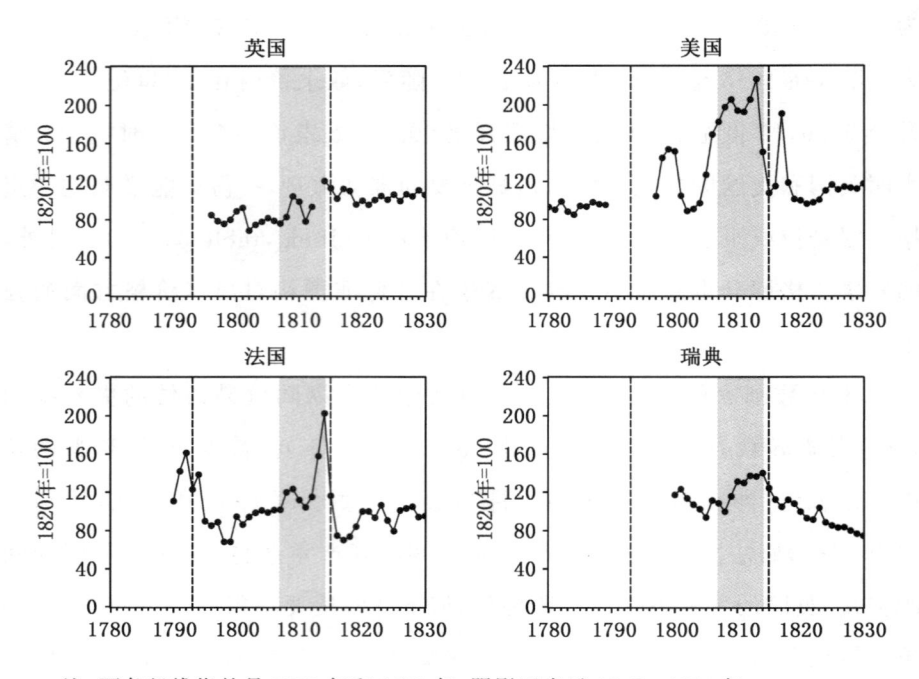

注：两条竖线指的是1793年和1815年，阴影区表示1807—1814年。
来源：伊姆拉赫(1958)、舍恩(Schön, 1984)、昆卡·伊斯特班(2004)和诺斯(1966)。
图7.1　1780—1830年进口价格相对于出口价格

游说导致了1815年《谷物法》的出台，在接下来的七年中，该法案有效地将外国谷物排除在英国市场之外。虽然这项法律在随后的几十年里逐渐放宽，但直到1846年才最终废除。19世纪末，欧洲最终走向更自由的贸易在很大程度上是英国以身示范产生的结果。

　　如果拿破仑战争没有介入贸易，英国可能会更早地实行贸易自由化吗？这种论点认为工业化[在没有战争的情况下会更迅速地进行(Williamson, 1984)]将导致强大的出口利益集团的出现，并随着他们政治力量的增长而最终获得胜利。如果没有爆发战争，对城市利益集团有利、可以促进自由贸易事业发展的特许经营权扩大化进程是否比1832年《选举修正法案》来得还要早呢？（毫无疑问，大革命和随后的战争并没有促进英国的自由主义改革。）或许，地主们早已将自己的利益分散到非农业经营中，并最终还是倒向自由贸易一方了呢(Schonhardt Bailey, 1991)？

虽然就上述问题给出明确的答案几乎不可能,但是英国和法国在 1786 年签订的《伊甸条约》中的一段显示,拿破仑战争确实严重地迟滞英国的自由贸易。这一段提到,该条约"结束了两国长达百年的贸易战争",废除了进口禁令,整体上降低了关税,"通常降至 10%～15%"(Heckscher,1922:20)。的确,即使两国之间没有发生战争,这项条约也可能最终失效。赫克歇尔(1922:20—23)报告说,该条约导致法国各行各业,特别是纺织业的抱怨之声四起,人们当然可以推测,这种压力最终会产生不良后果。另外,尽管保护主义诉求压力很大,但是刚刚经历大革命的法国在 1791 年的关税仅仅提供了适度的额外保护。1793 年年初,在两国之间的紧张关系升级和战争爆发前不久,法国便通告废除了《伊甸条约》。然而,只是法国人摒弃了该条约,英国人没有。英国领导人在现阶段已经受到亚当·斯密和其他经济自由主义者思想的影响。因此,表面上看来,法国和拿破仑战争使英国自由贸易政策的实施可能推迟了几十年。①

在法国,封锁的分布效果更为复杂。18 世纪,许多法国传统产业都与大西洋经济紧密相连,自然也就遭受严重损害。这些产业包括殖民地商品加工业(如制糖业)、海外市场服务业(如亚麻业),以及直接与航运相关产业(如造船业、制绳业、船帆制作)(Crouzet,1964)。而替代进口业,例如棉纺织业,尽管原棉价格上涨,但由于没有来自英国的竞争而受惠。因此,在 1806 年至 1810 年期间,机器纺纱线的产量翻了两番,法国北部和东部城市如里尔(Lille)和米卢斯(Mulhouse)的纺锤数量有了惊人的增长,同时,现今的比利时以及萨克森(Saxony)等法国控制地区,走锭精纺机的数量从 1806 年的 13 000 只增加到 1813 年的 256 000 只(Ibid.,576)。夏伯特(Chabert,1949:347—349)报告显示,法国战争期间的利润增长速度比任何其他收入类别都要快,而纺织业亦是如此,尽管原材料的价格成本很高:他报告了几个纺纱厂厂主和其他工业家在战争期间赚了大钱的案例。因此,法国工业重镇从大西洋沿岸转向内陆地区,其发展方向也发生了变化,从外向型转变为内向型,以进口竞争为主导。战后,

---

① 相反的观点可能是,19 世纪广泛的贸易自由化可能需要英国的霸权,从而以英国对法国的胜利结束战争。

这些产业不断游说以寻求政府保护,当然,他们的要求一般也都得到了满足。

欧洲甜菜制糖业就是这种现象的一个特别显著的例子。德国化学家安德里亚斯·马格拉夫(Andreas Marggraf)于1747年成功地从甜菜中提取了糖晶体,到世纪之交第一批精炼厂开始生产糖。1811年,面对日益严重的食糖短缺问题,拿破仑颁布法令千方百计地促进甜菜的种植,导致炼糖厂数量迅速增长。由于热带生产者保持着重要的潜在成本优势,这种最终蔓延到北半球其他几个国家的新型产业很快就得依赖政府的补贴和保护。事实上,政府对生产和出口的补贴变得如此普遍,以至于在1902年欧洲九个国家(不仅代表北方甜菜制糖利益,而且代表着南方甘蔗种植利益,因为南方有殖民宗主国支持)便签署了第一个国际初级产品协议——《布鲁塞尔公约》(Brussels Convention),旨在废除糖业补贴(Taussig,1903;Viner,1923:178—186)。

因此,在这一产业中,战时进口替代不仅对后来的贸易政策产生了长期影响,而且对热带地区糖生产者产生了巨大的负面影响,特别是从19世纪70年代以来。1860年至1900年间,欧洲国家在世界食糖贸易中的份额从零增长到60%。1882年至1900年间,世界甜菜糖产量增长了188%,而蔗糖产量增长了86%。到1902年,自由市场的食糖价格已经下降到1880年水平的三分之一强(Stover,1970:55—56)。19世纪30年代,英国殖民地的所有奴隶都获得解放,西印度群岛的种植园(而不是其不幸的工人)遭受重大打击,正如我们稍后会看到的那样,19世纪末的加勒比海也成为世界上表现最糟糕的种植区域之一(Hanson,1980:83,103;Curtin,1954:158)。在撰写本书时,南北半球双方就北方对蔗糖工业保护问题上存在的分歧依然是参加世贸组织多哈贸易回合的谈判代表们面临的主要障碍之一,2006年7月该谈判被正式中止。

在美国,价格昂贵的纺织品与比平常便宜的原棉形成合力,极大地促进了棉纺织工业的发展。棉纺锭数量从1790年的2 000只增加到1809年的8 000只,而1810年为94 000只,1817年为333 000只(Rosenbloom,2004, table 12.1,366)。然而,随着战争的结束,该行业遭遇严重的困难。结果,弗朗西斯·洛威尔(Francis Lowell)这样的新英格兰纺织制造商成功地寻求保护,

1816年的关税法案实际上将成本很低的印度棉布排除在美国市场之外（Temin，1988）。在未来的几年里，北半球的工业家会不断地游说获取贸易保护，与南方蓄奴农业的自由贸易利益集团分庭抗礼。进入20世纪，美国仍然倾向保护主义者。

因此，战争在一些国家催生了成功的保护主义游说团体。然而，它们也引起了地缘政治的变化，极大地促进了19世纪末高度全球化经济的出现。首先，战争致使欧洲大陆在美洲的势力崩溃，此前英国就失去了美国。这一趋势始于1791年，当时法国最重要的蔗糖种植业殖民地圣多明各爆发奴隶起义。尽管遭到英法两国的侵略，海地还是在1804年成功地获得了独立。在拉丁美洲，拿破仑入侵伊比利亚之后的十年时间里也发生了一系列革命。到19世纪20年代，已经实现独立的共和国（如巴西）已遍布整个美洲大陆，而西班牙只保留了古巴和波多黎各两片海外领土。

正如我们将看到的那样，这些新独立的国家将延续征收高额关税政策，但与此同时，那些管理与伊比利亚殖民地贸易的过时的重商主义限制措施早已失效。其结果引人注目：英国出口到拉丁美洲的工业制品份额从18世纪80年代中期的0.06%上升到1804—1806年的3.3%，1814—1816年达到6.3%，19世纪20年代中期达到15%（Davis，1979：88）。亚洲也出现了类似的情况。在1780年至1784年第四次英荷战争中荷兰东印度公司的实力被严重削弱，损失的船只过半，并沦落为"国家的监护对象"（de Vries and van der Woude，1997：455）。1795年法国入侵后，荷兰东印度公司被新的巴达维亚共和国政权接管，但战争使它与亚洲的贸易往来几乎断绝，1799年荷兰东印度公司最终解散。1806年，荷兰政府自1602年以来首次允许与亚洲进行自由贸易，这是一个具有历史意义的里程碑，尽管战争实际上继续阻碍这类贸易的实施（Ibid.，456）。与此同时，战时物资的匮乏和社会动荡削弱了英国东印度公司特权的正当性，1813年该公司也失去了在印度的贸易垄断地位（Webster，1990）。

这些战争对荷兰来说是灾难性的。1806年实行"大陆封锁"时，荷兰商船队受到的压力进一步增强。在此之前，荷兰商船队通过"悬挂方便旗、培养与中立的美国商船队的联系见机行事还是可以维持自身运转"的,但是现在发现所有这些活动都受到强有力的压制(de Vries and van der Woude 1997:685)。虽然1814年荷兰恢复独立,但该国军事和贸易相对实力受到重创,元气大伤。与此同时,对荷兰东印度公司不利的事情对东南亚的出口商而言却必然是利好消息。布尔贝克等(1998)对东南亚四种地区性关键出口商品——丁香、胡椒、蔗糖和咖啡——的贸易进行记录发现,18世纪80年代是东南亚出口一个积极向好的转折点。因此,在1780—1829年间,对外出口额平均每年增长4.6%,远远超过此前的增长率,其表现令人印象深刻(Ibid.,15)。实际上,由于航运中断以及1795年法国占领荷兰,整个战争期间的贸易十分不稳定。19世纪10年代,按实际价值计算的年出口增长率仅为0.1%,而到19世纪20年代则上升至11%。1790年至1816年间爪哇生产的蔗糖几乎没有进入欧洲市场,而1794年以后,该岛的咖啡对外出口也面临同样的境况(Ibid.,118,147)。然而,尽管战争期间对欧洲的出口下降,中国的商船,特别是美国的商船现在可以直接从东南亚购买香料,并将它们运往各自的国内市场。由于圣多明各的蔗糖和咖啡生产受到奴隶反抗的破坏,这类产品的需求现在转向东南亚。

商品价格数据也表明,荷兰东印度公司贸易垄断的终结对东南亚经济产生了积极的影响。在17世纪70年代到19世纪头20年之间,丁香和胡椒相对于白银的价格都上涨了三分之一到一半。虽然这幅战争期间东南亚出口价格上涨的图景与其他地区相对出口价格持续下降(或相对进口价格不断上涨)的景象不一致,但是随着长达百年之久的买方垄断的结束,也是意料之中的事情。因此,东南亚这一时期的经验使里德在第五章评论的观点——荷兰东印度公司的限制条件造成1650年后东南亚国家的衰落(O'Rourke,2006;Reid,1999)——更加具有说服力。

无论从政治还是经济角度来讲,战争对荷属东印度群岛产生的最初影响十分重大。起初,荷兰政府而不是荷兰东印度公司,统治着这片领土,1808年总督达恩德尔斯(Daendels)接管该殖民地,并开始着手推动改革和实现现代化。他的目的包括试图严格区分商人利益和官僚主义,打击那些被视为封建本土精英阶层的特权,并开创新的道路。1811年英国人征服了该殖民地,达恩德尔斯被托马斯·斯坦福德·拉弗尔斯(Thomas Stamford Raffles)所取代。拉弗尔斯用地税取代了现有的全部税种,其目的是为当地的土地拥有者提供更大的灵活性和更多的激励措施。1816年,英国人和拉弗尔斯再次被荷兰王国的殖民代表所取代,荷兰新任总督G.G.范德·卡佩伦(G. G. Van der Capellen)基本延续其前任的现代化路线,一直到19世纪20年代中期。例如,从这一时期开始往后,荷兰政府就开始系统地收集统计数据,弄清它在东南亚领地的财务状况(Van Zanden,2004)。

因此,法国战争结束了许多与早期近代欧洲殖民主义息息相关的重商主义限制。结果,国际贸易将在远比近代早期更为多边的基础上进行,关税取代了诸如保护主义武器等可供选择的限制措施。此外,这个更加多边的新时代将迎来一个特质鲜明的霸权国家,至少就海军力量而言是这样。一旦英国最终转向自由贸易,到该世纪中叶,皇家海军就将为每个人提供开放性的国际贸易条件保证。

最后,1792年至1815年发生的战争所付代价如此之大,以至于在奥地利召开的维也纳会议商定得出了持久的欧洲政治解决方案。正如保罗·施罗德(Paul Schroeder)所言,新的政治平衡来源于"就规范和规则达成的相互共识,对法律的尊重,以及各类参与者在权利、安全、地位、诉求、义务和满意度方面的总体平衡,而不是依靠权力大小"(Schroeder,1992:694)。该体系以"恢复法治,首先从王权的安全和合法性法制基础开始"(Ibid.,696),举行了一系列代表大会和会议,从根本上成功地维持了欧洲大国之间40年的和平稳定,直到19世纪50年代的克里米亚战争。虽然克里米亚冲突使这一体系遭到了致命的破坏,随后意大利和德国爆发了一系列国家统一相关的战争,这样的"19世纪"最终伴随1914到1918年那场大灾难而走向尽头,可事实仍然是,18世纪战场死亡人数占欧洲人口比例比19世纪要高出7倍(Schroeder,1994:viii)。实际上,在整个欧洲血腥的历史潮流中,19世纪不仅是一个非常和平的世纪,而且也是一个重要的历史时代。正如我们将会看到的,此时的欧洲日益在世界舞台上占据主导地位,无论政治还是经济领域皆是如此。这一广泛而有利的政治环境反过来又提供了一个工业革命释放出的先进运输技术可以永久地改变国际贸易性质的框架。

### 工业革命与运输技术[①]

如果建立跨越大洲贸易联系是达伽马和哥伦布进行跨洋探索航行的核心动机，如果这些海外探险活动反过来又意味着引起或者至少维持工业革命发展的一系列事件发生，那么毫无疑问，工业革命将持续深刻改变洲际贸易重要体系的性质。它主要通过两种方式做到了这一点。第一，工业革命在世界经济体系内造成了巨大的不对称。欧洲大陆及其英国派生国走上了人均收入持续增长的道路，这与工业化和它们在世界人口中所占份额以及相对的军事和政治力量的迅速增加有关。世界对这一史无前例的经济发展势头做出何种反应是19和20世纪任何国际经济史的主要研究课题，本章及下文各章也对该问题进行讨论。第二，工业革命产生的新技术，特别是蒸汽机技术对国际商品（和要素）市场进行了前所未有的整合。这一事实极大地扩展了技术冲击产生的影响力，尤其是反映跨洲贸易的实质问题时。本节我们将略述18世纪末和19世纪初在运输技术方面的重大突破，并就该技术取得的突破以之前截然不同的方式使国家经济迈向跨洲贸易做进一步讨论。

追根溯源，以前的全球化，无论从早期的阿拉伯帝国征服到"蒙古治下的和平"时期，再到早期近代的欧洲帝国扩张，在很大程度上皆因地缘政治而起，并与暴力冲突和征服密切相连。相比之下，19世纪的全球化将在很大程度上受到技术的推动，在这方面，正如在其他许多方面一样，是一种崭新的、前所未有的现象。当然，这不是说暴力冲突和征服战争已经不是欧洲列强一方与亚洲和非洲国家及人民另一方之间关系的特征。工业革命的新技术大大增强了西方在暴力方面已经存在的比较优势，使帝国降低了开支，并扩大了统治范围。本章后面也将会提到。

---

① 本节着重引用奥鲁克和威廉姆森(1999, chapter 3)。

19世纪的交通运输革命到来之前,英国、法国和美国等富裕国家的道路状况都得到了改善。平整的路面,就像约翰·马卡丹姆(John Macadam)铺设的道路那样,可以显著提升旅行速度。例如,从曼彻斯特到伦敦的旅行时间从1780年的四五天下降到1820年的36小时(Girard,1966:216)。然而,即使在新的高速公路上行驶,马车也是一种成本昂贵的运输方式,特别是在像美国等国土面积较大、人口相对稀少的国家。在那些实际条件和状况允许的地方,由运河提供的运输费用为陆路运输费用的1/4至1/2(Ibid.,223)。18世纪中叶以后,在英国,开凿运河要比铺设收费公路更具重要性,可通航水道的长度从1750年至1820年间翻了两番(Cameron,1989:172)。在欧洲大陆,法国也在进行大型运河建设项目,同时,由于维也纳会议承认拿破仑时期确立的航行自由,法国还对莱茵河岸的通航条件进行多次修缮(Girard,1966:224)。然而,美国的内陆运河开挖工程才是最成功的。1817年至1825年之间修建的伊利运河(the Erie Canal)使布法罗和纽约之间的运输费用减少了85%,将旅行时间从21天缩短至8天。

内陆水道的开通使19世纪第一个与运输相关的主要发明——蒸汽轮船——成为最初的受益者。19世纪上半叶,蒸汽船主要在河流(如美国的俄亥俄与密西西比河,欧洲的罗纳河与莱茵河),大湖区以及波罗的海和地中海等内陆海上航行。这些航运路线使蒸汽船只可以沿途装卸煤或木材,而这在深海地区是不可能的(Ibid.,225)。然而,螺旋桨的应用才是航运技术创新的关键,它不仅让船身变得更大,而且使铁壳船体重量变得更轻。到19世纪30年代,蒸汽船开始横渡大西洋,到19世纪50年代,前往西非和南非的定期航行已经开始。1866年,英国"蓝烟囱"轮船公司开通的定期航线开始提供往返毛里求斯、槟城、新加坡、中国香港和上海等地的服务(Latham,1978:27)。1860年前,蒸汽轮船主要运载价值高的货物,类似于今天飞机运输的旅客和邮件(Cameron,1989:206)。到1874年时,蒸汽轮船承运由加尔各答到英国90%的棉花、生姜、靛蓝、油菜籽和茶叶,99%的牛皮和100%的芝麻,但只有20%的黄麻和三分之一的稻米(Fletcher,1958:561)。然而,最终,一系列的渐进式创新,如复合式蒸汽机的应用，改善了蒸汽船的工作效率，从而进一步扩大了运输可获利货物的种类范围。沙穆罕默德和威廉姆森(Shah Mohammed and Williamson,2004:191—194)的计算显示，第一次世界大战前40年中英国至孟买航线的全要素生产率每年增长约1.6%。

1869年11月17日，法国皇后欧仁妮(Eugenie)宣布101英里长的苏伊士运河正式竣工通航，它使亚洲与欧洲的距离缩短了大约4 000英里，英国到孟买之间的距离从10 667英里缩短至6 224英里，英国与加尔各答之间的距离从11 900英里缩短到8 083英里(Latham,1978)。同样重要的是，苏伊士运河进一步助推了蒸汽轮机新的技术的进步(Fletcher,1958)。直到那时，远东贸易仍然是由帆船主导。在沿海地区没有足够煤站补给的情况下，蒸汽轮船环绕非洲航行时就需要携带大量的燃煤。复合式蒸汽机的使用降低了燃料需求，而苏伊士运河的通航则使货船在直布罗陀、马耳他、塞得港和亚丁停靠补给燃煤成为可能。一方面，苏伊士运河使蒸汽轮船在亚洲航线上有了参与竞争的可能性，另一方面，它对帆船来说却又毫无用武之地，因为它们必须被拖曳通过，另外还要应对不利的风力条件。实际上，第一艘从运河出海的"诺埃尔"号(the Noel)帆船，在第一天晚上就失事了(Latham,1978:27;Fletcher,1958:558)。因此，世界各大造船厂旋即发生戏剧性的转变，纷纷着手建造蒸汽轮船(Girard,1966:248)。

19世纪运输业的另一个主要进步是铁路的铺设。1830年利物浦至曼彻斯特铁路开通，比利时、法国和德国都是早期欧洲修建铁路的竞争者。19世纪末铁路里程的增长异常显著，特别是在美国，列车运营在创造国内市场方面发挥重要作用。到1869年，一条横跨北美洲大陆的铁路线将美国东海岸和西海岸相连。加拿大横贯大陆的铁路线于1885年建成，而跨西伯利亚铁路于1903年建成。第一次世界大战前的几十年，在阿根廷、印度、澳大利亚和中国等国，主要由英国提供资金建设的铁路出现了爆炸式增长。1913年，亚洲几乎占世界铁路网络的10%，而印度一国的铁路就几乎占亚洲铁路总规模的四分之三，要是按照里程计算，印度在世界上排名第四(Latham,1978:22;Hurd,1975:266)。

非洲所占世界铁路网络的份额要小得多(只有 4%),但南非已经建成了一个庞大的铁路网络,法国和英国大多出于战略原因积极在非洲的其他地方修建铁路(Latham,1978)。

这些运输业取得的创新对国家之间货物运输成本有何影响?名义运费大幅下降,但我们感兴趣的是运输的实际成本。衡量这一点的最佳方法是收集特定路线上特定商品的运费率,并以所涉商品价格的百分比表示这些价格,无论是在出口市场还是进口市场。这样的"运费因素"(North,1958:538)不仅直接与按百分比计算的从价关税相比较,而且也是贸易壁垒;它们可以用来比较不同路线之间的运输成本,也可以用来比较一段时间内的运输成本。

诺斯(1958)提供了英国五条航线小麦进口的数据:波罗的海、黑海、美国东海岸、南美洲和澳大利亚。在 19 世纪中叶以后的某一段时间里,运费开始大幅下滑,1870 年左右之后的那段时期运输成本持续下降。这个时间与尼克·哈利(Knick Harley,1988)提供英国海运费率指数的时间并没有什么不同,1740 年至 1840 年保持相对平稳,而后在 1840 年至 1910 年下降了 70% 左右。然而,重要的是货物在生产者和消费者之间的运输成本,这通常取决于陆路成本以及海运费用。以尼克·哈利(1980,1990)的开创性研究为基础,可以将芝加哥到利物浦的小麦运费因素划分为以下组成部分:芝加哥到纽约市,纽约到利物浦。1866 年到 1870 年间,将一蒲式耳小麦运往纽约的成本占芝加哥小麦价格的 17.2%,但继续从纽约到利物浦的运费仅为芝加哥小麦价格的 11.6%。1909—1913 年间,这些运费因素分别下降到 5.5% 和 4.7%。① 因此,在此期间运费因素下降 18.6 个百分点,可分解为芝加哥至纽约部分下降 11.7 个百分点,纽约到利物浦的跨洋部分下降 6.9 个百分点。陆路运输成本仍然比海运昂贵得多。由此可见,在这一时期铁路和运河在整合全球大宗商品市场方面比蒸汽轮船承担更多的任务,而轮船一直是经济历史学家关注的传统焦点。

表 7.2 列出诺斯(1958)、安场(Yasuba,1978)、施特默尔(Stemmer,1989)、

---

① 哈利(1980:246—247)的黄金美元小麦价格(#2 spring);哈利(1990:167)给出的运价是芝加哥到纽约市经过大湖和运河运价(《美国统计数据摘要》各卷)与从纽约到利物浦的跨洋运价之和[必要时所有数目都兑换成美元纸币,使用奥菲瑟(Officer,2006)的标准]。

佩尔森(Persson,2004)、哈利(1980,1989,1990)和威廉姆森(2002)的研究数据,列举了10项运费因子。地中海的煤炭出口运费因子跌幅特别大:1870年左右之前超过200%,但到1910年已经下降到53.8%。该表还显示,经常被研究的北大西洋粮食贸易低估了在此期间世界范围运输成本的下降。从美国东海岸到英国的小麦运费一开始就很低,因此没有多大降幅。黑海、拉丁美洲和(最重要的是)内陆地区的运费因子起初较高,现在出现进一步下降。例如,1882年至1914年间,从仰光运往欧洲的大米的程租费率从74%降至18%(Williamson,2002:60)。

表 7.2　　　　　　　　　　1820—1910年运费因子　　　　　　　　　单位:%

| 商品 | 出发地 | 目的地 | 出口/进口 |
| --- | --- | --- | --- |
| (1)小麦 | 波罗的海 | 英国 | 进口 |
| (2)小麦 | 黑海 | 英国 | 进口 |
| (3)小麦 | 美国东岸 | 英国 | 进口 |
| (4)小麦 | 纽约 | 英国 | 出口 |
| (5)小麦 | 纽约 | 英国 | 进口 |
| (6)小麦 | 芝加哥 | 英国 | 出口 |
| (7)小麦 | 南美 | 英国 | 进口 |
| (8)小麦 | 拉普拉塔河口 | 英国 | 进口 |
| (9)小麦 | 澳大利亚 | 英国 | 进口 |
| (10)煤炭 | 英国 | 热那亚 | 出口 |
| (11)煤炭 | 长崎 | 上海 | 出口 |
| (12)铜矿 | 南美西海岸 | 英国 | 进口 |
| (13)海鸟粪 | 南美西海岸 | 英国或欧洲大陆 | 进口 |
| (14)硝酸盐 | 南美西海岸 | 英国或欧洲大陆 | 进口 |
| (15)咖啡豆 | 巴西 | 英国或欧洲大陆 | 进口 |
| (16)盐皮 | 拉普拉塔河口 | 英国 | 进口 |
| (17)羊毛 | 拉普拉塔河口 | 英国 | 进口 |
| (18)稻米 | 仰光 | 欧洲 | 出口 |

续表

|      | 1820 | 1830 | 1840 | 1850 | 1860 | 1870 | 1880 | 1890 | 1900 | 1910 |
|------|------|------|------|------|------|------|------|------|------|------|
| (1)  | 8.0  | 7.1  | 7.2  |      | 6.8  | 9.6  | 4.5  | 3.5  | 5.9  | 3.4  |
| (2)  | 15.5 | 16.3 |      |      | 15.0 | 17.3 | 9.2  | 9.7  | 10.8 | 6.8  |
| (3)  |      | 10.3 |      | 7.5  | 10.9 | 8.1  | 8.6  | 5.0  | 8.2  | 3.2  |
| (4)  |      |      |      | 10.5 |      |      |      |      | 6.9  |      |
| (5)  |      |      |      | 9.4  |      |      |      |      | 6.2  |      |
| (6)  |      |      |      |      |      | 33.0 | 21.7 | 13.3 | 15.9 | 7.4  |
| (7)  |      |      |      |      |      |      |      | 15.6 | 18.5 | 7.4  |
| (8)  |      |      |      |      |      |      |      | 15.4 |      | 6.9  |
| (9)  |      |      |      |      |      |      |      | 22.3 | 26.7 | 15.4 |
| (10) |      |      | 213.1| 224.5| 246.1| 194.0| 163.1| 69.7 | 64.5 | 53.8 |
| (11) |      |      |      |      |      |      | 84.0 | 57.0 | 35.0 | 20.0 |
| (12) |      |      |      |      | 21.3 |      | 7.8  |      |      |      |
| (13) |      |      |      |      | 24.9 |      | 18.5 |      |      |      |
| (14) |      |      |      |      | 34.1 |      | 23.0 |      |      | 9.7  |
| (15) |      |      |      |      | 5.2  |      | 2.0  |      |      | 1.5  |
| (16) |      |      |      |      | 3.1  |      | 3.8  |      |      |      |
| (17) |      |      |      |      | 1.3  |      | 1.3  |      |      |      |
| (18) |      |      |      |      |      |      | 73.8 |      |      | 18.1 |

来源：(1)~(3)行,(7),(9)：诺斯(1958:550—552)。(4)~(5)行：佩尔森(2004:141)。(6)行：见 355 页脚注。(8),(12)~(17)行：施特默尔(1989:31)。(10)行：哈利(1989:334—336),地中海航线；米歇尔(1988:748—749)的英国出口价格数据。(11)行：安场(1978:29)。(18)行：威廉姆森(2002:60)1882 年和 1914 年数据。

最近,沙穆罕默德和威廉姆森(2004)重新研究了伊瑟利斯(Isserlis,1938)英国运费率序列的相关数据,并提出了具体运输路线的一系列运价指数,该指数因相关商品价格而波动。[①] 他们证实了早期的印象,即 1870 年至 1913 年间实际运费率急剧下降：在这个样本中,50%或 50%以上的降幅实际并不少见。

---

① 然而,该系列是以指数形式报告,而不是作为运费因子报告。

似乎很明显,第一次世界大战前的40年里,洲际运输成本确实出现了前所未有的、戏剧性的、全球性的下降,尤其将陆路运费率下滑也考虑在内的时候。

**大宗商品与赫克歇尔-俄林效应**[①]

图5.2显示,在其他条件不变的情况下,运输成本下降时,贸易量增加。但是19世纪的运输革命并不仅仅带来了更多数量的贸易商品;它们也使贸易商品的种类更加多样,这对世界经济产生了深远的影响。当洲际运输成本很高的时候,跨洋运输价值与重量之比很高的商品是经济实惠的做法。通常情况下,这些商品在目的地大陆的要价都很高,因为它们根本就不在那里生产,抑或生产数量很少。换句话说,当这些货物被进口时,它们并不会大规模取代当地的产品,也就是说,它们完全或基本上没有遇到竞争对手。表5.8表明在整个16世纪和17世纪初,胡椒、其他香料和靛蓝是葡萄牙从亚洲进口的主要产品,而在18世纪,茶和咖啡的进口对荷兰和英国来说都变得意义非凡。事实上,直到18世纪中叶,缺乏竞争对手的一小部分商品(胡椒、茶、咖啡、香料、糖和烟草)占欧洲从美洲和亚洲进口商品额的57.6%。[②]

这种情况在19世纪发生巨大变化。图7.2描绘了英美小麦在过去两个世纪的价格差距,以及英国对美国小麦的进口情况。可以看到,价差波动很大,平均约为100%,至1840年左右之后急剧下跌,而这正与英国开始进口美国小麦的时间完全相同。这一时间正好与上一节记载的19世纪中叶以来运输成本的下降相吻合,尤其与哈利(1988)的运费指数相吻合。19世纪以后,谷物、金属和纺织品等大宗商品的跨洋贸易变得越来越普遍。其中一个影响是现在的长途贸易开始大量取代国内生产者,无论是印度纺织品生产商还是欧洲农民。欧洲的农业生产正面临新大陆广阔而肥沃的土地禀赋带来的直接竞争,而印度的

---

[①] 本节引用奥鲁克(2001)、奥鲁克与威廉姆森(1999,2005)。
[②] 印度棉纺织品是这一普遍规律的一个例外。我们已经看到,在17和18世纪,印度棉纺织品成为欧洲越来越重要的进口商品。棉纺织品和胡椒等大宗商品的关键区别在于,尽管棉纺织品起源于印度,但它们可以被欧洲生产商模仿,而这正是最终发生的事情;这是工业内在的市场适应性本质的早期例子。

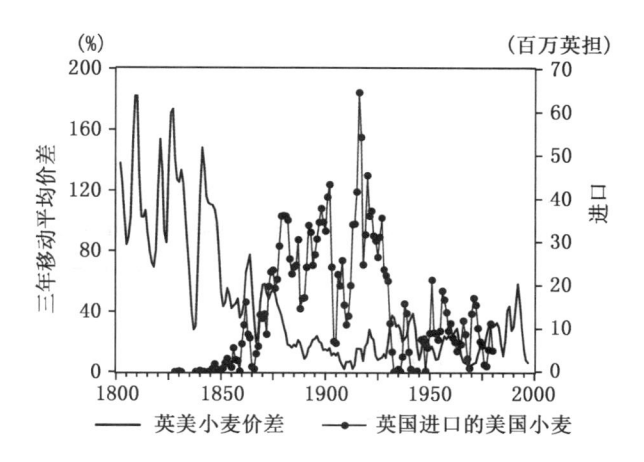

来源：奥鲁克和威廉姆森(2005，figure 3，10)。

图 7.2　1800—2000 年英美小麦贸易

纺织工人却发现自己被欧洲的技术和资本所击败。结果，远途贸易开始对资源配置产生经济影响，进而影响要素价格和收入的分配，正如这一时期的两位瑞典观察家伊莱·赫克歇尔和伯蒂尔·俄林所预测的那样(Flam and Flanders，1991；O'Rourke，1996；O'Rourke and Williamson，1999，chapter 4)。

图 7.3 以英国为例清楚地表明这一点。从 1500 年开始，随着人口的增长，土地-劳动力比率呈下降趋势，但土地禀赋保持不变。在商品和要素价格由国内供求决定的教科书式封闭经济中，这本应产生两种影响。首先，相对于粮食供给，粮食需求本应该有所增加，这样，食品的相对价格就应该上涨。其次，工资—地租比率应该下降，因为劳动力越来越丰富，土地也越来越稀缺。如图 7.3(a)所示，在 1840 年以前，这两种预测都是正确的：食品价格相对于制成品价格上涨，工资-地租比率下降了。但是，1840 年以后，情况却变得截然不同[见图 7.3(b)]。尽管不断增长的人口继续对固定的土地禀赋产生挤压作用，而且以加速的速度进行，但粮食的相对价格却停止上涨，并且最终开始下降，而工资-地租比率开始上升。

换句话说，在 1815 年之后的几十年中，英国的商品和要素价格不再主要由英国的土地和劳动力禀赋决定，这就表明英国经济对竞争性商品(如粮食)的远途贸易敞开大门。国内相对价格现在越来越多地取决于世界市场的情况，而不

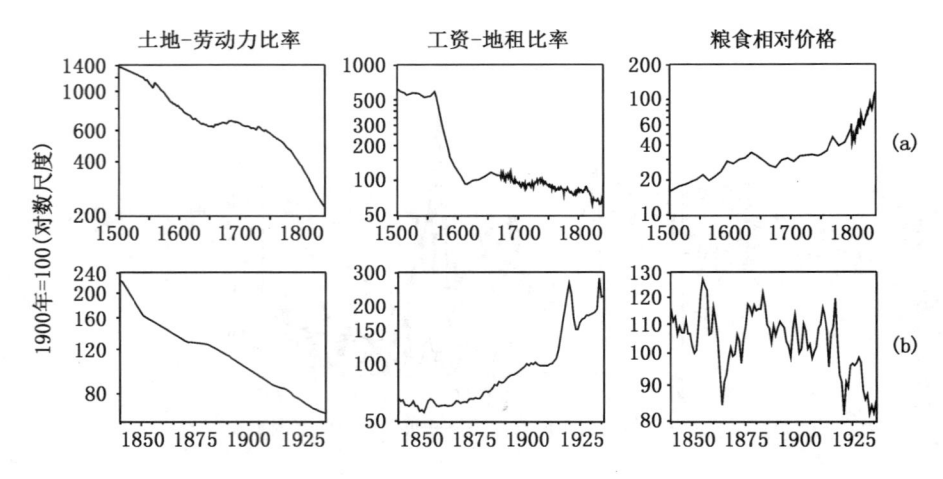

注：(a)1500—1840年；(b)1840—1936年。

来源：奥鲁克和威廉姆森（2005）。

图 7.3　英国 1500—1936 年禀赋和相对价格

是由国内的供需状况决定。随着运输成本的下降，来自新大陆和乌克兰的粮食供应商阻止了英国粮食价格进一步上涨，并最终导致它们下跌。反过来，相对粮食价格的下跌也给英国的土地价格和地租带来了下行压力，而廉价的粮食使英国工人受益。

贸易开始对经济范围内的要素价格和收入分配产生此种影响的情况不仅仅在英国发生。关于 19 世纪末相对要素价格，我们掌握着大量证据。奥鲁克（1996）等和杰弗里·威廉姆森撰写了一系列论文，并由威廉姆森（2002）做一一概述。这些论文提供了关于 $w/r$，也就是非技能型城市工资收入与农业土地收益之比率的数据。在农业仍然是经济重要组成部分的时代，在这个洲际贸易用资源和土地密集型产品交换劳动密集型制成品为主导的时代，这就是关键的相对要素价格。让赫克歇尔和俄林受到激励的典型事实是土地资源丰富的新大陆用食品来交换欧洲的制成品，他们二者的逻辑表明，在全球化时代，各国的 $w/r$ 本应趋同。在土地丰富的新大陆经济中 $w/r$ 高，价格就应该下降，而在土地稀缺的欧洲经济体，$w/r$ 低，价格应该上涨。按绝对值计算，欧洲人的工资（由于每个工人可以获得有限的土地，因此工资低）应该赶上新大陆的工资（由于新大陆巨大的土地和资源禀赋,因此工人工资高),而新大陆低廉的地价应该赶上欧洲高昂的土地价格。总的来说,对 19 世纪末的这些预测是正确的(O'Rourke and Williamson,1999,chapter 4)。

此外,参与到 19 世纪末全球经济中的第三世界国家也经历了类似的趋势(Williamson,2002,table 3,73)。在土地稀缺的经济体,如日本、朝鲜及中国台湾,工资-地租比率大幅上升,而土地资料丰富的粮食输出国及地区,例如阿根廷、乌拉圭、缅甸、暹罗、埃及和旁遮普,工资-地租比率则大幅下降。最后,计量经济学和模拟实验表明,商品市场一体化确实是推动这些国际要素价格趋势的一个关键因素(O'Rourke and Williamson,1994,1999;O'Rourke et al.,1996)。

正如我们将看到的那样,这一事实对贸易政治的性质有着至关重要的影响。1815 年以前,正如前几章所讲述的那样,国际贸易被各国政府视为攫取租金的手段,他们依靠在一个地方由生产者支付的价格与另一个地点由消费者支付的价格之间的价差获利。问题是谁会得到这些租金,正如我们所看到的,其结果是海外贸易公司之间的国际竞争和重商主义时代的频繁战争。因此,从本质上讲,与贸易有关的冲突具有国际性特征。廉价的运输和相互竞争的洲际商品贸易意味着贸易的政治现在也将涉及由于跨洲贸易获益的社会群体与遭受失败的社群之间的国家内部冲突。[①] 要是洲际贸易的失败者们在政治上有足够的权力,那么结果就是要推动保护性关税的出台,其目的是使他们免受运输成本下降的负面影响。我们稍后将看到这些政治压力在 19 世纪末的实践中将如何发挥作用。

**19 世纪的帝国主义**

还有一个对 19 世纪全球化有利的因素我们需要在这一阶段加以解决,不管多么简单。工业革命不仅导致了经济发展不平衡——本章很大篇幅以及下

---

① 事实上,这意味着关于谁将"得到租金"的国际冲突将变得越来越不重要。试图垄断香料贸易是相当困难的,但试图垄断谷物贸易简直就是愚蠢之举。

一章关注的重点,而且同样造成军事和政治上的不平衡。整个 19 世纪,特别是英国、法国和俄罗斯这三个欧洲国家就利用这些不平衡在亚洲和非洲大举扩张。他们这样做不仅牺牲了当地统治者的利益,也让实力较弱的敌对国家(如奥斯曼帝国)付出惨痛代价。奥斯曼帝国在北非的领土就尽数落入英法两国之手,黑海地区则被俄国人吞并,在巴尔干地区由于 19 世纪欧洲民族主义力量的释放,早在 1832 年初希腊也获得了独立。其间,另一个"欧洲"强国,也就是英国的派生国——美国,也在进行一项十分相似的帝国扩张计划,主要以牺牲美洲土著部落为代价。

如前所述,工业革命的新技术极大地促进了欧洲列强扩大影响力的能力。根据海德里克(Headrick,1981:3),欧洲将其控制的全球疆域比例从 1800 年的 37% 提高到 1878 年的 67%,到 1914 年再次增加至 84%。他将这种戏剧性的对外扩张归因于两个因素的相互作用:新技术的力量,以及支配亚洲和非洲土地和资源的商业与地缘政治动机。海德里克将这一过程分为三个连续阶段:渗透、征服与融入不断扩大的世界经济。三个阶段通过运输和交通基础设施供给来实现。其中第一个阶段,吃水浅的武装蒸汽船扮演了令人吃惊的重要角色。这些船只在英缅战争和鸦片战争中分别沿伊洛瓦底江(Irrawaddy)和长江逆流而上,很容易就能击败前来迎战的缅甸划艇和中国帆船。19 世纪下半叶,后膛装弹步枪和机枪的应用使大多数抗击殖民军队的战斗毫无希望地呈一边倒的态势。然而,可能与强大的火力同样重要的就是预防药物奎宁。拉丁美洲的耶稣会士发明的奎宁可以防治疟疾。此后,欧洲商人、传教士、士兵和行政人员有了在非洲和亚洲大片地区得以安全渗透和征服的能力。

总体来说,欧洲人利用由此获得的权力,向世界其他国家强制推行更自由的贸易通商条件。最臭名昭著的例子可能当属英国在 1839—1842 年和 1856—1860 年间对中国发动的鸦片战争了。英国东印度公司在 1833 年失去了对华贸易的垄断地位,这是由于希望增加纺织品和鸦片销售的商人施加的压力的结果。1839 年,当中国禁止鸦片进口时,鸦片战争爆发,中国轻而易举就被英国的小规模军队打败。根据 1842 年签订的《南京条约》,英国占据了中国香港,包括上海在内的五个港口被迫开放自由贸易,而中国征收的关税仅为5%。第二次战争的借口是广东水师登上英国船只"亚罗号"号。法国站在英国一方参加了这场战争,此后签订的《天津条约》使英国获得了更多的国际贸易通商港口和长江通商权力,而鸦片贸易也获得合法地位(Cain and Hopkins,2002:282,362—363)。正如我们稍后会看到的,中国并不是唯一一个在此期间被迫进行自由贸易的名义上独立的亚洲国家。

有形帝国势力也在亚洲迅速推进。在印度,另一位盎格鲁-爱尔兰人莫伊拉勋爵(Lord Moira)于1813年被任命为孟加拉总督。在他的指挥下,东印度公司接连打败了尼泊尔的廓尔喀人和不断袭扰英国占领区的平达里(the Pindari)骑兵。战争中,他还击败了平达里的各路盟友,其中值得一提的有马拉塔(Maratha)统治者或佩什瓦(Peshwa)以及那吉普(Najpur)和印多尔(Indore)。1818年,拉贾斯坦邦接受了东印度公司的宗主地位。到了1820年,整个印度包括旁遮普邦的边境地区,都纳入英国控制之下。1819年拉弗尔斯(Raffles)在新加坡建立起英国殖民地,1824年英国获得马六甲的治权,在19世纪剩余时间里,它逐渐控制了所谓的英属马来亚。英国人1826年通过第一次英缅战争也征服了缅甸大部分沿海地区(Lloyd,1996:147—148)。在19世纪中叶它又获取了一系列领土:辛德、旁遮普、贝拉尔(Berar),还有奥德(Oudh)。1857年英国迎来了其在亚洲扩张的最后一个篇章。当时孟加拉军队发动起义并占领了德里,宣布效忠年迈的莫卧儿帝国领导人巴哈杜尔·沙阿二世(Bahadur Shah II)。经过残酷的斗争,起义被镇压,英国政府从东印度公司手中接管了治理印度的责任,巴哈杜尔·沙阿二世被流放到仰光,下缅甸地区于1852年第二次英缅战争中遭到占领和吞并。

在此期间,法国获得柬埔寨、老挝、南圻以及最终整个越南的控制权,这些地区在接下来的20世纪中始终困扰着西方列强。反过来,上述法属印度支那的建立是促使英国人在1885年征服整个缅甸的因素之一,此次征服让缅甸最后一个皇室王朝寿终正寝,并沦落为印度行省,尽管它始终保持其独立身份。到了这个阶段,东南亚唯一的独立国家是暹罗,它成了法国和英国在该地区的属地之间的中立缓冲国(Ibid.,233—234);甚至连暹罗也最终将其老挝属地输给了法国人。

在18世纪初期的北非,阿尔及利亚、突尼斯和的黎波里塔尼亚就事实上已从奥斯曼帝国独立出来了,尽管它们在形式上仍然处于奥斯曼帝国的统治之下。19世纪,以上三个国家,以及摩洛哥(从来没有屈服于奥斯曼帝国)和埃及处于欧洲的主导之下。1827年4月,阿尔及利亚最后一任总督胡塞因(Huseyn),出于对法国未能偿还1793年至1798年期间购买粮食所欠款项的愤怒而对其领事德瓦勒(Deval)进行了猛烈的攻击。经过三年的封锁和谈判失败后,法国政府于1830年侵入阿尔及利亚,"法国发现自己从事的是一项既不是真正想要也没有认真准备的殖民事业"(Raymond,1970:285)。1847年,阿尔及利亚抵抗运动领袖阿卜杜·埃尔-卡德尔(Abd El-Kader)最终被迫投降,阿尔及利亚成为法国的殖民地。

法国的入侵打乱了整个北非现有的政治平衡。虽然突尼斯的统治者最初对阿尔及利亚对手的失败表示欢迎,但是他们逐渐发现突尼斯受到欧洲的影响越来越多。1881年法国在那里建立了保护国。1844年,当阿卜杜·埃尔-卡德尔在摩洛哥寻求庇护时,摩洛哥与法国人发生了战争,1859年由于对休达边界的争议又与西班牙发生了战争。1912年,摩洛哥也成为法国的保护国。1835年,奥斯曼人在的黎波里塔尼亚重新建立了直接统治,但在1911年至1912年与意大利战争结束后,最终该殖民地也被意大利人夺走。最后,奥斯曼帝国在埃及的孱弱统治早在1798年拿破仑成功入侵时就已暴露无遗:1801年由于英国的干预奥斯曼势力才得以恢复。更引人注目的是,当埃及的阿尔巴尼亚统治者穆罕默德·阿里(Muhammad Ali)在1831年入侵叙利亚时,他的军事成功威胁到了奥斯曼帝国本身的存在。1833年,奥斯曼帝国不得不接受俄罗斯人的援助,1840年又不得不接受英国和奥地利人的援助(Holt,1970:383—384)。由于苏伊士运河的开通使英法两国在埃及拥有了至关重要的经济和战略利益,它们在埃及的经济和政治影响力随之增强,1882年英国在埃及建立了一个事实上的保护国。

在撒哈拉以南的非洲,英国人已经占领了开普殖民地(Cape Colony),这是他们在1806年从荷兰人手中夺取的,并在维也纳会议上获得了永久居留权。他们在西非也有几个基地,特别是在塞拉利昂的弗里敦(Freetown),皇家海军试图从那里阻止奴隶贸易,并遣返被解放的奴隶。19世纪末,冒险家比如塞西尔·罗兹(Cecil Rhodes)和乔治·戈尔迪(George Goldie)利用这些基地作为平台,代表私营公司大肆掠夺土地,政府随后介入,英国统治在被占领的土地上正式确立。最终,在1880年之后所谓的"非洲争夺战"中,整个大陆被欧洲列强瓜分殆尽(Pakenham,1991)。英国和法国在这方面显然走在了世界的前列,但欧洲在非洲暴行最臭名昭著的例子仍然是"刚果自由邦"问题。该邦起先由比利时国王利奥波德二世(Leopold Ⅱ)统治,由于国际社会对他虐待居民而感到愤怒,因此,统治权最后便移交给了比利时政府。从那时起,非洲市场对欧洲制造商变得越来越重要。19世纪中期,非洲在英国出口中所占的比例不到3%,但在1890年和1906年分别上升为4.3%和8.3%(Cain and Hopkins,2002:309)。

在法国和英国通过海洋进行帝国扩张的同时,俄国也在陆地扩张自己的领土。在西面,它于1809年(从瑞典手中)获得了芬兰的控制权,1812年(从奥斯曼帝国手中)获得了贝萨拉比亚(Bessarabia)的控制权以及(由于1795年第三次瓜分波兰和1815年的维也纳会议)对波兰的控制权。然而,从那时起,俄国的领土扩张仅在其东部和南部取得进展,尽管它曾数次代表塞尔维亚人和保加利亚人等斯拉夫同胞在反对奥斯曼帝国统治时有过几次机会。在此之前,俄罗斯已经占领了高加索一部分地区,包括格鲁吉亚(1801年)、阿塞拜疆北部(1813年)和叶里温(Yerevan,1828年),后两个地区是从波斯人手中取得的。然而,在经历了几十年的残暴冲突之后,车臣于1859年才被制服,1864年切尔克斯人(Circassians)也表示屈服(Longworth,2005:200—207)。在中亚,俄国的扩张行动进展相对顺利。它巩固了对哈萨克斯坦的控制,并且进入了突厥斯坦,攻占了奇姆肯特、塔什干、撒马尔罕、希瓦、浩罕和布哈拉等城市(Ibid.,216—217)。这一扩张进程不仅引发1885年与阿富汗的军事冲突,而且导致与英国的危机。由于英国对俄国的领土扩张感到震惊,因此它于 19 世纪 30 年代就已经开始为切尔克斯人秘密提供帮助,并在 1853—1856 年克里米亚战争期间公开援助奥斯曼帝国。在随后的谈判中,英俄就各自拥有的势力范围达成一致,阻断了俄罗斯人在这个方向上的扩张。

然而,俄帝国主义在远东地区继续保持其扩张势头,占领了萨哈林以及邻近的阿穆尔河以南大陆,在那里建造了符拉迪沃斯托克(海参崴)海军基地。该基地最终成为西伯利亚铁路的终点站。阿穆尔地区是从中国掠取的,然而,俄国人却设法与中国保持了良好的关系,最终在中国东北地区建立起势力范围,并获得了通过那里连接符拉迪沃斯托克(海参崴)和跨西伯利亚铁路的权利。正如我们将看到的,这个过程最终导致俄国与该地区崛起的强国日本发生冲突。

美国人为自己的"例外论"感到自豪,与他们大多数祖先移出的欧洲国家相比,也许确是如此。因此,他们往往认为,虽然欧洲人通过对亚洲和非洲人民及其领土毫无正义的征服建立了一个又一个帝国,但美国人要在自己的自然疆界范围内和平扩张,即使对海外事务进行干预也只是为了消除暴政并捍卫那些遭遇不幸的人民的自由而已。当他们想到那些国家神话的缔造者——新英格兰的清教徒——时,美国人不愿意把他们想象为"先向土著人屈服,而后又骑在他们头上作威作福的人",而更愿意想象为"新大陆新鲜的胸膛"中冒出来的"一座闪耀在山巅的城市"。事实上,美国早期向西部的领土扩张大体上是通过土地购买实现的:1803 年以 1 500 万美元从拿破仑手中买下路易斯安那州,1819 年以 500 万美元从西班牙手中购得佛罗里达州,1867 年以 700 万美元从俄罗斯人手中取得阿拉斯加州。雷蒙德·阿伦(Raymond Aron,1974:xxviii)曾挖苦地说,"从来没有哪个国家以如此低廉的价格购买了如此多的领土"。

但是暴力和征服依然不可避免,其主要的受害者是美洲土著人。1846—1848 年爆发了对墨西哥的战争,休·布罗根(Hugh Brogan,1986:305)称之为一次"可耻的事件",它为年轻的"帝国主义共和国"获取了亚利桑那州大部、新墨西哥州、犹他州、科罗拉多州、内华达州和加利福尼亚州等大片领土。该战争本身在很大程度上是由 1845 年得克萨斯共和国自愿加入美利坚合众国引起的。这个共和国是由美国定居者成功地推翻墨西哥管辖,并于 1836 年宣布独立而形成。1823 年的门罗主义宣言,宣布西半球不受欧洲列强的干涉,实际上是宣布西半球为美国势力范围,而根本没有明确提及反抗西班牙帝国的拉丁美洲殖民者的意愿。门罗主义只能靠皇家海军的力量来维持,它可以阻止潜在的欧洲竞争对手跨越大西洋采取任何行动的可能性,这是联盟中实力较弱的一方"搭便车"的好例子。美国的互惠性"让步"就是按照乔治·华盛顿的警告不去干涉欧洲事务,不与外国势力结盟。

1865 年南北战争结束后的几十年里,尽管美洲土著人进行了英勇抵抗,但他们还是被轻蔑地扫地出门,同时由于铁路提供的便利条件以及欧洲移民不断涌入,美国跨越大陆的西进运动进展神速。1890 年美国正式宣布关闭边疆区,这意味着从今以后土地-劳动比率将会下降,进入收益递减的阶段。1893 年经济大萧条、波及面广的劳工骚乱以及反对与金本位相关的通货紧缩货币政策的民粹主义土地运动接踵而至。此外,以快速工业化为基础的德国、俄罗斯和日本不断在世界上主张他们越来越大的影响力,一时间恐慌情绪四起,人们担心美国会在被认为是一场无情的达尔文主义经济和政治霸权斗争中落于人后。

正如理查德·霍夫施塔特(Richard Hofstadter,1967:chapter 5)所做的精彩解释那样,这种民族情绪是一个将焦虑、好战和美国"天命注定"要领导世界的信念搅和在一起的混合体,在 1898 年的西班牙-美国战争中找到了发泄途径。这场战争的出发点和意图良好,即帮助古巴起义军抵抗西班牙帝国的压迫,而停泊在哈瓦那港口的美军"缅因"号战列舰突然发生爆炸成为战争爆发的导火索,爆炸原因至今没有明确解释。

美国海军和远征军,包括西奥多·罗斯福和他的"蟒骑兵",在圣胡安山战役(the Battle of San Juan Hill)中进行了一次著名的冲锋,很快就击溃了西班牙军队。但是由于莫名地担心西班牙会从菲律宾派出一支舰队向美国西海岸发起进攻,美国远东派遣中队由乔治·杜威(George Dewey)准将指挥,从中国香港出发,在马尼拉湾之战中摧毁了西班牙的亚洲舰队,此战美军无一人牺牲。

按照熟悉的战争逻辑,或者说不符合逻辑的逻辑,获胜的美国海军中队不得不受到西班牙占领军的"保护",以免受到陆上敌对势力的攻击,因为菲律宾的叛军意图保证菲律宾从西班牙独立的地位。因此,原本是美国将古巴人民从西班牙帝国的压迫中解放出来的战争却以美国对菲律宾叛乱的残酷镇压而结束。一旦取得战争的胜利,美国对如何继续维持战争成果常会有以下不同争论的观点,即菲律宾人无法自治,此外,菲律宾群岛作为通往中国市场获取巨大财富的门户也有价值。新教传教士也急于将菲律宾人从错误的基督教分支中拯救出来,而菲律宾穆斯林(即摩洛族人)的抵抗尤为激烈和持续,只有用极其残酷的镇压才将其制服。所有这些行动的始料未及的意外收获就是获得了古巴、波多黎各、菲律宾和关岛等领地。

1898年,夏威夷也并入美国版图。这些岛屿自詹姆斯·库克(James Cook)船长于1778年发现之日伊始就被用作捕鲸者经常光顾的渔港,19世纪下半叶依靠美国资本注入和移民提供的劳动力发展起了制糖业。1876年的《互惠条约》给予夏威夷糖免税进入美国市场的机会,提高了蔗糖生产商的销售价格。由于这个原因,夏威夷蔗糖种植面积从1870年至1890年之间增加了十多倍,刺激了中国和日本劳动力的大量流入,而美国种植园主由于继续享受美国市场优先进入权,获得了丰厚的既得利益(La Croix and Grandy,1997:172—173)。夏威夷经济对美国的依赖程度增加,美国讨价还价能力也随之增强,这就是珍珠港如何在1887年转入美国之手的原因,法国和英国为此感到大为苦恼。在西美战争中,珍珠港被证明对美国人很有用,但是夏威夷原住民对这个让步很不满,因为它使原住民和种植园主之间产生意见分歧。1890年麦金利(McKinley)关税政策取消了美国的糖税,取而代之的是国内的生产补贴。该政策对美国生产商有利,但对夏威夷种植园却没什么好处,这为两方之间出现决定性的裂痕奠定了基础,因为它给予种植园主使夏威夷加入美国的强烈动机。夏威夷最后一位土著统治者丽丽·乌卡拉尼女王(Queen Lili'uokalani)试图抵制美国的主导地位,但最终还是徒劳无功,她在1893年遭到废黜,随后夏威夷宣布成为共和国,五年后最终加入美利坚合众国。

1876年美国众议院筹款委员会的报告直言不讳地声称:"太平洋是美国的海洋……它是未来重要的交通干线,把我们自己和数亿期待与我们进行商业、文明和基督教活动交流的亚洲人联系在一起"(Ibid.,168)。与这一信条完全吻合,1853年随着海军准将佩里(Perry)率队在未经邀请的情况下进入东京湾,美国率先使日本敞开与西方国家贸易的大门,推动了日本1868年明治维新后的现代化进程。在中国的贸易和传教活动使美国国内舆论对中国和中国人产生强烈的同情之心。因此,1899年,美国国务卿约翰·海伊(John Hay)敦促日本和欧洲列强对于所有在中国的外国贸易和投资保持"门户开放"政策,并尊重"中国领土和主权的完整",而不是把它瓜分成不同的势力范围。尽管这种尊重更多时候体现在细枝末节上,甚至连美国自己也没有做到。最后,鉴于美国在大西洋和太平洋都拥有殖民地,横穿狭窄的巴拿马地峡开挖一条运河将两大洋连接起来就自然而然成为美国寻求的项目。在与运河开凿地哥伦比亚共和国出现修建运河许可问题时,美国随即策划了一场"革命",唆使巴拿马地区发动政变,成立独立的巴拿马共和国,与其签署一份99年价值1 000万美元的租约,每年支付25万美元,并于1904年获得美国参议院批准。这条运河最终于1999年年底移交给了巴拿马。

所有这些帝国通常都在其新征服的领土上强制推行自由贸易政策,并出于经济和战略原因推行铁路建设。因此,帝国主义是19世纪全球化的主要推动力。[①] 正如我们所看到的,工业革命的技术进步是这一时期全球化的另一个主要驱动力。相比之下,在那些可以自由选择本国贸易政策的国家,特别是新大陆的自治共和国和自治领,从滑铁卢之役到第一次世界大战期间,关税普遍保持在较高水平。

---

[①] 尼尔·弗格森在其名著中甚至用"反全球化"这个词来描述这种现象,他声称:"历史上没有任何一个组织在促进货物、资本和劳动力的自由流动方面做得比19世纪和20世纪初的大英帝国更多。"(Ferguson, 2003:xxi)

### 19 世纪的贸易政策①

19 世纪各大洲的贸易政策大相径庭。在欧洲,总体情况是在 19 世纪 70 年代之前逐步实现贸易自由化,这增强了对持续下降的运输成本的影响,随后保护主义的反弹削弱了(但没有推翻)运输新技术的整合效应。在美洲,整个 19 世纪的关税水平都维持在高位,而大洋洲的关税水平稍微低一点,正如我们所看到的,西方列强将自由贸易强加于中国。类似的事情不仅在那些被欧洲帝国吞并的领土上出现,也在亚洲和非洲其他设法保持独立的国家发生。

拿破仑战争刚刚结束后,欧洲国家几乎普遍奉行贸易保护主义政策。最初,仅有一些较小的国家,如荷兰、丹麦等属于这一普遍规则例外的情况。荷兰在 1819 年采取了相对宽松的贸易政策,而丹麦早在 1797 年就废除了进口禁令并实行了低关税政策。英国是第一个实现贸易自由化的主要经济体,其权力的天平正在偏向出口导向的城市利益集团。在 19 世纪 20 年代和 30 年代的一系列自由主义改革之后,1846 年罗伯特·皮尔(Robert Peel)做出了废除《谷物法》的重大决定,他不顾来自地主阶层和自己的托利党内部的反对,竭力推动联合王国采取单方面自由贸易政策的立场(Schonhardt-Bailey,2006;O'Rourke and Williamson 1999,chapter 5)。英国的情况对其他国家来说也是如此。1846 年之后的几年中,奥匈帝国、西班牙、荷兰、比利时、瑞典、挪威和丹麦等国进一步走向贸易自由化(Bairoch,1989:20—36)。正如阿克米诺蒂和弗兰德罗(Accominotti and Flandreau,2006)所指出的那样,在整个 19 世纪 50 年代,欧洲主要大国的平均关税都在下降。

1860 年,随着英法《科布登-谢瓦利埃条约》(Cobden-Chevalier Treaty)的签订,自由贸易取得了进一步的突破。该条约不仅废除了法国的所有进口禁令以及英国对煤炭的出口关税,并降低了英国对葡萄酒征收的关税,而且还建立

---

① 本节在很大程度上引用奥鲁克和威廉姆森(1999,chapter 3,chapter 6)的内容,而他们二者在很大程度上依赖于保罗·贝洛赫(1989)的研究——这一时期欧洲贸易政策的权威参考文献。

了两国之间的最惠国关系,为西欧各国之间签订一系列进一步的双边贸易协定奠定了基础,因为所有国家间双边协定都含有最惠国待遇条款。尽管在签署条约时,欧洲已经开始削减关税,但最惠国待遇原则的非歧视性特征还是很大程度上增强了19世纪贸易体制的多边性质,我们早些时候曾就18世纪重商主义特权的消亡提请注意过这一问题。同时,最惠国待遇条款也意味着双边关说减让将自动推及这一条约网络的所有参与者,那么,该时期关税削减速度必定已获得提升。按照贝洛赫(1989)的说法,到19世纪70年代中期,欧洲大陆的平均关税已降至9%～12%,当时"德国实际上已成为一个自由贸易国家"(Bairoch,1989:41)。

因此,19世纪70年代前,欧洲的贸易政策趋势使运输成本下降产生的影响不断强化。然而,由于早先洲际贸易对要素价格产生的持续影响日益突出,情况很快就会发生变化。转折点出现在19世纪70年代末和80年代,当时欧洲市场开始感受到来自新大陆和俄罗斯廉价谷物的冲击。例如,在1870年至1913年间,英国的实际地租下降了50%以上。几乎所有的英国地租价格下跌都可以归因于国际商品市场的一体化(O'Rourke and Williamson,1994)。更普遍的是,到19世纪末,国际贸易对整个欧洲的收入分配产生了深远影响,使土地所有者的收入相对于工人的收入出现了下降(Lindert and Williamson,2003)。无论何地,只要土地利益足够强大,立法方面做出的反应便可预测。1879年,德国俾斯麦对农业和工业实施了保护。19世纪80年代法国提高了关税,1892年再一次提升;瑞典于1888年重新实施对农业的保护,1892年对工业的保护也在增强;意大利于1878年征收适度的关税,可是1887年开始关税政策趋于更严苛[尽管这不足以防止大量人口从农村地区移出(Kindleberger,1951)]。

图7.4给出了三个国家(法国、德国和瑞典)四种欧洲主要谷物(小麦、大麦、燕麦和黑麦)的从价关税数据。图7.4显示法国尤其对小麦征收高额保护性关税,德国针对的是黑麦和燕麦,瑞典则是黑麦和大麦。哪种谷物受到优待反映了政治上的考量:小麦是法国农业社会主要的粮食产品,而普鲁士的土地

贵族阶级专门从事黑麦种植。在所有以上三个国家中，个别谷物的关税有时会超过 50%。无论以任何标准来衡量，这都体现了过大的关税保护力度。

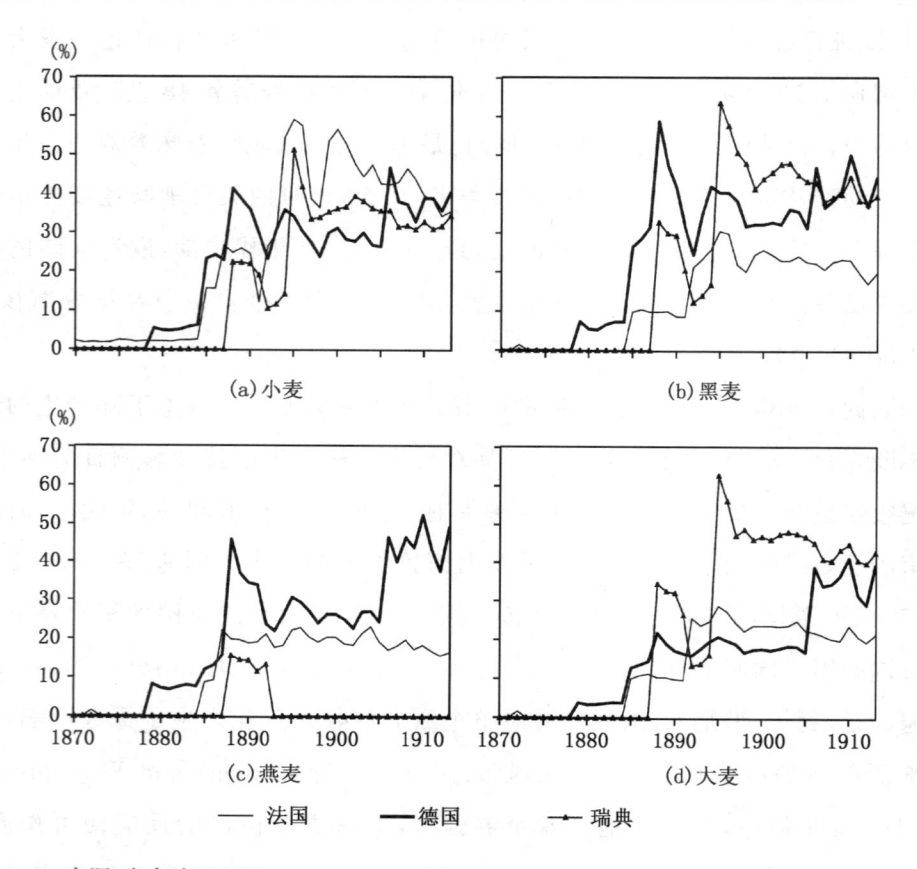

**图 7.4　欧洲谷物关税 1870—1913 年（从价税等值，百分率）**

来源：奥鲁克(1997)。

因此，整个西欧有一种共同的模式，即先施行自由化，而后由于谷物大量进口产生的分配效应的驱使，又转而回归保护主义。不过，也有例外。比如，伊比利亚半岛的自由化时间较短，也不那么剧烈。一些小国仍然相对自由：荷兰、比利时、瑞士和丹麦成功地实现转变，从粮食出口国转型为粮食进口、畜产品出口国。最重要的是，尽管殖民大臣约瑟夫·张伯伦(Joseph Chamberlain)做出了种种努力，英国还是保持了自由贸易政策。1903 年，他在伯明翰发表演讲，建议大英帝国成为一个优惠贸易区,这必然要求英国对非帝国国家征收关税。这次演讲标志着英国贸易政策激烈论争的开始,该场争论持续到 1906 年,当时自由党在大选中获胜,从而保证英国仍将是一个自由贸易国家,一直到 1914 年战争爆发之前。

确切地说,为什么并非所有的国家都恢复了农业保护,这个问题促使大量政治学研究文献推陈出新(例如,Goureench,1986;Rogowski,1989)。当然,经济上的考虑也很重要:事实证明,丹麦和英国等保留农业自由贸易的国家更不容易受到全球化所意指的价格和租金削减的影响。以丹麦为例,谷物价格从开始就一直很低,而这个国家非常适合满足英国早餐桌日益增长的需求,部分原因在于它的合作社经济模式取得的成功。就英国而言,农业已经大幅萎缩,即使进一步下降对整体经济的影响不大(O'Rourke,1997,2007 b)。在其他地方,全球化似乎正伤及自身。此外,这一保护主义的转变最终将是永久性的。德国等国,尤其是法国,在 19 世纪余下的时间里仍将强烈支持农业保护(Tracy,1989)。

新大陆的土地拥有者们可以从出口中获益,因此,他们倾向于支持自由贸易。然而,这并不意味着新大陆的贸易政策比欧洲更加自由,因为新大陆的制造商们想要得到保护主义的庇护以免面临来自欧洲同行的竞争。正如我们在上面所看到的,在美国,于法国战争期间兴起的新兴工业已经为北方存在已久的保护性关税游说团奠定了基础。由于他们的努力,美国对进口棉织品的关税从 1816 年关税法案之后的 20% 左右提高到 19 世纪 40 年代早期的近 60% 之多。然而,这些利益却遭到南方棉花和烟草等商品出口商的反对,他们偶尔会占上风。例如,1846 年实施的沃克关税(the Walker Tariff)将棉织品的保护降低到 25%,并在 1857 年进一步降低到 24%(Irwin and Temin,2001:780—781)。南北贸易政策的紧张关系是内战前美国政治的一贯特征,随后北方在这场冲突中获得胜利,为持续走高的关税提供了舞台。内战期间,为了增加财政收入,美国的关税已经大幅上调,但共和党对国会的主导地位确保了他们在战争结束后仍将关税保持在极高的水平上。例如,美国 1913 年的制造业平均关税达到44%（League of Nations,1927:15）。这一时期美国贸易政策保护主义性质的另一个迹象是，与大多数欧洲国家不同，它不赞同无条件限制的最惠国待遇原则，这意味着它没有义务将其在某一双边条约中做出的让步扩大到第三方。①

自1846年英国开始转向自由贸易之后，加拿大的保护主义呼声日益高涨，这也剥夺了加拿大在其主要出口市场上的特权地位。美国内战以及由此导致的边境（美加）以南地区的关税上涨之后，加拿大的贸易保护主义进一步增强。1878年，保守党在保护主义（"国家政策"）纲领下当选；1878年通过的新关税法对农产品征收20%～50%的关税，工业方面的关税在20%～30%。在之后的几年里，关税税率继续上升，19世纪末期加拿大仍然继续保持贸易保护主义（Bairoch,1989:148）。澳大利亚贸易保护的压力从19世纪50年代中期开始在维多利亚殖民地增加，之后黄金产量下降，随之而来的是采矿业就业人数下降（Ibid.,146）。1865年维多利亚关税议案允许征收的最高从价关税为10%，但在关税连续提高之后，到1893年最高税率高达45%（Siriwardana,1991:47）。澳大利亚其他殖民地一向不像维多利亚那样倾向于保护主义，1902年的第一次联邦关税是双方妥协的结果。然而，在1906年和1908年关税也得到了极大的提升（Bairoch,1989:146－147），这主要是由于澳大利亚工党强大的立场所致。新西兰比加拿大和澳大利亚两者任何一个国家都更加自由化，但1888年抛出的关税政策导致其平均进口关税翻倍至20%左右，在随后的关税法中继续呈上升趋势（Ibid.,149）。

如前所述，拉丁美洲独立的最初影响是取消了将美洲大陆的贸易与伊比利亚半岛捆绑在一起的殖民主义限制。但不久之后，拉丁美洲的关税开始上升（Coatsworth and Williamson,2004）。举两个例子，1821年墨西哥第一部关税法对所有进口产品征收25%的从价关税。1823年关税大幅提高，19世纪40年代平均关税达到45%。与此同时，1822年阿根廷的平均关税为21%，1836年

---

① 也就是说，这些第三方向美国提供了根据相关条约给予美国相同的让步。关于这一有条件的最惠国政策，见瓦伊纳（1924）。

为31％。虽然19世纪的前75年中，拉美的保护主义呈放松态势，但是在最后25个年头却再次上升。阿根廷从19世纪70年代起开始提高关税，同时巴西也提高了关税（Bairoch，1989：150—153）。

增加财政收入的需求一直是拉丁美洲关税背后的主要传统动机。1820年后的70年间，关税在11个拉美国家的财政收入中所占比例不低于58％（Coatsworth and Williamson，2004：26）。拉美在获得独立后的几年里爆发了30多场国际战争和内战，这意味着需要大量的财政收入，而发展状况和人口密度都较低的国家其他收入来源不甚可靠，因此，最初，政局动荡是拉丁美洲重视关税的主要因素。然而，在19世纪末，政局回归稳定并非预示着关税税率将会恢复到较低水平。相反，城市利益集团的日益增强引发一种有意通过保护促进当地工业的尝试。例如，1879年巴西关税法的明确目标就是保护国内工业发展。其结果是，在所谓的自由主义的"美好时代"结束时，拉美的关税达到了全球最高水平。到1913年，乌拉圭的平均关税接近35％，巴西的关税接近40％，委内瑞拉到45％以上（Bulmer-Thomas，2003：139）。

非洲和亚洲的情况大不相同。通常赤裸裸的自由贸易政策被强加到这里的欧洲殖民地身上，前面提到的自治殖民地（和白人殖民地）是主要的例外情况。在其他地方，主权独立国家被迫效仿，就像我们在中国的例子中所看到的那样。这是对以前相对封闭的国家的一次重大的亲全球化冲击。例如，根据保罗·贝洛赫（1989：156）的论述，1840年中国的出口仅相当于每100名居民7美元，而亚洲其他地区则为43美元，欧洲（俄罗斯除外）为420美元，拉丁美洲460美元，英国920美元。直到20世纪20年代，中国才有权再次制定自己的贸易政策。日本比中国更封闭，但佩里准将1853年远征日本并签署首份条约，该条约使日本开放了两个港口进行对外贸易，并于1858年达成了另一份条约，它将日本进出口关税税率均限制在5％（Ibid.，157）。在不到十年的时间里，日本已经从自给自足的经济转变为事实上的自由贸易国家，无论以何种标准衡量，这都是一个巨大的变化（Bernhofen and Brown，2004）。在接下来的15年里，日本对外贸易额增长了70倍，达到国民收入的7％（Huber，1971：614）。虽然日本被允许从1899年开始逐步提高关税,但是在1911年第一个自主(和保护主义)关税出台之前,它的关税大多保持在较低水平(Bairoch,1989:157)。

其他亚洲国家也有类似的经历。暹罗在1855年通过了3%的关税限制措施,而朝鲜早在1910年被正式吞并之前就开始与日本进行经济融合了。印度和印度尼西亚也有英国和荷兰殖民统治者强加给它们的自由主义政策。从19世纪早期开始,来自俄罗斯的压力导致伊朗的从价关税被限制在最高5%,该国直到1928年才重新获得关税独立。奥斯曼帝国是这一规则的例外情况:在此期间,它的关税增加了,但正如我们在第四章中所看到的那样,这是因为它在近代早期与欧洲列强签订了一系列条约,其以前的从价关税被限制在3%的范围内。1838年与英国签订的条约允许奥斯曼帝国将关税提高到5%,但其代价是消除垄断并解除贸易禁令。到第一次世界大战开始时,奥斯曼帝国被允许将关税提高到11%,这与欧洲和美洲及大洋洲等"新近定居地区"的水平相比,关税保护程度较为温和(Ibid.,158—160)。

正如我们所看到的,19世纪末,大多数非洲国家都被纳入了欧洲各帝国的版图,虽然欧洲列强们所奉行的贸易政策各不相同,但是其共同效果就是让非洲大陆向国际贸易敞开门户(Ibid.,103—127)。正如人们所预料的那样,英国当属奉行最自由的殖民贸易政策的国家,它的殖民地通常(在19世纪中叶以后)采用典型的非歧视性低关税政策。法国殖民地的关税政策歧视性较强,这通常对法国产品更有利。一些国家(例如阿尔及利亚、突尼斯和印度支那)的关税政策与其宗主国的政策"同化"了,这就意味着它们采取了法国的关税政策,法国产品可以免税进入殖民地(虽然相反情况并非如此,阿尔及利亚除外)。意大利和葡萄牙殖民地也是颇具代表性的歧视性贸易殖民地,但是这里的关税政策更有利于殖民地本地的利益,而比利时刚果殖民地原则上已经实行了自由贸易政策。很显然,一些殖民地的贸易比其他殖民地更加开放。然而,在所有情况下,相对于殖民者的开放意味着更大的贸易风险,特别是考虑到欧洲在交通基础设施方面的投资。

表7.3概述了19世纪末的关税政策,列出了1875年和1913年制成品的

平均关税。英国的关税独一无二,数额为零。亚洲地区,除了日本之外,关税水平非常低。如前所述,日本在1913年恢复了关税独立,并借此来促进工业化。一般来说,19世纪末欧洲(丹麦、奥匈帝国和荷兰是例外)的工业品关税有所提高,如图7.4所示,农产品关税也是如此:这个时期欧洲大陆的关税确实出现了反弹(O'Rourke and Williamson,1999)。在一些欧洲国家,工业品关税接近或超过了20%。加拿大和美国的关税再次提高,拉丁美洲国家,如巴西、哥伦比亚和墨西哥,上涨比例极高,约为50%。尽管贸易政策和帝国主义使英国、非洲和亚洲的运输成本持续下降产生的影响不断扩大,但是在其他地区技术优化和政治变动带来的却是相反方向的作用和影响。[①]

表7.3　　　　　1875和1913年工业制品进口平均关税(从价等价关税)　　　　单位:%

|  | 1875年(1) | 1913年(2) |
| --- | --- | --- |
| 英国 | 0 | 0 |
| 亚洲 |  |  |
| 中国 |  | 4~5 |
| 印度 |  | 4 |
| 伊朗 |  | 3~4 |
| 日本 |  | 25~30 |
| 泰国 |  | 2~3 |
| 土耳其 |  | 5~10 |
| 欧洲 |  |  |
| 奥匈帝国 | 15~20 | 18 |
| 比利时 | 9~10 | 9 |
| 丹麦 | 15~20 | 14 |
| 法国 | 12~15 | 20 |
| 德国 | 4~6 | 13 |

① 我们更喜欢行业关税而不是经常使用的平均关税数据,即关税收入与进口总额之比。后一项措施没有区分税收和保护性关税,并受到严重的指数问题的影响(Irwin,1993a;Anderson and Neary,2005)。相比之下,表7.3中的国际联盟数据是未经加权的平均值,而贝洛赫的数据则是对典型或平均制造业关税更为印象深刻的估计。

续表

|  | 1875 年[1] | 1913 年[2] |
|---|---|---|
| 意大利 | 8～10 | 18 |
| 荷兰 | 3～5 | 4 |
| 挪威 | 2～4 |  |
| 西班牙 | 15～20 | 41 |
| 瑞典 | 3～5 | 20 |
| 瑞士 | 4～6 | 9 |
| **海外领土** |  |  |
| 澳大利亚 |  | 16 |
| 加拿大 |  | 26 |
| 新西兰 |  | 15～20 |
| 美国 |  | 44 |
| **拉丁美洲** |  |  |
| 阿根廷 |  | 28 |
| 巴西 |  | 50～70 |
| 哥伦比亚 |  | 40～60 |
| 墨西哥 |  | 40～50 |

来源：(1)贝洛赫(1989,table 5,42)；(2)国际联盟(1927:15)；巴西、中国、哥伦比亚、伊朗、日本、墨西哥、新西兰、泰国和土耳其除外(Bairoch,1989,table 16,139)。

## 1815－1914 年商品市场一体化

这些技术进步和政治发展对国际商品市场产生了什么影响？总的来看，新型运输技术对降低成本的作用如此巨大，以至于它的影响超过了欧洲和美国正在崛起的保护主义。正如我们在第五章中所看到的，在 1500 到 1800 年间，洲际贸易总额以每年略高于 1％ 的速度增长。相反，自从拿破仑战争结束后，随着时间的推移，这一增长率出现了相当大的波动，其年平均增长率约为 3.5％ (Maddison,1995)。尽管出口增长率大致相似，但 19 世纪比 20 世纪的全球化程度更高,因为1913年以前出口占国内生产总值的比例比1913年之后增长速度要快得多(在这两个时期,世界贸易增长大致相等,但后者的全球收入增长是前者的两倍)。根据麦迪逊(1995:38;2001:127)的研究,1820年,世界商品出口占国内生产总值的比例仅为1%,而1913年猛增为7.9%。

因此,数量证据表明,19世纪成为与过去产生戏剧性决裂的标志。当我们观察洲际大宗商品价格趋同时,也会出现同样的情况。正如我们所看到的,在1800年之前,几乎没有或根本没有洲际价格趋同情况。例如,图4.6显示拿破仑战争之前东南亚和荷兰之间丁香和胡椒的价格几乎没有任何趋同。然而,这一数字也显示,战争结束后,在这条商路上两种大宗商品出现了戏剧性的价格趋同。阿姆斯特丹-苏门答腊的胡椒价格比率从19世纪20年代的4.4(1630年大约是同样的水平)下降到19世纪80年代的2.1左右;咖啡价格比率从1800年的15.7下降到19世纪40年代的2.2,再到19世纪80年代的1.2;丁香的价格比率在17世纪60年代到18世纪70年代期间超过10,19世纪前十几年为8.9,但到19世纪20年代就仅为1.9了(O'Rourke and Williamson,2002 b)。

有大量证据记录了19世纪更为普遍的洲际价格趋同情况。图7.2显示英美小麦价差在1840年左右之后急剧缩小,而在最近的一篇论文中,大卫·杰克斯(David Jacks)总结说,有证据表明"从1835年左右开始真正的小麦国际市场已经形成"(Jacks,2005:399)。他提供的证据特别重要,因为到目前为止研究文献的焦点往往集中于1870年至1913年这段时期,而事实上,"价格趋同的许多贸易活动似乎早在19世纪中叶就已经发生了"。国际一体化似乎在整个19世纪取得了进展,而不仅仅是19世纪末期的一个特征,也不局限于国际小麦市场。由于英美两国经济状况都有完好的文献记载,因此它们的价格趋同现象得到广泛研究:伦敦-辛辛那提的培根价差在1870年为92.5%,1880年超过100%,1895年为92.3%,但在1913年为17.9%(O'Rourke and Williamson,1994:900)。制成品(最初在美国更贵)的价差也在缩小:1870年到1913年,棉纺织品从13.7%降到−3.6%,铁条从75%降至20.6%,生铁从85.2%降至

19.3％,铜从 32.7％降至－0.1％。

此外,价格趋同不仅限于北大西洋经济。利物浦的棉花价格在 1824－1832 年间比亚历山大的同类产品高出 42.1％,在 1863－1867 年间高出 40.8％,但在 19 世纪最后十年间仅高出 5.3％(Issawi,1966:447－448)。与此同时,正如我们所看到的,亚洲的国际贸易政策使技术进步的影响得以增强。1873 年至 1913 年间,利物浦-孟买棉花价差从 57％降至 20％,伦敦-加尔各答黄麻价差从 35％降至 4％,伦敦-仰光大米价差从 93％降至 26％(Collins,1996,table 4)。日本在 1858 年开放后,相对价格的变化更加剧烈。它的两大出口产品是生丝和茶叶(后者于 19 世纪初被荷兰人引入该国)。在 1846－1855 和 1871－1879 年间,日本的生丝价格上涨了 50％,日本的生丝价格曾经一度相对较低,但是国际市场上的生丝价格仅上涨 19％。日本廉价茶叶的价格上升 64％,而世界其他地区只有 10％的价格上扬(Huber,1971:618)。与此同时,日本和伦敦之间的铁条价差从 468％降至 115％,大阪和汉堡之间的铁钉价差从 400％降至 32％;与曼彻斯特相比,日本皮棉价差从 106％降至 1％;棉纱价差从 175％降至 51％;棉布价差从 160％降至 32％;与汉堡相比,精制糖的价差从 271％降至 39％(Ibid.,620)。

因此,19 世纪末商品市场一体化的程度是世界性的。实际上,威廉姆森(2002)认为 19 世纪末的"第三世界"经济体正在迅速与世界其他地区融合,其速度比富裕国家还要快。考虑到欧洲 19 世纪末的关税反弹,这当然是你会预料的:奥鲁克(1997)认为,谷物关税过高一方面严重阻碍了法国和德国等国的价格趋同,另一方面也严重干扰粮食出口国之间的价格趋同。在不允许出现这种反弹的情况下,价格趋同也相应地更令人印象深刻。这种影响也不局限于跨大西洋贸易的价差,因为铁路在内陆地区也具有类似的影响。雅各布·梅泽(Jacob Metzer,1974)记载了 1870 年后俄罗斯国内谷物价格离散度显著下降的情况,而约翰·赫德(John Hurd,1975)对印度也做了同样的研究,威廉姆森(1974:259)提供了与美国相关的类似证据。正如我们早些时候看到的,铁路在整合全球和国内市场方面发挥了关键作用,它把内地的农业生产者和沿海的港口连接在一起,从而与海外消费者建立联系。

这种一体化的另一个维度也值得一提。正如我们所看到的,19世纪初,垄断宗主国和其殖民地之间的双边贸易路线的重商主义尝试宣告结束,而最惠国原则通过反对歧视性贸易政策进一步推动多边贸易(而不是双边贸易)事业发展。如图7.5所示,事实上其结果是形成一个繁复的多边国际贸易体系,某些国家和地区与其贸易伙伴积累起贸易盈余,然后它们用这些盈余来弥补其他地方的亏缺。印度就是一个特别显著的实例。它用与欧洲大陆国家、美国、日本和中国的贸易盈余(图7.5中不包括后者)来解决与英国贸易中的巨额逆差问题。英国反过来依靠与印度贸易的盈余(在较小程度上依赖与澳大利亚、日本、奥斯曼帝国和中国的盈余)来为其与欧洲大陆和美国的贸易逆差提供资金(Saul,1960:57—58)。美国相对于英国和加拿大的盈余被其与欧洲大陆、日本和印度等国家的贸易赤字所抵消。此类例子不胜枚举。A.J.莱瑟姆(1978:67—70)指出,亚洲因此在国际贸易体系中发挥了关键作用,因为如果英国无法利用与东方国家的贸易顺差抵消其相对于其他工业经济体日益增长的贸易赤字,那么作为整个世界贸易体系的基础,它对自由贸易的单方面投入就很难维持下去。

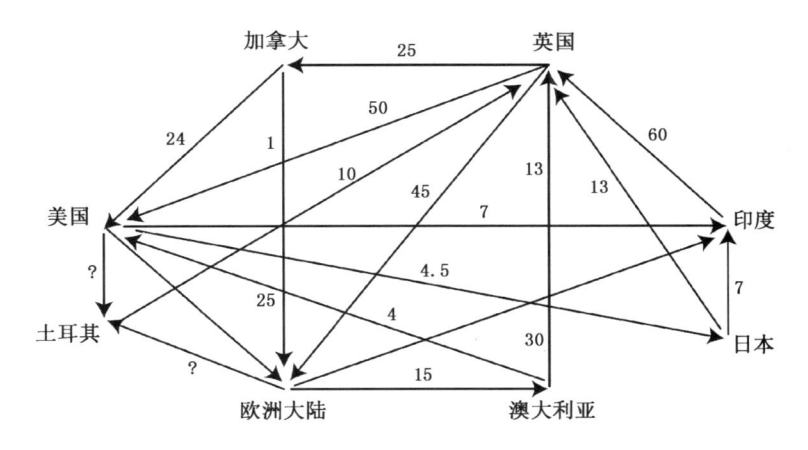

来源:索尔(Soul,1960:58)。

图7.5 1910年国际收支结算模式(单位:百万英镑)

反过来，多边体系的运转依赖可兑换货币，从而也依赖于国内和国际货币的稳定，而这种稳定是在19世纪末由金本位制决定的。这并没有消除汇率的波动，因为汇率可以在一个由黄金运输成本决定的窄幅区间内波动，而且各国可以并确实在自由地使黄金流通。然而，金本位制限制了国家间的汇率波动，最近的计量经济研究工作清楚地表明，金本位制促进了国与国之间的贸易。洛佩兹-科尔多瓦·迈斯纳（López-Córdova Meissner，2003）得出结论认为，如果两国都使用黄金，那么二者之间的贸易额可能会增加30%左右，伊斯特瓦多达尔等（Estevadeordal et al.，2003）以及弗兰朗德罗和马瑞尔（Flandreau and Maurel，2005）一致认为，金本位会员国身份会促进贸易发展（尽管在影响的大小和解释这种影响的机制方面存在分歧）。这意味着，19世纪末金本位制的逐渐普及是这一时期贸易繁荣的因素之一。

**互补性要素流动与大边疆**

19世纪末不仅让人领略到了无与伦比的商品市场一体化浪潮，前所未有的国际要素流动同样也是它的特征。事实上，就移徙而言，19世纪末似乎比今天更加全球化。虽然移民壁垒在这段时期结束时已经建立起来（Timmer，1998；O'Rourke and Williamson，1999，chapter 10；Hatton，2005），但是就移民政策大体而言，19世纪末期基本上还是一个相对自由宽松的历史时期。运输成本的下降最终导致大规模移民潮的出现（1820年至1914年间，大约有6 000万欧洲人移居新大陆）。

在19世纪初，运输成本仍然很高，劳动力的自由流动仍然很小，大陆间的人口迁移以奴隶为主。19世纪20年代，到美洲的自由移民平均每年只有15 380人，而每年移入美洲的奴隶为60 250人。到19世纪40年代，自由迁入人口增加到每年178 530人，奴隶迁入人口减少到44 510人（Chiswick and Hatton，2003:68），直到19世纪80年代累计移民美洲的欧洲人数才超过非洲（Eltis，1983:255）。在19世纪第三个25年中，欧洲大陆间移民平均每年约30

万人。在接下来的 20 年里,这一数字翻了一番多,1900 年以后增加到每年 100 多万(Chiswick and Hatton,2003,figure 2.1,69),意大利人和东欧人也加入了传统的西北欧向外移民大军行列。

在此期间,印度和中国也有大量移民(Hatton and Williamson,2005,chapter 7):1834 至 1937 年间有 630 万印度人移居国外,其中 13.6% 的人口移居至加勒比、太平洋和非洲地区。然而,大多数移民还是去了其他亚洲国家,特别是锡兰、马来亚和缅甸。同样,1922 年有 820 万华人在国外生活,但大多数也都旅居亚洲国家。鉴于中印两国庞大的人口规模,这些数字表明移民率很低,贫穷陷阱阻碍了潜在移民实现这一目标的可能性。然而,从接受国的角度来看,这些流动规模可能是相当大的。例如,1911 年,近 30% 的马来亚人口是华人,另有 10% 是印度人(Latham,1978:109)。

说到洲际资本流动,其数量也相当可观。1870 年,外国投资占世界国内生产总值的 7%,但到第一次世界大战前夕,这一数字几乎达到 20%,大概直到 1980 年都难以匹敌(Obstfeld and Taylor,2004:55)。英国的资本输出平均占 GDP 的 4.5%,在信贷繁荣时期,资本输出高达 8%,而对阿根廷、澳大利亚和加拿大等主要借款国而言,资本流入同样重要(Obstfeld and Taylor,2004:59—60)。促进国际资本市场一体化的一项关键技术创新是电报技术。1866 年第一条跨大西洋海底电缆(位于爱尔兰和纽芬兰之间)铺设开通。这是有史以来信息第一次可以在一天内横越海洋,为金融套利提供极大便利。电报的应用不仅使洲际金融资产价差应声下跌,并且似乎也促进了商品贸易的发展。它使不定期货船以更灵活的方式应对服务需求,这对于协调铁路运输活动也至关重要(Garbade and Silber,1978;Lew and Cater,2006)。

这两种要素流动的共同特征是流向土地广阔和资源丰富的地区。显然,欧洲人向新大陆的大规模移民便属于这一类,而印度人向缅甸的大规模移民同样如此(英国政府试图开垦沼泽和丛林,以增加水稻产量)。就资本流动而言,1907 到 1913 年英国三分之二的海外投资都流向"新近定居的地区"(Taylor and Williamson,1994,table 1,350),资本追逐廉价劳动力的情况并非如此(因为"新近定居的地区"都是获得高工资的目的地);相反,劳动力和资本都在追逐廉价土地。

"航海探险"使欧洲人均拥有的土地增加了五倍(Jones,2003:83;Webb,1952),但为了使这笔意外之财能够产生深刻的经济影响,这些土地必须得到耕种,农产品必须运送到欧洲和新大陆的大城市中心的消费者手里。如我们所见,美洲的新型物种、白银和殖民地商品都对欧亚大陆产生了重大影响,但只有当驶离美洲海岸的船只装满小麦或牛肉等不起眼的日常用品扬帆远航时,美洲才会充分发挥其在世界经济中的潜力。清理、开垦和耕种土地需要大量的劳动力和资本投资,只有在具备铁路运输条件的情况下才能产生经济意义,它可以把土地产出源源不断地运输到利润丰厚但又遥远的市场。反过来,修建铁路也需要大量的劳动力和资本投资,而刚移民定居到边疆地区的人口需要城镇、道路和其他社会基础设施。提供这些也需要更多的劳动力和资本。新大陆的劳动力和资本都很稀缺。因此,为了拓展边疆,他们需要进口欧洲的生产要素,而只有在边疆地区生产的农业产品在欧洲有现成的市场时,这种投资才有意义。因此,19世纪末国际经济最显著的三个特征——洲际贸易的增长、新大陆边疆的延伸以及洲际要素流动——彼此之间有着密切的相互联系。

有大量的实证证据证明了这些相互关系。例如,19世纪末英国海外投资总额中有大约70%流向边疆快速扩张所需的铁路、城市污水和其他社会基础设施。仅铁路建设一项就占1913年总额的41%(Feis,1930:27)。正如尼克·哈利(1978,1980)令人信服地表明,边疆扩张与小麦种植面积扩大密切相关。美国农作物种植面积的扩大在小麦价格上涨中起到积极作用:随着小麦价格的上涨,更多的土地开始耕种(Harley,1978)。此外,新大陆的铁路建设周期很长,铁路建设的高峰与欧洲生产要素出口到新大陆的高峰期恰好相吻合。另外,铁路建设的这些高峰到来之前往往先出现小麦价格的高峰(Harley,1980)。因此,欧洲向新大陆移民和资本输出的长期波动可以解释如下:小麦价格高企为铁路建设和边疆扩张提供了动力,这反过来又导致洲际要素流动。随着新的土地被耕种并开始生产出小麦,然后小麦通过铁路运输到沿岸港口,进而运抵欧洲,因此,城市地区的小麦供应量增加,其价格出现下跌。小麦价格下行使边疆地区进一步垦殖的动力削弱,最终一旦供应量停止增长,而城市进一步发展导致需求增加,此时小麦价格就会再次出现上涨,如此循环往复。

在土地、劳动力和资本输入的推动下,边疆经济的广泛增长过程在很大程度上依赖于开放的欧洲市场,因为对运输基础设施和边疆拓展的投资是为了向欧洲提供农产品:不仅包括粮食,还有肉类、羊毛和奶制品。18世纪新大陆的出口也包括农业产品,但所涉及种类大多是温暖气候条件下产出的商品,在欧洲不易生产。相比之下,19世纪晚期新大陆的出口主要涉及温带农产品,这些农产品直接与欧洲作物形成竞争,因此,正如我们所看到的,它们可能会受到贸易制裁的威胁。在此等背景下,欧洲最大的市场——英国——在整个19世纪末一直保持开放(而且它的海军维持了公海自由国际贸易的进行),这一事实在保持国际体系正常运作方面起到至关重要的作用。

如果这些联系中断,这个相互关联的体系会以何种方式发生变化,这十分值得推测。[①] 如果英国市场不再继续对外开放,铁路建设和边疆开拓方面的金融投资吸引力就会降低。这样,边疆经济的增长就会放缓,而这反过来又会减弱对欧洲移民的吸引力,意味着欧洲工资增长缓慢。如果他们不得不依靠自己的储蓄,而不是能够从英国的投资者那里借得资金,边疆经济增长就会变得更慢。如果边疆区域没有扩大,欧洲的粮食价格就会比实际价格更高,欧洲工人将不得不为他们的粮食支付更多的费用,欧洲工人阶级的生活水平提升速度将再次低于实际水平。[②] 最后,正如我们所看到的,如果不是由于英国相对于亚洲的贸易顺差,英国市场可能不会保持开放。因此,英国及其帝国处于国际经济体系的核心位置。

第一次世界大战前半个世纪形成的复杂的洲际贸易和要素流动网络似乎符合欧洲及其新大陆殖民地的共同利益。尽管经济全球化既带来了失败者也

---

[①] 关于将洲际贸易、内生新世界边疆和国际要素流动结合起来的理论模型,见芬德莱(1993,1995:chapter 5)。

[②] 举一个特别引人注目的例子,奥鲁克和威廉姆森(1994)发现,运输成本的下降可以解释19世纪末英国实际工资增长的40%以上。

产生了赢家(尤其是欧洲农民面临日益增长的粮食进口,而新大陆的工人由于大量移民面临日益激烈的劳动力市场竞争),国际经济刺激边疆地区更快地扩张,并导致美洲和大洋洲的广泛增长。正如我们在上一章中所指出的,海外土地的弹性供应和运输成本的下降两大关键因素——和工业革命的逐步蔓延以及随之而来的现代经济增长一起——使欧洲人口不断加速,而不会遇到资源限制、食物价格上涨以及穷人生活水平下降的境况。但是,这种新的世界秩序对世界其他地区产生什么影响呢?

### 贸易与全球劳动分工

到1913年,国际商品市场的一体化程度大大超过1750年,世界贸易在世界产出中所占的份额大大提高,包括体积-价值比高的商品在内的更广泛的商品正在各大洲之间往来。这些趋势,加上西北欧和英国殖民地的迅速工业化,对世界范围内的劳动分工产生了巨大的影响,因为欧洲工业在竞争中胜过了其他地方的竞争对手。到19世纪末期,工业经济和初级产品经济体之间有了明显的区别,丹尼斯·罗伯森(Dennis Robertson)曾经令人印象深刻地称之为"大分工"(Robertson,1938:6)。

根据现有数据(见表7.4),19世纪末初级产品占世界出口总额的比例略低于三分之二。例如,1913年的食物占世界出口的29%,农业原材料占21%,矿物占14%(Yates,1959:222-223)。英国和西北欧是初级产品的净进口国和制成品的净出口国。北美仍然出口初级产品,但随着时间的推移,那里迅速的工业化增加了制成品贸易,使贸易更加平衡。实际上,第一次世界大战前不久,美国已转变为制成品净出口国,成为那个时期世界领先的工业国家(Wright,1990;Irwin,2003)。其间,大洋洲、拉丁美洲和非洲几乎还没有制成品可供出口,亚洲的出口商品中绝大多数由初级产品组成。例如,根据拉玛汀·叶茨(Lamartine Yates,1959:25),1913年初级产品占印度出口的四分之三以上。相比之下,17世纪50年代末,纺织品仍占英国东印度公司对欧洲出口的一半以上[见表5.8(c)]。1811—1812年,布匹在印度出口中所占的份额已降至33%。仅仅三年后,这一数字就降到了14.3%,而在1850—1851年间,这一比例仅为3.7%。印度工业地位的下降可以从它在竞争激烈的西非棉布市场所占的份额来衡量(Inikori,2002:439—447)。在拿破仑战争之前和战争期间,印度布匹在西非的销售额(由英国商人销售)通常超过英国布匹。然而,到了19世纪20年代,优势地位已经决定性地转向了兰开夏郡,到了19世纪中叶,印度布匹对西非的出口微乎其微,可忽略不计。1827年至1830年间,印度布匹占英国商人出售西非棉布数量的29%。这个数字在19世纪30年代只有7%,在19世纪40年代只有4%(Inikori,2002:447)。1910到1911年,棉织品在印度出口总额中所占的份额增加到6%,但与原棉在出口中所占份额(17.2%)相比相形见绌(Chaudhuri,1983:842,844)。

表7.4　　　　　　　　1876—1880年与1913年世界贸易　　　　　　单位:百万美元

| 地区 | 初级产品 | | | | | |
|---|---|---|---|---|---|---|
| | 1876—1880年 | | | 1913年 | | |
| | 出口 | 进口 | 盈余 | 出口 | 进口 | 盈余 |
| 美国和加拿大 | 600 | 330 | +270 | 2 101 | 1 542 | +559 |
| 英国 | 117 | 1 362 | -1 245 | 760 | 2 596 | -1 836 |
| 西北欧 | 840 | 1 800 | -960 | 3 064 | 5 894 | -2 830 |
| 其他欧洲地区 | 750 | 515 | +235 | 1 793 | 1 689 | +104 |
| 大洋洲 | 1 413 | 575 | +838 | 455 | 129 | +326 |
| 拉丁美洲 | | | | 1 531 | 595 | +936 |
| 非洲 | | | | 680 | 307 | +373 |
| 亚洲 | | | | 1 792 | 949 | +843 |
| 总计 | 3 720 | 4 582 | -862 | 12 176 | 13 701 | -1 525 |

续表

|地区|制成品 1876—1880年 出口|制成品 1876—1880年 进口|制成品 1876—1880年 盈余|制成品 1913年 出口|制成品 1913年 进口|制成品 1913年 盈余|
|---|---|---|---|---|---|---|
|美国和加拿大|100|190|−90|734|891|−157|
|英国|865|225|+640|1 751|601|+1 150|
|西北欧|1 080|450|+630|3 318|1 795|+1 523|
|其他欧洲地区|210|330|−120|578|1 133|−555|
|大洋洲|35|1 285|−1 250|9|370|−361|
|拉丁美洲||||51|879|−828|
|非洲||||26|451|−425|
|亚洲||||461|1 247|−786|
|总计|2 290|2 480|−190|6 928|7 367|−439|

注：由于有的贸易来往未曾记录,世界贸易并不平衡。
来源：拉玛汀·叶茨(1959:226—232)。

因此,洲际贸易越来越多地涉及欧洲出口工业制成品以换取世界其他地区的粮食和原材料。非洲和亚洲国家出口的制成品比例不仅低于前几个世纪,而且它们的出口绝大多数是面向工业经济体的。正如汉森(Hanson,1980)所强调的那样,如果美国被定义为该中心的一部分,认识到这种"南北"或"中心-边缘"的区别(边缘地区依赖于中心市场)只有在整个19世纪才能维持这一点是非常重要的,因为英国在发展中国家出口中所占份额在1880年后迅速下降(从1880年的40%降至20年后的24%),而北美和欧洲其他地区的份额则有所增加。然而,总的来说,他提供的数据显示,这个中心在1840年占发展中国家出口的73%,在1880年占74%,1900年为70%(Hanson,1980:55),而贝洛赫和艾特马德(Bairoch and Etemad,1985:23)认为,1900年有72%的发展中国家的出口流向中心市场,1913年有78%。

初级产品对中心市场的这种依赖程度比制成品出口更为明显。根据拉玛汀·叶茨(1959:58),1913年大约85%的发展中国家初级产品出口到了工业国家,但超过三分之一的工业国家出口流向了其他"非工业"国家。他的数据还表明,发展中国家在世界工业出口中所占份额有所增加,从 19 世纪 70 年代末的 3% 增加到 1913 年的 8%(这些数字不包括日本,日本与工业化国家分为一类)。因此,到这个时期结束时,第三世界国家重新工业化的迹象已经开始显现,这将成为 20 世纪后期世界贸易的一个重大趋势之一。

然而,从广义上讲,富裕而工业化的北方国家出口其工业产品用来换取贫穷的南方农业初级产品,用这种"南方-北方"专业术语来看待 19 世纪的世界贸易并非不准确。这一点在 19 世纪末肯定比以前更加真实,也比第二次世界大战以来也更为正确。关于这个简单的特征描述,笔者要着重提醒的是,新大陆乃富庶之地,不仅工业化程度日益增强,而且是初级产品的主要出口地——事实上,整个 19 世纪末,实现工业化的地区占所有初级产品出口的一半以上,在很大程度上美洲和大洋洲应对此负责。尽管如此,工业革命意味着当今世界比 1750 年前后要不平衡得多,无论是从南北两方的基本经济结构来看,还是从由此产生的贸易模式而言,都是如此。现在的问题是,这种洲际贸易对非工业化国家是有益还是有害,它会加剧还是消除已经出现的世界不同地区之间的收入差距?

**贸易、热带边疆与"大分流"**

表 7.5 给出了安格斯·麦迪逊(2003)对世界主要地区人均国内生产总值的估计数据。该表的最后一行给出了分析国际收入不平等的衡量指标——泰尔不等式系数(Theil Inequality Coefficient),它出自布吉尼翁和莫里森(Bourguignon and Morrisson,2002)的研究。可以看出,在 19 世纪国际收入不平等急剧上升,泰尔不等式系数几乎达到原先的 5 倍。1820 年,世界上最富裕的地区(西欧)人均国内生产总值比世界平均水平高出 81%,而世界上最贫穷的地区,即非洲,人均国内生产总值将近世界平均水平的三分之二。因此,西欧人均收入不到非洲人均收入的 3 倍。到了 1913 年,情况就大不相同了。西欧的人均收入比世界平均水平高 127%,是非洲人均收入的 5 倍还多。英国殖民地的人均收入比世界平均水平高出 243%,是非洲的 8 倍。

表 7.5　　　　　　　　　1820—1913 年收入与地区不平等情况
[人均 GDP，以 1990 年吉尔里-哈米斯（Geary-Khamis）国际元计算]

| 地区 | 1820 年 | 1870 年 | 1913 年 |
| --- | --- | --- | --- |
| 西欧 | 1 204 | 1 960 | 3 458 |
| 东欧 | 683 | 937 | 1 695 |
| 英国分支 | 1 202 | 2 419 | 5 233 |
| 拉丁美洲 | 692 | 681 | 1 481 |
| 日本 | 669 | 737 | 1 387 |
| 亚洲（日本除外） | 577 | 550 | 658 |
| 非洲 | 420 | 500 | 637 |
| 世界 | 667 | 875 | 1 525 |
| 泰尔不平等系数 | 0.061 | 0.188 | 0.299[a] |

注：a 表示 1910 年数据。
来源：麦迪逊（2003：262）与布吉尼翁和莫里森（2002：734）。

换句话说，在 19 世纪，世界不同地区的生活水平出现了巨大的差异，尽管在富裕的大西洋经济体中存在生活水平的趋同现象，特别是实际工资方面（O'Rourke and Williamson，1999，chapter 2；Williamson，1995；Pritchett，1997）。然而，重要的是要认识到，总的来说，至少从 19 世纪中叶以来这次"大分流"出现的原因是工业化国家的不断进步，而不是贫穷地区的日益落后，这段时期也就是交通运输革命正开始显现的时候。举一个特别有据可查的例子，"黄金海岸"（现在的加纳）的出口从 1891 年的 872 000 英镑增长到 1911 年的 3 612 000 英镑（按 1911 年不变价格计算），即每年 7.4%，其结果是在 1891 年至 1901 年间，其国内生产总值以每年 1.9% 的速度增长，在后来的十年中增长率为 3.8%（Latham，1978：135）。按照阿瑟·刘易斯（Arthur Lewis，1970：30—31）的说法，"1880—1913 年间，许多热带地区国家的发展速度与很多工业化国家一样快，不仅是"黄金海岸"，还包括缅甸、泰国、马来亚和锡兰等国。根据麦迪逊的数据（见表 7.5），1820 年到 1870 年非洲平均收入增长了 20% 左右，在 1870 年到第一次世界大战期间又增加了 27%。19 世纪末，亚洲人的收入增长了 20% 左右，尽管他们的收入在滑铁卢战役之后的半个世纪略有回落（约

5%)。虽然拉丁美洲的收入在19世纪前半叶仍然停滞不前(下降了1.6%),但在后半叶却有了惊人的增长(增加了114%)。因此,1820—1913年这一时期的收入差异并不是由于第三世界国家的贫困化,而是由于欧洲、北美和大洋洲地区收入的快速增长引起的。反过来,这种收入的增长是由于现代工业化的蔓延所致,如表6.3所示其极为不平衡。

  北半球的工业化与国际贸易的结合是减缓还是推动了南方的增长？一代又一代的学者发现了两种可能性。第一个是悲观的观点,它认为北方的工业化使南方受到损害,因为南方制造商所能索要的产品价格下降,从而迫使他们被淘汰出局。如果出于某种原因,制造业相关活动存在促进增长的外部性因素,这代表着问题的出现,而不是有利可图的资源再分配。① 第二种是乐观的观点,它认为北方的工业化通过向南方经济体提供活跃的初级产品、金融产品和贷款输出市场来扩大资本存量,变成南方经济体的"增长引擎"。很明显,这两种机制都会因运输成本的下降、英国的开放市场以及亚洲和非洲的强制自由化而得到放大,我们早些时候已经详述了这一点。

  图7.6显示,19世纪末,整个热带地区的出口确实出现了快速增长。在1883年至1913年间,整个热带地区出口(按当前价格计算)翻了一番或者更多,当然不包括英属和法属西印度群岛、委内瑞拉,以及"其他非洲"——包括苏丹、埃塞俄比亚、厄立特里亚和利比里亚等国家/地区。出口增长通常是惊人的(尽管在很多情况下,基数很小):在中非和西非、印度支那、暹罗、锡兰、玻利维亚和巴拉圭,出口增长了三倍或更多。根据刘易斯(1969:10)的研究,当然其中也不乏增长缓慢者,主要是以前的甘蔗种植业殖民地(加勒比地区整体表现不佳),或政府不稳定或政府太保守(如委内瑞拉、海地或埃塞俄比亚)。唯一的例外是印度,后面会进一步论述。依据麦迪逊(2001:127)的论述,1870—1913年间,非洲的出口增长率特别高,平均每年4.4%(实际值),远远高于世界平均水平3.4%,结果其出口占GDP的比例几乎翻了两番,从5.8%上升到20%。拉丁美洲的出口增长接近世界平均水平,平均增长率为3.3%,而亚洲的出口增

---

① 也就是说,制造业以一种制造商自己没有考虑到的方式促进了整个社会的经济增长。

392　国强国富

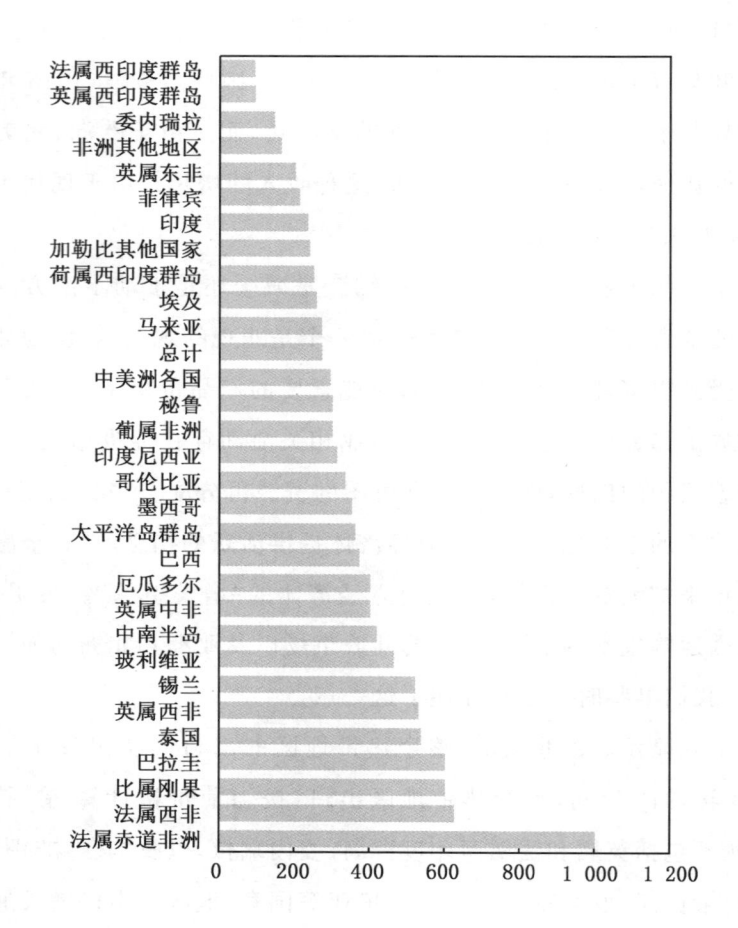

| 地区 | 指数 |
|---|---|
| 法属西印度群岛 | |
| 英属西印度群岛 | |
| 委内瑞拉 | |
| 非洲其他地区 | |
| 英属东非 | |
| 菲律宾 | |
| 印度 | |
| 加勒比其他国家 | |
| 荷属西印度群岛 | |
| 埃及 | |
| 马来亚 | |
| 总计 | |
| 中美洲各国 | |
| 秘鲁 | |
| 葡属非洲 | |
| 印度尼西亚 | |
| 哥伦比亚 | |
| 墨西哥 | |
| 太平洋岛群岛 | |
| 巴西 | |
| 厄瓜多尔 | |
| 英属中非 | |
| 中南半岛 | |
| 玻利维亚 | |
| 锡兰 | |
| 英属西非 | |
| 泰国 | |
| 巴拉圭 | |
| 比属刚果 | |
| 法属西非 | |
| 法属赤道非洲 | |

来源：刘易斯（1969:48）。

**图 7.6　1883—1913 年热带区域贸易增长（1913 年出口商品，1883 年=100，现值美元）**

长再次放缓，停留在 2.8% 的水平上。① 约翰·汉森（John Hanson，1980）强调，在一些国家，如中国，贸易规模可能没有庞大到对整个经济产生重要的影响。然而，如果麦迪逊的数据可以令人信服，在非洲、拉丁美洲和亚洲个别国家出口规模足够庞大，而且增长速度也足够快，那么他的"增长引擎"假说自然不能被忽视。

---

① 阿瑟·刘易斯（1981）的数据也显示出热带地区的出口整体快速增长：1870—1913 年间每年增长 3%，而世界增长率为 3.2%。

然而,悲观主义者们会反驳说,在正在进行去工业化的国家中,初级产品出口的快速增长也可以预见到,因为否则的话它们将无力支付进口制成品的费用。事实上,根据我们在前几章中已经看到的众所周知的"荷兰病"论点,初级产品出口的迅速繁荣可以通过吸引劳动力和其他资源进入初级产品生产领域而导致去工业化,从而推高制造业的成本(Corden and Neary,1982)。这里有几点需要说明。首先,在这一时期,有些热带气候国家,如加纳或缅甸,很难严肃对待自给自足、工业化的反事实问题。因为它们从未有过庞大的国家工业体系,在这种情况下,初级产品出口增长产生的去工业化负面影响肯定是微乎其微的,而蓬勃发展的出口肯定对平衡产生了积极影响。其次,"荷兰病"论点背后的逻辑假定资源的稀缺性;因此,初级生产的增加必然意味着制造业产出的减少。然而,正如我们将看到的那样,许多19世纪热带地区蓬勃发展的出口参与者可以有效地利用无限资源,包括土地和劳动力的弹性供应。其结果就是出现普遍的粗放型增长,也就是说,土地和劳动力投入增长引起产出的增加(Reynolds,1985)。这样做的缺点是,由于人口迅速增长,产出也迅速增长,有效的土地-劳动比率保持相对稳定,因此人均收入的增长受到限制。这显然有助于解释为什么这些国家尽管总体增长迅速,但按人均计算却远远落后于正在工业化的核心国家,后者正在经历以资本积累和技术进步为基础的快速密集增长。不过,这也有好处,因为弹性因素供应可能意味着,如果国内制造业之前存在挤出效应,那么该效应的可能性会最小化。

这种对土地和劳动力弹性供给的重视是阿瑟·刘易斯关于19世纪末国际经济著作(例如,Lewis,1978a)中一个重要特征。对他来说,荒地的可用性是解释这段时期热带地区出口增长的一个关键因素:实际上,在这一时期,热带地区边疆正在扩大,相当于前面讨论的美洲和大洋洲的温带地区边疆(Lewis,1969:22—23)。刘易斯的逻辑是,厌恶风险的农民继续为家人种植粮食。为了种植可供出口的作物,他们需要更多的土地。因此,在撒哈拉以南的非洲、缅甸、暹罗和印度尼西亚等地区,由于存在闲置土地,农民生产的初级产品出口欣欣向荣。在其他地区,如拉丁美洲或菲律宾,也有闲余的土地,但属于大地主所有,因此，那里的出口供应取决于地产和种植园主的行为反应。相比较而言，印度的土地资源本就稀缺，因此，对北方的需求所产生的出口供应推动力反应平淡。此外，有限的资源使印度更容易遭受"荷兰病"问题的冲击，特别是因为，正如我们一直强调的那样，印度在传统上一直是一个相对工业化的经济体。

芬德莱和林达尔（1999）查阅了这一时期关于资源主导型增长的文献，并找到了大量的定性证据支持刘易斯的基本假设。比如，暹罗和缅甸是两个典型的例子，它们都是以大幅增加的大米出口为基础的农业经济体。在缅甸，人口从中北部地区以及印度南部向人口稀少的缅甸南方地区迁移，推动了经济增长。这在很大程度上是由于英国政府采取补贴印度移民并改善缅甸运输基础设施的政策之结果（Aye Hlaing，1964：32—36）。1852 年至 1915 年期间，水稻种植面积增加了 8 倍（Ibid.，6），缅甸成为世界最大的稻米出口国。根据阿耶·哈莱恩（Aye Hlaing，1964：51，appendix A）分析，这足以说明在 20 世纪头 30 年中人均收入出现增长（以每年 0.8% 的速度）。在暹罗，由英国提供资金开垦以前闲置的土地、兴建运输基础设施，也促进了经济增长。结果，在 19 世纪 50 年代至 1913 年间稻米出口迎来 15 倍的增长，中国和马来亚是其主要出口市场。

稻米原产于东南亚；"黄金海岸"的主要出口商品可可直到 19 世纪 60 年代才被引进。1891—1913 年间，可可出口从 50 磅增加到 50 600 吨（Holmes，1970：151）。在这里，出口作物的增长也受到砍伐森林和农民南迁的推动（Hill，1963），尽管铁路在这里不是一个问题，因为作物产区靠近海岸（Holmes，1970：152）。与缅甸的情况一样，有证据表明"黄金海岸"的人均收入在增长，正如前面所指出的那样。

大量的未开垦土地供应也是巴西、哥斯达黎加和哥伦比亚咖啡出口迅速增长的一个重要因素。在后两国中，小型农户占据主导地位，而在巴西大型种植园主更为重要。著名的是，香蕉种植园后来沿着哥斯达黎加铁路线发展起来，建造这些铁路是为了把咖啡运到海岸（Gaspar，1979：21—32）。这里以前也曾是未开垦之地。锡兰曾一度也种植咖啡，但后来它转而种植茶叶（19 世纪由英国人引进）和橡胶。橡胶最初是在巴西的亚马孙森林中开发的，在那里它是野生的。在锡兰,橡胶是一种小农产品,不像在马来西亚种植园那么重要,但是锡兰茶是由种植园种植。印度的泰米尔移民在锡兰的茶园和马来亚的橡胶种植园工作。后者同样利用由铁路和港口提供运输服务的未开垦土地(Bruton et al.,1992:178)。

在几乎所有这些例子中,我们都可以清楚地辨认出刘易斯提出的持续扩张的边疆(在某些情况下还包括人口流动)推动经济广泛增长的运动机制。在其他案例中,边疆是"纵向型"的(Findlay and Lundahl,1999),玻利维亚的情况就是如此。该国铁路的修建为白银和锡的出口提供了便利条件:20世纪的第一个十年中,锡的出口翻了一番还多(Contreras,1993:32—35)。智利的情况也不例外。它是世界上主要的硝酸盐生产国,1880—1913年间硝酸盐的出口增长了12倍(Mamalakis,1971:184)。在南非,非洲劳动力和海外资本的投入推动了钻石和黄金的开采。换句话说,发展中国家的经济增长是由于同一时期推动新大陆增长的许多相同力量所致,特别是国际要素流动、受现代交通技术的投资推动的国际贸易以及日益增长的有效土地禀赋之间的相互作用。

倘若情况真是如此,就很自然会产生这样一个问题:为什么新大陆的人均收入增长速度要比热带地区成功的出口国的增长速度更加令人印象深刻呢?其答案要分两部分来讲。首先,北美的经验与其他边疆社会的经验有根本的不同,因为(正如我们已经指出的那样),尽管美国是一个资源丰富的初级产品出口国,但在此期间美国正在迅速实现工业化。这似乎很难与"荷兰病"的悲观情绪以及20世纪后期认为资源丰富实际上是一种"诅咒"的传统认知相调和(Sachs and Warner,2001)。此外,正如加文·莱特(Gavin Wright,1990)和道格拉斯·欧文(2003)所指出的,美国工业的成功在很大程度上依赖于其自然资源,例如19世纪90年代在明尼苏达州梅萨比铁山(the Mesabi Range)开采出的巨大储量的铁矿石。然而,至关重要的是,由于散货船发明之前的运输成本很高,这些自然资源基本上难以交易,因此只有在国内加以利用,刺激当地工业发展,而不是像原棉那样可以大量出口。自然资源因此"挤进"北美的制造业中,而不是将其挤压出去(Findlay and Jones,2001;Irwin,2003)。

然而，这一论点不适用于拉丁美洲，因为拉丁美洲的出口主要是初级产品，而且不论如何，该地区的生活水平都在迅速提高。拉美与缅甸这样的热带地区国家相比其关键的区别就在于移民劳动力的来源。在拉丁美洲，移民来自欧洲，那里的工资已经很高，而且增长很快。此外，当无技能工人的工资低于国内政治上可以接受的水平时，拉美政府可以随时收紧其移民政策，蒂默和威廉姆森（Timmer and Williamson，1998）已经表明像阿根廷这样的国家恰好正是这样做的。而将视野转向缅甸，它的移民来自南亚和东南亚，那里的工资很低而且相对停滞，殖民当局积极鼓励这种移民活动，尽管它可能对当地生活水平产生不利影响。正如阿瑟·刘易斯所说，"考虑到印度和中国劳动力的无限储备，热带地区的工资和农民收入必须保持在接近印度和中国的水平"，反之，"温带聚居地要想吸引和留住欧洲移民，与美国竞争，就只有提供比西北欧普遍存在的收入水平更高的工资"（Lewis，1978 a：188，191）。

因此，热带地区的广泛增长却意味着人均收入增长有限；但这至少意味着停滞或适度增加，而不是彻底减少。尽管刘易斯的态度极为悲观，但一些国家的人均收入确实增加了，这也许在一定程度上是因为这样一个事实，即经济增长不仅仅是由于劳动力和土地投入的平行增加所致，而且也是由于外部资本、交通设施和市场专门知识的输入引起的。那么，像印度这样工业化程度相对较高，而且国内很少有所谓的边疆区域可供开发的国家该如何是好呢？如图 7.6 所示，按照刘易斯规则，在政府政策稳定情况下非糖类产品的出口增长强劲，但印度是个例外，它的出口在 1883－1913 年间只增加了一倍多一点，使其处于增长幅度的最低端。1820 年印度拥有世界五分之一的人口（Maddison，2003：256），我们不能把印度的经验仅仅看作众多观察中的一个国家的经验，就像对 20 世纪末不断变化的世界不平等状况的评估不能忽视印度和中国今天的经验一样（见第九章）。

我们已经看到印度如何在 18 世纪末和 19 世纪初失去了海外制造市场，一步步地变成初级产品出口国。从表 6.3 可以看出其大规模的去工业化，正如我们已经强调的那样，虽然这些估计数据基本上是通过有根据的推测得出，但其他证据也指向同样的方向(Williamson,2006:chapter 5)。例如恒河流经的比哈尔邦"依赖工业"的人口比例从1809—1813年的18%~29%的某一个位置，骤降到1901年的8.5%，而印度手工纺纱用的纱线从1850年的4.19亿磅下降到1870年的2.4亿磅(Williamson,2006:70—71)。

表6.3显示,中国在同一时期也发生了类似的情况。因此,如果这两大东方巨人的收入出现停滞或下降,至少到1870年左右它们的去工业化进程似乎已经完成时为止,这就不足为奇了。麦迪逊(2003)认为1700至1820年间印度人均收入出现明显下降(从550美元降至533美元),紧随其后的是1870年的停滞,而在中国,其数据显示人均收入在1700年到1820年之间停滞不前(600美元),然后在1870年下降到530美元。①

此后,麦迪逊的数据显示,两国的表现存在差异。二者的人均收入都已触底,但在中国,随后的改善微乎其微,几乎察觉不到。相比之下,1870—1914年间,印度人均收入增长了三分之一,从533美元增加到709美元(按1990年的价格计算),每年增长约0.65%。其他证据也表明,19世纪末印度的表现比乍一看更为乐观。首先,正如利德曼和多姆雷兹(Lidman and Domrese,1970:309)所指出的,由于19世纪后期的人口增长率相对较慢,印度的相对人均出口表现比它的绝对业绩(如图7.6所示)看上去要好一些。因此,例如,尽管巴西在1883—1913年间出口以每年4.5%的速度增长,而印度的增长率仅为2.8%,两国的人口增长率分别为2.3%和0.6%,这意味着两国的人均增长率大致相同。如果说农产品出口增长不如其他国家那么快,恰恰是因为其他国家的粗放型增长机制——用工人填满了空旷的土地,如有必要从海外移入——在人口众多而土地严重匮乏的次大陆完全行不通。

其次,到这一时期结束时,有一些初步迹象表明印度开始重新工业化。第一家棉纺厂于1856年成功建成(Wolcott,1997)。1880—1914年间,该国棉纺厂的数量从58家增加到264家,同期的就业人数从39 500人增加到260 800人,纱线出口从2 670万磅增加到1.98亿磅(Lidman and Domrese,1970:323)。

---

① 所有的数字都是以1990年美元为单位。

第一次世界大战前夕,印度的棉纺织工业在世界上位居第四,黄麻产业位列第二。煤炭开采业也在蓬勃发展,一些较弱小的行业同样不甘示弱。米克(Meek,1937,table Ⅳ,373)根据棉花、黄麻、羊毛制品、造纸、啤酒和钢铁六个产业的产量计算出了"大规模"工业生产的粗略指数。他的数据显示,在1896—1897年和1913—1914年间,产量翻了一番还多。总的来说,利德曼和多姆雷兹得出结论认为大规模工业生产在1880—1914年间以每年4%～5%的速度增长,与同期德国的工业生产增长率旗鼓相当,十分可观。

因此,对印度19世纪末经济增长表现的批评并不是说其经济增长是负数,而是认为它的经济增长表现本来可以更好。日本是经常被拿来比较的国家,它的人均国内生产总值从1874年的756美元(按1990年的价格计算)增加到1914年的1 327美元,即年均增长率为1.4%,其工业产出以每年7%左右的速度增长(Maddison,2003:180—182;Lidman and Domrese,1970:321),或者按照保罗·贝洛赫的说法,其人均工业化水平在1860—1913年间几乎增长了两倍(见表6.3),发展速度相当快。

然而,关键的问题是印度的强制开放能否解释其未能效仿日本的原因。在这里,我们需要区分19世纪初期——该时期欧洲制造业生产率提高,加上运输成本的快速下降,导致印度的非工业化(Clingsmith and Williamson,2004)与19世纪70年代以来——常常被视为19世纪全球化的经典时代。对于后者,问题的答案是"可能不会"。首先,日本在此期间同样也是开放的,正如我们所看到的,但这并不妨碍其迅速发展制造业。对外开放似乎并不是工业化难以克服的障碍。其次,拉丁美洲在此期间已经获得了独立,可以自由征收关税,而且也在初级产品出口的基础上发展自己的经济(Lewis,1978b:8—9),如表6.3所示,在20世纪初墨西哥和巴西等国家的工业化像在印度一样风起云涌。在19世纪,运输成本的下降是如此剧烈以致它的影响使关税政策可能产生的任何冲击淹没于无形。再次,计量经济学的研究表明,这一时期的关税并没有促进拉丁美洲或亚洲的经济增长,尽管它与欧洲和英国殖民地更高的增长率有一定关系(Clemens and Williamson,2004;Coatsworth and Williamson,2004;

O'Rourke,2000),而苏珊·沃尔科特(Susan Wolcott,1997)则认为,征收更高的关税对第一次世界大战后的印度纺织业几乎毫无影响。最后,正如科林史密斯和威廉姆森(Clingsmith and Williamson,2004)所强调的,印度在世界制造业中所占的份额在18世纪下半叶或者说19世纪的运输革命到来之前,就已经开始下滑,这意味着内部因素必定和外部竞争共同推动其去工业化。①

**贸易条件**

根据贝洛赫和艾特马德(1985:52)研究,1911—1913年间,发展中国家50%的出口为食品和饮品,35%为原材料,8.5%为制成品,以及6.5%为烟草、鸦片和贵金属。特别重要的商品包括谷物,占分类出口的13.6%;棉花,占分类出口的8%;咖啡,占分类出口的7.9%;糖,占分类出口的7.7%;纺织品,占分类出口的4.7%;皮革,占分类出口的4.2%;橡胶,占分类出口的3.9%。在很大程度上,各国按照比较优势(气候、土地质量等)的要求专门种植特定作物,当然,为了抓住商业机会,在远离原产地国数千英里外的国家也会引进某些作物。生产国多数是国际市场价格的接受者,尽管在某些情况下(例如巴西咖啡)它们在世界市场上占有足够大的份额,原则上拥有一些垄断权力。因此,它们受到世界市场状况波动和主要出口商品价格变动的影响。

这些贸易条件是如何随着时间变化的?根据刘易斯(1978a)的数据,在19世纪后期,热带地区出口商品相对于制成品的平均价格维持非常稳定的状态。然而,这一证据——实际上其大部分为迄今为止的辩论所使用——利用伦敦等核心市场的价格记录来推断边缘市场的趋势。对发展中国家来说重要的是它们自己本身所经历的贸易条件。在运输费用普遍下降的环境中,它们的贸易条件本来可以改善,即使它们的海外出口相对价格保持不变,甚至下降(Ellsworth,1956)。最近,杰弗里·威廉姆森(2000,2002,2006)为这一时期几个发

---

① 具体而言,他们认为莫卧儿帝国崩溃导致的农业生产力下降推高了食品价格和名义工资,从而降低了印度的竞争力。

展中国家的贸易条件提供了证据。他的数据显示,每个国家在任何时候的经历都有很大的不同,这反映了一个事实,就是它们生产不同的出口产品。数据还显示,这些发展中国家面临着非常不稳定的贸易条件。当外国资本流入减少时,这种波动可能会对这些国家的增长前景产生损害(Blattman et al.,2003,2004)。然而,平均来讲,这些国家的贸易条件随着时间的推移明显改善,从19世纪70年代初到第一次世界大战期间,日本、朝鲜和中国台湾的贸易条件改善了近10%,缅甸、埃及、印度和暹罗的贸易条件改善了20%以上(Haddas and Williamson,2003,table 2,638)。科林史密斯和威廉姆森(2005)甚至提供了奥斯曼帝国、埃及和拉丁美洲贸易条件的长期数据。所有这三个系列的数据都表明在19世纪贸易条件有了显著的改善,而拉丁美洲的改善状况随后在其内部战争中崩溃,在本书第八章会有更多论述。

这些平均数字掩盖了单个商品的重要差异(见表7.6)。在曲线的一端,1883—1913年间,由于产量的增长,糖的相对价格下降了一半,这通常发生在富裕国家,而且经常得到补贴,这一点我们之前提到过;曲线的另一端,棉花和烟草的相对价格显著上升,而黄麻的相对价格翻了一番还多。在此期间,计量经济研究未能找到贸易增长条件对边缘国家人均收入增长的任何积极影响。鉴于这种增长的广泛性质,它可能并不会令人感到惊讶(Blattman et al.,2003,2004;Williamson,2006)。另外,早期记录的蔗糖殖民地的糟糕表现很大程度上可能是由于糖价格的急剧下降:这是许多第三世界农民在20世纪将面临的问题的一个缩影。

表7.6　1883—1913年初级商品价格(工业制成品价格指数下跌;1883年=100)

| 商品 | 1883年 | 1899年 | 1913年 |
| --- | --- | --- | --- |
| 蔗糖 | 100 | 54.3 | 51.5 |
| 茶叶 | 100 | 83.9 | 76.7 |
| 棕榈油 | 100 | 73.2 | 91.4 |
| 可可 | 100 | 107.5 | 92.4 |
| 橡胶 | 100 | 98.0 | 96.6 |

续表

| 商品 | 1883 年 | 1899 年 | 1913 年 |
|---|---|---|---|
| 稻米 | 100 | 125.2 | 101.9 |
| 咖啡 | 100 | 113.4 | 102.9 |
| 棉花 | 100 | 78.0 | 131.3 |
| 毛皮 | 100 | 85.0 | 132.3 |
| 烟叶 | 100 | 111.0 | 136.5 |
| 黄麻 | 100 | 122.8 | 225.8 |

来源：根据斯托弗（Stover,1970,table 2.2,50）和刘易斯（1978a,table A.11,280－281）的数据计算。

## 结论

在 19 世纪以前，由于运输成本居高不下、重商主义贸易限制和战争频发的影响，洲际贸易规模相对较小，主要限于非竞争性商品贸易。然而，在拿破仑最终战败后的一个世纪里，世界经济结构发生了翻天覆地的变化，以至于对 18 世纪晚期的观察者来说竟无法辨认。这一转变的最终原因是工业革命的爆发。它始于 18 世纪末的英国，并在接下来的一个世纪传播到我们现在称之为发达世界的其他国家。工业革命致使西欧的平均生活水平几乎提高了两倍，而使英国前殖民地的平均生活水平翻两番还多，到 1913 年已成为世界上最繁荣的地区（见表 7.5）。现代工业确实出现在这一时期末的亚洲和拉丁美洲：1876 年在印度、1898 年在日本、1909 年在巴西和 1912 年在中国都陆续达到了"100 万纱锭"的记录（Hardach,1977:267－268）。但是，除了日本之外，其他几个国家蹒跚起步的工业进程并不足以阻止南北经济差距的巨幅扩大。

应当指出的是，日本的这一例外情况将产生重大的政治后果，因为这一时期的工业化和军事实力提升形影相随，就像此后所做的那样。1895 年甲午战争后，日本强占了中国台湾和辽东半岛。在俄罗斯、法国和德国干预后，它被迫撤回对后者的所有权要求，俄国人自己进入辽东半岛，获得了辽东半岛 25 年的租约。1904—1905年日俄战争爆发,这场战争以日本的胜利而告终,这不仅使它上升到了强国地位,而且使它获得了辽东半岛的租约。5年后,日本吞并了朝鲜。我们将在下一章看到,日本在中国东北地区的存在会在25年之后对世界产生深远的影响。

工业革命导致亚洲大部分地区的传统产业蔓延式消亡,这不仅是因为西方工业具有更大的竞争力,而且是由于19世纪的运输革命的结果,它破坏了遥远距离可能曾经给印度或中国这样的国家提供的天然保护。要抵消蒸汽船、铁路和苏伊士运河的影响,需要大幅提高关税,或者干脆禁止进口。在亚洲一个放任自流的反现实世界里,我们有必要猜测,这些政策出台的可能性有多大。但无论如何,西方的压力迫使亚洲市场开放,并随着欧洲出口制成品来交换发展中国家的初级产品,最终导致贸易生产"大分工"的到来。事实上,这一进程背后的技术和经济力量是如此强大,以至于即使资源丰富的国家拥有关税自主权——就像在拉丁美洲一样——并利用这种自主性试图提振本国制造业,最终的结果仍然是初级产品出口大幅增长,付出的努力被欧洲和北美工业品进口抵消掉了。

似乎不可避免的是,南北之间这种明显的不平衡将不得不在某个阶段结束(Robertson,1938)。最终,南方必然会耗尽,事实上,正如我们所看到的,在这一时期结束时,新大陆的疆界正在消耗殆尽。随着人口的持续增长,产生的回报会下降,从而推高南半球初级产品的出口价格。与此同时,运输成本的下降意味着现代工业将不再与煤田和铁矿石来源挂钩,这表明它可能蔓延到低工资地区。事实上,正如我们所看到的,到这一时期结束时,一些"南半球"国家已经开始工业化。最后,政治经济学角度的思考也认为大分工不会无限期地继续下去。到19世纪末,欧洲的农民已经获得了广泛的保护,而美洲和大洋洲的政府不仅仅是为提高收入而课以高额关税,这是传统的做法,现在它们真正意图是为了推动工业发展这一具体目标。全球化的强烈反冲是19世纪末的一个重要特征。

另外,各国政府能够——也确实——实施一系列相辅相成的国内政策,以加强对自由主义国际政策的支持。因此,休伯曼和陆查克(Huberman and Lewchuk,2003)表示,19世纪末欧洲政府对劳动力市场进行了广泛的干预,同时社会流动也持续上升(Lindert,2004)。整个大陆都出台了一系列劳动力市场法规,例如,禁止妇女和儿童从事夜间工作,禁止雇用某些年龄以下的童工,以及引入工厂监察制度等。这一时期还广泛实行了老年、疾病和失业保险计划项目。此外,这种"劳动契约"在更加开放的欧洲经济体内更为普遍。休伯曼和陆查克将这一发现解释为:它为说服工会更广泛地支持自由贸易或者贸易开放以换取国内亲劳工政策的论调提供支持。[①] 在相关著作中,休伯曼(Huberman 2004)发现,由于劳工法和工会的压力,1870—1913年间欧洲和其前殖民地国家的工作时间出现了减少,而且在比利时这样的小型开放经济体中工时下降幅度最大——1885年后比利时的工党支持自由贸易(Huberman,2008)。

因此,在某种程度上,有时通过国内立法来化解保护主义的要求,有时向这些要求屈服,19世纪末的政府机构最终成功地应对了全球化带来的政治挑战。最重要的是,尽管有几个国家不断提高关税,19世纪的世界贸易实现迅速增长,商品市场一体化程度普遍加深。1914年之后,即使没有战争干扰,世界贸易增长也可能比以前缓慢,各国政府面临的政治挑战可能会加剧;但是,如果不是因为世界大战的爆发,20世纪20年代和30年代的情景就完全不同了。现在,我们转而讨论这场冲突及其后果。

---

① 在一些国家,工人支持自由贸易,因为自由贸易意味着廉价食品(O'Rourke,1997;Bairoch,1989)。

# 第八章

# 1914—1939年世界贸易：去全球化

### 第一次世界大战

第一次世界大战使19世纪末的自由经济秩序戛然而止。因此，它标志着一个时代的结束，就像1792年至1815年的战争标志着18世纪重商主义的终结一样。它也涉及双方为封锁其他国家的贸易所做的广泛努力：事实上，在德国六周内取得西线胜利之后并继而集中精力于东线作战的计划失败后，同样在同盟国的乐观情绪发生错位后，这场战争越来越成为一场经济博弈，它的胜利最终由双方可以调动的可支配资源决定（Broadberry and Harrison, 2005）。

新技术的问世意味着贸易封锁的性质与一个世纪前截然不同。作为世界上最强大的海军强国，英国仍然在与欧洲大陆的竞争对手竞争中占据优势，但它的优势在两方面被削弱。首先，更先进的火炮、水雷和潜艇意味着英国不能像之前封锁拿破仑的大西洋港口一样，对敌方的港口进行"靠近"式封锁。相反，它被迫实施"远距离"封锁，通过控制英吉利海峡以及苏格兰和挪威之间的水域,阻止敌国商船到达德国。其次,潜艇技术的出现意味着德国也能够对英国实施反封锁,这是拿破仑在战争实践中根本无法企及的选项(Davis and Engerman,2007:chapter 5)。与传统的近海封锁相比,这种远距离封锁意味着与中立国的货船产生更多的接触。在潜艇战争中,中立国的船只不可避免会被击沉,这也最终导致美国在1917年被拖入其中,站在协约国一方参战。

英国的目的是阻断"违禁品"进入德国及其盟国。随着时间的推移,封锁力度逐渐增强,更多的货物(最终包括所有货物)进入违禁品清单,并对保持中立的德国邻国(如丹麦和荷兰)施加越来越大的压力,以防止这些违禁物品再出口至同盟国(Hardach,1977:chapter 2)。与敌人有生意来往的公司以及与这些公司有来往的公司悉数都被列入黑名单。与此同时,德军的U型潜艇活动在1917年春天达到了高潮。在一年时间里,协约国和中立国的船运共损失达610万吨,而新建造的船运总数为290万吨(Hardack,1977:46),德国66艘U型船击沉了2 639艘民用船只,其中1 252艘是英国船只,708艘归属于协约国,679艘是中立国船只(大部分是美国的)。这就是说U型潜艇的"杀戮比率"是1艘击沉40艘船(Hugill,1993:144)。

19世纪末对开放的国际经济的另一个严重干扰是集权控制,即使是传统上的自由主义政府(如英国)也对贸易和航运实行了集中控制。由于货物空间有限,各国政府必须通过配额制度规定进口的构成,并分配航运能力。这是政府对经济大规模和前所未有的干预中更为普遍的转变。首先,全面战争意味着政府开支的大幅度增加。法、德、英三国政府开支占国内生产总值的比重从1913年的10%或以下上升到战争期间的三分之一或更高,1916年英国达到37.1%,1917年法国达到49.9%,1917年德国占59%(Broadberry and Harrison,2005,table 1.5,15)。其次,政府组织和监督参与战争的私营企业的运转,配给食品,招募公民入伍,控制原材料供应,并在某些情况下直接参与生产制造(Feinstein et al. ,1997:19,189)。虽然战争结束后控制措施将被解除,政府开支缩减,但是这些战时干预措施的成功将使各国政府更容易在20世纪30年代完全不同的环境中再次实施(Rockoff,2004)。

鉴于战争期间通过的禁令、配额和交易管制的广泛性,将矛头指向冲突期间征收的关税似乎有些多余,然而 1915 年英政府通过的《麦肯纳关税法令》旨在节省稀缺的航运空间,标志着与过去重要的决裂。它对进口奢侈品(汽车、乐器、时钟、手表和电影)征收 33⅓% 的关税,最重要的是,对同等的国内商品却不征收消费税,因此,这明摆着就是保护主义。[①] 甚至,这一趋向在战后也没有得到扭转。1919 年出台的《重点工业法》保护国防相关产业,1921 年的《工业保护法》保护手套制造、玻璃器具等不太紧要的行业(Kindleberger,1989)。这些行为并不代表英国要实施广泛和严格的贸易保护。在 20 世纪 30 年代初,只有价值 1 300 万英镑的进口产品受到这些关税的限制,而需缴纳传统税收的进口产品价值为 1.38 亿英镑,进口总额为 10.3 亿英镑(Kenwood and Lougheed,1983:216)。尽管如此,它们代表着与英国过去的自由贸易决裂,最终使帝国特惠制度的引入成为可能。

人们可能会认为,所有这些干扰会导致贸易的全面崩溃。表 8.1 提供的 1913—1919 年贸易数据却呈现了一个更为复杂的格局。在欧洲所有主要交战国中,出口额都呈急剧下降之势,但这并不是敌国设计政策旨在阻碍出口的主要反映。与 1792—1815 年战争期间的情况形成鲜明对比,现在各国不再相信击败敌人的方法是阻止他们出口,从而获得贵金属。相反,到了 20 世纪初,人们清醒地认识到,打赢战争需要投入大量的工业原料、制造军品和食品。因此,其目的是最大限度地利用一个国家的现有资源,这意味着要限制出口,如果可能的话,增加进口。那么,对敌封锁的目的是防止其进口,而不是阻止他们出口。这一战略转变在贸易量数据中得到反映。1792—1815 年间,进口下降幅度最大,但第一次世界大战期间,交战国的出口以相当一致而且经常是戏剧性的方式下降。这就是有关国家想要的;问题是他们是否能维持一个可接受的进口水平。

---

[①] 相比之下,19 世纪末英国对进口酒征收的关税,对英国生产的酒征收了同等的消费税;参见欧文(1993a)和奈伊(Nye,1991)的讨论。

表 8.1　　　　　　　　　　　　　　第一次世界大战期间的贸易

| 年份 | 欧洲主要交战国 ||||||||||
|---|---|---|---|---|---|---|---|---|---|---|
| | 奥匈帝国 || 法国 || 德国 || 俄罗斯 || 英国 ||
| | 进口 | 出口 | 进口 | 出口 | 进口 | 出口 | 进口 | 出口 | 进口 | 出口 |
| 1913 | 3.51 | 2.99 | 8 421 | 6 880 | 10 751 | 10 097 | 1 374.0 | 1 520.1 | 659.1 | 525.2 |
| 1914 | 2.98 | 2.24 | 6 402 | 4 869 | 8 500 | 7 400 | 1 098.0 | 956.1 | 601.1 | 430.7 |
| 1915 | 3.85 | 1.43 | 11 036 | 3 937 | 7 100 | 3 100 | 1 138.6 | 401.8 | 752.8 | 384.9 |
| 1916 | 6.09 | 1.63 | 20 640 | 6 214 | 8 400 | 3 800 | 2 451.2 | 577.3 | 850.9 | 506.3 |
| 1917 | 5.08 | 1.81 | 27 554 | 6 013 | 7 100 | 3 500 | 2 316.7 | 464.0 | 994.5 | 527.1 |
| 1918 | 3.79* | 1.64* | 22 306 | 4 723 | 7 100 | 4 700 | | | 1 285.3 | 501.4 |
| 1919 | | | 35 799 | 11 880 | | | | | 1 461.5 | 798.6 |

| 年份 | 欧洲海外前殖民地 ||||||||||
|---|---|---|---|---|---|---|---|---|---|---|
| | 阿根廷 || 澳大利亚 || 加拿大 || 南非 || 美国 ||
| | 进口 | 出口 | 进口 | 出口 | 进口 | 出口 | 进口 | 出口 | 进口 | 出口 |
| 1913 | 1 128 | 1 180 | 72.5 | 76.8 | 619 | 455 | 40 | 28 | 1 854 | 2 538 |
| 1914 | 733 | 916 | | | 456 | 461 | 34 | 18 | 1 924 | 2 420 |
| 1915 | 694 | 1 323 | 58.2 | 57.9 | 508 | 779 | 30 | 15 | 1 703 | 2 820 |
| 1916 | 832 | 1 302 | 70 | 64.1 | 846 | 1 179 | 38 | 24 | 2 424 | 5 554 |
| 1917 | 864 | 1 250 | 69.1 | 86.3 | 964 | 1 586 | 34 | 29 | 3 005 | 6 318 |
| 1918 | 1 138 | 1 822 | 55.3 | 75.1 | 920 | 1 269 | 45 | 31 | 3 102 | 6 402 |
| 1919 | 1 490 | 2 343 | 86.3 | 107 | 941 | 1 290 | 47 | 51 | 3 993 | 8 159 |

| 年份 | 亚洲 ||||||||||
|---|---|---|---|---|---|---|---|---|---|---|
| | 印度 || 日本 || 中国 || 印度支那 || 印度尼西亚 ||
| | 进口 | 出口 | 进口 | 出口 | 进口 | 出口 | 进口 | 出口 | 进口 | 出口 |
| 1913 | 2 022 | 2 574 | 795 | 716 | 888 | 628 | 306 | 345 | 464 | 671 |
| 1914 | 1 550 | 1 907 | 671 | 671 | 887 | 555 | 266 | 332 | 412 | 674 |
| 1915 | 1 487 | 2 082 | 636 | 793 | 708 | 653 | 224 | 345 | 390 | 770 |
| 1916 | 1 710 | 2 570 | 879 | 1 234 | 805 | 751 | 335 | 391 | 419 | 895 |
| 1917 | 1 774 | 2 572 | 1 201 | 1 752 | 856 | 721 | 374 | 430 | 385 | 778 |
| 1918 | 2 018 | 2 690 | 1 902 | 2 159 | 865 | 757 | 363 | 455 | 556 | 676 |
| 1919 | 2 371 | 3 503 | 2 501 | 2 379 | 1 008 | 983 | 751 | 1 051 | 740 | 2 146 |

\* 仅前10个月。英国的数字为保留进口和国内出口。

奥匈帝国（十亿克朗）；法国（百万法郎）；德国（十亿马克）；俄罗斯（百万卢布）；英国（百万英镑）；阿根廷（百万比索）；澳大利亚（百万镑）；加拿大（百万加元）；南非（百万镑）；美国（百万美元）；印度（百万卢比）；日本（百万日元）；中国（百万元）；印度支那（百万法郎）；印度尼西亚（百万荷兰盾）。

来源：米歇尔（1988,1992,2003a,b）；哈达赫（1977，德国）；加特利尔（Gatrell,2005，俄罗斯）；舒尔茨（Schulze,2005，奥匈帝国）。

从这个角度来看，协约国对德国及其盟友的封锁显然比德国的 U 型潜艇战役更成功。可以肯定的是，表 8.1 只列出了名义贸易价值，这在战时情况下是有问题的，因为进口价格预计会上涨。例如，以吨位而非英镑计算，英国食品进口指数 1913 年为 100，但 1916 年为 89，1917 年为 75，1918 年为 65（Hardach,1977:124）。尽管如此，战争期间英国进口额的稳步上扬，一方面与法国的进口额爆炸式增长，另一方面与德国名义上的进口额急剧下降，都形成了鲜明的对比。

衡量进口额占 GDP 的比例是一种控制战争期间价格水平变化的方法，尽管其不甚完善。不幸的是，这并不是所有国家都能做到的，但英国和法国的数据还是可以证实，这些国家在战争期间将进口额成功维持在相对合理的高水平。在英国，进口额占 GDP 的比例仅略有下降，从 1910—1913 年的 25.9% 降至 1914—1918 年的 23.5%。出口占 GDP 的比例大幅下降，从 20.1% 降至 12.9%。法国出口占 GDP 的比例也同样下降，从 13.7% 降至 8.9%；进口占 GDP 的比例实际上大幅上升，从 16.8% 增至 28.2%。[①] 这些贸易赤字使两国能够维持在战争中的巨大消耗，但需要向美国大量借款。俄罗斯的情况同样十分相似：它的出口从 1913 年的 15.2 亿卢布降至 1915—1517 年的 4.81 亿卢布（见表 8.1），而进口在 1916—1917 年间增长迅猛（奥匈帝国也是如此），因此经常账户恶化了。

与主要交战国之间不断恶化的贸易平衡相对的是，中立的欧洲经济体（如瑞典）、"新近殖民地区"以及为欧洲强国提供食品和/或原材料的其他国家，出

---

[①] 此处和其后各段落的贸易占 GDP 的比例是以琼斯和奥布斯特菲尔德（Jones and Obstfeld,2001）数据为基础的，必要时辅以米歇尔（1992,1993,1995）的贸易数据。

口均有所增加。北美的出口增长尤其强劲,在战争期间,那里的粮食产量增加以满足盟军的要求。美国还出口大量武器、弹药和其他工业产品。1913—1917年间,美国名义出口增长了150%,而加拿大的出口增长甚至更为强劲,几乎达到250%。美国出口占 GDP 的比例从 1910—1913 年的 6% 上升到 1914—1918 年的 8.8%,加拿大出口占 GDP 的比例翻了一番,从本已很高的 14.4% 增至 29.2%。如表 8.1 所示,虽然美国和加拿大在战争期间名义进口额上升,但除了战争初期两国有少许赤字外,两国之后都出现了大量的贸易顺差。

拉丁美洲的情况则更为复杂。像智利和巴西这样的国家,名义出口价值最初出现下降,但很快就实现反弹,到 1916 年阿根廷、智利和秘鲁的出口值远远超过其战前水平。一般来说,像智利这样生产战争必需品(如谷物、肉类和铜)的国家,要比巴西等主要出口"非必需"产品(如咖啡)的国家表现更好。拉丁美洲的进口额在战争初期急剧下降。例如,1915 年的水平仅为阿根廷 1913 年水平的 62%,巴西、智利和秘鲁的 45% 左右。由于出口额超过了进口额,拉美国家也倾向于在战争期间出现贸易顺差。

在亚洲,日本名义出口增长了两倍多。虽然它的进口也大幅增长,但增长幅度较小,其贸易也从赤字转为盈余(Hardach,1977:261)。日本在第一次世界大战期间明显变得更加开放,进口占 GDP 的比例从战前的 13.9% 上升到战争期间的 14.2%,出口占 GDP 的比例从 12.8% 上升到 17.7%。亚洲的其他地区中,印度名义出口保持稳定,中国和东南亚的略有上升。只有印度进口大幅下降,这反映了印度次大陆战前对从英国进口的大部分制成品的依赖性。南非的名义贸易水平也保持稳定,澳大利亚的名义贸易水平也相当稳定,尽管后者的经济增长意味着其贸易额占 GDP 的比例下降了。

这一简短的调查揭示了一个有点令人吃惊的事实,即大多数国家显而易见在战争期间的对外贸易并没有变得更加封闭(德国是最显著的例外之一)。实际上,一些国家变得更加开放了,特别是美国和日本。尽管如此,国际商品市场在冲突期间遭受了严重挫折,因为各大洲之间的商品运输成本急剧增加。根据沙穆罕默德和威廉姆森(2004)的说法,实际运费在 1910—1914 年至 1915—

1919年间增长了两倍,这对国际商品价差产生了可预测的影响。因此,1913年利物浦-孟买棉花价差为20%,1917年上升到102%;利物浦-新奥尔良棉花价差从12%上升到43.8%。伦敦-加尔各答黄麻价差从4.4%上升到106.8%,油菜价差从25.3%上升到161.6%,亚麻子价差从21.8%上升到216.8%;赫尔-孟买棉籽价差从39.9%上升到278%;伦敦-仰光大米价差从26.5%上升到令人吃惊的422.5%(Hynes and O'Rourke,2009)。

与战时商品市场解体相对应的是世界贸易总量的下降,尽管这是很难记录的,因为现有的世界贸易总量指数将战争和战后的几年忽略了。根据联合国(1962)未公开的指数显示,1921年的世界贸易量比1913年低22%,直到1924年才超过1913年的水平(约1.7%)。麦迪逊(1995)不那么悲观:根据他的数据,世界贸易水平在1924年比1913年高出约7.4%。

总的来说,我们似乎可以有把握地得出结论,即世界贸易量在冲突期间急剧下降,尽管数量不详。[①] 然而,正如我们所看到的那样,这种聚合效应掩盖了大量个别国家的经验(如1792—1815年战争期间的情况)。这种多样性对于理解两次世界大战期间贸易和贸易政策的演变非常重要。

**战后余波**

无论第一次世界大战对国际贸易的即时性影响如何,其长期影响都是灾难性的。正如许多作者所强调的,它改变了国内外政治的性质以及个别经济体系的结构,使恢复19世纪末的国际贸易"常态"即使并非不可能,也会变得困难重重。[②] 在某些情况下,这些变化在很大程度上是冲突前存在的趋势的延续,战争只是推动了这些趋势的发展。在其他情况下,战争显然是一种外生动力,是它

---

① 根据引力方程,格里克和泰勒(Glick and Taylor,2006)估计,敌国间贸易下降导致世界贸易下降14%~18%,对中立国的影响使世界贸易再下降10%~15%。

② 文献数量庞大,不能在此加以充分概括。特别有影响的文献作者包括阿尔德克罗夫特(Aldcroft,1977)、艾肯格林(1992a,b)、费恩斯坦等(Feinstein et al.,1997)、哈达赫(Hardach,1977)、金德尔伯格(1973)、刘易斯(1949)和斯温尼尔森(Svennilson,1954)。

转变了国际经济的性质。这两种描述中哪一种更准确,这往往是一个判断问题。但总体上讲战争引发或触动了如此多的变革,以至于国际经济在其后20年的历史只能解释为战争触发的推动力量起作用的结果。[1]

对两种力量进行区分是有益的。首先,就像一个世纪前的英法战争一样,贸易中断意味着传统生产和贸易模式的混乱,这会对收入分配、战后经济调整的性质以及贸易政策的政治经济产生可预期的后果。如同1815年以后的情况一样,这些后果几乎一致地对国际经济一体化产生消极影响。其次,第一次世界大战产生了各种各样的19世纪不可能出现的地缘政治后果,这些后果没有抵消上述由战争产生的负面影响,因为《凡尔赛和约》未能成功地为稳定的战后秩序奠定基础,正如维也纳会议曾经的那样。

战时三次生产调整对随后发生的事件至关重要。第一,非欧洲的初级产品生产地扩大了出口能力,以满足欧洲战时需求。结果,战后这些商品的价格将面临下行压力。第二,欧洲工业在战争期间扩张,以满足对相关战争装备的需求。一旦恢复和平,这些国家就发现自己产能过剩。第三,战争促进了非欧洲国家的工业化发展,与拿破仑战争推动英国以外地区的工业化的方式如出一辙。

在农业方面,至关重要的食品业的经验可以最好地说明出现的问题。战争期间,欧洲小麦种植面积急剧下降,不仅在传统的小麦进口国,就连匈牙利、波兰以及后来的苏联等出口国也出现了这种情况(Malenbaum,1953,table 1,236—237)。在德国,谷物产量在1913—1917年间下降了一半,法国的降幅更大(Ritschl,2005,table 2.5,49;Hautcoeur,2005,table 6.1,171)。但与此同时,欧洲以外地区的种植面积增加了15%。1913—1918年间,美国小麦和小麦粉的出口额增长了三倍多(Eichengreen,1992a:92;U. S. Department of Commerce,1975,Series U281),而1919年加拿大的小麦种植面积比1913年增加了74%(Statistics Canada,Series M249[2])。与此同时,南半球的粮食产量也有所增加,从战前平

---

[1] 我们的论述在很大程度上遵循诸如艾肯格林(1992a,b)和费恩斯坦等(1997)的标准展开。
[2] 参见 www.statcan.ca/bsolc/english/bsolc? catno=11-516-X。

均每年1 470万吨增加到1914—1917年间的大约1 700万吨(1916年除外,当时全球粮食歉收导致产量水平下降)。这些战时的供应反应最终会造成供应过剩,在整个20世纪20年代,这种情况都给世界粮食市场带来了压力。1917年俄国革命后产生的混乱局面使苏俄土地种植面积急剧萎缩,这避免了战后立即出现供应过剩的问题,但也有助于激励更多的海外供应。例如,澳大利亚的小麦种植面积从1919—1924年的890万英亩增加的1924—1929年的1 197万英亩(1909—1914年这个数字是760万英亩),而阿根廷的土地种植面积则从1 602万英亩增加到1 994万英亩(Malenbaum,1953,table 1,236—237)。尽管苏联和欧洲的小麦种植面积逐渐恢复,但与此同时海外供应并没有随之减少,因此不可避免地给20世纪20年代的价格带来下行压力。这将成为战后贸易紧张的主要根源(Feinstein et al.,1997:72—73)。

这一范例不仅限于谷物:例如,1913—1918年间,阿根廷肉类出口增长了75%以上,而美国肉类出口增长了10倍(Eichengreen,1992a:89—92)。同时,爪哇和古巴的制糖业在战争期间实现迅速增长,因为欧洲的糖业产量下降了三分之二(Aldcroft,1977:48)。战后,即使欧洲的食糖供应得到恢复,欧洲以外的食糖种植面积仍在继续扩大,而这一点,再加上更丰富的品类和更高效的加工技术,将会导致20世纪20年代末的过剩供应(Lewis,1949:46)。

另外,在战争期间交战国的重工业不断发展以满足战争的需要。例如,英国钢铁产量从1913年的770万吨增加到1918年的950万吨,飞机产量从1914年的245架增加到1918年的32 018架(Broadberry and Howlett,2005,table 7.6,212)。类似的事情也发生在德国,1913至1917年间其纺织品产量下降了近80%,但有色金属产量增长了50%以上(Ritschl,2005,table 2.5,46)。结果是几个欧洲的重工业(如造船、钢铁、工程等)战后出现产能过剩,尤其是战争期间受损的那些工厂(例如,被占领期的比利时和法国钢铁厂)实现换代或升级后。1927年欧洲钢铁工业的产能比1913年高出约三分之一至一半,尽管产量略高于1913年的水平(Svennilson,1954:120—125)。战争使世界造船业的生产能力几乎翻了一番,到20世纪20年代初,航运业的发展足以维持这十年的剩余时间(Aldcroft,1977:47)。

此外,由于欧洲是制造业净出口国,如表8.1所示,欧洲出口下降导致世界市场制成品供应下降,使其他国家有机会开始寻求进口替代产品,或(就像日本和美国等较先进的国家而言)扩大其工业制成品的出口量。

在亚洲,日本的制造业产出增长了一半以上,其工业基础在化工、工程、钢铁等领域不断扩张。日本公司在澳大利亚、印度、东南亚、非洲和拉丁美洲开拓了新的市场,它们在中国进口市场的份额在1913—1919年中从20%上升到36%,在印度棉布进口市场的份额从1913年的不足1%上升到1918年的21%。而英国为此付出的代价是,其在中国进口中所占份额从16.5%降至9.5%,在印度棉花进口市场的份额从97%降至77%(Aldcroft,1977:37—38;Hardach,1977:279)。与此同时,尽管清朝在1911年被推翻,中国当时的政局出现了混乱,其工业化也继续快速增长,棉纱的生产在1914—1920年间增加了150%,铁矿石产量增长165%,煤炭生产增长77%,工业产出的总体指数翻了一番(Aldcroft,1977:table 27,265)。在印度,棉花工业得益于进口的下降(棉花制品的进口从1913年的300多万码下降到1917年的仅仅150万码,到1918年已不足100万码)。其结果是,印度纱厂在国内市场的份额增加了,现代化的纺纱厂在当地生产中的份额也大幅增加。因此,在战争期间,英国制造商在这个关键市场被日本和印度的竞争对手所取代。钢铁工业也因进口骤降而扩张,塔塔钢铁公司(Tata Iron and Steel Company)在1913—1918年间雇员数量增加了一倍。与此同时,由于来自欧洲的军事需求(例如沙袋),黄麻纺织厂的出口大幅增加(Aldcroft,1977:278—280)。根据国际联盟(1945a:135)的统计数据,1920年的工业总产值比1913年高出18%。

这场战争极大地促进了北美地区的工业活动。在美国,1914—1919年间工业产出增长了大约一半(Miron and Romer,1990;Davis,2004)。1915—1919年间,加拿大工业产出几乎翻了一番(Aldcroft,1977,41;Hardach,1977:275)。与此同时,南非的工业产出和就业人数增加了两倍,这也为南非在两次世界大战期间实现快速工业化奠定了基础(Aldcroft,1977:34—35)。

拉丁美洲的情况更加错综复杂。在阿根廷,1918年的工业产出和实际国内生产总值略低于1913年,与战前快速增长的模式形成鲜明对比。部分原因是设备资本和其他基本投入的进口减少,这是美洲大陆其他地方的问题(Miller,1981)。① 同样,1914—1918年间墨西哥工业的总体增长很少或干脆毫无增长(Mitchell,1993:302)。与此同时,有指数显示巴西制造业产出在1914—1918年间翻了一番多(Mitchell,1993:304),尽管莱夫(Leff,1969)的看法更为悲观。根据阿尔德克罗夫特(1977:40—41)的说法,战争刺激了智利和乌拉圭的工业化,而一部分国家的纺织品生产得到了扩大,一系列其他工业产业在整个大陆兴起,例如1916年阿根廷的汽车装配业等(Hardach,1977:272)。然而,那些发展特别好的产业,如阿根廷奶制品、羊毛和皮革工业,主要依赖当地原材料而生,并不是替代进口欧洲商品来填补空白(Miller,1981;Barbero and Rocchi,2003)。以进口替代为基础的工业与欧洲竞争对手相比往往根本没有竞争力,战后将陷入困境(Hardach,1977;Miller,1981)。

这种失败迟早会给拉丁美洲各国政府带来额外的压力,迫使它们继续实施战前工业保护政策。因此,工业"战争婴儿"(即应战争而生的产业)的温室刺激效应将导致战后对工业保护的需求,不仅是在阿根廷等国家,而且在印度和澳大利亚也是如此(Kenwood and Lougheed,1983:185—186;Eichengreen,1992a:88—89)。事实上,印度棉花产业本身就在战争期间受益于保护的增加,1917年保护性关税从3.5%提高到7.5%(Hardach,1977:279)。此外,海外竞争加剧和出口市场萎缩将导致欧洲人呼吁在未来几年中采取保护措施,因为亚洲或拉丁美洲的市场一旦失守,将难以失而复得,这是我们在第六章中看到的贸易模式中路径依赖的另一个例子。反之,1913年欧洲占世界制造业产出的40.8%,但这一比例却在1928年下滑到了35.4%(Bairoch,1982:304)。

与1815年一样,所有这些趋势都确保战争结束后世界各国都不缺少对自己农业和工业领域的贸易保护。但这场战争还产生了更多的系统性影响。

---

① 国内生产总值和工业产出数据以德拉·帕奥勒拉等(della Paolera et al.,2003)的YZD和IND 1系列为基础。

第一，正如巴里·艾肯格林(1992a)等人所强调的那样,随着许多国家的特权得到扩展,以及社会主义政党力量的不断崛起,这场战争改变了欧洲国内政治的性质。工会的作用得到加强,罢工更加频繁,在比利时、法国、德国和意大利等国的比例代表制在维护政府稳定时面临更多困难。这对战后的政策制定产生了若干影响。特别是,失业会使政治上付出的代价更大,这将削弱政府推行通货紧缩政策的能力,而通货紧缩是维持金本位制的必要条件。此外,随着工会化程度的提高,劳动力市场变得更加僵化,而企业规模的扩大、政府干预力度的加大,以及在一些国家产品市场竞争力下降的趋势,都意味着商品市场也变得不那么灵活。正如费恩斯坦等(1997:22—23)强调的,这些变化意味着,在需要结构调整的时候,经济的灵活性较低,也就是说战后失业现象将是一个持续存在的问题,从而使贸易自由化更加困难。

第二,这场战争给协约国之间留下了一笔战争债务遗产,数额约达265亿美元,主要是欠美国和英国的债务,而法国是最大的净债务国。此外,1921年赔款委员会确定了一项由德国支付330亿美元的赔款法案,其中大部分是欠英国和法国的(Aldcroft,1977,chapter 4)。这些战争赔款不仅导致协约国与德国之间的紧张关系(以1923年比利时和法国入侵鲁尔地区为代表),而且导致美国与其前协约国之间的争端,因为美国坚持要求全额偿还债务。结果,标志着战前世界主要央行之间关系特征的国际合作现在变得更加困难(Eichengreen, 1992a,b)。正如我们稍后将看到的那样,这些紧张局势也将产生更广泛的地缘政治影响。

第三,由于国内和国际范围的这些政治变化,第一次世界大战后的各国政府试图恢复1914年以前的金本位制,但面临着重重困难,而且经济大萧条一出现,这个尝试就被放弃了(尽管一个以法国为中心的"金本位国家集团"一直维持到1936年,但付出了相当大的代价)。当代观察家,如拉格纳·努尔斯克(Ragnar Nurske,1944)认为,金本位的崩溃和货币的不稳定是一场灾难,加速了国际经济的解体。我们在第七章中已经看到了证据,稳定的汇率确实是19世纪末世界贸易增长的一个重要因素,相关文献(Estevadeordal et al.,2003)的计量经济学数据显示,20世纪30年代金本位制的崩溃降低了当时的世界贸易水平。

　　第四,战争直接导致欧洲新的民族国家的建立(Feinstein et al.,1997:28—32),并产生了持久的影响。哈布斯堡帝国被六个继承国(捷克斯洛伐克、波兰、罗马尼亚、南斯拉夫、奥地利和匈牙利)所取代;从曾经的俄罗斯帝国中分裂出四个独立国家(爱沙尼亚、芬兰、拉脱维亚和立陶宛);1922年伦敦被迫同意独立的爱尔兰自由邦成立,后来成为爱尔兰共和国。在某些情况下,新国家的形成可能导致经济的整合,波兰就是这样的一个例子,它把以前在普鲁士、奥地利和俄罗斯帝国控制下的地区连在一起(Wolf,2003)。在其他情况下,新独立的国家奉行自由贸易政策,特别是爱尔兰自由邦,在整个20世纪20年代一直坚持以农产品出口为基础的外向型战略,这是爱尔兰从19世纪40年代饥荒开始以来的发展标志。然而,更多的情况是,立法独立性被用来追求民族主义的经济目标。尽管今天在苏格兰和魁北克等地的民族主义领袖会谈论自由贸易的未来(Alesina and Spolaore,1997),从经济角度来看,20世纪初的独立通常要付出高昂的代价,包括采用保护主义政策(Johnson,1965)。正如布罗德贝利和哈里森(Broadberry and Harrison,2005)所指出的那样,即使这些新生国家最初没有采取保护主义的意图,但战后的世界普遍都陷入了这样的境地,保护主义的存在本身就意味着在从前的庞大的帝国关税同盟内部设置更多的贸易壁垒。此外,新的边界往往将互补产业分隔开来,导致传统区际分工的瓦解。例如,匈牙利大约一半的战前工业得以保留,但失去了80%以上的森林、铁矿石、水力、盐和铜等资源(Aldcroft,1977:28)。在其他地区,奥地利有足够的纺纱厂和精加工厂,但织机太少。同时,拥有织布厂的捷克斯洛伐克对蹒跚起步的纺纱业进行保护,因此切断了奥地利纱线的天然出口通道。奥地利著名的制革厂失去了皮革和鞣制材料的来源;其阿尔卑斯炼铁厂失去了需要的燃煤,大约一半的旧煤田已经归捷克斯洛伐克和波兰所有了。捷克斯洛伐克继承了很高比例的奥地利老工业基础,但人口规模不足以吸收他们的产品……捷克斯洛伐克的工业衰退是因为他们从布达佩斯得到的优惠和支持都枯竭了。①

第五,1917年俄国发生的共产主义革命,它为俄罗斯最终走向实质性的自给自足铺平了道路。早在1918年4月,苏俄就建立了外贸垄断,最终由国有公司运营,每一家国有公司都负责某一特定范围内的贸易产品。考虑到共产主义经济体系的逻辑,这是必要的,因为否则的话套利将使中央计划者在不考虑市场力量的情况下稳定相对价格的尝试变得不可行。俄罗斯的出口从1913年的15.2亿卢布下降到1920年的100万卢布,甚至在内战结束后苏俄与其他国家的贸易来往也大大减少。1926年,它在世界贸易中所占的份额是1.2%,不到1914年的三分之一,而它所从事的这种贸易在很大程度上是苏联为了实现工业化而需要资本产品的必然结果。这种向内转移被证明是非常持久的。直到20世纪90年代共产主义遭受失败后,俄罗斯才开始重新融入国际经济体系(见第九章)。波兰是受此影响特别严重的国家。战前波兰向俄罗斯出口各种制成品,但战后却发现自己被切断了与苏俄的联系(James,2001:116,158—159;Lewis,1949:21)。更广泛地说,正如我们将看到的,苏联的试验在全世界产生了广泛而持久的政治影响。

第六,虽然历史学家不再接受这样的论点,即第一次世界大战与随后签订的《凡尔赛和约》使世界走上了一条不可避免地通往战争的道路,但它确实为20年后的另一次世界大战的爆发创造了条件(Howard,1989)。例如,波罗的海国家和波兰的独立——后者占领了原属于德国和俄罗斯的领土,可能暂时被战败的列强所容忍(尽管就俄罗斯的情况来说,它与波兰的战争失败了,才使他们认识到新的现状),但从未被真正接受。德国(关键是)仍然是一个强大而且具有潜在危险性的大国,它对自己的领土损失、赔偿义务以及被作为有罪一方加以谴责而感到愤慨,这暗示着它输掉了战争,对此德国大众舆论是不愿接受的(MacMillan,2001:168;Marks,2002:83)。像希特勒这样的政治狂人几乎会立即开始煽动怨恨情绪和复仇欲望。曾经的俄罗斯帝国现在掌握在共产党手中,这会使法国、英国和其采取联合行动阻止德国的扩张变得更加困难,同时也

---

① 米特拉尼(Mitrany,1936:172—173),引自刘易斯(1949:21)。

使日本更加感觉东亚是脆弱的。《凡尔赛和约》决定将山东半岛割让给日本,使中国对西方感到愤慨和失望,尽管日本后来决定归还半岛,但这一事件却引起了英国和美国对日本的广泛怀疑。同时,日本没有将种族平等修正案纳入国际联盟盟约有助于将其随后的政策推向反西方的方向(MacMillan,2001),而对于日本帝国陆军的许多军官来说,"世界大战已经证明为保证在未来的任何冲突中取得胜利,自给自足的经济是必要的。对于资源贫乏的日本来说,这意味着如果它要在未来与一个大国或几个大国的冲突中幸存下来,就需要一个更大的帝国来提供更大程度的自给自足性"(Best,2003:60)。最后,正如我们将看到的,战争帮助调动起来的经济力量在推动德国和日本的军国主义以及防止对这一威胁做出充分反应方面发挥了强有力的作用。

**两次世界大战间隔期的商业政策**[①]

毫不奇怪,虽然新成立的国际联盟的职能之一是恢复和维持自由的国际贸易环境,但是战争的结束并不意味着保护主义的终结。1919年的《英国关键工业法案》(British Key Industries Act)和1921年的《工业保护法案》(Safeguarding of Industries of Act)上文已经提及;1921年英国也通过了反倾销法。1918年法国的最低和最高关税税率是战前的4倍(Kindleberger,1989:162)。更严重的是,在战争期间对贸易实行的数量限制在中欧和东南欧仍然普遍存在,那里的贸易最初以政府间易货贸易为特征,后来以进口许可证制度、货币限制和政府贸易垄断为特征。这在很大程度上是由于新政府面临的粮食、原材料短缺和货币问题造成的,虽然国际社会于1920年在布鲁塞尔以及1921年在波尔托罗达成一致,认为应取消这种限制,但这些协定没有得到执行[《波尔托罗议定书》(Portorose Protocol)甚至未得到任何签署国的批准]。紧随这一失败之后,1922年的热那亚会议也呼吁逐步取消数量限制,用关税代替,并恢复以非歧视

---

[①] 在国际联盟(1942)、金德尔伯格(1989)和詹姆斯(2001)中可以找到本书引用关于两次世界大战期间商业政策的精炼总结。

原则为基础的贸易条约,但没有取得什么成果。1925年,德国确实废除了许可证制度,但波兰在同年恢复了进口禁令。在此之后,国际联盟于1927年到1929年间组织了一系列会议,其明确目标是废除这些限制,但只取得了有限的成果。这些会议发表的虔诚的宣言将成为两次世界大战之间经济外交的一个特点。在回顾两次世界大战中间这段时期时,国际联盟(1942:101)本身不无遗憾地承认如下的悖论:"国际会议全体一致建议,各国绝大多数政府一再宣布他们打算推行旨在创造'更加自由和更平等的贸易'条件的政策;然而,在历史上我们从来没有见到过贸易壁垒提高速度如此之快,或歧视行为如此普遍的情况。"很少有评论家对这种负面评价持有异议。

同时,如表8.2所示,在许多欧洲国家,高额关税已经成为一个问题。上表的数据有两个不同来源,一是国际联盟(1927),二是李普曼(Liepmann,1938),二者使用的方法不同,偶尔还显示出个别国家特定商品类别不同的走势。然而,到20世纪20年代中期,保加利亚、捷克斯洛伐克、德国、匈牙利、意大利、罗马尼亚、西班牙、瑞士和南斯拉夫的关税明显高于1913年。①

表8.2　　　　　　　　1913—1931年关税(从价税率,%)

| | (a)国际联盟指数 | | | |
|---|---|---|---|---|
| | 工业品 | | 全部商品 | |
| | 1913年 | 1925年 | 1913年 | 1925年 |
| 阿根廷 | 28 | 29 | 26 | 26 |
| 澳大利亚 | 16 | 27 | 17 | 25 |
| 奥地利 | 18 | 16 | 18 | 12 |
| 比利时 | 9 | 15 | 6 | 8 |
| 加拿大 | 26 | 23 | 18 | 16 |
| 捷克斯洛伐克 | 18 | 27 | 18 | 19 |
| 丹麦 | 14 | 10 | 9 | 6 |
| 法国 | 20 | 21 | 18 | 12 |
| 德国 | 13 | 20 | 12 | 12 |
| 匈牙利 | 18 | 27 | 18 | 23 |
| 印度 | 4 | 16 | 4 | 14 |

① 捷克斯洛伐克和匈牙利与战前的奥匈帝国相比,南斯拉夫与塞尔维亚相比。

续表

| (a)国际联盟指数 | | | | |
|---|---|---|---|---|
| | 工业品 | | 全部商品 | |
| | 1913年 | 1925年 | 1913年 | 1925年 |
| 意大利 | 18 | 22 | 17 | 17 |
| 荷兰 | 4 | 6 | 3 | 4 |
| 波兰 | N.a. | 32 | N.a. | 23 |
| 西班牙 | 41 | 41 | 33 | 44 |
| 瑞典 | 20 | 16 | 16 | 13 |
| 瑞士 | 9 | 14 | 7 | 11 |
| 南斯拉夫 | N.a. | 23 | N.a. | 23 |
| 英国 | N.a. | 5 | N.a. | 4 |
| 美国 | 44(25) | 37 | 33(17) | 29 |

(b)李普曼指数

| | 粮食 | | | 半成品 | | | 工业制成品 | | |
|---|---|---|---|---|---|---|---|---|---|
| | 1913年 | 1927年 | 1931年 | 1913年 | 1927年 | 1931年 | 1913年 | 1927年 | 1931年 |
| 奥地利 | 29.1 | 16.5 | 59.5 | 20 | 15.2 | 20.7 | 19.3 | 21 | 27.7 |
| 比利时 | 25.5 | 11.8 | 23.7 | 7.6 | 10.5 | 15.5 | 9.5 | 11.6 | 13 |
| 保加利亚 | 24.7 | 79 | 133 | 24.2 | 49.5 | 65 | 19.5 | 75 | 90 |
| 捷克斯洛伐克 | 29.1 | 36.3 | 84 | 20 | 21.7 | 29.5 | 19.3 | 35.8 | 36.5 |
| 芬兰 | 49 | 57.5 | 102 | 18.8 | 20.2 | 20 | 37.6 | 17.8 | 22.7 |
| 法国 | 29.2 | 19.1 | 53 | 25.3 | 24.3 | 31.8 | 16.3 | 25.8 | 29 |
| 德国 | 21.8 | 27.4 | 82.5 | 15.3 | 14.5 | 23.4 | 10 | 19 | 18.3 |
| 匈牙利 | 29.1 | 31.5 | 60 | 20 | 26.5 | 32.5 | 19.3 | 31.5 | 42.6 |
| 意大利 | 22 | 24.5 | 66 | 25 | 28.6 | 49.5 | 14.6 | 28.3 | 41.8 |
| 波兰 | 69.4 | 72 | 110 | 63.5 | 33.2 | 40 | 85 | 55.6 | 52 |
| 罗马尼亚 | 34.7 | 45.6 | 87.5 | 30 | 32.6 | 46.3 | 25.5 | 48.5 | 55 |
| 西班牙 | 41.5 | 45.2 | 80.5 | 26 | 39.2 | 49.5 | 42.5 | 62.7 | 75.5 |
| 瑞典 | 24.2 | 21.5 | 39 | 25.3 | 18 | 18 | 24.5 | 20.8 | 23.5 |
| 瑞士 | 14.7 | 21.5 | 42.2 | 7.3 | 11.5 | 15.2 | 9.3 | 17.6 | 22 |
| 南斯拉夫 | 31.6 | 43.7 | 75 | 17.2 | 24.7 | 30.5 | 18 | 28 | 32.8 |

注:1913年奥地利、捷克斯洛伐克与匈牙利的数据指的是奥匈帝国。(a)中数值指的是美国1914年的数据。N.a.表示无法获得数据。(b)中波兰1913年数字参考俄国的数据;(b)中南斯拉夫1913年数字指的是塞尔维亚。

来源:(a)国际联盟(1927:15,Method B1);(b)李普曼(1938:413)。

欧洲以外地区的保护主义也有所抬头。这在一定程度上是对1919—1920年经济繁荣和1920—1921年经济衰退之后经济动荡的反应；在一定程度上也是由于许多亚洲国家已经恢复了推行在其看来符合自己最大利益的商业政策的能力。因此,1920年日本出台反倾销法,1921年澳大利亚、新西兰和美国也随之跟进。战争结束后,印度关税收入增加,1922年印度财政委员会建议政府出台"歧视性保护"制度,导致在钢铁、棉纺织、制糖等关键行业明确征收保护性关税(Tomlinson,1993:132—134)。根据表8.2,1925年印度对制成品征收的平均关税为16%,是1913年的4倍。1929年中国重新获得征税自主权后关税也出现大幅增长(Latham,1981:108),根据克莱门斯和威廉姆森(2004)的数据,中国所有商品的平均关税立即从4%左右跃升到8.5%。同一来源数据显示,印度的平均关税从1918年的4.8%上升到1929年的14.7%,缅甸的关税从10.8%上升到25.3%,埃及在同一时期的关税几乎翻了一番,从9.9%增至18.7%。

在美洲,广泛使用特定而非从价税意味着许多国家从战后开始关税保护水平要比战前更低(因为战时的通货膨胀提高了相关商品的价格,从而削弱了关税的保护作用)。① 在某种程度上,战后的通货紧缩有助于逐步使关税恢复到战前水平。在某些情况下,关税立法加强了这一点,特别是在1922年,美国政府再次掌握在共和党手中,该届政府1922年通过了《福德尼-麦坎伯关税法案》(Fordney-McCumber Tariff Act),大幅提高了关税税率。整个20世纪20年代,平均关税税率一直在上升,但在很大程度上仅仅恢复到了1913年的保护水平。一些国家,如巴西,到20年代结束时尚未完成这一进程(Bulmer-Thomas,2003:184—186)。尽管如此,表8.2显示阿根廷关税保护早在1925年就已重回战前水平,虽然美国的关税比1913年略低,但与1914年相比已经大大提高了[1913年10月的安德伍德(Underwood)关税大大降低了美国的保护水平,而按照国际标准其依然维持在高位]。澳大利亚战后的关税也经历了快速增长,根据表8.2数据,1925年的关税比1913年高出约50%。

---

① 具体关税以每单位商品的固定税率表示,而从价税则以进口额的百分比表示。

因为以下两个因素,情况很快会变得更糟:第一,20世纪20年代末在世界范围内初级商品价格全面下跌;第二,"经济大萧条"这个灾难性冲击使初级产品生产者面临的问题更加突出,并在失业工人和陷入困境的资本家中产生广泛的产业保护需求。

因为世界种植面积继续扩大,库存不断积累,小麦价格从1925年开始下跌。西欧的保护使新大陆和东欧的供应国的情况更加恶化。尽管一些出口国政府(加拿大和美国)试图保持国内价格高企,但是苏联的目标是获得足够的收入来支付资本设备的进口,这就使小麦价格下跌的时候,出口还在不断增加,从而加剧了问题的严重性(Kindleberger,1973: chapter 4)。制糖业也有类似的经历。在20世纪20年代期间,由于欧洲以外的国家战时的生产扩大以及战后欧洲的制糖业的复苏,糖价格出现下降。这个问题因某些政府推出的政策而更加恶化,例如英国政府对国内制糖业予以补贴,而日本政府开始在中国台湾生产糖。战争期间该产业繁荣昌盛的国家现在陷入了困境。爪哇发现自己因关税不仅被排除在印度市场之外,而且被排除在日本市场之外:1928—1929年和1932—1933年两个时间段中,产量下降了六分之五。古巴也受到了严重打击,并在1928年出现了暴乱(Kindleberger,1973:94,1989:168)。羊毛价格从20世纪20年代中期开始急剧下跌,对澳大利亚经济造成严重后果,而战后的繁荣则促进橡胶和咖啡产量的增加,最终导致这些商品的价格下跌。

农产品价格下跌是一个特别的问题,因为许多国家的农民背负着巨额债务,这些债务的名义价值是固定的,尽管农业收入正在下降。不可避免的结果是,德国和法国等国的农业保护力度加大。对于世界经济更严重的是,美国农民也遭受农业萧条之苦,所以1928年美国总统候选人赫伯特·胡佛(Herbert Hoover)承诺向他们提供关税保护。成功当选之后,他就立刻在1929年年初召开了一次国会特别会议以兑现他的承诺。1930年中期推行的《斯穆特-霍利关税法案》(The Smoot-Hawley Tariff Act)对工业和农业都给予了保护,这也意味着总体保护的大幅增加。① 未来两年的通货紧缩使美国的平均关税上升到更高水平(Crucini,1994;Irwin,1998a)。

与19世纪的情况形成对比的是,美国现在已经足够重要,以至于斯穆特-霍利关税引发了加拿大、法国、意大利、西班牙和瑞士等国的关税上涨浪潮(Kindleberger,1989;Jones,1934),尽管随之而来的关税更加普遍的上涨在多大程度上是出于报复,而非各种国内原因,仍存在争议(Eichengreen,1989;Irwin,1998b)。从最低限度上讲,关税发出了一个信号,即美国日益不断增强的经济和军事力量已经使其不愿成为像战争前英国那样的开放市场的单方面保证人,我们将看到,这一事实会对东亚和世界造成严重的后果。大英帝国治下的和平已经走向终结,而美国人还没有准备好续写"美国治下的和平"(Kindleberger,1973)。在任何国家,关税的提高幅度都是相当大的:到1931年,法国食品平均关税升至53%、奥地利升至59.5%、意大利升至66%、南斯拉夫升至75%,捷克斯洛伐克、德国、罗马尼亚和西班牙均升至80%以上,保加利亚、芬兰和波兰达到100%以上(见表8.2)。

到此阶段,经济大萧条也对全球贸易政策产生了影响。关于这次灾难的文献数量汗牛充栋,在这里无法做充分的总结,所以我们接下来只做简短介绍。② 这场危机的根源在于德国和美国分别于1927年和1928年采取更加紧缩性货币政策的举措,旨在防止被视为不具可持续的股票市场投机行为。结果,德国股市应声大幅下跌,从1927年一直到1932年投资几乎连续下跌(Temin,1971;Ritschl,1999;Voth,2003)。在美国,股市和投资一直持续增长到1929年,但货币增长迅速放缓。更重要的是,现在有很多国家都回归金本位制,该事实意味着这些通缩震荡在世界各地传播蔓延开来。通过固定汇率将国家联系在一起,

---

① 多大程度取决于平均关税的计量方式。作为进口总额的一部分,1931年的关税收入约为18%,正如德朗(Delong,1998)所指出的那样,按照19世纪标准这是低关税,低于20世纪初的水平(Delong,1998:358;Eichengreen,1989:16)。然而,如果用关税收入占应纳关税进口额的比例表示,1931年和1932年关税收入要比1900年高,欧文声称斯姆特-霍利关税"可以说是自内战以来最高的"(Irwin,1998c:327)。

② 经典参考文献包括特明(1989)和艾肯格林(1992a)。"艾肯格林-特明"对大萧条的看法在特明(1993)、艾肯格林和特明(1993)等做了总结。艾肯格林和特明与弗里德曼和施瓦兹(Friedman and Schwartz,1963,1965)一致认为,大萧条基本上是一种货币现象,但认为它是一种国际现象而非主要是美国现象。这是由各种结构性因素造成的,尤其是金本位制,而不是孤立的政策失误。

各国发现自己不得不与美国货币紧缩政策相匹配,否则他们就会失去金本位制所要求的黄金储备。因此,1928 年全球货币增长放缓(Eichengreen,1992a,table 8.1,223)。此外,每当一个国家由于这些紧缩政策开始经历需求下降并陷入衰退的时候,它从其他地方的进口就会下降,带动其贸易伙伴的需求减少,加剧了国际收支平衡问题。在目前流行的金本位主导的情况下,适当的对策应该是加深通缩程度,以减少进口额并恢复外部平衡。因此,世界经济发展陷入恶性循环,每个国家做出的调整都促使自身及其伙伴在危机中越陷越深。此外,这些通缩政策如果要想获得成功,就需要有充分弹性的名义工资,但正如艾肯格林和特明(2003)所强调的那样,我们所看到的不断膨胀的工人好战精神——第一次世界大战的遗产之一,使其不可能实现,并给盈利能力和就业平衡带来了深刻的负面影响。德国、美国和其他地方爆发的银行业危机使情况更加糟糕。

1929 年至 1933 年期间,美国和加拿大的国内生产总值下降了近 30%,而美国、奥地利、比利时、瑞士、捷克斯洛伐克和波兰的工业产出下降了 35% 以上,德国下降超过 40%。1929 年以后的几年里,澳大利亚和加拿大的失业率将上升到 19% 以上,比利时和瑞典的失业率将到 23% 以上,美国的失业率将上升到近 25%,而丹麦、德国、荷兰和挪威的失业率会上升至 30%(Mitchell,1992,1993,1995)。经济衰退降低了北半球国家对南半球国家进口初级产品的需求。1929 年至 1931 年巴西咖啡价格(用黄金表示)下跌了 53%;阿根廷羊毛和冷冻牛肉的价格分别下跌了 72% 和 53%;马来西亚橡胶的价格下降了 84%;锡兰的茶叶价格下跌了 62%。反过来,这些国际"商品彩票"中的不利因素(Diaz Alejandro,1984:20)降低了主要出口国的出口收入。表 8.3(a)显示 1929 年至 1932 年间,拉丁美洲和亚洲的出口收入下降超过 60%;大洋洲下降了 50% 以上,非洲下降了 40% 以上。智利的出口额下降尤为惊人(超过 85%,League of Nations,1939),而在 1928—1929 年至 1932—1933 年间,中国的出口额下降了 75%~80%;玻利维亚、古巴、马来亚、秘鲁和萨尔瓦多下降了 70%~75%;另有 13 个主要出口国下降了 65%~70%,其他 22 个出口国下降超过 50%

(Kindleberger,1973:191)。更糟糕的是,通货紧缩意味着债务国面临的实际利率上升,在危机期间,富国也没有提供进一步的贷款来帮助发展中国家渡过难关(Eichengreen and Portes,1986)。

表 8.3　　　　　　　　1929—1937 年世界贸易的衰退和复苏

|  | 1929 年 | 1932 年 | 1937 年 | 1929 年 | 1932 年 | 1937 年 |
|---|---|---|---|---|---|---|
| (a)地区出口与进口价值(金本位制美元,1929 年＝100) ||||||| 
|  | 出　口 ||| 进　口 |||
| 欧洲(包括苏联) | 100.0 | 40.8 | 43.8 | 100.0 | 42.8 | 45.9 |
| 北美洲 | 100.0 | 32.6 | 40.9 | 100.0 | 30.5 | 40.0 |
| 拉丁美洲 | 100.0 | 37.2 | 50.1 | 100.0 | 27.7 | 42.8 |
| 非洲 | 100.0 | 58.5 | 71.3 | 100.0 | 47.4 | 59.6 |
| 亚洲 | 100.0 | 35.8 | 52.0 | 100.0 | 40.7 | 49.7 |
| 大洋洲 | 100.0 | 44.8 | 59.6 | 100.0 | 28.5 | 45.9 |
| 全球 | 100.0 | 39.0 | 46.7 | 100.0 | 39.2 | 45.9 |
| (b)地区出口与进口数量(1929 年＝100) |||||||
|  | 出　口 ||| 进　口 |||
| 欧洲(包括苏联) | 100.0 | 68.5 | 83.0 | 100.0 | 82.0 | 90.5 |
| 北美洲 | 100.0 | 58.5 | 84.5 | 100.0 | 61.0 | 95.0 |
| 世界其他地区 | 100.0 | 95.5 | 127.0 | 100.0 | 62.5 | 106.0 |

来源:国际联盟(1939)。

　　结果,各国为应对国际收支平衡的压力,实施了包括货币贬值和进口管制等广泛而激进的措施。从 1931 年开始,所有主要的拉丁美洲国家,除了阿根廷这个明显的例外,都拖欠了债务。1931 年,巴西、智利、乌拉圭、哥伦比亚、玻利维亚、阿根廷和尼加拉瓜实行了外汇管制;1932 年,哥斯达黎加、厄瓜多尔、日本和巴拉圭实行外汇管制;1933 年,墨西哥和萨尔瓦多实行外汇管制;1934 年,洪都拉斯、古巴和中国实行外汇管制(Gordon,1941:54—55)。同时,各国还推出了阻止进口的多重汇率制度和进口配额(Diaz Alejandro,1984)。同时,价格下跌和政府政策意味着关税保护大幅上升。根据克莱门斯-威廉姆森关税数据,拉丁美洲的平均关税从 1929 年的 22.2% 上升到 1932 年的 27.3%,而亚洲的平均关税从 11.4% 上升到 20.7%,埃及的平均关税从 18.7% 上升至 37.8%。

经济大萧条也加剧了北半球的工业保护,因为政府试图支撑衰落的夕阳产业。表 8.2(b) 显示 1927 至 1931 年间欧洲关税普遍增加,而克莱门斯-威廉姆森平均关税数据显示,1929 年至 1932 年间,美国(从 13.5% 增加到 19.6%)、欧洲边缘地区国家(从 16.4% 升至 2%)、西北欧(不包括英国,由 8.1% 增至 14.9%)的平均关税都出现跳跃式上涨。在经历极具象征意义地与 19 世纪的过去决裂后,1932 年英国在保护方面采取了决定意义的行动,对各种各样的进口产品征收 10% 的关税。几个月来,爱尔兰一直是欧洲仅有的自由贸易顽固派之一,但同年晚些时候,该国也因阿蒙・德・瓦莱拉(éamon de Valera)当选而屈服于保护政策,并与英国展开了一场大规模贸易战。在选择进口替代政策时,爱尔兰与周边其他初级产品生产国的表现如出一辙,就像在拉丁美洲一样,这项保护政策最初似乎就成功地使经济免受大萧条的不利影响(Diaz Alejandro,1984;O'Rourke,1991;Neary and Gráda,1991)。

此外,经济大萧条之前,一些欧洲国家试图取消贸易数量限制,但成效不大,大萧条之后,欧洲国家又重新使用这些贸易数量限制措施,甚至包括 20 世纪 20 年代还没有这么做的国家。在 20 世纪 30 年代法国的配额制度变得很普遍:根据哈勃勒(Haberler,1943:19)的说法,1937 年,58% 的法国进口产品受到某种数额限制,而瑞士 52%、荷兰 26% 和比利时 24% 的进口产品也同样受到配额限制。[①] 对世界和国际贸易体系来说更糟糕的事情是,由于 1933 年德国高失业率的直接结果,希特勒赢得上台执政的机会(Stöbauer,2001),并开始对外贸实行"全面"的数量控制,作为最大限度地实现德国自给自足努力的一部分,这不禁让人回想到战时经济政策。由于纳粹在欧洲东部地区建立了"生存空间",

---

① 欧文(1993b)指出,在坚持货币正统与坚持自由贸易正统之间存在一种权衡:刚刚提到的四个国家在 20 世纪 30 年代的大部分时间里都严格坚持金本位制,导致通货紧缩、估值过高和国际收支困难。数量限制在很大程度上是对这些困难的反应。相比之下,在 1931 年退出金本位制的英镑地区,配额制没有那么普遍。在爱尔兰,1937 年只有 17% 的进口受到数量限制,而挪威和英国的这一数字分别为 12% 和 8%。

于是利用东南欧的国际收支困境,克服了本国的初级产品短缺问题。事实证明,欧洲东南部各国政府渴望出口食品和矿产,以换取德国的制成品。这种"恶性的双边主义",如欧文(1993b)所称,加上英国(1932年在渥太华建立)和其他殖民列强的帝国优先权,导致非歧视性最惠国待遇原则彻底瓦解。

一个国家实施的若干政策会引发其他国家实施限制性反制措施。印度在这方面的经验就很好地阐释了如此过程。如前所述,澳大利亚农民在20世纪20年代大幅增加了小麦产量,这一趋势在新工党政府于1930年发起的"种植更多小麦"运动中不断延续。因此,澳大利亚农民受到小麦价格下跌的严重打击。另外,贸易条件不断恶化,不仅导致该国出现贸易逆差,外汇储备流失,而且其继续偿本付息的能力也令人担忧(Eichengreen,1992a:232—236;Rothermund,1996:82—86)。事实上,澳大利亚于1931年1月将其货币贬值,帮助小麦出口保持在较高水平,并缓解了国际收支平衡压力。然而,这一政策使其他小麦生产国面临的竞争不断加大。1931年夏,印度政府在小麦主产区旁遮普邦面临可能爆发农民骚乱的情况下,决定对小麦进口征收关税。日本以非常相似的方式,通过1931年12月脱离金本位制并在次年允许日元大幅贬值,成功地应对了经济大萧条的冲击,这给印度棉纺织业生产商带来了压力,致使印度加强对该产业的保护力度。1930年,它对进口的低质棉纺产品征收了20%的关税,但在1932年,对非英国商品征收的关税却提升到50%,1933年达到75%。最后,印度制糖业得益于针对爪哇出口而实施的高度保护措施,印度茶业则成功地组织起了出口限制政策,使价格保持在较高水平(Tomlinson,1993:133;Rothermund,1996:93—95)。

印度和其他地方向保护主义的转变反过来在日本也产生了严重的政治后果。英国和美国的移民限制已经使日本走向封闭自足的推动力得到加强。商业利益集团在1930年说服日本政府恢复金本位制,并支持国际联盟推动自由贸易。但是,目前的美国市场很大程度上对丝绸等日本商品关闭大门(其在日本出口中所占份额从1929年的36%降至1934年的13%),而金本位的承诺迫使日本政府削减开支,因此,对外向型政策的支持不可避免地减少了。当英国以向日本产品征收反制性关税并采取贸易配额措施对日元贬值做出回应时,这进一步损害了贸易自由主义者的利益,并使那些敦促在中国东北地区、中国台湾和朝鲜建立日本经济集团的人获得莫大的支持(Best,2003;Boyce,2003;Rothermund,1996:115—119)。

与19世纪英国的比较在此很有启发意义。英国也是一个岛国,领土资源有限,正如我们在第六章中看到,18世纪末和19世纪初其人口迅速增长。因此产生的不可避免的影响是粮食和原材料需要大规模进口,并由制成品出口进行支付(Harley and Crafts,2000;Clark,2007b),而19世纪末向新大陆新旧殖民地的移民为英国缓解人口压力提供了一条解决途径。同样,20世纪初的日本人口也在迅速增长,从1900年的4 400万增长到1920年的5 600万,1931年再次突破6 500万(Maddison,2003),但当时对英国人有效的解决方案现在似乎没有一个对日本是起作用的。"新近殖民地"拒绝日本的移民,其他地方的保护也意味着出口和进口能力似乎受到威胁。在相对和平和自由的19世纪,英国的皇家海军能够通过维持相对开放的贸易制度来确保英国的利益,但在国际形势日益凶险背景下的20世纪30年代,这并不是一个有吸引力的选择。这就为军方逐渐控制日本打下了基础,因为在一个国际分工正在瓦解的世界,帝国主义看起来似乎是保证初级产品充足供应的一种可靠方式。① 1931年9月15日,日本人占领了中国东北地区,次年在那里建立了一个傀儡政府,并于1933年退出国际联盟。东亚和东南亚现在走上了一条最终会导致战争的道路,而日本试图建立"大东亚共荣圈"。

从1932年开始,有几个迹象表明,至少有一些国家正在试图缓和(如果不是逆转)前几年的保护主义趋势,虽然在1933年召开的世界经济会议未能取得成功。1932年,我们现在所知的比、荷、卢三国在瑞士乌契同意开始削减彼此出口的关税。然而,这个协定却终成泡影,因为它要求与乌契集团有最惠国关系的其他国家放弃其最惠国待遇权利,而英国拒绝这样做。尽管国际联盟一直是非歧视性原则的坚定倡导者,但是1942年它还是被迫承认由于各国政府不

---

① 但是请注意,根据安场(1996)的说法,首先造成自然资源短缺的是日本军力的强化。

愿做出让步,该条款非但没有提供便利,各国反而通过双边或多边协定阻碍关税减免,这缘于各国政府不愿意在关税问题上让步,因为根据条款,这样的让步适用于所有享有最惠国待遇的国家。这其中有两个主要原因:第一,美国拒绝通过谈判降低自己高企的关税,同时又声称要从欧洲国家之间通过谈判达成的任何关税削减中受益;第二,某些国家——特别是英国、美国和英国自治领——反对对严格的最惠国待遇惯例造成任何损害的做法,因为最惠国待遇允许缔结地区性或类似的关税减征协定,仅缔约方可以从中获益(League of Nations,1942:119)。

如何解释19世纪六七十年代(最惠国条款促进快速自由化)与两次世界大战期间(最惠国待遇条款鼓励各国而不仅仅是美国试图通过自己放弃关税减让同时声称其他国家之间的任何关税减让适用于自身来"搭便车")这两段经历之间的区别呢?一种解释是19世纪60年代的关税削减浪潮是成功的,因为双边最惠国条约最初是歧视性的:一旦英国和法国做出互相让步,比利时就会发现自己在进入这些国家市场过程中处于不利地位,也就会有缔结该类条约的动机,以此类推。因此,19世纪60年代的最惠国条约就包含欧文(1993b:112)举的一个例子,称为"进步的"双边主义,这也是科德尔·赫尔(Cordell Hull)在20世纪30年代所提倡的。赫尔在向1933年伦敦会议提交的报告中建议,不应援引最惠国原则来阻止国家集团之间达成协议,但是他建议要附加若干条件,其中之一是"签订的协议对所有国家自动生效"(Viner,1950:35)。①

然而,这些问题并没有完全阻碍贸易自由化的所有进展。奥斯陆集团,包括乌契三国,加上丹麦、挪威、瑞典和(后来的)芬兰在1930年举行会议就关税改革进行了讨论,并于1937年在海牙就取消成员国之间配额达成一致,前提条件是这不会侵犯其他国家的最惠国待遇权利,并仅适用于关税。也许最重要的

---

① 后一种解释会产生对区域贸易协定的乐观看法。另外,最近几位作者指出的一些歧视产生的代价也反映在历史记录中。例如,在没有最惠国原则的情况下,各国可能不愿意达成双边协定,理由是它们的伙伴可能会达成后续协定,"给予第三国的让步仍大于给予自己的让步,而它们自己却无权要求签署同样的协定,这将使它们得到的让步变成毫无益处可言"(Viner,1951:107;Bagwell and Staiger,1999),以上论点在19世纪美国(和撒丁岛)寻求有条件的最惠国待遇谈判达成令人满意的贸易协定时找到了支撑证据。正是由于这一经验,1923年美国采用了最惠国条款的无条件形式。

是，1932年的美国总统选举使极力支持自由贸易的科德尔·赫尔被任命为国务卿。1934年，《美国互惠贸易协定法案》(U. S. Reciprocal Trade Agreement Act)授权行政部门来签署贸易协定，赫尔也开始这么做。正如欧文(1998b)所指出的那样，这反映了美国贸易政策的根本性转变，传统上，美国的贸易政策是由美国国会单方面制定关税。这种转变一定程度上是由于人们越来越认识到对外关税正在阻碍美国经济复苏。到1939年，美国与占其贸易60%的国家签署了20项条约，其中最重要的是与英国签署的条约，美国的平均关税从20世纪30年代初的50%以上下降到40%以下(Ibid. ,350)。因此，战后美国对多边自由贸易的支持并不是一蹴而就的，而是从20世纪30年代就开始出现了。

然而，英美签署的条约直到1939年才生效，并很快被事态发展所取代。随着第二次世界大战的爆发，潜艇大战重新上演，封锁政策再次阻断了交战方之间的贸易往来。因此，这一时期以战争开始，又以战争结束，整个世界陷入了战争泥潭，各国政府纷纷采取行动，这完全阻碍了国际商品市场的正常运作。

**运输成本**

在两次世界大战期间，铁路建设继续进行，这是上一个时代的特点，特别是在发展中国家。到1937年，世界铁路里程的5.7%在非洲，10.2%在拉丁美洲，10.9%在亚洲(Latham,1981:23)。柴油机车和电力机车被引进，逐步取代了传统的蒸汽机。此外，两次世界大战期间的显著特点是机动车辆迅速扩展，最初在城市地区提供运输服务，然后在通往主要铁路线的支线上提供服务，并最终成为铁路运输线的竞争对手。美国机动车辆的应用速度相当快：1921年，每85名美国人中有一辆商用汽车，而1938年则每29名美国人就有一辆，相比之下，同样在1938年，英国每79人拥有一辆，法国为91人，德国为179人，日本为497人(Hugill,1993:238)。

机动车辆的重要性日益增加，是使石油作为世界经济日益重要的能源来源而崛起的主要因素之一。以前石油主要用于家庭照明，而现在它是现代交通技术的重要投入,不仅是汽车和柴油机车,还有20世纪的另一项决定性技术——飞机。由于这些新技术既有军事用途,也有民用用途,石油现在具有至关重要的战略重要性。此外,石油储量在全球范围内分布不均,这意味着国际贸易出现了一个重要的新动机。最初,最重要的石油储量是在俄罗斯和北美发现的,但到两次世界大战之间的时期,伊朗和伊拉克也在外资公司的支持下开始生产石油,这些公司包括盎格鲁-波斯(后来的盎格鲁-伊朗)石油公司,即今天的英国石油公司。1948年沙特阿拉伯发现巨大石油储量,伊斯兰世界作为世界能源供应中心的重要性得以巩固,其地缘政治影响力至今仍在延续。

尽管取得了这些重要的技术突破,但就洲际运输的成本而言,前景并不那么光明。毫不奇怪,如图8.1所示,第一次世界大战期间,运费出现猛涨,然后又转而下降。在两次世界大战期间,对海洋航运业的众多改进措施确实得到了不断延续,这也是第一次战世界大战以前的特征,例如改造将水转化为蒸汽的动力锅炉、开发涡轮电动传动机理,但数据表明,两次世界大战之间的生产力增长比第一次世界大战前要慢得多。可以肯定的是,根据沙穆罕默德与威廉姆森(2004)的研究,1909—1911年和1932—1934年间英国不定期船运全要素生产率增长速度与战前相比即使不是更快,那也是旗鼓相当,跨大西洋航线的全要素生产率年增长2.83%,亚历山大航线为1.27%,孟买为1.05%。然而,他们将这种令人印象深刻的表现归因于战争引起的技术变革,因为大部分改进是在1923—1925年实现的。

另外,战时运输生产率的提高被不断上涨的要素价格抵消了,尤其是燃料成本和工资的上涨,以及船舶价格的上升。因此,20世纪20年代名义运费比战争之前实际还要高。虽然名义运费会在20世纪30年代初短暂恢复战前水平,但随着十年的发展,运费率出现增长,到第二次世界大战时大幅飙升。如果战争期间生产力增长率能够保持在战时水平,沙穆罕默德和威廉姆森(2004:194—195)得出结论,名义运费在该时期原本会下降,但现在情况不是这样的。因此,两次世界大战间隔期的情况与19世纪末因技术持续推动原因造成的名义运费不断下降形成了鲜明对比。

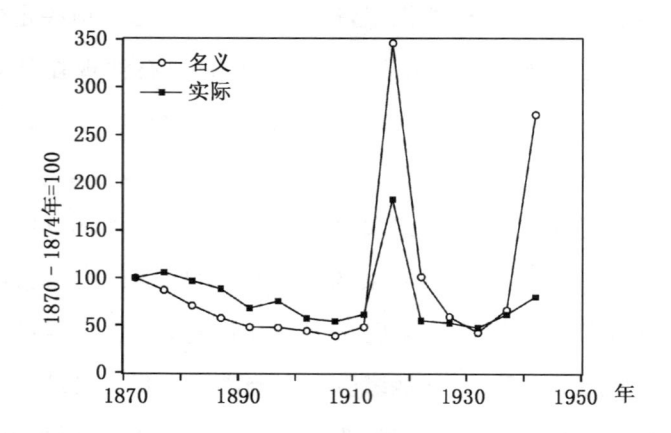

来源:沙穆罕默德与威廉姆森(2004,table 3,188)。

**图 8.1　1870—1944 年运价指数**

就实际运费而言,两次世界大战间隔期的情况并不是那么悲观,因为战后商品价格比战前高得多,因此,特定的名义运价会转化为更低的实际运输成本。然而,即使在这里,从图 8.1 中也可以清楚地看到,战争打断了 19 世纪末实际运输成本的急剧下降,当这些成本再次下降时,它的速度比以前要慢。以 1884 年为 100,沙穆罕默德-威廉姆森的实际货运指数在 1905—1909 年为 67,如果该趋势(假设是线性的)继续下去,1930 到 1934 年这一数字将可能仅为 31。与预期相反,该指数为 58,而且,这被证明是两次世界大战间隔期内实际运输成本的最低点,因为之后它们便开始上扬。

如果要克服上一节所述贸易壁垒不断增加的影响,运输成本下降的速度必须大大加快。的确,正如第七章所显示,这就是导致 19 世纪晚期国际商品市场一体化的机制,那时欧洲和新大陆的大部分地区都出现上涨。然而,两次世界大战之间的国际经济中,不会有这样的免费技术午餐。

**世界贸易量**

上述技术和政治发展对国际贸易的综合影响是什么呢?图 8.2 揭示了两

个世界贸易指数。第一个是由联合国在1962年的一份未发表的内部报告中制定的,它借鉴了福尔克·希尔哥特(Folke Hilgerdt)早先编制的指数①,而第二个则取自安格斯·麦迪逊(1995),以他早期的著作(Maddison,1962)为基础,主要借鉴国际联盟(1939)公布的官方数据。可以看出,尽管在1913年至1924年之间的趋势上存在显著的分歧意见,但这一系列趋势与1924—1938年间情况十分相似。1924年至1929年期间,世界贸易量增长了三分之一,随后三年所有这些增长消失殆尽。1937年逐渐恢复,尽管未曾重回1929年的峰值,1938年又出现了大幅度的下降,战争期间没有贸易量的文献记录,但毫无疑问暴跌的情况难以避免。

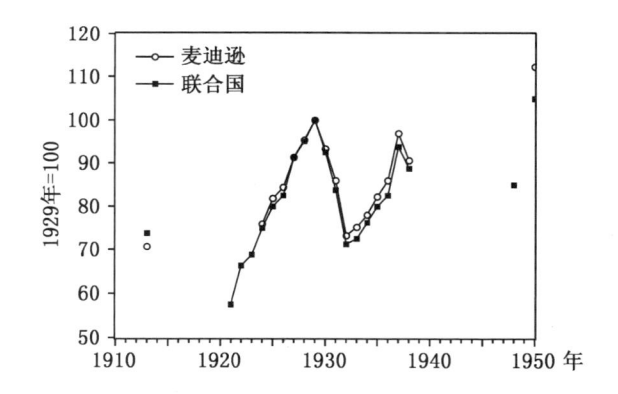

来源:联合国(1962)和麦迪逊(1995:239)。

**图 8.2　1913—1950 年世界贸易指数**

整体而言,该时期年贸易总增长率在0.7%~1%徘徊,与1855至1913年间高达3.8%的增长率相比是灾难性的。换句话说,即使是对现有数据做最乐观的解释,1913年以后的四分之一世纪中的贸易增长恢复到1800年以前每年1%的水平,到不了19世纪水平的三分之一。1929年后世界贸易的崩溃主要是由于制成品贸易的下降:1929年和1932年,制成品贸易下降了42%,而初级产品贸易仅下降了13%(Lewis,1952)。两次世界大战间隔期,世界仍然明显

---

① 希尔哥特指数被刘易斯(1952)和斯文尼尔森(1954)所使用。这里使用的序列更接近麦迪逊的序列。

地被划分为专门从事制造业地区(特别是欧洲西北部),以及其出口几乎完全由初级产品构成的国家,特别是非洲、拉丁美洲和大洋洲(见表 8.4)。亚洲、东南欧、北美则构成了中间地带,其中北美在制造业方面的进展要比前两者快得多。因此,正是这些工业化区域——欧洲和北美,如表 8.3(b)所示,出口总量大幅下降。1929 年至 1932 年期间,世界其他地区的出口量下降了不到 5%,到 1937 年,其出口量比 1929 年高出 25%还多(而在欧洲和北美,这一数字仍然下降了 15%以上)。

表 8.4　　　　　　　　　1913—1937 年区域贸易结构

|  | 初级产品出口份额(%) |  |  | 初级产品进口份额(%) |  |  |
| --- | --- | --- | --- | --- | --- | --- |
|  | 1913 年 | 1928 年 | 1937 年 | 1913 年 | 1928 年 | 1937 年 |
| 英国和爱尔兰 | 30.3 | 25.1 | 28.0 | 81.2 | 78.0 | 82.1 |
| 西北欧 | 48.0 | 35.0 | 36.9 | 76.7 | 76.0 | 77.1 |
| 全球 | 63.7 | 60.4 | 61.1 | 65.0 | 61.9 | 63.7 |
| 北美 | 74.1 | 61.5 | 55.3 | 63.4 | 68.0 | 72.3 |
| 欧洲其他地区 | 75.6 | 84.1 | 78.8 | 59.9 | 52.0 | 53.0 |
| 亚洲 | 79.5 | 68.9 | 72.8 | 43.2 | 50.3 | 51.2 |
| 非洲 | 96.3 | 96.4 | 96.3 | 40.5 | 31.1 | 28.4 |
| 拉丁美洲 | 96.8 | 97.5 | 98.3 | 40.4 | 33.0 | 34.8 |
| 大洋洲 | 98.1 | 97.9 | 96.1 | 25.9 | 26.1 | 26.2 |

来源:叶茨(1959:227—230)。

另外,正如我们所看到的,所有大陆的出口名义价值都大幅下降[见表 8.3(a)]。除了出口收入"只"下降了 42%的非洲以外,其他大洲的出口收入下降了 55%~70%。出口数量数据与名义出口价值数据之间的对比可以用以下事实解释:世界主要生产国的出口价格下降最多,其贸易条件因此恶化。根据阿瑟·刘易斯(1969:49—50),热带地区产品价格相对于制成品,从 1929 年到 1932 年下降了 38%,而同一时期初级产品的价格普遍下降了 30%(Grilli and Yang,1988:37—39)。国际联盟的数据显示 1929 年至 1932 年间北美的贸易条件改善了 11%,欧洲贸易条件改善了 13.3%,世界其他地区贸易条件恶化了

29.4%。根据迪亚兹·亚历杭德罗(Diaz Alejandro,1984:19)的数据,1929年至1933年间拉丁美洲国家贸易条件恶化了21%～45%,与19世纪后期美洲由于运输成本下降而不断改善的贸易条件形成鲜明对比(Clingingsmith and Williamson,2005)。因此,相对较小的出口量下降与出口收入大幅度下降相吻合。出口收入下降,加上国际资本市场崩溃,当然意味着支付进口商品的能力下降。这就解释了大萧条时期为什么南半球进口额下降和北半球的相差不多。

两次世界大战间隔期的贸易过程中另一个值得注意的特点是,多边贸易量在下降的贸易总额中所占比例较小。随着贸易集团的出现,越来越多的交易都在其内部进行,而不是在集团相互之间进行,贸易行为变得更加双边化。表8.5列出了国际联盟关于正式或非正式帝国集团在几个主要国家的贸易中所起作用的数据。就英国、法国、葡萄牙和美国而言,大萧条时期(1929－1932年),它们在与其海外殖民地贸易中所占的份额显著增加。1932－1938年间的意大利、德国和日本,双边贸易增长趋势最为明显。因此,意大利出口到其殖民地和埃塞俄比亚的份额从1932年的3.6%增加到1938年的近四分之一。同期,日本输往朝鲜和中国的出口份额从略高于三分之一上升到近三分之二,而德国出口到东南欧的份额增加了两倍多。区域化的增长中有一些是以前邻国之间的经济联系产生的自然结果,但贸易集团也有助于使贸易偏离以前的轨道(Eichengreen and Irwin,1995),而轴心国贸易在20世纪30年代的急剧调整则与这些国家在该时期奉行的军事战略有着明显的关系,前者与后者之间的因果关系是双向的。就日本而言,这一战略似乎促进日本经济从大萧条时期复苏,1928－1935年间,日本的出口量大约翻了一番,而出口的价值上升四分之一到三分之一。尽管美国实行保护主义,导致日本对北美的出口份额从1929年的43.8%下降到1935年的21.8%(League of Nations,1939:33,72),但日本的战略还是取得了很好的效果。

表 8.5　　　　　　　　1929—1938 年正式和非正式帝国贸易的份额　　　　　　单位:%

| 贸易国 | 所占市场的份额 | 进口 1929 年 | 进口 1932 年 | 进口 1938 年 | 出口 1929 年 | 出口 1932 年 | 出口 1938 年 |
|---|---|---|---|---|---|---|---|
| 英国 | 英联邦、殖民地、保护国等 | 30.2 | 36.4 | 41.9 | 44.4 | 45.4 | 49.9 |
| 美国 | 菲律宾 | 2.9 | 6.1 | 4.8 | 1.6 | 2.8 | 2.8 |
| 法国 | 法国殖民地、保护国、法国托管区 | 12 | 20.9 | 25.8 | 18.8 | 31.5 | 27.5 |
| 比利时 | 比属刚果 | 3.9 | 3.8 | 8.3 | 2.6 | 1.3 | 1.9 |
| 荷兰 | 荷兰海外领地 | 5.5 | 5 | 8.8 | 9.4 | 5.9 | 10.7 |
| 意大利 | 意大利殖民地 埃塞俄比亚 | 1.5 | 1.1 | 1.8 | 2.1 | 3.6 | 23.3 |
| 葡萄牙 | 葡萄牙海外领地 | 7.9 | 10.4 | 10.2 | 12.7 | 13.9 | 12.2 |
| 日本 | 朝鲜和中国台湾 | 12.3 | 26.2 | 30 | 16.8 | 21.6 | 32.9 |
| 日本 | 广东 | 6 | 4 | 1.6 | 4.8 | 6.8 | 13.7 |
| 日本 | 中国东北 | 1.9 | 2.7 | 9 | 2.5 | 1.5 | 8.1 |
| 日本 | 中国其他地区 | 5.8 | 4 | 4.4 | 10.9 | 7.38 | |
| 日本 | 日本全部势力范围 | 26 | 36.9 | 45 | 35 | 37.2 | 62.7 |
| 德国 | 保加利亚、希腊、匈牙利、罗马尼亚、土耳其、南斯拉夫 | 4.5 | 5.5 | 12 | 5 | 3.9 | 13.2 |
| 德国 | 拉丁美洲 | 12.2 | 11.2 | 15.6 | 7.8 | 4.3 | 11.5 |
| 德国 | 德国全部势力范围 | 16.7 | 16.7 | 27.6 | 12.8 | 8.2 | 24.7 |

来源:国际联盟(1939:34—35)。

## 价格趋同与分化

现在出现的问题是:导致两次世界大战间隔期的贸易惨淡表现,更确切地说,是 1929 年至 1932 年世界贸易空前崩溃的原因是什么？如果沙穆罕默德和威廉姆森(2004)的运费数据可信,就排除了一个候选项,即运输成本(见图 8.1)。这些数字从 20 世纪 30 年代初开始下降,直到 20 世纪 30 年代后半期才开始上升。那时,世界贸易已经开始复苏。也不能说贸易量的下降完全是因为贸易产出的减少:根据麦迪逊(2001)的数据,世界贸易额占GDP的比例从1929年峰值时的9%左右下降到了1950年的5.5%。最后,如表8.4所示,没有多少证据表明贸易额下降是因为"大分工"的解体造成。事实上,在1913年之后的40年里,南北贸易的总体格局变化很小,考虑到该时期经济一体化瓦解,这是一个有趣的事实。尽管南方在世界工业出口中所占的份额从19世纪70年代末的3%上升到了1913年的8%,但在随后的一段时间里几乎没有变化,在20世纪50年代中期仅维持在9%的水平(Yates,1959:58)。①

当代学者经常援引限制性贸易措施的增加来解释两次世界大战期间世界贸易的崩溃,而另一些学者则将矛头指向金本位制的消亡和相关的货币不稳定。就图5.2而言,战争期间贸易急剧衰减可能源于两个因素:(1)贸易壁垒的增加,使得进口国和出口国的商品价差扩大,(2)经济大萧条的发生,需求供给曲线向左转移。如果前一种效应在起作用,这种效应就应该体现在洲际不断扩大的价差上:这些差异能否在两次世界大战之间得到有效文献记载呢?

与记录19世纪末商品市场一体化的大量文献相比,研究两次世界大战间价差的著作几乎没有。但我们现在掌握的这样的研究证据表明在某些情况下一体化进程终结,在另一些情况下一体化进程分崩离析。图8.3显示六种商品的年均价差,我们拿出1914年前和两次世界大战期间的数据进行比较。对于小麦、棉花、黄麻和大米这四种商品,在这两个时期都考虑同样的路线,而对于亚麻籽和油菜籽,路线略有不同,涉及印度次大陆不同的装船点。② 四个程式化的事实从图8.3中清晰地显现出来。第一,19世纪末国际商品市场的一体化得到了证实。第二,图8.3呈现了本章前面提到的战时商品市场的急剧解体。第三,这些战时损失后来得到了补偿,尽管就伦敦至加尔各答的黄麻贸易而言,未曾获得完全补偿。第四,一旦这一补偿过程最后完成,商品市场一体化就失

---

① 这反映了生产的基本结构,因为根据早些时候引用的贝洛赫(1982:304)的数据,第三世界在制造业生产中所占的份额从1913年的7.5%下降到1928年的7.2%。

② 小麦价格数据涉及相同的小麦等级和相同的路线,但来源不同,这就是在曲线图中有两个系列的原因,1913年有两次观测数据。可以看出,这两个观测结果几乎是相同的。

去了进一步进展,而就一些商品市场(大米、亚麻籽和油菜籽)而言,从20世纪20年代末开始一直在去一体化。以伦敦到仰光的大米贸易为例,这种比较是可能的,到20世纪30年代,价差回到了19世纪90年代的40%～50%。

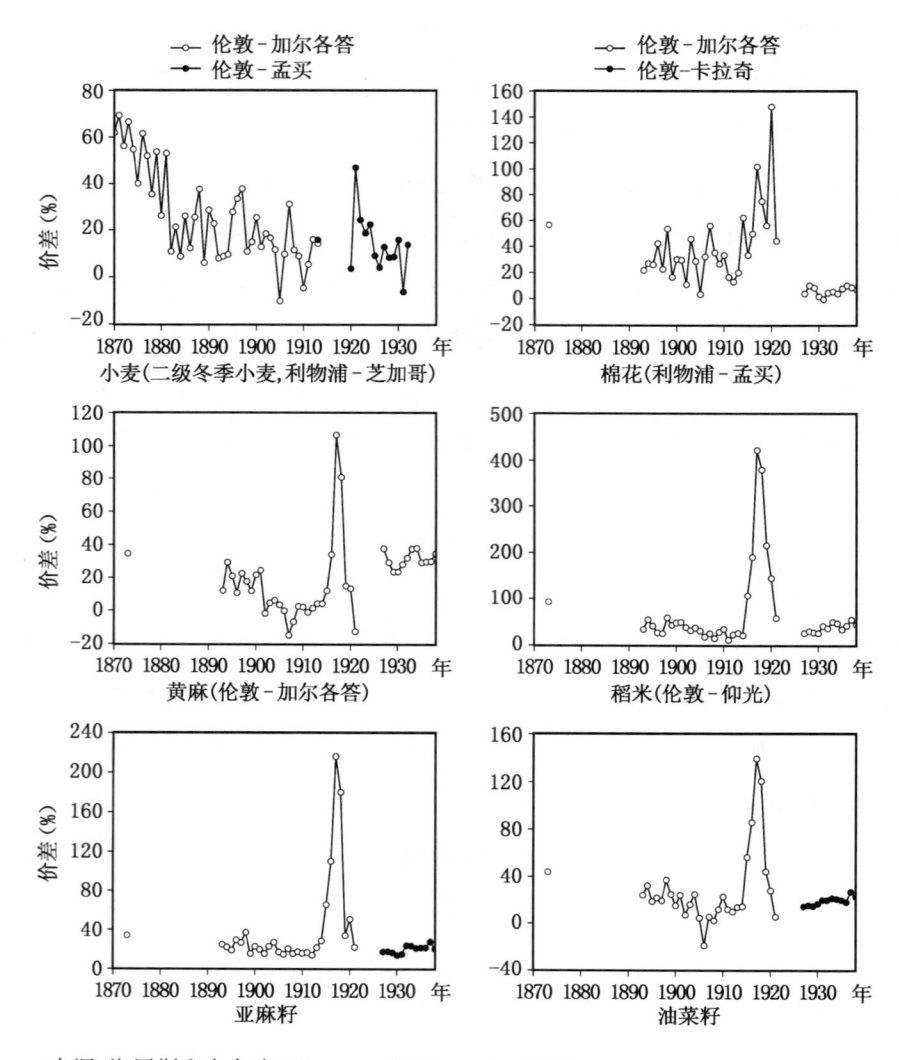

**图8.3 1870—1938年价差百分比**

来源:海因斯和奥鲁克(Hynes and O'Rourke,2009)。

表8.6列出1914年至1937年间20条商品路线的年度价差百分比。虽然不同路线的各自表现不尽相同,但从数据中可以看出一些普遍的模式。第一,

20世纪20年代初到中期,我们似乎看到了一种逐渐回归常态的趋势:在我们掌握数据的六条航线中,每条航线的价差都在1922—1927年间不断缩小。就英国和北美之间小麦贸易以及利物浦与孟买的棉花贸易而言,它们足以使1927年的价差降至1913年的水平以下,但在所有其他情况下,1927年(和1929年)的价差仍然高于战前水平。第二,1929年后的10年是一个解体时期:1929—1933年间,19条航线中有13条出现了价差,1929—1937年,18条航线中有16条出现了价差。在某些情况下,它们的上涨幅度很大:伦敦至仰光的大米价差从1929年的27.7%上升到1937年的55.3%,而纽约到里约的咖啡价差从15.8%上升到58.2%。运输成本停滞不前、贸易壁垒不断上升,两次世界大战期间这二者相结合意味着1914年后的25年是国际商品市场解体的时期,抹去了前40年的许多收益,1929年以后的时期尤为如此。因此,有证据表明,不断上升的贸易壁垒以及其他破坏大宗商品市场一体化的力量,确实是1929年后贸易量下降的一个因素。根据麦迪逊(2001:127)的数据,1950年西欧和拉丁美洲的贸易与国内生产总值的比率(8.7%和6%)不仅低于1913年水平(分别为14.1%和9%),也低于1870年水平(8.8%和9.7%)。

表8.6　　　　　　　　　1913—1937年平均商品价差　　　　　　　　单位:%

| 商品 | 品级 | 市场 | 1913年 | 1922年 | 1927年 | 1929年 | 1933年 | 1937年 |
|---|---|---|---|---|---|---|---|---|
| 小麦 | 二级冬小麦 | Ll-C | 16.0 | 24.6 | 12.9 | 8.7 | | |
| 小麦 | 一级北曼尼托巴 | L-W | 24.5 | 34.7 | 7.7 | 9.9 | 20.7 | 17.7 |
| 小麦 | 普拉特 | L-BA | 9.0 | 26.3 | 11.0 | 11.6 | 10.1 | 5.8 |
| 玉米 | 普拉特 | L-BA | 18.7 | 39.3 | 25.3 | 21.0 | 25.5 | 33.6 |
| 燕麦 | 普拉特 | L-BA | 13.5 | 33.2 | 29.1 | 25.7 | 26.0 | |
| 稻米 | 缅甸四级 | L-R | | | 25.9 | 27.7 | 50.4 | 55.3 |
| 稻米 | 西贡一级 | L-S | | | 76.2 | 39.7 | 39.0 | 44.2 |
| 油菜籽 | 托利亚 | L-K | | | 14.7 | 15.1 | 21.8 | 27.3 |
| 落花生 | 科罗曼德尔 | L-M | | | 20.5 | 15.2 | 27.1 | 26.6 |
| 亚麻籽 | 孟买 | L-B | | | 17.6 | 16.8 | 23.9 | 27.9 |
| 亚麻籽 | 拉普拉塔 | L-BA | | | 16.0 | 14.7 | 13.1 | 22.2 |

续表

| 商品 | 品级 | 市场 | 1913年 | 1922年 | 1927年 | 1929年 | 1933年 | 1937年 |
|---|---|---|---|---|---|---|---|---|
| 棉花 | 中级 | Ll-NO | 12.0 | 22.1 | 12.2 | 12.2 | 15.9 | 16.5 |
| 棉花 | 布罗什 | Ll-B |  |  | 4.0 | 8.4 | 5.4 | 8.8 |
| 棉花 | 萨科拉利达斯 | L-A |  |  | 6.2 | 5.4 | 13.0 | 10.1 |
| 棉籽 | 萨科拉利达斯 | L-A |  |  | 17.5 | 19.8 | 23.8 | 24.2 |
| 鸡蛋 | 丹麦产 | L-D |  |  | 43.6 | 58.7 | 71.5 | 73.8 |
| 鸡蛋 | 荷兰产 | L-H |  |  | 12.8 | 23.6 | 15.4 | 45.7 |
| 黄油 | 丹麦产 | L-C |  |  | 7.9 | 10.1 | 36.7 | 24.7 |
| 咖啡 | 里约热内卢七级 | NY-R | 9.8 | 17.0 | 15.5 | 15.8 | 103.6 | 58.2 |
| 咖啡 | 桑托斯四级 | NY-S |  |  | 28.0 | 19.3 | 89.8 | 55.8 |

注：Ll-C,利物浦-芝加哥；L-W,伦敦-温尼伯；L-BA,伦敦-布宜诺斯艾利斯；L-R,伦敦-仰光；L-S,伦敦-西贡；L-K,伦敦-卡拉奇；L-M,伦敦-马德拉斯；L-B,伦敦-孟买；Ll-NO,利物浦-新奥尔良；Ll-B,利物浦-孟买；L-A,伦敦-亚历山大里亚；L-D,伦敦-丹麦；L-H,伦敦-荷兰；L-C,伦敦-哥本哈根；NY-R,纽约-里约热内卢；NY-S,纽约-桑托斯。

来源：海因斯、杰克和奥鲁克(2009)。

## 经济大萧条、世界贸易的崩溃与发展中国家

正如我们所看到的那样，大萧条给发展中国家带来了巨大的负面贸易条件，这些国家的出口绝大多数是面对北方市场的。但是，发展中国家在这段时间相对于工业化国家表现良好，至少在总体宏观经济指标方面是这样（见图8.4）。1929年至1932年间，国内生产总值大幅度下降：西欧（9.1%），拉丁美洲（13.7%），澳大拉西亚（1931年达到最低点，国内生产总值比1929年下降15%），尤其是北美（产出一直下降到1933年，这一阶段比1929年下降了28.6%）。拉丁美洲传统上强调初级出口，因此容易受到外部冲击，从一开始就受到大萧条的严重影响。然而，到1934年，其国内生产总值已经恢复，1938年已经比1929年的水平高出20%。这与西欧（13%）和北美（国内生产总值仍比1929年的水平低5%）的相应数字对比占据优势地位。相比之下，亚洲一开始受到冲击的影响要小得多，南亚和东南亚的产出几乎没有下降（印度、印度尼西

亚、斯里兰卡和马来西亚),东亚(日本、韩国和中国台湾地区)的降幅仅为6%左右,并在1932年就出现了复苏,1938年的产出比危机前的水平高出40%。

发展中国家的这一表现通常是比较令人印象深刻的,有以下几个原因。

其一,1932年后贸易条件恢复。实际上,根据格莱利和杨(Grilli and Young,1988)的说法,到1937年,它们已经完全恢复。布尔墨-托马斯(Bulmer-Thomas,2003:chapter 7)强调出口增长在刺激拉丁美洲几个国家(特别是巴西、智利、古巴、秘鲁和委内瑞拉)的经济复苏方面发挥了重要作用。正如我们所看到的,日本的情况似乎也是如此,出口不仅延伸到其亚洲影响范围,而且扩展到拉丁美洲和非洲。

其二,迪亚兹·亚历杭德罗(1984)强调指出,拉丁美洲的这些国家中有许多也采取了一系列有助于稳定商业周期的反周期政策,这些政策是由放弃金本位制和广泛的外债违约促成的。除了澳大利亚和日本外,许多国家的汇率都出现贬值,阿根廷、巴西、智利、哥伦比亚、墨西哥、秘鲁和乌拉圭的实际贬值幅度在30%~90%。货币政策相对扩张,而政府支出保持不变,在税收收入下降的情况下,允许预算赤字上升。政府机构向私营部门提供信贷,而一些国家不断开展重要的公共工程项目,例如扩建公路或灌溉网络。根据布尔墨-托马斯(2003),1932年至1939年间国内需求在刺激拉丁美洲的经济增长方面起着至关重要的作用。同样,主要集中在重整军备上的大量赤字支出也刺激了日本的经济复苏。

其三,拉丁美洲和其他地区的许多外围国家在此期间实施了一系列限制进口的政策,对贸易额和更高的关税额均有限制。在布尔墨-托马斯(2003:204—211)看来,进口替代型的工业化在阿根廷、巴西、智利、哥伦比亚、哥斯达黎加、墨西哥和秘鲁的复苏中发挥了重要作用。在阿根廷、哥斯达黎加、古巴、萨尔瓦多、危地马拉和墨西哥,进口替代农业增长也很重要。这并不是拉丁美洲独有的现象:爱尔兰的情况与此相当相似。爱尔兰是另一个边缘性的初级产品生产者,从短期来看,该国的关税政策可能是有益的,因为从一定程度上讲它在海外移民机会减少的时代帮助降低了失业率(Neary and ÓGráda,1991;O'Rourke,

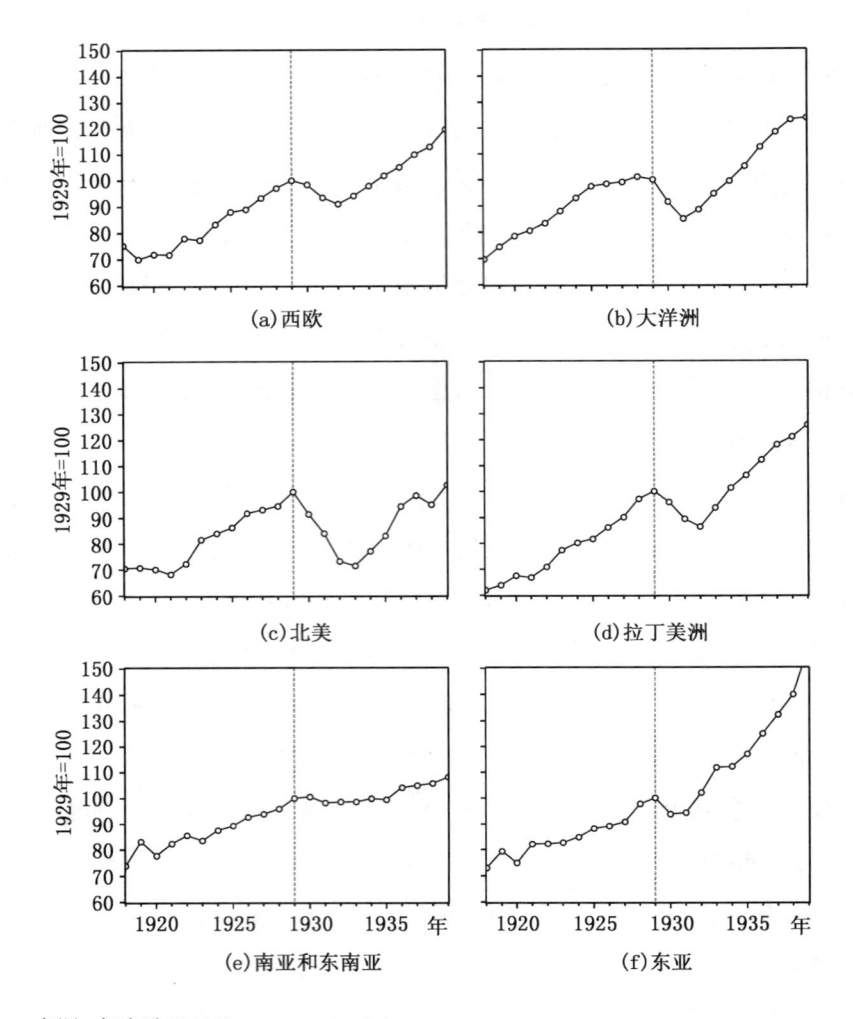

来源：麦迪逊(2003)。

图 8.4　1918—1939 年六个地区的 GDP

1991,1995)。

如果关税的确起到了这样的作用,那么它们是通过把需求转向国内生产的商品来实现的,这是一种典型的以邻为壑的政策。事实上,几乎各国都在寻求保护主义政策,这就表明关税保护带来的好处就会被抵消掉,对世界经济产生的净影响将是负面的。尽管存在关于影响大小的争论,但是大家一致认为保护措施损害了世界整体经济发展(Crucini and Kahn,1996;Irwin,1998c)。然而,这并不意味着个别国家选择保护主义政策是错误的。瓦姆瓦基蒂斯(Vamvakidis,2002)与克莱门斯和威廉姆森(2004)利用跨国数据研究表明,在两次世界大战期间,各国关税与经济增长之间的相关性呈正态趋势,这一研究结果与20世纪末的传统认知——正如萨克斯和华纳(Sachs and Warner,1995)等人所主张的那样,自由贸易政策是最优选择(见第九章)——形成鲜明对比。在20世纪末,当核心市场相对开放时,自由贸易或许确实是一个更好的策略。然而,在包括英国和美国等过去和未来霸主在内的周边主要市场对进口设置壁垒的环境下,保护可能是最好的短期策略。这个策略的问题不在于它是首次被采纳,而在于最初的危机过去之后,它依然又维持了太长时间。即使在印度这样的大国,进口替代也在20世纪30年代末达到了当地市场对其施加的上限水平(Rothermund,1996:93)。

布尔墨-托马斯(2003)煞费苦心地强调,20世纪30年代拉丁美洲并没有对贸易大规模关闭市场。相反,出口增长对许多国家的复苏和发展战略仍然很重要。事实上,在整个时期,发展中国家在世界出口中所占的份额有所增加:拉丁美洲的份额从1913年的8.3%增加到1928年的9.8%和1937年的10.2%,而非洲的份额从3.7%增加到4%~5.3%,亚洲的份额从11.8%增加到15.5%~16.9%(Latham,1981:88)。然而,两次世界大战之间是发展中国家(特别是拉丁美洲)的一个关键转折点。放弃对经济政策制定的传统约束,例如金本位制,将使未来的政策试验更加容易。与此同时,20世纪30年代加强的保护主义措施,以及随之而来的工业产出增长,将使美洲大陆赢得更多保护主义支持,就像拿破仑封锁期间欧洲大陆发生的情况一样。正如我们在下一章中所看到的那样,这些支持者将很快因下一个国际经济的重大冲击(即第二次世界大战爆发)而得到进一步加强。拉丁美洲大部分地区带来的结果便是民粹主义兴起,城市工人和资本家联合起来从传统上外向型的拥有土地的精英手中夺取了政权。忠实于选民利益的民粹主义领导人,如阿根廷的佩隆(Peron)、墨西哥的卡德纳斯(Cardenas)或玻利维亚的帕斯·埃斯顿索罗(Paz Estenssoro),都提倡内向型的政策,并达到了极为持久的效果(Rothermund,1996:140—144;Rogowski,1989:74—75)。

在世界上的其他发展中国家,大萧条引发了更重要的政治力量运动。经济衰退对国内生产总值的总体影响可能相对较小,但是,正如迪特玛尔·陆特蒙德(Dietmar Rothermund,1996)所强调的那样,商品价格下降对面向世界市场生产的农民产生了毁灭性的影响。在某些情况下,经济作物的价格下跌导致它们转向主食生产和相对自给自足。在其他地方,债务和/或税收义务,特别是殖民统治者征收的人头税,意味着农民必须继续为市场生产产品,但他们发现越来越难以履行这项财政义务。其结果是造成严重的困局,因此有几个国家经历了政治紧张、暴乱,甚至是彻底的反抗。在缅甸,大米价格下跌和随即征收的人头税导致1930年12月在萨亚桑(Saya San)的领导下爆发了一场大规模的农民武装起义。经过两年的斗争,起义才被英国当局镇压,萨亚桑遭到处决。类似的,1930到1931年越南也发生了一场由同样的原因引发的农民起义,并被严厉地镇压下去了(Ibid.,120—125)。

在大萧条时期,非洲农民也承受着巨大的压力,当时欧洲的利益集团试图将调整的负担转移到本地生产者身上。人头税再次成为冲突的一个来源,造成尼日利亚的政治动荡和多哥的骚乱。虽然这两个殖民地的殖民政府都降低了人头税,但实际上他们提高了科特迪瓦的人头税,因为那里的欧洲商人获得了可可豆和棕榈仁出口税的减免权。最极端的回应来自比利时属刚果殖民地,那里的人头税导致起义,但很快被镇压,殖民当局最终还是诉诸强迫劳动制度。更普遍的情况是,在殖民地生产种植园作物的欧洲企业受到殖民地管理者的保护,其手段是配额或其他旨在支撑价格的计划,但当地种植可可或花生的农民却没有得到这种帮助(Ibid.,126—135;Rogowski,1989:76—77)。

因此,经济大萧条加剧了当地人民的不满情绪,从而为1945年以后的非殖民化运动铺平了道路。亚洲民族主义者将得到两个截然不同的国家政权——苏联和日本——的思想和具体支持。前者提供了现成的反殖民意识形态,共产党人已经参与了1930年到1931年的越南起义和1928年的爪哇起义。后者在军事和技术上的成功,戳穿了欧洲优越的种族主义观念,昂山(Aung San)、奈温(Ne Win)和吴努(U Nu)等缅甸年轻民族主义者最终也会向日本寻求军事支持。大萧条对欧洲殖民主义的未来最重要的影响可能在于:英国奉行的通货紧缩政策导致印度农民支持甘地的国民大会党,赋予了它选举的民意基础,并帮助其在1937年的选举中获胜。从那一刻起,欧洲丢掉其最重要的殖民地只是时间问题(Rothermund,1996:95—97,144—148),那些不那么重要的殖民地也不可避免地紧随其后。

**奥斯曼帝国的崩溃**

关于第一次世界大战我们还有一个尚未处理的重大后果,因为它的大部分影响在20世纪后期都能感受到,但是我们现在必须简短提一下。奥斯曼帝国在其长期衰落期间得到了英国政策的支持,英国试图将其作为一个保护屏障,抵御俄罗斯和其他欧洲强国对其在印度的帝国的图谋。然而,1908年的青年土耳其党革命,以及随后在伊斯坦布尔发生的政治变动,导致土耳其1914年加入第一次世界大战,并站在了德国一方。该行为很快被证明对土耳其的生存是致命的。1914年,一支英国远征军从印度出发,占领了战略港口巴士拉和毗邻的奥斯曼省,并随后在1917年占领了巴格达,1918年占领了摩苏尔。这些城市是奥斯曼帝国三个行省的首府,但这三大行省是分开管理的,并未形成任何形式的统一的集体认同,尽管巴格达确实享有一些优先于其他省份的地位。该地区总人口约为300万,其中一半以上是什叶派,20%左右是库尔德人(主要在北部),8%是各种基督徒、犹太人和其他少数民族。然而,统治精英大多是逊尼派阿拉伯人,他们在奥斯曼军队和民政部门都占据十分显赫的地位。什叶派的神职人员和商人社区,以及农村地区的几个部落,在很大程度上仍未纳入奥斯曼统治者的辖域,而对于这些人群,奥斯曼统治者即使没有完全敌视,至少也是抱着怀疑态度。

到目前为止,阿拉伯人已经暴露在日益高涨的阿拉伯民族主义浪潮中,他们讨厌自己屈从于安纳托利亚的奥斯曼政权统治核心。英国人受到 T. E. 劳伦斯(T. E. Lawrence)的启发,把这种阿拉伯民族主义视为对付奥斯曼帝国的一张有力的王牌,作为合作应对共同敌人的回报,英国给予阿拉伯人获得民族解放的前景。然而,英国的盟友法国在中东地区也有重大利益,它的利益必须予以照顾。在战争期间,臭名昭著的《赛克斯-皮科特协定》(Sykes Picot Agreement)就是这样做的,它以签订该协定的两位外交官名字命名。从本质上讲,它提议将已不复存在的奥斯曼帝国在黎凡特和新月沃土地区的残骸分割给法国和英国,两国直接或通过阿拉伯国家间接控制以上领土。奥斯曼帝国在安纳托利亚对俄罗斯和法国做出重大让步,1917 年的俄国革命和 1919 年希腊入侵后穆斯塔法·凯末尔(Mustapha Kemal)对奥斯曼帝国中心地带的积极防御使这些让步变得毫无意义。法国获得现在的叙利亚、黎巴嫩以及摩苏尔省控制权,而英国则接收了巴格达、巴士拉两省以及巴勒斯坦。摩苏尔的让步是为了确保法国在英国和俄罗斯与土耳其的领土之间建立一个缓冲区。

然而,由于在摩苏尔发现了丰富的石油储量,英国便占领了摩苏尔的领土,其代价是给予法国在叙利亚和黎巴嫩的自由行动权。巴勒斯坦分裂为约旦河对岸地区和后来的巴勒斯坦托管领土,1917 年的《巴尔弗宣言》(Balfour Declaration)承诺在以上两者之间可以建立犹太人的"民族家园"。当列宁将《赛克斯-皮科特协定》的内容公之于众时,与英国最初的承诺相比,它的背信弃义令阿拉伯人感到震惊。1920 年,什叶派和逊尼派共同努力在伊拉克建立独立国家。英国军队摧毁了伊拉克,6 000 多名伊拉克人、约 500 名英国和印度士兵丧生。

所有这些因素致使 1921 年作为殖民地大臣的温斯顿·丘吉尔创造或"发明"了伊拉克国。费萨尔(Faisal)王子,麦加谢里夫的儿子,被立为伊拉克的国王,而费萨尔的兄弟阿卜杜拉(Abdullah)最终加冕为新成立的外约旦国王。这个新的国家一直由英国按照国际联盟的授权来管理,直到 1932 年,它获得了相当有限的独立自主权。英国人和奥斯曼人一样,依靠逊尼派阿拉伯精英来管理国家(Tripp,2000;Simon and Tejirian,2004)。费萨尔的孙子费萨尔二世在 1958 年的血腥军事政变中被谋杀,最终导致复兴党和萨达姆·侯赛因的崛起,而阿卜杜拉的后裔仍然统治着约旦。这个家世传奇故事的另一个篇章将出现在第二次世界大战之后。在此之前的 25 年里,欧洲的反犹太主义愈演愈烈,最终出现种族大屠杀的惨剧。虽然 1922 年的人口普查显示只有 84 000 名犹太人生活在巴勒斯坦,但是到 1948 年,也就是以色列建国的那一年,在巴勒斯坦定居的犹太人不少于 80 万人(McEved and Jones,1978:142)。奥斯曼帝国在以色列、约旦、叙利亚、黎巴嫩和伊拉克留下的重要遗留问题仍然存在,而且尚未得到最终解决(Kedourie,1968)。

### 结论

两次世界大战之间的那段时期是对"历史很重要"陈词滥调的惊人印证。第一次世界大战是对国际经济体系的一次巨大的外源性冲击,它不仅加剧了先前存在的保护主义抬头的趋势,而且导致国际大宗商品市场的立即解体,引起国内和国际政治环境的变化,并造成全球经济活动的重新分配,即使在相对繁荣的 20 世纪 20 年代,也很难恢复战前的状况和水平。当金融体系受到第二次重大冲击——大萧条——的影响时,其结果是保护主义盛行,国际大宗商品市场的再度解体。

反过来,国际经济体系的崩溃是导致第二次世界大战爆发的一个重要因素(Boyce,1989)。最明显的是,正如已经指出的那样,大规模失业是推动希特勒在德国掌权的一个关键因素,计量经济学证据清楚地表明了这一点(Stögbauer,2001)。大萧条也是苏台德地区的德国人转向纳粹的主要原因(Marks,2002:352)。在意大利,大萧条是墨索里尼决定入侵埃塞俄比亚的一个关键因素,这标志着国际联盟在为其成员国提供任何类似于集体安全保证的希望终归破灭,此前该组织就未能成功应对日本侵占中国东北(Boyce,2003:255—257)。最后,正如我们已经看到的,大萧条和西方的保护主义加强了日本国内那些寻求自给自足的帝国主义而不是自由国际主义政策的因素。其后果变得显而易见,1937 年 7 月 7 日,北京城外的卢沟桥发生的一件小事导致抗日战争全面爆发,随此而来的是第二次世界大战的爆发(Marks,2002:345—349)。

不那么明显的是,在20世纪20年代末和30年代初的关键时期,不仅看到了日本入侵中国和希特勒上台,而且意大利的好战情绪也在增长,英、法、美三国在经济政策保护主义、战争债务、赔款和汇率问题上的不断明争暗斗,意味着它们从未有效应对日益增长的军国主义威胁。罗伯特·博伊斯(Robert Boyce,1989:88—89)巧妙地揭示了张伯伦和罗斯福等领导人是如何因为经济政策的冲突而彼此厌恶,并用今天似乎有些令人不快的熟悉用语总结了他的论文观点:"1929—1934年期间,经济关系下降到实际上的战争状态,相互不理解加剧了关系的螺旋式下降,使这三个大国彼此疏远,无法解决危机背后的问题。长期战略利益让位于表面上短期的经济需要。从这个有利的角度来看,最严重的威胁不是来自法西斯主义或军国主义,而是来自其他民主国家本身。"

# 第九章

# 再全球化:历史视角下的 20 世纪后期

**第二次世界大战**

上章已论及 1914 年爆发的世界冲突是造成两次世界大战之间国际经济一体化受阻的重要因素。因此,如果 1945 年之后出现向自由化的平稳过渡,那就比较怪异,因为之前可是爆发了比第一次世界大战破坏力更为严重的第二次世界大战,对世界贸易的破坏力同样巨大。实际上,对世界上大多数国家而言,本章论述的"再全球化",是久违之事。

1939 年战争在欧洲打响之后,交战国之间的贸易即告停止,各自节点随宣战时间不同而不同。1940 年大部分西欧国家的陷落导致该地区与英国之间贸易的中断,而 1941 年 6 月希特勒悍然下令进攻苏联则使两国贸易终止,造成轴心国两线作战,这也使日本无法再利用西伯利亚铁路这个陆路来进口商品(Hara,1998)。六个月之后,日本发动太平洋战争,对战美国、英国及荷兰,意图攫取东南亚资源。这迫使日本只能在日元区内进行贸易活动。希特勒对美宣战后,持续至第二次世界大战结束的战线最终划定(存在少数例外情况,如苏联侵袭日本,以及诸如阿根廷和土耳其等国一系列相机而动的决定来加入同盟国参战)。

到 1942 年,德国掌控下的欧洲(加上中立国家,如瑞典、瑞士、土耳其与两个伊比利亚国家西班牙和葡萄牙及其殖民地)、日本掌控下的亚洲与世界上其他国家或地区这三个集团之间实际上没有什么贸易来往可言。它们之间之前的贸易在第一次世界大战前世界贸易中可是占 1/3 的:例如,后来被迫并入轴心国的地区在 1938 年时贸易额占美国进口额超过 40%,占美国出口额大约 35%(League of Nations,1945b:246)。此外,为阻止对手与其盟国或者殖民地贸易,双方展开潜艇战。像第一次世界大战中那样,德国 U 型潜艇主要在大西洋以英国、同盟国成员和中立国的船只为打击对象,而美国潜艇则在太平洋以日本商船为目标。大西洋海战于 1942 年达到高潮,德国 U 型潜艇击沉 1 570 艘商船,美国潜艇则在 1944 年时击沉 549 艘商船(Hugill,1993:144)。双方互相残酷攻击策略的后果在急剧上涨的商船保险费率方面可见一斑。例如,美国至加尔各答航线保险费率 1941 年 12 月时仅为 2%,1942 年 3 月时涨至 10%,到同年 8 月时竟蹿升至 30%。1942 年 8 月美国至埃及航线保险费率也是 30%,至红海、南美和澳大利亚航线费率为 25%。1942 年年中是同盟国海船最为困难的时期:1942 年经由摩尔曼斯克航线运往苏联的租借货物的美国船只有 12% 被击沉,1943 年该数字降至 1%。① 1943 年同盟国因海上战火受损货物总吨位仅为 1942 年数值的 44%。由此,从 1943 年保险费率也开始下调:比如美国至埃及航线,3 月为 17.5%,6 月为 10%,10 月则为 7%(League of Nations,1945b:279—280)。

尽管出现以上情况,这些集团内部成员国之间的贸易量仍可能出现增长,不过这主要在政府管控下进行,并涉及军事或民生物资供应的运送。至于同盟国成员间的贸易,租借贸易形式逐步占主导。美国的商业出口额在 1941 年达

---

① 1941 年 3 月的《租赁法案》授权美国总统向总统认为对美国国防至关重要的任何其他国家政府出售、转让所有权、交换、租借、出借或以其他方式处置食品、军事装备和其他必要物资。

到 42.79 亿美元,租借形式出口额达到 7.41 亿美元。到 1943 年,商业名义出口额缩减至 24.84 亿美元,不过租借形式出口额暴增至 101.07 亿美元(Ibid., 247)。货物以反向租借的形式小规模地从英国和加拿大等英联邦国家流向美国,以及以"互助"形式从英国和加拿大等国流向苏联等同盟国和葡萄牙或土耳其等中立国。在轴心国控制的领域内,"贸易"往往涉及占领者明目张胆没收的货物,而不是一般意义上的贸易(Ibid., 245)。

正如第一次世界大战和 1792—1815 年战争一样,军事冲突对各国间贸易产生的影响各不相同。在法国,1940 年以后进口和出口均急剧下降,进口降幅尤为明显。根据联合国的数据,法国 1942 年进口量仅为 1938 年的 22.2%;1943 年仅为 1938 年的 13.3%;1944 年则仅为 1938 年的 5.6%,而相应年份的出口数据分别为 50%、46.2%、27.4%。这种差异大致反映出法国作为对德战争物资净供应国的角色。根据阿兰·米尔沃德(Alan Milward, 1977, table 21 and 22),法国对德国的支付钱款在 1941—1942 年德国国内生产总值中占比 5% 左右,1943 年则为 8%~9%。相比之下,英国的出口降幅较大,不到战前的三分之一;因为在第一次世界大战期间资源匮乏,除非逼不得已,否则不会出口。美国情况有所不同,再一次反映了第一次世界大战期间的情况。美国出口激增,几乎是 1938 年的三倍,而进口在 1941—1942 年间下降了四分之一,1943 年开始有所恢复。

美国出口激增,加拿大的情况也与其类似,而阿根廷在冲突期间的出口保持稳定。尽管纳粹潜艇竭其所能加以阻挠,贸易活动还是加强了英国与大西洋西部地区之间的联系,使英国得以成功对抗冲突。相比之下,英国在南亚和大洋洲盟友的出口情况则更为复杂。锡兰的出口有所增加,新西兰的出口保持稳定,但澳大利亚和印度的出口却急剧下降(虽然没有日本占领印度支那那么剧烈。到 1945 年印度支那实际已不复存在)。与此同时,在欧洲,各个国家(不论是中立国还是被纳粹占领或与纳粹结盟的国家)的贸易或多或少都下降了,尤其是出口,下降 50% 甚至更多。如果说这场战争对瑞典或丹麦等国的出口商来说是件好事,那么它至少不会出现在联合国的贸易数据中。最后,非洲的贸易状况非常复杂：利比里亚的出口在战争期间激增，而其他地方的出口大多相当稳定。不过有两个明显的例外：一是乌干达的出口，到1943年，乌干达比战前水平下降了近50%；另一个是法国控制的诸多地域，如摩洛哥或马达加斯加（1942年英国从法国维希政府手中夺得该岛，当年该国对外出口完全崩溃）。非洲国家各自的命运取决于它们出口的商品种类，这与第一次世界大战期间拉丁美洲的经历类似。例如，比利时属刚果因其同盟国渴望购买其矿产资源而表现得更具相对优势，然而那些依赖非战略性大宗商品（如棕榈油等）出口的非洲国家则占明显劣势（Ibid.，356）。

总之，尽管在欧洲贸易确实大幅萎缩（在日本，因为美国对其控制加强，日本的贸易萎缩更为剧烈），尽管战时贸易经常在性质上与和平时期的贸易不同，不过总的来说，似乎一场世界大战对世界贸易的影响并不像人们想象的那样具有同样的破坏性。根据我们所做的各种估计，最迟到1949年世界贸易总额已恢复至1938年的水平，并且1950年的世界贸易水平同1938年相比大致高出了五分之一到四分之一（Maddison, 1995; Svennilson, 1954; United Nations, 1962）。但我们不能就此认为，战争的破坏性仅此而已，因为由战争造成直接而长久的地缘政治影响，使战后世界经济自由化的任务更加困难。

**地缘政治后果：共产主义、冷战和去殖民化**

对于西欧人和北美人来说，很明显，战后时代肯定是逐渐走向进一步开放的。不过这种观点相当狭隘，因为他们没有看到这个事实：在世界上许多地方，第二次世界大战也牵动了各方力量将各国与国际市场割裂开来，而非促成其一体化。

在许多情况下，这些力量与1792—1815年和1914—1918年战争之后所受的影响力相似：战争造成贸易中断，其中既有失利者，也有获益者。获益者们在和平重建后利用其政治影响，试图像在战争冲突期间那样继续捞取收益。拉丁美洲即是为人熟知的典型例子。随着英国封锁纳粹占领的欧洲，阿根廷和巴西等国家发现,他们的产品完全无法进入欧洲大陆市场,加之战前德国与拉美贸易日益上升,那么因战争造成的贸易破坏对它们来说是一个非常严重的问题。此外,它们与英国的贸易也在萎缩,因为英国的工业加足马力为战争做准备,这意味着英国可供出口的消费品供应量下降。

因此,战争保护了国内工业的发展,而国家进行干预以进一步促进工业化。其结果是在战争冲突期间,几乎拉丁美洲所有地方的工业增长都超过了农业增长(Bulmer-Thomas,2003:chapter 8)。战争结束后,城市劳动力和资本会要求政府保护以取代战时保护措施(Corbo,1992:16)。尽管20世纪30年代末期几个拉丁美洲国家曾尝试实行贸易自由化和促进出口的贸易政策,不过第二次世界大战对于贸易政策的影响比30年代大萧条时期更为持久,彻底将拉丁美洲贸易战略转向出口替代型,而1945年之后多数年份为这种贸易战略所左右(Thorp,1992;Edwards,1994)。30年来,这是继第一次世界大战和大萧条之后,对国际经济的第三次重大破坏。这使得自由主义者所倡导的出口导向型增长战略很难为公众接受。

在其他发展中国家也可以发现类似影响因素。印度和西非等地区的精英从战时贸易许可政策中获益匪浅。无论是支持发展工业的印度国大党,还是渴望维持和扩大国家权力的非洲官僚,他们在战后都无一例外地成为贸易保护主义者(Sachs and Warner,1995:19—20)。但这一传统机制之外,还存在因战争而引发或加速的将在日后主导战后世界政治格局的一系列地缘政治趋势。其中三种力量尤为显著:共产主义在欧洲和亚洲的传播、冷战的开始以及亚洲和非洲大部分地区的去殖民化。

在欧洲,苏联巩固对其在东方解放的国家的控制,建立社会主义政府。这个新生苏维埃帝国包括了几个在我们的历史认知模式中属于西欧的国家,特别是东德、匈牙利、波兰和捷克斯洛伐克。或许毫不意外,苏维埃的统治制度在这些国家遭到了强烈的反抗:1956年匈牙利起义;1968年捷克斯洛伐克起义;波兰教皇卡罗尔·瓦伊迪拉(Karol Wojtyla)1978年当选;1980年团结工会成立;1989年柏林墙倒塌。尽管如此,在本章剩余部分,我们仍将遵循常规称呼将欧洲的共产主义和非共产主义分别称之为"东欧"和"西欧"。然后,在第十章中恢复使用我们原来的术语。

与此同时,1945年8月12日苏联进入朝鲜半岛后,从1910年以来就一直受日本控制的朝鲜三八线以北建立了一个社会主义政权。大约三个星期后,胡志明宣布越南社会主义共和国独立,并成功粉碎法国第二年开始的对其领导的越南民军的进攻。对于世界历史更具重要意义的是中国长期内战的结束。1949年,毛泽东领导的共产党在中国大陆夺取政权,结束了内战。中国这个世界上人口最多的国家,自此成为社会主义集团的一员,这个集团从亚洲最东端一直延伸到中欧。

与蒙古帝国不同,这个如今横跨欧亚大陆北部的强大政治集团会导致世界经济趋向解体,而非促进一体化,因为这些国家对自由市场(无论是商品还是生产要素)持怀疑态度。正如我们在上一章所指出的,集中计划经济自行确定商品的国内价格,与国际价格之间没有必然联系。因此,这种内在性质决定它有必要通过国家贸易垄断将国内市场与国外市场隔离开来。此外,由于在其势力所及范围内推动重工业的发展,苏联制度导致传统的欧洲劳动分工体系解体。这种分工曾见于东欧主要农业区(捷克斯洛伐克属于例外),这些地区向西欧出口农产品以换取工业品。

事实上,到处都在推行类似的经济政策,这意味着:即使在1949年由保加利亚、捷克斯洛伐克、匈牙利、波兰、罗马尼亚和苏联(以及1950年的东德)组成的经济互助委员会成立之后,社会主义国家之间的国际贸易范围仍然有限。只是在20世纪60年代,才开始积极鼓励其成员国之间的贸易。即使在那时,此类贸易激励措施也伴生着贸易转移,而贸易转移也降低了经济互助委员会成员国与世界其他国家之间的贸易量(Pelzman,1977;Endoh,1999)。此外,在20世纪60年代初,中国与苏联之间也出现了裂痕,双方贸易减少。在1967年至1970年期间,二者之间的贸易基本消失。

除此之外,地缘政治新形势给了这些社会主义经济体不与其他国家贸易的额外理由,因为自第二次世界大战结束以来苏联与其前西方盟国之间的关系急剧恶化。第二次世界大战中的两大胜利国美国和苏联很快就发现,各自所谓的战后目标实际上彼此不容。斯大林想要在土耳其和东地中海获得海军基地,并且继续在伊朗北部驻留原来同盟国为防止伊朗石油流向德国而布置的军队。然而杜鲁门1946年在地中海东部派遣第六舰队巡防,强调如果斯大林采取任何上述措施都会因触犯美国利益而不为美国接受。由此对斯大林形成制约,使其无法付诸任何行动。美国决策者急于弄清楚何为苏联的长期目标,于是不断地向美国驻莫斯科大使馆质询,迫使他们给出答复。在这个极为罕见的历史节点,乔治·F.凯南(George F. Kennan)出现了。这名驻苏使馆代办发表了著名的8 000字"长电报"。加迪斯(Gaddis,2005:29)对此表明,"长电报在自那以后的整个冷战时期里,成为美国对苏联策略的根基"。凯南认为,除非对俄罗斯采取长期耐心而又坚定警觉的遏制手段,否则斯大林将会运用除战争以外的一切手段,尽可能地向西扩张共产主义。这一观点引自1947年他以"X"为名发表在《外交》杂志中一篇更有名的文章(Kennan,1984:119)。所谓"遏制",凯南所指并非军事遏制。他将美苏之间的斗争视作两个相互竞争、互不相容的社会制度与政治体制之间的斗争。在凯南看来,其中一方无疑会胜出。他认为苏联在物质与人力资源方面劣势明显,并且相当精准地预测,苏联体制在其领导者的统治下"要么走向崩溃,要么逐渐成熟"。而美国则需发扬其最优良的传统,并且要证明自己,美利坚这个伟大民族,长盛不衰(Ibid.,128)。

1947年至关重要。对东欧和西欧而言,这一年寓意大不相同。1947年3月,美国发布了著名的"杜鲁门主义",即"美国为支持自由民族抵抗少数群体武装和外界的施压所采取的相关政策"。这里的"自由民族",所指即是希腊和土耳其。当年欧洲农业歉收,外汇短缺影响西欧复苏,甚至有可能危及民主体制。有鉴于此,1947年6月5日,美国国务卿乔治·马歇尔宣告:美国准备向西欧提供经济援助。而为回报美国的援助,援助接受国必须同意一系列市场改革以及调整相关政策来接受美国援助。美国希望通过这样做来更广泛地促进欧洲经济一体化。虽说援助计划以国务卿马歇尔的名字命名,但该计划却是凯南应马歇尔要求而起草的(Gaddis,2005:31)。

美国首倡这一大胆举措被认为在关键时刻推动了西欧内部贸易自由化,而这一举措也显示出其更加泛化的自由贸易立场。然而,它也是东西方政治关系不断变化的决定性时刻之一。包括苏联在内的整个欧洲国家都受邀参与此项目。不过,在英、法、苏的各国外交部长参加首次会议之后,苏联退出了该项目。原因是其不能接受美国要求受援国之间必须协调。尽管如此,波兰和捷克斯洛伐克后来都受邀参加7月12日在巴黎举行的讨论美国援助倡议的会议。这激怒了斯大林,随后施压东欧各国拒绝援助邀约,以此公开姿态向世界展现新政治秩序下的现实。一系列事件接踵而至:1948年年初,苏联帮助捷克政府选用更合适的施政者;同年的圣帕特里克节,英国、法国和比荷卢各国在布鲁塞尔签署了共同防御条约;6月,斯大林封锁了所有进出西柏林的地面交通,由此引发了第一次柏林危机。

冷战真正开始了。在1949年,《北大西洋公约》签署,允许美国参与西欧的防御;《美国出口控制法案》(U.S. Export Control Act)通过,使美国政府获得广泛授权来控制不仅仅是向东方的出口,甚至可以对向全世界任何地方的出口加以控制。不过在该政策实际实施过程时,问题出现了:美国的盟友必须同美国共进退,并同意哪类货物不能再出口到社会主义集团国家。为此目的设立的巴黎统筹委员会在整个冷战期间管控多边出口,直到1995年才宣告解散。随着新中国成立以及朝鲜战争的爆发,西欧各国政府非常忧虑,于是在1950年会同美国实施大范围或"经济"出口封锁,旨在破坏社会主义国家的经济发展(而且美国完全断绝了与中国的贸易关系)。然而,到了1954年,朝鲜恢复了和平,斯大林去世,欧洲人坚持要缩小封锁范围,仅针对有利于苏联阵营的军事发展的"战略"物资进行封锁。美国也同意了这一要求(Mastanduno,1988)。

尽管封锁有所松绑,东西方贸易由于冷战而严重减少。就东方而言,双方贸易在1938年占73.8%,在1948年占41.6%。但在1953年仅占14%(在同样的对比年份,双方贸易分别占西方贸易的9.5%、4.1%和2.1%)(Foreman Peck,1995:249)。尽管1954年后紧张局势有所缓和,20世纪60年代和70年代出现了更加开放的趋势,但在接下来35年里,冷战将继续拉低东西方贸易量。

尽管凯南认为,美国"只要发扬优良传统"就能获胜,但冷战的激烈对抗很快催生了中央情报局(CIA)来进行秘密行动。它最初的成就之一是对1948年意大利大选的秘密干预,阻止了共产党本有可能取得的胜选。如果意大利共产党胜选,将对"自由世界"产生灾难性后果。另一个乍看起来极为成功的事件是伊朗1953年政变推翻穆罕默德·摩萨德(Mohammed Mossadeq)民选政府。摩萨德政府在1951年将英伊石油公司收归国有,因而外界认为可能会被共产党接管。反对摩萨德政府的政变得到伊朗神职人员和共产主义者的默许:前者默许是因为他们反对摩萨德的世俗主义政策,后者默许是因为摩萨德的"资产阶级民主"倾向。最终伊朗国王的秘密警察对他们进行了严厉镇压,这两方都为各自的默许行为付出了代价。1964年,精神领袖阿亚图拉·霍梅尼(Ayatollah Khomeini)被迫流亡国外。回顾这段历史,推翻这个伊朗历史上唯一的世俗民主政权显然是一场灾难,不仅是对伊朗而言如此,对世界其他国家也是如此。1979年霍梅尼凯旋时,伊朗已失去了如摩萨德政府这般的民主政权这个选项,而民主政权却正是CIA处心积虑想要为伊朗人民提供的(Munson,1988:chapter 5)。凯南本人也无可奈何地承认,提议搞秘密行动是"有史以来最大的错误"(Gaddis,2005:164)。尽管世事沧桑,风云数变,凯南的遏制政策最终取得成功。而且,他所预测的苏联体系"要么走向崩溃,要么逐步走向成熟",也40年不到就应验了。

削弱战后国际市场的第三大趋势是欧洲海外殖民地的消失。1945年,英国和法国都认为它们将维持各自的帝国主义强国地位。1942年,丘吉尔曾发表一篇著名声明,称他在位绝不可能让大英帝国解体,而时任法国参议院议长的加斯顿·蒙内维尔(Gaston Monnerville)在1945年5月则应时安抚公众:"如果不是帝国,法国仅仅是一个获得解放的国家。而作为帝国,法国则得以位列战胜国行列。"①两国的狂人妄语很快被打脸:仅仅20年后这两个帝国就几近

---

① 原文中法语引文的英译。"Without her empire, France would only be a liberated country. With her empire, France is a victorious country."

灰飞烟灭。两大帝国的解体对国际经济产生了深远的影响。

帝国解体背后原因有很多。第二次世界大战大幅削弱了英法两国的财政和经济实力,这样两国资源受限,无力发动有效战争来维持其殖民统治。第二次世界大战的战火同样也烧到大部分欧洲殖民地,导致帝国主义强权在这些地区的声望下降,比如日本在亚洲的殖民地,抑或是美国和德国殖民下的北非地区。在亚洲,日本人在他们所控制的地区公开支持反欧洲民族主义者,比如协同日本痛击英国入侵者的昂山将军所带领的缅甸独立军。1943年缅甸和菲律宾,1945年印度尼西亚和越南相继宣布独立。作为战争中西方阵营的主要胜利者,美国对于欧洲的帝国主义始终抱有敌意,并且准备用实际行动表明自己的态度。试举一例,第二次世界大战期间罗斯福曾造访摩洛哥的苏丹,并且发表演讲支持摩洛哥独立。美国的这种立场证明对后来诸多事件产生重大影响。战后民族独立的消息迅速传播开来,这意味着国家民族主义在一国的成功将会激励其他国家甚至是不同大洲的国家掀起抗争的浪潮。

在亚洲,第二次世界大战后欧洲殖民者重返前殖民地。正如上所述,这些殖民地在其宗主国忙于本土战争之时已经宣布独立。第二次世界大战后印度尼西亚的独立斗争(1945—1949年)取得胜利,这是由于美国对荷兰不断外交施压,加速了印度尼西亚的完全独立进程。在法属印度支那(1946—1954年),奠边府的陷落不仅仅意味着法国军队在常规战役中败北于其亚洲对手,而且清晰地表明欧洲在世界范围内的衰落。而欧洲的衰落最终导致接连四个国家——老挝、柬埔寨、北越和南越——实现独立。南北越以北纬17度线为界,不过南越南反对北越南以及美国政策,经过血腥的军事冲突之后,越南最终于1975年实现了国家统一。然而马来西亚却是和平过渡,没有经过流血斗争。英国成功平定共产主义者的叛乱,而英国人之所以能够平定叛乱,部分原因是普通马来西亚民众相信英国是真诚宣称想让他们实现民族独立。的确,1957年英国人确实践行了自己的承诺。[①]

意大利与非洲和平协议导致其失去在埃塞俄比亚、厄立特里亚、利比亚和

---

① 菲律宾是另一个例外,因为该群岛早在1946年就获得了独立。

索马里兰的殖民地。考虑到意大利是一个战败国,所以失去这些殖民地属正常。不过,自那以后,在法国的保护国突尼斯和摩洛哥,民族独立的呼声日益高涨,常常用暴力手段表达独立诉求。1956 年 3 月,两国实现民族独立。而在阿尔及利亚这个被法国视为领土的殖民地,竟然在 1945 年的欧洲胜利日当天爆发了大屠杀事件。之后殖民政权和阿尔及利亚民族解放阵线血腥厮杀,在 8 年之后的 1954 年,阿尔及利亚最终实现了民族独立。

同其他在第二次世界大战后与殖民国家发生的诸多战争冲突显著不同,阿尔及利亚民族解放战线得到来自赫鲁晓夫、肯尼迪、蓬勃发展的第三世界国家民族解放运动,以及联合国大会的支持。1956 年,埃及总统纳赛尔对苏伊士运河公司实施国有化政策,英法两国试图武力夺回运河控制权,但是美国的强力介入所造成的力量均势最终阻止了法国和英国对苏伊士运河的争夺。20 世纪 50 年代发生的民族解放运动表明欧洲在非洲和亚洲的主导地位彻底崩溃。苏伊士运河危机和阿尔及利亚解放斗争是欧洲的帝国主义制度在整个非洲发生动摇的转折点。1956 年之前,欧洲殖民国家积极(并成功地)打击像肯尼亚的茅茅党人(Mau Mau)这样的民族独立主义者和马达加斯加岛的政治独立的支持者。不过 1957 年加纳的民族独立打开反抗殖民统治的闸门。截止到 1964 年,多达 27 个撒哈拉沙漠以南的殖民地国家赢得民族独立。

就其本身而言,去殖民地化或许并不会对世界经济产生什么影响。毕竟一个多世纪以前拉丁美洲国家就实现了民族独立,实行了贸易自由化,至少比在殖民时期高压政策好多了。然而,由新独立国家施行明确的内向型经济政策(在 1918 年之后东欧各国即是如此),去殖民地化也就意味着世界经济正在走向分化。包括萨克斯和华纳(1995)等众多作者已简明扼要地总结出现这种状况的原因。部分可归因于思想上的认识:两次世界大战期间许多观察家认为依赖世界出口市场非常危险,特别是对于过度依赖少数初级产品的国家而言更是如此。在这方面特有影响力的看法是,正如我们所看到的,初级产品周边生产商的贸易条件在两次世界大战期间已经崩溃。学者们如劳尔・普雷维什(Raul Prebisch,1950)和汉斯・辛格(Hans Singer,1950)错误地预测了崩溃的前后节点，并认为初级产品的专业化生产对发展中国家有害，因为这不仅暗示他们将承受不断恶化的贸易条件，而且也剥夺了他们获取与工业发展相关的诸多收益。苏联多个"五年计划"的成功即是众多拉美国家眼前的明证。

要解决这一困境，就得走基于进口替代的工业化发展之路（Corbo, 1992; Krueger, 1997）。因此，发展经济学家长期以来都认为，开放肯定利于增长的普遍规则，不适用于发展中国家。关税和贸易总协定（简称关贸总协定，GATT）的使命应该是培育开放的国际市场。如果关贸总协定能够接受发展中国家应该免除那些发达国家应遵守的自由贸易规约，那么上述发展经济学家的观点才会得到国际社会的正式认可（Krueger, 1997: 5; Sachs and Warner, 1995: 17）。除了两次世界大战期间那些应该汲取的经验教训之外，我们还可以举苏联这个例子。苏联已是主要战胜国之一，而且其经济成就令人瞩目。最后，这些新独立国家似乎都认为，应该通过积极推行国家主导的必然性内向型工业化政策来维护独立。的确，如前所述，在许多国家，强大的利益集团在战时国际经济遭到破坏期间表现良好，这会使世界各地乐于接受这些新思想。

萨克斯和华纳也在其报告中强调了宏观经济条件中的不利因素。战时通货膨胀融资导致货币过剩，例如1989年后前社会主义国家出现的货币过剩。正如上例一样，这使得价格放开（作为更广泛地放开贸易的必要先决条件）造成政治上的高昂代价。然后，预算赤字和收支失衡问题将使拉美国家进行这样或那样的外汇管制。实际上，简单翻阅一下经济合作与发展组织（OECD）和美国国家经济研究局（NBER）在20世纪70年代初发表的关于第三世界国家的贸易保护主义的研究（Little et al., 1970; Bhagwati and Krueger, 1974—1978），我们可以发现，许多（如果不是绝大多数）情况下是否决定对进口商品施行严格量化管控，取决于国际收支平衡问题的严重程度。这表明第三世界国家不愿意开放市场，并不是因为各自国情所致，而是缘于世界经济的系统性紧张局势。

战后国际货币环境中暗含着经济局势紧张的潜在原因。值得一提的是，战后许多新兴独立国家纷纷印制自己的货币，并实行自我管理，于是第二次世界大战后的15年出现大规模国际货币分化。这种情况就其本身而言可能会减少贸易量,因为货币种类不同不利于开展贸易。① 然而作为形成战后"国际经济体系"根基的诸多政策选择放大了国际货币分化造成的影响。当代观察者针对两次世界大战之间的灾难坚定地提出两个后来构成了布雷顿森林体系的观点。第一个观点认为在财政和货币方面实行积极的宏观经济政策,对稳定国家经济至关重要。根据我们在第八章中提到的,该观点在两次世界大战之间是完全合理的。因为只有当各国摆脱黄金本位的束缚,奉行凯恩斯政策时,他们才得以从经济大萧条中复苏。第二个观点则更具有争议性,即固定汇率可以促进贸易。该观点支持者称,两次世界大战之间金本位的瓦解导致货币不断贬值,破坏了贸易关系。同时那些货币估值过高的国家转而采取贸易保护政策。

我们回过头看,这是错误的。根据蒙代尔-弗莱明模型以及奥布斯特菲尔德和泰勒(Obstfeld and Taylor,2004)关于国际资本市场兴衰的经典论述,我们不难发现,这是一个各国政府制定基本政策时必须面对的三难困境。固定汇率、国际资本流动以及独立的货币政策,这三者各不相容:前两者可以约束国内利率,也就不用再考虑第三者。所以政府可以三者任取其二,但是不能同时实现三个目标。布雷顿森林体系采用独立的货币政策和固定汇率,这意味着国家必须实行资本管制。而奥布斯菲尔德和泰勒指出战后国际资本市场确实割裂现象十分严重。

那么,对于努力设法管理自己新货币的新兴独立经济体来说存在着一个根本问题。维持汇率挂钩需要国际储备的支持。此外,在资本市场停滞不前的环境下,贸易逆差往往会很快导致储备流失。因此,贸易逆差成为贫困国家制定政策时的关键问题。而这些国家的贸易原则上本应该继续保持贸易赤字、引进外资以便赶上资本充足的富裕国家。如果不管何种原因,或许是因为战争时期积聚的通货膨胀,抑或是因为政府试图用公共投资来填补国内储蓄的不足(这种尝试可以理解,毕竟国际投资并非召之即来),这些国家发现自己内需过剩,结果将会导致实际汇率估值过高,竞争力丧失,贸易出现逆差,储备减少。在这种情况下,资本和活期存款两方面都涉及的外汇管制就无可避免了。1945年后的许多

---

① 关于这个有争议话题的经典参考文献可参见罗斯(Rose,2000)。

发展中国家和20世纪30年代的金本位集团国家经历相似。正如我们所见到的那样,这些国家都倚重对贸易采取数量限制措施。这一相似点并非巧合。

所有的这些趋势——意识形态和民族主义、政治经济考量、宏观经济失衡,以及其他一切战争带来的后果——都能从最为重要的几个前殖民地看出端倪。而这些前殖民地我们几乎没有提及:比如于1947年8月获得独立并经过血腥斗争被分割成印度和巴基斯坦的英属印度。据B.R.汤姆林森(B.R.Tomlinson,1993)所述,独立后不久印度贸易就采取严格的数量限制,这很大程度上并不是因为民族主义经济观念,而是因为直接延续1942年殖民地管理政府实行的战时进口贸易限制政策。战争影响下的货币金融难免会导致早期的通货膨胀和支付平衡问题。如果政府无法降低价格并恢复市场竞争力,这些问题就会持续到20世纪50年代。因此,在1952年著名的"五年计划"开始实施之前,进口批文都受到严格管控。新政府开始明确实行国家主导的进口替代型工业化政策,这显然使进口贸易限制有了长期的额外理由。然而,即使这样,汤姆林森也指出,巴格瓦蒂和斯里尼瓦桑(Bhagwati and Srinivasan,1975)认为工业许可制度是提高印度贸易保护主义成本效益的主要因素,其根源在于殖民时期印度政府的战时计划。其他促成印度贸易向内转向的因素广为人知:新任国家领导人的民族主义背景,苏联的榜样力量及诸多的利益关涉,例如印度资本家的权力上升以及他们与执政的国大党之间的亲密关系。最终结果显示,印度占世界出口的份额在1948年为2.6%,1953年仅为1.5%,1970年为0.7%(Ibid.,19)。[①]

巴基斯坦采取了与印度相同的贸易政策,实施严格的贸易控制和进口替代政策。但是与缅甸的情况相比,这种贸易向内转向做法根本不算什么,正如我们在第七章中看到的那样,缅甸的农民在19世纪晚期充分参与世界市场贸易。1948年1月,缅甸建立独立的宪政共和国,但1962年政变终结宪政,建立社会主义制度,外贸被取缔了。

新独立的非洲国家也顺应同样的趋势,加纳像缅甸一样,19世纪晚期农业生产者灵活应对并且成功适应世界市场需求,但是该国也同样因国际收支失衡

---

① 1913年这个数字为4.5%,但这包括了巴基斯坦、缅甸和锡兰(League of Nations,1962)。

而在 1961 年实行严格的进口许可制度。在 1966 年政变后由国家解放委员会实施的贸易制度,J.克拉克·利斯(J. Clark Leith,1974:4)简洁地将其概括为"仓促上马,难以实施,朝令夕改,有组织腐败,严重短缺,后期尝试自由化"。该贸易制度在 20 世纪 70 年代被废弃。在埃及,战时贸易控制政策一直持续到战后。1956 年苏伊士运河危机后,纳赛尔政权开展国家主导的包括外贸领域在内的大规模工业国有化进程(Hansen and Nashashibi,1975)。

战后拉美也出现了贸易向内转向,这表明并非仅有后殖民主义意识形态在发力。如前所述,一方面,由于国际经济的分化,南美大陆当地工业于 20 世纪 30 年代和第二次世界大战期间不断壮大自己的经济和政治地位。另一方面,对欧市场的丧失严重损害了出口收益。如前所见,第二次世界大战相比第一次世界大战或大萧条破坏力更为持久。各国第二次世界大战后即开始实行持续的进口替代政策,只有少数例外,秘鲁更是持续到了 20 世纪 60 年代(Bulmer-Thomas,2003:chapter 8)。贸易保护主义政策在这些国家受到成立于 1948 年的联合国拉丁美洲经济委员会(Economic Commission for Latin America)的智力支持并且受阿根廷著名经济学家普雷维什影响很大(Corbo,1992)。保护主义导致各国广泛使用限制性极强的贸易量化壁垒和高关税。正如在其他尝试这种政策的国家(如爱尔兰)一样,建基于仅仅服务国内市场但又依赖进口投入的产业发展战略导致周期性的收支危机,而这又为限制进口提供了额外的理由。

当在国际上从来都不具备竞争力的新生产业达到国内市场加于其身的限制上限时,应对进口替代政策效率减少的一个策略就是推动区域性进口替代政策。因此,受欧洲经济共同体启发,1961 年包括 11 个国家的拉丁美洲自由贸易联盟(Latin American Free Trade Association,LAFTA)成立。然而事实证明,拉丁美洲自由贸易联盟未能成功消除成员国之间的关税壁垒。反观欧共体则在成立 10 年后的 1968 年就成功地消除了其成员国间的关税壁垒。因此南美五国在 1969 年签订了《安第斯条约》(Andean Pact),但当智利于 1976 年离开时,该条约就破裂了。1960 年启动的中美洲共同市场(Central American Common Market,CACM)比前两项失败的倡议更为成功。到 1965 年中美洲共同市场已设立共同对外关税,而这是不断削弱南美在实行进口替代型贸易区域化进程成效的核心问题。中美洲共同市场经济体的主导力量是销往地区外客户的初级产品生产/出口商,而不是要求设置贸易壁垒来获益的进口替代型制造商。毫不奇怪的是,这使得双方贸易自由化的协议更容易达成,但这也可能意味着区域贸易自由化不如在拉丁美洲自由贸易联盟大环境中那么有利。

上述情况的最终结果是,在第二次世界大战后的几十年里,许多发展中国家的国际贸易更加封闭,而不是更开放。

这种情形在很多方面与第一次世界大战前截然不同。正如第七章所述,在19世纪晚期,欧洲列强对非洲及亚洲的大部分地区强行推行自由贸易政策,与此同时在本国却保留保护主义壁垒(英国是明显的例外,它仍奉行自由贸易政策)。在中心有权保持封闭的同时开放外围市场。在20世纪后期,相比之下,在富有国家逐渐放开贸易的同时,外围国家却已不再进行自由贸易。此外,这个逐渐内向型的贸易政策持续了至少25年之久。因此,如果说第二次世界大战后数年贸易自由化程度上升,那这种观点就忽略了绝大多数世人的真实生活经历。

### 大西洋经济的逐渐重建:1950—1970年

世界上只有一个地区超然于各国普遍奉行的贸易保护主义潮流,那就是在美国的军事及政治领导下的涵盖西欧以及北美的北大西洋经济带。在这个经济带,这些国家政策制定者们吸取了两次世界大战之间的经验教训,缓慢而稳定地放开经济。诸如此类的几个教训(除之前曾着重讨论宏观经济方面经验教训之外),每一个在之后的经济发展中都意义重大。

首先,美国以及欧洲国家都意识到,为了维护和平,各方有必要进行经济一体化和政治合作。在美国这一方,意味着支持欧洲一体化,规定欧洲受援各国如何分配由美国提供为期四年马歇尔援助计划中的130亿美元。最初是希望由1947年在巴黎设立的欧洲经济合作组织来完成这一任务,推动欧洲一体化进程。但是,最初的愿景化为泡影[欧洲经济合作组织为1961年创办的经济合作与发展组织(功能仅限于智库)所取代]。其他的几个机构很快发展起来填补了这一空缺。另外,马歇尔援助计划让美国有底气坚持要求西欧国家推行市场经济、放开物价、控制预算赤字、采取其他措施,让它们不仅发展经济,并且向彼此甚至世界开放贸易(Eichengreen,2007)。

其次,国际联盟未能阻止世界在20世纪30年代陷入自给自足,这被视为是导致当时世界经济逐渐下滑及地缘政治紧张局势的重要因素之一。因此,需要建立新的国际机构来创造并且保持更加开放的国际经济环境。与布雷顿森林体系的国际货币基金组织和世界银行一起,一系列会议商讨国际贸易组织(ITO)的纲领,1948年终于在哈瓦那签署设立关贸总协定(GATT)。众所周知,美国并不承认国际贸易组织的纲领,因此这一纲领夭折。然而,1947年,23个国家在日内瓦签订了《关贸总协定》,这是作为国际贸易组织谈判进程的一部分。设立关贸总协定的初衷就是为了执行国际贸易组织的贸易政策条款,但由于国际贸易组织的消亡,关贸总协定成为近半个世纪以来约束各国商业政策的框架,直到1995年世界贸易组织的成立才取代了关贸总协定的地位。

关贸总协定的根本目的是"大幅度地削减关税和其他贸易障碍,达成互惠互利协定"。① 尽管存在与两次世界大战之间"最惠国待遇"条款的冲突问题,非歧视原则是关贸总协定的中心主旨(第一条)。如果关税同盟、自由贸易区(第二十四条)这类实体的设立不会导致第三方面临比之前更高的平均关税,可以允许存在例外。② 这一例外在接下来的半个世纪仍被多次采用,绝大多数在欧洲,(正如我们所见)美洲也曾采用过。关贸总协定明令禁止使用配额(第十一条),不过也存在很多例外,比如涉及农业和渔业方面或发生偿付危机时为维持国际储备而采取的诸多措施(第十二条)。更不同寻常的是,第十八条规定"仅有能力维持低水平生活并尚且处于早期发展阶段的国家"应允许其"(a)施行弹性关税体系,以便给予为设立特定行业所需的关税保护;(b)在充分考虑因经济发展项目而可能产生对进口商品的持续大量需求的基础上,出于收支平衡目的

---

① 参见该协定的序言,可在关贸总协定数字图书馆(http://gatt.stanford.edu/page/home)查阅。
② 在英国、法国、比利时、荷兰、美国及其这些国家过去或当前的帝国之间现有的优惠以及邻国之间的少数现有安排方面皆有例外情况。

而实行量化限制"。声明中"发达国家缔约方不希望在贸易谈判做出减少或消除针对欠发达的贸易缔约国而设置的关税壁垒和其他障碍的互惠承诺(第三十六条)",以及"发达国家承诺高度重视减少并消除那些针对当前或可能对欠发达国家来说具有特殊出口收益的商品而设置的关税壁垒和其他障碍(第三十七条)"的表述,让人感觉发展中国家存在特殊贸易体制的印象因此更加深刻。可惜的是,即使贫穷国家可以充分利用关贸总协定带来的种种可能不搞自由化,发达国家也愿意履行第三十七条协定所规定的义务,也不乐意将欠发达国家特别感兴趣的敏感的国内市场为其开放,如纺织业和农业。

正如道格拉斯·欧文(1995)所表明的那样,关贸总协定对贸易保护的初期影响虽说不可忽视,但是比较有限。签署关贸总协定的第一轮谈判就达成123份双边条约。根据最惠国待遇原则,将这些条约推广到其他成员国。以当今世界自由化程度最高的国家美国为例,这些协议使其平均关税下降约35%(Irwin,1995:134)。于1949年夏在安纳西(法国城市)召开的第二轮关贸总协定谈判,使得更多的国家加入关贸总协定。同时也将一些额外关税的削减纳入谈判议程。然而当代表们次年冬季重聚在托基(英国城市)时,谈判陷入停滞。造成拖延的部分原因为最惠国待遇的"搭便车效应",这一效应在谈判过程中重新显现出来。一种显而易见的解决方法是将双边协议转变为多边协议,从而通过增加谈判成本来消除"搭便车效应"(谈判成本随着时代的发展而稳步走高,关贸总协定规模也随之扩大)。此方法在20世纪60年代被美国总统肯尼迪采用,使得其恢复新的谈判进程。

在西方,欧洲支付联盟(European Payments Union,EPU)是20世纪50年代实行开放贸易一个十分重要的机构。[①] 第二次世界大战给西欧经济体留下货币不可兑换的问题,结果没有一个国家愿意对其他国家有贸易盈余(从那时起人们就不把货物换成不可兑换的货币了)。这使得贸易国双方有了平衡双边贸易的动力,不过这种情况几乎不可能推动更广泛的多边自由化贸易。要解决这个问题,就需要在国际清算银行(BIS)账面建立一套借贷制度。现在,各国只需

---

[①] 关于欧洲支付联盟的经典叙述参见艾肯格林(1994,2007)。

要担心各自的贸易赤字或盈余总额。这个体系因美国根据马歇尔援助计划提供的硬通货的支持而得以顺利运行,参与者必须同意与欧洲支付联盟其他成员国一起实现贸易自由化。其结果是,欧洲内部的贸易迅速增长,到1958年年底,大多数西欧货币已实现可兑换。这个结果反过来又促进了1957年欧洲经济共同体(EEC)协议的达成。欧洲经济共同体是一个包括比荷卢三国、法国、德国和意大利在内的共同市场,如前所述,欧洲经济共同体在1968年成功地废除了成员国的内部关税;1960年决定成立欧洲自由贸易区(EFTA),涉及国家包括英国、丹麦、挪威、瑞典、瑞士、奥地利和葡萄牙;1966年盎格鲁-爱尔兰自由贸易区生效;1964—1967年的肯尼迪回合关贸总协定贸易谈判中,关税总协定的内部关税降低了三分之一。

第二次世界大战后的几十年里,19世纪后期的大西洋经济得到部分重建——但仅仅是部分重建,因为各国政府试图控制国际资本流动并成功控制了劳动力流动。这虽然与1914年的全球经济大不相同,但却是一个重要的开端,因其的确关涉世界上数个极为发达的经济体。此外,扩大开放的举措不单单涉及西欧和英国的海外分支机构。萨克斯和华纳(1995)指出在此期间一直保持贸易开放的其他8个经济体(巴巴多斯、塞浦路斯、中国香港、马来西亚、毛里求斯、新加坡、泰国和也门),以及在1970年之前已经贸易自由化的其他5个经济体(印度尼西亚、日本、约旦、韩国和中国台湾)。这其中一些经济体虽然很小,在更广阔的世界经济面前微不足道,但前面所提到的东南亚和东亚经济体却是当时普遍奉行贸易保护主义原则时期的另类。中国香港一直保持对外开放。新加坡自独立以来奉行广泛开放的政策。日本于1955年加入关贸总协定、国际货币基金组织和联合国,并于1964年取消货币管制。中国台湾于1958年开始贸易自由化,当地政府开始用关税代替对贸易的量化控制,降低原材料进口成本并且鼓励出口。韩国早在1946年即实行进口许可制度,贸易自由化进程起步稍晚:20世纪60年代早期尚显犹豫不决,不过之后果断降低关税,特别是1967年以后放宽了贸易量化管控。

这些地方以前都不是什么自由贸易经济体(除中国香港以外),更不用说什么自由放任主义经济体了。这些经济体(如韩国和中国台湾)即便在实行贸易自由化以后仍保持着比发达国家更高的关税。在一些情况下,东亚各经济体政府积极促进出口,提高国家补贴和协调投资,成立上市公司(Rodrik,1995)。尽管如此,这些国家或地区对出口的依赖,同大多数发展中的进口替代政策仍存在明显区别。下文中我们会了解二者的差异对各自贸易业绩和整体发展的重要影响。

**政策分化:1945—1980 年**

我们从第八章可知,两次世界大战之间的经济很难摆脱第一次世界大战的后遗症影响。本章已阐明,第二次世界大战的后遗症对世界大部分地区影响严重而持久,至少目前在贸易政策方面就是如此。表 9.1 中是通过不同来源汇总的 20 世纪部分经济体的工业制成品关税数据。当然,比较时间段内平均关税是冒险行为,尤其是不同作者会用不同方法进行计算分析。但饶是如此,从表中还是能够反映出众多程式化事实:在一些欧洲国家以及英国多个海外属地,先是两次世界大战之间的贸易分化(高关税),随后是第二次世界大战后的贸易一体化(低关税)。① 然而,恰如先前谈论的,这种模式很大程度上仅限于经合组织经济体,因为第二次世界大战后在世界其他地区关税继续上升,升幅远高于两次世界大战期间,更不用说第一次世界大战之前的关税水平了。在此仅举两例,英属印度、巴基斯坦曾在 1913 年之前关税低于 5%,1925 年则为 16%;到 20 世纪 60 年代进口工业制品平均关税超过 90%。同时,阿根廷的关税从 1939 年稍低于 30%升至 140%有余。此外,在这些以及其他发展中国家,如此之高的关税水平淡化了贸易保护的实际严重程度,因为,正如我们所见,还有一系列的贸易量化限制作为补充。

---

① 经典的国际联盟(1927)研究中,我们所依赖的 1913 年和 1925 年的数据显示了工业品的未加权平均关税,这就是我们在任何可能的情况下都使用未加权平均关税的原因。表中列出了这一一般规则的例外情况。

表 9.1　　　　　　　1902－2000 年部分经济体工业制成品关税
（简单未加权平均数，从价关税，百分比）

|  | 1902 年 | 1913 年 | 1925 年 | 1931 年 | 1950 年 | 20 世纪 60 年代初 | 1976 年 | 20 世纪 80 年代中期 | 1990 年 | 2000 年 |
|---|---|---|---|---|---|---|---|---|---|---|
| 阿根廷 | (28) | 28 | 29 |  |  | (141) |  |  | 14.1 | 16 |
| 澳大利亚 | (6) | 16 | 27 |  |  |  |  | (10) | 14.1 | 5.3 |
| 奥地利 | (35) | 18 | 16 | 27.7 | 18 |  | 11.7 | 9 |  | 4.3 |
| 孟加拉国 | (3) | 4 | 16 |  |  |  |  |  | 121.3 | 22 |
| 比利时 | (13) | 9 | 15 | 13 | 11.2 | 13.1 | 9.1 | 7 | 8.4 | 4.3 |
| 巴西 |  | 60 |  |  |  | (99) |  | (44) | 34.8 | 16.6 |
| 保加利亚 |  |  |  | 90 |  |  |  |  |  | 11.7 |
| 加拿大 | (17) | 26 | 23 |  |  |  | 12.6 |  | 10.5 | 4.8 |
| 中国 | (5) | 4.5 |  |  |  |  |  | (41) | 43 | 16.2 |
| 哥伦比亚 |  | 50 |  |  |  |  |  |  | 6.4 | 12 |
| 捷克斯洛伐克 |  |  | 18 | 27 | 36.5 |  |  |  |  | 4.6 |
| 丹麦 | (18) | 14 | 10 |  | 3.4 |  | 9.1 | 7 | 8.4 | 4.3 |
| 芬兰 |  |  |  | 22.7 |  |  | 13.3 |  |  | 4.3 |
| 法国 | (34) | 20 | 21 | 29 | 17.9 | 13.1 | 9.1 | 7 | 8.4 | 4.3 |
| 德国 | (25) | 13 | 20 | 18.3 | 26.4 | 13.1 | 9.1 | 7 | 8.4 | 4.3 |
| 希腊 | (19) |  |  |  | 39 |  |  | 7 | 8.4 | 4.3 |
| 匈牙利 | (35) | 18 | 27 | 42.6 |  |  |  |  | 11.7 | 7.1 |
| 印度 | (3) | 4 | 16 |  |  |  |  | (80) | 83.7 | 31.6 |
| 印度尼西亚 |  |  |  |  |  |  |  | (24) | 19 | 8.9 |
| 伊朗 |  | 3.5 |  |  |  |  |  |  |  | 7.5 |
| 意大利 | (27) | 18 | 22 | 41.8 | 25.3 | 13.1 | 9.1 | 7 | 8.4 | 4.3 |
| 日本 | (9) | 27.5 |  |  |  | 18.0 |  |  | 3.9 | 2.9 |
| 朝鲜 |  |  |  |  |  |  |  |  | 12.6 | 8 |
| 墨西哥 |  | 45 |  |  |  | (22) |  | (17) | 13.9 | 17.2 |
| 荷兰 | (3) | 4 | 6 |  | 11.2 | 13.1 | 9.1 | 7 | 8.4 | 4.3 |
| 新西兰 | (9) | 17.5 |  |  |  |  |  |  | 9.1 | 3 |

续表

|  | 1902年 | 1913年 | 1925年 | 1931年 | 1950年 | 20世纪60年代初 | 1976年 | 20世纪80年代中期 | 1990年 | 2000年 |
|---|---|---|---|---|---|---|---|---|---|---|
| 尼日利亚 |  |  |  |  |  |  |  |  | 36.2 | 25.6 |
| 挪威 | (12) |  |  |  | 10.8 |  | 8.6 |  | 6.8 | 2.5 |
| 巴基斯坦 | (3) | 4 | 16 |  |  | (93) |  |  |  | 20.6 |
| 菲律宾 |  |  |  |  |  | (46) |  |  | 19.5 | 7.3 |
| 波兰 |  | N.a. | 32 | 52 |  |  |  |  | 12 | 10.5 |
| 葡萄牙 | (71) |  |  |  | 18 |  |  |  | 8.4 | 4.3 |
| 罗马尼亚 | (14) |  |  | 55 |  |  |  |  | 17.7 | 16.4 |
| 俄罗斯 | (131) |  |  |  |  |  |  |  | 8.8 | 10.2 |
| 南非 | (6) |  |  |  |  |  |  |  | 12.2 | 8.2 |
| 西班牙 | (76) | 41 | 41 | 75.5 |  |  |  |  | 8.4 | 4.3 |
| 瑞典 | (23) | 20 | 16 | 23.5 | 8.5 |  | 6.0 | 5 |  | 4.3 |
| 瑞士 | (7) | 9 | 14 | 22 |  |  | 3.8 | 3 |  |  |
| 中国台湾 |  |  |  |  |  | (30) |  |  | 10.4 | 6.2 |
| 泰国 |  | 2.5 |  |  |  |  |  |  | 40.9 | 15.8 |
| 土耳其 | (8) | 7.5 |  |  |  |  |  |  | 9.5 | 6.5 |
| 英国 | 0 | 0 | 5 |  | 23.3 | 18.2 | 9.1 | 7 | 8.4 | 4.3 |
| 美国 | (73) | 44 | 37 |  | 14.6 | 16.5 | 11.2 | 7 | 6.1 | 4 |
| 南斯拉夫 |  | N.a. | 23 | 32.8 |  |  |  |  |  | 13.7 |

注：除括号内数字外，所有数字均为未加权平均数。1902年的数据以英国出口为权重。20世纪60年代初，发展中国家的数据按增加值加权。1985年发展中国家数据同进口商品进行了加权。1950年和1976年的关税针对工业品；普瑞格的数据用于"矿物燃料以外的非农业产品"。N.a.表示无法获得数据。

来源：1902年：BPP（1905）。1913年，1925年：国际联盟（1927）。1931年：李普曼（1938：413）。1950年：沃伊廷斯基和沃伊廷斯基（Woytinsky and Woytinsky, 1955：285、292）。1964年：普瑞格（Preeg, 1970：277—278）；利特尔等（Little et al., 1970：162—163）。1976年：按关贸总协定（1980：37）计算。20世纪80年代中期：世界银行（1991：97）；对于发展中国家，戈尔丁和范·德尔·曼斯布鲁格（Goldin and van der Mensbrugghe, 1993）。1990年和2000年：联合国贸易和发展会议（UNCTAD, 2004）。

不过，到了20世纪70年代初期开始出现令人担忧的苗头。特别是，国际资本市场开始谋求摆脱富裕国家的掌控,加之维持固定利率体系的固有问题,造成布雷顿森林体系固定汇率制度在20世纪70年代早期的崩溃。原则上,固定汇率崩溃和国际资本流动部分恢复,本不会推动发展中国家愿意开放国际贸易。但实际上,当年饱受困扰的宏观经济国际环境对发展中国家的未来改革者们来说谈不上任何助益。智利因第一个冒险尝试而广为人知,通过特别令人不快的独裁统治来推行必要的改革措施。1973年通过政变暴力推翻阿连德总统的皮诺切特政府废止外汇管制、贬值货币并将平均关税水平从94%削减至10%(Maddison,2001:154)。[①]

在第二次世界大战后的35年里,总的来说,世界贸易自由化形势前景很不乐观。根据萨克斯和华纳(1995)所述,世界上只有大约四分之一人口生活在开放经济体国家中。以下少数国家属于普遍规则的例外,并且彼此相隔甚远:西欧、北美、澳大利亚、日本和其他一些多在东南亚的小经济体。只是到了20世纪80年代,特别是90年代,作为本章主题的再全球化才真正开始。

**再全球化:1980—2000年**

把20世纪80年代视为国际经济转折点,有以下几个原因。经济学家们喜欢强调是思想,尤其是经济学学科本身所产生的思想,摒弃了为多数第三世界国家所信奉的传统的进口替代型贸易政策,这毫不稀奇(Krueger,1997)。在此基础上,学术的主要突破包括:(1)上文提及的20世纪60年代末及70年代经济合作与发展组织和美国国家经济研究局所做的研究,从经验的角度揭示/论证了外汇管制及其他贸易壁垒行不通(Litte et al.,1970;Bhagwati and Krueger,1974—1978);(2)理论观点:市场失灵有时能使政府有理由干预经济,却无法支撑贸易保护主义的正确性,这个论据也弱化了新兴产业保护的理论基础(Baldwin,1969;Bhagwati,1971)。如此这般的解读会着重强调重要政治事件,

---

[①] 在其他发展中国家,民主和贸易改革似乎是携手并进的,也许是出于赫克歇尔-俄林效应的原因(因为工人们应该支持劳动力充足的国家的自由贸易)。参见米尔纳和库博塔(Milner and Kubota,2005)与奥鲁克和泰勒(2007)。

比如1979年玛格丽特·撒切尔（Margaret Thatcher）当选英国首相；1980年，罗纳德·里根（Ronald Regan）当选美国总统。无疑，这些支持市场开放的政治人物上台有助于改善世界学术风气。但不论是美国还是英国，1980年就已纷纷承诺或多或少进行贸易自由化。但真正实施贸易自由化的，却是其他国家。

1973年起，中东终于做到了一件自1498年来一直没有能力完成的事情：通过对西方意义重大的某种商品（意即石油）实现有效的供应垄断，中东牺牲世界其他国家或地区的利益得以取得大幅进步。正是石油供给冲击，造成了20世纪70年代经合组织成员国经济体的宏观经济问题，导致横扫欧洲和北美的物价上涨、生产减少、失业率上升、增长率骤然下降。非洲也开始出现增长率下滑问题；不过拉美国家仍保持平稳，这大部分应归功于世界资本市场重新正常运行，向拉美各国政府出借大笔款项，结束达40年的资本市场低迷。当里根和撒切尔掌权时，他们决定优先处理各自国内通货膨胀问题，其他经合组织成员国在20世纪80年代紧随其后加以效仿。为此他们提高了国内利率；结果国内利率升高导致北方经济萧条，而北方萧条又影响了南方的出口机会；国内利率升高增加了发展中国家的还债成本。这反过来就意味着第三世界的债务危机，让人回想起20世纪30年代的经济危机：北方到南方的资金流动下降。这同样也意味着许多发展中国家政府预算可能会出现严重问题，当他们用货币融资手段解决问题时，常常使得这些问题转化成不断增长的严重通货膨胀。

从发展中国家的战后历史来看，接下来的事似乎有些自相矛盾了。正如我们所看到的，在过去的几十年里，国际收支危机导致了贸易抑制政策的增加，特别是加强了外汇管制。就像丹尼·罗德里克（Dani Rodrik，1994，1996）指出的那样，这的确是20世纪80年代那几个国家的最初反应，尤其是智利。然而，随着时间的推移和危机的持续，越来越多的发展中国家采取"一揽子改革方案"，旨在削减预算赤字、抑制通货膨胀，并且的确消减或取消了贸易量化限制、废止了外汇管制、降低了关税。墨西哥和玻利维亚1985年开始放宽对贸易的量化限制；阿根廷和巴基斯坦从1988年开始大力推进贸易自由化项目；1989年委内瑞拉紧随其后；1990年，巴西和秘鲁也随之推进贸易自由化（Rodrik，1994）。

根据萨克斯和华纳(1995)指数,到 1993 年,世界上绝大多数人都生活在"开放"经济体制下,而这个数据甚至不包括中国的人口,因为中国在 1978 年才开始改革开放;也不包括印度,因为印度在 1991 年才做出重大改革计划,在 20 世纪 90 年代逐步将本国市场向世界其他国家开放。①

如何解释 20 世纪五六十年代与八九十年代经验之间的差异,目前尚不得而知。正如我们对战后初期的讨论所表明的那样,部分原因在于后期不同的国际货币环境,尤其是从固定汇率的独立货币转向浮动汇率(在大多数情况下)或者货币发行局的统筹安排。1975 年,采用浮动汇率的发展中国家占比仅 10%。截止到 1997 年,大多数发展中国家已采用浮动汇率制(Wolf,2004:132)。正如米尔顿·弗里德曼(Milton Friedman)猜想的那样,这种制度很容易让各个国家考虑废除外汇管制:如果促使政策最初改变的部分原因是固定汇率和资本有限流动所造成的局限,那么向浮动汇率的改变必定会促进自由化。很明显,20 世纪 80 年代的债务危机和早几十年的外汇危机是有本质区别的。尤其是它们关涉强大的债权人利益,这使得单边解决方案花费高昂,并且他们高度重视那些出口创收的国家,而搞出口创收与追求自给自足的做法完全不同。②

要解释这些现象,我们总不乏理由,各个理由之间也并不一定互相排斥。罗德里克(1994,1996)表示,发展中国家面对的债务危机和宏观经济危机非常严峻,实施宏观经济改革计划已成为迫切的政治需要。因此,政府就可能"顺带"实施之前为国内利益组织所拦阻的贸易改革计划。无须明言,这个观点认同在政策政变中思想所起到的独立作用。因为,如果拉丁美洲、非洲和亚洲的国家政府都将贸易改革看作好事来"顺带进行",其中的部分原因一定是深信安妮·克鲁格(Anne Krueger,1997)重点宣扬的经济学家的言论。也存在另一种可能,诸如世界银行和国际货币基金组织这样的国际机构利用发展中国家债务问题借机推动贸易改革和宏观经济改革[这再次与下列观点暗合:观念(在此意

---

① 萨克斯-华纳的标准只将印度的"开放"时间定为 1994 年。根据瓦茨阿戈和韦尔奇(Wacziarg and Welch,2003)的研究,中国和印度在 20 世纪末仍然有某些形式的管制。

② 此外,与 20 世纪 30 年代不同的是,当时世界贸易和资本市场正在开放,这意味着各经济体现在会因为违约而蒙受损失。

指国际机构内流传的观念)至关重要]。罗德里克(1994)指出,对小国特别是非洲小国来说,这可能一直是个需要考虑的因素。但对于那些经济政治大国(比如阿根廷、巴西、印度、尼日利亚或巴基斯坦来说)则无关紧要。[1]

因此,在20世纪80年代末至90年代初,第三世界开始真正地实行自由化。正是在这个时候,发生了另一个具有世界历史意义的分水岭事件:1989—1991年间,东欧和苏联社会主义的崩溃。苏联解体后,取而代之的是15个国家。如前所述,中国从1978年实行经济改革,逐步开放国内经济,鼓励国际贸易。第二世界其他发达国家紧随第三世界之后,废除国家贸易垄断,落实可兑换货币并最终(大多数东欧国家)准备加入欧盟(EU)。[2]

到20世纪末,1945年后世界大部分地区自给自足已成为历史,所有地区的关税和贸易壁垒都在减少。发展中国家的平均关税从20世纪80年代初的34.4%降至90年代初的21.9%,到20世纪末降至12.6%[联合国贸易和发展会议全球数据库(UNCTAD Glob Stat Database)[3]]。除了南美以外,发展中国家每个地区的关税都出现了下降(南美平均关税在债务危机爆发后先上涨再下跌),非洲的撒哈拉以南地区(从38.8%降至15%)、中美洲和加勒比地区(从29.5%降至8.9%),南亚、东亚和东南亚(从43.7%降至12.6%)降幅尤其明显。同时,拉丁美洲制造业产品进口非关税壁垒(NTBs)的平均水平从20世纪80年代中期的28.4%下降至90年代初的1.8%,东亚地区从23.1%降至5.5%;非洲撒哈拉以南地区从1984—1987年的42.7%上升到1988—1990年的45.4%(Rodrik,1999,table 1.3)。贸易自由化贯穿整个20世纪90年代(包括在非洲):不仅是配额和国有贸易垄断等"标准"非关税壁垒有所下降,在往来账户的外汇管制方面也有所下降,黑市外汇溢价也反映了这一点(Martin,2001)。根据科佩尔和杜兰德(Coppel and Durand,1999,table 2)的研究,这种

---

[1] 欧盟(EEC的继承者)的经验表明了另一种可能性:各国政府本可能希望实施贸易改革,但却决定将责任归咎于国际组织,因为这些组织本身并不面临国内选民,因此很有可能成为替罪羊。

[2] 在本书付梓之时,已经有11个前社会主义国家加入了欧盟。1990年是东德;2005年又有8个国家,包括波罗的海3国;以及2007年的保加利亚和罗马尼亚。

[3] 参见 http://globstat.unctad.org/html/index.html。

趋势不局限于发展中国家:1988 年至 1996 年间,非关税壁垒在所有重要工业经济体内的普遍程度有所下降。①

不过,这并不意味着自由贸易已经遍布全球,远非如此。尽管贸易自由化转向形势喜人,但如果就此夸大 20 世纪 90 年代世界经济的自由化程度,那就大错特错了。在此仅列三点加以解释:首先,根据表 9.1 中数据可知,2000 年孟加拉国、中国、印度、巴基斯坦、泰国和英国的制造业关税平均水平仍明显高于第一次世界大战前水平。2000 年,仅仅这六个国家的人口就占世界总人口的 44%。当然,2000 年的关税保护程度也高于前英国殖民地(如尼日利亚)或前法国殖民地(如摩洛哥)。因此我们有把握得出如下结论:2000 年拥有世界大多数人口的经济体制造业关税高于第一次世界大战前夕水平。

此外,过度关注制造业关税实际上就夸大了发达国家在 1945 年后走向自由贸易的程度,因为 2000 年农业保护(正如我们所见,19 世纪晚期欧洲退回贸易保护主义,20 世纪 20 年代末贸易保护的盛行)在许多发达国家都仍然保持着极高的水平,毋庸置疑,也高于 1913 年水平。在 1997—1999 年间,农业保护使得许多地区农产品价格都有所提高,日本提高了 61%,欧盟提高了 44%,加拿大和美国提高了 18.5%,经合组织低收入经济体提高了 28.7%,经合组织其他经济体则提高了 66.7%(World Bank,2001a,table 2.13)。

避免过分夸大 21 世纪初期国际经济作用的第三个原因是非关税壁垒(例如反补贴和反倾销税、配额、自愿出口限制、生产补贴和技术贸易壁垒)比在 1913 年时地位更加重要。特别臭名昭著的例子即是《多种纤维协定》(Multi-Fiber Agreement),这是在 1974 年为了保护发达国家的纺织业不受第三世界的竞争影响,发达国家制定并实施的一套配额制度。尽管该配额制度到 1994 年期满,但是世贸组织继续管理这些配额直到 20 世纪末甚至更久。基于所有这些原因,人们不能想当然地认为 20 世纪末世界范围内的平均关税保护形势没有 1913 年那么严重。

鉴于非关税壁垒的重要性日益增长,我们很难衡量贸易政策整体事态中的

---

① 然而,反倾销措施在欧盟和经济合作与发展组织以外的使用变得更加频繁。

长期趋势,尽管从原则上来讲,贸易限制指数(Anderson and Neary,2005)等指标就可以精确地做到这一点。图9.1中世界银行使用安德森-尼瑞(Anderson-Neary)的方法(Kee et al.,2006)对2000年至2004年间制造业和农业的总体保护情况做出了估计。这些是统一从价关税(相当于现有的关税加配额的税收模式),它们将在同样程度上限制进口总额。可以看出,为数不少的国家工业保护水平达到10%或更低(中间值为11.7%,平均值为15.6%),而农业保护水平则高得多,中间值为34.9%,平均值为35.7%。此次抽样中少数发展中国家/地区贸易自由化程度最高:乌干达、吉尔吉斯斯坦、洪都拉斯、摩尔多瓦、哥斯达黎加、马达加斯加,以及中国香港。富裕国家一般来说工业保护程度相当低,但是农业保护程度高,挪威就是个极端的例子。最后,在发展中国家贸易壁垒最高,北非地区仍然保持封闭状态。跟印度一样,尼日利亚和坦桑尼亚尽管进行了十余年贸易改革,但贸易保护程度仍然很高。

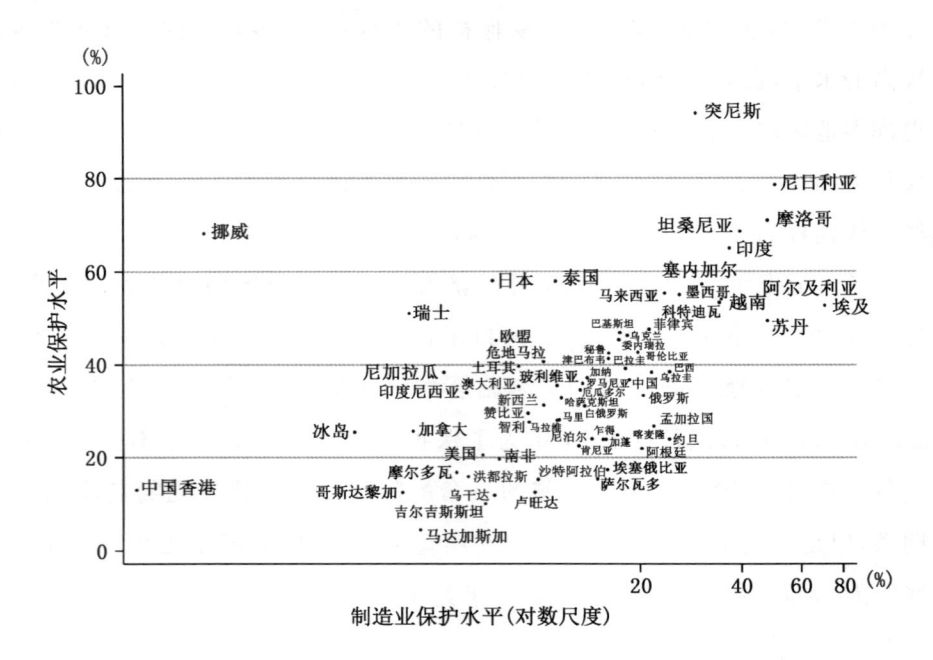

来源:凯等(Kee et al.,2006)。

图9.1 2000—2004年农业和制造业的保护水平(关税等价百分比)

### 国际运输成本

我们之所以花费大量篇幅讨论第二次世界大战后政治对于国际商品市场一体化的诸多影响，是因为这些政治影响才是1945年之后左右世界一体化和去一体化模式的主导力量。这成为19世纪晚期全球化和20世纪晚期全球化之间的重大区别：正如我们所见，前者缘起于技术进步、加之运输成本下降推动商品市场整合。尽管许多政客通过征收反补贴关税极力分隔商品市场，但历史大势难挡。而后者的起源则更加政治化，涉及渐次消弭两次世界大战和经济大萧条负面影响而人为设置的诸多障碍。尽管那时出现许多革命性技术进步，使人们乘飞机旅行变得司空见惯，甚至登陆月球，但是跨洋货物运输成本降幅却少得可怜。

可以肯定的是，这期间涌现不少影响商船运输领域的重大技术革新和组织革新。第一个重大变化是1956年苏伊士运河危机的副产品：由于通过运河进入印度洋似乎面临危险，船东们开始建造更大的船只，尤其是能够绕道好望角进行石油运输的船只。高达35 000吨位的船只可在苏伊士运河通航，不过1959年10万吨航船已下水，到了1980年时已有达50万吨吨位大船通航。这个策略最终奏效：尽管最初从波斯湾到欧洲每吨石油的运输成本绕道非洲比经由苏伊士运河高出7.5美元。但到了1970年，沿非洲航线每吨石油的总成本仅为3美元。第二个创新是集装箱化，大大降低了港口装卸费和船舶在港口停留的时间，降幅最高可达90%（Hugill，1933：149—150）。第三个革新是发展开放注册航运，即船舶在巴拿马或利比里亚等监管较宽松的国家注册。宽松的监管据估计可降低成本12%～27%。而为便利而进行开放注册的世界的航运吨位，由1950年的5%上升到1995年的45%（Hummels，1999：8），最后，可运输化学品、汽车以及其他产品的专业船舶也发展起来了（World Bank，2002：103—105）。

问题在于这些生产力突破并没有带来货运费率的下降。整个战后时期，许多作者都撰文称运输成本仍然是贸易的严重障碍,同早期关税壁垒有得一比,甚至更甚于关税(Waters,1970)。芬格和叶茨(Finger and Yeats,1976)指出一个事实:尽管在传媒上和政治上公众更加关注商业政策,不过20世纪60年代使美国产业在运输成本方面获得比当时关税更高的贸易保护。他们还指出,运输成本在19世纪60年代中期至1973年石油危机前夕明显上涨了。

采用与芬格和叶茨相同的资料以及对1945年至今的趋势进行极为详尽的研究,大卫·赫梅尔斯(David Hummels,1999)得出结论:海运费率在19世纪50年代至90年代确实上涨了。他把以下三种费率类型作为论据:期租运费率(不定期货船按固定时长租用)、程租运费率(不定期货船签约在特定港口间运送指定货物)、德国班轮运费率(计算普通货物运费比不定期船运费率更具代表性,它还包括港口成本费用)。根据赫梅尔斯的数据,名义上的海运费率在那段时期大体上涨,程租运费率涨幅最小,德国班轮运率涨幅最大。

当然,在1945年以后通货膨胀期间,整体上各类物价都上涨了。但问题是,价格波动对货物航运的真实成本意味着什么呢?答案关涉到如何通过适当的平减指数降低名义货运费率。赫梅尔斯指出,班轮指数因国内生产总值平减指数影响而出现指数拉低,不过在20世纪50年代中期到80年代中期班轮指数上涨,随后指数再次下跌。从德国国内生产总值平减指数来看,班轮指数甚至迟至1997年都没恢复到其最初的水平。因受美国国内生产总值平减指数影响而拉低,班轮指数直到1993年才恢复到其1954年的水平。然而,恰如赫梅尔斯、沙穆罕默德和威廉姆森(2004)所言,如果要考量运输费用中折射的从价贸易壁垒,那就必须了解商品物价平减指数。因为包括许多非贸易财货与服务的价格,所以国内生产总值平减指数并不稳定。当赫梅尔斯通过商品指数来平减程租指数时,他发现远航费率在20世纪50年代中期到90年代中期保持稳定,但程租运费率上涨了。此外,上文所提到的不包含港口成本费用的期租运费率在此期间暴涨。

图9.2将第七章和第八章所用的同样数据序列(Shah Mohammed and Williamson,2004)置于更长历史区间所显示出的战后跨洋货运费率情势。由

该图可见,第二次世界大战爆发后名义上的远航费率空前增长,凸显战后海运真实费率的高度稳定,而这同第一次世界大战前海运费率持续下降的情况形成鲜明对比。① 此外,其他数据也佐证了赫梅尔斯的结论:第二次世界大战后跨洋运输成本一直保持稳定或者增长(UNCTAD,2002:64,66)。对照之前讨论的技术发展,这样的结论貌似怪异,不过我们可以从关键输入项(如燃料、工资和造船成本)的上升价格(Hummels,1999:13)、从与私营部门和政府机构相关的各种反竞争做法、从有组织犯罪方面,看出端倪(Fink et al.,2000;Clark et al.,2004)。

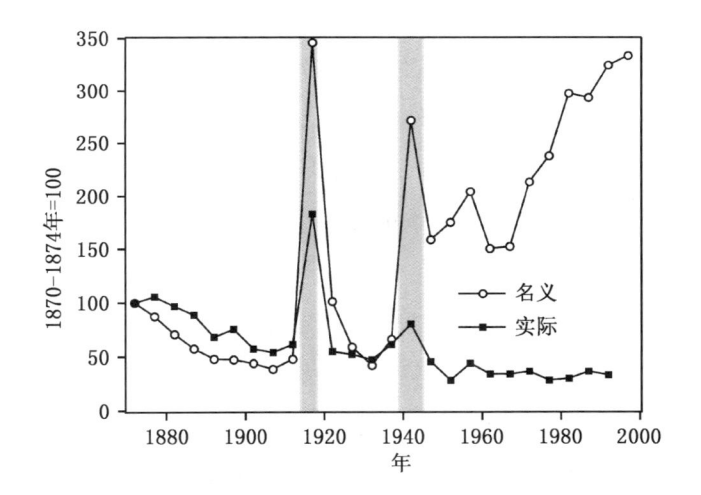

注:这两个阴影区域代表两次世界大战。
来源:沙穆罕默德和威廉姆森(2004)。

**图 9.2　1870—1997 年程租运费**

两大原因造成这相当令人悲观的状况:其一是航空运输。货运费率在 20 世纪 50 年代、60 年代和 80 年代降幅明显,90 年代缓慢降低。20 世纪 70 年代期间,油价上升时,对航空货运费率(依照美国 GDP 平减指数进行平减后)的考量,如果按照每公里计算,航空货运费率随之上升;如果按照所运货物价格百分

---

① 值得注意的是,图 9.2 使用了 1952 年以后的期租运费率。如前所述,这是赫梅尔斯提供的三个指标中最乐观的一个。

比计算，航空货运费率反而下降。货运费率在长途线路以及北美线路下降幅度最大。可以轻松预见，航空货运与跨海货运相比增幅明显。1965年航空货运仅占美国进口货物价值的6.2%，而1998年则占比达24.7%（Hummels，1999）。与此同时，美国出口中航空货运占比从1965年的8.3%增至1994年的29.3%。航空运输相较跨洋运输收费昂贵，主要承运重量轻价格高的货物，也多是长途运输。詹姆斯·哈里根（James Harrigan，2005）指出，同美国的近邻相比，相距美国路途遥远的国家更倾向于通过空运运输质轻价高的货品，而这影响了20世纪90年代的相对优势模式。

其二是更快捷运输方式带来的成本节约优势。货运费率反映指定港口间商品的运输成本，却体现不出商品滞留船上所带来的成本问题。赫梅尔斯（2001）预估货物运输过程中每额外增加一天相当于产品的从价关税壁垒提高0.8%。采用航空运输及更快捷的运输方式使20世纪50年代以来货物存储成本大幅下降：同等商品关税从1950年的32%降至1998年的9%。这清晰表明贸易壁垒的大幅降低。

尽管如此，9%也是个不低的数值，肯定要比1998年美国的平均关税高。美国运输的直接成本均值为10.7%：两项成本叠加相当于在20世纪末关税为21%，这对于贸易来说是个相当高的壁垒（Anderson and van Wincoop，2004：704）。此外，大量证据表明，运输成本对诸如南部非洲等发展中国家产生很大困扰，对非洲贸易、投资及发展造成严重影响（Amjadi and Yates，1995；Radelet and Sachs，1998）。

**开放的趋势：量化和价格**

上文谈及的技术发展和政治发展两者的综合影响如何？在详细探究地区趋势之前，我们先来综观一下1945年之后的世界贸易情况。

图9.3描绘世界贸易组织官方的世界贸易指数，结合阿瑟·刘易斯（1981）用来探究1913年之前贸易状况的系列指数，为的是将第二次世界大战后世界

贸易发展置于更久远的历史视角。① 借用在上一章谈及的联合国(1962)两次世界大战之间的系列数值,我们将这两个系列关联起来。图 9.3 中的直线推定 1913 年之前的趋势继续延至 20 世纪,让我们可以轻松对比时间跨度上的贸易增长率。由图 9.3 可见,20 世纪后半期贸易增速之快前所未见:每年整体增速约 5.93%,相较 1913 年之前的 3.49% 年平均增长率上升明显。有两个时期明显异于其他:1973 年之前年平均增长率为 7.84%,石油危机后降至 4.54%。尽管如此,即使在 20 世纪 70 年代贸易增长率仍高于 1913 年之前;70 年代后逐渐提速,90 年代期间超过 6%。由图 9.3 也可看出两次世界大战及大萧条对世界贸易的影响;这些数据显示,如果依照 1913 年的贸易走势发展,直到 1972 年世界贸易才恢复到应有水平。整整 60 年才逐渐消除第一次世界大战带来的消极影响。

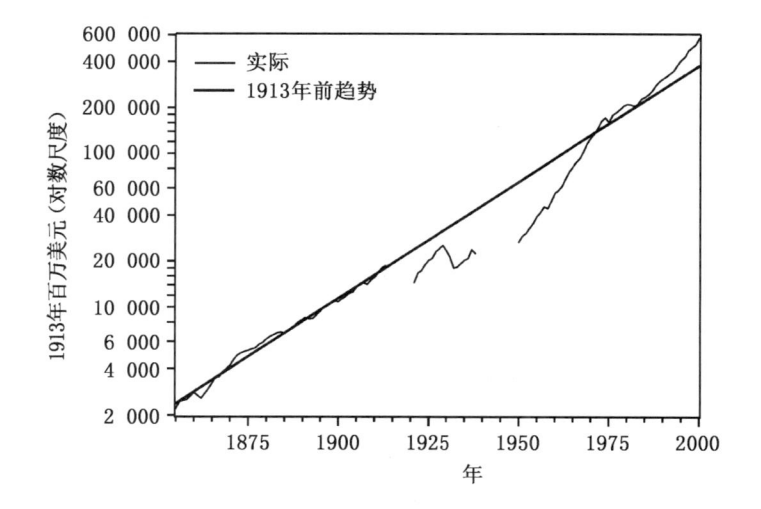

来源:刘易斯(1981)、联合国(1962)和世界贸易组织。

图 9.3　1855－2000 年世界出口

---

① 正如我们所看到的,1815 年以后世界贸易的增长比以前快得多。制造业的出口增长尤其迅速,1973 年前后的年出口增长率分别超过 9% 和 5.5%;1973 年以后,采矿业的出口增长率直线下降,从每年近 7% 下降到略高于 2%,这是欧佩克成功抑制石油出口的一个指标;农业贸易的增长速度远远低于制造业贸易的增长速度,这大概反映了相对较高的农业保护水平。

当然,贸易发展比产品输出增速快,意味着在 20 世纪后期贸易对 GDP 的比率在上升,这也是事实。不过,鉴于上文谈及的政治趋势,贸易开放的节点不同国家和地区各不相同。实际上,探究第二次世界大战后国际经济一体化进程时,将地区差异考虑在内极为必要,因为适才分析的世界贸易总额大致反映出富国的情况,不过并不是该时期的典型表现。

图 9.4 表示 1950—2000 年西欧、美国、加拿大、澳大利亚、日本、韩国和中国台湾贸易率(即进出口与 GDP 之间的比率)的渐进变化。[①] 20 世纪 50 年代西欧、韩国、中国台湾和美国贸易率开始上涨(50 年代后期仅仅微涨)。加拿大贸易率在 20 世纪 60 年代初期下降之后开始攀升。所列国家及地区中也有显著不同。澳大利亚的贸易率在 20 世纪 50 及 60 年代都在下降,只是到了 70 年代才开始上涨,而日本则在同期一直非常稳定。尽管有这两个例外情况,从图 9.4 可大致看出,第二次世界大战后关贸总协定一系列后续条款消解了国际贸易壁垒,西方经济逐步走向开放。

不过这些"西方"国家或地区的情况并非典型。2000 年有八个发展中国家人口超过 1 亿:中国、印度、印度尼西亚、巴西、巴基斯坦、孟加拉国、尼日利亚和墨西哥。只有印度尼西亚经济在 20 世纪 60 年代早早走上开放之路。在 20 世纪 50 至 60 年代间,其他地区的贸易率或停滞不前(如中国、巴基斯坦、尼日利亚、孟加拉国)或有所下降(如印度、巴西、墨西哥)。直至 20 世纪 70 至 80 年代时上述国家的经济贸易率才有所回升。由图 9.5 可见各个国家贸易率的地区平均值,特意区分出样本均值和人口与国内生产总值的加权均值(后续我们将多着笔墨讨论)。如图 9.5 所示,拉丁美洲直至 20 世纪 70 年代贸易率长期处于停滞状态,而在中美洲、撒哈拉以南的非洲、北非与中东贸易率则下跌。仅南亚地区在 20 世纪 60 年代呈现出经济开放的态势。第二次世界大战后的其他地方则在耗掉了至少 25 年之后贸易率才有所回升,而在此之前通常会有 20 年的先期贸易率衰减。我们可以看到,贸易率变化有其常见模式:1973 年第一次石油危机后贸易率上升(恰如所测,这给中东石油产地带来剧

---

[①] 我们可能也包括了中国香港和新加坡的数据,但它们只是从 1960 年以后才开始可用。

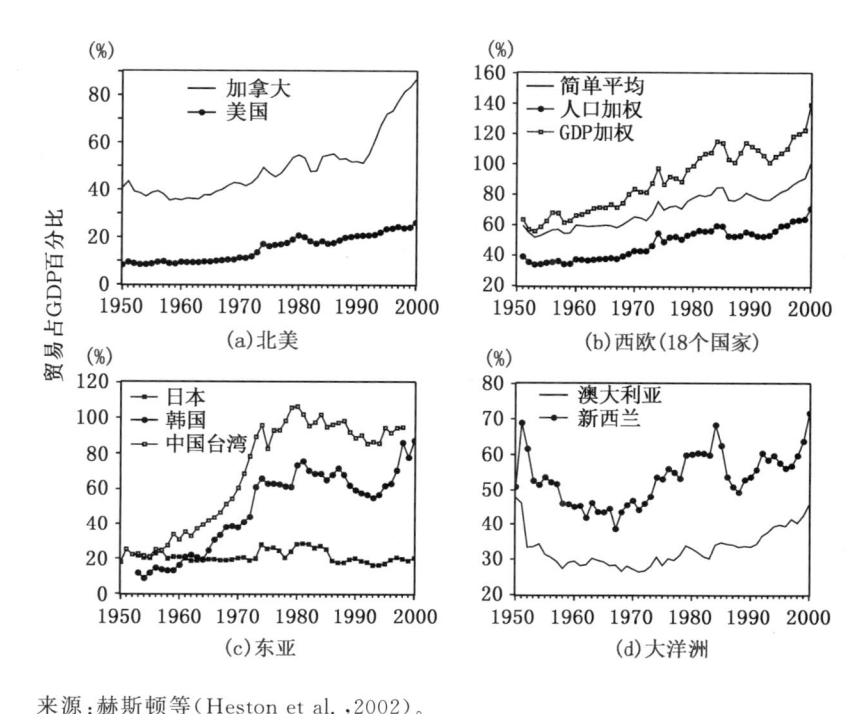

图 9.4　1950—2000 年发达经济体的贸易比率(进出口总额占国内生产总值的百分比)

来源:赫斯顿等(Heston et al.,2002)。

烈影响),20 世纪 80 年代贸易率下滑(特别是非洲与拉丁美洲),之后在 20 世纪 90 年代再次回升。因此,通过这些变化可见,20 世纪末贸易率较 50 年前有所提高。

表 9.2 列出安格斯·麦迪逊整理的许多经济体相关数据,让我们从 1820—1998 年这段更长期的历史角度来探究贸易率(或商品出口与国内生产总值的比率)。该表突显了 19 世纪贸易扩张的独特性。如第七章所述,1820 至 1913 年间商品出口率增长了 8 倍:贸易在 1820 年对国内生产总值贡献量微不足道,而到 1913 年商品出口量占世界国内生产总值近 8%、占西欧国内生产总值超 16%。20 世纪的经济增长更显逊色(Krugman,1995)。据表 9.2 可知,1950 年商品出口总量占世界国内生产总值的比重低于 1913 年的比重,反映出两次世界大战之间经济发展的分化状态。此外,若以此标准衡量,迟至 1973 年英国、西班牙、澳大利亚、拉丁美洲、中国、印度和泰国的经济开放度才恢复至 1913 年

图 9.5　1950－2000 年区域平均贸易比率（进出口总额占 GDP 的百分比）

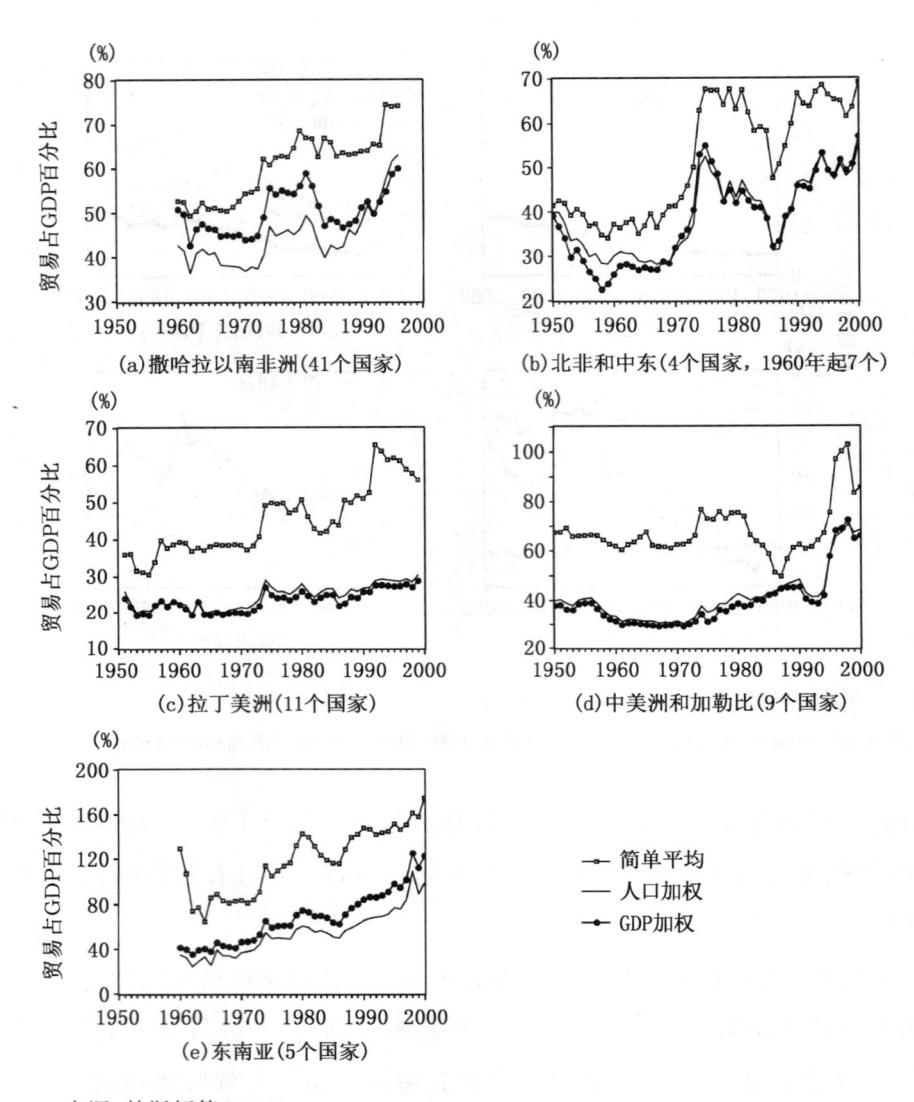

来源：赫斯顿等（2002）。

的水平。而实际上大多数发展中国家直到 1992 年才得以恢复，甚至拉丁美洲与印度到 1998 年才开始恢复至 1913 年水平。

表 9.2　　　　　　　1820－1998 年商品出口额占国内生产总值的比重　　　　　　单位:%

| 经济体＼年份 | 1820 | 1870 | 1913 | 1929 | 1950 | 1973 | 1992 | 1998 |
|---|---|---|---|---|---|---|---|---|
| 法国 | 1.3 | 4.9 | 7.8 | 8.6 | 7.6 | 15.2 | 22.9 | 28.7 |
| 德国 | N.a. | 9.5 | 16.1 | 12.8 | 6.2 | 23.8 | 32.6 | 38.9 |
| 荷兰 | N.a. | 17.4 | 17.3 | 17.2 | 12.2 | 40.7 | 55.3 | 61.2 |
| 英国 | 3.1 | 12.2 | 17.5 | 13.3 | 11.3 | 14.0 | 21.4 | 25.0 |
| 西欧合计 | N.a. | 10.0 | 16.3 | 13.3 | 9.4 | 20.9 | 29.7 | N.a. |
| 西班牙 | 1.1 | 3.8 | 8.1 | 5.0 | 3.0 | 5.0 | 13.4 | 23.5 |
| 苏联/俄罗斯 | N.a. | N.a. | 2.9 | 1.6 | 1.3 | 3.8 | 5.1 | 10.6 |
| 澳大利亚 | N.a. | 7.1 | 12.3 | 11.2 | 8.8 | 11.0 | 16.9 | 18.1 |
| 加拿大 | N.a. | 12.0 | 12.2 | 15.8 | 13.0 | 19.9 | 27.2 | N.a. |
| 美国 | 2.0 | 2.5 | 3.7 | 3.6 | 3.0 | 4.9 | 8.2 | 10.1 |
| 阿根廷 | N.a. | 9.4 | 6.8 | 6.1 | 2.4 | 2.1 | 4.3 | 7.0 |
| 巴西 | N.a. | 12.2 | 9.8 | 6.9 | 3.9 | 2.5 | 4.7 | 5.4 |
| 墨西哥 | N.a. | 3.9 | 9.1 | 12.5 | 3.0 | 1.9 | 6.4 | 10.7 |
| 拉丁美洲合计 | N.a. | 9.0 | 9.5 | 9.7 | 6.2 | 4.6 | 6.2 | N.a. |
| 中国 | N.a. | 0.7 | 1.7 | 1.8 | 2.6 | 1.5 | 2.3 | 4.9 |
| 印度 | N.a. | 2.6 | 4.6 | 3.7 | 2.9 | 2.0 | 1.7 | 2.4 |
| 印度尼西亚 | N.a. | 0.9 | 2.2 | 3.6 | 3.4 | 5.1 | 7.4 | 9.0 |
| 日本 | N.a. | 0.2 | 2.4 | 3.5 | 2.2 | 7.7 | 12.4 | 13.4 |
| 朝鲜 | 0.0 | 0.0 | 1.2 | 4.5 | 0.7 | 8.2 | 17.8 | 36.3 |
| 中国台湾 | — | — | 2.5 | 5.2 | 2.5 | 10.2 | 34.4 | N.a. |
| 泰国 | N.a. | 2.2 | 6.8 | 6.6 | 7.0 | 4.1 | 11.4 | 13.1 |
| 亚洲合计 | N.a. | 1.3 | 2.6 | 2.8 | 2.3 | 4.4 | 7.2 | N.a. |
| 全球合计 | 1.0 | 4.6 | 7.9 | 9.0 | 5.5 | 10.5 | 13.5 | 17.2 |

注:(1)有些经济体使用麦迪逊(2001:363)的数据,有些经济体使用麦迪逊(2001)提供的原始出口和国内生产总值数据进行了更新,这些数据得出的结果与之前的数据系列一致。(2)N.a.表示无法获得数据。(3)这里的西欧指的是冷战时期的非社会主义国家。
来源:麦迪逊(1995:38)。

然而,此类对经济开放程度的量化衡量手段具有欺骗性。罗伯特·费恩斯特拉(1998)等人指出,自 1913 年以来发达国家的商品在国内生产总值中的占比持续下降,无论全球化总趋势如何,这往往都拉低商品出口占 GDP 的比例。

20世纪商品贸易的发展在富国相较商品附加值要远比同国内生产总值之间的比较更引人注目(尽管费恩斯特拉仅列示有关发达国家数据的表2中美国和日本的1990年贸易率低于1913年水平)。其他定性标准也将当前时期与第一次世界大战前明显区分开来(Bourguignon et al.,2002):相对于产业之间贸易,高度活跃的产业内贸易活动;新信息技术带来的新型"无重"商品;最惹人注目的是零部件贸易的飞速发展,反映出企业生产过程的加速细分。

贸易经济学家在几十年前就注意到垂直专业化现象(如 Findlay,1978;Helleniner,1975),但只是到了世纪末该现象才变得更为显著。垂直专业化有时候会在单个跨国公司中产生,但又不尽然:向品牌企业下属公司出售最终产品的独立分包商即是最佳例证(Feenstra,1998:36)。有必要搞清楚到底这种生产方式的新颖之处。很明显,并不是各国商品生产的不同环节专业化有什么异常,因为19世纪后期的大规模专业化涉及食品和制造业者所需原材料(即未加工商品)的洲际交换。从半成品角度来看,世界贸易占比也没有出现急剧上升,因为经合组织贸易的半成品占比在1970至1992年间实际上呈下降态势(Hummels et al.,2001)。各国在当时也不是进口半成品来生产其他半成品或最终产品,其中部分会再次出口(即赫梅尔斯等所指的垂直专业化)。事实上,在第六章我们着重讨论了工业革命如何引领英国专门化生产半成品(如纱线),然后出口至欧洲大陆和其他地方的纺织产业。

这不寻常之处在于量而不在于质,在于其生产过程细分为不同步骤,每一步骤大概基于成本最小化考虑分别在不同的国家完成。在后期各国之间零部件贸易的频繁程度的确让观察者们感觉新鲜,不过很难对之加以系统考量。根据赫梅尔斯等(2001)及1990年世界出口总占比82%的国家的样本数据,反映垂直专业化程度的商品出口总占比从1970年的18%上升至1990年的23.6%,而这种出口增长在同一时期出口与GDP之比增幅中大约占1/3。其他衡量结果大致相似:比如,叶茨(1998)发现在1995年零配件贸易占机械和交通设备贸易总额大约30%,并推断零配件贸易有可能在整个制造业贸易中也占到相当比例的份额。

用我们前期收集的价格数据来补充世界贸易增长的量化证据,这是件好事。但仍然很难获得 20 世纪晚期的系统性价格证据。然而,我们对制造业产品国际市场的了解与对农产品及初级商品国际市场的了解似乎有所区别。就前者而言,从最近一些论文似乎看出 20 世纪 90 年代国际价格的趋同势头。恩格尔和罗杰斯(Engel and Rogers,2004)发现,在 1990—2003 年间,欧洲国家 101 种消费品中 72 种价差减少,而格登伯格和沃博温(Goldberg and Verboven)则记录了 1970—2000 年间汽车行业价差的下降,关注重点仍是欧洲。帕斯利和魏(Parsley and Wei,2002)使用与恩格尔和罗杰斯相同的数据集,不过他们还采用全球 83 个城市里的 95 个生活消费品价格数据,也发现价差在 20 世纪 90 年代呈下降态势。可是,从世界货币组织和世界银行的官方数据却看不出众多农业初级商品的系统性的商品价格收敛趋势(O'Rourke,2002)。

关于 20 世纪晚期商品市场一体化的这些用词含糊的结论与贝尔和伯格斯特兰德(Baier and Bergstrand,2001)的观点相呼应。该文指出,20 世纪 50 年代末期至 80 年代末期世界贸易增长的三分之二仰赖于收入增长,25% 因为关税减免,仅有 8% 是受益于运输成本的降低。奇怪的是,20 世纪晚期因收入增长而致贸易增长占比情况同哥伦布大发现后三个世纪的情况十分相似——洲际商品价格趋同极少或者根本没有(见第五章)。

**剖析专业化大进程**

基于以上证据,有些读者可能忍不住认为 20 世纪晚期全球化的革命性力量还远远不足。这么想的话,那可就错了。事实上,20 世纪晚期世界贸易的性质发生了历史性的变化。首先是工业革命渐次传播至发展中国家。前两章已指出,19 世纪欧洲和北美的制造业生产急剧集中。尽管少数国家(特别是日本)工业增速明显,许多发展中国家进口替代政策步伐加快,但 1945 年世界经济整体来说还是可以简单区分为工业化北方和非工业化南方。依照保罗·贝洛赫的数据,1953 年发达国家的经济(包括计划经济体如苏联,不过日本除外)

在世界制造业产量中占比90.6%，稍高于1913年的89.8%（Bairoch，1982：304）。发达经济体（不包括苏联）1953年在世界制造业出口中占比超过90%（Yates，1959：228）。恰如我们所见，生产结构失衡造成生活水平以及政治力量的失衡。1945年欧洲还拥有众多殖民地，英法因第二次世界大战影响政治力量变弱，苏联和美国两个战胜国也属于发达的北方国家。

从后续50年我们可以逐渐看清传统的劳动分工情况（UNCTAD，2003：95—96）。1960至2000年，制造业用工量在如下地区上升明显：东亚地区、北非及西南亚的伊斯兰国家（都大致从8%升至15%），以及南亚地区（大致从9%升至14%）。反观撒哈拉南部非洲（世界最不发达地区）和中国升幅则小得多，而拉美地区制造业用工在40年间整体（从高点）回落。制造业GDP占比在西南亚和北非从11%增至14%，在东亚从15%增至27%，在南亚从14%增至16%，在中国从24%增至35%。虽然制造业GDP占比在撒哈拉以南非洲微降，在拉美降幅明显（从28%降至18%），但到20世纪末发展中国家的工业化前进幅度仍然高于发达国家（制造业GDP占比恰如拉美般持续下降，从29%降至19%）。

最终，工业化国家在世界制造业产出的占比从1970年的88%下滑至1995年的80%，而发展中国家的占比则几乎翻倍，从12%升至20%（UNCTAD，1997：82）。发展中国家的增幅主要受益于东亚（从4%增至11%）。18世纪晚期及19世纪的大分流到千禧年没能得以反转：在20世纪末富国仍然占世界制造业产出的绝大多数。不过，对国际贸易结构影响重大的历史性转变已经来临。

图9.6(a)显示三类地区出口商品中制造业产品的占比：发达国家、发展中国家及包括苏联在内的中欧和东欧社会主义国家。在发展中国家中制造业产品占比逐渐从1955年的不足10%升至1980年的20%，不过80年代和90年代迎来大变化。1990年升至55%，2000年则升至65%；自80年代后期，发展中国家制造业出口量实际上要高于前经济互助委员会成员经济体。由图9.6(b)可见，地区出口的整体情况与南北贸易情况并无二致：20世纪最后20年南北双方贸易的出口结构呈现强烈的趋同态势。在北方，南方出口产品多为工业产品这种情况最终会让人担忧北方的非熟练工人在日趋激烈的竞争中受到影响，

一些经济学家(Wood,1994;Feenstra and Hanson,2004)、从政者及普通大众也对此表示认同。

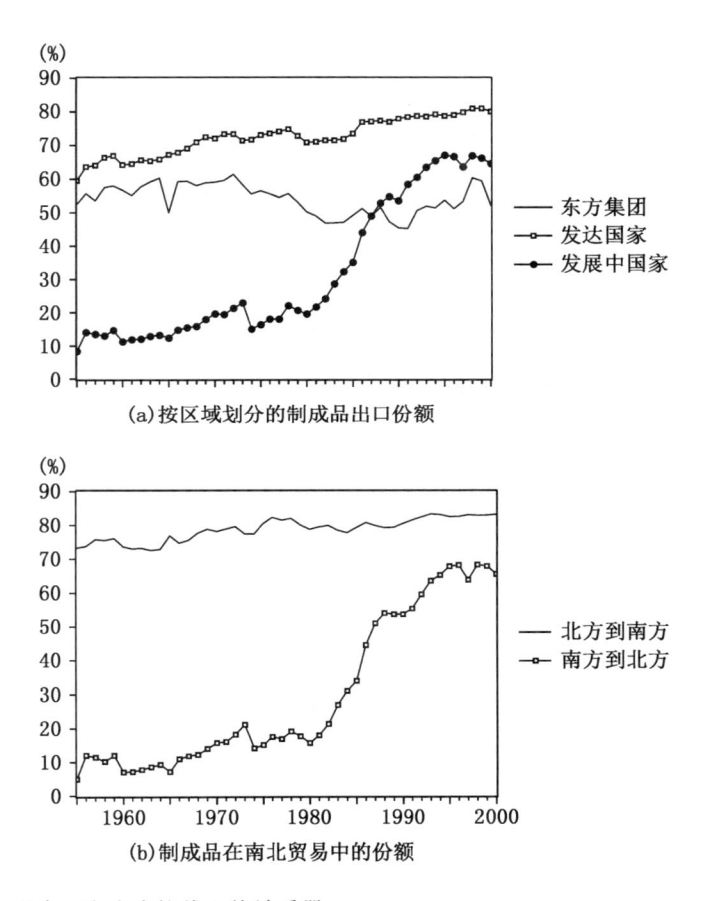

(a)按区域划分的制成品出口份额

(b)制成品在南北贸易中的份额

来源:联合国贸发会议线上统计手册。

图 9.6　1955—2000 年制造业产品出口份额

南方工业化并不仅仅意味着发展中国家工业品出口占比的提升,而且意味着世界制造业产品贸易中南方占比的上升,从 1955 年的区区 5% 升至 2000 年的 28%(联合国贸易和发展会议线上统计数据手册①)。鉴于这个事实,上述的担忧很有道理。与南方占比上升相对应,发达国家的占比则随之下降(从大约

---

① 参见 www.unctad.org/Templates/Page.asp? intItemID=1890&lang=1。

85%降至70%左右),中欧和东欧的经济体也是如此。20世纪80及90年代此类趋势再次大大加速。

在20世纪后半期南方对北方市场的依赖程度逐渐减少。南方向北方出口的份额从20世纪50年代的70%左右降至90年代的不到60%。这主要是因为南方向北方初级产品出口份额的降低。南方向北方发达国家工业产品出口份额相当稳定,在60年代早期短暂降低之后甚至有所增加。在重要性日益增加的制造业部门,发展中国家仍然极度依赖北方市场,这一点至关重要。

总而言之,到20世纪末,萌生于19世纪的大规模专业化进程逐渐显露出来。富国出口工业品换取南方国家初级产品的传统贸易模式,现在已为新的贸易方式所替代:工业产品双向贸易不仅发生在富国之间,也发生在穷国与富国之间。可以肯定的是,在某些国家新贸易方式推行步子迈得更大。表9.3展示了拉美和南亚的巨大进步情况,在全部商品出口中制造业占比分别从1970年的20%和48%增至2000年的56%和77%。到20世纪末发展中国家及地区该比值已超过50%,仅有两个例外:一是严重依赖石油出口的中东和北非;二是工业品出口仍不足三分之一的撒哈拉南部非洲。不过,即使这些地区,第二次世界大战后也有了长足的进步。由表9.3可以看出商业服务中贸易的重要性,占2000年世界总出口(即商品出口加商业服务出口)的19%。1913年英国的服务出口占其总出口的22%;2000年商业服务出口占其总出口的30%。美国在1913年的对应比值为8%,2000年为28%(Mitchell,1988;U. S. Department of Commerce,1975;World Bank WDI Online[①])。

**20世纪晚期的开放与趋同**

20世纪后半期经济发展速度之快前所未有。据安格斯·麦迪逊(2003)数据,1950至2000年间世界人均GDP增长185%,年增速为2.1%,这还是世界人口增长140%的情况下取得的成绩。相较于1800年之前数个世纪的相对停

---

① 参见 http://publications.worldbank.org/WDI。

滞,或相较于英国工业革命的温和增长率(不过在当时也是空前高值),这个表现相当惊人。美国第二次世界大战结束时已是毫无争议的世界经济领头羊,其时已占世界工业产出的 45%(Bairoch,1982:304)。[①] 美国的增长率整体仅仅超出世界均值,不过这不是经济快速发展的关键。一系列的"经济发展奇迹"先后造就了西欧、日本、美国以及东亚"四小龙"(中国香港、韩国、新加坡和中国台湾)在 20 世纪 60、70 及 80 年代的辉煌。[②]

表 9.3　　　　　　　　　　1970—2000 年地区出口结构

|  | 商品出口 ||||||  出口总额 |||
| --- | --- | --- | --- | --- | --- | --- | --- | --- | --- |
|  | (1) | (2) | (3) | (4) | (5) | (6) | (7) | (8) | (9) |
| 1970 年 |  |  |  |  |  |  |  |  |  |
| 高收入国家 | 4.5 | 12.9 | 3.7 | 5.3 | 26.3 | 72.4 | N.a. | N.a. | N.a. |
| 中低收入国家 |  |  |  |  |  |  |  |  |  |
| 　拉丁美洲和加勒比地区 | 44.8 | 8.2 | 11.1 | 15.6 | 79.8 | 20.1 | N.a. | N.a. | N.a. |
| 　南亚 | 30.7 | 10.2 | 0.9 | 9.6 | 51.4 | 48.4 | N.a. | N.a. | N.a. |
| 1980 年 |  |  |  |  |  |  |  |  |  |
| 高收入国家 | 11.5 | 3.6 | 6.4 | 4.4 | 25.8 | 72.9 | 21.3 | 60.2 | 18.6 |
| 中低收入国家 |  |  |  |  |  |  |  |  |  |
| 　拉丁美洲和加勒比地区 | 27.8 | 3.7 | 41.0 | 9.8 | 82.3 | 17.5 | 70.7 | 15.1 | 14.2 |
| 　中东和北非 | 4.8 | 2.2 | 83.0 | 4.0 | 94.0 | 7.1 | 87.1 | 6.6 | 6.3 |
| 　南亚 | 27.7 | 9.4 | 2.3 | 5.5 | 44.9 | 54.8 | 34.3 | 41.9 | 23.8 |
| 1990 年 |  |  |  |  |  |  |  |  |  |
| 高收入国家 | 8.8 | 2.9 | 4.6 | 3.1 | 19.4 | 78.5 | 15.7 | 63.8 | 20.5 |
| 中低收入国家 |  |  |  |  |  |  |  |  |  |
| 　东亚和太平洋地区 | 15.1 | 5.8 | 12.7 | 2.6 | 36.2 | 60.4 | 32.5 | 54.4 | 13.1 |
| 　拉美和加勒比地区 | 22.7 | 3.0 | 28.3 | 9.9 | 63.9 | 35.8 | 53.6 | 30.1 | 16.3 |
| 　中东和北非地区 | 4.3 | 1.3 | 75.5 | 3.0 | 84.2 | 17.2 | 72.6 | 14.9 | 12.5 |
| 　南亚 | 16.1 | 5.1 | 2.4 | 4.2 | 27.8 | 71.1 | 22.3 | 57.0 | 20.7 |

---

① 事实上,在过去的一个世纪里,美国的长期增长率一直非常稳定(Jones,1995):1945 年后的增长奇迹在这里没有出现。

② 有关与这些程式化事实相一致的模型,请参见卢卡斯(Lucas,2000)。

续表

|  | 商品出口 |  |  |  |  |  | 出口总额 |  |  |
|---|---|---|---|---|---|---|---|---|---|
|  | (1) | (2) | (3) | (4) | (5) | (6) | (7) | (8) | (9) |
| 2000年 |  |  |  |  |  |  |  |  |  |
| 高收入国家 | 6.6 | 1.7 | 5.0 | 2.5 | 15.8 | 81.2 | 13.0 | 66.5 | 20.5 |
| 中低收入国家 |  |  |  |  |  |  |  |  |  |
| 　东亚和太平洋地区 | 7.8 | 2.1 | 7.2 | 2.0 | 19.1 | 80.3 | 17.0 | 71.3 | 11.7 |
| 　欧洲和中亚 | 6.0 | 2.8 | 20.9 | 6.3 | 35.9 | 59.6 | 30.1 | 50.0 | 19.8 |
| 　拉丁美洲和加勒比地区 | 17.3 | 2.4 | 17.2 | 6.2 | 43.1 | 56.4 | 37.6 | 49.1 | 13.3 |
| 　中东和北非 | 3.9 | 0.8 | 76.2 | 1.5 | 82.4 | 17.3 | 71.2 | 14.9 | 13.9 |
| 　南亚 | 12.9 | 1.4 | 4.0 | 2.4 | 20.6 | 77.2 | 15.7 | 58.7 | 25.6 |
| 　撒哈拉以南非洲 | 20.2 | 6.2 | 31.5 | 6.7 | 64.6 | 31.3 | 56.5 | 27.4 | 16.1 |

注：1. (1)食品、(2)农业原料、(3)燃料、(4)矿石和金属、(5)初级产品、(6)制成品、(7)初级产品、(8)制成品、(9)服务。

2. 第(5)栏的条目为第(1)至第(4)栏的总和。因为有些商品无法分类，第(5)及(6)栏的初级及制成品贸易总额少于100。第(9)栏中的数据仅用于商业服务出口。第(7)列中的出口总额等于商品出口总额加上商业服务出口总额。第(7)和(8)栏的计算方法是假定商品出口总额在这两类之间的分配比例与第(5)和(6)栏的数字相同。N.a.表示无法获得数据。

来源：世界银行（2001b）。

图9.7显示了相对于美国的区域人均收入，可合理地认为这代表了20世纪后期的"技术前沿"，因此其收入代表任何时点上可行的收入水平最大值。由图9.7(a)清晰可见，日本、西欧、东亚四小龙同美国之间半个世纪人均GDP水平的趋同形势，东亚四小龙的年均增长率为5.5%，日本为4.9%，西欧为2.9%（在西欧，经济增长率最高的经济体曾是最贫穷的）。图9.7(c)中，中国在20世纪70年代后期人均GDP水平也呈现出跟其他国家相似的趋同现象；在30年的人均GDP水平低位徘徊之后，印度（如果不是那么大幅的趋同）在80年代，特别是90年代呈现明显趋同态势。中国的高速增长令人印象深刻，50年间其增长率为4.2%，而印度在50年间的增长率则略微超过美国的数值（Maddison, 2003）。如果20世纪晚期是西欧、日本、东亚四小龙经济繁荣期的话，中国和印度以后几十年中能赶上它们，这种期望还是比较现实的，这意味着在人类福利上前所未有的改善。

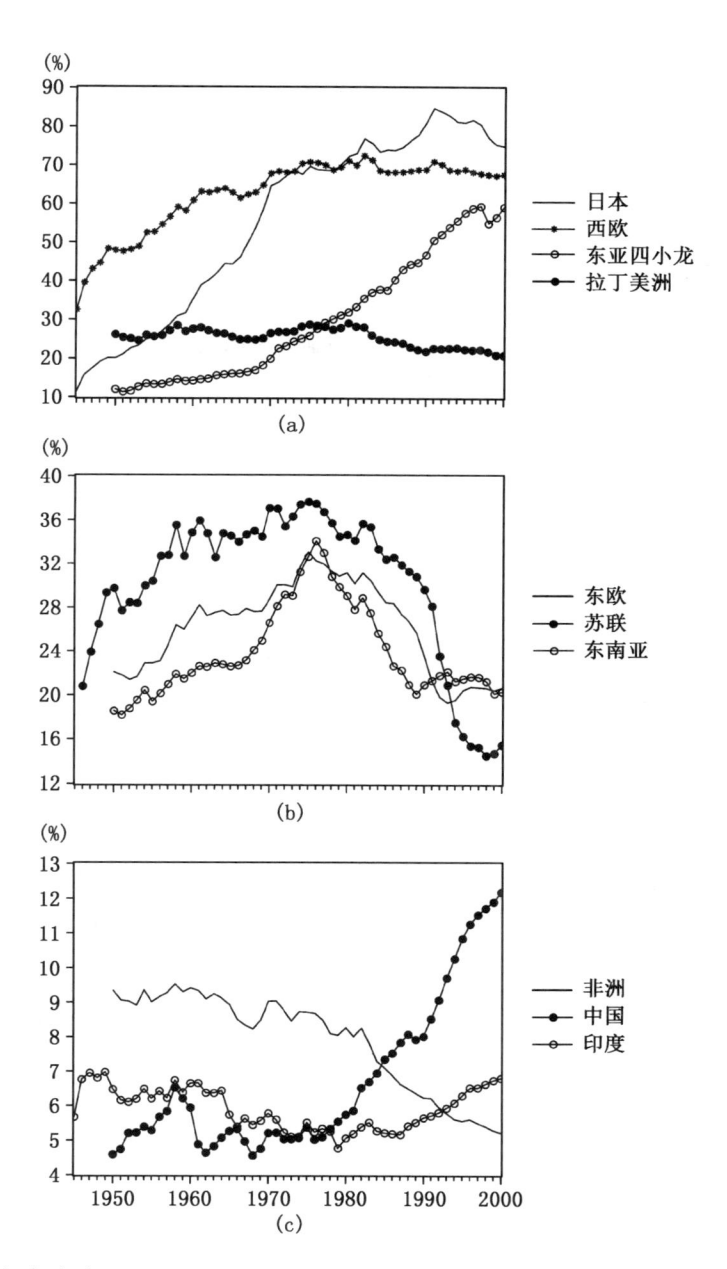

来源：麦迪逊(2003)。

图 9.7 1945—2000 年区域人均国内生产总值（占美国百分比）

不过，通过图9.7和表9.4我们可以很清楚地看到成功所在，也可看到不足之处。试举例，由图9.7可见，东欧及苏联经济体同美国的人均GDP趋同势头一直持续到1975年，之后它们的相对速率崩溃（实际上，由表9.4可以看到，它们的绝对增长率在90年代期间变为负值），造成比1950年更为被动的落后局面。西南亚产油国经济体的情况与此如出一辙（虽说70年代之后它们的相对崩溃状态也没有能阻止其在半个世纪的时间里微幅赶超了美国）。对于前经济互助委员会成员经济体而言，它们的盛衰沉浮反映了建立在资本积累和工业化基础上的发展战略的初期成功，不过后期不断下降的资本收益则不可避免，恰如索洛增长模型中所示，这是因为缺乏创新以及因冷战和社会主义体制常见的浪费所致（Allen, 2003b）。到20世纪末人们期望（例如东欧）更高的发展速率，依靠回归市场经济来重现之前人均GDP的趋同。至于西南亚，造成其第一个出现相对减速现象的原因尚不得而知，如何扭转局面则无从谈起。

表9.4　　　　　　1960—2000年地区经济增长率（人均GDP，年增长百分比）

| 时间段<br>地区 | 1960—1973年 | 1973—1990年 | 1990—2000年 |
| --- | --- | --- | --- |
| 高收入国家 | 4.1 | 2.2 | 1.9 |
| 中低收入国家 | 3.7 | 1.3 | 2.0 |
| 其中： | | | |
| 东亚和太平洋地区 | 2.7 | 5.3 | 6.8 |
| 欧洲与中亚 | N.a. | N.a. | 1.1 |
| 拉美与加勒比地区 | 2.9 | 0.6 | 1.7 |
| 中东与北非 | N.a. | N.a. | 1.2 |
| 南亚 | 1.1 | 2.6 | 3.2 |
| 撒哈拉以南非洲 | 2.3 | −0.5 | −0.3 |

注：N.a.表示无法获得数据。
来源：世界银行WDI在线。

更令人沮丧的莫过于拉美和非洲，特别是非洲。图9.7中这两个大陆都没能长时间持续与美国人均GDP的趋同态势。在拉美，20世纪50年代呈现微幅趋同，整个70年代则陷入停滞，80及90年代发散开来，50年来整体呈发散态势。至于非洲,情况似乎更为不妙,在 50 年代期间倒是能够跟上步子,不过随后被甩得更远了,50 年间年平均增长率不足 1%。事实上,由表 9.4 可见,撒哈拉以南非洲在第一次石油危机至 20 世纪末期间一直是负增长。

对比图 9.4、图 9.5 和图 9.7,似可明了区域层面上同美国人均 GDP 的趋同态势与不断扩大的贸易开放程度之间的关系。西欧、东亚四小龙与美国呈趋同态势,并且贸易更为开放。就中国大陆(内地)而言,其走向开放与趋同态势的起始时间几乎完全一致;印度则在 20 世纪 90 年代期间其经济增长与贸易都大幅加速。另外,日益扩大的开放程度似乎并不能确保趋同态势的必然出现,20 世纪 90 年代拉美地区的情况令人沮丧,而非洲更是如此。事实上,依照伊斯特利(Easterly,2001)的数据,尽管早期可考的开放趋势扩大,所有大陆的发展中国家的增长中值还是从 1960—1979 年间的 2.5% 降至 1980—1999 年间的零值。因此,从区域数据得出的大致结论是,开放是技术前沿趋同的必要条件,但这还远远不够。

很明显,增长取决于许许多多的变量,而不仅仅是贸易而已。标准增长模型点明了实物资本投资和人力资本投资的重要性;以及两种投资对储蓄率和教育体制的重要性;对于关涉就业率不断上升的暂时增长效应及劳动参与率决定因素的重要性;对技术进步和研发以及国家新技术进口途径的重要性。反之,所有这些变量也受政府政策、国家体制环境以及众多其他因素的影响和制约。此外,贸易动荡或者宏观经济不稳会对短期至中期增长率产生重要影响(Easterly et al.,1993)。

因此,当我们审视单个国家的经济情况时,开放和增长之间的关系显得更加模糊,尽管萨克斯和华纳(1995)等许多学者都认为通常而言这两个变量的正相关关系毫无疑问。① 由表 9.5 可大致了解个别国家在 20 世纪后期情况的复杂性。从表 9.5 中我们可见三个时期富国的平均增长率(1960—1973 年,4.1%;1973—1990 年,2.2%;1990—2000 年,1.9%),以及对应同期数个经济数值较佳的发展中国家之间的对比。表 9.5 中可见来自各个地区的国家名单:

---

① 罗德里格斯和罗德里克(Rodríguez and Rodrik,2001)强烈批评了这种传统观念。

阿拉伯国家如阿曼、埃及和叙利亚;拉美国家如哥斯达黎加和阿根廷;撒哈拉以南非洲国家如莫桑比克、赤道几内亚和博茨瓦纳。博茨瓦纳是当时世界上经济成绩单最靓丽、最稳定的国家之一,其人均收入在20世纪末时为该国1960年数值的14倍。由表9.5中我们还可见,瓦茨阿戈和韦尔奇(2003)所归类的那些实行开放政策的国家中出现此类趋同现象,不过那些被认为采取封闭政策的国家不少也呈现趋同态势。不过请注意,极高的增长率(即增长率超过发达国家平均水平3个百分点)几乎总是与开放密不可分:16个例子中瓦茨阿戈和韦尔奇(2003)将其中9个归入"开放"组,4个未归类。仅有3个归入"封闭"组,其中涉及中国的有两个。可以看出,尽管它们一开始自给自足,不过在我们谈论的时间段期间,它们实际的贸易开放程度相当大。

**表 9.5　1960—2000 年发展中国家(地区)趋同者(人均 GDP,年均增长百分比)**

| 1960—1973 年 | | | 1973—1990 年 | | |
| --- | --- | --- | --- | --- | --- |
| 国家(地区) | % | 开放 | 国家(地区) | % | 开放 |
| 增长差距:0～1% | | | | | |
| 巴布亚新几内亚 | 4.2 | 否 | 叙利亚 | 2.3 | 否 |
| 多哥 | 4.2 | 否 | 突尼斯 | 2.3 | 否 |
| 巴拿马 | 4.5 | 否 | 摩洛哥 | 2.4 | 否 |
| 泰国 | 4.5 | 是 | 斯威士兰 | 2.5 | 未分类 |
| 巴西 | 4.7 | 否 | 法属波利尼西亚 | 2.6 | 未分类 |
| 巴巴多斯 | 5.1 | 是 | 巴拉圭 | 2.6 | 否 |
| | | | 印度 | 2.7 | 否 |
| | | | 巴基斯坦 | 3.0 | 否 |
| | | | 塞舌尔 | 3.2 | 未分类 |
| 增长差距:1%～3% | | | | | |
| 莱索托 | 5.2 | 未分类 | 圣文森特 | 3.2 | 未分类 |
| 以色列 | 5.3 | 否 | 斯里兰卡 | 3.2 | 是 |
| 韩国 | 5.7 | 是 | 伯利兹城 | 3.5 | 未分类 |
| 波多黎各 | 6.0 | 未分类 | 莱索托 | 3.6 | 未分类 |

续表

| 1960—1973年 | | | 1973—1990年 | | |
|---|---|---|---|---|---|
| 国家（地区） | % | 开放 | 国家（地区） | % | 开放 |
| 加蓬 | 6.6 | 否 | 马来西亚 | 3.8 | 是 |
| | | | 所罗门群岛 | 4.1 | 未分类 |
| | | | 埃及 | 4.2 | 否 |
| | | | 阿曼 | 4.3 | 未分类 |
| | | | 印度尼西亚 | 4.8 | 是 |
| 增长差距：3%以上 | | | | | |
| 中国香港 | 7.3 | 是 | 泰国 | 5.3 | 是 |
| 新加坡 | 7.9 | 是 | 新加坡 | 5.4 | 是 |
| 博茨瓦纳 | 8.8 | 否 | 中国香港 | 5.4 | 是 |
| 阿曼 | 11.1 | 未分类 | 中国 | 6.4 | 否 |
| | | | 韩国 | 6.5 | 是 |
| | | | 博茨瓦纳 | 7.2 | 是 |
| 高收入（%）： | 4.1 | | | 2.2 | |

| 1990—2000年 | | | | | |
|---|---|---|---|---|---|
| 增长差距：0～1% | | | 增长差距：1%～3% | | |
| 国家（地区） | % | 开放 | 国家（地区） | % | 开放 |
| 安提瓜和巴布达 | 1.9 | 未分类 | 中国香港 | 2.9 | 是 |
| 贝尼 | 1.9 | 是 | 孟加拉国 | 3.0 | 是 |
| 多米尼加共和国 | 2.0 | 未分类 | 伯利兹 | 3.0 | 未分类 |
| 秘鲁 | 2.1 | 是 | 塞舌尔 | 3.0 | 未分类 |
| 叙利亚 | 2.1 | 否 | 突尼斯 | 3.1 | 是 |
| 巴布亚新几内亚 | 2.2 | 否 | 莫桑比克 | 3.2 | 是 |
| 埃及 | 2.3 | 是 | 不丹 | 3.2 | 未分类 |
| 以色列 | 2.3 | 是 | 巴拿马 | 3.3 | 是 |
| 莱索托 | 2.3 | 是 | 佛得角 | 3.3 | 是 |
| 乌拉圭 | 2.3 | 是 | 苏丹 | 3.3 | 未分类 |
| 博茨瓦纳 | 2.3 | 是 | 波多黎各 | 3.3 | 未分类 |

续表

| 1960—1973 年 | | | 1973—1990 年 | | |
|---|---|---|---|---|---|
| 国家(地区) | % | 开放 | 国家(地区) | % | 开放 |
| 伊朗 | 2.4 | 否 | 阿根廷 | 3.5 | 是 |
| 汤加 | 2.5 | 未分类 | 泰国 | 3.5 | 是 |
| 尼泊尔 | 2.6 | 是 | 圣基茨岛和尼维斯 | 3.6 | 未分类 |
| 特立尼达和多巴哥 | 2.6 | 是 | 印度 | 3.6 | 否 |
| 巴林 | 2.6 | 未分类 | 乌干达 | 3.7 | 是 |
| 萨尔瓦多 | 2.6 | 是 | 老挝 | 3.7 | 未分类 |
| 印度尼西亚 | 2.7 | 是 | 斯里兰卡 | 3.9 | 是 |
| 格林纳达 | 2.8 | 未分类 | 毛里求斯 | 4.0 | 是 |
| 哥斯达黎加 | 2.9 | 是 | 多米尼加共和国 | 4.1 | 是 |
| 基里巴斯 | 2.9 | 未分类 | 圭亚那 | 4.5 | 是 |
|  |  |  | 马来西亚 | 4.5 | 是 |
|  |  |  | 新加坡 | 4.7 | 是 |
| 增长差距:3%以上 ||||||
| 智利 | 4.9 | 是 |  |  |  |
| 韩国 | 5.1 | 是 |  |  |  |
| 黎巴嫩 | 5.3 | 未分类 |  |  |  |
| 越南 | 5.8 | 未分类 |  |  |  |
| 中国 | 8.9 | 否 |  |  |  |
| 赤道几内亚 | 15.3 | 未分类 |  |  |  |
| 高收入(%): | 1.9 |  |  |  |  |

注:增长差距是相对于高收入国家的增长。开放是指在某一段时间内随时开放。
来源:世界银行 WDI 在线。

大量的实证文献解释了这些国家经济增长出现发散现象的原因。鉴于我们所知所见,数据无法支持开放与增长之间存在简单的单因果关系,这一点并不奇怪。因此,把东亚的成功完全归因于出口导向政策令人无法置信。事实上,一些研究表明,通过从实物资本投资和人力资本投资,以及劳动力参与率的上升这两个角度来解释经济增长,意义非同一般(World Bank,1993;Rodrik,

1995；Young，1995）。在罗德里克和爱丽丝·阿姆斯登（Rodrik and Alice Amsden，1989）或者罗伯特·韦德（Robert Wade，1990）看来，政府介入来推动和引导投资对于东亚的成功至关重要。同样，西欧在1950—1973年间的"经济奇迹"貌似可归因于那些赞成薪酬节制①和高投资率政策的国内社团机构（Crafts and Toniolo，1996；Eichengreen，2007），90年代爱尔兰的经济奇迹也是如此（O'Grada and O'Rourke，2000；Honohan and Walsh，2002）。这些经济成功或许是因为贸易自由化之外的因素，20世纪八九十年代不少第三世界国家的糟糕成绩也可以归因于自由化之外的因素。许多国家在债务危机之后才走向贸易自由化，这意味着它们转向自由贸易政策时的大环境不好。更准确地说，或许当时发达国家的增长率比20世纪60年代数值的一半还不到（Easterly，2001）。恰如我们所见，北方仍然是南方工业制造品出口的主要市场，也仍旧是南方经济发展的重要推动力。

对一个经济历史学家来说，这些争论颇有熟悉之感。试举一例，东亚的发展是归因于其开放性呢，还是归因于其内部那些致力促进大额有效投资的机构呢？在第六章中已论及，经济历史学家们已经将这些问题置于英国工业革命的大背景之下加以讨论。另外，诸如诺斯和托马斯（1973）这些学者强调英国法律机构和政治机构所包含的激励机制；许多学者如埃里克·威廉姆斯（1996），约瑟夫·恩尼科利（2002），以及阿西莫格鲁、约翰逊和罗宾逊（2005），则从不同角度着重指出在刺激投资、维持需求以及首先夯实有利的体制环境方面大西洋经济至关重要的作用。这些问题相似，论据也相似。例如，丹尼·罗德里克（1995）发表的著名文章反对将韩国和中国台湾的发展解释为出口带动的结果。他认为，最初出口占GDP的比率极小，出口增长对整体产出的影响微不足道；他还指出出口产品的相对价格并没有大幅上升。如果出口是这些东亚国家或地区经济成功的外部驱动力，那么出口产品的相对价格则应出现大幅上升才对。关于英国贸易领域规模相对较小的层面问题，前文罗德里克的第一个观点同帕特里克·奥布莱恩和斯坦利·恩格曼（Patrick O'Brien and Stanley En-

---

① 即下调工资年度涨幅。——译者注

german)及其他人观点相似。罗德里克的第二个观点则恰恰与图 6.5 中用来检验供给或需求是否因工业革命而发生改变的测试相同。

历史文献也有助于我们厘清贸易如何使东亚四小龙及其他国家或地区发展壮大。第六章已指出，投资及技术进步是英国工业革命的关键，不过如果没有贸易这个因素，工业革命则可能夭折。首先，贸易使英国能够进口重要的原材料，特别是原棉。其次，没有贸易，企业被迫在本已饱和的国内市场出售，出口商品价格会大幅下降，而输入商品价格则会急剧上升，因为企业被迫在国内寻求原材料供应。其后果则是造成利润率、新资本商品投资及新技术投资的崩溃。此番逻辑推理也适用于 20 世纪后期严重依赖原材料或资本进口（罗德里克曾着重强调过的机制）的国家或地区（如韩国、中国台湾或日本），它们同时也不断增加其对世界其他地方的工业制造品出口比例。贸易或许不是这些国家或地区经济成长的核心驱动力，不过却是其发展不可或缺的助力（Kravis，1970）——恰如轮之于车。实际上，这正是巴里·艾肯格林（2007）所提出的对于在 20 世纪六七十年代西欧与美国趋同原因的解释。国内机构在产生高利润率和投资率方面至关重要，不过诸如欧洲支付联盟（EPU）、欧共体（EEC）、关贸总协定（GATT）（或爱尔兰经济奇迹中扮演重要角色的欧洲单一市场计划）之类的国际组织作用也是同等重要。它们让企业放心，一旦投资，产品即可出口国际市场，而要想获利，走上国际市场是必须的。贸易不是趋同的充分条件，不过最终它却可能是必要条件。

**结论**

20 世纪后期国际贸易的历史包括两个世界、两个时代。第一个时代延至 1980 年，这期间发达国家同发展中国家之间在政策方面出现极大分歧态势，发达国家贸易政策自由化程度更高，发展中国家则在反方向道路上渐行渐远。第二个时代指的是政策上的趋同，越来越多的发展中国家或因自主选择，或为形势所迫，去打破保护主义壁垒，走上自由贸易之路。20 世纪 80 年代为其肇始，

90年代急行跟进。至20世纪末,世界贸易占GDP比率史上最高。

随着工业革命渐次传播至第三世界,1914年之前的世界劳动分工出现重大变化。到20世纪末,除非洲和中东之外工业产品在所有地区的出口中占据主导地位。与此同时,尽管发达国家仍然是南方最为重要的市场,发展中国家之间贸易的重要性提升。

各地区开始向北美基于由强劲出口及其他因素所形成的高投资率的主导经济体靠拢和看齐过程中,贸易在诸多发展变革中厥功至伟。不过,20世纪80年代那种认为贸易自由程度提高就足以使发展水平提高的想法,很快就发现站不住脚了,因为不少第三世界国家的经历已经不言自明。要想吸引必要的投资,国内的诸多条件就须完备。不过如果国内条件完备,那么开放性就成了不可或缺的政策上的补充条件。20世纪90年代期间趋同于发达国家的50个发展中国家,仅有5个(巴布亚新几内亚、叙利亚、伊朗、印度和中国)被瓦茨阿戈和韦尔奇(2003)归类为"封闭型"。5个国家中,印度和中国在2000年时与20年前的开放程度不可同日而语。进口替代政策可能在初期使不少发展中国家经济急剧增长,但最终使国内市场饱和,增长衰退。拉美、非洲和中东能否复制20世纪后期西欧、东亚、中国和印度在经济上的强劲表现,成为21世纪之初的经济大问号。

# 第十章

# 21 世纪初的全球化

如果说这部对 1000 年以来国际贸易史的调查著作会给读者带来什么教益的话,我们希望是这样的:把刚刚过去的时刻外推到不确定的未来,并将推理结果称为预测是一种无望的努力。虽然第二次世界大战结束后的前 35 年里,相对自由的经合组织经济逐渐融合,随后的 20 年中这一趋势不断扩大,将世界其他地区也包括在内,但是不能就此断定由此产生的全球化将无限期地继续下去。因此,最后结束的这章着重概述未来几十年世界将面临的一些挑战。当然,我们首先要对 21 世纪初的非洲和欧亚地区进行一次简短的调查。

作为本书的开端,我们先来描述公元 1000 年左右七个主要欧亚"世界区域"。一千年后,这些同样的地区又是什么样子呢?从东方开始算起,我们看到中国、日本和朝鲜等东亚儒家社会一如既往地繁荣昌盛。尽管他们在技术和生活水平方面的领先地位已经从中国转移到了日本,但是中国正迅速恢复其先前的地缘政治地位,因为它人口众多,工业化迅速,对外贸易不断增长。日本在经过十多年的停滞后以温和但稳定的速度恢复增长,丰田公司取代通用汽车公司,成为世界上最大的汽车制造商。韩国在过去的 40 年里发展得非常迅速。

它是电子和其他许多制造业的新兴力量,拥有数家世界级的工业集团,并在造船方面享有世界领先地位。令人可惜的是,朝鲜的境况仍有待改善。

正如布热津斯基(Brzezinski,1997)所指出的,关键问题是当前驻扎在韩国的美国军队会发生什么情况。他们的继续存在只能是对中国的侮辱,而他们的撤出又会让日本感到暴露在危险当中,可能这会使日本认为有必要大幅增加国防开支,甚至可能考虑获得核能力。无论是哪种情况,欧亚大陆东端的地缘政治平衡都将受到严重影响。在国内政治方面,自第二次世界大战结束以来日本已经建立起一个稳定的民主政体,尽管保留了其古代君主制传统。韩国和中国台湾地区也成功地实现了从军事独裁到民主的过渡。与此同时,中国大陆(内地)继续在中国共产党的领导下,积极参与世界市场活动。

中亚包括从苏联独立出来的哈萨克斯坦、吉尔吉斯斯坦、塔吉克斯坦、土库曼斯坦和乌兹别克斯坦五个伊斯兰共和国,目前其经济仍然很不发达,但蕴藏着极其丰富的石油和天然气资源。如果利用得当,它们可以为该区域的工业化和现代化成功实现提供资金。哈萨克斯坦幅员辽阔,蕴藏着巨大的石油储备,俄罗斯、中国和西方都在积极竞争这里的石油资源。俄罗斯族约占其人口的37%,是国内最大的接受教育和技术精英群体,因此俄罗斯在这场竞争中占有相当大的优势。乌兹别克斯坦是中亚五国中人口最多的国家,约有 2 500 万。在阿富汗和除哈萨克斯坦以外的其他中亚国家也居住着大量乌兹别克少数族裔群体。讲突厥语的乌兹别克人在土耳其也有重要的盟友,他们有很强的民族认同感,以及日益增强的伊斯兰意识。

虽然这些国家受到苏联成员国身份的严重影响,但它们现在也对来自其他地方的影响持开放态度,特别是西边的土耳其和伊朗,以及东边的中国。在土耳其和伊朗兄弟般的帮助下,让俄罗斯和中国这两个巨人在两翼互相竞争,是其最好的长期外交前景。而中国和俄罗斯争夺在中亚的影响力时都敏锐地意识到这个地区的动荡形势可能会影响各自境内的伊斯兰少数民族。美国显然也是该地区的主要参与者,它希望拥有能源和军事基地。有几位评论员预料,19 世纪俄罗斯和英国在该地区的"大博弈"将会重演,只是换了玩家,美国取代了英国,而另一个新型、颇具活力的国家(即中国)的加入,为本已错综复杂的当前局势增添了额外的复杂性和不可预见性。

南亚曾在公元 1000 年德里苏丹和莫卧儿帝国建立之前,分裂为多个相互竞争的信仰印度教的王国。现在该地区拥有六个国家,合在一起的人口超过了中国:半岛上的印度、巴基斯坦和孟加拉国三个大国,斯里兰卡岛国,以及山地小国尼泊尔和不丹。回溯自从独立以来印度次大陆的发展状况,英国统治的辩护者也许可以得到原谅,他们对英帝国的三种遗产——板球、英语语言和议会民主制度——感到满意,按照这一顺序,这三样东西已在其居民中扎根。正如我们所看到的,印度从其之前所遵循的内向型计划经济发展道路转向 20 世纪 90 年代初的开放道路后,发展势头十分迅猛。对于印度这样一个贫穷的国家来说,能拿出手的资产就是它拥有大量会讲英语的技能型劳动力和充满活力的企业家阶层,这就使它成为世界信息技术领域的领先者。巴基斯坦的增长速度也在加快。它与印度就克什米尔问题的持续冲突使情况更加棘手、麻烦,因为两国现在都拥有核武器,这显然对两国的发展产生了共同的负面影响,特别是巴基斯坦,该问题更多地处于其国家意识的中心位置。孟加拉国是前东巴基斯坦的一部分,1971 年在印度军队的决定性援助下脱离了巴基斯坦。过去 30 年来,孟加拉国尽管生态环境不利,但仍以劳动密集型制成品出口为主导,取得了不错的经济成就。斯里兰卡曾是一个繁荣的初级产品出口经济体,具有良好的教育制度,但是,占多数的信仰佛教的僧伽罗人和信奉印度教的泰米尔少数族裔之间的种族冲突不断,这个国家在持续不断的恶性内战中四分五裂,倒退了几十年。

在公元 1000 年之初,东南亚就是印度和中国之间的十字路口,现在又一次发挥了它熟悉的作用,为现在更加深化的全球化世界的对外贸易提供便利。新加坡取代三佛齐成为该区域的重要转口贸易港。贸易给东南亚的马来居民带来了伊斯兰教和中国移民,进一步为其繁忙的经济生活提供了生机和活力。印度尼西亚是前一个时代非常重要的香料群岛,现在是世界上最大的伊斯兰国家,人口多达 2 亿;而另一个伊斯兰国家马来西亚拥有庞大而富裕的华人少数族裔群体，它是世界上发展最迅速的经济体之一，其传统的初级产品制造业现在越来越被高科技制造业超越。然而，来自伊斯兰宗教激进主义团体的威胁仍然存在于这两个国家，而且有可能在发生经济危机的情况下严重威胁政局的稳定。

以罗马天主教教徒为主的菲律宾拥有活跃的民主体制，尽管不甚稳定，但经济状况总体表现良好，主要依靠初级产品出口，辅之以服务输出，其制造业主要面向国内市场，但出口份额占比越来越高。信奉佛教的泰国也有华人移民的历史，但华人与当地居民的融合要比与信仰伊斯兰教的马来西亚容易得多。泰国也享受着以初级产品出口为基础的长期稳定增长，目前正越来越多地被劳动密集型制造业出口和面向国内市场的工业化所取代。菲律宾和泰国都有小规模但棘手的穆斯林叛乱问题需要应付。或许，东南亚最引人注目的成功故事可能要数越南的改革了。它从对美战争结束时的计划经济转变成为向世界市场开放的充满活力的出口经济，直到今天。就连柬埔寨也向外界开放。只有缅甸陷入了长期停滞。巨大的海上天然气储量使得缅甸政权不太可能屈从于外部压力从而走上民主和经济改革之路。

至于东南亚地区与世界其他地区的关系，中国日益富裕和强大可能意味它对东南亚的格局产生一定影响。澳大利亚与远东和东南亚国家的贸易变得越来越有利可图，毫无疑问，它会继续与印度尼西亚和其他东盟国家保持偶尔紧张的海军协作关系。中国和东南亚国家之间可能的争论焦点是南中国海的海上石油储备。中国云南省通过缅甸的伊洛瓦底江与孟加拉湾直接相连，缅甸越来越依赖中国的经济和政治支持。这种情况从郑和率领中国舰队第一次穿过马六甲海峡进入印度洋以来皆是如此。

现在我们将目光转向公元1000年七个世界性区域中最核心和"联系"最紧密的地区，即中东的伊斯兰世界。正如我们所看到的，那个时候它正经历着一个"黄金时代"，有着先进的灌溉农业和除中国以外世界上城市化程度最高的人口。在经历了我们前几页中所描述的许多变迁之后，该区域仍然是世界关注的中心，但现在已经跌落神坛，重要地位大不如前。其人均收入高于南亚、中亚或中国,这仅仅是因为该地区拥有丰富的石油储备,而这些石油储备使该地区成为福地,也可能是受到诅咒之地。自1945年以来,该地区发生了许多重大战争:1948年、1967年和1973年涉及以色列的三次战争;阿尔及利亚反抗法国的解放战争;从1980年到1988年的两伊战争;1991年和2003年伊拉克和美国领导的联盟之间的两次战争;以及数不清的内战和越界入侵。以色列国的建立导致阿拉伯国家联盟对它的连续攻击,以色列为防止这种攻击而进行的先发制人的打击,以及入侵黎巴嫩打击巴解组织或真主党。以色列-巴勒斯坦冲突一直是该地区紧张局势的根源,具有广泛的地缘政治影响。以上所有实际和潜在的敌对斗争造成的长期悬而未决的政治气候、"荷兰病"对高企的油价和政治补贴产生的负面影响等,导致整个区域的人均收入增长率很低。证明这一规律的例外是以色列,尽管该地区内的土耳其和域外的马来西亚已经证明,伊斯兰教本身并不妨碍政治和经济上的成功现代化和发展。

我们的东欧地区最初由拜占庭帝国统治,现在实质上是由从1917到1991年一度十分强大的苏联的继承国俄罗斯、乌克兰以及白俄罗斯所主导。如上一章所述,保加利亚和罗马尼亚于2007年加入欧盟,有效地脱离了俄罗斯的轨道。希望它们向"西欧"靠拢不会像冷战时期东德、匈牙利、捷克斯洛伐克和波兰被吸收到"东欧"带来的问题那样多。尽管斯大林和他的继任者制定"五年计划"努力"赶超"资本主义西方,但是俄罗斯与彼得大帝时代相比并没有更接近这个目标。巨大的石油天然气以及其他矿产资源储量给予俄罗斯政府恢复经济集中化发展的手段,但其国内市场体系更加灵活,比苏联时代拥有更多的私有制份额,在世界舞台上扮演积极的地缘政治角色。由于俄罗斯横跨欧亚,国土幅员辽阔,它不仅可以向欧亚大陆西端的西欧供应能源,而且能够为欧亚大陆东端的中国、韩国和日本提供能源,价格要比中东的更加低廉,同时俄罗斯对中亚的前伊斯兰领地和自己的"近邻"施加相当大的影响。在这方面具有关键意义的是乌克兰的政治前途。乌克兰地处黑海的战略要地,土地肥沃,人口超过5 000万,包括乌东部地区的大量俄罗斯少数族裔。2004年至2005年爆发的"橙色革命"似乎标志着乌克兰向西方的决定性转变,但这一转变将持续多久，仍有待观察。格鲁吉亚是俄罗斯积极寻求保留在其势力影响范围内的另一个黑海国家，尽管其人民和政治精英更倾向于西方。俄罗斯现在面临的主要经济问题似乎就在于使用自然资源禀赋的收益改善日益提升的现代制造业的生产率，以至于能够在全球范围内与亚洲、西欧和美国竞争，这是中央计划经济永远不能做到的事情。在地缘政治方面，它落后于美国和中国，但仍然可以发挥关键的平衡作用。

与公元1000年相比，当前最引人注目的成功无疑就是西欧的崛起，尽管20世纪末期它失去了其殖民地。几个世纪以来，西欧不仅是现代经济增长的发源地，而且在拉丁美洲孕育了伊比利亚和英国的衍生国，其中最引人注目者当属澳大利亚、新西兰、加拿大和美国。最近，西欧成功地将原本独立的民族国家统一形成繁荣的欧盟组织。美国和欧盟的人口只占世界人口的12%，但其占有的世界GDP份额超过40%，当然，由于中国、印度和其他亚洲国家经济的快速增长，这一比例将会下降。欧盟势力范围不断向东方推移，逐渐将波兰、匈牙利和波罗的海诸国等纳入其轨道，从而通过和平方式扩大自己的影响力。它现在几乎包括所有的罗马天主教"西欧"地区，希腊东正教"东欧"的保加利亚和罗马尼亚，以及1981年加入的希腊。欧盟在帮助巩固民主和促进经济增长方面是如此的成功，以至于包括土耳其和乌克兰在内的西欧以外的其他几个国家也希望加入欧盟。处理好这些加入请求，尤其是在俄罗斯对西方"侵犯"其势力范围感到日益紧张的情况下，将是欧盟未来几十年面临的一项重大挑战，而且很可能是欧盟宁愿避免的挑战。然而，事实上，欧盟现在是黑海地区一个强大的力量，也是中亚和俄罗斯能源的主要进口国。因此，无论愿意与否，它仍将不可避免地参与到该地区的地缘政治中去。

旧大陆仅剩的一个区域是撒哈拉以南非洲地区。正如我们所看到的，在第二个千年伊始，撒哈拉以南非洲与非洲-欧亚大陆的其他人类居住区相对隔绝，在千年结束时仍然受到相对较高的运输费用的阻碍。在其间的一千年中，其人民对世界其他地区的繁荣做出了巨大贡献，特别是通过毫无人道的奴隶制，正如我们在第六章中所指出的，这是欧洲向现代经济增长过渡的一个重要因素。

然而,具有讽刺意味的是,21世纪初撒哈拉以南非洲仍然是世界上最贫穷和最不发达的地区。据推测,奴隶制本身可能阻碍了非洲的经济发展。事实上,内森·纳恩(Nathan Nunn,2006)在一篇颇具争论性的论文中指出,1400年至1900年间从非洲国家运来的奴隶数量与这些国家当前的经济发展之间存在着很强的反比例关系。他的解释是,作为奴隶贸易特点的暴力行为对后来的体制发展产生了各种有害的后果,因此对经济增长产生了持久的影响。基于相同的计量经济学证据,其他学者最近发表的论文认为,欧洲殖民主义对非洲的长期经济增长也造成了损害,其方式同样是通过破坏非洲当地的体制来实现的(Acemoglu et al.,2001;Bertocchi and Canova,2002)。

罗伯特·贝茨、约翰·科茨沃思和杰弗里·威廉姆森(Robert Bates,John Coatsworth and Jeffrey Williamson,2006)提出了一个更为乐观的观点。他们指出,拉丁美洲在独立后的前半个世纪(大约1820年到1870年)的经济表现与非洲独立后的表现一样令人沮丧,这种情况持续了大约50年。在这"失去的几十年"里,拉丁美洲的人均收入停滞不前,而我们已经看到,这段时期欧洲的收入正开始加速向现代经济增长迈进。贝茨等人解释说,这种糟糕的表现在很大程度上是由于持续不断的战争困扰着非洲大陆,我们在第七章简要地提到了这一点。这样的阐释颇具启发性,因为非洲在1960年后"失去的几十年"里的糟糕增长表现在很大程度上也可以归因于战争,尽管诸如不利的疾病环境、生产率低下的农业、糟糕的治理和富国的贸易政策等明显的因素也很重要(Collier and Gunning,1999;Sachs et al.,2004)。非洲的暴力冲突在一定程度上是由于东西方之间的代理人战争造成的,当时的"冷战"在发展中国家往往很激烈。部分原因还在于新型国家之间的边界冲突,这是非洲大陆历史或者是这些国家内部种族冲突的另一个负面遗产,20世纪90年代的卢旺达种族灭绝就是最恐怖、最著名的例子。如果这一论点是正确的,那么未来可能还有一些希望,因为非洲可能最终会进入一种新的、后帝国时代的政治平衡,在这种平衡中,暴力和不稳定将会减少。事实上,正如贝茨等的研究报告显示,有一些证据表明,随着内战爆发概率下降以及民主在非洲大陆的传播,这种情况可能已经发生。我们当然希望他们是对的,因为结束撒哈拉以南地区的贫困仍然是当今人类发展面临的最大挑战。

**全球化的未来:经济挑战**

正如我们在第九章看到的,20 世纪末世界仿佛可能最终迈向更加平衡的经济体系,越来越多的国家开始汇聚于世界技术前沿,"产业大分工"——200 年前工业革命造成的不平衡的暂时性副产品,也已成为往事。因此,展望未来,认为越来越多的国家将享受到工业化和现代经济增长的好处、贸易流动越来越多地涉及制成品的相互交换,初级产品的出口现在反映了特有资源禀赋而不是落后的制造业,这似乎是理所当然的。

如果该经济体系在未来能够平稳发展,我们刚才描述的良性趋势是可以预测的,实际上没有什么是不确定的。如果有什么,那么历史会表明全球化是一个脆弱且容易逆转的过程,不仅对国际贸易有影响,而且对国际劳动分工和经济增长也有影响。对当代观察家来说,第七章所描述的 19 世纪末的全球化似乎是自然的秩序,但世界大战证明了这样的假设是多么的错误。在世界性冲突期间不仅贸易受到干扰,而且战后世界上最富裕国家的关税和非关税壁垒不断扩散,反之,发展中国家内部反贸易政策盛行,一直持续到 20 世纪 70 年代或 80 年代。从今天的角度来看,更令人担忧的是 1913 年没有人看到这些灾难即将来临(Ferguson,2005)。

21 世纪初的全球经济会遭受什么样的压力考验?我们可以想到几个,一些是经济上的,另一些是政治上的。从中期到长期来看,一个明显的潜在风险是石油价格将大幅上涨,原因有二。第一,世界石油产量将会达到顶峰,然后开始下降,正如一些著名科学家所探讨的那样[更多详细论述,请参阅迪菲耶斯(Deffeyes,2001)]。这种趋势,再加上南方工业化的迅速发展,显然会导致石油价格大幅度持续上涨。第二,当前对全球变暖的担忧将导致征收高额碳排放税。由于目前的运输技术高度依赖石油,在这两种情况下,运输费用都将增加,增加的程度取决于技术的发展速度。运输成本的显著上涨将导致大宗商品的洲际贸易减少,这对欧洲农民等一些生产者来说是好消息,但对另一些生产者来说则是坏消息。因此,一项关键性的政策关切就是确保那些已经受到相对较高的运输成本阻碍的发展中国家不会受到甚至更高的运输成本的过度伤害。

19世纪晚期的经验对于思考第二类潜在的经济压力尤其具有指导意义。该时期各大洲的经济联系日益紧密,而其经济因素所占比例却大不相同。产生的结果是大规模分配转移,这有利于新大陆的地主和欧洲工人,但却伤害了欧洲地主和美国工人们的利益。正如第七章所示,该结果使欧洲的农业保护一直持续至今,整个美洲新大陆的制造业受到保护,同时移民也受到种种限制(O'Rourke and Williamson,1999)。

相比之下,1945到1980年的区域自由化主要涉及经济合作与发展组织内的经济体,这些经济体在经济发展、资本-劳动比率和生活水平方面相对相似。它们之间的贸易本质上主要是产业内的,而不是由贸易伙伴之间的巨大要素禀赋差异驱动的。因此,与19世纪晚期的贸易相比,它所涉及的分配后果没有那么显著,这使得继续消除贸易壁垒变得更加容易。值得注意的是,在经济合作与发展组织各经济体中,要素禀赋仍有一个显著不同的方面,即土地-劳动比率。并非巧合的是,农业被排除在那个时期的普遍贸易自由化之外,这表明自由贸易的潜在输家在政治上仍像19世纪末那样强大。

正如我们所看到的那样,20世纪80年代,特别是90年代,在性质上有很大不同,因为第三世界的大部分地区都实行了贸易自由化,南半球的制成品出口贸易额增加,南、北半球的贸易构成发生转变,其中南半球从几乎完全依赖初级产品出口转向出口数量更大、范围更广的制成品出口经济。因此,全球化再次将各大洲与不同要素比例联系在一起,南半球的资本-劳动比率以及受过良好教育的劳动力都比北半球低很多。由此产生的问题是:最近的全球化是否会引起分配上的变化,特别是会对北半球经济体的非技术工人造成伤害吗?如果是这样,我们还能预料会出现类似于19世纪末的强烈的政治反应吗?

正如我们在第七章中依据赫克歇尔-俄林贸易理论所预测的那样,富国在分配方面确实发生了变化,对非技术工人不利,而对高级技术工人有更多偏好。美国的经历尤其出名(而且引人注目):1979—1995年间,接受教育不到12年的工人的实际工资下降了20.2%;接受教育达到12年的工人实际工资下降了13.4%;受过16年或17年教育的工人的实际工资增长了1.0%;接受教育超过18年的工人的实际工资增长可达14%(Katz and Autor,1999)。然而,国际贸易可能是造成这一劳资不平等的原因。不过技术上的变革,即使用熟练的技术、淘汰非熟练工人,也会产生同样的效果。对国际贸易和技术变革两种可能性进行区分的尝试引起了学术上的争议。虽然许多初步研究表明,贸易在加剧不平等方面只发挥了很小的作用,但最近侧重中间投入品作用的研究得出了更多推算数据,对发达国家中贸易对非技能型工资的(负面)影响有待进一步探讨。[①]

当然,历史表明,在目前争论的语境中提出的一些论点是站不住脚的。因此,认为贸易占GDP的份额太小以至于不能对价格要素产生重大影响的观点是不正确的,因为在19世纪晚期,贸易对GDP的贡献额甚至更低,正如我们看到的,那时的商品价格趋同导致世界范围内的分配转移发生巨大变化。此外,我们在第九章看到的证据表明,形势的发展如此迅速以至于用20世纪80年代甚至70年代的相关证据对未来情况做出各种结论不是明智之举,这是迄今为止实证研究最必要和不得不依赖的。

或许,与全球化的未来更具相关性的事实是,选民似乎对贸易持有看法,与赫克歇尔-俄林的理论相符,即如果贸易正在产生分配变化,那么这些观点恰恰是可以预测的。梅达和罗德里克(Mayda and Rodrik,2005)与奥鲁克和辛诺特(O'Rourke and Sinnott,2001)等学者在最近的一系列论文中已经表明,个人的选民偏好与赫克歇尔-俄林理论的预测完全一致。也就是说,在富裕的(技能丰富的)国家,非技术工人比熟练工人更倾向于保护主义,但这种效应在较贫穷的国家不断减弱,在最贫穷的国家这种保护主义倾向会消失(甚至逆转)。如果富

---

① 文献数量庞大,无法在这里加以总结;关于最近出版的文献,请参见柯林斯(1998)、费恩斯特拉(2000)与费恩斯特拉和汉森(2004)。

裕国家的非熟练工人认为他们受到了国际贸易的伤害，那么即使这些感觉不准确，也足以使其本身产生反弹。

此外，有迹象表明，以上态度不仅是民意调查的产物，而且正在影响一些富裕国家的政治。没错，就 20 世纪 90 年代初到中期，美国政治家帕特·布坎南（Pat Buchanan）或罗斯·佩罗（Ross Perot）等试图通过引发工人对来自外国竞争的恐惧感赢得蓝领阶层的支持，但却遭遇一败涂地的结局。然而，2005 年法国选民果断否决了一项欧洲《宪法条约》的提案，显然是出于保护主义的理由。此外，正如赫克歇尔和俄林所预测的那样，投票结果在很大程度上是按阶层划分的，较贫穷和技能较低的工人投票反对该条约，而较富裕和技能较高的工人投了赞成票。同年，《多种纤维协定》宣告结束，正如我们所看到的那样，多年来该协定一直在保护北半球的生产者免受廉价的纺织品进口的冲击。《多种纤维协定》一被取消，美国就立刻采取行动限制从中国的纺织品进口，而欧盟也与中国进行了谈判以限制中国纺织品出口的增长。在后一种情况下，欧盟的行动与法国全民投票辩论中对全球化的不信任之间存在着明显的政治联系。这也不仅仅是欧洲的特色，因为不久之后，纺织和糖业利益集团差点成功阻止美国通过《中美洲自由贸易协定》。

所有这些都表明，未来不排除发达国家可能出现 19 世纪式的反全球化反弹。正如历史所示，收入分配的重要性不仅在于它本身，还在于它可能引发的政治反应。这意味着，那些希望维持一个开放贸易体系的国家，如果想要维持对自由贸易政策的政治支持，就需要提出一系列互补的国内政策，包括但不限于教育、培训和福利项目。事实上，正如我们早些时候看到的，19 世纪末期，欧洲政治家在比利时等国争取劳工对自由贸易的支持时，正是实施了这样的计划（Huberman，2008），这种政策权衡也是 20 世纪末期发达国家实现全球化的核心（Ruggie，1982；Rodrik，1998）。海耶斯、埃尔利希和佩恩哈特（Hays, Ehrlich and Peinhardt，2005：473—474）将论点归纳如下："由于贸易造成经济混乱，并使工人面临更大的风险，它会产生政治上的反对，而民主选举出来的领导人如果忽视这些反对，就会面临危险。因此，政治领导人必须意识到并积极管理公众对经济开放的支持。为了做到这一点,各国政府已经用福利国家政策来换取公众对开放的支持,这些政策为本国公民提供了缓冲,使他们免受国际经济变幻莫测的影响。"

大规模移民对这一安排构成了潜在威胁,因为虽然公民愿意纳税以满足其同胞的需要,但他们可能不太愿意为移民提供的服务埋单。美国是这一相当令人沮丧的主张的间接支持者,阿里西纳等(Alesina et al.,1999)发现用于教育和基础设施等公共产品的支出在种族分化更加严重的城市比例更低。大体上,移民可能对福利国家的财政健康状况产生正面或负面影响,这要取决于他们的年龄结构、技能组合,以及他们或他们的孩子能否找到工作,但在政治方面重要的却是公众的看法。汉森、谢夫和斯劳特(Hanson, Scheve and Slaughter, 2005)及法克齐尼和梅达(Facchini and Mayda,2006)发现的证据表明,个人对移民的态度不仅受到劳动者对劳动力市场的担忧,还受到纳税人对福利国家的关注的影响。这些考虑表明,如何管理大规模移民和福利国家之间的相互作用,不仅在决定移民的未来方面,而且在决定福利国家的未来方面,从而在更广泛意义上决定全球化的未来方面,可能具有重要的政治意义。

**全球化的未来:政治挑战**

然而,即使政治家确实成功地奠定了持续开放的国内政策基础,也不能就此认为它足以维持开放市场。本书通篇强调的历史教训之一是,地缘政治背景在决定国际贸易开放程度中起到至关重要的作用。由于"蒙古治下的和平",欧亚大陆的贸易流量出现增加,但由于政治动乱,在 16 世纪前又出现了衰减;相对和平的 19 世纪见证了史无前例的贸易扩张;第一次世界大战、第二次世界大战和冷战都对贸易产生了巨大、消极和长期的影响。恰逢冷战结束时最近的全球化浪潮开始上扬,当时战争仍然十分常见,这时的全球化范围倾向于国家或区域层面,而非全球范围。

因此,要使目前的趋势继续下去,主要的条件是避免发生把世界分成相互竞争的阵营的重大冲突。历史记录支持尼尔·弗格森(2005)等历史学家的观点,他们指出帝国扩张、国际恐怖主义和核扩散等地缘政治问题是决定我们今天所知的全球化未来的关键因素。正如斯蒂芬·沃尔特(Stephen Walt,1998:38—39)所言,当沾沾自喜的西方知识分子可以自信地宣称共产主义失败后"历史就走向终结"时,"历史却很少关注这一吹嘘言论"。作为经济学家,我们对国内"全球化的反差"可能有很多要说的,但事实上对于那些希望了解世界经济前景的人来说,国际关系或许才是一门更为相关的学科。

正如本书的读者所注意到的,世界贸易持续扩张期往往与法律和稳定的秩序基础同时出现。这些基础是保持贸易路线畅通所必需的,而贸易路线是由一个占支配地位的"霸权"组织或帝国提供的,例如蒙古帝国以及大英帝国治下的和平。1945年以后,这一重要作用是由美国发挥的,至少在非社会主义世界便是如此。然而,苏联解体和中国引人注目地加入世界市场之后,美式和平在一个几乎完全全球化的世界经济体系中能否有效地继续下去仍是个未知数。看似自相矛盾的是,冷战不仅对两大集团的领导人而且也对他们的代理人施加了某种约束,就像形成了一套稳定的"游戏规则"的全球政治双头垄断一样。然而,如今在以一个超级大国及其盟友独断专行为核心、其周边被潜在的不愿承认其权威的无政府主义"竞争边缘"包围的世界里,这些情况早已不复存在。难怪朝鲜和伊朗等相对弱小国家面临的真实或想象中的核威胁正让一些人怀念过去那种"脆弱的恐怖平衡"的糟糕日子(Wohlstetter,1959)。

从大多数常规指标来看,美国无疑是当今世界占据主导地位的军事强国,同时也是世界最主要经济体,但这一事实绝不意味着它可以单方面将其意志强加于世界其他国家。中国和俄罗斯是具有地缘政治目标的大国,它们的地缘政治目标与美国的目标相冲突,尽管它们现在正在同一个世界市场内运作。具有显著讽刺意味的是,中国已经取代日本成为美国的主要贸易伙伴,其庞大的储蓄率,再加上合理的美元兑人民币汇率,不仅使中国经济实现了两位数增长,而且使中国成为世界上最大的外汇储备国,其中有很大一部分是美国国债,这也促使美国在2006年的经常账户赤字超过GDP的6%。中国和印度的快速发展大大增加了对世界能源供应的需求,推高了能源的价格,一方面使中东和俄罗斯等能源净供应国受益,另一方面也损害了美国及其西欧和日本盟友的利益。有各种迹象表明除非采取严厉措施减少需求或寻找其他替代能源,否则这种模式将在未来一段时间会不断延续。因此,尽管美国在世界经济中处于至高无上的地位,但是它会发现其行动自由受到对竞争者金融和能源依赖性的严重限制。

鉴于这些考虑,一些有影响力的声音呼吁美国更有力地使用其军事力量,以维持其地缘政治主导地位,或许并不令人意外。我们认为,这种做法将对迄今已实现的广泛而总体良好的全球化的延续性造成致命的影响。自第二次世界大战以来,美国进行了四次主要冲突战争,其结果喜忧参半。朝鲜战争本质上算是一场平局,有5万多名美国人丧生,而越南战争无疑以失败告终,损失惨重,其间有5.8万美军丧生。1991年的海湾战争将伊拉克从科威特驱逐出去,这不仅是一次军事上的成功,而且在道义上和政治上都有其正当性。然而,2003年美国对伊拉克的入侵和占领显然是军事和政治上的双重失败,推翻萨达姆政权所带来的好处远远未及伊拉克人民在平民伤亡方面付出的巨大代价、基础设施的瘫痪以及残酷的宗派紧张局势对社会正常秩序的破坏。我们能从这一正在发生的不幸事件中得到的唯一可能的慰藉就是雷蒙德·阿伦(1974:156)的一些明智的话语——尽管这对成千上万的生活被毁的家庭毫无安慰可言。虽然这些文章是针对越南问题的著述,但在今天,它们更令人信服:"失败之所以成为成功,是因为它……教会了人们谦恭,并为国家间的平衡铺平了道路。"

西欧、加拿大、澳大利亚、新西兰和日本都是亲密的盟友,过去它们普遍跟随美国的脚步,尽管偶尔在经济方面存在一些分歧。然而,鉴于美国自2003年以来对伊拉克的占领给美国的声望和道德领导地位造成了毁灭性的打击,我们不能保证今后这种情况还会继续下去。具有讽刺意味的是,唐纳德·拉姆斯菲尔德(Donald Rumsfeld)和乔治·W.布什(George W. Bush)这样的人物比几十年前戴高乐主义在分离西欧与美国关系过程中做得更多,在撰写本书时似乎情况就是这样。如果从短期内来看重建西方联盟可能不需要大西洋两岸的领导阶层过多考虑意识形态因素,但是从更长远角度来看,来自欧亚大陆心脏地带的共同威胁可能会使双方再次更加亲密结合,哪怕双方不愿如此。

这种威胁可能涉及什么?在他一百多年前撰写的、现在我们有机会引用的那篇著名的论文中,历史地理学家和地缘政治理论家哈尔福德·麦金德(1904:421)说到,未来的历史学家"要把过去的400年描述为哥伦布时代,并要说它在1900年后不久就结束了"。他认为欧亚大陆沿岸的边缘地区对其广阔的内陆地区的主宰地位——那时候的"历史地理枢纽"——将伴随着跨大陆铁路这个较新的发明而宣告终结,使俄罗斯——"取代蒙古帝国"这个世界的仲裁者——有可能与德国结成盟友。对世界其他国家来说幸运的是,这样的即使并非不可能但也很难被打败的联盟在两次世界大战中都没有出现,一百多年后的今天,世界的贸易仍然不断穿越大西洋和太平洋两岸正常往来,并且伴有美国海军对两大洋的巡逻。世界上大部分制造业都聚集在沿海地区,不仅美国和欧洲,而且在日本、韩国、中国、东南亚和印度皆是如此。那么是麦金德错了吗?铁路并没有像他想象的那样取代蒸汽船,但是世界上的石油和天然气管道——维持所有沿海制造业所必需的能源——正越来越多地横跨中亚大陆。奢侈品不再是西方必须购买的东方商品,而制造业和交通运输本身所需要的血脉才是它们苛求之物。反之,这种至关重要的陆路贸易也引发了人们所熟悉的瓶颈和垄断权力控制问题。

布热津斯基(1997)将整个欧亚大陆视为21世纪强权政治游戏演绎的"大棋盘"。他(1997,2004)用"欧亚"或"全球巴尔干"这样令人回味的术语来表示由中亚五个共和国、阿塞拜疆、亚美尼亚和格鲁吉亚三个高加索国家以及阿富汗组成的次区域。该区域的政局极其动荡,种族和宗教冲突严重,同时对大规模石油和天然气储量的竞争愈加激烈。土耳其和伊朗在该地区都有语言和种族相关联的民族群体,它们试图在政治上施加影响,而美国领导的联军为推翻塔利班政权而入侵阿富汗,遭到来自巴基斯坦普什图族、伊朗的赫拉特与伊西部地区讲波斯语的塔吉克族越来越多的干涉。阿塞拜疆占据里海西岸的战略要地,拥有储量巨大的巴库油田,布热津斯基(1997:129)将其视作地缘支点,是"控制着里海盆地和中亚巨大财富'宝瓶'入口至关重要的'软木塞'"。穿过里海、阿塞拜疆、格鲁吉亚或亚美尼亚以及土耳其的中亚输油管道可以完全绕过俄罗斯为西欧输送至关重要的能源,2006 年开通的从里海到地中海的巴库-第比利斯-杰伊汉(BTC)石油管线正是这样做的。同样,如果修建一条从中亚经伊朗或阿富汗和巴基斯坦的输油管道,石油就可以从海上出口。读者可以回想一下本书第三章中的内容,其中帖木儿的战略目标之一便是将俄罗斯的领主金帐汗国控制的北方丝绸之路贸易转移到南方贯穿布哈拉和撒马尔罕的丝绸之路上来,上述两地如今都在乌兹别克斯坦境内。目前,西方国家和伊朗因后者的拥核问题而关系紧张,这无疑阻碍了贸易和投资项目的发展。这些项目可以绕过俄罗斯,更牢固地把中亚与西方联系起来,就像古代丝绸之路时期那样。

土耳其和伊朗,奥斯曼帝国和萨法维帝国的现代接班人,都是全球巴尔干竞争的关键参与者。作为巴库-第比利斯-杰伊汉输油管道的终点,土耳其的地中海港口杰伊汉对欧盟来说至关重要,因为欧盟的能源供应越来越依赖俄罗斯。人们不禁要问,为什么古老的恐惧和偏见会阻碍土耳其加入该组织。同样,如果担心伊朗在中亚塔吉克人中的影响,那么获得土耳其的合作当然是有意义的,因为土耳其对大量乌兹别克人和土库曼人都有影响力。土耳其和俄罗斯一样,现在是一个民族国家,但曾经是一个多民族帝国,因此在其自身身份认同和未来发展道路上一直存在冲突和纠葛。既然入侵伊拉克已成功地使该国的什叶派多数派与伊朗结盟,土耳其更有必要在西方的轨道上更加牢固地团结在一起,这一结果虽属意料之外,但也不应该是无法预见的。

如前所述,尽管在西方受到广泛谴责,但是伊朗的政治之路却是由西方自己铺就的,是 1953 年中情局领导的政变的产物。该政权无疑十分倾向于扩大自己的影响力,但其吸引力仅能波及具有相同宗教信仰的什叶派,因此它的影响范围大体上仅局限于伊拉克、黎巴嫩、波斯湾国家以及阿富汗西部等区域。在上述地区甚至在中亚讲波斯语的塔吉克人聚集区,它无疑是一个重要的玩家。伊斯兰教和西方基督教之间经常被引发的"文明冲突"忽视了什叶派的波斯人与沙特阿拉伯、埃及和北非国家的逊尼派阿拉伯人之间的深刻冲突，这使后者在任何冲突中都成为西方的天然盟友。它也忽视了伊朗社会内部本身庞大、受过良好教育的亲西方因素。冷战初期，美国外交政策的制定者们，如杜鲁门、马歇尔、艾奇逊和凯南，所面临的威胁必定要大得多，他们稳健的神经和冷静的理性在今天的美国无疑是一笔宝贵的财富。虽然伊朗当选总统的煽动性言论和他的核野心激起了西方一些国家入侵并推翻伊朗政权的欲望，但是在我们看来，这种颠覆行动造成的不可估量之后果，而不是伊朗本身构成的任何威胁，似乎对世界的稳定产生更大的威胁。

从欧洲的角度来看，"俄罗斯路线"是"土耳其路线"的替代方案。有些乐观的是，布热津斯基认为俄罗斯别无选择只能加入西方阵营，拥抱民主和自由市场经济，从而实现它的"西方主义者"梦想，而不会成为斯拉夫派和"欧亚主义者"，认为与西方物质主义扯上关系就会腐蚀俄罗斯人的灵魂。然而，俄罗斯似乎显然决心在世界上发挥独立作用。在俄罗斯巨大能源储备和价格高企的支撑下，弗拉基米尔·普京（Vladimir Putin）一直在大力恢复俄罗斯在"近邻"乃至更远地区的影响力，同时与经济实力日益崛起的中国展开合作。在撰写本书的同时，神经紧张的欧洲人正在计划建造所谓的"纳布科"（Nabucco）输油管道，这条管道将在巴库-第比利斯-杰伊汉输油管道和奥地利的鲍姆加滕（Baumgarten）之间建立起直接的陆路连接。作为对试图破坏俄罗斯对"新丝绸之路"控制的回应，正如一些记者所说，俄罗斯正计划在黑海海面下另建一条通往土耳其的输油管道，它希望通过简单的权宜之计将纳布科与其另建的输油管线相连，从而消除纳布科所构成的潜在威胁。此外，俄罗斯还计划在波罗的海铺设一条管道，目的是绕过其西部边界面临的潜在瓶颈，即白俄罗斯和乌克兰。该计划使俄罗斯对上述两国拥有了更大的控制权，因为它可以在必要的情况下切断对白俄罗斯和乌克兰的能源供应，而不用中断对欧盟的能源出口。尽管欧洲人对俄罗斯天然气工业股份公司（Gazprom，简称俄气）勒索赎金的前景感到担忧，这是可以理解的，但他们也应该记住，俄天然气公司也需要海外市场，而欧盟则代表着一个强大的消费集团。

鉴于所有这些问题,正如我们早些时候所指出的,简单地认为全球化在过去几十年所取得的显著进展将持续到未来,这种想法是愚蠢的。由于战争、革命和自然灾害等不可预见的事件所造成的挫折和破坏,以及全球化进程本身更直接地造成的金融危机和贸易冲突,必然会发生。然而,正如约翰·格雷(John Gray, 1998)等一些评论家所言,这些挫折未必意味着全球化的崩溃。就像在所有人类事务中一样,个人做出的选择无论好坏都很重要。

在撰写本书时,一个主要的短期安全威胁似乎是西方与伊斯兰世界之间潜在的相互猜疑。防止以色列、巴勒斯坦、黎巴嫩和伊拉克的暴力行为以及西方孤立的恐怖主义袭击恶化为更广泛和更危险的事件,是世界各国领导人面临的主要紧迫问题。从长远来看,印度和中国逐渐崛起成为主要的经济、政治超级大国,这对世界上这一代人的福祉来讲是最好的消息,但它也可能引发各种迄今为止仍然不可预测的地缘政治挑战。事实上,历史表明,这可能是21世纪的国际体系要面对的最大的地缘政治挑战,因为在过去这个世界已经发现它很难适应工业化"后来者"的出现,新生力量渴望与如今占主导地位的国家发挥平等的作用。因此,19世纪末,德国的统一和工业化导致其与英国和法国在殖民和军备政策上的紧张关系,而日本在两次世界大战之间的那段时期崛起为地区强国,并寻求稳定的原材料来源,最终引发对美国及其盟友的战争。这两种先例对21世纪的影响都令人担忧,因为它们提出了类似的问题。今天,无论从新兴国家与既定大国的军事能力(特别是核武器)竞争的权利方面而言,还是像中国这样将努力获取石油供应视作重要战略的国家而言,都是如此。

我们想谈一下南半球崛起另一个更深层次的含义,它与管理国际政治和经济体系的机构相关。正如我们所见,这些机构反映了1945年世界非同寻常的不对称性,因为这时的欧洲及其分支在世界制造业活动、收入和政治影响力中所占的比例为历史最高水平。因此,2000年的联合国五个常任理事国中,三个来自欧洲(英国、法国和俄罗斯),一个来自北美(美国),一个来自亚洲(中国)。引人注目的是,没有来自非洲或拉丁美洲的常任理事国。更引人注目的是,在写这本书的时候,似乎有几个国家支持将第四个欧洲国家——德国——加入常任理事国,此外,还有其他五个国家(两个来自亚洲,两个来自非洲,一个来自拉丁美洲)也同时申请成为常任理事国。同时,按照传统,世界银行行长仍然是美国人,而国际货币基金组织的总裁仍然是欧洲人。

显然,随着世界不对称程度的降低,其政治机构也将不得不紧随其后。如何管理这一进程将是国际社会面临的最棘手的问题之一。但如果世界要维持相对开放的、多边的政治和贸易体系,这么做是必不可少的。

# 参考文献

参考文献请扫下方二维码。

# 译后记

当今全球处于百年未有之大变局中，蔓延全球的新冠疫情、单边及保护主义、中美经贸冲突、政治军事冲突等加剧了全球经济的困难。回首世界经济政治格局的演变，将有助于我们正确判断世界未来百年的变局和态势。《国强国富：第二个千年的贸易、战争和世界经济》就是我们可以利用的他山之石，它由哥伦比亚大学经济学教授罗纳德·芬德莱和都柏林三一学院经济学教授凯文·H.奥鲁克共同执笔，精彩诠释了过去一千年里世界各地贸易模式演进、全球经济和政治发展趋势。

当今世界的经济政治格局和全球化并非凭空而来，而是始于千年之前的世界经济政治发展的结果。《国强国富》利用当代经济学和经济史研究的大量成果和经验证据，系统分析了人类历史上一些重大历史事件对世界格局所产生的重大影响，如蒙古帝国、黑死病、西班牙"发现"美洲、葡萄牙到达印度的新航路、殖民掠夺、工业革命、两次世界大战等，对国际贸易和地缘政治格局变化的影响，强调了贸易和殖民地在西方世界兴起、现代经济增长中所发挥的重要作用。

本书由两位译者共同承担，施诚教授负责翻译第一、二、三、四、五章；首都师范大学历史学院博士生、北华航天工业学院外国语学院讲师薛宁负责翻译第六、七、八、九、十章。

本书原著中有关部分王朝起止年代出现的若干问题和错误，在译著中进行了更正，涉及东南亚历史上王朝的翻译处理、相应的省级管理机构的译名以及郑芝龙的官职"五虎游击将军"，这些是我们自己依据史料还原或者依据中国史观调整的。书中涉及的人名、地名，由于发音和拼写的偏差，给译者带来了不小困难,我们在此感谢相关高校教师和科研单位专业人士提供的日语、越语等语言协助。当然,无论我们如何仔细斟酌,本书依然难免有失当之处,敬请广大读者批评指正!

施诚　薛宁